LES DOMINICAINS

DANS

L'UNIVERSITÉ DE PARIS

LES DOMINICAINS

DANS

L'UNIVERSITÉ DE PARIS

OU

LE GRAND COUVENT DES JACOBINS

DE LA RUE SAINT-JACQUES

PAR

L'ABBÉ EUGÈNE BERNARD

DOCTEUR ÈS-LETTRES ET EN THÉOLOGIE
VICE-DOYEN DE SAINTE-GENEVIÈVE, LAURÉAT DE L'ACADÉMIE FRANÇAISE

PARIS

E. DE SOYE ET FILS, IMPRIMEURS

5, PLACE DU PANTHÉON, 5

1883

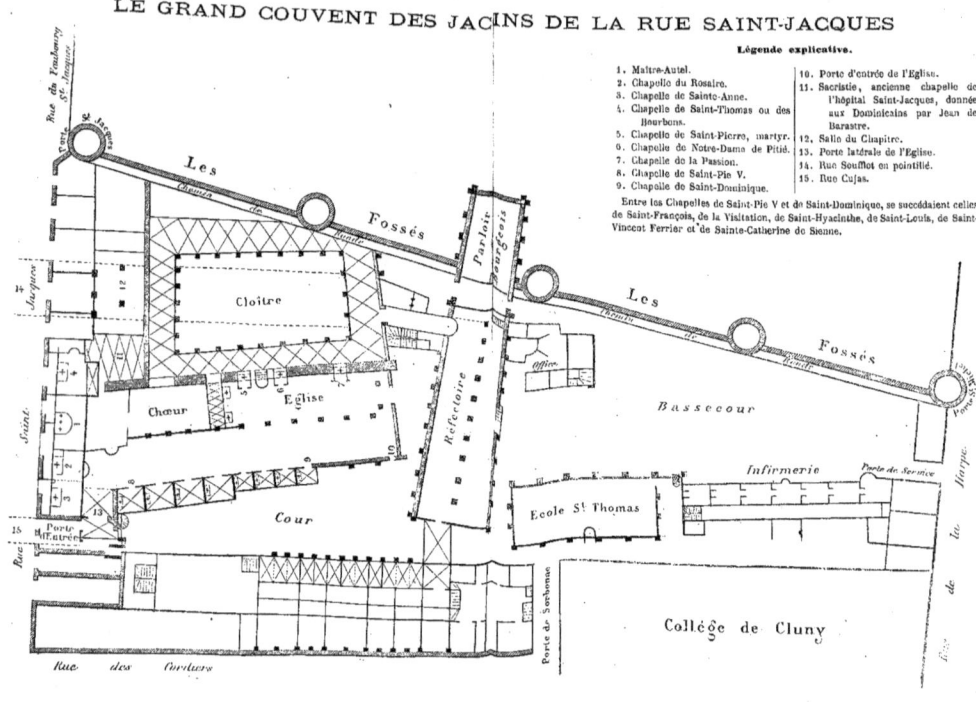

PRÉFACE

Je lisais *les Anecdotes historiques* d'Étienne de Bourbon, un Dominicain du treizième siècle, contemporain de saint Louis. Ce Prêcheur avait fait une ample collection d'apologues et de légendes, d'exemples et de bons mots, de fines réparties et de traits de mœurs, qu'il tenait en réserve pour ses sermons. Ces vieux récits, ces vieux souvenirs, et même ce vieux latin tournant au français, m'avaient vivement intéressé. Saint-Marc Girardin aimait les voyages de badauds, « c'est-à-dire voir pour voir, prendre les idées à mesure qu'elles arrivent, ne rien étudier et pourtant apprendre, mais d'une manière instinctive, apprendre à peu près comme on respire, et sans se donner plus de peine, s'éclairer plutôt que s'instruire ». Grâce à l'explication du spirituel académicien, et surtout sous son patronage, cette façon d'aller ne m'a plus fait peur, et je n'éprouve aucun scrupule à voyager ainsi, non seulement par monts et par vaux, mais encore à travers les livres. Volontiers j'ajoute avec l'auteur des *Souvenirs de voyages et d'Études* : « C'est une douce chose qui a ses mérites », et je la goûte fort quand, au lieu d'un auteur, comme dit Pascal, on trouve un homme. Il vous emmène dans son pays et vous détaille son époque : ses pensées deviennent les vôtres; il vous introduit dans son monde, vous présente à ses amis, vous conte ses affaires, vous insinue ses goûts, vous communique ses antipathies et ses préférences. Sans tarder, vous allez de pair à compagnon avec lui, si bien que, sans vous en douter, il vous transporte au milieu d'une société qui n'existe plus, et que, sans vous en apercevoir, vous avez vieilli de plusieurs siècles.

Bref, je voyageais avec Etienne de Bourbon. Depuis combien de temps? je ne saurais le dire. La nuit avait étendu ses voiles sur Paris : de ma fenêtre je voyais s'allumer le gaz, ces innombrables vers luisants qui piquent une multitude de petites étoiles dans les ténèbres de la grande ville. La foule des passants allait, venait, se pressait, agitée, affairée, comme elle l'est d'habitude dans les rues. Tout à coup une voix sonore retentit devant la grille du Luxembourg, et le refrain de sa chanson disait :

> Non, tu n'es plus mon vieux quartier latin !

Loin d'interrompre ma rêverie, ce mélancolique refrain m'y plongea plus avant. Les grandes rues se rétrécissaient en se faisant tortueuses et mal pavées : les hautes maisons se rapetissaient et se disposaient de çà, de là, sans ordre et sans plan : le gaz s'éteignait pour ne laisser poindre que quelques flambeaux portés par des valets conduisant une bourgeoise attardée, ou éclairant une grande dame en visite. Ce n'était plus le Paris actuel, ni celui de Louis XIII, pas même celui de Charles VI : je revoyais le vieux Paris, le Paris de Philippe-Auguste, avec son Parloir aux Bourgeois et sa première enceinte de murailles, quand soudain je crus entendre chanter :

> Le temps s'en vait,
> Et rien n'ai fait ;
> Le temps s'en vient,
> Et ne fais rien.

Et avec Etienne de Bourbon, Guerric de Metz se dressait à mes côtés : comme moi, il prêtait l'oreille au refrain de cet *eschollier* qui répétait : « Le temps s'en vait... » Cette chanson décida la vocation de Guerric. Riche et savant, il se fit Dominicain. Je le vis s'éloigner et aller frapper à la porte du Couvent de Saint-Jacques, pour y prendre l'habit. Je le suivis par curiosité, et je trouvai la maison tout embaumée des souvenirs de saint Dominique, qui l'avait visitée. La petite chapelle de l'hôpital donné à ses premiers disciples par un docteur de l'Université, Jean de Barastre, se reconnaissait aisément : attenant à elle s'élevait une grande et belle église, autour de laquelle peu à peu s'allongeaient les cloîtres, et s'élevaient les constructions nouvelles dessinant la forme du Couvent, du Chapitre et des Ecoles.

Mon rêve s'arrêta là. Comment la pensée m'est-elle venue de le reprendre et de le transformer en réalité? Etienne de Bourbon était-il seul à me rappeler ces choses d'un autre temps? La chanson que j'avais entendue de mes oreilles, avait-elle suffi pour me rejeter dans le passé? Non. Sans aucun doute, les travaux d'embellissement exécutés dans Paris y étaient bien pour quelque part. De jour en jour le refrain se vérifie, on ne reconnaît plus le vieux quartier latin. Les quinconces du Luxembourg ont disparu depuis longues années : la pépinière n'existe qu'à l'état de souvenir : qui donc se rappelle encore la petite place Saint-Michel et les rues adjacentes de Saint-Thomas, Saint-Dominique ou Saint-Hyacinthe? On parle de dégager complètement la Sorbonne et d'éliminer le pâté de maisons qui l'entoure. Le soleil inonde de ses rayons le boulevard Saint-Michel, la rue de Médicis et la rue Gay-Lussac : le jour pénètre de plus en plus aux alentours de la montagne Sainte-Geneviève. L'air et la lumière, circulant librement, iront bientôt porter, à travers chaque quartier de Paris, dans toutes les demeures, la joie et la santé.

L'antiquaire seul, curieux du passé et jaloux de ses monuments, verse bien, dans ses préférences tant soit peu égoïstes, un pleur sur un jardin que l'on rogne, sur une allée qui se raccourcit, sur un arbre qui tombe, sur une maison qui disparaît. C'est que ce jardin avait égayé ses tristesses : à travers cette allée couraient de doux souvenirs; aux branches de cet arbre flottaient, encore suspendus par un léger fil, tant de rêves et tant d'illusions! Ces maisons, malgré leur air maussade, se faisaient admirer, glorieuses qu'elles étaient d'avoir offert un abri tutélaire au succès ou au génie. Cependant il n'est pas dit que cet ami fanatique du vieux Paris soit condamné à promener sans relâche, au milieu de nos embellissements, ses réflexions amères ou sa figure renfrognée. Un sourire vient parfois éclairer ses larmes, car la pioche ne lui est pas toujours ennemie, et les démolisseurs, par une agréable surprise, ont raison de sa tristesse, quand ils lui révèlent un coin de ce Paris qui ne se retrouvera bientôt plus que dans les régions souterraines : ainsi aux entrailles de la terre un riche filon, frappé par le marteau du mineur, fait jaillir dans l'obscurité des gerbes d'étincelles.

La rue Soufflot se déroule aujourd'hui large et spacieuse à voir se tordre de jalousie le boulevard Saint-Michel. Les ouvriers chargés de cette transfiguration, ont démoli le café des Écoles et le magasin du Panthéon, qui se faisaient vis-à-vis, de chaque côté, à l'intersection de la rue Saint-Jacques. Les bois et les plâtras enlevés, la maison voisine du café, surprise en déshabillé, nous a présenté deux pans de murs formant angle droit et percés chacun d'une fenêtre ogivale. Une de ces fenêtres paraissaient encore garnie de ses meneaux. En creusant pour préparer les constructions nouvelles, on a rencontré des fondations dont la ligne va se perdre, à travers la rue, dans des caveaux qui semblent attester l'existence d'une crypte funéraire à la place occupée par le magasin du Panthéon. Ces fenêtres et ces murs sont, à n'en pas douter, les derniers vestiges d'une petite chapelle célèbre qui s'élevait jadis là, sur le bord de la rue Saint-Jacques.

Plus bas, dans la rue Soufflot, du même côté septentrional, les travaux d'élargissement ont découvert un puits, des fûts de colonnes et des murs d'une solidité merveilleuse, ensevelis sous des amas de décombres, tandis que, du côté méridional, la main d'œuvre montrait au jour le mur de Philippe-Auguste, et, à l'angle de la rue Sainte-Catherine d'Enfer, une citerne avec les restes de l'ancien Parloir aux Bourgeois.

La foule oisive ou affairée jette à peine un regard insouciant et distrait sur ces ruines, et elle passe son chemin. Aucuns se demandent ce que signifient ces ogives, ce que pouvaient bien être ces vieux murs. Ils ne se doutent pas du passé glorieux rappelé par ces monuments, des noms illustres qu'ils remettent en mémoire, des événements dont la fortune diverse a battu ces murailles, du grand institut dont la première semence, pareille au grain de sénevé, a été jetée, il y a six cents ans, dans le sanctuaire de cette chapelle, aujourd'hui complètement ignorée.

Le mur de Philippe-Auguste, le Parloir aux Bourgeois, la chapelle Saint-Jacques, le Couvent des Jacobins, qui donc se soucie aujourd'hui des souvenirs éveillés par le nom seul de ces monuments d'un autre âge? Et pourtant ces ruines dédaignées ressuscitent un monde disparu, et nous reportent, à travers les siècles, à la vie civile, politique et religieuse de nos aïeux. Le mur de Philippe-Auguste détermine l'enceinte méridionale de Paris, avec ses modestes dimensions au treizième siècle, ses essais de fortifications après la bataille de Poitiers; le Parloir aux Bourgeois signale les premiers essais de notre administration municipale; la chapelle Saint-Jacques abrita parmi nous l'établissement des Frères Prêcheurs par saint Dominique.

Le grand Couvent des Jacobins me sembla sortir de ces ruines éparses, et se présenter tel qu'il avait existé. Sur cette scène d'une autre époque, reprenaient vie saint Louis et Blanche de Castille, le légat Romain de Saint-Ange et l'évêque de Paris Guillaume d'Auvergne. Autour d'eux se groupaient les premiers fils de Saint-Dominique à Paris, son successeur Jourdain de Saxe, le bienheureux Réginald, et la longue file des maîtres et des écoliers qui vinrent à la suite, grossir les rangs de l'Ordre naissant. C'étaient Etienne de Bourbon, Vincent de Beauvais, Hugues de Saint-Cher, Humbert de Romans, Gérard de Frachet, Guerric de Metz et Guerric de Saint-Quentin, Jean de Saint-Gilles, Albert le Grand, Pierre de Tarentaise.

Une grande pensée les inspirait tous, le père et les fils, le maître et les disciples. La théologie est la science du moyen âge; elle avait fixé son empire à Paris. Une multitude innombrable d'hérésies la battaient en brèche, et de l'édifice de ses dogmes semblaient ne vouloir pas laisser pierre sur pierre. Les Dominicains accourent à Paris prendre la garde de cette science, appelée par Grégoire IX, l'aliment de la sagesse. L'Université les reçoit dans son sein. Ils fondent au Couvent de Saint-Jacques des Écoles publiques et le Collège général de l'Ordre, où viendra étudier l'élite des Dominicains de la Province de France et des autres Provinces. Une émeute disperse les maîtres et les écoliers : Jourdain de Saxe en profite pour ériger deux chaires officielles aux Écoles de Saint-Jacques. L'Ordre prenait ainsi possession de l'enseignement théologique, qui ne tarda pas à se concentrer entre ses mains, et qu'il régenta l'espace d'un siècle.

Les Dominicains tenaient leur place dans l'Université, le Couvent de Paris devenait le Collège général de l'Ordre, Saint-Jacques apparaissait comme le sanctuaire de la sagesse et le temple du Dieu des sciences. On accourait y chercher des armes pour le bon combat : on aimait à y dormir son dernier sommeil. Il y avait là des Écoles célèbres pour instruire les vivants, des sépultures illustres pour protéger le repos des morts. La patrie avec ses joies et ses douleurs, la science avec ses splendeurs et ses triomphes, la religion avec ses consolations et ses espérances, six siècles de notre histoire sont suspendus à ces pierres, les dernières qui restent debout du grand Couvent des Jacobins, comme en un cimetière une plaque descellée, un marbre couvert de mousse, une croix renversée, sont seuls à dire les titres d'une race éteinte, le nom d'une grande famille disparue.

LES DOMINICAINS

DANS

L'UNIVERSITÉ DE PARIS

I.

LES PREMIERS DISCIPLES DE SAINT DOMINIQUE A PARIS. — MATTHIEU DE FRANCE. — L'HOSPICE ET LA CHAPELLE DE SAINT-JACQUES.

Le 15 août 1217, saint Dominique réunissait, au monastère de Notre-Dame de Prouille, en Languedoc, les seize compagnons que la Providence lui avait donnés pour fonder l'Ordre des Frères Prêcheurs. Après cette assemblée, il les envoya dans différentes parties de l'Europe, et sept d'entre eux, trois Français, trois Espagnols et un Anglais, reçurent mission de se rendre à Paris. Mannès, frère de saint Dominique, Michel de Fabra et Odéric de Normandie, arrivèrent le 12 septembre au lieu de leur destination; trois semaines après, Mathieu de France, Bertrand de Garrigue, Jean de Navarre et Laurent d'Angleterre accoururent les rejoindre. « Les Frères, dit le P. Lacordaire (1), avaient élu, avant de se séparer, Mathieu de France pour abbé, c'est-à-dire pour supérieur général de l'Ordre, sous l'autorité suprême de saint Dominique. Ce titre, qui emportait avec lui quelque chose de magnifique, à cause du grand état où s'étaient élevés les chefs d'Ordre des anciennes religions, ne fut décerné que cette fois, et s'éteignit pour jamais dans la personne de Mathieu de France (2). » Une petite maison

---

(1) Lacordaire, *Vie de saint Dominique*, ch. x, p. 299.
(2) Bolland., *Acta Sanctorum*, t. I Augusti, p. 441 : « Frater Mathæus, Gallus,

près de Notre-Dame, entre le palais épiscopal et l'Hôtel-Dieu (1), fut la première résidence des nouveaux apôtres, et ils y passèrent dix mois dans une détresse extrême. Ils s'étaient établis là de préférence, afin d'aider l'évêque de Paris dans le ministère de la prédication, et aussi pour fréquenter plus aisément les Ecoles du Parvis.

Il y avait alors sur le sommet de la montagne Sainte-Geneviève, vers l'extrémité de la *grant rue Saint-Benoict*, comme l'appelle *le Rôle de la Taille* de 1292 (2), vis-à-vis l'église Saint-Etienne des Grès, un hospice pour les pauvres pèlerins, fondé par Jean de Barastre, doyen de Saint-Quentin. Anglais de nation, d'abord médecin de Philippe-Auguste (3), puis son chapelain, Jean laissa la médecine pour étudier la théologie, qu'il enseigna comme professeur à l'Université (4). En 1209, il avait acheté d'un de ses amis, Simon de Poissy, le terrain nécessaire à l'exécution de son pieux dessein. Voici dans quels termes (5) :

« Au nom du Père et du Fils et du Saint-Esprit, ainsi soit-il.

« Moi, Simon de Poissy, fais savoir à tous ceux qui le présent

vir doctus et ad docendum paratus, qui fuit postmodum primus et novissimus in Ordine nostro Abbas. »

(1) Echard, *Scriptores Ordinis Prædicatorum*, t. I, p. 16. « Conduxerunt autem ibi domum juxta hospitale B. M. Virginis, ante fores Parisiensis episcopi. »

(2) Documents inédits, *Paris sous Philippe le Bel*, p. 162 et 329.

(3) Du Boulay, *Hist. Univ. Paris.*, t. III, p. 92. « Prima Dominicanorum domus... ex donis M. Joannis de S. Quintino, anglicanæ nationis viri et Philippi regis medici primarii. »

(4) Echard, *Id., Note.* « Istum Joannem Parisiis sacras litteras interpretantem testatur audivisse noster Stephanus de Borbone. »

(5) Echard, *Id.*, p. 17.

« In nomine P. et F. et S. S., A.

« Ego Simon de Pissiaco notum facio universis præsens scriptum inspecturis, quod ego de consensu et concessu Agnetis uxoris meæ et hæredum meorum, concessi et dedi magistro Johanni, regis clerico et amico meo, XVI denarios in censu, quos habui ante ecclesiam S. Stephani, Parisiis, cum omni libertate et dominio et justitia ejusdem censivæ, ad opus domus Dei hospitalis videlicet S. Jacobi, quod idem Johannes ibidem construere proponit, in perpetuum libere possidendos. Ut autem hæc donatio firma sit, sigilli mei munimine hanc chartulam roboravi. Rogo etiam dilectissimum Dominum meum, Philippum, Francorum regem, quatenus amore Dei et meo ipsi hoc factum meum placeat confirmare.

« Actum apud Egremont anno Incarnat. Dom. MCCIX. »

écrit verront, que, de concert et d'accord avec Agnès, mon épouse, et avec mes héritiers, je cède et donne à maître Jean, clerc du roi et mon ami, seize deniers de cens que je possédais devant l'église Saint-Etienne, à Paris : je les lui donne pour toujours avec toute liberté, pouvoir et justice de la dite censive, pour y bâtir, comme il en a le dessein, un Hôtel-Dieu en l'honneur de saint Jacques. Afin de confirmer cette donation, j'en ai scellé l'acte de mon sceau. Je prie mon très-cher seigneur Philippe, roi des Francs, en tant que pour Dieu et pour moi il daignera l'agréer, de vouloir bien ratifier cette concession.

« Donné à Egremont, l'an de l'Incarnation MCCIX. »

La chapelle de cet hospice était dédiée à l'apôtre saint Jacques.

Les compatriotes de saint Dominique se souvinrent du pèlerinage de saint Jacques de Compostelle, si célèbre au pays de leur maître; sans doute ils vinrent prier dans ce modeste sanctuaire qui leur rappelait l'Espagne. Jean de Barastre qui aimait à chercher une distraction à ses études dans la pratique de la charité chrétienne, entra bientôt en rapport avec ces étrangers que Dieu semblait lui envoyer; il ne tarda pas à les admirer, à les aimer, et pour aider d'une manière efficace à l'établissement de leur ordre, le 6 août 1218, il leur faisait prendre possession de son hospice et de la chapelle Saint-Jacques.

Cette chapelle dont on vient de découvrir une ogive au milieu des murs récemment démolis, a été dans Paris le berceau de l'Ordre de Saint-Dominique; elle donna son nom à la rue Saint-Jacques, à la porte et au faubourg, et amena le peuple à appeler *les Jacobins* le couvent des Frères-Prêcheurs. « Ce modeste asile, observe le P. Lacordaire, devint un séjour d'apôtres, une école de savants, et le tombeau des rois (1). »

Jean de Navarre et Laurent d'Angleterre ne purent supporter les privations de toute sorte qui avaient mis à une si dure épreuve

---

(1) Lacordaire, *Vie de saint Dominique*, ch. XIII, p. 328.

l'établissement des Frères-Prêcheurs à Paris; ils étaient partis pour Rome y retrouver saint Dominique. On aurait pu craindre pour la maison naissante la pénible impression causée par ce manque de courage. Mais il n'en fut rien. Dominique n'avait pas à la légère arrêté son choix sur Mathieu de France pour mener à bonne fin la fondation qu'il jugeait la plus importante de ses œuvres : il comptait sur son zèle et sur son habileté dans le maniement des affaires. On croit même (1) que saint Dominique dans la pensée d'aller bientôt prêcher l'évangile aux infidèles, avait établi Mathieu supérieur non-seulement de la maison de Paris, mais de l'ordre tout entier des Frères-Prêcheurs.

Mathieu, né à Montfort l'Amaury, avait terminé ses études à l'Université de Paris, lorsqu'il suivit en 1209, Simon de Montfort, son compatriote, à la croisade contre les Albigeois. Le comte Simon le prit en si haute estime, qu'ayant fondé le chapitre de Saint-Vincent de Castres, il voulut lui en confier la direction. Le nouveau prieur eut occasion de voir souvent Dominique; cette familiarité fut si bien pour eux l'apprentissage des esprits, que, touché de tant de vertus, Mathieu n'hésita pas à résigner sa dignité pour s'attacher au saint patriarche, et prendre rang parmi ses seize premiers disciples. Il est nommé le premier entre ceux qui firent leurs vœux dans le couvent de Saint-Romain de Toulouse. A l'assemblée de Prouille, il vient le premier après saint Dominique (2). Que pouvait l'épreuve sur une âme si fortement trempée? La tête ne fléchit point, les membres restèrent fermes dans leur assiette. Par leur zèle et leur énergie Matthieu et ses compagnons surmontèrent tous les obstacles.

Leur mission s'exerçait particulièrement au milieu des étudiants qui, de tous les pays du monde, ne cessaient d'accourir autour des chaires de l'Université de Paris, et le couvent de Saint-Jacques ne comptait pas encore une année d'existence, que déjà il renfermait trente religieux. Parmi ces premiers soldats enrôlés au

---

(1) Constantin d'Orvieto, *Acta S. Dominici*, n° 10. — Touron, *Vie de saint Dominique*, liv. II, ch. IV, p. 204.

(2) Echard, *Id.*, p. 92. — Touron, *Id.*, liv. VI, p. 651.

service du Christ, sous la bannière de saint Dominique, nous connaissons Vincent de Beauvais, Pierre de Reims, André de Longjumeau, Geoffroi de Blevel, Clément, Simon Taylor, Philippe, Laurent de Fougères et Henri de Marbourg.

Henri avait été envoyé à Paris, plusieurs années auparavant, par un de ses oncles, pieux chevalier qui habitait la ville de Marbourg. La mort de cet oncle le rappela, et il se mit à enseigner à Marbourg ce qu'il avait appris aux Ecoles de Paris (1). La légende rapporte qu'alors son oncle lui apparut en songe, et lui dit : « Prends la croix en expiation de mes fautes, et passe la mer. Quand « tu seras de retour de Jérusalem, tu trouveras à Paris un nouvel « ordre de prédicateurs à qui tu te donneras. N'aie pas peur de « leur pauvreté, et ne méprise pas leur petit nombre, car ils « deviendront un peuple, et se fortifieront pour le salut de beau- « coup d'hommes (2). » Cette intervention mystérieuse produisit son effet. Henri n'y résista pas ; il passa la mer, et comme il revint à Paris au moment où les dominicains jetaient les fondements de leur maison, il n'hésita pas à embrasser leur institut. Ce fut un des premiers et des plus célèbres prédicateurs du couvent de Saint-Jacques (3).

Nous trouvons dans les vies des Frères de l'ordre des Prêcheurs, recueillies par un contemporain, un trait qui se rattache au nom de Henri de Marbourg, et qui nous édifie sur les commencements de la maison de Paris (4). Il arriva que deux Frères en voyage n'avaient encore rien mangé à trois heures de l'après-midi, et ils se demandaient l'un à l'autre comment ils pourraient apaiser leur faim dans le pays pauvre et inconnu qu'ils traversaient. Pendant qu'ils tenaient ces discours, un homme en habit de voyageur s'offrit à eux et leur dit : « De quoi vous entretenez-vous, hommes « de peu de foi ? Cherchez d'abord le royaume de Dieu, et le reste « vous sera donné surabondamment. Vous avez eu assez de foi

---

(1) Echard, *Id.*, p. 148. — Touron, *Vie de saint Dominique*, liv. VI, p. 727.
(2) Gérard de Frachet, *Vies des Frères de l'Ordre des Prêcheurs*, P. IV, ch. XIII.
(3) Lacordaire, *Vie de saint Dominique*, ch. XIII, p. 329.
(4) Gérard de Frachet, *Vies des Frères*, P. I, ch. v.

« pour vous sacrifier à Dieu : et maintenant avez-vous peur
« qu'il ne vous laisse sans nourriture? Passez ce champ, et
« lorsque vous serez dans la vallée qui est au-dessous, vous
« rencontrerez un village : vous entrerez dans l'église, où un
« prêtre vous invitera, et il surviendra un chevalier qui voudra
« vous avoir chez lui presque par la force, et le doyen de l'é-
« glise se jettera entre eux, emmènera le prêtre, le chevalier et
« vous dans sa maison, où il vous traitera magnifiquement. Ayez
« donc confiance dans le Seigneur, et excitez vos Frères dans ces
« mêmes sentiments. » Ayant dit cela, il disparut, et tout se
passa comme il l'avait annoncé. Les Frères, de retour à Paris,
racontèrent ce qui était arrivé à Frère Henri et au petit nombre
de très-pauvres Frères qui s'y trouvaient alors réunis.

II

SAINT DOMINIQUE A PARIS

Au printemps de l'année 1219 saint Dominique quittait Rome, et prenait par l'Espagne et par le midi de la France, le chemin de Paris. Il voulait visiter la maison naissante, afin d'encourager par sa présence, le zèle des premiers fondateurs, et de répandre ses bénédictions sur la petite communauté qu'ils avaient déjà rassemblée au couvent de Saint-Jacques. En passant par Toulouse, il y rencontra Bertrand de Garrigue qui, peut-être, était venu de Paris dans l'intention de le joindre pour l'entretenir des craintes et des espérances de leur établissement. Ils partirent ensemble pour Paris (1), où ils arrivèrent au mois de juin.

L'hospice et la chapelle de Saint-Jacques arrêtèrent les regards et les pas de saint Dominique, à son entrée dans la ville, par la porte d'Orléans (2). Mais la demeure que les Frères-Prêcheurs devaient à la générosité du Doyen de Saint-Quentin, frappa moins le saint patriarche, que les trente religieux (3) au milieu desquels il fut reçu comme l'ange du Seigneur. Il revoyait après deux ans d'absence son frère Mannès, Mathieu de France, dont il avait voulu faire son successeur, et ses autres compagnons, les premiers fils de sa tendresse. Dans les nouveaux frères gagnés par eux et groupés autour de lui, comme les rejetons de l'olivier, il saluait avec le roi prophète (4) les signes précieux de la bénédiction du ciel. Il retrouvait aussi là, Pierre Cellani, cet enfant du

---

(1) Echard, *Script. Ord. Prædic.*, t. I, p. 19. — *Id.*, *Chronique de Humbert*, p. 70. — *Id.*, Dissertatio III, p. 77. — Touron, *Vie de saint Dominique*, liv. II, ch. xi, p. 257.

(2) La porte d'Orléans prit peu de temps après le nom de *Porte Saint-Jacques*.

(3) Echard, *Id.*, p. 18. — B. Jourdain, *Vita B. Dominici*, n° 37. — *Id.*, *Chronique de Humbert*, p. 70.

(4) Psaume cxvii, 3. « Filii tui sicut novellæ olivarum in circuitu mensæ tuæ. Ecce sic benedicetur homo qui timet Dominum. »

Midi, jeune, riche, honoré, encore plus noble de cœur que de naissance, qui avait donné le même jour au saint patriarche sa personne et sa maison (1). Pierre avait reçu l'habit de l'ordre des mains de saint Dominique, et s'était livré, dans le Languedoc, à la prédication avec un zèle qui ne pouvait que déplaire au vieux comte Raymond de Toulouse, toujours favorable aux Albigeois. Aussi, après la mort de Simon de Montfort, tué au siége de Toulouse, en 1218, la vie de Pierre Cellani se trouva-t-elle fort en danger. Dans sa sollicitude toute paternelle pour ce cher fils, Dominique lui avait envoyé de Rome l'ordre de se rendre à Paris, au moment où lui-même se disposait à entreprendre ce voyage.

Mathieu de France offrit donc à son maître vénéré, dans le couvent de Saint-Jacques, les fruits péniblement amassés de son travail opiniâtre. Avec la justesse et la profondeur de ce coup d'œil que Dieu met sous la paupière de ses grands serviteurs, de ceux que l'apôtre appelle ses ambassadeurs (2), ses fondés de pouvoirs ici-bas, Dominique comprit de suite le parti qu'il pouvait tirer de cette petite armée merveilleusement préparée à combattre les bons combats. Sa résolution fut aussitôt arrêtée dans son esprit, et il resta un mois à Paris pour achever de disposer ses nouveaux disciples à la tâche qu'il leur destinait. Pendant ce mois qui passa, comme un temps de retraite, partagé entre la prière, le recueillement et le bonheur de vivre en commun, Dominique consacra son activité aux soins de la maison de Saint-Jacques et à la prédication de l'Evangile, tout entier à ces deux passions qui consumaient sa vie, la gloire de Dieu et le zèle de son ordre.

On dit, et nous ne voulons point taire cette gracieuse légende(3), que, pendant son séjour à Paris, au couvent de Saint-Jacques,

---

(1) Bolland., *Acta sanctorum*, t. I, August., p. 549.— B. Jourdain, *Vita B. Dominici*, c. II, n° 30.— Cette maison était située près du château de Narbonne, où était le palais du comte de Toulouse : après la fondation de l'ordre de saint Dominique, elle fut appelée le couvent de l'Inquisition. — Touron, *Vie de saint Dominique*, liv. VI, p. 674.

(2) I Ad. Corinth., ch. v, 20. « Pro Christo legatione fungimur. » — Ad Ephes., ch. VI, 20. « Pro quo legatione fungor in catena. »

(3) Millin, *Antiquités Nationales*, t IV, ch. xxxix, p. 2.

Dominique fut invité à prêcher à Notre-Dame. Avant de monter en chaire, il demeura longtemps à genoux, en prières; la sainte Vierge apparut à son serviteur, brillante comme le soleil, pour lui remettre écrit sur un feuillet le sujet qu'il devait traiter. Le saint leva les yeux et lut ces mots que Marie lui désignait elle-même : *Ave, gratia plena!* Je vous salue, pleine de grâce.

Le bruit de la présence de saint Dominique à Paris, ne se fut pas plus tôt répandu, que les Frères de Saint-Jacques virent entrer au couvent un jeune italien d'illustre origine, Guillaume de Montferrat. Lorsque quatorze ans plus tard, en 1233, Grégoire IX ordonna l'instruction du procès de canonisation de saint Dominique, Guillaume fut un des principaux témoins qui vinrent déposer sous la foi du serment, et il raconta en ces termes comment la connaissance du serviteur de Dieu l'avait amené à se faire frère dans l'ordre des Prêcheurs. « Voilà environ seize ans, dit-il aux juges (1), que je vins à Rome pour y passer le temps du Carême, et le pape aujourd'hui régnant, qui était alors évêque d'Ostie, me reçut dans sa maison. En ce temps-là, le frère Dominique, fondateur et premier maître de l'ordre des Prêcheurs, se trouvait à la cour romaine, et il visitait souvent le seigneur évêque d'Ostie. Cela me donna lieu de le connaître : sa conversation me plut, et je commençai à l'aimer. Bien des fois nous nous sommes entretenus des choses qui regardaient notre salut et le salut des autres, et il me semblait que je n'avais jamais vu d'homme plus religieux, quoique j'eusse parlé dans ma vie à beaucoup d'hommes qui l'étaient. Mais aucun ne m'avait paru animé d'un si grand zèle pour le salut du genre humain. J'allai la même année étudier la théologie à Paris, parce que j'étais convenu avec le serviteur de Dieu qu'après deux ans de cette étude, et lorsque lui-même aurait achevé l'établissement de son ordre, nous irions ensemble travailler à la conversion des païens qui sont en Perse et dans les contrées du septentrion. » Il y avait juste deux ans que Guillaume de Montferrat suivait les cours de théologie à l'Université de Paris :

---

(1) Echard, *Id.*, Actes de Bologne, 2ᵐᵉ Déposition, p. 47.

Il tint parole et reçut des mains de saint Dominique (1), en compagnie de plusieurs autres étudiants (2), l'habit de l'ordre dans la chapelle de Saint-Jacques. Etienne de Bourbon était de ce nombre.

Parmi les condisciples de Guillaume, il y en eut un que la Providence plaça tout exprès sur le chemin du saint patriarche, à Paris. Ce jeune homme était de la noble famille des comtes d'Eberstein, au diocèse de Paderborn, et il s'appelait Jourdain de Saxe ; Dieu le destinait à être le premier successeur de saint Dominique dans le gouvernement général des Frères-Prêcheurs.

Jourdain était venu continuer à Paris les études qu'il avait commencées en Allemagne. Il s'adonna d'abord à la philosophie ; puis il voulut s'initier à la connaissance des mathématiques. Ensuite le jeune saxon se livra à la théologie, et il y avait ajouté la lecture des Saints Livres (3). On parlait déjà de ses succès aux Ecoles, et l'éclat de sa vertu relevait encore la distinction de son esprit. Sa piété l'amenait toutes les nuits à Notre-Dame prendre part à l'Office de Matines, et s'il advenait à sa ferveur de prévenir la diligence du portier, l'étudiant faisait sa méditation devant l'église, sur le parvis, attendant qu'on vînt ouvrir les portes (4). Rien ne le détourna de cette manière d'agir tout le temps qu'il fréquenta les Ecoles de Paris. Un jour un inconnu se présenta lui demandant la charité : Jourdain était sorti en toute hâte, de peur de ne pas arriver au commencement des Matines. Affligé de n'avoir rien à donner à ce pauvre qui demandait au nom de Jésus-Christ, il ôta sa ceinture et la lui donna (5). Ainsi aux portes d'Amiens, saint Martin encore catéchumène partageait son vêtement avec un malheureux transi de froid, et méritait de voir la nuit suivante le Fils de Dieu lui apparaître revêtu de cette moitié de manteau : de même Jourdain de Saxe étant entré dans l'église pour se

---

(1) Echard, *Id.*, p. 19.
(2) Touron, *Id.*, liv. II, ch. xi, p. 257.
(3) Echard, *Id.*, p. 98.
(4) Touron, *Id.*, liv. VI, p. 697.
(5) Bolland., *Acta Sanctorum*, t. II, Februar.; p. 725. « Cum intrasset, et ante Crucifixum oraret, ipsum devote frequenter inspiciens, vidit eum corrigia ipsa cinctum, quam ante modicum pauperi amore dederat Crucifixi. »

mettre en prière devant une image du Sauveur, éprouva sur l'heure combien cet acte de charité avait été agréable au Divin Maître.

Pour demeurer fidèle à ces bonnes résolutions, Jourdain se sentit aidé par l'amitié d'un jeune chanoine de l'église d'Utrecht, Henri de Cologne, que la nature et la grâce avaient enrichi des plus belles qualités. « Vous eussiez dit un ange, écrivait-il (1), et en lui la vertu semblait un don de la nature. » Henri avait étudié dans son pays les belles-lettres et la philosophie ; puis emporté, lui aussi, par le mouvement auquel la jeunesse studieuse ne savait plus résister, il était venu terminer son instruction aux Ecoles de Paris. Jourdain le fit loger dans la même maison que lui (2). L'union de ces deux âmes était sainte : le même désir de la perfection les portait également tous deux vers les sources limpides du vrai, du beau et du bien ; si un curieux ou un indiscret les avait interrogés sur la raison de cette amitié vraie, l'un n'eût pas manqué de répondre de l'autre : « Je l'aime, parce que c'est lui ! » Ensemble, ils allaient aux Ecoles s'asseoir au pied de la chaire des mêmes maîtres : ensemble, pour reposer leur esprit fatigué de l'étude, ils visitaient les malades et les prisonniers ; ensemble, ils venaient s'agenouiller et prier aux mêmes heures, devant les mêmes autels, à l'ombre des mêmes sanctuaires. Ils formaient un groupe digne de la primitive église, et c'était plaisir de voir dans les Ecoles de Paris deux étudiants qui, à la fleur de l'âge, montraient une retenue, une sagesse dont les hommes faits auraient, à juste titre, eu raison de s'enorgueillir. L'esprit se reportait dans Athènes, au temps où deux jeunes chrétiens, Basile de Césarée et Grégoire de Nazianze, faisaient également admirer à la société des fidèles l'amitié qui les unissait, l'esprit qui les distinguait, la piété qui les rendait agréables à Dieu.

Jourdain, bachelier en théologie et engagé dans le sous-diaconat, redoublait ses prières pour connaître la volonté de Dieu et la voie dans laquelle il devait entrer. Soudain il entendit parler de saint

---

(1) B. Jourdain, *Vita B. Dominici*, n. 40. — Echard, *Id.*, p. 93. « Angelum existimares, et quasi innatam ei crederes honestatem. »
(2) Touron, *Id.*, liv. VI, p. 718.

Dominique : sur la montagne Sainte-Geneviève, dans l'Université, parmi les maîtres et les écoliers, il n'était bruit que du serviteur de Dieu, de la puissance de sa parole, des prodiges de sa sainteté. Une inspiration secrète toucha le cœur de Jourdain ; il courut au couvent de Saint-Jacques voir le fondateur du nouvel ordre, l'entretenir, assister à ses prédications (1). Il se sentit aussitôt subjugué, et fut entre les étudiants de Paris un des premiers à lui donner sa confiance (2). Il vint lui ouvrir son âme et demander ses avis pour éclairer la route qu'il hésitait à suivre. Dominique lui conseilla de recevoir le diaconat, mais il ne jugea pas à propos de mettre de suite fin à ses incertitudes. Il le laissa lutter, persuadé que le vent du ciel est nécessaire aux grands arbres pour leur faire pousser de profondes racines. La divine semence jetée comme en passant par la main bénie du saint patriarche, n'était pas tombée sur une terre inféconde : elle devait, dans cette âme d'élite, sous la rosée du ciel, germer plus tard, croître et se couvrir d'une large moisson de fleurs et de fruits.

Les jours avaient passé vite au milieu de ces sollicitudes particulières, et parmi les soucis d'intérêt général. Le moment de la séparation approchait. Il ne restait plus à Dominique que de poursuivre son œuvre en accomplissant son dessein. Il se rappelait la vision qui l'avait encouragé un jour qu'il priait à Saint-Pierre pour le succès de son ordre (3) : il fut ravi à lui-même. Les deux apôtres Pierre et Paul lui apparurent, Pierre lui présentant un bâton, Paul un livre, et il entendit une voix qui lui disait : « Va et prêche, car c'est pour cela que tu es élu. » En même temps il voyait ses disciples se répandre deux à deux dans le monde pour l'évangéliser. Il n'avait pas oublié la parole significative tombée de ses lèvres lors de la première dispersion de ses disciples (4) : « Le grain, disait-il, fructifie quand on le sème ; il se corrompt lorsqu'on le tient entassé. »

(1) B. Jourdain, *Vita B. Dominici*, n° 36. — Echard, *Id.* p. 19.
(2) Touron, *Id.*, liv. VI, p. 698.
(3) Humbert, *Vita sancti Dominici*, c. XXVI. — Echard, *Id.*, p. 29.
(4) B. Humbert, *Id.* — Echard, *Id.*, p. 29 : « Semina dispersa fructificant, congesta putrescunt. »

On peut dire de la France avec vérité qu'elle fut la mine et le creuset d'où sortirent les Frères-Prêcheurs (1). De Notre-Dame de Prouille, au pied des Pyrénées, de ce vieux sanctuaire consacré à la Vierge Marie, à l'entrée du Languedoc, Dominique avait envoyé de par le monde les premiers Frères de son ordre, en leur disant aussi : « Va et prêche. » A Paris, du modeste hospice de Saint-Jacques, il jette un regard sur sa nouvelle famille, il l'estime suffisante pour remplir la France de Frères-Prêcheurs. A sa voix, Pierre Cellani part pour Limoges, Philippe pour Reims, Guerric pour Metz, Guillaume pour Poitiers, quelques autres Frères pour Orléans, chacun avec mission de prêcher dans ces villes et d'y fonder des couvents. Pierre Cellani hésite ; il doute de ses forces et craint de ne pouvoir mener à bien une si grande entreprise. Dominique lui répond avec son invincible confiance (2) : « Va, mon fils, va sans crainte ! Deux fois le jour je penserai à toi devant Dieu. N'aie pas peur : tu gagneras beaucoup d'âmes et tu feras grand fruit. Tu croîtras et tu multiplieras, et le Seigneur sera avec toi. » Et il envoya Bertrand de Garrigue prendre à Toulouse (3) la place laissée vide par le départ de Pierre Cellani.

Dieu réservait à son serviteur une faveur nouvelle avant de quitter Paris. Ce fut pour son âme une grande joie, et pour l'œuvre dont il poursuivait le succès avec une infatigable ardeur, une magnifique bénédiction. Alexandre II, roi d'Ecosse, se trouvait alors à Paris : il avait servi la fortune du prince Louis de France (4), appelé au trône d'Angleterre par les barons, en 1216, et il venait auprès de Philippe-Auguste renouveler les anciennes alliances de son pays avec la couronne de France (5). Soit que ce

---

(1) Lacordaire, *Vie de saint Dominique*, ch. x, p. 283.
(2) Martène, *Veterum Script. et Monum.*, t. VI, col. 402. « Vade, fili, et confi-
« denter vade ; omni die habebo te coram Deo : et ne dubites. Multos acquires Do-
« mino et afferes fructum multum : crescas et multiplicabis et Dominus erit tecum. »
— Touron, *Id.*, liv. II, ch. xi, p. 257. — Lacordaire, *Id.*, ch. xiv, p. 354.
(3) Touron, *Id.*, liv. II, ch. xi, p. 257.
(4) Henri Martin, *Histoire de France*, t. IV, p. 93.
(5) Touron, *Id.*, p. 258. — Echard, *Id.*, p. 111. — Joannes Leslæus, Episcopus Rossensis, *De Rebus gestis Scot.*, lib. VI, p. 232. « Ferunt Alexandrum
« cum in Galliam ad Philippum, ad redintegranda antiqua fœdera venisset, forte

monarque eût vu Dominique à la cour, quand il allait rendre ses hommages à la reine Blanche de Castille, soit qu'il eût assisté à ses prédications, ou seulement sur le bruit que faisait à Paris le départ des Frères aux différentes parties du royaume, il demanda instamment au saint patriarche d'envoyer quelques Prêcheurs évangéliser la terre d'Ecosse. Dominique s'empressa d'acquiescer au désir du roi : dans son intrépide confiance, il donna ordre à Laurent d'Angleterre (1) de prendre deux autres Anglais, Simon Taylor (2) et Clément (3), et de partir pour cette mission qui semblait ne pouvoir être confiée en meilleures mains. Alexandre leur donna des Eglises, leur fit bâtir des couvents et les environna de la protection la plus efficace.

Nous lisons au livre des Actes (4) que saint Paul étant venu de Milet à Ephèse, prenait congé de cette Eglise qu'il aimait d'une affection particulière. « Vous savez, disait-il entre autres choses, vous savez depuis le premier jour de mon arrivée, comment j'ai été durant tout le temps avec vous. » L'Apôtre et les fidèles se mirent à genoux pour prier une dernière fois ensemble : chacun donnait un libre cours à ses larmes; car tous savaient qu'ils ne devaient plus le revoir. Tels furent les derniers adieux de saint Dominique à ses Frères assemblés au couvent de Saint-Jacques. Il s'éloignait, et chacun devait craindre aussi de ne plus le revoir, tremblants qu'ils étaient tous pour les restes d'une vie que le sacrifice avait déjà dévorée. Il prit avec lui comme compagnon de route, Guillaume de Montferrat (5), et partit de Paris par la Porte de Bourgogne pour regagner, à travers cette province, le chemin de l'Italie.

« etiam Dominicum convenisse, multumque precatum ut ex iis quos ipse secum
« habebat, sanctos quosdam viros, in Scotiam, ad erudiendum populum mitteret.
« Quod ubi factum est maximo apud Alexandrum honore habiti sunt; ædesque,
« ubi agerent, aut suppeditatæ sunt, aut novæ ædificatæ. »

(1) Tourbn, *Id.*, liv. VI, p. 659.
(2) Echard, *Id.*, p. 111. — Touron, *Id.*, p. 738.
(3) Echard, *Id.*, p. 149. — Touron, *Id.*, p. 736.
(4) Actes des Apôtres, ch. xx, v. 18. « Vos scitis a prima die qua ingressus sum in Asiam, qualiter vobiscum per omne tempus fuerim. »
(5) Echard, *Id.*, p. 47 et 97. — Touron, *Id.*, liv. V, p. 562.

III

LES DOMINICAINS ET L'UNIVERSITÉ DE PARIS. — LEURS PREMIÈRES CONQUÊTES PARMI LES MAITRES, RÉGINALD, PARMI LES ÉCOLIERS. JOURDAIN DE SAXE.

Saint Dominique avait quitté Paris pour retourner en Italie, et nous le voyons passer à Châtillon-sur-Seine, quand le soleil de juillet brûlait la campagne. Les chaleurs de l'été ne ralentirent point sa marche; après avoir de nouveau franchi les Alpes, il traversa les plaines de la Lombardie afin de se rendre à Bologne. Les premiers religieux qu'il avait envoyés dans cette ville peu de temps auparavant, s'étaient trouvés d'abord dans un état aussi précaire que leurs confrères de Paris : mais à présent la fondation prospérait et prenait même un accroissement qui tenait du prodige, sous l'influence irrésistible d'un homme de parole et d'action, le Frère Réginald.

Dominique avait entrepris ce voyage de Bologne, et il se hâtait d'en toucher le but, dans la pensée de servir de la façon la plus efficace les intérêts de la maison de Saint-Jacques. Le séjour qu'il venait de prolonger un mois à Paris, avait suffi au saint Patriarche pour saisir au vif la situation de son Couvent, ses espérances avec ses embarras et ses difficultés. Aux yeux du fondateur, les œuvres n'étaient point faites pour les hommes, mais bien les hommes pour les œuvres : désireux de fortifier la racine afin d'obtenir une tige puissante et des rameaux vigoureux, il donna sur-le-champ ordre à Réginald de quitter sa chère communauté de Bologne et de partir pour Paris.

Réginald avait été doyen de Saint-Aignan d'Orléans où il était né, et professeur à l'Université de Paris (1), où il avait fait ses

---

(1) Bolland, *Acta Sanctorum*, t. I Augusti, p. 551. — B. Jourdain, *Vita B. Dominici*, c. II, n° 41. — Echard, *Id.*, p. 18. « Reginaldus erat vir opinione magnus, doctus scientia, celebris dignitate, qui in jure canonico rexerat Parisius annos quinque. »

études, et pendant cinq ans, il y avait enseigné le droit canonique avec éclat. Sa réputation était célèbre en France. En 1218, il visitait Rome avec son évêque Manassé de Seignelai (1), lorsque, gagné par saint Dominique, il abandonna tout pour entrer dans l'Ordre des Frères Prêcheurs. Ainsi, à l'origine, nous trouvons un évêque d'Orléans auprès de l'un des Frères qui ont jeté le plus vif éclat sur le berceau de l'Institut en France ; plus tard, quand un fils de Saint-Dominique viendra replanter à Paris le grand arbre violemment déraciné, Dieu lui donnera également, pour le soutenir et le fortifier, la vaillante amitié d'un successeur de Manassé, celui que l'on appelle l'Evêque d'Orléans.

Réginald est le premier nom français qui rayonne en tête des glorieuses annales du Couvent de Saint-Jacques, car, suivant une expression de Quintilien (2), il semble passer devant celui de Mathieu comme une ombre lumineuse. Dans les fastes de l'Ordre, il tient la seconde place après saint Dominique. L'Eglise, réparant un long oubli, vient de le ranger parmi les bienheureux, et elle a motivé ce titre sur le culte immémorial rendu par les siècles au serviteur de Dieu (3).

Thomas d'Aquin disait en voyant Bonaventure écrire l'histoire de François d'Assise : « Laissons un saint travailler à la vie d'un saint. » Le bienheureux Réginald a eu pour historien le bienheureux Humbert. Laissons donc, nous aussi, parler un saint, et recueillons de sa bouche les rares et précieux détails qu'il nous a transmis sur un autre saint (4). Dieu avait inspiré à Réginald le désir d'abandonner toutes choses pour la prédication de l'Évangile, et le docteur se préparait à ce ministère sans savoir encore comment le remplir, car il ignorait qu'un Ordre de prédicateurs

---

(1) Echard, *Id.*, p. 18, 29 et 89. — Touron, *Vie de saint Dominique*, l. II, c. VI, p. 231.

(2) M. F. Quintilianus, *Institut. Orat.*, l. X, c. I, 73. « Abstulit nomen et fulgore quodam suæ claritatis tenebras obduxit. »

(3) Benedictus XIV, *De Servorum Dei Beatif. et Canon.*, t. II, c. XXII.

(4) Bolland., *Acta Sanctorum*, t. I Augusti, *Vita S. Dominici*, c. IX, n° 103. p. 581. — Thierry d'Apolda composa cette *Vie de saint Dominique* à l'aide des anciens documents, et surtout en suivant les récits du B. Humbert.

eût été institué. Or, il arriva que dans un entretien confidentiel avec un cardinal, il lui ouvrit son cœur à ce sujet, lui disant qu'il pensait à tout quitter pour prêcher Jésus-Christ de çà, de là, dans un état de pauvreté volontaire. Alors le cardinal lui dit : « Voilà justement qu'un ordre vient de se fonder dans le but d'unir la pratique de la pauvreté à l'office de la prédication, et nous avons dans la ville le maître du nouvel ordre : il y annonce lui-même la parole de Dieu. »

Ayant ouï cela, maître Réginald s'empressa de chercher le bienheureux Dominique et de lui révéler le secret de son âme. La vue du saint et la grâce de ses discours le séduisirent : il prit dès lors la résolution d'entrer dans l'ordre. Mais l'adversité qui est l'épreuve de tous les saints projets, ne tarda pas à heurter son dessein. Réginald tomba si gravement malade, que la nature paraissait succomber sous les assauts de la mort, et que les médecins désespéraient de le sauver. Le bienheureux Dominique, affligé de perdre un enfant dont il n'avait pas même joui, se tourna vers la divine miséricorde la suppliant avec importunité, comme il l'a raconté lui-même aux Frères (1), de ne pas lui ravir un fils qui était plutôt conçu que mis au jour, et de lui en accorder la vie au moins pour un peu de temps. Pendant qu'il priait ainsi, la bienheureuse Vierge Marie, Mère de Dieu et Maîtresse du monde, accompagnée de deux jeunes filles d'une beauté incomparable, apparut à maître Réginald, éveillé et consumé par les ardeurs de la fièvre, et il entendit la reine du ciel lui dire : « Demande-moi ce que tu veux, et je te le donnerai ». Comme il délibérait en lui-même, une des jeunes filles qui suivaient la bienheureuse Vierge, lui suggéra de ne rien demander, mais de s'en remettre au bon plaisir de la reine des miséricordes, ce qu'il agréa volontiers. Alors Marie étendant sa main virginale, lui fit une onction sur les yeux, les oreilles, les narines, la bouche, les mains, les reins et les pieds, et en même temps elle prononçait certaines paroles appropriées à chaque onction: « Je n'ai pu con-

(1) Bolland., *Id.*, n° 104, p. 582. — Echard, *Id.*, p. 18, 30 et 90. — *Id.* B. Jourdain, *Vita B. Dominici*, n° 34. — Touron, *Id.*, p. 232.

naître, observe le bienheureux Humbert, que les paroles relatives à l'onction des reins et des pieds. » La Vierge disait donc en touchant les reins : « Que tes reins soient ceints du cordon de la chasteté ; » et en touchant les pieds : « J'oins tes pieds pour la prédication de l'évangile de paix (1). » Elle lui montra ensuite l'habit des Frères-Prêcheurs en disant (2) : « Voici l'habit de ton ordre, » et elle disparut à ses yeux.

Le malade se trouva aussitôt guéri, oint qu'il avait été par la Mère de Celui qui a le secret de tout salut. Le lendemain matin, lorsque Dominique vint le voir et quand il lui eut demandé familièrement de ses nouvelles, Réginald répondit qu'il ne se sentait plus aucun mal, et il lui raconta toute la vision. Tous deux rendirent ensemble des actions de grâces au Dieu qui frappe et qui guérit, qui blesse et qui panse les blessures. Les médecins admirèrent un retour à la vie si subit et si inespéré, ne sachant pas la main qui avait donné le remède.

Trois jours après, Réginald était assis avec Dominique et un religieux de l'ordre des Hospitaliers, lorsque l'onction miraculeuse fut renouvelée sur lui en leur présence (3). La Mère de Dieu attachait à cet acte une importance considérable, et elle tenait à l'accomplir devant témoins. En effet, dit le P. Lacordaire (4), Réginald n'était ici que le représentant de l'ordre des Frères-Prêcheurs, et la Reine du ciel et de la terre contractait alliance en sa personne avec l'ordre entier. Le Rosaire avait été le premier signe de cette alliance, et comme le joyau de l'ordre à son baptême : l'onction de Réginald, symbole de virilité et signe de confirmation, devait aussi avoir une marque durable et commémorative. C'est pourquoi la bienheureuse Vierge, en présentant au nouveau Frère l'habit de l'ordre, ne le lui donna pas tel qu'on le portait alors, mais avec

---

(1) Echard, *Id.*, p. 18 et 30. « Stringantur renes tui cingulo castitatis. » — « Ungo pedes tuos in præparationem Evangelii pacis. »

(2) Echard, *Id.*, p. 30. « Iste est habitus ordinis tui. » — *Id.*, Dissertatio I, p. 71. — Thierry d'Apolda, *Vita sancti Dominici*, c. IX, n° 105. « Huic ore Matris Virginis designatus est habitus Prædicatorum ordinis. » — Touron, *Id.*

(3) Bolland., *Id.*, n°s 106 et 107.

(4) Lacordaire, *Vie de saint Dominique*, ch. XII, p. 315.

un changement remarquable qu'elle semblait vouloir faire accepter sous les auspices de Réginald.

Dominique, longtemps chanoine d'Osma, avait continué de porter l'habit canonial de cette église, lorsqu'il vint en France, et plus tard il l'adopta pour le costume de son ordre. Cet habit consistait en une tunique de laine blanche, recouverte d'un surplis de lin, l'une et l'autre enveloppés d'une chape et d'une capuce de laine noire. Dans le vêtement présenté par la Sainte Vierge à Réginald, le surplis de lin était remplacé par un scapulaire de laine blanche, c'est-à-dire, par une simple bande d'étoffe destinée à couvrir les épaules et la poitrine, en descendant des deux côtés jusqu'aux genoux. Ce vêtement n'était pas nouveau. Il en est question dans la vie des religieux de l'Orient, qui l'avaient sans doute adopté pour complément de la tunique, quand le travail ou la chaleur les contraignait à se dépouiller du manteau. Né au désert d'un sentiment de pudeur, tombant comme un voile sur le cœur de l'homme, le scapulaire était devenu dans la tradition chrétienne le symbole de la pureté, et par conséquent l'habit de Marie, la Reine des Vierges. Lors donc qu'en la personne de Réginald, Marie ceignait les reins de l'ordre tout entier « du cordon de la chasteté, » et préparait ses pieds « à la prédication de l'évangile de paix, » elle lui donnait, dans le scapulaire, le signe extérieur de cette vertu des anges sans laquelle il est impossible de sentir et d'annoncer les choses célestes.

La Sainte Vierge avait choisi Réginald pour attacher à son nom la gloire de ce grand événement, l'un des plus fameux de l'antiquité dominicaine. Après cette faveur signalée qui dans l'institut le place à côté de saint Dominique, il partit pour la Palestine ; et, dit le P. Lacordaire (1), le meilleur maître qu'il nous plaise d'invoquer, l'ordre quitta le surplis de lin pour le scapulaire de laine, devenu la partie principale et caractéristique de son habillement. Lorsque le Frère-Prêcheur fait profession, son scapulaire seul est béni par le prieur qui reçoit ses vœux, et en aucun cas il ne peut

(1) Lacordaire, *Vie de saint Dominique*, ch. xii, p. 317.

sortir de sa cellule sans en être revêtu, même pour aller au tombeau.

L'évêque d'Orléans et le doyen de Saint-Aignan avaient, en se rendant à Rome, arrêté le dessein de poursuivre leur voyage jusqu'à Jérusalem. Les événements inattendus qui venaient de s'accomplir dans la Ville éternelle, ne firent que les retarder sans les détourner de l'exécution de leur projet.

Pendant que Réginald partait avec Manassé visiter la Terre-Sainte, Dominique avait envoyé quelques Frères fonder un nouvel établissement à Bologne, où ils s'étaient fixés dans une maison et une église appelées Sainte-Marie de Mascarella. La petite colonie y vivait dans un profond dénûment, sans pouvoir soulever ce fardeau d'une grande ville, où la religion, les affaires et les plaisirs ont leur cours réglé, et que la nouveauté n'émeut qu'à de difficiles conditions. Tout changea de face à l'arrivée d'un seul homme.

Réginald parut dans Bologne le 21 décembre 1218, à son retour de la Palestine, et bientôt la ville fut ébranlée jusque dans ses fondements. Rien n'est comparable à ces succès de l'éloquence divine (1). Réginald en huit jours était maître de Bologne. Son zèle enflammait les âmes (2). Des ecclésiastiques, des jurisconsultes, des élèves et des professeurs de l'Université entraient à l'envi dans un ordre (3) qui, la veille encore, était inconnu ou méprisé. De grands esprits en vinrent jusqu'à redouter d'entendre l'orateur, de peur d'être séduits par sa parole. Une page des premières chroniques de l'ordre nous fournit la preuve de cette merveilleuse puissance (4). Il y est raconté que lorsque frère Réginald, de sainte mémoire, autrefois doyen d'Orléans, prêchait à Bologne, et attirait à l'ordre des ecclésiastiques et des docteurs de renom, maître Monéta (5), qui enseignait alors les arts

---

(1) Lacordaire. *Vie de saint Dominique*, ch. XIII, p. 331.
(2) Echard, *Id.*, p. 18. « Tota tunc fervebat Bononia. » — Bolland., *Id.*, c. XI, n° 121, p. 584.
(3) Echard, *Id.* — Touron, *Id.*, l. II, c. XIII, p. 271. « Hoc tempore multi magni et litterati viri, Archidiaconi, Decani, Abbates, Priores, Doctores omnium facultatum ordinem intraverunt. » — Malvenda, *Chronic.*, ad an. 1219.
(4) Gérard de Frachet, *Vies des Frères*, P. IV, ch. IX.
(5) Echard, *Id.*, p. 122. — Bolland, *Id.*, c. XII, n° 130, p. 586. — *Id.*, p. 551. B. Jourdain, *Vita B. Dominici*, c. II, n° 43. — Touron, *Id.*, l. V, p. 574.

et jouissait d'une réputation fameuse dans toute la Lombardie, voyant la conversion d'un si grand nombre d'hommes, commença à s'effrayer pour lui-même. C'est pourquoi il évitait avec soin frère Réginald, et détournait de lui ses écoliers. Mais le jour de la fête de saint Etienne, ses élèves l'entraînèrent au sermon : et comme il ne pouvait s'empêcher de s'y rendre, soit à cause d'eux, soit pour d'autres motifs, il leur dit : « Allons d'abord à Saint-Procul entendre la messe. » Ils y allèrent en effet, entendirent non pas une messe, mais trois. Monéta faisait exprès de traîner le temps en longueur, pour ne pas assister à la prédication. Cependant ses élèves le pressaient, et il finit par leur dire : « Allons maintenant. » Lorsqu'ils arrivèrent à l'église, le sermon n'était point encore achevé, et la foule était si grande, que Monéta fut obligé de se tenir sur le seuil. A peine eut-il prêté l'oreille qu'il fut vaincu. L'orateur s'écriait en ce moment : « *Je vois les cieux ouverts?* Oui, les cieux sont ouverts à qui veut voir et à qui veut entrer; les portes sont ouvertes à qui veut les franchir. Ne fermez pas votre cœur, et votre bouche et vos mains, de peur que les cieux ne se ferment aussi. Que tardez-vous encore? Les cieux sont ouverts. » Dès que Réginald fut descendu de chaire, Monéta, touché de Dieu, alla le trouver, lui exposa son état et ses occupations, et fit vœu d'obéissance entre ses mains. Mais, comme beaucoup d'engagements lui ôtaient sa liberté, il garda encore l'habit du monde pendant une année, du consentement de frère Réginald, et cependant il travailla de toutes ses forces à lui amener des auditeurs et des disciples. Tantôt c'était l'un, tantôt l'autre, et chaque fois qu'il avait fait une conquête il semblait prendre l'habit avec celui qui le prenait.

Le couvent de Sainte-Marie de Mascarella ne suffit bientôt plus aux Frères. Réginald obtint de l'évêque de Bologne, par l'entremise du cardinal Ugolin, l'église de Saint-Nicolas des Vignes, située près des murs et entourée de champs. La légende eut bientôt fait d'imprimer à ce changement de domicile un cachet surnaturel (1). Frère Jean de Bologne racontait que les cultivateurs de

(1) Gérard de Frachet, *Vies des Frères*, P. I, ch. IV. — Echard, *Id.*, p. 92.

la vigne de Saint-Nicolas y avaient souvent vu des lumières et des apparitions de splendeurs. Frère Clarin se rappelait que dans son enfance, passant un jour près de cette vigne, son père qu'il accompagnait, lui dit : « Mon fils, on a souvent entendu dans ce lieu le chant des anges, ce qui est un grand présage pour l'avenir. » Et comme l'enfant remarquait que peut-être étaient-ce des hommes qu'on avait entendus, son père lui dit : « Mon fils, autre est la voix des hommes, autre la voix des anges, et on ne saurait les confondre. »

Au printemps de l'année 1219 les Frères furent donc transférés à Saint-Nicolas, où ils continuèrent à se multiplier, grâce aux prédications de Réginald, à ses vertus et à la bénédiction de Dieu. Car, dit le P. Lacordaire (1), aucun attrait humain ne coopérait à ces conversions de jeunes gens et d'hommes déjà avancés dans la carrière des emplois publics. Rien n'était plus dur que la vie des Frères. La pauvreté d'un ordre naissant se faisait sentir à eux par toutes sortes de privations. Leur corps et leur esprit, fatigués du travail de la prédication évangélique, ne se réparaient que dans le jeûne et l'abstinence; une nuit brève sur une couche austère succédait aux longues heures du jour. Les moindres fautes contre la règle étaient sévèrement punies (2). Un frère convers avait accepté sans permission je ne sais quelle étoffe grossière; Réginald lui ordonna de se découvrir les épaules, selon la coutume, pour recevoir la discipline en présence des Frères. Le coupable s'y refusa. Réginald le fit dépouiller, et levant les yeux au ciel avec larmes, il dit : « O Seigneur Jésus-Christ, qui aviez donné à votre serviteur Benoît la puissance de chasser le démon du corps de ses moines par les verges de la discipline, accordez-moi la grâce de vaincre la tentation de ce pauvre Frère par le même moyen. » Il le frappa ensuite avec tant de force que les Frères qui étaient présents en furent émus jusqu'à pleurer.

Chose admirable! s'écrie le P. Lacordaire (3), la religion se sert pour élever l'homme des moyens que le monde emploie pour

---

(1) Lacordaire, *Vie de saint Dominique*, ch. XIII, p. 334.
(2) Gérard de Frachet, *Vies des Frères*, P. IV, ch. II.
(3) Lacordaire, *Vie de saint Dominique*, ch. XIII, p. 336.

l'avilir. Elle lui rend la liberté par les pratiques de la servitude ; elle le fait roi en le crucifiant. Aussi les pénitences du cloître n'étaient point la plus rude épreuve des jeunes ou des illustres novices qui se pressaient aux portes de Saint-Nicolas de Bologne. La principale tentation des œuvres naissantes est dans leur nouveauté même, dans cet obscur horizon où flottent les choses qui n'ont point encore de passé. Quand un établissement a les siècles pour soi, il sort de ses pierres un parfum de stabilité qui rassure l'homme contre les doutes de son cœur. Il y dort comme l'enfant sur les vieux genoux de son aïeul ; il y est bercé comme le mousse sur un vaisseau qui a cent fois traversé l'Océan. Mais les œuvres nouvelles ont une triste harmonie avec les endroits faibles du cœur humain : ils se troublent réciproquement. Saint Nicolas de Bologne ne fut pas à l'abri de ces sourdes tempêtes qui, selon une loi de la Providence, doivent éprouver et purifier tous les ouvrages divins auxquels l'homme vient apporter sa coopération. Réginald fut le pilote dont la main habile et ferme sauva la nacelle.

Au dire de l'historien des origines dominicaines (1), quand l'ordre des Prêcheurs était comme un petit troupeau et une plantation nouvelle, il s'éleva parmi les Frères, au couvent de Bologne, une telle tentation d'abattement, que beaucoup d'entre eux conféraient ensemble sur l'ordre auquel ils devaient passer, persuadés que le leur, si récent et si faible, ne pouvait avoir de durée. Deux des Frères avaient déjà même obtenu d'un légat apostolique la permission d'entrer dans l'ordre de Cîteaux, et ils en avaient présenté les lettres à frère Réginald, autrefois doyen de Saint-Aignan d'Orléans, alors vicaire du bienheureux Dominique. Frère Réginald ayant assemblé le Chapitre et exposé l'affaire avec une grande douleur, les Frères éclatèrent en sanglots, et un trouble incroyable s'empara des esprits. Frère Réginald, muet et les yeux au ciel, ne parlait qu'à Dieu, en qui était toute sa confiance. Frère Clair le Toscan se leva pour exhorter les Frères. C'était un homme bon et de grande autorité, qui avait enseigné les arts et le droit cano-

(1) Gérard de Frachet, *Vies des Frères*, P. I, ch. v.

nique, et qui fut depuis prieur de la province romaine, pénitencier et chapelain du pape. A peine achevait-il son discours, qu'on voit entrer maître Roland de Crémone (1), docteur excellent et renommé, qui enseignait la philosophie à Bologne, et le premier des Frères qui ait ensuite professé la théologie à Paris. Il était seul, plutôt ivre que transporté de l'esprit de Dieu, et sans dire une autre parole il demande à prendre l'habit. Frère Réginald, hors de lui-même, ôta son propre scapulaire et le lui mit au cou. Le sacristain sonne la cloche; les Frères entonnent le *Veni, Creator Spiritus* et pendant qu'ils le chantent avec des voix étouffées par l'abondance de leurs larmes et de leur joie, le peuple accourt : une multitude d'hommes, de femmes et d'étudiants inonde l'église; la ville entière s'émeut au bruit de ce qui arrive; la dévotion envers les Frères se renouvelle; toute tentation s'évanouit, et les deux Frères qui avaient résolu de quitter l'ordre, se précipitent au milieu du Chapitre, renoncent à la licence apostolique qu'ils avaient obtenue, et promettent de persévérer jusqu'à la mort.

Tel était Réginald : telle est la figure que faisait ce prêcheur français parmi les premiers frères. Dominique espérait beaucoup de sa renommée, de son éloquence et de son activité pour asseoir sur un fondement inébranlable le couvent de Saint-Jacques. La Providence semblait avoir choisi cet athlète au sein de l'Université, sur ce terrain de luttes et de combats, pour l'armer et le mettre exprès sous la main de Dominique, afin qu'il l'envoyât secourir Mathieu de France, l'aider à conquérir pour l'ordre naissant un rang honorable dans le monde de la science, une influence salutaire à la cour et sur le peuple de Paris.

Dominique avait commandé, Réginald obéit à la parole du maître. Les frères de Bologne le virent s'éloigner avec un amer regret, pleurant d'être séparés si tôt *des mamelles de leur mère*. Ainsi parle le bienheureux Jourdain de Saxe, qui ajoute immédiatement (2) :

---

(1) Touron, *Id.* l. II, c. XIII, p. 271. « ... Multi ordinem intraverunt. Inter quos Bononiæ fuit magister, Rolandus Cremonensis, summus philosophiæ, qui primus Parisiis et Fratribus in Theologia rexit. »

(2) Echard, *Id.*, p. 19. — *Id.*, B. Jourdain, *Vita B. Dominici*, n° 37 : « Trans

Mais toutes ces choses arrivaient par la volonté de Dieu. Il y avait je ne sais quoi de merveilleux dans la manière dont le serviteur de Dieu Dominique dispersait çà et là les Frères dans toutes les régions de l'Eglise de Dieu, malgré les représentations qu'on lui adressait quelquefois, et sans que sa confiance fût jamais obscurcie par l'ombre d'une hésitation. On eût dit qu'il connaissait d'avance le succès, et que l'Esprit-Saint le lui avait révélé. En effet, qui oserait en douter? Il n'avait avec lui, dans le principe, qu'un petit nombre de Frères, simples et illettrés pour la plupart, qu'il avait envoyés en petits pelotons par toute l'Eglise, de sorte que les enfants de ce siècle, qui jugent selon leur prudence, l'accusaient de détruire ce qui était commencé, plutôt que d'élever un grand édifice. Mais il accompagnait de ses prières ceux qu'il envoyait ainsi, et la vertu du Seigneur se prêtait à les multiplier.

Réginald arriva à Paris où sa présence inattendue prit presque les proportions d'un événement : quand on sut qu'il venait pour y demeurer, la joie de le revoir se doubla de l'espérance de le posséder longtemps. Mathieu surtout rendait grâce à Dieu de ces dispositions arrêtées par saint Dominique. Il retrouvait son maître, car autrefois, étudiant à l'Université de Paris, il avait suivi les leçons de droit canonique professé par Réginald (1), et il lui était resté pour le docteur et pour la doctrine un sentiment de profonde admiration, commun d'ailleurs à tous ceux qui avaient partagé le même enseignement. Le Prieur de Saint-Jacques bénit la Providence qui lui envoyait un pareil secours ; immédiatement il voulut en tirer parti. L'hospice et la chapelle cédés par le doyen de Saint-Quentin ne suffisaient déjà plus à la communauté ; le nombre croissant des religieux réclamait des bâtiments plus vastes et des constructions nouvelles : aux Frères Prêcheurs il ne man-

misit autem inde Parisius, Fratrem Reginaldum, non sine gravi desolatione filiorum, quos per verbum Evangelii recenter Christo genuerat : qui flebant a consuetæ matris uberibus sese tam festinanter avelli, sed hæc omnia divinis nutibus agebantur. »

(1) Echard, *Id.*, p. 92. « In Academia Parisiensi educatus, ubi B. M. Reginaldum jus canonicum e superiori loco interpretantem, tum in seculo gloriosum, delicatumque cognovit. »

quait plus que le couvent. Mathieu devait nécessairement porter de ce côté les préoccupations de son esprit ; c'est pourquoi, afin de faire face à ces exigences matérielles, il se déchargea sur Réginald de la direction des études et du soin de la prédication. Il fallait d'ailleurs pourvoir à ces fonctions, car depuis quelques semaines elles se trouvaient à vaquer. Michel de Fabra qui avait été désigné pour enseigner la théologie à la maison de Saint-Jacques (1), était parti pour le royaume d'Aragon, où saint Dominique l'avait envoyé avant de quitter Paris.

Réginald prit sa place et se mit à l'œuvre (2). Sa parole et sa sainteté ne tardèrent pas à renouveler les prodiges qu'il avait opérés à Bologne. Dominique ne s'était pas trompé dans ses espérances, et le résultat répondait à son attente. Les étudiants qui avaient connu Réginald, ceux qui avaient entendu célébrer ses louanges accouraient en foule se ranger autour de la chaire de l'ancien professeur, l'écouter, le consulter, lui ouvrir leur âme, lui confier leurs impressions. Deux de ces jeunes gens se hâtèrent de faire profession entre ses mains : c'étaient Henri de Cologne et Jourdain de Saxe, qui se décidaient à répondre généreusement à la grâce dont saint Dominique n'avait voulu que leur laisser deviner les douces et irrésistibles attractions. Beaucoup d'autres se disposaient à suivre leur exemple : Yves le Breton, Guillaume de Rennes, l'allemand Brocard, l'anglais Robert Kilvarby, Guerric de Saint-Quentin, Guillaume de Pérault, docteur de l'Université, Jean de Montmirail, archidiacre de Paris ; ceux-ci apprenaient le chemin du couvent pour en étudier la vie et la règle, ceux-là se préparaient à prendre l'habit dominicain dans la chapelle de Saint-Jacques, sous les auspices de Réginald.

Son influence produisait dans le cloître les mêmes fruits que dans la société. Si le professeur par sa science exerçait un heu-

---

(1) Touron, *Id.*, l. VI, p. 662.
(2) Echard, *Id.*, p. 90. « Venit itaque S. M. F. Reginaldus Parisius, et indefesso mentis fervore Christum Jesum et hunc crucifixum, verbo prædicabat et opere, sed cito de terra sustulit eum Dominus, et consummatus in brevi explevit tempora multa. »

reux empire sur la jeunesse des Écoles, par sa haute vertu le religieux servait de modèle à la communauté. Tous l'admiraient et chacun s'efforçait de l'imiter. Un jour Mathieu, qui l'avait autrefois connu dans le siècle, vivant avec toutes les aises de la célébrité et de la délicatesse, lui témoigna son étonnement de le voir s'imposer de rudes pénitences : « Ce n'est rien, répondit Réginald ; je sais qu'on ne peut suivre Jésus-Christ qu'en portant sa croix, et pour mériter d'être vraiment son disciple, je voudrais me mortifier en toutes choses. Mais ce Dieu de miséricorde me remplit de tant de consolations, que parmi ces austérités je ne trouve que douceur et plaisir. » Et comme le prieur insistait exprimant sa surprise de ce qu'il avait embrassé un institut aussi sévère (1) : « C'est sans aucun mérite de ma part, ajouta-t-il, car je m'y suis toujours trop plu. »

Il était alors, après Dominique, l'astre le plus éclatant de la nouvelle religion. Tous les frères, dit le P. Lacordaire (2), avaient les yeux sur lui, et sans prévoir la mort trop prochaine de leur fondateur, ils voyaient avec joie qu'il n'était pas le seul capable de porter le fardeau de son œuvre. Mais Dieu trompa ces sentiments d'amour et d'admiration ; il ne veut pas que ses desseins puissent sembler dépendre de l'action énergique d'un homme, fût-il un grand saint. Lorsque le doyen de Saint-Aignan, dès le début de sa vocation religieuse, semblait toucher aux portes du tombeau, Dominique avait demandé pour lui la vie au moins pour un peu de temps. Sa prière fut exaucée et son cher novice recouvra la santé : mais le Seigneur compta les jours et il les fit de peu de durée, *parvi*, comme disait le patriarche Jacob au roi Pharaon.

Réginald fut atteint d'une maladie mortelle au moment où la maison de Paris, où l'ordre tout entier concevaient de lui les plus hautes espérances. Le Prieur de Saint-Jacques, Mathieu de France, vint l'avertir que l'heure du dernier combat approchait,

---

(1) Echard, *Id.*, p. 90. « Nihil in hoc Ordine mercri me reputo, quia nimis in eo mihi semper complacuit. »

(2) Lacordaire, *Vie de saint Dominique*, ch. xv, p. 368.

et lui demanda s'il ne voulait pas permettre qu'on fît sur son corps les suprêmes onctions (1) : « Je ne crains pas le combat, répondit Réginald, je le désire et l'attends avec joie. La Mère de miséricorde m'a oint à Rome de ses propres mains, je lui ai donné ma confiance : maintenant je vais à elle et j'en ai grande hâte ; mais de peur que je ne paraisse mépriser l'onction ecclésiastique, il me plaît aussi de la recevoir, et je la demande. » Les Frères ne savaient point alors, du moins généralement, la manière mystérieuse dont Réginald avait été appelé à l'ordre, car il avait prié Dominique de n'en point parler de son vivant. Mais le souvenir de cette insigne faveur se présentant à son esprit à l'instant de la mort, il ne put s'empêcher d'y faire allusion, et la reconnaissance lui arracha un secret que son humilité avait caché jusque-là.

Réginald rendit le dernier soupir au couvent de Saint-Jacques. Mais sur cette tige bénie, à la place du magnifique rameau enlevé soudain par une fin prématurée, Dieu suscita un rejeton précieux suivant cette parole du poëte (2) :

..... Primo avulso non deficit alter
Aureus.....

Jourdain de Saxe fut ce rameau d'or qui adoucit par ses fleurs et ses fruits les regrets de la perte que l'ordre venait de faire. L'ange des Frères Prêcheurs posa le berceau de Jourdain sur la tombe de Réginald, et le chant des funérailles s'éteignit dans l'hymne de la nativité.

« La nuit même où l'âme du saint homme Réginald s'envola au Seigneur, dit Jourdain racontant son entrée dans l'ordre et celle de Henri de Cologne, son ami (3), moi qui n'étais point

---

(1) Gérard de Frachet, *Vies des Frères*, P. V, ch. III. — Echard, *Id.* « Ego luctam istam non timeo, sed cum gaudio expeto et expecto. Mater quidem misericordiæ me Romæ inunxit, et in ipsa confido, et ad ipsam cum multo desiderio vado : tamen ne hanc ecclesiasticam unctionem contemnere videar, placet et eam peto. »

(2) Virgile, *Énéide*, liv. VI, v. 143.

(3) Le B. Jourdain de Saxe, *Vie de saint Dominique*, ch. III, n° 47.

encore Frère par l'habit, mais qui avais fait vœu de l'être dans ses mains, je vis en songe les Frères sur un vaisseau. Tout à coup le vaisseau fut submergé, mais les Frères ne périrent point dans le naufrage; je pense que ce vaisseau était frère Réginald, regardé alors des Frères comme leur bâton. Un autre vit en songe une fontaine limpide qui cessait subitement de verser de l'eau, et qui était remplacée par deux sources jaillissantes. En supposant que cette vision représentât quelque chose de réel, je connais trop ma propre stérilité pour oser en donner l'interprétation. Je sais seulement que Réginald ne reçut à Paris que la profession de deux religieux, la mienne et celle de frère Henri, qui fut depuis prieur de Cologne, homme que j'aimais dans le Christ d'une affection que je n'ai accordée aussi entière à personne, vase d'honneur et de perfection tel, que je ne me souviens pas d'avoir vu en cette vie une plus gracieuse créature (1). Le Seigneur se hâta de le rappeler à lui, et c'est pourquoi il ne sera pas inutile de dire quelque chose de ses vertus. »

Je ne sais rien de plus doux et de plus fort que le lien qui se serrait ainsi entre ces deux âmes. David ne trouvait point dans son langage inspiré d'autre expression pour dire l'amitié qui l'unisssait à Jonathas. Jourdain de Saxe ne voulait pas aller seul à Dieu et à l'ordre de saint Dominique, il désirait leur donner en même temps son meilleur ami. Pour y réussir, il ne compta pas en vain sur l'influence de Réginald, et dans une page émue il nous raconte comment se gagna la victoire.

« Henri avait eu dans le siècle une naissance distinguée, et on l'avait nommé tout jeune chanoine d'Utrecht. Un autre chanoine de la même Eglise, homme de bien et de grande religion, l'avait élevé dès ses plus tendres années dans la crainte du Seigneur. Il lui avait appris par son exemple à vaincre le siècle en crucifiant

---

(1) Echard, *Id.*, p. 93. « Unum scio, neminem apud Parisius præter duos ipsum ad professionem ordinis suscepisse, quorum quidem ego primus, alter vero F. Henricus, postmodum Prior Coloniensis, mihi singulari affectu præ cunctis, ut puto, mortalibus in Christo carissimus, tanquam vere vas honoris et gratiæ, quo gratiosiorem creaturam me in hac vita vidisse non recolo. »

sa chair et en pratiquant les bonnes œuvres; il lui faisait laver les pieds des pauvres, fréquenter l'Eglise, fuir le mal, mépriser le le luxe, aimer la chasteté : et ce jeune homme étant d'une nature excellente, se montra docile au joug de la vertu; les bonnes œuvres crûrent en lui aussi vite que l'âge, et on l'eût pris, à le voir, pour un ange en qui la naissance et l'honnêteté n'é.aient qu'une même chose. Il vint à Paris (1), où l'étude de la théologie ne tarda pas de le ravir à toute autre science, doué qu'il était d'un génie naturel très-vif et d'une raison parfaitement ordonnée. Nous nous rencontrâmes dans l'hôtel que j'habitais, et bientôt la commensalité de nos corps se changea en une douce et étroite unité de nos âmes. Frère Réginald, d'heureuse mémoire, étant venu aussi à la même époque à Paris, et y prêchant avec force, je fus touché de la grâce, et fis vœu au-dedans de moi-même d'entrer dans son ordre; car je pensais y avoir trouvé un sûr chemin de salut, tel, qu'avant de connaître les Frères, je me l'étais souvent représenté.

« Cette résolution prise, je commençai à désirer d'enchaîner au même vœu le compagnon et l'ami de mon âme en qui je voyais toutes les dispositions de la nature et de la grâce requises dans un prédicateur. Lui me refusait, et moi je ne cessais de le presser. J'obtins qu'il irait se confesser à Frère Réginald, et lorsqu'il fut de retour, ouvrant le prophète Isaïe par manière de consultation, je tombai sur le passage suivant (2) : « Le Seigneur m'a donné une langue savante pour que je soutienne par la parole celui qui tombe; il m'éveille le matin, pour que je l'écoute comme mon maître. Le Seigneur Dieu m'a fait entendre sa voix, et je ne lui résiste point, je ne vais pas en arrière. » Pendant que je lui interprétais ce passage qui répondait si bien à l'état de son cœur, et que, le lui présentant comme un avis du Ciel, je l'exhortais à

---

(1) Echard, *Id.*, « Venit Parisius, et statim ad studium theologiæ se contulit, habens magnum ingenii naturalis acumen, et ordinatissimam rationem. Adjunctus autem est mihi hospitio, et commanentes in suavem ac validam convenimus concordiæ unitatem. »

(2) Isaïe, ch. L, 4, 5.

soumettre sa jeunesse au joug de l'obéissance, nous remarquâmes quelques lignes plus bas ces deux mots (1) : *Tenons-nous ensemble*, qui nous avertissaient de ne point nous séparer l'un de l'autre, et de consacrer notre vie au même dévouement. Ce fut par allusion à cette circonstance que, lui étant en Allemagne et moi en Italie, il m'écrivit un jour : « Où est maintenant le *Tenons-nous ensemble ?* Vous êtes à Bologne, et moi à Cologne ! » — Je lui disais donc : « Quel plus grand mérite, quelle plus glorieuse couronne que de nous rendre participants de la pauvreté du Christ et de ses apôtres, et d'abandonner le siècle pour l'amour de lui ! » Mais bien que sa raison le fît tomber d'accord avec moi, sa volonté lui persuadait de me résister.

« La nuit même où nous tenions ces discours, il alla entendre matines dans l'église de la bienheureuse Vierge, et il y demeura jusqu'à l'aurore, priant la Mère du Sauveur de fléchir ce qu'il y avait de rebelle en lui. Et comme il ne s'apercevait pas que la dureté de son cœur fut amollie par la prière, il commença à dire en lui-même : « Maintenant, ô Vierge bienheureuse, j'éprouve que vous n'avez point compassion de moi, et que je n'ai point ma place marquée dans le collége des pauvres du Christ ! » Il disait cela avec douleur, parce qu'il y avait en lui un désir de la pauvreté volontaire, et que le Seigneur lui avait une fois montré combien elle a de poids au jour du jugement. La chose s'était ainsi passée. Il voyait en songe le Christ sur son tribunal, et deux multitudes innombrables, l'une qui était jugée, l'autre qui jugeait avec le Christ. Pendant que, sûr de sa conscience, il regardait tranquillement ce spectacle, l'un de ceux qui étaient à côté du juge étendit tout à coup la main vers lui, et lui cria : « Toi qui es là-bas, qu'as-tu jamais abandonné pour le Seigneur ? » Cette question le consterna, parce qu'il n'avait rien à y répondre, et c'est pourquoi il souhaitait la pauvreté, quoiqu'il n'eût pas le courage de l'embrasser de lui-même, et il se retirait de l'Église de Notre-Dame, triste de n'avoir point obtenu la force qu'il avait

---

(1) Isaïe, ch. L, 8 : « *Stemus simul.* »

demandée. Mais, à ce moment, Celui qui regarde d'en haut les humbles renversa les fondements de son cœur, des ruisseaux de larmes arrivèrent à ses yeux : son âme s'ouvrit et s'épancha devant le Seigneur; toute la dureté qui l'opprimait fut brisée, et le joug du Christ, auparavant si lourd à son imagination, lui apparut ce qu'il est réellement, doux et léger. Il se leva dans le premier mouvement de son transport, et courut chercher Frère Réginald, entre les mains duquel il prononça ses vœux. Il vint ensuite me trouver, et pendant que je considérais sur son angélique figure la trace des larmes, et que je lui demandais où il était allé, il me répondit : « J'ai fait un vœu au Seigneur, et je l'accomplirai. » Nous différâmes cependant notre prise d'habit jusqu'au temps de Carême, et nous gagnâmes dans l'intervalle un de nos compagnons, Frère Léon, qui succéda depuis à frère Henri, dans la charge de prieur.

« Le jour étant venu où l'Eglise, par l'imposition des cendres, avertit les fidèles de leur origine et de leur retour à la poussière d'où ils sont sortis, nous nous disposâmes à acquitter notre vœu. Nos autres compagnons n'avaient aucune connaissance de notre dessein, et l'un d'eux, voyant sortir frère Henri de l'hôtel, lui dit : « Monsieur Henri, où allez-vous? » « Je vais, répondit-il, à Béthanie. » Il faisait allusion au sens hébraïque de ce mot qui signifie *Maison d'obéissance*. Nous nous rendîmes, en effet, tous les trois à Saint-Jacques, et nous entrâmes au moment où les Frères chantaient *Immutemur habitu*. Ils ne s'attendaient pas à notre visite; mais, quoique imprévue, elle ne laissait pas d'être opportune, et nous dépouillâmes le vieil homme pour revêtir le nouveau, pendant que les Frères chantaient la même chose que nous faisions. »

Ainsi Jourdain de Saxe reçut l'habit de saint Dominique dans la petite chapelle de Saint-Jacques, le mercredi des Cendres, 12 février 1220, pendant que les Frères célébraient l'office du jour. Réginald n'avait pas eu la consolation d'assister à cette cérémonie : le maître ne put conduire à l'autel le jeune étudiant couronnant son sacrifice. Il était mort quelques jours auparavant, au commencement du mois de février, avant d'avoir consommé cette dernière œuvre, « semblable à l'aloès qui meurt en fleurissant et ne voit jamais ses fruits (1). » Mais comme Elie montant au Ciel dans un char de feu, jetait son manteau à son disciple Elisée, de même Réginald laissa tomber sur les épaules de Jourdain, son scapulaire, et dans un des plis, les espérances que Dieu ne lui avait pas donné le temps de réaliser. Il fut enseveli dans l'Eglise des Bénédictins de Notre-Dame des Champs (2), car le couvent de Saint-Jacques n'avait encore ni église ni cimetière.

(1) Lacordaire, *Vie de saint Dominique*, ch. xv, p. 376. — Le P. Lacordaire a retracé le portrait du bienheureux Reginald avec des attentions dont la délicatesse fait honneur également au Français et au Frère Prêcheur. Nous lui avons pris ses couleurs et ses pinceaux pour retoucher cette grande figure et la mettre à sa place dans l'histoire du couvent de Saint-Jacques.

(2) Echard, *Id.*, p. 90. « Sepultus est autem in Ecclesia B. Mariæ de Campis eo quod nondum Fratres sepulturam haberent. »

IV

FORMATION DU COUVENT DE SAINT-JACQUES. — HONORIUS III. — LE PREMIER CHAPITRE GÉNÉRAL. — LE DOYEN DE SAINT-QUENTIN. — L'UNIVERSITÉ. — LE CHAPITRE DE NOTRE-DAME. — LA PAROISSE DE SAINT-BENOIT. — LE SECOND CHAPITRE GÉNÉRAL.

Le monastère de Notre-Dame des Champs ou des Vignes s'élevait, comme l'indique assez son nom, en pleine campagne, au-delà des murailles de la ville, s'ouvrant de ce côté par la porte d'Orléans ou de Saint-Jacques. Ce Prieuré, qui dépendait de la grande abbaye bénédictine de Marmoutiers (1), était ainsi voisin du couvent des Prêcheurs. Dès l'origine, les meilleures relations s'étaient établies entre les deux maisons, et les fils de saint Benoît donnèrent aux disciples de saint Dominique accès facile dans leur cloître, et dans leur église, une place pour les vivants, l'hospitalité pour les morts (2).

Le doyen de Saint-Quentin avait mis les Dominicains en possession de l'hospice et de la chapelle de Saint-Jacques, mais cet acte de générosité qui leur donnait place au soleil dans Paris, ne constituait pas au couvent une existence régulière; il fallait la conquérir ou l'attendre du temps et des circonstances. La marche à suivre exigeait beaucoup de circonspection, la conduite à tenir ne demandait pas moins de prudence : on courait risque à tout moment, à chaque pas, de se heurter aux droits et priviléges du roi, de la ville, de l'Université, de l'évêque, du chapitre de Notre-Dame, de la paroisse de Saint-Benoît. Les Prêcheurs, nouveaux

---

(1) Jaillot, *Recherches sur Paris*, t. IV, quartier Saint-Benoît, p. 150. — Gallia Christiana, t. VII, col. 42. — Le Beuf, *Histoire de Paris*, édition Cocheris, t. II, p. 59.

(2) R. Choppin, *Monasticon*, l. I, p. 38. « Franci Dominicani, vulgo *Jacobitæ* vocitantur a Jacobæo Parisiorum vico, circa quem illi primum hospitio excepti sunt apud *B. Mariam de Vineis*, et quo in vico dehinc sacram ædem, sedemque domicilii perpetuam collocarunt. »

venus, devaient compter avec ces puissances qui les enveloppaient de toutes parts, sans oublier les voisins immédiats, seigneurs séculiers ou réguliers, dont les propriétés touchaient les murs même de la maison de Saint-Jacques. Ce n'était encore qu'un de ces petits îlots dont la pointe, au jour des grandes marées, émerge à peine à quelques brasses du rivage : laissez aux flots le temps de se retirer, et peu à peu, ce rocher qui paraissait solitaire et détaché, s'élargit, s'étend, pour montrer que par la base il tient solidement à la terre ferme.

Mathieu était habile ; on savait son expérience dans le maniement des affaires (1) : il ne manqua pas à sa réputation et déploya toutes les ressources de son esprit pour sortir sa maison d'une situation si délicate. La communauté croissait en nombre ; le couvent comptait déjà des noms illustres ; les Frères s'affirmaient par l'autorité de leur prédication ; le prieur ne négligeait rien pour se ménager des amitiés ou des protections utiles.

Le prieur de Notre-Dame des Champs avait suivi l'exemple du doyen de Saint-Quentin ; il s'était empressé d'accueillir avec bonté les Frères Prêcheurs au milieu des difficultés de toutes sortes qui rendaient si pénibles les commencements de la maison de Saint-Jacques : il leur était venu en aide avec une bienveillance que l'on connut en haut lieu, et dont on lui sut gré à la cour de Rome. Saint Dominique instruit de la mort et des funérailles de Réginald, s'empressa de porter ces faits à la connaissance du Souverain-Pontife. Le pape Honorius III voulut en témoigner sur-le-champ sa satisfaction aux Bénédictins, et de Viterbe, il leur écrivit la lettre suivante à la date du 26 février 1220 (2).

---

(1) Touron, *Vie de saint Dominique*, l. VI, p. 651.
(2) R. Choppin, *Monasticon*, l. I, p. 38. — Archives Nationales, *Registres et Cartons*, L. 240, n° 66.

Honorius episcopus, servus servorum Dei,

Dilectis Filiis Priori et conventui Sanctæ Mariæ de Vineis, extra portam Parisiensem, salutem et apostolicam benedictionem.

Gratum gerimus et acceptum, quod, sicut accepimus, dilectos filios Fratres ordinis Prædicatorum, in sacra pagina studentes apud Parisius, habentes in visceribus charitatis, eos vestræ pietatis officiis laudabiliter confovetis, per quod gra-

Honorius, évêque, serviteur des serviteurs de Dieu,

A nos chers fils le prieur et les religieux de Sainte-Marie des Vignes, hors la porte de Paris, salut et bénédiction apostolique.

Nous sommes heureux d'apprendre que vous accueillez dans les entrailles de la charité, et que vous comblez de vos bons offices, nos chers fils les Frères de l'Ordre des Prêcheurs, qui étudient à Paris la sacrée théologie. Nous vous en félicitons, car nous estimons qu'en cela vous faites une œuvre agréable au Seigneur. Si les biens ecclésiastiques sont consacrés à Dieu seul, certes, on ne peut les employer à meilleur usage, qu'à prêter secours à ceux qui, pleins d'ardeur pour le salut des hommes, vont avec joie puiser aux sources du Sauveur, l'eau qu'ils répandront sur les places publiques, comme un rafraîchissement pour les âmes altérées, comme un remède salutaire pour les cœurs malades. Afin de vous faire connaître mieux encore l'affection sincère que Nous portons à ces Frères, Nous vous prions et avertissons, et par les présentes, vous ordonnons de leur venir en aide comme vous l'avez déjà si bien fait, par égard pour le Saint-Siége et pour Nous. Ainsi donc, Nous les recommandons instamment à votre bienveillance : par là vous vous rendrez Dieu propice, et vous mériterez de plus en plus Notre faveur et Nos bonnes grâces.

Donné à Viterbe, le quatrième jour des Calendes de Mars, la quatrième année de Notre pontificat.

La bulle du pape Honorius fournit un renseignement précieux

tum Deo vos præstare obsequium arbitramur. Quia cum bona ecclesiastica soli Deo sint adscripta, nec unquam possunt officiosius dispensari quam cum eis exinde misericorditer subvenitur, qui salutem hominum sitientes, ad hoc haurire gestiunt aquam in gaudio de fontibus Salvatoris, ut eam dividant in plateis, non solum ad refectionem sitientium animarum, verum etiam ad mentium infirmantium antidotum salutare. Ut igitur sincerum affectum quem ad prædictos Fratres habemus, plenius cognoscatis, Universitatem vestram rogandam duximus et monendam, per apostolica scripta mandantes, quantum sicut laudabiliter inchoastis, eos ob reverentiam Apostolicæ sedis et Nostram, habentes propensius commendatos, ipsis beneficentiæ vestræ dexteram porrigatis, ita quod Deum propitium, et Nos vobis exinde magis ac magis reddatis favorabiles et benignos.

Datum Viterbii, quarto Kalendas Martii, Pontificatus Nostri anno quarto.

à l'histoire dominicaine. Le Souverain-Pontife reconnaît à l'Ordre un double motif d'existence, la prédication et l'étude de la théologie sacrée, *in sacra pagina studentes apud Parisius*. La maison de Saint-Jacques n'était encore qu'un collége où, chaque jour, les premiers religieux recevaient de l'un des Frères (1), des leçons particulières d'Ecriture sainte, tandis qu'ils allaient suivre les cours de théologie aux écoles publiques de Notre-Dame, de Sainte-Geneviève ou de Saint-Victor. Ils n'avaient pas autrement agi à Toulouse; et à Paris, il en fut de même jusqu'au jour où ils érigèrent chez eux une chaire de professeur pour un docteur de la Sacrée Faculté.

Ces témoignages divers de haute protection ou de bienveillante faveur apportaient au zèle de Mathieu de puissants encouragements. Mais le prieur de Saint-Jacques fut surtout aidé dans l'œuvre de formation de son couvent, par une décision solennelle de saint Dominique. Cet acte paraissait revêtu d'une importance exceptionnelle qui assurait désormais à la maison de Paris sur les autres couvents de l'Ordre, une supériorité indéclinable de rang et d'honneur.

Saint Dominique venait de se rendre à Bologne, car il avait fixé dans cette ville, la fête de la Pentecôte, 17 mai 1220, pour le jour de réunion du premier Chapitre général de l'Ordre. Une lettre particulière du saint patriarche appelait à cette assemblée quatre Frères de la maison de Paris, et Jourdain de Saxe fut un des élus (2), quoiqu'il n'y eût guère que deux mois écoulés depuis son entrée dans l'Institut. Le chapitre présidé par saint Dominique donna son approbation solennelle aux constitutions de l'Ordre (3).

---

(1) Echard, *Id.*, p. 17. « Tum apud se ab uno suorum lectionem Sacræ Scripturæ quotidie audiisse, tum scholam publicam theologiæ, ut alias Tolosæ, frequentasse, saltem usquequo sacræ Facultatis Magistrum apud se habuerunt. »

(2) Echard, *Id.*, p. 20. — *Id.*, B. Jourdain, *Vita sancti Dominici*, n° 38. « Cui ego ipse interfui missus de Parisius, cum tribus Fratribus, eo quod magister Dominicus mandasset per litteras suas, quatuor fratres de eadem domo Parisiensi ad Bononiense Capitulum sibi mitti, sed cum mitterer, necdum in ordine adhuc duos menses peregeram. »

(3) Echard, *Id.*, p. 20. — *Id.*, B. Humbert, *Chronic.*, p. 70. — Bolland. *Acta Sanctorum*, t. I, August., § xxxvii, p. 492. « Anno Domini MCCXX, primum

Entre autres choses, on y régla, par un statut irrévocable, le détachement de tous les biens temporels, le renoncement aux possessions de Toulouse et l'abandon de tous les revenus présents ou à venir (1) : l'Ordre des Prêcheurs fit ainsi vœu de pauvreté volontaire (2). Puis, sur la proposition de saint Dominique, ratifiée par le consentement unanime des Frères, il fut également décidé que le Chapitre général de l'Ordre se tiendrait alternativement à Paris et à Bologne (3), que l'on désigna de nouveau comme lieu de réunion pour l'année suivante. Le couvent de Saint-Nicolas présentait aux membres convoqués en grand nombre à cette assemblée, des conditions d'aménagement et d'espace qui ne se trouvaient pas encore réunies à Saint-Jacques (4).

L'assemblée se sépara, les uns pour aller en d'autres pays prêcher l'Evangile, les autres pour rentrer dans leurs couvents, mieux pénétrés de l'esprit de l'Ordre qu'ils avaient puisé dans la familiarité même du fondateur et de ses premiers disciples. Jourdain de Saxe revint à Paris chargé par le Chapitre (5) d'expliquer les saintes Ecritures aux jeunes religieux de Saint-Jacques. Toutefois comme il joignait à la science acquise un talent admirable de parole qui éclairait les esprits et subjuguait les cœurs, on le voyait se reposer des fatigues de l'enseignement en travaillant au salut des âmes, et le professeur applaudi par les écoliers se livrait avec le même succès auprès des fidèles de Paris au ministère apostolique de Frère Prêcheur.

Capitulum generale celebratum est Bononiæ. » — « Quod fuit acceptationis constitutionum sub B. Dominico. »

(1) Bolland., *Id.* : « Fuit et hoc statutum, quod amodo possessiones et reditus non reciperentur, et quod illa resignarent quæ habebant in partibus Tolosanis. »

(2) Martène, *Veterum Scrip. et Monum.*, t. VI, col. 403. « In quo Capitulo per constitutionem perpetuam, omnibus temporalibus abdicatis, resignando tam præsentibus reditibus quam futuris, Ordo Prædicatorum paupertatem voluntariam est professus. »

(3) Bolland. *Id.* — Echard, *Id.* p. 20. « De communi Fratrum consensu statutum est generale Capitulum uno anno Bononiæ, altero vero Parisius celebrari, ita tamen ut proxime futuro anno apud Bononiam ageretur. »

(4) Martène *Id.*, col., 403. « Quod sequens immediate Capitulum deberet propter solemnitatem numerosi tunc conventus apud Bononiam celebrari. »

(5) Touron, *Id.*, l. VI, p. 697. — Fleury, *Hist. Eccles.*, t. XIV, l. 78, 34.

Par la décision du Chapitre général, le couvent de Paris prenait dans l'Ordre de Saint-Dominique un rang dont Bologne seule semblait en droit de contester la primauté.

Noblesse oblige, mais ce dicton ne dut jeter jamais personne dans un embarras comparable à celui du prieur Mathieu de France, mis en demeure dans un laps de deux années, d'abaisser des montagnes et de combler des vallées, pour préparer les voies au Chapitre général, le jour où sa convocation rendrait à Paris l'honneur qui venait de lui être décerné.

Jean de Barastre avait bien mis Mathieu et ses compagnons en possession de la chapelle Saint-Jacques et des bâtiments de son hospice; néanmoins cette donation dépourvue des formalités juridiques, n'existait qu'à titre précaire : elle n'était pas absolue (1), et ne reposait encore sur aucun acte authentique. Cette affaire capitale devait être réglée la première, puisqu'il s'agissait de fonder un droit de propriété sur des titres irréfragables. Mathieu réussit à la conclure heureusement, et le 3 mai 1221, il amena le doyen de Saint-Quentin à lui signer la pièce nécessaire rédigée en ces termes (2) :

---

(1) Bolland. *Acta Sanctorum*, t. I, August. p. 550. — *Id.*, B. Jourdain, *Vita B. Dominici* c. II, n° 40. « Data est Fratribus domus beati Jacobi, quamvis nondum absolute, a magistro Johanne, Decano sancti Quintini, et ab Universitate Parisiensi. »

(2) Echard, *Id.*, p. 17 et p. 92: « Anno 1221, V. Nonas Maii, Mathæus cum Joanne S. Quintini decano, de Sacella S. Jacobi et ædibus adjunctis ultimo transegit, cujus instrumentum videsis. »

In nomine Patris et Filii et Spiritus Sancti. Amen.

Ego Johannes Decanus S. Quintini, notum facimus... quicquid juris habemus in loco nostro, qui est Parisius, coram S. Stephano, ad manum dextram, inter duas portas proximas in exitu civitatis, sicut viæ communes ambiunt, tam in terris quam ædificiis omnibus, dilectis Fratri Mathæo, Priori, suisque Fratribus ordinis Prædicatorum conferimus et donamus. Ita tamen quod jus, honorem et reverentiam, quæ debentur de communi jure patronis et fundatoribus locorum religiosorum, nobis personaliter tantum teneantur exhibere : inter quæ hæc duximus amplius declaranda, locum in choro, in refectorio, in capitulo : quod nobis inclinent advenientibus : sepulturam in ecclesia, exequias et memorias per omne tempus sicut uni Fratrum, et singulis annis anniversarium diem nostri transitus celebrabunt : et quod in diebus solemnibus possimus et horas in choro, et missam in majori altari, si voluerimus, celebrare : aliis vero diebus, vel unus de fratribus nobis missam celebrabit, si poterit, aut nobis assistens vel capellano nostro in nostra præsentia, hora competenti, celebrare volentibus ministrabit. Si vero præ-

Au nom du Père et du Fils et du Saint-Esprit. Ainsi soit-il.

Moi, Jean, doyen de Saint-Quentin, savoir faisons..... Tous les droits que nous possédons sur notre propriété sise à Paris, devant Saint-Etienne, à main droite, entre les deux portes les plus proches et les rues adjacentes, à l'extrémité de la ville, tous ces droits que nous avons sur le terrain et sur les édifices, nous les transmettons et les donnons au cher Frère Mathieu, prieur, et à ses Frères de l'Ordre des Prêcheurs, de telle façon cependant qu'ils soient tenus de nous rendre, à nous seul personnellement, l'hommage, l'honneur et le respect réservés de droit commun aux patrons et aux fondateurs de maisons religieuses ; entre autres choses, nous voulons stipuler spécialement une place dans le chœur, au réfectoire, au chapitre, le salut à notre arrivée, la sépulture dans l'église, des funérailles et des mémoires en tout temps comme pour un des Frères, et chaque année, un service anniversaire de notre mort. Les jours de fêtes solennelles, nous pourrons, à notre gré, réciter nos Heures dans le chœur et dire la messe au maître-autel : les autres jours, un religieux nous dira la messe, s'il le peut, ou bien nous assistera, nous, ou notre chapelain offrant le saint Sacrifice en notre présence. Si les Frères Prêcheurs ou leurs successeurs abandonnaient ces lieux pour un

dicti Fratres, vel eorum successores, locum ipsum, nisi causa studii, vel interdicti generalis reliquerint, habitationem et statum suum ad locum alium penitus transferentes, volumus quod locus ipse ad nos, si vivimus, aut ad Fratres conversos, qui locum prius inhabitarunt, si pauperum hospitalitatem retinuerint, revertatur ; ita tamen quod pro iis quæ in eo ipsi Fratres prædicatores posuerint, tam pro ecclesiis quam pro terris, secundum æstimationem D. episcopi Parisiensis et nostram et aliorum bonorum virorum a nobis vel ab ipsis Fratribus conversis recipiant. Quod si nos, vel prædicti Fratres hospitales non potuerimus vel noluerimus juxta æstimationem prædictam prænominatis Fratribus Prædicatoribus reddere de omnibus suis missionibus, si aliquam tamen partem prædictorum retinere voluerimus, illam juxta prædictorum virorum æstimationem retinebimus : de cæteris autem secundum quod prædicti viri ordinaverint, maneat ordinatum.

Ad cujus rei memoriam et perpetuam in posterum firmitatem, præsentem paginam tam Venerabilium Patrum D. Episcopi, Decani, et Cantoris Parisiensis sigillis, quam nostro fecimus roborari.

Actum in eodem loco in capella S. Jacobi, anno Incar. D MCCXXI, quinto Nonas Maii.

motif autre que leurs études ou un interdit général, s'ils transportaient ailleurs leur demeure et leur établissement, nous voulons que ce lieu nous revienne à nous, si nous vivons, ou aux Frères convers qui l'habitaient auparavant, s'ils continuent à exercer l'hospitalité envers les pauvres. Si toutefois les Frères Prêcheurs avaient fait des dépenses pour les églises ou pour le domaine, ils recevront de nous, ou des Frères convers, une indemnité réglée par le seigneur évêque de Paris, par nous et par une commission d'hommes de bien. S'il nous arrivait à nous, ou aux Frères de l'hospice, de ne pouvoir ou de ne vouloir pas indemniser les Frères Prêcheurs de toutes leurs dépenses au prorata de cette estimation, s'il nous plaisait de retenir une partie de cette indemnité, elle sera déterminée par les membres de la commission. Pour tout le reste, il en sera comme ils l'auront ordonné.

En mémoire de quoi, et pour le confirmer, nous avons scellé le présent acte de notre sceau et de ceux des vénérables pères, le seigneur évêque, le doyen et le chantre de l'église de Paris.

Fait au même lieu, dans la chapelle de Saint-Jacques, l'an de l'Incarnation de Notre-Seigneur MCCXXI, le cinquième jour des Nones de Mai.

L'acte de donation du doyen de Saint-Quentin est un des plus curieux documents qui se rapportent aux transactions de ce genre si fréquentes au moyen âge. De plus, il éclaire d'un jour particulier les annales de l'Ordre de Saint-Dominique, et nous livre le secret de la puissance dont les Frères-Prêcheurs ne tardèrent pas à paraître revêtus au milieu de la société. Comme la bulle du pape Honorius, cette concession attribue aux études dans le couvent de Saint-Jacques, une importance sans rivale, puisque c'est, en dehors d'un interdit général, *nisi causa studii vel interdicti generalis*, la seule raison qui pouvait autoriser l'abandon de ces lieux, légitimer le départ des religieux et les dispenser de remplir les conditions du traité passé entre l'Ordre et le donateur Jean de Barastre.

L'Université de Paris ne voulut se laisser vaincre ni en générosité ni en bienveillance par le doyen de Saint-Quentin. En présence de la donation absolue cette fois, faite aux Frères-Prêcheurs par Jean de Barastre, elle n'hésita pas, de son côté, à renoncer, en faveur du couvent, à tous ses droits sur la chapelle de Saint-Jacques. L'acte d'abandon fut aussitôt rédigé en bonne forme (1), avec des clauses particulières dont la teneur n'est pas indifférente à l'histoire de cette époque.

Au nom du Père, du Fils et du Saint-Esprit. Ainsi soit-il.

Pour la gloire de Dieu, de la bienheureuse Vierge Marie, de l'apôtre saint Jacques et de tous les saints. Nous, l'Université des Maîtres et Ecoliers de Paris, pour le salut de nos âmes, nous offrons tous les droits que nous avons et avons eus au lieu de Saint-Jacques, devant l'église de Saint-Etienne, à l'extrémité de la ville de Paris, nous offrons ces droits et les donnons de notre pleine et entière liberté, au Frère Mathieu, prieur, à nos Frères de l'Ordre des Prêcheurs et à l'Ordre tout entier. En signe de

---

(1) Du Breuil, *Théâtre des Antiquités de Paris*, l. II, p. 499.

In nomine Patris et Filii et Spiritus Sancti, Amen.

Ad honorem Dei, Beatissimæ Virginis Mariæ, Beati Jacobi Apostoli, et omnium sanctorum, Nos Universitas Magistrorum et Scholarium Parisiensium, pro salute animarum nostrarum, quicquid juris habemus vel habuimus in loco sancti Jacobi, qui est coram Ecclesia sancti Stephani, in exitu Civitatis Parisiacæ, fratri Matthæo, priori, suisque fratribus Ordinis Prædicatorum, et ipsi Ordini, sponte ac libere offerimus et donamus. Et in signum reverentiæ et recognitionis, quod locum ipsum tenent a nostra Universitate tanquam a domina et patrona, ipsi nos recolligant, nostrosque successores, in participationem generalem et perpetuam omnium orationum et beneficiorum suorum tanquam confratres suos.

Insuper singulis annis, in crastino festivitatis beati Nicolai, Missam solemnem in majori altari, præsente Conventu, pro vivis Magistris et Scholaribus, nec non et pro conservatione Studii Parisiensis : in crastino vero Purificationis Beatæ Mariæ Virginis, cum eadem solemnitate, Missam pro illis qui de Universitate nostra Parisius decesserint, celebrabunt. Præterea, pro quolibet Magistro, cujuscumque Facultatis fuerit de nostris qui officia regendi decesserit Parisius, tantam facient solemnitatem, quantam facerent pro uno de Fratribus suis defunctis. Et quilibet Sacerdos de eis celebrabit missam pro eo. Et Prior eorum faciet legi tria psalteria pro eodem. Si vero ibi elegerit sepulturam, si fuerit Theologus, sepelient eum in Capitulo suo. Si autem alterius Facultatis, in Claustro.

In cujus rei perpetuam firmitatem præsentem paginam sigillis Magistrorum Theologiæ fecimus roborari.

Actum anno gratiæ MCCXXI.

respect et de reconnaissance pour notre Université, dame et maîtresse du lieu qui leur est donné, ils nous admettront, nous et nos successeurs, à perpétuité, comme des confrères, à la participation générale de toutes leurs prières et bonnes œuvres.

De plus, ils seront tenus de célébrer tous les ans, au maître-autel, en présence de la communauté, le lendemain de la fête de saint Nicolas, une messe solennelle pour la conservation des Maîtres et Ecoliers, et pour la prospérité de l'Université de Paris. Le lendemain de la Purification de la bienheureuse Vierge Marie, ils célébreront avec la même solennité une messe pour les membres de l'Université décédés à Paris. En outre, à la mort de chacun de nos maîtres, en quelque faculté qu'il ait enseigné, ils feront un service pareil à celui qu'ils célèbrent pour chacun de leurs frères défunts : pour le repos de son âme, les religieux prêtres diront une messe, et le prieur fera réciter trois fois le Psautier. Si le défunt a choisi sa sépulture dans le couvent, il sera inhumé dans le Chapitre, s'il était professeur de théologie, et dans le cloître, s'il enseignait à l'une des autres facultés.

En mémoire de quoi et pour ce confirmer, nous avons apposé au présent acte les sceaux des Maîtres de théologie.

Fait en l'an de grâce 1221.

Les conventions passées avec Jean de Barastre et l'Université assuraient aux Frères-Prêcheurs la possession de la chapelle et de l'hospice. En constituant pour l'Ordre les titres d'une propriété régulière et garantie, ces actes allaient permettre à la maison de Saint-Jacques de s'étendre, de se développer et de prendre peu à peu la forme extérieure d'un couvent.

Mais auparavant le Prieur achevait d'aplanir des difficultés d'un autre genre. Il dut mettre tous ses soins à régler quelques affaires plus sérieuses et plus délicates, afin de fixer la situation ecclésiastique de son ordre dans le diocèse de Paris, et pour la dégager des embarras qui ne pouvaient manquer de se succéder en présence des droits de la paroisse de Saint-Benoît et du Chapitre de Notre-

Dame, droits incontestables, dont le couvent de Saint-Jacques n'avait pas encore été dispensé par les priviléges du Souverain-Pontife.

Pendant les premiers temps qu'ils passèrent à Paris, entre l'Hôtel-Dieu et l'évêché, les Frères Prêcheurs avaient dû assister aux offices divins dans l'église de Notre-Dame. Lorsqu'ils eurent transporté leur habitation sur la montagne de Sainte-Geneviève, le Prieur se vit également obligé de se rendre avec ses religieux, à la paroisse de Saint-Benoît, dont ils dépendaient, ou au monastère de Notre-Dame des Vignes, qui leur avait fait le plus gracieux accueil. La règle ne pouvait guère s'accommoder de ces exigences de droit commun qui dérangeaient trop souvent l'ordre de la Communauté. Aussi, par l'entremise de saint Dominique, Mathieu de France s'empressa-t-il de s'adresser à Rome pour obtenir la permission de célébrer les saints offices dans la chapelle de Saint-Jacques. Le 1er décembre 1219, le pape Honorius III répondit par la bulle suivante (1) :

Honorius, évêque, serviteur des serviteurs de Dieu.

A nos chers fils les Frères de l'Ordre des Prêcheurs, salut et bénédiction apostolique.

Touché de vos prières, Nous vous accordons par les Présentes le pouvoir de célébrer les offices divins dans l'église que nos chers fils, les maîtres de l'Université, vous ont cédée à Paris.

Donné à Viterbe, le jour des Calendes de Décembre, la quatrième année de Notre pontificat.

La chapelle de Saint-Jacques était située sur le territoire de la paroisse de Saint-Benoît. Cette église, avec Saint-Merry, le Saint-

---

(1) Archives nationales, *Registres et Cartons*, L. 240, n° 59.
Honorius episcopus, servus servorum Dei.
Dilectis filiis Fratribus Ordinis Prædicatorum, salutem et apostolicam benedictionem.
Vestris postulationibus inclinati, auctoritate præsentium indulgemus ut in ecclesia quam dilecti Magistri Parisienses vobis apud Parisius contulerunt, divina officia celebretis.
Datum Viterbii, Kalendis Decembris, Pontificatus Nostri anno quarto.

Sépulcre et Saint-Etienne-des-Grès s'appelaient les *quatre filles* de Notre-Dame (1); elles étaient donc sous la juridiction particulière du Chapitre qui nommait aux canonicats et aux prébendes.

La bulle du pape Honorius renfermait un privilége qui détachait la chapelle de Saint-Jacques, au bénéfice des Frères Prêcheurs, de la paroisse de Saint-Benoît, et par là même de la dépendance du Chapitre. C'est pourquoi cette bulle ne put produire immédiatement son effet, car le Chapitre de Notre-Dame, maintenant ses droits et ceux de la paroisse, ne voulut point permettre aux religieux de profiter de la concession qu'ils venaient d'obtenir.

Aussitôt informé de cette opposition, le Souverain-Pontife nomma une commission composée des Prieurs de Saint-Denis et de Saint-Germain-des-Prés, auxquels il adjoignit le Chancelier de l'église de Milan, alors à Paris, et par une bulle en date du 11 décembre de la même année (2), il leur conféra les pouvoirs nécessaires pour régler ce différend.

---

(1) Documents inédits, *Cartulaire de l'Eglise de Notre-Dame de Paris*, t. I, préface, p. xcii. — Sauval, *Antiquités de la ville de Paris*, t. I, l. IV, p. 370.
(2) Archives Nationales, *Registres et Cartons*, L. 240, n° 60.

Honorius episcopus, servus servorum Dei.

Dilectis filiis Sancti Dyonisii et Sancti Germani de Pratis, Parisiensis diœcesis, et Cancellario Mediolanensi, Parisius commorantibus, salutem et apostolicam benedictionem.

Cum dilectis filiis Priori et Fratribus Ordinis Prædicatorum duxerimus indulgendum, ut in quadam ecclesia in Beati Jacobi honorem constructa, quam habent Parisius, liceat eis officia celebrare divina, Capitulum Parisiense, sicut accepimus, quominus id faciant impedire præsumunt. Unde cum ipsos non deceat Priorem et Fratres super hoc, præsertim contra Sedis Apostolicæ indulgentiam, impedire, quibus potius deberent impendere subsidium et favorem, cum non causa temporalis lucri, sed pro divini nominis cultu desiderent in capella celebrare prædicta, ipsos rogandos duximus attentius et monendos, Nostris dantes sibi litteris in mandatis, ut jam dictos Priorem et Fratres in ecclesia ipsa in qua nondum exstitit, quibusdam prohibentibus, celebratum, juxta sibi concessam indulgentiam, libere celebrare permittant. Alias habentes eos taliter commendatos, quod eorum novella plantatio, quæ speratur fructum multiplicem allatura, rore suæ beneficentiæ irrigata, citius coalescat, idque ipsis ad cumulum proficiat præmiorum. Quocirca discretioni vestræ per apostolica scripta mandamus, quatenus super his et indemnitate ipsius Capituli et circumadjacentium ecclesiarum provideatis prudenter, sicut videritis expedire, facientes quod statueritis per censuram ecclesiasticam

Honorius, évêque, serviteur des serviteurs de Dieu.

A nos chers fils les Prieurs de Saint-Denis et de Saint-Germain-des-Prés, du diocèse de Paris, et au Chancelier de l'église de Milan, demeurant à Paris, salut et bénédiction apostolique.

Il Nous a plu d'accorder à Nos chers fils, le Prieur et les Frères de l'Ordre des Prêcheurs, la permission de célébrer les offices divins dans une église en l'honneur de Saint-Jacques, qui leur appartient à Paris. Mais Nous avons appris que le Chapitre de cette ville prétend les en empêcher. Cela ne convient pas, surtout en présence d'une permission accordée par le Saint-Siége : au lieu d'y mettre obstacle, le Chapitre devrait donner au Prieur et aux Frères aide et faveur, car, s'ils désirent célébrer les saints offices dans leur chapelle, c'est pour la plus grande gloire de Dieu, et non pour un motif d'intérêt temporel. Nous avons donc voulu le prier et l'avertir d'une façon plus expresse, par des lettres en forme de mandements, de laisser le Prieur et les Frères, suivant la permission que Nous leur avons accordée, célébrer les saints offices dans leur église, ce qu'ils n'ont encore pu faire jusqu'à présent. D'autre part, Nous recommandons spécialement au Chapitre cette plantation nouvelle qui promet des fruits abondants, afin qu'elle se développe promptement sous la rosée de ses bienfaits, et qu'il mérite par là d'arriver lui-même aux récompenses éternelles. C'est pourquoi, par les présentes lettres apostoliques, Nous confions à votre sagesse et à votre prudence, le soin de régler cette affaire, et de fixer au mieux l'indemnité du Chapitre et des Eglises voisines. Ce que vous aurez décidé, vous le ferez observer strictement par les censures ecclésiastiques. Si vous ne pouviez vous réunir tous trois ensemble, deux d'entre vous suffiront à l'exécution de ces ordres.

Donné à Viterbe, le troisième jour des Ides de Décembre, la quatrième année de Notre Pontificat.

firmiter observari. Quod si non omnes hiis exequendis potueritis interesse, duo vestrum ea nihilominus exequantur.
Datum Viterbii, tertio Idus Decembris, Pontificatus Nostri anno quarto.

Le lendemain 12 décembre, le Pape se prenait à songer aux ennuis que ces dissidences ne pouvaient manquer de causer au Prieur et aux Frères du couvent de Saint-Jacques. Touché de leur peine, Honorius s'empressa de leur donner un nouveau témoignage de sa sollicitude paternelle (1) et pour les fortifier dans leurs épreuves et leurs travaux apostoliques, il leur adressa cette bulle (2), qui n'est que le mémorial de leurs promesses religieuses.

Honorius, évêque, serviteur des serviteurs de Dieu.

A nos chers fils le Prieur et les Frères de l'Ordre des Prêcheurs.

La ferveur de votre esprit vous a fait rejeter bien loin le fardeau des biens terrestres, et les pieds chaussés pour la prédication de l'Evangile, vous vous êtes engagés à prêcher pour le salut des autres, dans l'abjection de la pauvreté volontaire, et en vous exposant à toutes sortes de fatigues et de périls. Aussi Nous espérons que vos travaux produiront des fruits abondants. C'est pourquoi voulant vous affermir dans vos saintes résolutions, Nous vous appliquons les privations et les labeurs que vous supportez dans l'exercice de votre ministère, Nous vous les appliquons pour la satisfaction de vos péchés.

Donné à Viterbe, le second jour des Ides de Décembre, la quatrième année de Notre Pontificat.

---

(1) Le P. Bayonne a écrit la *Vie du B. Reginald*, « Humble gerbe, dit-il à la dernière page, formée de tous les épis glanés dans nos annales. » Nous lui avons emprunté plusieurs de ces documents qu'il a eu la bonne fortune de mettre le premier en lumière.

(2) Archives nationales, *Registres et Cartons*, L. 240, n° 62.

Honorius episcopus, servus servorum Dei.

Dilectis Filiis Priori et Fratribus Ordinis Prædicatorum.

Cum spiritus fervore concepto abjeceritis mundanas sarcinas facultatum, et calcati pedes in præparationem Evangelii, disposueritis in abjectione voluntariæ paupertatis, officium gerere prædicandi pro aliorum salute, multis vos laboribus et periculis exponentes, Nos speramus quod labor vester fructum sit multiplicem allaturus. Idcoque volentes vos in vestro salubri proposito roborare, indigentias et labores quos passuri estis pro hujusmodi officio exercendo, vobis pro satisfactione vestrorum injungimus peccatorum.

Datum Viterbii, secundo Idus Decembris, Pontificatus Nostri anno quarto.

La Commission se mit à l'œuvre pour répondre aux vœux du Souverain-Pontife, qui désirant terminer le débat dans le plus bref délai, avait donné à deux des membres, au cas où le troisième ferait défaut, le pouvoir de tout arranger à la satisfaction des parties intéressées. Mais cette influence souveraine n'obtint pas de suite le résultat que l'on espérait, et la bonne volonté du tribunal se trouva vite mise en défaut. Il ne fut pas si facile d'aplanir les obstacles ; les résistances ne cédèrent point sans coup férir, et les juges déconcertés se virent contraints de laisser l'affaire traîner en longueur.

Cependant, jusqu'à ce que l'on fut tombé d'accord sur les termes d'une convention explicite, et en attendant qu'une sentence décisive eût coupé court à tout semblant de discorde, il paraît que le Chapitre de Notre-Dame et la paroisse de Saint-Benoît laissèrent agir suivant le privilège accordé par le pape Honorius. L'office fut célébré, au moins en particulier pour les Frères-Prêcheurs, dès le commencement de l'année 1220, dans la chapelle de Saint-Jacques. C'est pourquoi, lorsque Jourdain de Saxe, accompagné de ses deux amis Henri de Cologne et Léon, se présenta pour entrer au couvent le Mercredi des Cendres, les religieux assemblés le virent dépouiller le vieil homme (1), juste au moment où ils chantaient au chœur une antienne merveilleusement appropriée à la circonstance.

Comme la contestation touchant les droits de la paroisse ne se décidait pas entre la paroisse de Saint-Benoît et le couvent de Saint-Jacques, la Commission continuait à tenir en suspens les exigences des uns et les impatiences des autres, de sorte que la question d'un cimetière propre aux Frères-Prêcheurs, demeurait également en litige. Le bienheureux Réginald était mort sur ces entrefaites : il avait fallu l'ensevelir au Monastère de Notre-Dame des Champs, grâce à la bienveillance des enfants de saint Benoît, et nous savons en quels termes le pape Honorius leur en avait exprimé sa reconnaissance.

(1) Le B. Jourdain de Saxe, *Vie de saint Dominique*, c. III, n° 48. — Echard, *Id.*, p. 94. — Voir ci-dessus, p. 32.

Il paraît encore que l'Université s'était empressée de suivre le Souverain-Pontife dans la faveur qu'il témoignait au couvent de Saint-Jacques. Comme son devoir n'était pas de sauvegarder les intérêts de la paroisse, elle se montra moins difficile que le Chapitre de Notre-Dame. En présence de la bulle du pape autorisant les Frères-Prêcheurs à célébrer l'office dans la chapelle, l'Université résigna de bonne grâce, avant de le faire d'une manière absolue par l'acte que nous connaissons, tous les droits qu'elle aurait pu avoir de suspendre, dans la chapelle de Saint-Jacques, l'effet du privilége accordé par le pape Honorius. Aussi les maîtres et les écoliers reçurent-ils, en signe de satisfaction du Souverain-Pontife, une bulle expédiée à la même date que la lettre aux bénédictins de Notre-Dame des Champs. Le texte des deux pièces est identique, l'adresse seule diffère : l'écriture se ressemble, mais dans celle-ci les lignes sont moins espacées, car dans l'autre le format du parchemin est double de grandeur (1).

Honorius, évêque, serviteur des serviteurs de Dieu.

A nos chers fils les Maîtres et les Ecoliers de l'Université, demeurant à Paris, salut et bénédiction apostolique.

(1) Archives nationales, *Registres et cartons*, L, 240, n° 65.

Honorius episcopus, servus servorum Dei.

Dilectis filiis universis Magistris et Scholaribus Parisius commorantibus, salutem et apostolicam benedictionem.

Gratum gerimus et acceptum, quod, sicut accepimus, dilectos filios Fratres ordinis Prædicatorum, in sacra pagina studentes apud Parisius, habentes in visceribus charitatis, eos vestræ pietatis officiis laudabiliter confovetis, per quod gratum Deo vos præstare obsequium arbitramur. Quia cum bona ecclesiastica soli Deo sint adscripta, nec unquam possunt officiosius dispensari quam cum eis exinde misericorditer subvenitur, qui salutem hominum sitientes, ad hoc haurire gestiunt aquam in gaudio de fontibus Salvatoris, ut eam dividant in plateis, non solum ad refectionem sitientium animarum, verum etiam ad mentium infirmantium antidotum salutare. Ut igitur sincerum affectum quem ad prædictos Fratres habemus, plenius cognoscatis, Universitatem vestram rogandam duximus et monendam, per apostolica scripta mandantes, quantum sicut laudabiliter inchoastis, eos ob reverentiam Apostolicæ sedis et Nostram, habentes propensius commendatos, ipsis beneficentiæ vestræ dexteram porrigatis, ita quod Deum propitium, et Nos vobis exinde magis ac magis reddatis favorabiles et benignos.

Datum Viterbii, quarto Kalendas Martii, Pontificatus Nostri anno quarto.

4

Nous sommes heureux d'apprendre que vous accueillez dans les entrailles de la charité, et que vous comblez de vos bons offices, nos chers fils les Frères de l'Ordre des Prêcheurs, qui étudient à Paris la sacrée théologie. Nous vous en félicitons, car nous estimons qu'en cela vous faites une œuvre agréable au Seigneur. Si les biens ecclésiastiques sont consacrés à Dieu seul, certes, on ne peut les employer à meilleur usage, qu'à prêter secours à ceux qui, pleins d'ardeur pour le salut des hommes, vont avec joie puiser aux sources du Sauveur, l'eau qu'ils répandront sur les places publiques, comme un rafraîchissement pour les âmes altérées, comme un remède salutaire pour les cœurs malades. Afin de vous faire connaître mieux encore l'affection sincère que Nous portons à ces Frères, Nous vous prions et avertissons, et par les présentes, vous ordonnons de leur venir en aide comme vous l'avez déjà si bien fait, par égard pour le Saint-Siége et pour Nous. Ainsi donc, Nous les recommandons instamment à votre bienveillance : par là vous vous rendez Dieu propice, et vous mériterez de plus en plus Notre faveur et Nos bonnes grâces.

Donné à Viterbe, le quatrième jour des Calendes de Mars, la quatrième année de Notre pontificat.

Le pape Honorius ne tarda pas à être informé des lenteurs apportées dans les négociations dont il avait confié le soin aux Prieurs de Saint-Denis et de Saint-Germain des Prés, assistés du Chancelier de l'église de Milan. Cet état de choses ne pouvait se prolonger indéfiniment. Pour y mettre ordre, le pape n'hésita pas à presser de nouveau du poids de son intervention gracieuse d'abord, ensuite impérative : il écrivit au Chapitre de Notre-Dame sous forme de prière, puis il commanda, et sa parole fut entendue, nous en avons la preuve historique dans cette lettre du 29 juillet 1220 (1).

(1) Documents inédits, *Cartulaire de Notre-Dame*, t. II, p. 392.
Honorius episcopus, servus servorum Dei.
Dilectis filiis Capitulo Parisiensi, salutem et apostolicam benedictionem.
Gaudemus in Domino et in vestris laudibus gloriamur, quod vos et ad ope-

Honorius, évêque, serviteur des serviteurs de Dieu.

A nos chers fils du Chapitre de Paris, salut et bénédiction apostolique.

Nous Nous réjouissons dans le Seigneur et Nous Nous glorifions de vous louer de ce que vous montrant envers Nous prêts à l'obéissance et prompts aux devoirs de la piété, comme il convient à des fils dévoués, par là vous méritez à juste titre, les grâces de Dieu, Notre faveur et la recommandation des hommes. En effet, Nous vous avons récemment adressé une prière, puis un ordre, et à quelques-uns d'entre vous admis en Notre présence, Nous avons commandé de vive voix d'accueillir dans les entrailles de votre charité Nos chers fils les Frères-Prêcheurs, en leur permettant de célébrer l'office dans leur chapelle de Saint-Jacques, à Paris, et d'y avoir un cimetière. Nous apprenons avec allégresse que vous vous êtes empressés de remplir généreusement et Nos ordres et leurs désirs, de telle façon que par votre bonne volonté vous avez encore rehaussé le mérite du bienfait. C'est pourquoi Nous célébrons votre pieux dévouement en vous louant dignement dans le Seigneur, et Nous vous prions, nous vous conseillons, Nous vous exhortons sérieusement, Nous vous ordonnons par Nos lettres apostoliques, de leur continuer vos bontés et de les environner de

diencie bonum pronos et ad pietatis studia promptos, sicut decet devotos filios, invenimus, per quod Deo gratos, Nobis acceptos et hominibus vos redditis merito commendandos. Cum enim vobis nuper preces direxerimus et mandata, et quibusdam vestrum, in Nostra presencia constitutis, injunxerimus viva voce, ut, dilectos filios fratres Ordinis Prædicatorum habentes in visceribus caritatis, eis in capella sancti Jacobi, quam habent Parisius, celebrare divina et cimiterium permitteretis habere, vos, sicut ex leta relacione didicimus, mandatum Nostrum et eorum desiderium implestis liberaliter et libenter; ita quod ex ipso affectu videmini multum effectui gracie adjecisse. Super quo devocionem vestram dignis in Domino laudibus commendantes universitatem vestram rogamus, monemus et hortamur attente, ac per apostolica vobis scripta mandamus, quatinus, continuantes vestram graciam erga eos, ipsos favorabiliter foveatis, ab eo digne vicissitudinis præmia recepturi, qui, eos ad profectum ecclesie generalis in ministerium Evangelii segregans, quod uni ex ipsis fit sibi reputat esse factum, ac Nos, qui eosdem sincera complectimur in Domino caritate, habituri magis ac magis favorabiles et benignos.

Datum apud Urbem Veterem IIII Kal. Augusti, Pontificatus Nostri anno quinto.

votre bienveillance. Vous en recevrez la juste récompense de Celui qui, pour le progrès de l'Eglise universelle, les a séparés et appelés à la prédication de l'évangile, et qui regarde comme fait à lui-même ce qui sera fait à l'un d'eux. De plus, Nous qui leur portons une sincère affection dans le Seigneur, Nous ne l'oublierons pas, et vous vous rendrez de plus en plus dignes de Notre faveur et de Nos bonnes grâces.

Donné à Civita Vecchia, le quatrième jour des Calendes d'Aout, la cinquième année de Notre Pontificat.

Le chapitre de Notre-Dame ne s'était montré ni si prompt, ni si facile à l'obéissance que la bulle veut bien le dire : mais le Pape se contenta de fixer dans sa lettre, avec une petite pointe railleuse, le souvenir de la résistance qu'il avait rencontrée, et il ne laissa paraître au milieu de sa joie, que l'affection profonde dont il multipliait les témoignages en faveur du couvent de Saint-Jacques.

Toutefois l'affaire ne fut entièrement terminée et les dissensions apaisées, que quelques mois plus tard, en décembre 1220. L'archidiacre Etienne (1) et deux autres chanoines, Etienne et Grégoire (2), rétablirent la paix et l'harmonie un moment troublées entre Saint-Benoît et Saint-Jacques. Un concordat qui parut à cette époque (3), régla d'une façon définitive les droits de la paroisse et les redevances annuelles à payer par les Frères-Prêcheurs.

A tous ceux qui ces présentes lettres verront, moi Etienne, archidiacre, Etienne et Grégoire chanoines, salut en notre Seigneur.

Faisons savoir que les chanoines et le Curé de la paroisse

---

(1) L'Eglise de Paris compte plusieurs archidiacres de ce nom : celui qui figure ici mourut en décembre 1240, *Cartul. de Notre-Dame*, t. IV, p. 192. Il se rencontre en différentes circonstances relatées au Cartulaire, t. I, p. 436 ; t. II, p. 42 p. 77, p. 372 ; t. III, p. 100.

(2) Le nom du chanoine Grégoire se trouve inscrit dans quelques documents de cette époque rapportés au *Cartulaire de Notre-Dame*, t. I, p. 391 ; t. II, p. 42 ; t. III, p. 185.

(3) Sauval, *Histoire et Antiquités de la ville de Paris*, t. I, l. V, p. 635.

Saint-Benoît, d'une part, et les Frères de l'ordre des Prêcheurs de Saint-Jacques, de l'autre, étant en contestation devant le Chapitre de Paris, les chanoines et le Curé de Saint-Benoît ne voulant pas permettre que les Frères de Saint-Jacques célèbrent les divins mystères, qu'il ne leur soit auparavant accordé une indemnité, le Doyen (1) et le Chapitre nous ont commis tous trois, et nous ont donné plein pouvoir de régler entre eux ce différend selon Dieu et la justice : les parties elles-mêmes étant assemblées devant nous, s'en sont rapportées à notre décision,

Nous donc, en présence des parties, et du conseil de personnes prudentes, avons statué qu'aux cinq fêtes annuelles de Pâques, de la Pentecôte, de la Translation de saint Benoît, de la Toussaint et de Noël, les Frères de Saint-Jacques diront ou feront dire dans leur Chapelle, sous peine d'excommunication, que personne n'ait à se soustraire de son Eglise paroissiale pour venir entendre l'office dans la chapelle Saint-Jacques : que si, après cette défense, les Frères reçoivent aux fêtes désignées quelques offrandes de la paroisse Saint-Benoît, ils seront obligés de les rendre aux Chanoines de la paroisse, et le Curé n'en aura rien.

De même si quelque paroissien de Saint-Benoît vient à mourir, et que le corps porté à Saint-Benoît, soit, après la messe dite pour les morts, transféré à Saint-Jacques, le Prêtre (2) sera payé par les Frères, comme par les autres paroissiens. Outre cela, comme il ne se peut pas qu'il ne se fasse à Saint-Jacques, beaucoup de chapelles (3) qui reviendraient à l'église Saint-Benoît, si

---

(1) Etienne Ier, de Reims, *Stephanus I de Remis*, était alors doyen du Chapitre de Notre-Dame, *Cartul. de Notre-Dame*, t. IV, p. 215. Il occupa cette place de l'année 1216 jusqu'à sa mort en décembre 1220, *Cartul. de Notre-Dame*, t. IV, p. 135. Plusieurs actes passés dans cet intervalle et publiés par le Cartulaire, portent le nom de ce doyen du Chapitre. *Cartul. de Notre-Dame*, t. I, p. 399, p. 400, p. 403, p. 438; t. II, p. 268, cette pièce est du mois de décembre 1220, p. 295, p. 359; t. III, p. 358.

(2) L'Eglise de Saint-Benoît avait des chanoines qui étaient institués par le Chapitre de Notre-Dame, auquel ils prêtaient serment; leur chef prenait le titre de Curé, de Chapelain, de Prêtre et Chevecier. Voir le *Cartulaire de Notre-Dame*, t. I, préface, p. cxxxiv.

(3) Par *chapelle* il faut entendre ici toute fondation pieuse, toute offrande et don d'ornements ou d'ameublements ecclésiastiques, comme parements d'autel,

la chapelle Saint-Jacques n'était pas fondée sur la paroisse, nous sommes convenus que, tous les ans, les Frères de Saint-Jacques paieront au Chapelain de Saint-Benoît quinze sols, moitié à Noël et moitié à la Saint-Jean, et aux chanoines de Saint-Benoît cinq sols dans les mêmes termes. Et si dans la maison de Saint-Jacques, où il a un hôpital, il meurt quelqu'un qui ne soit point attaché au couvent, il sera permis à l'église de Saint-Benoît d'y aller remplir les fonctions pastorales, comme pour les autres paroissiens.

Nous avons de plus décidé qu'il n'y aura dans la chapelle Saint-Jacques qu'une seule cloche pour appeler les Frères ; dès à présent et à l'avenir, elle n'excédera pas le poids de trois cents livres.

Telle est notre intention et ordonnance.

De plus, les Frères de Saint-Jacques auront la liberté de célébrer leur office de nuit et de jour, en se soumettant en toutes choses à l'Evêque et à l'archidiacre de l'Eglise de Paris.

Nous nous réservons la faculté, pendant trois ans, d'ajouter, de retrancher ou de corriger tout ce que nous estimerons devoir être ajouté, retranché ou corrigé.

Fait l'an du Seigneur 1220, au mois de décembre.

Ce concordat avec les conditions proposées par l'Archidiacre et les deux Chanoines, au nom du Chapitre de Notre-Dame, qui avait juridiction sur la paroisse de Saint-Benoît, fut accepté par les Frères-Prêcheurs du couvent de Saint-Jacques. Si de leur part, il y avait sacrifice, ils s'y résignèrent. La paix fut ainsi assurée, et chacun n'eut plus qu'à travailler, dans la mesure de ses forces, à la gloire de Dieu et au salut des âmes.

Saint Dominique avait suivi d'un œil inquiet le nuage qui flottait ainsi suspendu depuis une année, au-dessus de sa chère maison de Paris. Il pleurait la perte de Réginald et ses espérances ébranlées par cette mort prématurée, lorsqu'il plut à Dieu de lui

---

chasubles, chapes, calices, livres et autres. Voir du Peyrat, *Antiquités de la chapelle du Roy*, p. 6.

envoyer cette nouvelle épreuve, comme pour l'attacher plus sûrement à Saint-Jacques, en le forçant, à raison même des contestations qui troublaient le couvent, à tourner sans cesse de ce côté son esprit et son cœur.

La pensée du serviteur de Dieu franchissait les monts pour revenir au milieu de ses fils, sur la montagne de Sainte-Geneviève; des différentes villes de l'Italie qu'il parcourait, il écrivait, et ses lettres arrivaient consoler les Frères attristés par les dissidences survenues; ses instructions encourageaient le prieur Mathieu de France à la patience et à la résignation; ses visites au Souverain-Pontife et son influence croissant de jour en jour obtenaient, avec de nouvelles faveurs (1), l'intervention toute-puissante du pape Honorius pour ne point permettre à la discorde d'agiter plus longtemps les différentes parties de l'héritage du Seigneur. Dominique salua donc avec une joie qui ne fut égalée que par la satisfaction d'Honorius, l'heureuse nouvelle du rétablissement de la paix entre le couvent de Saint-Jacques, le Chapitre de Notre-Dame et la paroisse de Saint-Benoît.

L'année 1221 venait de s'ouvrir sous ces favorables auspices; le saint patriarche, l'esprit dégagé de toute inquiétude au sujet des embarras qui auraient pu entraver les progrès de son Ordre, à Paris, se livra sans réserve aux mesures à prendre pour préparer le second Chapitre général. Il devait encore, selon les dispositions arrêtées, s'assembler cette fois dans la ville de Bologne.

Dominique ne cessait, de toute manière et en toute occasion, d'affirmer la pensée qui l'avait inspiré dans la fondation de son Ordre: le ministère de la prédication évangélique était vraiment l'œuvre par excellence à laquelle ses fils se dévouaient en prenant l'habit: chacun des religieux, à l'imitation du maître, n'avait qu'un orgueil, celui de mériter réellement le nom et le titre de Frère-Prêcheur. Tels ils étaient apparus au Souverain-Pontife, tels le pape Honorius les avait présentés à l'Eglise universelle

---

(1) Nous ne saurions rapporter le nombre de bulles adressées vers cette époque par le pape Honorius III à l'ordre de Saint-Dominique. Voir Lacordaire, *Vie de saint Dominique*, ch. xvii, p. 396.

dans une bulle que nous avons découverte aux Archives (1).

Honorius, évêque, serviteur des serviteurs de Dieu.

A nos vénérables frères Archevêques et Evêques, à nos chers fils Abbés et autres Prélats à qui ces lettres seront adressées, salut et bénédiction apostolique.

Chers fils. — Le Prieur (2) et les Frères de l'Ordre des Prêcheurs considérant avec raison que ceux qui cachent le blé sont maudits des peuples, sèment sans se lasser leur blé, autrement leur prédication, qui est la nourriture des âmes, sur les grandes eaux, c'est-à-dire au milieu des peuples divers. Ayant mis de côté le fardeau des richesses temporelles, pour courir plus dégagés à travers le champ de ce monde couvert, plus que de coutume, par les broussailles des vices, ils vont dans l'abjection d'une pauvreté volontaire, et ils jettent en pleurant leur semence, afin que le

(1) Archives nationales, *Registres et cartons*, 1. 240, n° 65.

Honorius episcopus, servus servorum Dei.

Venerabilibus fratribus Archiepiscopis et Episcopis et dilectis filiis Abbatibus et aliis ecclesiarum Prelatis ad quos litteræ iste pervenerint, salutem et apostolicam benedictionem.

Dilecti filii. — Prior et fratres ordinis Prædicatorum provide attendentes quod qui abscondunt frumenta maledicuntur in populis, frumentum suum, verbum prædicationis videlicet quod est pabulum animarum, super aquas multas, id est populos multos, seminant incessanter, et sarcinis divitiarum mundanarum abjectis, quo expeditius currant per mundi hujus agrum, quem plus solito sentes operiunt vitiorum, in abjectione voluntarie paupertatis eunt, et flentes semina sua mittunt ut, Domino dante misericorditer incrementum, ad ejus aream suos cum exultatione valeant manipulos reportare. Ipsos igitur, quorum et propositum sanctum et ministerium necessarium arbitramur, Universitati vestræ affectuose duximus commendandos, caritatem vestram rogantes et exhortantes in Domino ac per apostolica vobis scripta mandantes, quatinus pro reverentia divina ad officium predicandi ad quod deputati sunt benigne recipientes eosdem, ac populos vobis commissos ut ex ore ipsorum verbi Dei semen devote suscipiant sedulo admonentes, pro Nostra et apostolice sedis reverentia in suis eis necessitatibus libenter assistatis quatinus ad illud suscipiendum vestris exhortationibus præparati tanquam bona et fructifera terra, pro vitiorum tribulis incipiat segetem germinare virtutum et dicti fratres per cooperationem vestram suscepti ministerii cursum feliciter consummantes, optatum reportent sui laboris fructum et finem, salutem videlicet animarum.

Datum Viterbiis, Idibus Decembris, Pontificatus Nostri anno Quarto.

(2) Le Pape avait coutume de désigner ainsi saint Dominique.

Seigneur dans sa miséricorde lui donne l'accroissement, et qu'ils puissent avec joie porter leurs manipules à l'aire du père de famille. Nous croyons à la sainteté de leur œuvre et à la nécessité de leur ministère ; c'est pourquoi Nous avons pensé devoir vous les recommander avec affection, priant votre charité, vous exhortant dans le Seigneur, et vous mandant par Nos lettres apostoliques et par respect pour le divin Maître, de les accueillir avec bienveillance pour le ministère de la prédication dont ils sont chargés. Ayez soin d'avertir les peuples qui vous sont confiés, de recevoir pieusement de leur bouche la semence de la parole évangélique. Par respect pour Nous et pour le Saint-Siége apostolique, assistez-les de bon cœur dans leurs nécessités. Préparés par vos exhortations à recueillir cette semence, les peuples seront comme une terre bonne et fertile qui, à la place des épines du vice, se couvrira d'une moisson de vertus. Grâce à votre coopération, les Frères-Prêcheurs poursuivront avec succès l'œuvre qu'ils ont entreprise, et comme fin de leurs travaux, ils récolteront le fruit désiré, le salut des âmes.

Donné à Viterbe, le jour des Ides de Décembre, la quatrième année de Notre Pontificat.

Deux ans s'étaient écoulés depuis que le Pape avait écrit cette lettre solennelle. Pendant ces deux années, les Frères semblaient avoir pris à tâche de prouver que ce fardeau ne pesait point trop lourd sur leurs épaules, que l'Ordre était de force et de taille à supporter vaillamment le ministère de la prédication évangélique. La Providence leur venait en aide ; à Bologne, à Paris surtout, le Seigneur comme autrefois sur les collines de la Judée, jetait à ses disciples ces paroles fécondes (1) : « Les champs blanchissent, la moisson est abondante, priez le maître qu'il envoie des ouvriers. » Et des légions d'ouvriers se levaient pour la moisson, se ceignaient les reins et se dressaient couverts de l'habit de saint Dominique. Nulle part aucun des Frères ne reculait devant

---

(1) S. Matth., ch. IX, 37 : « Messis quidem multa... Rogate Dominum messis ut mittat operarios suos. »

l'étude, le travail, la fatigue, pour se rendre digne de la recommandation du Pape et de la confiance des Evêques qui les appelaient à leur aide dans le ministère de la prédication.

L'évêque de Toulouse, Foulques, le vieil ami de saint Dominique, le compagnon de ses premiers labeurs, se trouvait alors à Rome. Il répondit à la bulle du Souverain Pontife par une lettre épiscopale (1), magnifique monument qui porte inscrit pour la postérité, mieux que sur le marbre ou sur le bronze, le plus beau titre de saint Dominique à l'admiration des fidèles.

Au nom du Seigneur, soit connu de tous ceux qui verront la présente page, que nous, Foulques, évêque de Toulouse, par la grâce de Dieu, nous donnons en notre nom et au nom de nos successeurs, pour la rémission de nos péchés, la défense de la foi catholique, et l'utilité de tout le diocèse de Toulouse, à vous, cher Dominique, maître de la prédication, ainsi qu'à vos successeurs et aux Frères de votre Ordre, l'église de Notre-Dame de Fanjeaux, avec toutes les dîmes et tous les droits qui en dépendent, tant ceux qui appartiennent à notre personne, que ceux de la fabrique et du chapelain de l'église : sauf la réserve pour nous et pour nos successeurs, du droit cathédratique, de celui de procuration, et de la charge d'âmes que nous confierons au prêtre qui nous sera présenté par le maître de l'Ordre, ou par le prieur établi dans cette église, ou par les Frères.

Et nous, Dominique, maître de la prédication, pour nous, nos successeurs et les Frères de l'Ordre, nous vous abandonnons, à vous, Foulques, évêque, et à vos successeurs, la sixième partie des dîmes de toutes les églises paroissiales du diocèse de Toulouse, que vous nous aviez autrefois accordée du consentement des chanoines de Saint-Etienne ; nous renonçons à perpétuité à cette donation, et à la réclamer jamais en vertu des lois et des canons.

Donné à Rome, le 17 Avril 1221.

(1) Mamachi, *Annales de l'ordre des Frères-Prêcheurs*, t. I, Appendice, p. 70. — Lacordaire, *Vie de saint Dominique*, ch. XVII, p. 397.

Le Souverain-Pontife dans ses bulles et ses lettres avait appelé Dominique le *Prieur de l'Ordre des Frères-Prêcheurs*; un évêque français, à Rome, au pied de la chaire de Saint-Pierre, lui donnait le titre de *maître de la prédication*.

Dans des conditions semblables de faveur et de protection d'une part, de zèle et de dévouement de l'autre, les Frères-Prêcheurs se livrèrent au ministère particulier à leur ordre, avec une foi qui transporta les montagnes. Dans la carrière qu'ils avaient mission de fournir, on les vit accomplir de véritables prodiges. Le flambeau mystérieux que la mère de saint Dominique lui avait vu promener à travers le monde, leur passait de main en main, plus brillant que la torche des coureurs du stade aux jeux olympiques, pour porter de nouveau jusqu'aux confins de la vieille Europe, la lumière et la chaleur de l'Evangile.

Afin de se dépenser mieux encore suivant la parole de l'apôtre saint Paul (1), et de se sacrifier avec plus de liberté au salut des âmes, les fils de Dominique n'avaient pas craint d'embrasser la pauvreté volontaire, et le premier Chapitre général de l'Ordre s'était attaché à faire de ce vœu approuvé, exalté par le Souverain-Pontife, une des dispositions fondamentales de la vocation dominicaine.

L'Institut des Prêcheurs se répandait ainsi dans les différentes contrées de l'ancien monde : les Frères avaient déjà parcouru dans leurs missions apostoliques les pays qui s'étendent entre l'Océan et la mer Noire, la mer du Nord et la Méditerranée : on les demandait partout, partout leur habit était en honneur, et sur divers points de cet immense espace, aux villes principales, ils comptaient plus de soixante maisons.

Dominique redouta pour son ordre les conséquences de cette extension prodigieuse; il eut peur de sentir se relâcher, jusqu'à se rompre tout à fait, les liens qui rattachaient ses maisons ainsi disséminées de l'Orient à l'Occident, du Midi au Septentrion; il

---

(1) II Ad Corinth., XII, 15 : « Ego autem libentissime impendam et superimpendar ipse pro animabus vestris. »

craignit de voir s'affaiblir, voire même disparaître entièrement, le principe d'une autorité commune, dans un gouvernement éparpillé sur un si grand nombre de couvents peuplés de religieux différents d'âge, de tempérament, d'esprit et de caractère.

Le Seigneur, dans une vision, avait un jour montré au pape Innocent III l'ordre de Saint-Dominique soutenant la basilique Latérane ébranlée dans ses bases : le serviteur de Dieu se rappela ce présage et la redoutable responsabilité qu'il entraînait : pour consolider l'appui et lui donner un fondement inébranlable, il voulut assurer à son ordre, sous l'autorité d'un maître suprême, un gouvernement aristocratique dont la forme extérieure offrirait en raccourci l'image du commandement dans l'Eglise. Il résolut donc de renfermer tous ses couvents dans les mailles fermes et serrées d'un réseau tendu par des chefs choisis : maître ou prieur, comme l'appelait le pape Honorius, il décida que de ses mains, le pouvoir se distribuerait entre celles de quelques autres prieurs nommés à l'élection.

Ce fut la dernière pensée de saint Dominique et l'œuvre du second Chapitre général, dont les Actes sont résumés dans ces mots d'une concision énergique (1) : « Il fut consacré à la division de l'Ordre en huit Provinces et à l'institution des Prieurs Provinciaux. » Ce Chapitre se tint à Bologne (2) le 30 mai 1221, jour de la Pentecôte, sous la présidence du saint fondateur : « On donna, dit Malvenda (3), la dernière forme au gouvernement de l'Ordre : ceux qui furent placés à la tête d'un certain nombre de maisons, reçurent le nom de *Prieurs Provinciaux*, et il fut arrêté que celui qui les commanderait toutes s'appellerait le *Maître de l'Ordre.* »

---

(1) Echard, dans la liste des chapitres généraux dressée en tête du t. I de ses *Scriptores Ord. Prædic.*, dit : « Quod fuit divisionis ordinis in octo provincias et institutionis provincialium. »

(2) Bolland., *Acta Sanctorum*, t. I August., § XLI, p. 500. « Anno Domini MCCXXI celebratum est secundum Capitulum generale, Bononiæ, sub eodem patre Dominico. » — Echard, *Id.*, t. I, p. 70, *Chron. de Humbert.*

(3) Bolland., *Id.*, p. 512 : « In his alteris a beato Dominico habitis comitiis, ultimam ordinis regimini formam præscriptam recte monet Malvenda, et ut, qui certo domorum numero præfecti fuere, *Priores provinciales* dici placuit, sic et statutum, ut, qui universis præpositus esset, *Magister Ordinis* deinceps vocaretur. »

Ces huit Provinces furent l'Espagne, la Provence, la Province de France, l'Allemagne, la Lombardie, la Province Romaine, la Hongrie et l'Angleterre (1). Bertrand de Garrigue fut nommé Prieur Provincial de la Provence (2) qui comprenait Toulouse et Notre-Dame de Prouille, le berceau de l'Ordre. C'était un des fondateurs du Couvent de Saint-Jacques, et lors de son voyage à Paris, saint Dominique l'avait envoyé à Toulouse : dans les deux maisons il n'était bruit que de sa sainteté et de ses effrayantes mortifications (3). On chargea du gouvernement de la Province de France, Pierre de Reims, docteur de l'Université, un des premiers fils engendrés à l'Ordre par la maison de Paris, vers l'an 1218, alors qu'il enseignait l'Ecriture sainte et comptait parmi les plus illustres prédicateurs de la capitale (4). Jourdain de Saxe, qui n'assistait pas à ce Chapitre général, fut élu prieur de la Lombardie, quoique, de son propre aveu (5), il eut encore à peine passé une année dans l'Ordre.

Mais cette année qu'il était revenu passer à Paris, après avoir pris part au premier Chapitre, cette année s'était écoulée pour Jourdain dans les travaux de toute sorte, études, enseignement, prédication. Ses explications de l'Evangile de saint Luc charmaient les Frères du couvent de Saint-Jacques (6), tandis que ses sermons ébranlaient la ville de Paris, comme jadis la parole de son maître Réginald soulevait le peuple de Bologne. Son ardeur suffisait à tout : aux heureuses dispositions de la nature, la grâce ajoutait ses indomptables énergies. Jourdain avait donné la mesure de ce qu'il pouvait, de ce qu'il valait ; Dominique allait mourir, Réginald

---

(1) Martène, *Veterum Script. et Monum.*, t. VI, col. 403. « Fundatis jam per orbem conventibus circiter sexaginta, dicti conventus per octo provincias sunt distincti, scilicet Hispaniam, Provinciam, Franciam..... »

(2) Touron, *Vie de saint Dominique*, l. VI, p. 654.

(3) Bolland., *Id.*, t. I August., p. 550, n° 39. « Vir existens sanctitatis magnæ et rigoris circa seipsum inexorabilis. »

(4) Touron, *Id.*, l. III, ch. vii, p. 341 ; l. VI, p. 712. — Echard, *Id.*, t. I, p. 115.

(5) Echard, *Id.*, p. 20. « Anno 1221 in Bononiensi Capitulo visum est eis mihi Prioratus super Provinciam Lombardiæ primum imponere, cum anni spatium peregissem in Ordine. »

(6) Fleury, *Hist. Eccles.*, t. XVI, l. 78, 36.

était mort, trompant les plus grandes espérances, mais le Seigneur tenait le disciple prêt pour prendre la place du maître.

Le nouveau prieur de la Lombardie se mit en devoir de quitter Paris et le couvent de Saint-Jacques, pour gagner le poste d'honneur que lui avaient assigné les membres du Chapitre général. Parmi les nouveaux religieux que la parole et les exemples de Jourdain venaient d'attirer à l'institut, se trouvait un homme de haute vertu et de grande autorité, Evrard, archidiacre de Langres (1) : il s'était empressé de résigner ses fonctions pour entrer au couvent de Saint-Jacques, et sa prise d'habit en avait amené beaucoup d'autres.

Plusieurs déjà touchés par la grâce ou ébranlés par l'éloquence de Réginald (2), ne s'étaient pas encore dégagés du monde, et ils avaient attendu ce moment (3) pour prendre une résolution irrévocable.

Comme Evrard aimait tendrement son maître Jourdain, il ne put se faire à la pensée de le quitter si vite et voulut l'accompagner dans son voyage d'Italie; cette détermination s'expliquait encore par un autre motif, le désir de voir saint Dominique (4). Ils partirent donc de Paris, tous deux, à pied, à la façon des pèlerins; Evrard était fort connu en France et en Bourgogne, on admirait partout sa pauvreté évangélique. Il tomba malade à Lausanne dont il avait refusé l'évêché, et en peu de jours il se sentit à toute extrémité. On lui taisait que les médecins le condamnaient : « C'est à ceux à qui le nom de la mort est amer qu'il faut la cacher, dit-il à Jourdain; pour moi je ne crains pas d'être dépouillé de cette misérable chair, dans l'espérance que j'ai d'aller au ciel. » Il mourut, et Jourdain lui rendait ce témoignage : « Je

---

(1) Bolland., *Id.*, t. I August., p. 500. « F. Everardus, Archidiaconus quondam Lingonensis, vir magnæ auctoritatis, qui suo exemplo ad ingressum ordinis multos commoverat Parisius. » — Touron, *Id.*, p. 717. — Fleury, *Id.*, l. 78, 47.

(2) Voir ci-dessus, p. 26.

(3) Echard, *Id.*, p. 93, note. « Non a Reginaldo, sed a Jordane adducti sunt in Ordinem, Parisius, Brocardus Teuto, Robertus Kilwarby Anglus, Guillelmus de Peraldo..... »

(4) Touron, *Vie de saint Dominique*, l. III, ch. x, p. 358.

jugeai que sa mort était heureuse parce qu'au lieu de la douleur et du trouble que je croyais en ressentir, je me trouvai l'âme remplie d'une sainte joie. » Evrard était allé au ciel attendre Dominique, qu'il avait désiré voir sur la terre et qui ne devait point tarder de le rejoindre.

Quelques mois après le second Chapitre général, au retour d'un voyage à Venise auprès du cardinal Ugolin, le saint patriarche fut pris à Bologne d'un mal violent; il sentit que sa dernière heure approchait. Il avait vu et entretenu le prieur de la Lombardie, Jourdain de Saxe, de cette province si chère à son cœur, qui lui rappelait en même temps sa maison de Paris, son couvent de Saint-Jacques. Dieu lui montra-t-il son successeur dans l'ancien étudiant dont il avait touché le cœur et décidé la vocation? Dominique entendit bientôt la voix de l'Agneau qui l'appelait à ses noces éternelles. Il mourut le 6 août 1221.

A ses derniers moments le prieur de Saint-Nicolas de Bologne lui disait (1) : « Père, vous savez dans quelle tristesse et quelle désolation vous nous laissez : souvenez-vous de nous devant le Seigneur. » Aux pieds du Très-Haut, parmi les Anges et les bienheureux, devant la Vierge du Rosaire, le nouvel hôte du Paradis ne se souvînt-il pas tout d'abord de sa maison de Saint-Jacques? « Jadis, dit-on (2), en quittant Paris, Dominique emportait dans son cœur un amour de prédilection pour le couvent de Saint-Jacques ; car l'esprit divin lui disait que ce serait un jour le foyer d'un grand nombre de Frères choisis pour illuminer toute l'Eglise par l'éclat de leur doctrine, et la féconder par la sainteté de leur vie. »

---

(1) Echard., *Id.*, p. 44, 7. Actes de Bologne, Dep. de F. Ventura. « Pater, tu scis quomodo dimittis nos desolatos et tristes, memento nostri ut ores pro nobis ad Dominum. »

(2) Dubois, *Hist. Eccles. Parisien.*, t. II, p. 263.

V

PÉRIODE GLORIEUSE DU COUVENT DE SAINT-JACQUES. — TROISIÈME CHAPITRE GÉNÉRAL. — IL SE TIENT A PARIS. — JOURDAIN DE SAXE SUCCÈDE A SAINT DOMINIQUE. — IL EST ÉLU MAITRE GÉNÉRAL DE L'ORDRE.

Lorsque saint Dominique avait renvoyé Réginald de Bologne à Paris, dans la pensée que la réputation de l'ancien professeur de l'Université servirait avec succès à la formation du couvent de Saint-Jacques, il n'entrait point dans les volontés de Dieu de confirmer les desseins de son serviteur en couronnant ses espérances. Le poëte latin pénétrait tous les cœurs d'une irrésistible émotion, quand il célébrait un jeune héros que l'aveugle destin ne devait que montrer à la terre (1) :

> Ostendent terris hunc tantum fata, neque ultra
> Esse sinent. Nimium vobis, Romana propago
> Visa potens, superi, propria hæc si dona fuissent !

Réginald avait partagé le même sort : Dieu ne voulut que faire paraître et passer, il ne donna pas à la maison de Paris le docteur français devenu Prêcheur et revêtu de l'habit de Saint-Dominique.

Mais la nuit même où l'âme du saint homme Réginald s'envola au ciel, Jourdain de Saxe eut une vision qu'il nous a racontée lui-même (2) : « Moi qui n'étais point encore Frère par l'habit, mais qui avais fait vœu de l'être dans ses mains, je vis en songe les Frères sur un vaisseau. Tout-à-coup le vaisseau fut submergé,

---

(1) *Enéide*, c. VI, v. 869.
(2) Bolland., *Acta Sanctorum*, t. I August., p. 551. — B. Jourdain, *Vita B. Dominici*, c. III, n° 47.

mais les Frères ne périrent pas dans le naufrage. » Et il ajoute avec une modestie charmante : « Je pense que ce vaisseau n'était autre que maître Réginald, car tous les Frères le regardaient alors comme leur soutien. »

Quelques jours avant la mort de Réginald, « un Frère-Prêcheur avait également vu en songe une fontaine limpide qui cessait subitement de verser de l'eau, et qui était remplacée par deux sources jaillissantes. » Jourdain de Saxe, qui rapporte aussi ce prodige (1), observe avec la même humilité : « En supposant que cette vision représentât quelque chose de réel, je connais trop ma propre stérilité pour oser lui donner une interprétation. Je sais seulement que Réginald ne reçut à Paris que la profession de deux Religieux, la mienne et celle de Frère Henri, mon meilleur ami dans le Christ. »

Gérard de Frachet ne pouvait manquer de donner place à ce récit dans les Vies qu'il nous a laissées des premiers Frères-Prêcheurs (2) ; il le fait suivre de l'explication que Jourdain n'eût même pas voulu se laisser venir à la pensée. « Un religieux des Frères-Prêcheurs, dit-il, renommé pour sa piété, vit en songe une fontaine très-limpide se tarir tout à coup dans le cloître de Saint-Jacques, et après elle, dans le même lieu, il vit une grande rivière qui coulait d'abord à travers les places de la ville, et se répandait ensuite par toute la terre. Elle purifiait, désaltérait, rafraîchissait tous les hommes, et, grandissant toujours, elle courait se jeter à la mer. En effet, continue Gérard, après la mort du B. Réginald, Jourdain de Saxe parut et s'éleva dans Paris. » Dieu justifia bientôt par les événements l'exactitude de cette interprétation.

La mort de saint Dominique ouvrait un abîme devant l'Ordre des Prêcheurs. Tous les Frères avaient connu et admiré dans leur fondateur l'homme le plus hardi par le génie, le plus tendre par le cœur. Ces deux qualités, dit le P. Lacordaire (3), ne sont presque jamais possédées ensemble au même degré; Dominique

---

(1) Echard, *Script. Ord. Prædic.*, t. I, p. 93.
(2) Gérard de Frachet, *Vies des Frères*, P. III, c. IV.
(3) Lacordaire, *Vie de saint Dominique*, c. XVII, p. 411.

les réunit comme un don du ciel parfaitement disposé pour assurer le succès de sa mission apostolique. Il exprima l'une par une vie extérieure d'une activité prodigieuse, et l'autre par une vie intérieure dont on peut dire que chaque souffle était un acte d'amour envers Dieu et envers les hommes. Qui donc allait le remplacer? Qui se chargerait du fardeau tombé de ses robustes épaules? Qui continuerait à son œuvre le merveilleux élan qu'il avait su lui communiquer? Chacun s'arrêtait doublement attristé au bord de la tombe qui venait de se fermer sur le saint patriarche, et devant le vide qu'il laissait en disparaissant, on se demandait avec angoisse quelles mains pourraient le combler?

Des légendes ne tardèrent pas à prendre cours parmi les religieux, et elles se répandirent promptement dans les différentes Maisons de l'Ordre. Les courages se relevaient en présence de ces témoignages surnaturels qui attestaient la gloire de saint Dominique et la puissance dont il jouissait au Ciel. On racontait qu'à sa mort (1), « le même jour, à la même heure, F. Guala, prieur du couvent de Brescia, et depuis évêque de cette ville, s'étant appuyé un instant contre la tour où étaient les cloches du couvent, fut pris d'un léger sommeil. Dans cet état, il vit, des yeux de l'âme, une ouverture qui se faisait au ciel, et deux échelles qui descendaient jusqu'à terre par cette ouverture. Au sommet de l'une était Jésus-Christ, au sommet de l'autre, la bienheureuse Vierge, sa Mère. Au bas, entre les deux échelles, un siége était placé, et sur ce siége, quelqu'un se tenait assis ayant la ressemblance d'un Frère; mais on ne discernait pas quel était ce frère, parce qu'il avait la tête voilée de son capuce, à la manière des morts. Le long des deux échelles, des anges montaient et descendaient en chantant des cantiques, et les échelles s'élevaient au ciel, tirées par Jésus-Christ et sa sainte Mère, et avec elles le siége et celui qui était assis dessus. Quand elles furent tout à fait en haut, le ciel se ferma et la vision disparut. »

---

(1) Echard., *Id.*, t. 1, p. 22. — *Id.*, B. Jourdain, *Vie de saint Dominique*, c. II, n° 41. — Lacordaire, *Vie de saint Dominique*, c. XVII, p. 408.

Comme si ce prodige ne parlait ni assez haut ni assez clair, on aimait à rappeler un récit cueilli des lèvres même de saint François d'Assise (1). Vers l'an 1216, « une nuit Dominique était en prières selon sa coutume, dans une église de Rome. Il vit le Fils de Dieu assis à la droite de son Père, se lever soudain, irrité contre les pécheurs, et tenant à la main trois lances pour les exterminer : l'une était dirigée contre les superbes, l'autre contre les avares, la troisième contre les voluptueux. Sa sainte Mère lui prenait les pieds, et implorait miséricorde pour eux, disant : « J'ai un servi-« teur fidèle que vous enverrez prêcher par le monde, et ils se « convertiront : j'en ai encore un autre que je lui donnerai pour « l'aider. » Le Sauveur s'apaisa, et demanda à Marie de voir ses deux serviteurs. Elle lui présenta saint Dominique et un autre qu'il ne connaissait point. Mais le lendemain, dans l'église, il aperçut sous un froc de mendiant la figure qui lui avait été montrée la nuit précédente, et courant à ce pauvre, il le serra dans ses bras avec une sainte effusion, entrecoupée de ces paroles : « Vous êtes « mon compagnon, vous travaillerez avec moi : soyons unis et « personne ne pourra nous vaincre. » C'était saint François, et ce fut de sa bouche que les disciples de saint Dominique apprirent cette vision.

Ces récits et bien d'autres encore, où le merveilleux ornait la vérité de ses séduisantes couleurs, se propageaient à la gloire de Dominique, fortifiant les âmes énergiques et ranimant l'espérance dans les esprits pusillanimes. Le compagnon, l'auxiliaire que le Sauveur lui avait donné de son vivant, hors de son ordre, ne se trouverait-il point après sa mort parmi les membres de sa famille !

Dix mois s'écoulèrent dans la prière et dans l'attente. On avait remis au Chapitre général le soin redoutable de décider cette grave question qui tenait en suspens les forces vives de l'Ordre tout entier, peut-être avec la pensée que dans cet intervalle la

---

(1) Bolland., *Acta Sanctorum*, t. I, *August.*, p. 585. — B. Jourdain, *Vita B. Dominici*, c. II, n° 1. — Lacordaire, *Vie de saint Dominique*, c. VII, p. 253. — Fleury, *Hist. Eccles*, t. XVI, l. 78, 5.

Providence manifesterait elle-même le successeur qu'elle destinait à saint Dominique.

Le 22 mai 1222, dimanche de la Pentecôte, les Prieurs Provinciaux et les Députés des diverses Maisons s'assemblèrent au couvent de Saint-Jacques (1). Pour la première fois on mettait en pratique le point du règlement proposé par saint Dominique et accepté par le Chapitre général avec les autres constitutions de l'Ordre, qu'à l'avenir ces réunions solennelles se tiendraient alternativement à Bologne et à Paris. Cet article, spécialement déterminé, devait s'appliquer sans subir aucune dérogation, jusqu'en l'année 1245, où, sur la demande expresse de l'empereur d'Allemagne Frédéric II, le Chapitre fut convoqué dans la ville de Cologne.

Les religieux de la Maison de Paris firent fête aux arrivants, parmi lesquels ils retrouvaient des condisciples, des maîtres chéris et vénérés, entre autres Bertrand de Garrigue, Pierre de Reims et Jourdain de Saxe dont le départ avait laissé tant de regrets. Le Prieur, Mathieu de France, s'était ingénié à tirer le meilleur parti de la chapelle de Saint-Jacques et de l'ancien hospice du doyen de Saint-Quentin, afin d'offrir aux représentants de l'Ordre l'hospitalité la moins incommode.

Les Prieurs Provinciaux eurent à rendre compte des maisons confiées à leur haute direction. Le Chapitre désirait surtout s'entendre renseigner sur la situation de l'institut en Hongrie et en Angleterre ; son impatience s'expliquait, car ces deux provinces n'avaient pas encore reçu de Frères, lorsque saint Dominique leur en envoya du sein même du second Chapitre général.

Paul de Hongrie avait été nommé Prieur de cette province, son pays natal. Il enseignait le droit canonique à Bologne, lorsqu'il abandonna sa chaire de professeur pour entrer dans l'Ordre. Revêtu de la dignité de Provincial, il était retourné dans sa patrie avec quatre compagnons, et du tableau de cette

---

(1) Echard, *Script. Ord. Prædic.*, t. I, Capitula Generalia, p. xvi. « 3. Parisiis, XXII maii. In isto electus est B. Jordanus Magister Ordinis II. Feria secunda Pentecostes XXIII Maii. »

sainte expédition, nous ne voulons détacher que cette page (1) :
« En ce temps-là, deux Frères de la province de Hongrie vinrent à un certain village, à l'heure où le peuple chrétien a coutume de s'assembler pour entendre la messe. Lorsqu'elle fut finie, et que les habitants retournaient chacun à sa maison, le sacristain ferma la porte de l'église, et les Frères demeurèrent au dehors, sans que personne leur ouvrît les entrailles de la charité. Un pauvre pêcheur vit cela, il en fut touché de compassion, et pourtant il n'osa pas les inviter à venir chez lui, parce qu'il n'avait rien pour les recevoir. Mais il courut à sa maison, et dit à sa femme : « Oh! si nous avions de quoi donner à manger à « ces deux Frères! Je suis tourmenté pour ces pauvres gens qui « sont là à la porte de l'église, et à qui personne n'offre l'hospi- « talité. » La femme répondit : « Nous n'avons qu'un peu de millet pour toute nourriture. » Néanmoins, son mari lui ayant ordonné de secouer la bourse pour voir s'il n'y avait rien dedans, il en tomba, contre leur espérance, deux pièces de monnaie. Le pêcheur, ravi de joie, lui dit : « Va vite acheter du pain et du vin : fais cuire aussi le millet et des poissons. » Puis il courut à l'église, où les Frères étaient encore debout à la porte, et il les invita humblement à venir à sa maison. Les Frères s'assirent donc à cette pauvre table servie par une immense charité; ils y apaisèrent leur faim, et, après avoir rendu grâce à leur hôte, ils se retirèrent en priant Dieu de le récompenser. Le Seigneur entendit leur prière. Depuis ce jour, la bourse du pêcheur ne fut jamais vide : deux pièces de monnaie s'y trouvaient toujours. Il acheta une maison, des champs, des brebis, des bœufs, et le Seigneur lui donna de plus un fils. Mais quand il fut suffisamment pourvu, la grâce des deux pièces de monnaie cessa. »

Les Frères du Chapitre apprirent avec une grande joie l'établissement et les progrès de l'Ordre en Hongrie. La mission d'Angleterre se poursuivait également dans les conditions les plus favo-

---

(1) Bolland., *Acta Sanctorum*, t. I August. — Thierry d'Apolda, *Vita S. Dominici*, c. XXVII, n° 319 et 320. — Lacordaire, *Vie de saint Dominique*, c. XVII, p. 401.

rables. Le premier Provincial élu, Gilbert de la Fresnaie (1), partit pour l'île, et se présenta avec douze compagnons à l'archevêque de Cantorbéry. Le prélat ayant ouï qu'ils étaient des Frères-Prêcheurs, ordonna sur-le-champ à Gilbert de prêcher devant lui dans une église où il s'était lui-même proposé de monter en chaire ce jour-là. Gilbert parla si bien, l'archevêque fut si content, qu'il prit aussitôt les Frères en amitié, et les protégea tout le temps qu'il vécut. Leur première Maison s'éleva dans la ville d'Oxford : ils y bâtirent une chapelle à la Sainte-Vierge, et ouvrirent des écoles qui furent appelées les écoles de Saint-Edouard, du nom de la paroisse où elles étaient situées.

Jourdain de Saxe vit à son tour l'état florissant de l'Ordre en Lombardie, autour de la tombe déjà vénérée de saint Dominique. Le couvent de Bologne continuait à prospérer, et parmi les religieux dont le Provincial pouvait citer les noms à la louange de cette Maison, se distinguait d'une façon particulière par ses qualités, ses études et sa prédication, un compatriote originaire de Westphalie (2), qui s'appelait Jean le Teutonique.

Le Provincial d'Espagne, Suero Gomez, raconta la conquête qu'il venait de faire dans le Prévôt de l'Eglise de Barcelone (3), Raymond de Pennafort, qui avait été, lui aussi, professeur à l'Université de Bologne, et qui s'était démis de sa charge pour revêtir le 1er avril, jour du vendredi saint, l'habit des Frères-Prêcheurs.

Raymond de Pennafort et Jean le Teutonique étaient appelés par la Providence à remplir l'un après l'autre les fonctions de Maitre général de l'Ordre.

Dominique invisible et présent semblait encore présider ce Chapitre : son image vivante dans tous les cœurs, planait sur l'assemblée, son esprit remplissait la pensée de chacun de ses disciples convoqués là pour lui donner un successeur. Aussi comment dire l'émotion profonde qui s'empara du Chapitre, lorsque le

---

(1) Echard, *Id.*, t. I, p. 21. — Lacordaire, *Vie de saint Dominique*, c. xvii, p. 402. — Fleury, *Hist. Eccles.*, t. XVI. l. 78, 46.
(2) Touron, *Histoire des Hommes illustres de l'Ordre de saint Dominique*, t. I, p. 96.
(3) Touron, *Id.*, t. I, p. 6. — Fleury, *Hist. Eccles.*, t. XVI, l. 78, 55.

lendemain (1), 23 mai, lundi de la Pentecôte, les membres se réunirent en séance pour élire le nouveau Maître général. Autrefois à Jérusalem, dans le Cénacle, les Apôtres demandaient au Seigneur de faire connaître celui qu'il destinait à occuper la place du traître Judas : de même, à Paris, les fils de saint Dominique prièrent longtemps et ardemment dans la chapelle de Saint-Jacques, encore pleine de son souvenir, pour que Dieu leur désignât le plus digne de succéder à son fidèle serviteur.

Les suffrages se portèrent sur Jourdain de Saxe (2). Deux ans à peine s'étaient écoulés depuis qu'il avait pris l'habit des Frères-Prêcheurs. A ce moment, parmi les religieux de l'Ordre de Saint-Dominique, quelques-uns avaient enseigné avec éclat dans les Universités, d'autres se trouvaient à la tête des Provinces ou gouvernaient des Couvents : de plus, le génie des nations ne se ressemblait guère, et les intérêts particuliers n'étaient pas les mêmes : néanmoins, il n'y eut qu'une voix pour choisir Jourdain de Saxe, le profès de la chapelle de Saint-Jacques, l'ancien étudiant de l'Université de Paris. Chacun fit attention à sa vie plutôt qu'à son âge : tous laissèrent de côté les considérations mesquines de l'amour-propre ou de l'esprit personnel, ils ne se souvinrent que de la parole du sage (3) : « Ce ne sont point les années qui donnent la vieillesse. »

Au moment de célébrer les funérailles de saint Dominique (4), on avait exposé à la vénération de la multitude le corps dépouillé du seul trésor qui lui fût resté. C'était une chaîne de fer qu'il portait

(1) Echard, *Id.*, t. I, p. 97, Note. « Anno MCCXXII, Pascha 3. April., Pentecostes 22. Maii, feria autem 2. sequenti 23. mensis, facta est electio. »

(2) Echard, *Id.*, p. 97. Anno Domini MCCXXII celebratum est tertium Capitulum Generale ; in quo electus F. Jordanus, in magistrum, licet nondum complesset in ordine duos annos et dimidium. » — Touron, *Vie de saint Dominique*, l. VI, p. 696.

(3) Sagesse, c. IV, 9 : Ætas senectutis vita immaculata. »

(4) Echard, *Id.*, p. 51, 2. Actes de Bologne, Déposition du F. Rodolphe. « Item dixit quod dictus F. Dominicus semper portabat catenam ferream cinctam ad carnem super lumbos, et portavit eam sic cinctam usque ad mortem. — Interrogatus quomodo scit hoc ? — Respondit quia quando mortuus fuit, invenit eum cinctum, dicta catena, et ipse accepit eam, et habuit eam, sed postea dedit magistro ordinis scilicet Jordani. »

sur sa chair nue, et que lui avait ôtée le Frère Rodolphe en le revêtant des habits du cercueil. Elle fut donnée comme la relique la plus précieuse à Jourdain de Saxe, Maître général de l'Ordre et successeur de saint Dominique. « Ceins-toi les reins » avait dit la sainte Vierge apparaissant un jour à Réginald : ces paroles vinrent-elles à la mémoire de Jourdain, son disciple, en présence de cette chaîne de fer, symbole de la vie active et mortifiée de saint Dominique? Dominique et Réginald! Quels noms pour Jourdain de Saxe, et quels souvenirs ils lui rappelaient! Tous deux avaient été ses maîtres, il les imita tous deux, et personne n'eut de peine à reconnaître le doigt de Dieu dans son élection. Elle demeure le fait éclatant du premier Chapitre général de l'Ordre tenu à Paris, comme pour inaugurer la période glorieuse du grand Couvent de Saint-Jacques.

VI

PROGRÈS MATÉRIELS DU COUVENT. — LE PARLOIR AUX BOURGEOIS. — LE MUR DE PHILIPPE-AUGUSTE. — LES TERRES DU CHAPITRE DE SAINT-LAZARE. — LA PROPRIÉTÉ DES CHANOINES DE SAINT-BENOÎT. — LES CLOÎTRES, LES DORTOIRS, LE RÉFECTOIRE, L'INFIRMERIE ET LE CIMETIÈRE DU COUVENT. — CONSTRUCTION DE L'ÉGLISE DES JACOBINS.

Saint Dominique arrivait à Bologne présider le second Chapitre général. Comme il entrait à Saint-Nicolas, il vit que l'on travaillait à élever une des ailes du couvent pour agrandir les cellules. A l'aspect de cet ouvrage et devant la raison qui l'avait fait entreprendre, des larmes s'échappèrent de ses yeux; le serviteur de Dieu se tourna vers le Frère Rodolphe, procureur de la maison, et vers les autres religieux qui l'accompagnaient : « Hé quoi! « s'écria-t-il (1), vous voulez sitôt abandonner la pauvreté, et « vous bâtir des palais ! » Il ordonna ensuite d'arrêter les travaux qui ne furent repris qu'après sa mort.

En songeant aux dispositions nécessaires pour donner à la Maison de Paris la figure extérieure d'un couvent, par des constructions nouvelles et par l'acquisition des terrains avoisinants, Jourdain de Saxe et Mathieu de France, le Maître général et le Prieur, ne couraient aucun risque d'aller à l'encontre de l'esprit de pauvreté, considéré par le saint patriarche comme le fondement inébranlable de son Ordre. L'hospice et la chapelle élevés par les soins de Jean de Barastre sur le bord de la rue Saint-Jacques, ne ressemblaient guère à un couvent; quelle que fût d'ailleurs l'importance de ces édifices, ils avaient été bâtis là

---

(1) Echard, *Id.*, p. 51. Actes de Bologne, Déposition d'Etienne d'Espagne. — Lacordaire, *Vie de saint Dominique*, ch. XVII, p. 400.

dans un dessein particulier, et en aucune manière, ils ne pouvaient suffire dans les conditions requises à la vie régulière d'une communauté.

Jusque-là les Frères-Prêcheurs s'étaient contentés de ce qui leur avait été donné. Tout au plus s'ils se préoccupèrent d'étendre leur logement, ne fût-ce qu'à titre provisoire, afin de parer aux premières exigences de leur établissement. En effet, voici ce que nous lisons dans un ancien document de l'Ordre (1) : « Le Doyen de Saint-Quentin et les Messieurs de l'Université, s'étant entièrement démis, entre les mains des religieux, de tous leurs droits sur la chapelle de Saint-Jacques et sur les maisons contiguës, en 1221, nos Pères s'attachèrent à faire leur bâtiment, qui fut bientôt achevé, l'esprit de pauvreté ne les ayant portés qu'à faire de petites cellules et des officines de peu de montre. »

Mais la Maison de Paris, par un acte formel de la volonté de saint Dominique, venait de se placer en face de l'Ordre tout entier, dans une situation particulière ; elle partageait à l'avenir avec Bologne l'honneur de servir à la convocation des Chapitres généraux. De plus, la renommée des écoles qui attiraient tant d'étrangers, la faveur accordée aux études, le nombre des religieux qui prenaient l'habit, les préférences même de Jourdain pour le berceau de sa vie intellectuelle et religieuse, tout tendait à ce que l'on fit surgir de terre, au plus vite, un véritable couvent de construction modeste, mais large et spacieuse, avec ses dépendances ordinaires, un cloître, un chapitre, une église. Aussi lisons-nous dans le même recueil que : « Par après les Frères résolurent de faire un couvent qui méritast d'estre le père des autres, en toutes façons et manières. »

L'hospice et la chapelle, donnés à l'Ordre de Saint-Dominique, en pleine et entière propriété, par Jean de Barastre et par l'Université, s'élevaient sur le côté supérieur d'un grand quadrilatère, formé

---

(1) *Recueil de Pièces* pour servir à l'histoire nécrologique des trois Maisons de l'Ordre des FF. Prêcheurs, à Paris, réunies en une seule, le 1er septembre 1790. Le P. Texte commença ce travail qui fut continué par le P. Faitot.

Nécrologe de l'Église des FF. Prêcheurs de la rue Saint-Jacques, Mathieu de France.

par la rue Saint-Jacques, se prolongeait jusqu'à la porte de ce nom, par la rue des Cordiers, la rue La Harpe, se terminait à la porte Saint-Michel, et par le mur de Philippe-Auguste, qui joignait la porte Saint-Michel à la porte d'Orléans (1). Cet espace était occupé par des maisons éparses et par des terrains livrés à la culture (2).

En l'année 1211, le roi Philippe-Auguste avait fait clore de murs sa bonne ville de Paris (3), en la partie du midi jusqu'à la Seine, si largement qu'on enferma dans les murailles des champs et des vignes (4). Mais ce mur flanqué de tourelles pour lui donner quelque apparence d'une enceinte fortifiée, avait rencontré dans son parcours, entre la porte Saint-Michel et la porte d'Orléans ou Saint-Jacques, un ancien bâtiment que l'on ne voulut ni détruire ni couper, parce qu'il était solidement construit, et que, protégé par une tourelle adjacente (5), il pourrait entrer avec

---

(1) Echard, *Id.*, 49, 2. Actes de Bologne, Déposition de F. Jean de Navarre. « Dum ipse testis et socii studerent Parisiis, data fuit ei et sociis suis a Magistro Joanne decano a S. Quintino, et ab Universitate Magistrorum et Scholarium Parisiensium Ecclesia S. Jacobi posita in porta Aurelianensi. » Cette porte d'Orléans s'appellera plus tard la porte Saint-Jacques.

(2) Sauval, *Histoire et Antiquités de la ville de Paris*, t. II, liv. VIII, p. 356. « Vers le midi de Paris se voit une grosse montagne appelée l'Université, qui couvre la cité et la ville, et s'élève entre deux plates campagnes. Anciennement c'était tout vignoble. Dans le douzième et treizième siècle on commença à y faire des maisons et des rues. »

(3) Rigord, *De Gestis Philip.-Aug.*, an. 1211... Ce sont les chefs du corps de ville, qui sous le nom de Bourgeois ou de Citoyens, reçoivent de Philippe-Auguste l'ordre fameux de faire clore la ville de murs et de portes, de fortifier de tours la ville de Paris. « Præcepit rex civibus Parisiensibus quod civitas Parisii, quam « multum diligebat, muro optimo et tornellis decenter aptatis et portis diligen- « tissime clauderetur. » D. Félibien. *Histoire de la ville de Paris*, Dissertation sur l'origine de l'Hôtel de ville, t. I, p. LV. — *Documents inédits, Paris sous Philippe le Bel*, p. 352.

(4) Crevier, *Histoire de l'Université de Paris*, t. I, l. I. p. 274. « Lorsque Philippe enferma de murs cette enceinte, il s'en fallait de beaucoup qu'elle fût inhabitée. On y voyait des églises, des maisons, des fermes, des greniers, le tout entremêlé de vignes, de jardins, d'allées d'arbres, de terres labourables. » — Henri Martin, *Histoire de France*, t. IV, p. 66.

(5) Sauval, *Histoire et Antiquités de la ville de Paris*, t. II, liv IX, p. 481. « Le Parloir aux Bourgeois qui était dans l'Université, consistait en un gros édifice, pavé sur la couverture, qui avançait neuf toises, ou environ, dans les fossés, et de plus, en des tours rondes et quarrées, les unes avec un comble, les autres

avantage dans le plan des fortifications de la ville. Cet édifice s'appelait le *Parloir aux Bourgeois* (1).

Une requête des Jacobins pour établir devant le Roi et le Parlement, leurs droits sur les Murs et Fossés de la ville, en face de leur couvent, nous apprend comment furent exécutés les travaux de ces premières murailles. « Il n'est pas imaginable, disent les plaignants (2), que Philippe-Auguste qui voulut faire clore la ville de murs, seulement pour l'embellir, *in tornellis decenter aptatis*, comme parle son histoire, eût voulu en faire prendre les alignements au travers du Parloir aux Bourgeois, et sans nécessité, faire couper cet Hôtel de ville par le milieu ; et d'autant moins encore que cet auguste monarque faisait tout cela de concert

---

terrassées de pierres de liais. » — *Id.*, t. III, p. 126. Ordonnance de septembre 1366. « Le fossé derrière la Maison de Ville qui est derrière les Jacobins, depuis la première tournelle qui est au-dessus de ladite maison, par devers la porte Saint-Jacques, jusqu'à l'autre tournelle qui joint à ladite maison, par devers la porte d'Enfer. » .

(1) Parloir aux Bourgeois, Parloir des Marchands, Maison de la Marchandise, Maison de ville, Hôtel de Ville n'ont qu'une seule et même signification. Du Breuil, *Théatre des Antiquités de Paris*, liv. III, p. 1006. — D. Félibien, *Histoire de la ville de Paris*, Dissertation sur l'origine de l'Hôtel de ville, t. I, p. XXVIII et LXXVIII. Les Parisiens sont tour à tour désignés sous les noms de « Nautæ, Negotiantes, Mercatores, Burgenses, Borjois, Bourgeois. » *Id.*, p. XXXII, LV, LXII et LXIX. « Les Nautes Parisiens doivent être regardés comme la véritable souche de nos anciens *Marchands de l'eau de Paris*. » La fameuse inscription qui remonte au règne de Tibère confirme cette opinion, car elle porte :

TIB. CÆSARE AVG. IOVI OPTVM MAXSVMO NAVTAE. PARISIACI PVBLICE POSVERVNT.

E. Bernard, *Origines de l'Eglise de Paris*, p. 25. — Nous lisons dans une Charte de Louis VII de l'an 1170 : « Cives nostri Parisienses qui mercatores sunt per aquam, nos adierunt rogantes ut consuetudines suas..... » D. Felibien, *Histoire de la ville de Paris*. Pièces justificatives, t. I, p. XCVI. — Pierre, comte de Tonnerre et d'Auxerre, écrit dans ses lettres en 1200. « In hoc autem Domino Reg-« et ipsis Burgensibus injuriatus fueram... Permisi et concessi Burgensibus Parii « siensibus. » *Id.*, Pièces justificatives, t. I, p. XCVII. — Enfin une décision de l'année 1293 nous apprend que : « A ce fut regardé ou parloué des borjois de Paris et par les eschevins et par molt grant planté de borjois de Paris et des plus sages et des plus ancians qui sçavaient les costumes de la ville de Paris. » *Id.*, Pièces justificatives, t. I, p. CVII.

(2) *Requeste* au Roy et à Nosseigneurs de son Conseil pour montrer le droit des Jacobins du Grand Couvent sur les Murs, Fossez et Contrescarpes... § III, p. 7, in-4. Paris, 1678. Nous remercions M. Jorand qui a bien voulu nous communiquer ce rare et précieux document.

avec les Parisiens, et sans être pressé par aucun motif, que celui de sa magnificence, et du dessein qu'il avait de rendre son royaume plus heureux et son règne plus glorieux. Et cependant c'est ce qu'il aurait fallu qui fût arrivé, si les murs eussent été, pour lors, bâtis où ils sont, puisque l'on voit encore à présent comme ils coupent cet ancien Hôtel de ville par le milieu. » Ce Parloir avait servi aux premières réunions des habitants de Paris, s'assemblant pour délibérer sur leurs affaires communes.

Personne n'ignore que Paris s'étendit d'abord sur la rive méridionale de la Seine, autour du palais des Thermes, des Bains, des Arènes et de l'abbaye de Saint-Germain. Le commerce de la *Marchandise de l'eau* (1), comme on l'appelait, avait bâti ses maisons (2), creusé ses ports et disposé ses magasins de ce côté de la rivière : tout porte à croire qu'il établit dans ce Parloir aux Bourgeois, si convenablement placé, le centre des négociations ou des affaires commerciales, auxquelles les Parisiens devaient leurs richesses et leur ancienne renommée (3).

Il en fut ainsi sous les deux premières races de nos rois. Mais au neuvième siècle, les Normands ayant exercé leurs ravages, surtout sur la rive gauche, les Parisiens durent chercher dans la cité un lieu moins exposé pour leurs assemblées municipales. Des années se passèrent à relever les ruines et à réparer les désastres de ces invasions. Sur ces entrefaites, la ville se fortifia du côté septentrional, pendant le règne de Louis VI (4) : le commerce avait déserté peu à peu la rive gauche, pour se transporter tout

---

(1) D. Felibien, *Histoire de la ville de Paris*, Pièces justificatives, t. I, p. cv, sentence portée en 1291. « Et ce prononça Jehan Arrode à ce tems prevost de la marchandise de l'iaue de Paris. » Une ordonnance de l'an 1258 établit que « Nul ne peut estre jaugeur à Paris, se il ne l'a empetré du prevost et des jurez de la Confraerie des marcheans de Paris. » *Id.*, Pièces justificatives, t. I, p. c. Et ce titre de Prevost est confirmé par un arrêt du Parlement de l'année 1268 : « Pre« positus mercatorum aquæ Parisius. » *Id.*, Pièces justificatives, p. cv.

(2) S. Grégoire de Tours, *Historia Eccles. Francorum*, lib. VIII, cap. xxxiii. « Domos negotiantum ex ordine succendentem. » — D. Felibien, *Histoire de la ville de Paris*, Diss. sur l'origine de l'Hôtel de ville, t. I, p. lxxviii.

(3) Documents inédits, *Paris sous Philippe le Bel*, p. 371.

(4) Documents inédits. *Paris sous Philippe le Bel*, p. 349 et 371.

entier sur la rive droite (1), et lorsque sous Louis VII (2), la place de Grève servait de port aux marchandises qui arrivaient à Paris par la Seine, nous trouvons le Parloir aux Bourgeois, c'est-à-dire le lieu de leurs réunions municipales, la Maison de Ville, établie au Grand-Châtelet près l'église Saint-Leufroy (3). Les assemblées du prévôt des marchands et des échevins de la ville de Paris se sont tenues là, jusqu'au jour où, en 1357, Etienne Marcel acheta sur la place de Grève, la maison aux Piliers, qui disparut sous Henri IV, pour faire place à l'Hôtel de Ville brûlé par la Commune et que l'on rebâtit aujourd'hui.

Le vieux Parloir aux Bourgeois demeurait donc sans destination aucune, protégé par sa tourelle et enclavé dans le mur de Philippe-Auguste. Comme ce mur d'enceinte avait été construit sans fossés, il ouvrait un accès par le Parloir, aussi bien que par les portes d'Orléans ou Saint-Jacques et Saint-Michel, au milieu des champs et des vignes qui avaient donné son nom au monastère de Notre-Dame. Ces vignes et ces champs appartenaient au roi, à l'évêque et à différents particuliers sous le nom de Clos du Roi, Clos des Bourgeois (4), et plus tard, Clos des Jacobins.

La ville de Paris, par un acte de munificence vraiment royale, disposa de son Parloir en faveur des fils de saint Dominique. Si

---

(1) D. Félibien, *Histoire de la ville de Paris*. Dissertation sur l'origine de l'Hôtel de ville, t. I, p. 1 ix. — Documents inédits, *Paris sous Philippe le Bel*, p. 372.

(2) Louis VII vendit la place de Grève à la ville de Paris pour y disposer un nouveau port, et le roi constate dans sa Charte de 1141, qu'il y avait là un vieux marché. « Burgensibus nostris de Grevia et Montcello planitiem illam prope « Secanam, quæ grevia dicitur, ubi vetus forum exstitit, totam ab omni ædificio « vacuam, nullisque occupationibus impeditam, vel impedimentis occupatam, sic « in perpetuum manere concessimus. » D. Felibien, *Histoire de la ville de Paris*, Pièces justificatives, t. I, p. xcv.

(3) Documents inédits. *Paris sous Philippe le Bel*, p. 369.

(4) Sauval, *Histoire et Antiquités de la Ville de Paris*, t. II, liv. VIII, p. 365. « Le Clos aux Bourgois et celui des Jacobins étaient au commencement du faubourg Saint-Michel, près la porte, de part et d'autre, de la rue d'Enfer; l'un descendait jusqu'au faubourg Saint-Germain, l'autre jusqu'au faubourg Saint-Jacques. Son nom vient apparemment du Parloir aux Bourgeois. » Ce clos était borné au nord-est par la rue des Francs-Bourgeois, qui n'était que le prolongement de la rue Monsieur-le-Prince, jusqu'à la place Saint-Michel et à la rue d'Enfer. — D. Félibien, *Histoire de la ville de Paris*, t. I, liv. IV, ch. xxxvi.

nous ajoutons foi au Recueil de pièces du P. Texte (1), « l'abbé Mathieu et ses Religieux s'acquirent d'abord une si grande réputation, que les Bourgeois de Paris leur donnèrent à la rue Saint-Jacques, vis-à-vis Saint-Étienne des Grez, le lieu de leur assemblée, appelé le Parloir aux Bourgeois. » Les auteurs de la Requête rappellent le fait de cette possession remontant à leurs origines, et ils observent (2) : « Quoi qu'on ne rapporte aucun acte de donation ni d'acquisition, cependant il est hors de doute que les Jacobins le possèdent dès leurs commencements; et parce que c'est ce que dit Belleforest et les autres historiens qui font bâtir l'Eglise et Couvent de ces Religieux dans ce lieu du Parloir aux Bourgeois; et parce que la ville se dit Bienfaitrice et Fondatrice des Jacobins, ce qui ne peut être que par la donation de ce Parloir ou ancien Hôtel de ville; et enfin, parce que de tout temps ces Religieux sont dans ce même lieu, sans contestation de la part de la ville. »

Le bon Père Mathieu, nous dit Sauval (3), obtint de Messieurs les Bourgeois de Paris le lieu de leur assemblée, situé près la porte Saint-Jacques, qu'ils donnèrent pour agrandir l'établissement. Sans connaître exactement les dimensions de ce Parloir, nous savons, au dire de la Requête (4), « qu'il ne devait pas être petit, ni sans quelque circuit, ou appartenances, dépendances et jardins; » et de son côté Sauval affirme (5) que la partie seule qui s'avançait dans les fossés (6), mesurait environ neuf toises ou cinquante-quatre pieds. Le Prieur s'empressa de remplir les intentions des donateurs, et avisant au plus pressé, il disposa pour le moment dans cette nouvelle annexe du Couvent de Saint-Jacques, les dortoirs et les réfectoires des religieux.

Le roi Philippe-Auguste ratifia la concession du Parloir faite

---

(1) *Nécrologe de l'Eglise des FF. Prêcheurs,* Mathieu de France.
(2) *Requeste au Roy.....* § II, p. 7.
(3) Sauval, *Id.,* t. I, liv. VI, p. 636.
(4) *Requeste au Roy.....* § II, p. 7.
(5) Sauval, *d.,* . II, liv. IX, p. 481.
(6) Ces fossés qui modifièrent profondément le Couvent des Jacobins, furent creusés en 1358, après la bataille de Poitiers.

par les Bourgeois de Paris. Il mérita ainsi de partager avec la Ville le titre de Fondateur du Couvent de Saint-Jacques (1), d'autant mieux qu'il ne borna pas ses faveurs à cet acte de simple bienveillance. Le vainqueur de Bouvines s'était aisément rendu compte des limites restreintes de l'espace occupé par les Frères-Prêcheurs; il comprit qu'ils ne tarderaient pas à se trouver à l'étroit en deçà des murs. C'est pourquoi, dans le dessein de rendre plus faciles aux religieux les moyens de s'étendre au-delà des murailles, il leur laissa au moins la jouissance, s'il ne leur accorda point la propriété de ce mur, qu'il avait fait élever, pour embellir plutôt que pour fortifier la ville.

Cette possession, avec les droits qui en résultaient, se trouve clairement indiquée dans le passage suivant de la Requête (2) : « Les Jacobins possèdent le fond des anciennes murailles, puisqu'ils possèdent leur fief du Clos, immédiatement au-delà des fossez et sur la Contrescarpe. Leur maison et leurs jardins, leurs infirmeries et leurs vignes étaient situées au pied de l'ancien et premier mur, sans aucun espace ou allée qui les en séparât au dedans, sans aucune espèce de fossez qui les en séparât au dehors. De plus, ce mur ancien, en quelque part qu'il fût placé, était de peu d'importance, et il leur fut donné dès le commencement, comme une clôture de leur maison. D'après les historiens Belleforest, Nangis et Mézeray, il est évident qu'avant 1358, ce mur était à l'égard des Jacobins, comme leur propre mur, et non comme un mur étranger ou de la ville : que les religieux en avaient un entier usage, qu'ils y avaient des portes de communication pour aller à leurs infirmeries, jardins et vignes, qu'ils avaient encore au dehors, et qui s'étendaient vers Notre-Dame des Champs : ce qui n'aurait sans doute pas existé, si les Rois ne leur en avaient pas fait don, aussi bien que du Parloir aux Bourgeois, dans lequel on ne doute pas qu'ils ne soient en partie établis, et de la propriété duquel ils ne peuvent cependant produire que leur possession aussi ancienne que leur ordre et leur établissement à Paris. »

(1) *Requeste au Roy*... § III, p. 25.
(2) *Requeste au Roy*... § III, p. 10.

On raconte qu'en 1185 (1), Philippe-Auguste avait vingt ans à peine, ses barons le voyaient un jour, assis à l'écart, rongeant un rameau vert avec distraction, et jetant autour de lui des regards qui décelaient l'agitation de son âme. « Si quelqu'un pouvait me « dire ce que le roi pense, s'écria l'un d'eux, je lui donnerais mon « meilleur cheval. » Un autre s'enhardit pour gagner l'enjeu, et interrogea le roi. « Je pense à une chose, répondit Philippe, c'est « à savoir si Dieu m'accordera, à moi ou à un de mes hoirs, la « grâce d'élever de nouveau la France à la hauteur où elle était « parvenue du temps de Charlemagne. » Dieu lui avait accordé cette grâce de toucher presque le but dont la hauteur n'effrayait point sa grande âme. Pour témoigner sa reconnaissance envers Celui qui tient dans ses mains toute-puissantes les destinées des rois et des nations, Philippe, à la fin de sa longue et glorieuse carrière, « faisait force donations aux moûtiers et aux églises (2), » et le couvent de Saint-Jacques y eut une large part.

Une autre pensée inclinait encore du côté des Frères-Prêcheurs les bonnes dispositions de Philippe-Auguste. L'hérésie des Albigeois s'était élevée dans le Midi comme un sombre nuage, attristant les dernières années de son règne, et l'Ordre de Saint-Dominique avait pris naissance à Toulouse pour combattre par la prédication le progrès de ces pernicieuses doctrines. A ce moment, les évêques de France, convoqués par le Légat du Saint-Siége (3), s'étaient assemblés à Sens, pour délibérer sur les mesures à prendre contre l'hérésie qui troublait l'Eglise et l'Etat par ses conséquences religieuses et politiques. Le Concile fut transféré à Paris, et le roi malade à Pacy, près d'Evreux, voulut venir y assister. Ses médecins essayèrent en vain de le retenir; leurs craintes ne pouvaient rien sur le cœur de Philippe-Auguste, quand il s'agissait des affaires du royaume menacé dans sa foi et dans sa tranquillité. Il partit malgré ses médecins, mais il

---

(1) Hurter, *Vie d'Innocent III*, l. XIX. — H. Martin, *Histoire de France*, t. IV, l. XXIII, p. 114.
(2) H. Martin, *Histoire de France*, t. IV, p. 98.
(3) Fleury, *Hist. Eccles.*, t. XVI, l. 78, 60.

fut obligé de s'arrêter à Mantes où il mourut le 14 juillet 1223.

Parmi les prélats réunis au concile et qui assistèrent aux funérailles du roi, les Frères-Prêcheurs comptaient un de leurs meilleurs amis, l'archevêque de Reims (1), Guillaume de Joinville. Il avait reçu les religieux envoyés de Paris par saint Dominique, quelques années auparavant, et il continuait à les environner de sa protection, qui avait assuré le succès de leur établissement dans sa ville épiscopale. Guillaume de Joinville sacra le roi Louis VIII et la reine Blanche de Castille, le 6 août 1223.

Les bonnes grâces du roi, de la reine et de l'archevêque de Reims étaient assurées aux Frères-Prêcheurs. Mais Blanche de Castille n'avait pas attendu jusque-là pour prendre en faveur l'Ordre de Saint-Dominique. Mariée en 1200, au fils aîné de Philippe-Auguste, la jeune princesse régnait vraiment à la cour de France par son esprit, ses grâces et sa vertu. Elle accueillit avec une grande joie la nouvelle de l'arrivée et de l'établissement des premiers Frères à Paris. Plusieurs ne venaient-ils pas d'Espagne, parlant la langue de son pays, apportant des souvenirs de sa terre natale, à une époque où les Pyrénées n'avaient pas encore disparu, où les relations lointaines se voyaient condamnées à languir ou à s'éteindre par la difficulté même des communications? Ce titre seul, à défaut d'autres, n'eût-il pas suffi pour concilier aux religieux de Saint-Jacques la bienveillance de la fille d'Alphonse IX, roi de Castille?

Et certes, ce n'étaient point choses indifférentes que l'estime et l'amitié de la future reine de France. Nous n'avons à faire ni son éloge ni son portrait; cependant nous ne résistons pas au désir de citer un trait de la Chronique de Reims (2), où l'âme de la princesse se révèle toute entière. C'était en 1217, pendant que Louis, appelé par les barons, guerroyait en Angleterre pour une couronne qui ne pouvait que lui échapper. Cette couronne avait été offerte au jeune prince au lieu et place de sa femme Blanche de Castille, qui était la petite fille de Henri II.

(1) Fleury, *Hist. Eccles.*, t. XVI. l. 78, 61.
(2) H. Martin, *Hist. de France*, t. IV, l. XXIII, p. 95.

« Comme Messire Loeys eut dépendu (1) tout le sien et lui faillit argent, si manda à son père que il lui aidât et envoyât deniers. Et le roi dit, par la lance Saint-Jacques, qu'il n'en ferait néant, ni pour lui ne serait excommunié (2). Quand madame Blance sut, si vint au roi et lui dit : — « Comment, Sire, laisserez-vous donc votre fils mourir en étranges terres? Sire, pour Dieu, il doit être héritier après vous! Envoyez-lui au moins les issues de son patrimoine. — Certes, Blance, dit le roi, je n'en ferai néant. — Non, Sire! dit la dame. — Non, voir, dit le roi. — Eh bien, je sais, dit la dame, que j'en ferai! — Qu'en ferez-vous donc? dit le roi. — Par la benoîte mère de Dieu, j'ai beaux enfans de mon seigneur, je les mettrai en gages, et bien trouverai qui me prêtera sur eux. » Adonc se partit du roi comme desvée. Et, quand le roi la vit ainsi aller, si cuida qu'elle dit vérité; si la fit rappeler et dit : « Blance, je vous donnerai de mon trésor tout comme vous voudrez, et en faites ce que vous voulez.... Mais sachez de voir que je ne lui enverrai rien. — Sire, dit madame Blance, vous dites bien. » Et lors fut délégué grand trésor à madame Blance, et elle l'envoya à son seigneur, et il renforça sa guerre. »

L'ascendant de Blanche de Castille sur son beau-père Philippe-Auguste, n'avait pas été inutile pour gagner ce prince à la cause des Frères-Prêcheurs; son influence toute-puissante sur Louis VIII fit prendre place à ce monarque parmi les rois (3) « qui honorèrent le couvent de Saint-Jacques d'une bonté singulière, et qui, pour le rendre plus florissant dans la piété et dans les lettres, pensèrent à l'étendre aussi bien qu'à l'enrichir. » De telle sorte que les progrès matériels du couvent commencèrent par la donation du Par-

---

(1) Voici le sens de quelques-unes de ces expressions tombées en désuétude : *dépendu*, dépensé; *étranges terres*, terres étrangères; *issues*, revenus; *voir*, vrai; *desvée*, exaspérée; *cuida*, crut; *de voir*, de vrai.

(2) Le cardinal Gualo, légat du Saint-Siége, avait défendu au prince Louis, sous peine d'excommunication, de passer en Angleterre, et au roi Philippe d'aider son fils dans cette entreprise. Fleury, *Hist. Eccles.*, t. XVI, l. 77, 59. — H. Martin, *Hist. de France*, t. IV, l. XXIII, p. 92.

(3) *Requeste au Roy*..... § III, p. 25.

loir faite par les Bourgeois de Paris, donation ratifiée par Philippe-Auguste et confirmée par Louis VIII. Les travaux nécessaires pour approprier cet édifice aux besoins des religieux furent rapidement exécutés suivant les intentions du prieur ; à côté (1) « du bâtiment construit tout d'abord par les Frères, en esprit de pauvreté, » le Parloir aux Bourgeois s'offrit transformé en vastes dortoirs et en réfectoires non moins spacieux (2), lorsque le Chapitre général se réunit à Paris (3) le 2 juin de l'année 1224.

La munificence des rois et de la ville permit aux Frères-Prêcheurs d'agrandir le couvent de Saint-Jacques par des acquisitions successives de terres et de vignes, dont le service devenait facile, et où les religieux avaient désormais libre accès par le mur et par le Parloir.

En 1225, ils achetèrent le terrain qui touchait à la chapelle et à l'hospice et qui appartenait au Chapitre de Saint-Lazare (4). Cette propriété, champs et vignes, s'étendait le long de la rue Saint-Jacques, vers Notre-Dame des Champs, en deçà et au delà du mur de Philippe-Auguste, qui devait l'avoir coupée en deux. La situation qu'elle occupait par rapport au couvent mettait les Prêcheurs dans l'obligation rigoureuse de l'acheter. Le Chapitre eut égard à la nécessité et leur abandonna ces deux portions de terrain, comme il appert de cet acte de vente du prieur de Saint-Lazare (5). « A tous savoir faisons... Nous cédons à la maison de Saint-Jacques, située devant Saint-Etienne, et aux Frères-Prêcheurs de cette maison, la terre que nous possédons hors la porte

---

(1) *Nécrologe de l'Eglise des FF. Prêcheurs.* Mathieu de France.
(2) *Requeste au Roy*..... § 1, p. 5.
(3) Echard, *Script. Ord. Prædic.*, t. I, Capitula Generalia.
(4) La maison de Saint-Lazare ne formait pas un prieuré régulier, car elle était sous la juridiction immédiate de l'évêque de Paris. Jaillot, *Recherches critiques sur Paris*, t. II, quartier Saint-Denys, p. 49 et 55.
(5) *Requeste au Roy*..... § II, p. 6.

« Notum, sit omnibus...

« Concedimus domui sancti Jacobi, quæ est ante sanctum Stephanum, et Fratribus Prædicatoribus ejusdem loci, terram quam habemus extra portam, quæ ducit ad sanctam Mariam de Campis, inter murum Regis et vineam Cancellarii Carnotensis, inter Turnellas Regis.

« Concedimus etiam prædictæ domui, et Fratribus ejusdem domus, terram quam

qui conduit à Notre-Dame des Champs, entre le mur du roi, la vigne du chancelier de Chartres et les tournelles.

« Nous leur cédons également la terre qui nous appartient en deçà du mur du roi, depuis la maison du doyen de Saint-Quentin, en suivant une ligne droite jusqu'à la tournelle, de sorte que cette maison sera entièrement close dans toute sa grandeur, et qu'elle fixera la limite du terrain que nous vendons au prix de 20 livres parisis (1). »

Il faut le reconnaître, les événements de cette période historique semblaient s'enchaîner et s'accorder pour mettre en lumière le nom et les services des Frères-Prêcheurs. L'hérésie toujours menaçante des Albigeois, les inquiétudes qu'elle jetait dans les esprits, les tristes rivalités qu'elle fomentait entre le nord et le midi de la France, la guerre sans cesse prête à recommencer à l'occasion de ces malheureuses querelles, en un mot, la religion et quelquefois les intérêts de la politique dressaient comme un piédestal à l'Ordre de Saint-Dominique, car il devenait impossible de le séparer des hommes et des choses qui se rattachaient de près ou de loin à la secte des Albigeois.

Depuis la mort de Simon de Montfort, ces hérétiques avaient repris courage et, pour arrêter leurs nouvelles menées, le pape Honorius envoya en France le cardinal Romain, du titre de Saint-Ange, en qualité de légat (2). Au mois de mai 1225, Louis VIII réunit en concile, à Paris, les évêques et les barons; le légat y assista : il fut encore question des Albigeois, et des mesures à prendre contre les agitations incessantes provoquées par la turbulente hérésie.

Une nouvelle assemblée de prélats et de barons se tint à Paris,

---

habemus intra murum Regis; scilicet a domo Decani sancti Quintini, rectam lineam tenendo ad Turnellam Regis; ita quod domus prædicti Decani magna, tota sit inclusa, et sit meta et terminus illius terræ a nobis concessæ, pro vigenti libris Parisis. »

(1) La livre parisis valait 20 sous parisis et pesait 4 onces, poids de 27 de nos francs. Le sou parisis valait donc 1 fr. 35, tandis que le sou tournois, monnaie de Tours, non moins usitée que la monnaie de Paris, ne valait que 1 franc.

(2) Fleury, *Hist. Eccles.*, t. XVI, l. 79, 8.

le 28 janvier de l'année suivante (1). Le cardinal de Saint-Ange, au nom du Pape, excommunia le comte Raymond de Toulouse et ses adhérents, les déclara hérétiques condamnés, adjugea leurs domaines au roi de France et à ses héritiers. Louis VIII se décida à recourir aux armes pour porter le dernier coup à l'hérésie des Albigeois.

Le couvent de Saint-Jacques ne demeura point étranger à ce mouvement; le légat envoya les Frères-Prêcheurs (2) « dans toute la Gaule, » avec mission d'appeler les peuples à la croisade contre le comte de Toulouse et ses partisans.

Louis VIII mourut dans le cours de cette expédition, le 8 novembre 1226, laissant la couronne à son fils aîné, Louis, âgé de douze ans, et à Blanche de Castille la tutelle de cet enfant, qui devait être saint Louis. Ce fils que la reine Blanche aimait si fort, qu'un jour, pendant qu'elle le nourrissait, une dame de la cour ayant donné le sein à l'enfant, elle lui glissa les doigts dans la bouche pour le forcer de rendre le lait de l'étrangère, ce fils qu'elle aimait si bien, qu'elle disait (3) : « Plutôt le laisserais-je mourir, qu'offenser son Créateur par un seul péché mortel, » ce fils fut remis par sa sainte mère, vers l'âge de dix ans, aux mains des Frères-Prêcheurs (4), et le soin de son éducation confié à des précepteurs choisis au couvent de Saint-Jacques.

Louis VIII en mourant avait donné le conseil de ne point attendre à faire couronner son fils. La reine Blanche que la rivalité des grands barons menaçait déjà, s'empressa de remplir les dernières volontés du roi, et Louis IX fut sacré à Reims, le premier dimanche de l'Avent, 29 novembre 1226, par l'évêque de Soissons, Jacques de Basoches (5). Puis, « furent faits hommages au roi et à la reine, tant comme elle tiendroit la baillie, » dit la

---

(1) Fleury, *Hist. Eccles.*, t. XVI, l. 79, 18.
(2) H. Martin, *Hist. de France*, t. IV, l. XXIV, p. 125.
(3) H. Martin, *Hist. de France*, t. IV, l. XXIV, p. 133.
(4) Crevier, *Hist. de l'Université de Paris*, l. II, p. 326.
(5) Fleury, *Hist. Eccles.* t. XVI, l. 79, 29. L'archevêque Guillaume de Joinville, si favorable aux Frères-Prêcheurs, était mort deux jours avant Louis VIII, qu'il avait accompagné dans la guerre contre les Albigeois.

Chronique de Reims. Cependant le nom de Blanche ne figura jamais sur les chartes et diplômes (1), qui furent dès lors souscrits au nom du roi.

Le 7 juin de cette même année, le Chapitre général de l'Ordre de Saint-Dominique s'était assemblé à Paris (2). Le couvent de Saint-Jacques poursuivait sa carrière et continuait ses succès. Le maître général, Jourdain de Saxe, avait disposé sa vie et ses courses de façon à (3) « fréquenter les villes où les études étaient en honneur, » et à venir tous les ans passer le Carême à Bologne ou à Paris. Cette détermination ne fit qu'accroître les conditions déjà si favorables au progrès du couvent de Saint-Jacques. Jourdain recueillait lui-même le fruit de ses préférences. Son amour de la science lui assurait des sympathies ardentes parmi les écoliers; les fidèles ne résistaient pas aux accents de son éloquence passionnée, si bien, disait-on, que de l'auditoire subjugué par sa parole, si tous ne se faisaient point religieux, il n'en restait pas un seul qui ne devînt chrétien.

La chapelle de Saint-Jacques, (4) « qui était annexée à la maison du sieur doyen de Saint-Quentin, » devenait trop petite dans ses dimensions. Le terrain qui s'étendait devant l'hospice jusqu'au mur de Philippe-Auguste et au parloir, appartenait maintenant aux Frères-Prêcheurs par la vente du prieur de Saint-Lazare. Le Chapitre général ne se sépara point avant d'avoir arrêté le projet de construire sur cet emplacement, une église avec un chœur assez large pour recevoir les religieux, dont le nombre allait toujours croissant, avec des nefs assez vastes pour contenir le peuple qui, à flots de plus en plus serrés, se pressait pour entendre leurs prédications.

Il nous paraît difficile d'admettre, en présence des facilités de logement offertes par la concession du parloir, que les Frères-

---

(1) H. Martin, *Hist. de France*, t. IV, l. XXIV, p. 135.
(2) Echard, *Script. Ord. Prædic.*, t. I, Capitula Generalia.
(3) Bolland., *Acta Sanctorum*, t. II Febr., p. 726. « Frequentabat civitates in quibus vigebat studium; unde Quadragesimam uno anno Parisiis, alio Bononiæ faciebat. »
(4) *Notice nécrologique de l'Eglise des FF. Prêcheurs*. Mathieu de France.

Prêcheurs aient attendu l'année 1241 pour commencer à bâtir leur église (1), et qu'elle ne se soit achevée qu'en 1259. Ils étaient désormais assurés du couvert, ils espéraient le vivre de la charité des fidèles, la faveur du roi leur était acquise, la reine les comblait de ses largesses : comment se seraient-ils pendant vingt ans contentés d'une chapelle insuffisante déjà du temps de Réginald?

L'église du couvent de Saint-Jacques s'éleva dans le style de l'époque, lentement peut-être, sans la grandeur de Notre-Dame, sans les magnificences qui éclateront dans la sainte Chapelle. « La plus grande simplicité régnait dans la disposition des églises construites par les couvents ou maisons des ordres mendiants, la plupart fondés au treizième siècle (2). » Nous trouvons cette église ainsi décrite (3) : « Elle est une des plus longues de Paris, mais très-irrégulière : sa voûte construite en bois, est portée au milieu par un rang d'arcades en ogives, posées sur treize colonnes gothiques, qui n'ont pas même le mérite de leur temps, la légèreté. Ces colonnes partagent l'église en deux parties, dont l'une se nomme *la grande nef*, et l'autre *la nef du Rosaire*, à cause de la chapelle de cette confrérie qui se trouve au bout. Sur le mur des arcades, ainsi qu'au milieu de la voûte, on voit les armoiries des grandes maisons de France. La principale entrée, qui n'a rien de très-remarquable, est sur le côté et donne dans le passage de l'enclos. » Plusieurs églises élevées par les Frères-Prêcheurs se composent ainsi de deux nefs : était-ce une disposition particulière à cet ordre? Des chapelles s'établirent autour de ces deux nefs, mais simples comme elles, et dépourvues de voûtes d'une construction difficile et dispendieuse.

Le cimetière du couvent trouva sa place et les bâtiments de l'infirmerie s'élevèrent au-delà des murs (4), au milieu des vignes et des champs.

Quelques années plus tard, en 1231, le Chapitre de Notre-Dame

---

(1) *Notice nécrologique de l'Eglise des FF. Prêcheurs*. Mathieu de France.
(2) Al. Lenoir. *Architecture Monastique*, t. II, p. 204.
(3) Millin, *Antiquités nationales*, t. IV, XXXIX, p. 16.
(4) Jaillot, *Recherches sur Paris*, t. IV, quartier Saint-Benoît, p. 126.

confirma la vente que deux chanoines de Saint-Benoît firent au couvent de Saint-Jacques de deux arpens de vignes (1). « Ils étaient hors des murs de ville, mais contigus aux murs et à l'infirmerie des Frères Prêcheurs. »

Vers la fin de l'année 1227, les barons mécontents formèrent le complot d'enlever Louis IX à sa mère (2). Le jeune roi se trouvait à Orléans avec Blanche de Castille : ils partirent en toute hâte pour Paris; mais, arrivés à Montlhéry, ils n'osèrent passer outre, car les barons étaient à Corbeil « en grande force, » et la cour n'avait que très-peu de chevaliers à sa disposition. La reine dépêcha en toute hâte des messagers à Paris, pour appeler les bourgeois aux armes, et les conjurer de sauver le roi des mains des seigneurs. La population se leva en masse au bruit du tocsin, et déborda à grands flots sur la route d'Orléans, par les portes d'Enfer et Saint-Jacques. « Depuis Montlhéry, racontait plus tard le saint roi à son cher sénéchal (3), le chemin était tout plein de gens en armes et sans armes, jusqu'à Paris, et que tous criaient à Notre-Seigneur qu'il lui donnât bonne et longue vie, et le défendît et gardât contre ses ennemis. Et ainsi fit Dieu. »

En passant la porte Saint-Jacques, en face du couvent des Prêcheurs, le jeune roi se rappela peut-être avoir entendu raconter à ses précepteurs la vision du frère Laurent d'Angleterre (4). Il se rendait à Paris en 1217, avec ses compagnons porteurs de Lettres Apostoliques « qui les autorisaient à publier l'Ordre. » Laurent et Jean de Navarre étaient destinés à l'étude, tous deux frêle espérance d'une magnifique moisson. Avant d'entrer dans la ville,

---

(1) *Requeste au Roy*..... § II, p. 6. « Quæ sunt extra muros Domini Regis, infirmariæ dictorum Fratrum et ipsi muro contigua. »

(2) H. Martin, *Hist. de France*, t. IV, liv. XXIV, p. 138.

(3) Jean, Sire de Joinville, *Histoire de Saint-Louis*, XVI, 73.

(4) Bolland, *Acta Sanctorum*, t. I August., p. 550. — B. Jourdain, *Vita B. Dominici*, c. II, N° 39. « Missi sunt Parisius Mathæus abbas cum F. Bertrando... Hi, inquam, missi sunt Parisius cum litteris Summi Pontificis ut Ordinem publicarent, et cum eis alii duo Fratres ad studium; videlicet F. Johanne de Navarra et F. Laurentius Anglicus, cui, antequam Parisius ingrederentur, multa ex iis, quæ circa Fratres postmodum acciderunt, Parisius, videlicet de habitatione et situ domorum, et receptione multorum Fratrum, a Domino revelata sunt, prout ipse prædixit, et rei postmodum probavit eventus. »

Laurent eut une révélation; le Seigneur souleva le voile qui cache l'avenir, pour lui montrer dans sa splendeur future le couvent de Saint-Jacques avec ses bâtiments en ordre et ses religieux en grand nombre. Dix ans s'étaient écoulés, et déjà l'événement justifiait la prophétie. Le couvent avait pris figure, et les Frères-Prêcheurs acclamaient au passage Louis IX et Blanche de Castille, leurs bienfaiteurs, qui rentraient triomphalement au Louvre, escortés par des milliers de bourgeois, d'artisans et d'écoliers.

VII

GLOIRE INTELLECTUELLE DU COUVENT. — ÉTUDES. — PRÉDICATION. — SAINT DOMINIQUE. — RÉGINALD. — HENRI DE MARBOURG. — HENRI DE COLOGNE. — JOURDAIN DE SAXE.

Dante conduit par Béatrix, avait parcouru les premières cimes du Paradis. Comme ils entraient dans la sphère du soleil (1) : « Je vis, dit le chantre de la *Divine Comédie* (2), des lumières vives et triomphantes faire de nous un centre et d'elles-mêmes une couronne; la douceur de leurs voix surpassait l'éclat de leurs figures. » Et l'un des « astres de cette famille que le Père suprême rassasie éternellement, » l'une de ces clartés illustres, Thomas d'Aquin, lui dit (3) : « La Providence qui gouverne le monde avec une sagesse dont nul regard créé n'a mesuré la profondeur, la Providence voulant amener au Christ, son époux, l'Eglise plus confiante et plus fidèle, établit en sa faveur deux princes pour la guider dans ses épreuves, l'un, Séraphin par l'amour, l'autre, rayon de la splendeur des Chérubins par la doctrine (4). »

L'Eglise de Paris devait être la première éclairée par les rayons de cette splendeur dont parle le poëte de Florence. La doctrine de saint Dominique distribuée par les canaux de l'étude et de la prédication, allait, à la prospérité matérielle, ajouter pour le couvent de Saint-Jacques, le prestige de la gloire intellectuelle. Déjà il était facile d'apprécier les fruits de la mission confiée par saint Dominique à ses disciples de Paris. Il les avait envoyés là (5),

---

(1) Dante a placé les Docteurs de l'Eglise au Paradis, dans la quatrième sphère, celle du soleil, symbole de la science et de la foi.
(2) Dante, *La Divine Comédie*, chant X.
(3) *Id.*, chant XI.
(4) Saint François d'Assise et saint Dominique.
(5) Echard, *Script. Ordinis Prædicatorum*, T. I, p. 49, 2. Actes de Bologne, Déposition de F. Jean de Navarre. « Misit Parisios ut studerent et prædicarent et conventum ibi facerent, et non timerent quia omnia eis prospere cederent. »

« pour étudier, prêcher et fonder un couvent, avec la promesse que le succès ne tarderait pas à couronner leurs efforts. » La prédiction courait à son magnifique accomplissement.

Les rois de France, par la concession du mur de Philippe-Auguste, les bourgeois de Paris, par la donation de leur parloir, avaient supprimé d'un trait les obstacles qui pouvaient s'opposer à l'agrandissement du couvent. Le Prieur de Saint-Lazare, par l'abandon des terres tenant à leur maison, assurait aux Frères Prêcheurs un enclos dont l'acte de vente avait déterminé les dimensions, puisqu'il en fixait les limites à l'hospice appelé « la grande maison du doyen de Saint-Quentin (1), située vis-à-vis l'église de Saint-Etienne-des-Grès (2), et s'étendant en longueur, assez loin pour être, par une ligne droite, reliée à la tourelle du roi. » Mais ce n'était là, pour ainsi dire, que la première assise du Couvent de Saint-Jacques. Les Dominicains avaient voulu tout d'abord songer à bâtir la maison du Seigneur, laissant à la Providence le soin de disposer peu à peu autour de l'église, le monastère et ses dépendances. Ainsi, au berceau des nations chrétiennes, on avait vu autour d'une chapelle élevée sur le tombeau d'un martyr ou d'un moine, les fidèles s'assembler, les maisons se grouper et les villes se construire; de même, à travers ces villes, devenues des centres de civilisation, dans une rue écartée, sur une place solitaire, on voyait se dresser un sanctuaire, et à son ombre des cellules se serrer, des hommes se cloîtrer pour fonder ces couvents célèbres, asiles mystérieux ouverts comme un lieu de refuge, à la science et à la prière, au milieu du monde livré aux emportements de la politique, à l'ivresse des passions ou aux embarras des affaires.

Les abbayes de Saint-Germain-des-Prés, de Sainte-Geneviève et

---

(1) *Requeste au Roy...* § II, p. 6. « Scilicet a domo Decani sancti Quintini, rectam lineam tenendo ad Turnellam Regis; ita quod domus prædicti Decani magna tota sit inclusa, et sit meta et terminus istius terræ a nobis concessæ. »

(2) L'entrée du Couvent s'ouvrira plus tard dans la rue Saint-Jacques, à travers cette maison, par la voûte Saint-Quentin. Jaillot, *Recherches sur Paris*. T. IV, quartier Saint-Benoit, p. 126. — La rue Cujas occupe aujourd'hui la place de cette entrée.

de Saint-Victor, pour choisir entre les plus illustres, avaient ainsi pris naissance sur les bords de la Seine, et, à l'heure qu'il était, la prospérité de ces maisons ne connaissait point de rivale. Est-ce que Paris ne s'est pas toujours montré bienveillant et généreux pour les esprits qui, dans le cours des siècles, sont venus fixer un rayon lumineux au foyer de sa vie intellectuelle? Aussi de quelle auréole la science sacrée et la profane ont environné notre capitale, et quelle couronne de gloire elles ont posée sur sa tête! Les Frères Prêcheurs entraient à leur tour dans la carrière, et la faveur dont ils jouissaient, allait croissant sur la Montagne de Sainte-Geneviève.

La régence de Blanche de Castille fournit au progrès du Couvent de Saint-Jacques des éléments favorables qui devaient encore se développer sous le règne de Louis IX. La reine se souvint toujours qu'elle avait cherché des précepteurs à son fils parmi les disciples de saint Dominique : le roi ne perdit jamais rien de la confiance qui lui fit choisir à Saint-Jacques les directeurs de sa conscience : dans les rangs pressés de ceux qui accouraient là prendre l'habit des Frères Prêcheurs, Dieu préparait au saint monarque, avec des amis et des conseillers, les meilleurs et les plus fermes soutiens de ses œuvres.

Quelle était donc en France la vertu secrète qui portait les hommes mûrs aussi bien que les jeunes gens, à grossir « le pieux troupeau dirigé par Dominique dans le chemin où l'on prospère si l'on ne s'égare pas (1) ? » D'où venait, à Paris surtout, la force mystérieuse et irrésistible qui imprimait à cette famille à peine âgée de dix ans, un élan victorieux tel qu'il semblait tenir du prodige? Dominique avait su associer le ciel et la terre dans la disposition de son ordre; il s'y était pris de manière à intéresser Dieu et l'homme au succès de son œuvre. Sa nouvelle milice se façonnait dans la retraite et dans la prière, et il la jetait de par le monde avec des armes spéciales trempées à la flamme de l'étude, au feu de la prédication. La foi des peuples avait préparé les esprits et

---

(1) Dante, *La Divine Comédie*, chant X.

les cœurs ; le triomphe était dû à l'action de la grâce s'aidant des ressources de l'éloquence.

« L'éloquence, dit Lacordaire (1), étant le plus difficile de tous les arts, et la prédication étant de tous les genres d'éloquence le plus élevé, ce n'est pas un petit phénomène que de voir un seul homme susciter tout à coup une armée de prédicateurs qui, de l'Espagne à la Moscovie, de la Suède à la Perse, ébranlent les populations. Créez une passion dans une âme, et l'éloquence en jaillira par flots : l'éloquence est le son que rend une âme passionnée. Aussi, dans les temps d'agitation publique, orsque les peuples sont réunis par de grands intérêts, les orateurs naissent en foule, et quiconque a aimé violemment quelque chose dans sa vie, a été immanquablement éloquent, ne fût-ce qu'une fois. Saint Dominique, pour mettre au monde des légions de prédicateurs, n'avait donc pas eu besoin de fonder des écoles de rhétorique ; il lui suffisait d'avoir frappé juste au cœur de son siècle, et d'y avoir trouvé ou fait naître une passion.

« Au treizième siècle, la foi était profonde ; l'Eglise régnait encore sur la société qu'elle avait conquise. Cependant la raison européenne, lentement travaillée par le temps et par le christianisme, touchait à la crise de l'adolescence. Ce qu'Innocent III avait vu de son lit, dans un songe, c'est-à-dire l'Eglise chancelante, saint Dominique le révéla à toute la terre ; et lorsque toute la terre la croyait reine et maîtresse, il déclara qu'il ne fallait pas moins pour la sauver que la résurrection de l'apostolat primitif. On répondit à saint Dominique, comme on avait répondu à Pierre-l'Ermite, on se fit Frère-Prêcheur comme on s'était fait croisé. Toutes les Universités de l'Europe fournirent leur contingent en maîtres et en écoliers. Frère Jourdain de Saxe, deuxième général de l'ordre, donna l'habit à plus de mille hommes, que, pour sa seule part, il avait gagnés à ce nouveau genre de vie. On disait de lui : « N'allez pas aux sermons du Frère Jourdain, car c'est une « courtisane qui prend les hommes. » En un moment, ou pour

---

(1) Lacordaire, *Vie de saint Dominique*, ch. III, p. 48.

parler sans figure, car ici la vérité est au-dessus de la figure, en cinq années, saint Dominique, qui avant la bulle d'Honorius n'avait que seize collaborateurs, huit Français, sept Espagnols et un Anglais, fonda soixante couvents peuplés d'hommes d'élite et d'une jeunesse florissante.

« Comment leur parole eût-elle été froide à ces hommes qu'avait émus et réunis la seule idée de l'apostolat antique? Comment ces savants qui abandonnaient leurs chaires pour devenir novices dans un ordre sans fortune et sans gloire, n'auraient-ils pas créé sur leurs lèvres des expressions égales à leur dévouement? Comment la jeunesse des Universités, qui s'était jetée, sans y regarder, dans les hasards de cette chevalerie de l'Evangile, eût-elle perdu sous le froc l'ardeur de ses années, l'entraînement de sa conviction? Quand une fois les âmes généreuses, dispersées et enfouies au fond d'un siècle, se sont rencontrées et manifestées, elles portent dans leur effusion la force qui les a ravies à leur repos. En tout temps ces âmes existent; en tout temps l'humanité les recèle dans son sein profond, glorieux contre-poids qu'elle oppose à la dégradation dont le ferment l'agite aussi; et, selon que l'un ou l'autre élément prévaut dans le monde, le destin d'une époque se décide, illustre ou indigne. Or, saint Dominique avait fait pencher la balance du côté magnanime : ses disciples n'étaient autre chose que la bonne portion de la nature humaine en ces temps-là, qui triomphait tout à coup. »

Jourdain de Saxe fut choisi pour décider cette glorieuse victoire, « la volonté divine, dit une Chronique de ce temps (1), et l'esprit du Seigneur dirigeant cette élection. Il remplaçait l'instituteur de l'ordre, moins par l'exercice de l'autorité que par son émulation pour tout ce qui est juste et droit, car il s'était fait le continuateur des vues saintes, de la religion et de la ferveur du premier Père. Cher à Dieu et aux hommes, il procura l'avantage

---

(1) Bolland., *Acta Sanctorum*, t. I August., p. 605. — Thierry d'Apolda, *Vita S. Dominici.* c. XXII, § 255. « Frater Jordanus Teutonicus et de Saxonia oriundus, per voluntatem Dei, dirigente spiritu Jesu, in magistrum prædicatorum Ordinis est electus. »

des siens ; il dilata la gloire de l'Ordre, il l'agrandit par la création de provinces nouvelles et de nombreuses maisons, et lui conquit une multitude de sujets excellents. Alors, le nombre des enfants de Dieu croissant, l'Ordre s'épanouit comme une tige plantureuse et se mit à couvrir la terre entière de ses rameaux. C'était à saint Dominique, grain d'un froment très-pur, caché maintenant sous la terre, mais vivant dans les cieux, que revenait la gloire de ces magnifiques moissons. »

Jourdain succédait à saint Dominique, comme Elisée avait pris la place d'Elie. Le disciple avait bien saisi la pensée du maître : nul ne pouvait mieux que lui diriger l'Ordre naissant dans cette marche triomphale, qui emportait à la conquête des âmes les maîtres désertant leurs chaires, les écoliers arrachés aux Universités. L'étudiant dont personne n'avait oublié le travail et les succès aux écoles de Paris, le bachelier qui avait enseigné avec tant d'éclat au couvent de Saint-Jacques, le Prêcheur qui annonçait la parole de Dieu avec une puissance magique dont on redoutait les enchantements, cet étudiant de Paris, ce bachelier de Saint-Jacques, ce Frère-Prêcheur devenu général de l'Ordre pouvait hardiment encourager les études, recommander la doctrine, surveiller la prédication et l'empêcher de n'être bientôt plus qu'un airain sonnant, une cymbale retentissante.

Cet austère devoir avait sans doute inspiré à Jourdain la résolution qu'il s'était faite de venir tous les ans se reposer de ses courses apostoliques tantôt à Bologne, tantôt à Paris. Au couvent de Saint-Jacques, la présence du général devenait pour chacun des religieux comme la rosée qui rafraîchit la prairie, ou comme l'huile qui entretient le feu sacré. La parole du Souverain-Pontife n'était point lettre morte : Honorius III avait bien dit en appelant les fils de saint Dominique (1) « les étudiants en sacrée théologie à Paris. » Les leçons de Michel de Fabra, de Réginald, de Jourdain lui-même étaient continuées avec zèle et suivies avec ardeur. Henri de Marbourg, Henri de Cologne, Vincent de Beau-

---

(1) « In sacra pagina studentes apud Parisius. »

vais, Guillaume de Pérault voyaient leurs prédications couronnées des mêmes succès ; de nouveaux noms venaient se joindre aux anciens pour ajouter de nouvelles flammes à la lampe du sanctuaire, pour porter avec des forces sans cesse restaurées, la parole de Dieu aux divers quartiers de Paris, aux différentes contrées de la France.

En donnant à ses premiers disciples congé pour aller à Paris « étudier, prêcher et fonder un couvent, » saint Dominique ne semblait-il pas avoir fait à la maison de Saint-Jacques une obligation plus rigoureuse de l'étude et de la prédication? Ou bien, par ces paroles tombées des lèvres de son serviteur, Dieu avait-il attaché pour le couvent de Paris, une bénédiction particulière à l'une et à l'autre de ces fonctions? De fait, les études s'étaient établies dès l'origine, dans la petite communauté des Frères-Prêcheurs, d'abord à l'ombre du cloître de Notre-Dame, ensuite au milieu des Ecoles qui environnaient l'hospice de Saint-Jacques. La règle les transformait en devoir, le goût du temps y attachait les esprits, les exigences de la parole publique leur communiquait une importance, et les entretenait par un enthousiasme que la faveur populaire exaltait sans cesse. Une fois donné, le branle ne devait plus se ralentir ; car les Frères-Prêcheurs passaient tour à tour des bancs où l'on apprend, à la chaire où l'on enseigne. « Sortis, disait Jacques de Vitry (1), du monde des Ecoles, par une inspiration divine, ils entendent tous les jours les leçons de l'un d'entre eux sur les Saintes-Ecritures. Lorsqu'ils ont fait quelques progrès, ils vont déverser parmi les peuples ce qu'ils ont recueilli. »

Un article des Constitutions de l'Ordre porte que les religieux dans leurs cellules ne peuvent faire que ces trois choses : lire, écrire et prier (2). Aussi, le premier Chapitre général avait-il ordonné en 1220, que dans chacune de ces cellules, on peignit les images de Marie et de Jésus crucifié : « Celle-ci, dit Gérard de Frachet (3), comme un livre toujours ouvert, et un livre de l'art d'aimer Dieu. Et, ajoute le même auteur, c'est afin que les Frères, dans

---

(1) Jacques de Vitry, *Hist. Occident.*, c. XXVII. — Echard. *Id.*, p. 24.
(2) « Legere, scribere et orare. »
(3) Gérard de Frachet, *Vies des Frères.* P. IV, c. I.

toutes leurs œuvres, dans leur application à l'étude comme dans la prière, et même dans leur sommeil, accomplissent toutes choses sous le regard miséricordieux de la Mère et du Fils. »

Les Fils de saint Dominique s'affirmèrent donc dès leur apparition dans l'Eglise, par l'ardeur pour les études, non moins que par le zèle dans l'apostolat. Est-ce que leur Ordre n'était pas né au milieu des luttes, et son existence ne tenait-elle pas à une question de doctrine? L'acclamation belliqueuse que l'ancienne Rome faisait entendre à la naissance de chacun de ses enfants, *natus ad arma*, né pour les armes, ressuscitait et semblait résonner mieux sur le berceau de la nouvelle milice, appelée surtout à combattre pour la vérité.

« Aux Frères-Prêcheurs, écrivait vers 1225 Conrad d'Ursperg dans la Chronique de son abbaye (1), il fut donné de défendre la vérité contre le débordement des doctrines d'erreur. On les voit incessamment appliqués à l'étude des saintes lettres, composant des ouvrages, ou écoutant les leçons de leurs maîtres. C'est afin qu'armés d'arcs et de flèches, et de tous les engins des forts, ils puissent s'employer à la défense de notre sainte mère l'Eglise, livrer des assauts à l'erreur, ou s'offrir comme des murs à la défense d'Israël. » Et le Seigneur instruisant lui-même sa fidèle servante, sainte Catherine de Sienne, lui disait : « Si tu jettes les yeux sur la barque de Dominique, ton père et mon fils bien-aimé, tu verras avec quelle sagesse il la fait servir à ma gloire et au salut des âmes, par la lumière de la science. »

Cette lumière ne devait point demeurer cachée sous le boisseau. Dans les desseins de la divine Providence, elle était destinée suivant la parole de Celui qui est la Vérité, à prendre une place d'honneur sur le chandelier, afin d'éclairer l'Eglise. « Quant à mon serviteur Dominique, dit le Seigneur Dieu, dans une relation dont Thierry d'Apolda s'est fait l'interprète (2), je l'ai constitué

---

(1) Conrad de Lichtenau, abbé d'Ursperg, au diocèse d'Augsbourg, fut admis dans les conseils de Frédéric II, et fit fleurir les études dans son monastère. Il mourut en 1240.

(2) Bolland., *Acta Sanctorum*, t. I August., p. 627. — Thierry d'Apolda,

porteur de ma parole et vaillant prédicateur de mon nom. Je l'ai chargé d'amollir la dureté des incrédules et d'écraser la perfidie des hérétiques, de séparer par le van de la doctrine, la paille et le bon grain mêlés dans l'aire de mon Eglise. J'en ai fait la lumière des nations, le débiteur des sages et des insensés. »

Ces expressions d'une âme divinement inspirée, fixent le caractère, le but et la forme de l'Ordre qui devait concentrer son activité à procurer par la doctrine et par la prédication, le bien spirituel de la société chrétienne. Un charmant récit, de forme légendaire, comme on les aimait tant au moyen-âge, a enguirlandé de merveilleux la nécessité de ne point séparer dans la suite des temps, ce que saint Dominique avait réuni à l'origine de l'Ordre, l'étude et la prédication. Un Frère de très-sainte vie, raconte Gérard de Frachet (1), s'était fait remarquer dès sa plus tendre jeunesse par son culte pour la Passion du Christ. Il avait pour les plaies sacrées du Sauveur une grande dévotion, qui lui mérita des grâces particulières, où il goûta une telle suavité, que toute douceur ou consolation du monde ne lui paraissait plus qu'amertume. Ce Frère honorait également la Sainte-Vierge d'un culte spécial; il s'efforçait par ses hommages assidus de témoigner son admiration pour les vertus qui l'avaient élevée à la dignité de Mère de Dieu, et il la priait de lui obtenir la grâce de les imiter. La Bienheureuse Vierge lui apparut un samedi, et fit couler dans son âme d'une manière toute sensible l'objet de ses pieux désirs.

Cependant ce Frère avait négligé l'étude, et lui préférait la prière, à cause de la grande douceur qu'il y ressentait. Les autres religieux s'en aperçurent, et l'accusèrent de se rendre inutile à l'Ordre. Alors il pria Dieu de transformer en savoir une partie de cette suavité, afin qu'il put travailler à sa gloire et au salut des âmes. Le Seigneur l'exauça : il reçut par inspiration les connaissances auxquelles il était jusques alors demeuré étranger. Il se

---

Vita S. Dominici, c. xxxii, §. 384. « Et famulum meum Dominicum verbi mei bajulum et prædicatorem inclytum ad incredulorum duritiam, hereticorumque perfidiam conterendam direxi. »

(1) Gérard de Frachet, *Vies des Frères*, P. IV, c. v.

mit à prêcher gracieusement, et il acquit un grand renom par la sagesse de ses conseils.

Pendant que la légende célébrait par ses récits merveilleux, l'union nécessaire de l'étude et de la prédication dans l'Ordre de Saint-Dominique, ses premiers disciples se rappelaient dans leurs fraternelles confidences, les exemples laissés par leur vénéré Fondateur, à l'appui de cet article de ses Constitutions primitives (1). Chacun interrogeait sa mémoire et tous rassemblaient leurs souvenirs, afin de retenir, comme par un pan de son manteau, celui qui, en montant au ciel, avait pris soin de leur laisser son esprit. Les documents recueillis avec une attention toute filiale, formèrent le trésor le plus précieux des Frères-Prêcheurs. D'une main pieuse, sous le péristyle de l'Ordre, les enfants prenaient plaisir à tailler la statue vivante de leur père; avant de songer à écrire leurs annales, sur le premier feuillet, au frontispice de leur histoire, ils gravaient l'image du saint Patriarche : pas un qui ne voulut y ajouter un trait, et, dans leur religieuse admiration, pour achever cette grande figure, ils ne pensaient pas mieux faire que de la couronner de l'auréole de la doctrine et de la prédication.

Un ange avait touché d'un charbon ardent les lèvres du prophète Isaïe (2) : est-ce que le Sauveur du monde ne semblait pas avoir versé au cœur de son serviteur, avec une goutte de son sang divin, une étincelle de sa charité infinie? Dominique répondit à l'appel du maître par ses paroles et par ses actes. Apôtre et docteur (3), il se fit la voix du Verbe (4), et pour attiser la flamme de son zèle, ses Frères, ses amis, ses contemporains connaissaient-ils un autre souffle que l'amour de Dieu et le salut des âmes (5)? Tous lui rendirent un éclatant témoignage, le jour où

---

(1) *Constitutions des Frères-Prêcheurs*. « Per doctrinam et prædicationem. »
(2) Isaïe, c. VI, 6.
(3) *Office de saint Dominique*. « O lumen Ecclesiæ, doctor veritatis! » La collecte dit qu'il a illustré l'Église par ses mérites et par sa doctrine, « meritis et doctrinis. »
(4) Sainte Catherine de Sienne développe dans son *Dialogue* comment et en quels points saint Dominique se conformait au Verbe éternel.
(5) Echard, *Id.*, t. I, p. 44, a donné place aux lettres et aux dépositions de ces témoins, parmi les pièces relatives au procès de canonisation de saint Dominique.

instruisant son procès pour décider de sa sainteté, l'Eglise, sous la foi d'un serment solennel, leur demanda la vérité sur Dominique. « Son ardeur était telle, disait l'un (1), qu'il prêchait le jour, la nuit, dans les églises et dans les maisons, dans les champs et sur les chemins, et partout il voulait voir les Frères annoncer la parole divine, et ne parler que de Dieu. » « En route, disait un autre (2), si des voyageurs ou des pèlerins se joignaient à lui, Dominique se mettait à leur prêcher la parole de Dieu, ou il chargeait de ce soin les Frères qui l'accompagnaient, car toujours il avait Dieu présent à l'esprit, par la parole, par la lecture ou par la prière. »

« Parler de Dieu, s'écriaient-ils tous d'un commun accord (3), ou parler à Dieu, c'était là si bien toute sa vie, qu'il en fit un des articles des Constitutions de son Ordre. » « Dans le cours de ses voyages, observait le F. Ventura de Vérone (4), lorsqu'il entrait dans un couvent, quel qu'en fut l'Ordre, il prêchait aux religieux, il les exhortait au bien. » « Et, ajoutait le même témoin (5), quand, chemin faisant, il arrivait dans une maison de

---

Exemplum Epistolæ..., p. 56. « Beatus Dominicus ardentissime sitiebat salutem animarum, et erat zelator maximus animarum. » — Lecoy de la Marche, *Anecdotes historiques d'Etienne de Bourbon*, p. 13. « Ille tantus zelotypus animarum salutis, beatus pater noster Dominicus. »

(1) Echard, *Id.*, t. I, p. 56. *Exemplum Epistolæ...*, 15 : « Fervens in prædicatione in tantum ut de die ac de nocte in ecclesiis, in domibus, in agris, in viis, et ubicumque, volebat ut hortabatur Fratres ut verbum Domini prædicarent, et non loquerentur nisi de Deo. »

(2) Echard, *Id.*, t. I, p. 44. Actes de Bologne, Déposition de F. Ventura de Verone, 2 : « Eundo per viam fere omnibus qui ibant secum volebat proponere verbum Dei per se vel per alios. Et semper volebat vel disputare de Deo, vel conferre, vel docere, vel legere dum in via erat, vel orare. »

(3) Echard, *Id.*, t. I, p. 55. Actes de Bologne. Déposition de F. Froger de Penna, 2 : « Semper de Deo vel cum Deo loquebatur, et cuicumque se adjungebat in via, prædicabat de Deo, et ad hoc ipsum hortabatur Fratres suos, et hoc in Fratrum Prædicatorum regula fecit poni. » — *Id.*, p. 54. Déposition de F. Paul de Venise, 1 : « Ubicumque de Deo vel cum Deo semper loquebatur, et ad hoc hortabatur Fratres suos, et in regula, id est in Constitutionibus Fratrum Prædicatorum hoc scribi fecit. » — *Id.*, p. 52. Deposition de F. Etienne d'Espagne, 3.

(4) Echard, *Id.*, t. I, p. 45. Déposition de F. Ventura de Verone, 5 : « Quando erat in itinere, visitabat loca religiosa, cujuscumque Ordinis essent, et prædicabat eis, et hortabatur ad bonum. »

(5) *Id.*, 3. « Cum erat in itinere quando veniebat ad locum ubi Fratres habe-

son Ordre, quelle que fut sa fatigue, il convoquait les Frères, et leur distribuait avec la parole de Dieu, les plus douces consolations. »

Combien de témoins se joignaient au même Frère, pour affirmer que « non-seulement Dominique prêchait à toute heure (1), mais qu'il usait de tous les moyens en son pouvoir, pour appliquer ses Fils à la prédication (2), les exhortant à mettre leur confiance en Dieu et les conjurant d'avoir souci du salut des âmes (3)? »

D'autres signalaient le caractère de sa prédication ennemie de la pompe extérieure et du cliquetis des mots (4), comme il le marquait un jour à un évêque ; ils racontaient les prodiges de son éloquence (5), les triomphes de sa parole émue, et ils disaient les pleurs arrachés par ses larmes, à la foule de ses auditeurs religieux et séculiers (6).

bant conventum, non ibat ad quiescendum, sicut quidam faciunt, sed convocatis Fratribus, faciebat eis sermonem, et proponebat eis verbum Domini et multam consolationem. »

(1) *Id.*, 5 : « Fere omni die non magna necessitate impeditus, faciebat prædicationem et collationem Fratribus. » — (Voir la note 1 ci-dessus.)

(2) Echard, *Id.*, t. I, p. 49. Actes de Bologne. Deposition de F. Jean de Navarre, 2 : « Proximis compatiebatur et salutem eorum ardentissime desiderabat, sæpe et frequenter ipsemet prædicabat, et Fratres modis quibus poterat, inducebat et mittebat ad prædicandum, rogans et monens quod essent de animarum salute solliciti, et multum confidens de Deo, mittebat etiam simplices ad prædicandum. »

(3) Echard, *Id.*, t. I, p. 48. Actes de Bologne. Déposition de F. Amizo de Milan, 2 : « Erat multum frequens in prædicatione, et zelator animarum. » — *Id.*, p. 47. Déposition de F. Guillaume de Montferrat, 1 : « Videbatur ei quod magis esset zelator salutis humani generis, quam aliquis quem vidisset. — *Id.*, p. 56. *Exemplum Epistolæ...*, 10 : « B. Dominicus fuit zelator animarum, fervens in oratione et prædicatione. » — (Voir la note 1 ci-dessus.)

(4) Echard, *Id.*, t. I, p. 37. *Supplementum vitæ S. Dominici*, 2 : « Potius humilitatis et aliis exemplis virtutum sunt hæretici convinciendi, quam exteriori apparentia vel pugna verborum. »

(5) Echard, *Id.*, t. I, p. 52. Actes de Bologne. Déposition de F. Etienne d'Espagne, 3 : « F. Dominicus fuit optimus et summus consolator Fratrum in tentationibus, Fratrum et aliorum... Ipse testis multas et varias tentationes habuit, de quibus per admonitionem et prædicationem ejus plenam consolationem recepit. »

(6) *Id.*, Déposition de F. Etienne d'Espagne, 3 : « In prædicationibus erat assiduus et sollicitus, et verba habebat ita commotiva, quod sæpissime commovebat se et auditores ad fletum : ita quod nunquam audivit hominem, cujus verba ita commoverent Fratres ad compunctionem et fletum. » — *Id.*, p. 51. Déposition de F. Rodolphe de Faënza, 4 : « Multum erat sollicitus et devotus et assiduus in prædicationibus et confessionibus, et sæpe plorabat in prædicationibus, et mo-

Ceux-ci rendaient hommage à ses fortes études, à ses connaissances, à la culture de son esprit (1) : ceux-là découvraient combien il avait de lecture (2) pour fournir aux exemples dont il aimait à émailler ses prédications (3).

Le Frère Jean de Navarre rappelait avec les premiers religieux du couvent de Saint-Jacques, que Dominique les avait envoyés à Paris « pour étudier, prêcher et fonder un couvent (4); ils rappelaient les paroles, les instructions écrites, les mesures prises (5), les faveurs autorisées par le saint Fondateur (6), pour donner plus de force aux études, plus d'élan à la prédication (7), plus de ferveur à la prière.

La protection du ciel lui venait en aide, et des grâces signalées

vebat auditores ad plorandum. — *Id.*, Déposition de F. Ventura de Verone, p. 44, 5. — *Id.*, Déposition de F. Froger de Penna, p. 55, 2.

(1) Echard, *Id.*, t. I, p. 49. Déposition de F. Jean de Navarre, 5 : « Quando F. Dominicus erat in sæculo, et studebat Palentiæ. » — *Id.*, p. 52. Déposition de F. Etienne d'Espagne, 1 : « Cum esset prior vel supprior Ecclesiæ Oxomensis, cujus erat canonicus, studebat apud Palentiam in divina pagina. » — *Id.*, p. 25. F. Constantin, *Vita S. Dominici*, 4 : « Missus Palentiam, ubi tunc temporis studium generale florebat, postquam liberalibus artibus diligenter insudans sufficienter edoctus est..., ad theologiam se transtulit. cujus studiis per quatuor annos ardenter invigilans, de thesauris ejus hausit avide, quæ postea effudit abunde. »

(2) Echard, *Id.*, t. I, p. 49. Déposition de F. Jean de Navarre, 5 : « Semper gestabat secum Evangelicum Matthæi et Epistolas Pauli, et multum studebat in eis, ita quod fere sciebat eas corde tenus. » — *Id.*, p. 25. F. Constantin, *Vita S. Dom.*, 7 : « In libro de collationibus Patrum frequentissime, studiosissime legens. »

(3) B. Jourdain de Saxe, *Vita S. Dominici*, 45 : « Ædificatoriis affluebat sermonibus, abundabat exemplis. » — Echard, *Id.*, p. 23. Lecoy de la Marche, *Anecdotes historiques d'Etienne de Bourbon*, p. 13. « Beatus pater noster Dominicus, apud omnes et de omni materia habundabat in loquendo verbis ædificatoriis et exemplis. »

(4) Echard, *Id.*, t. I, p. 49. Déposition de F. Jean de Navarre, 2 : « Ut studerent et prædicarent, et conventum ibi facerent. »

(5) *Id.*, Déposition du F. Jean de Navarre, 5 : « F. Dominicus sæpe monebat et hortabatur Fratres verbis et litteris suis quod semper studerent in novo et veteri Testamento. »

(6) Echard, *Id.*, t. I, p. 51. Déposition de F. Rodolphe de Faënza, 3 : « Si quem Fratrem sciebat utilem ad prædicandum, nolebat quod injungeretur ei aliud officium. »

(7) Déposition de F. Rodolphe de Faënza, 3 : « Volebat quod alii semper essent intenti lectioni, orationi et prædicationi. » — *Id.*, p. 49. Déposition de F. Jean de Navarre, 2 : « Et ut Fratres fortius intenderent studio et prædicationibus, voluit F. Dominicus... »

avaient récompensé la confiance de Dominique et l'obéissance de ses disciples. Le Frère Amizo de Milan fit en ces termes sa déposition devant les juges du procès (1). « J'étais novice à Bologne, et n'avais pas encore pu m'appliquer à l'étude de la théologie ; partant je ne possédais aucune expérience de la prédication. F. Dominique m'ordonna d'aller prêcher à Plaisance : comme j'alléguais mon incapacité, il me dit avec les plus douces paroles, qu'il fallait obéir, et il ajouta : « Allez et rassurez-vous, le Seigneur sera avec vous, et il mettra sur vos lèvres ce que vous devez prêcher. » Je partis donc, et je prêchai à Plaisance. Dieu répandit si bien ses grâces sur ma parole, que j'eus la joie de voir trois de mes auditeurs entrer aussitôt dans notre Ordre. »

Si le serviteur de Dieu estimait les sciences humaines nécessaires à la prédication, que d'aventure il les sentit insuffisantes chez quelques-uns de ses premiers Fils, on l'avait vu, fort de sa foi, ne pas craindre de passer outre. Pourquoi ces exceptions ? Le témoignage de Jean de Navarre (2) confirmait la déposition du Frère Amizo racontant sa propre histoire : mais les révélations de ces deux témoins nous ont livré le secret de la puissance oratoire de saint Dominique. Aussi, lorsqu'un écolier ravi de son éloquence, venait lui demander dans quels livres il avait étudié pour arriver à parler si bien : « Mon fils, répondit le saint (3), c'est surtout dans le livre de la charité, car ce livre nous enseigne toutes choses. »

N'est-ce pas à Jourdain de Saxe que s'adressèrent ces paroles de saint Dominique ? à Jourdain de Saxe chargé de poursuivre l'œuvre du saint Patriarche, pour maintenir l'article des Constitutions primitives (4), et affermir ainsi dans l'Ordre l'alliance offi-

---

(1) Echard, *Id.*, t. I, p. 48. Déposition de F. Amizo de Milan, 5.

(2) Echard, *Id.*, t. I, p. 49. Déposition de F. Jean de Navarre, 2. « Multum confidens de Deo, mittebat etiam simplices ad prædicandum, dicendo : « Ite se-« cure, quia Dominus dabit verbum prædicationis vobis, et erit vobiscum, et nihil « deerit vobis. »

(3) Echard, *Id.*, t. I, p. 37. *Supplementum vitæ S. Dominici*, 25 : « Fili, in libro charitatis plus quam in alio studui, hic enim de omnibus docet. »

(4) Ces constitutions ébauchées à Notre-Dame de Prouille, sous le regard et l'inspiration de saint Dominique, furent expliquées et commentées par Jourdain

cielle de la doctrine et de la prédication (1). Cet honneur lui était réservé, car Réginald n'avait fait que passer. Cependant le premier docteur de l'Université de Paris, qui s'était enrôlé parmi les Prêcheurs, avait associé dans une gerbe lumineuse, sur le berceau de l'Ordre, les rayons de la doctrine aux flammes de l'éloquence.

« Il s'était adonné tout entier à la prédication, écrivait celui qui se formait à son école (2), sa parole était de feu et semblable à une torche ardente, elle embrasait l'âme des auditeurs. Les cœurs de glace fondaient à sa chaleur. » La copie ne fut pas indigne du modèle.

Jourdain de Saxe nous apparaît comme le vrai type du Frère-Prêcheur. Nous admirons en lui les caractères qui distinguent la vocation dominicaine; toutefois pour composer sa radieuse figure, il faudrait le pinceau inspiré de Fra Angelico de Fiesole. Ce n'est pas en vain que saint Dominique et le bienheureux Réginald avaient présidé à sa profession religieuse; ils lui léguèrent, celui-là, sa grâce divine pour la prédication évangélique, celui-ci, le même zèle de la parole de Dieu (3), et de plus, ses ardeurs pour l'étude et son ascendant irrésistible sur la jeunesse des Écoles.

Mais, sous peine d'enlever au portrait de Jourdain ses couleurs, son éclat et ses jeux de lumière, gardons-nous de le détacher du cadre qui l'entoure : pour que ce portrait s'anime, il faut le placer à Paris, dans une chaire environnée d'un auditoire enthousiaste, ou le suspendre au couvent de Saint-Jacques, parmi les religieux qu'il ravit, ou au milieu des écoliers qui l'ad-

de Saxe; elles reçurent leur forme définitive en 1241 de la main de saint Raymond de Penafort.

(1) Est-ce qu'on n'appelle pas les religieux de l'Ordre *Frères Prêcheurs*, et ne donna-t-on pas le nom de *Prédication* aux limites d'un couvent, c'est-à-dire au territoire où un Prieur conventuel pouvait envoyer ses religieux ? Danzas, *Études sur les temps primitifs...*, t. I, p. 365.

(2) B. Jourdain de Saxe, *Vita S. Dominici*, 35 : Magister Reginaldus cœpit prædicationi totus insistere, et ignitum erat ejus eloquium vehementer, sermoque ipsius quasi facula ardens corda cunctorum audientium inflammabat, ut vix esset tam saxeus, qui se absconderet a calore ejus. »

(3) Echard, *Id.*, p. 93 : « F. Reginaldo felicis memoriæ, veniente Parisius, et strenue prædicante, » et à la page 97 : « Veniente F. Reginaldo Parisius, et prædicante ferventer. »

mirent. Jourdain de Saxe n'est pas un étranger pour la France, Paris est le théâtre de sa vie; l'étudiant s'est formé à ses écoles, le religieux a pris naissance à l'ombre de ses sanctuaires, et le maître aime surtout à venir y répandre les trésors de son esprit et les richesses de sa parole : Paris est bien la scène diverse et accidentée où il se plaît à exercer son zèle, où il se fait, comme il le dit lui-même, à l'exemple de l'Apôtre (1), tout à tous : Paris est vraiment le champ de bataille conquis par les triomphes de son éloquence populaire, et par les victoires incessantes qu'il remportait dans le monde des écoliers.

Les Ecoles de Paris l'avaient vu, pèlerin de la science, venir entendre les maîtres les plus renommés dans les arts et dans la philosophie. On disait les traditions littéraires obscurcies à cette époque, et comme étouffées chez nous (2), sous les broussailles de la dialectique (3). N'est-ce point pour échapper à ces tristes entraînements (4), que Jourdain voulut rédiger sur Priscien (5), des notes qui attestent l'étendue et la variété de ses connaissances grammaticales (6)? Ses progrès dans les sciences nous sont révélés

---

(1) I ad Corinth., c. x, 22 : « Omnibus omnia factus sum. »
(2) Crevier, *Histoire de l'Université de Paris*, t. I, l. II, p. 306.
(3) Crevier, *Id.*, l. I, p. 96. — Du Boulay, *Hist. Univ. Paris*, t. II, p. 143.
(4) Jean de Salisbury poursuivait déjà de ses railleries la secte de ces intraitables Cornificiens dont il disait, *Metalogicus*, l. I, c. I : « Omnia liberalia studia convellit, « et au c. 21 : « Ad laudem suam referendum putant quidam nostrorum, quod sine grammatica garriunt, eamque credunt inutilem, et palam culpant, gloriantes se ei operam non dedisse. » — Voir l'étude de M. l'abbé Demimuid sur Jean de Salisbury, c. iv, p. 132.
(5) D'Achery, *Spicilegium*, t. VIII, p. 575 : « Super Priscianum minorem et quædam grammaticalia delicata. » Ce travail est encore intitulé : « Optima notula Magistri Jordanis super Prisciani majoris volumen. » — Echard, *Scriptores Ord. Præd.*, t. I, p. 98. — Priscien est un grammairien latin, né à Césarée, dans la seconde moitié du cinquième siècle. Il tint une école fameuse à Constantinople, et laissa une *Grammaire* en dix-huit livres, dont les curieuses recherches ont été largement exploitées par les grammairiens du moyen âge.
(6) Jean de Salisbury ne craignait pas d'écrire dans son *Metalogicus*, l. I, c. XXIII : « Lectio, doctrina et meditatio scientiam pariunt. Unde constat quod grammatica quæ istorum fundamentum est et radix..... Et plus loin, c. XXIV : « Probabile est quod contemptor grammaticæ non modo litterator non est, sed nec litteratus dici debet. » Migne, t. CXCIX. — Ce qui vient à l'appui de la définition donnée par Raban Maur : « Grammatica est scientia interpretandi poetas atque historicos et recte loquendi scribendique ratio. »

par deux traités qu'il composa sur la géométrie (1) : puis il dut, par sept années d'études spéciales, se rendre digne du titre de bachelier en théologie (2). Il mérita si bien l'éloge enfermé dans le mot *probus in theologia* (3), théologien habile, qu'il fut, comme nous l'avons vu, chargé tôt après son entrée dans l'Ordre, d'enseigner l'Ecriture sainte aux religieux du couvent de Saint-Jacques.

Sorti, selon l'expression de Jacques de Vitry, du monde des Écoles par la profession religieuse, Jourdain y rentrait par son enseignement et par ses études. En même temps, il jetait à Paris par le succès de son ministère apostolique, les fondements de sa popularité.

La prédication dans la Capitale, tirait à cette époque son principal éclat des Frères-Prêcheurs de Saint-Jacques. « En ce qui touche, disait Gérard de Frachet (4), le ministère de la sainte parole, but assigné dès l'origine à l'Ordre, une ferveur admirable s'était emparée des Frères. » Et il ajoute après quelques exemples choisis : « C'est au point que beaucoup de religieux ne se seraient pas crus autorisés à prendre la nourriture de leur corps, s'ils n'avaient d'abord distribué le pain de la parole à une ou à plusieurs âmes. »

« A partir de ce moment, la prédication populaire prend un essor rapide, une extension énorme (5). Les nouveaux venus excitent chez les autres une louable émulation, et bientôt le sermon en arrive à tenir une place des plus importantes dans la vie publique et privée. » Déjà Maurice de Sully avait prêché à Paris, simple chanoine, mais docteur renommé ; les succès de son éloquence le

---

(1) D'Achery, *Id.* « Qui cum Parisius sæcularibus et præcipue in mathematicis magnus haberetur, libros duos admodum utiles, unum *De Ponderibus*, et alium *De Lineis datis* dicitur edidisse. » Echard, *Id.*

(2) Echard, *Id.*, p. 98, rapporte un ancien statut de l'Université qui règle ainsi la question des bacheliers en théologie. « Item nota quod studentes in theologia si sint seculares, habent ibi audire per septem annos, antequam admittantur ad lecturam Bibliæ. »

(3) Echard, *Id.*, p. 97.

(4) Gérard de Frachet, *Vies des Frères*. P. IV.

(5) Lecoy de la Marche, *La Chaire française au moyen âge*, c. I, p. 13.

firent élever à l'épiscopat (1), et il jeta les fondements de Notre-Dame. Si tant d'églises s'étaient construites ou agrandies, n'était-ce pas en partie pour rassembler sous leurs vastes nefs, la foule pressée des auditeurs qui débordait souvent sur les places publiques, ou s'en allait même chercher dans les champs voisins des espaces capables de la contenir?

« Cette effervescence de l'éloquence sacrée conserve un caractère plus spontané, plus inspiré, plus étranger aux artifices de la scolastique. Les Frères-Prêcheurs se constituent, se recrutent; ils enseignent les masses dans un langage simple, ardent, sans confier leurs paroles au vélin (2). » L'esprit de saint Dominique avait passé dans ses premiers disciples, et semblait encore agiter les multitudes. Nul à Paris ne contemplait sans une émotion profonde, le couvent qui s'élevait à la porte d'Orléans, où s'assemblaient les hommes généreux et avides de sacrifices, décidés à n'y étudier que pour instruire le peuple et le toucher. Ainsi, au soir, dans le ciel empourpré, on voit des nuages épars embrasés des feux du soleil couchant, monter à l'horizon, flotter dans les airs, se réunir, se condenser et présager à la terre altérée une rosée abondante.

Henri de Marbourg (3) était bien une de ces âmes choisies par Dieu pour répondre à l'appel de saint Dominique, en associant l'étude à la prédication dans le couvent de Saint-Jacques. Nous l'avons vu adolescent, habile déjà dans la grammaire, venir à Paris compléter son éducation libérale par l'étude de la dialectique et des autres arts, puis retourner en Allemagne et ouvrir une école à Marbourg. Nous savons comment il quitta sa patrie, prit la croix et revînt de la Palestine à Paris, où le Seigneur l'at-

---

(1) *Pastorale Parisienne*, t. I, p. LXXXII. « Petro Lombardo successit Mauritius ob industriam et litteraturam, de infimo statu magnæ paupertatis ad pontificalis apicem dignitatis evectus est. » — Vincent de Beauvais, *Spec. Hist.*, ad annum 1177, et Robert d'Auxerre dans sa *Chronique*, ad annum 1164, ajoute : « Ob industriam ac litteraturam eximiam et dissertitudinem linguæ præcipuam. »

(2) Lecoy de la Marche, *Id.*, c. v, p. 13 et 104.

(3) Echard, *Id.*, p. 148. Henri de Marbourg s'appelle encore *Henricus Teuto senior, Prior provincialis ultramarinus*, Henri le Teutonique, Henri d'Outre-Mer.

tendait pour l'attacher à l'ordre des Frères-Prêcheurs. L'érudition de Henri de Marbourg ne faisait point de doute parmi les écoliers : son éloquence éclata, magnifiquement inspirée au souffle seul de l'Evangile; les qualités de son esprit et de son cœur, son caractère également trempé de force et de douceur, le charme de sa prédication réussirent du premier coup, à concilier au couvent de Saint-Jacques les meilleures et les plus vives sympathies (1).

Les victoires remportées par l'éloquence populaire de Henri de Marbourg, n'avaient d'égales que dans les triomphes obtenus par la parole enflammée, aux façons non moins souveraines, de Henri de Cologne. Les historiens l'appellent « un jeune homme angélique (2), » et la peinture de l'amitié qui l'attachait à Jourdain de Saxe, est une des pages les plus ravissantes des annales dominicaines. Ils avaient étudié ensemble à Paris : ensemble ils étaient entrés au couvent de Saint-Jacques, et lorsque pendant les années qui suivirent, de 1220 à 1224, le frère Henri prêchant sous l'habit de saint Dominique, aura jeté un indicible émoi dans les rangs de la société, aussi bien que dans le monde ondoyant et divers des Ecoles, Jourdain dira de son ami « que de mémoire d'homme, les clercs de Paris n'avaient entendu un prédicateur unissant une aussi grande jeunesse à tant de grâce en toutes choses et à tant d'éloquence (3). »

« Le Seigneur avait donné à la parole de frère Henri une puissance merveilleuse sur les clercs de Paris (4). Sa prédication vive et ardente excitait une émotion profonde dans l'âme de ses audi-

(1) Echard, *Id.*, p. 148. « Vir sanctus et prædicator clero et populo admodum gratiosus. » — Gérard de Frachet, *Vies des Frères*, P. IV, c. xi, § 4 et c. xxiv, § 12.
(2) Echard, *Id.*, p. 97. « Juvenem utique angelicum, gratiosissimum in omnibus, et præcipue in prædicatione, qui totam Universitatem Parisiensem multum commovit. » — Bolland., *Acta Sanctorum*, t. II Febr., p. 720. — Chron. MS. quinque prim. General. Ord. Prædic. — Danzas, *Etudes sur les temps primitifs de l'Ordre de saint Dominique*, t. I, p. 21.
(3) Echard, *Id.*, p. 94 : « Non est visus ante ipsum nostræ recordationis temporibus apud Parisius, in audientia omnis cleri tam juvenis, tam facundus, tam gratiosus per omnia prædicator. »
(4) Echard, *Id.* « Hic est F. Henricus, cui multam atque mirabilem in verbo suo ad clerum Parisiensem Dominus largitus est gratiam, cujus sermo vivus et efficax audientium corda vehementissime penetrabat. »

teurs. » Ainsi parle Jourdain, et le successeur de saint Dominique s'arrête avec complaisance, pour achever d'un crayon guidé par le cœur, le portrait de celui qu'il aima dans le cloître mieux encore qu'il ne l'aimait à l'école. » Simple dans son langage, écrit-il, éloquent (1), d'un esprit pénétrant (2), Henri ne se distinguait pas moins par la beauté de ses traits et par l'élégance de sa personne. Il écrivait avec art, parlait avec facilité, et sa voix était mélodieuse comme celle des anges. Il ne paraissait jamais triste, jamais inquiet, mais toujours d'une humeur égale et joyeuse. Son esprit juste le tenait à l'abri d'une rigueur exagérée, et il se laissait aller tout entier à la miséricorde. Il gagnait si aisément les cœurs, il se montrait d'un commerce si agréable, qu'après un moment de conversation, vous auriez pensé qu'il vous aimait d'une affection particulière. Celui que Dieu avait comblé de grâces, pouvait-il ne pas être chéri de tous ? Cependant élevé au-dessus des autres par toutes ces qualités, au point de paraître l'emporter sur tous, il ne savait s'enorgueillir de rien, car il avait appris du Christ à être doux et humble de cœur. »

Tel était l'écolier de Paris devenu religieux de saint Dominique et Prêcheur à Saint-Jacques ; les hommes de son temps se sentirent émus et attirés par cette éloquence nouvelle, la société ne lui ménagea pas son admiration (3), et l'histoire a gardé des prédications du Frère Henri comme le souvenir d'un événement mémorable.

Si la renommée n'élevait point à pareille hauteur les talents oratoires des autres religieux de Saint-Jacques, l'opinion publique ne laissait pas que de rendre à chacun le juste tribut de ses hommages. Les premiers Prêcheurs de Paris s'étaient presque tous formés à l'ombre de ses Ecoles ; ce titre seul suffisait déjà pour leur assurer un héritage de science, et une réputation qui ne les

---

(1) Echard, *Id.*, p. 94 : « Fuerat ei sermonis modestia, linguæ facundia », à la page 93 il se sert du superlatif : « Erat enim linguæ facundissimæ. »

(2) Echard, *Id.*, p. 94 : « Acumen ingenii », et à la page 94, il dit : « Habens magnum ingenii naturalis acumen et ordinatissimam rationem. »

(3) Lecoy de la Marche, *La Chaire Française au moyen âge*, II part., chap. I, p. 194.

avait pas abandonnés à leur entrée dans l'Ordre de Saint-Dominique. A cette époque, lorsqu'un clerc fournissait une discussion brillante ou une étude approfondie sur une question de la doctrine chrétienne, son succès ne semblait-il pas assez justifié par cet éloge (1)? « On croirait qu'il a passé toute sa vie à l'Ecole de Paris. »

Mathieu de France avait puisé à cette source de la sagesse (2). Chacun vantait sa science et le don qu'il avait de la communiquer aux autres (3). Le premier prieur de Saint-Jacques n'était pas tellement absorbé par les constructions nouvelles ou par l'aménagement de l'ancien Parloir aux Bourgeois, qu'il ne contribuât de tout son pouvoir au succès de la prédication dominicaine. Plus tard, et longtemps après sa mort on aimait à se rappeler dans Paris, les récits et les paraboles (4) « du premier et dernier Abbé de l'Ordre. »

Guillaume de Pérault sortait aussi de l'Université de Paris (5), et il unissait également dans une large mesure, pour les verser à pleins bords, la doctrine et la prédication. En lui, l'orateur s'était illustré dans la chaire, avant que l'écrivain ne se rendît célèbre par les divers traités qu'il composa pour les princes, pour les fidèles et pour les religieux. Instruit à l'exemple de ses maîtres Dominique et Jourdain de Saxe, Frère Guillaume ne cessa jamais, dit un contemporain, « de se faire tout à tous, aux clercs de tout rang, aux personnes du monde de tout âge, de toute condition, de tout mérite et de toute dignité. » Ces mots se lisaient en tête d'un de ses traités (6); au-dessus, la même main amie avait

---

(1) Hurter, *Histoire du Pape Innocent III*, t. I, l. I, p. 14.
(2) Echard, *Id.*, t. I, p. 92. « In Academia Parisiensi educatus. »
(3) Martène, *Veterum Script. et Monum.*, t. VI. Brevis historia Ordinis Fratr. Prædic., c. II, p. 333. « Primus F. Mathæus Gallicus, vir doctus et ad docendum paratus. »
(4) Echard, *Id.*, p. 92 : « Audivi a F. Matheo, primo Fratrum Prœdicatorum Parisius Priore, qui dicebat vel parabolice vel in veritate. » — Gérard de Frachet, *Vies des Frères*, P. V, ch. II, § 1 : « Narravit venerabilis Pater primus et ultimus Ordinis nostri abbas. » — Lecoy de la Marche, *Anecdotes historiques d'Etienne de Bourbon*, p. 18 et 224.
(5) Echard, *Id.*, t. I, p. 131. « Verius censeo quod Parisiis vestem dominicanam induerit. »
(6) Ce manuscrit du traité de Guillaume de Perault, *de Eruditione religio-*

écrit : « Maintenant qu'il est mort, il ne cesse de prêcher. » En effet, Paris ne perdait point la mémoire de la prédication du Frère Guillaume de Pérault, les habitants se rappelaient avec fruit ses enseignements fondés sur l'Evangile, et son éloquence aux armes spéciales pour attaquer le vice ou affermir le règne de la vertu (1).

Cependant la fortune de ce Prêcheur est étrange. Son souvenir ne mourait pas, mais il s'ensevelissait dans la nuit du tombeau : son nom demeurait, mais l'existence qu'il couvrait s'effaça, comme l'inscription de ces dalles funèbres usées sous les pas des curieux ou des indifférents; sa figure s'obscurcit et devint pareille à ces ombres insaisissables que Virgile voyait errer sur les bords de l'Achéron. On oublia que Guillaume de Pérault n'avait été que prieur du couvent de Lyon; on voulut en faire un archevêque de cette ville (2), ou au moins un évêque auxiliaire; la postérité attribua ses sermons au grand évêque de Paris, Guillaume d'Auvergne (3), sa *Somme des Vices et des Vertus*, à Guillaume, évêque d'Auxerre (4), ses écrits politiques, son *Traité de l'éducation des princes*, à l'ange de l'Ecole, à saint Thomas d'Aquin (5).

« Si le Fils de l'homme, docteur et disciple de l'obéissance, disait Guillaume de Pérault, a voulu s'exercer à cette vertu par tant de travaux et d'angoisses, qu'il ne paraisse pas surprenant à de simples mortels, d'avoir à l'apprendre eux-mêmes à leurs dépens, surtout s'il s'agit de ceux qui vivent à l'école du divin Maître, c'est-à-dire dans les cloîtres. » L'ancien Prêcheur de Saint-Jacques avait développé cette pensée dans son livre de la

sorum, a été découvert chez les Frères-Prêcheurs de Bologne. Danzas, *Etudes sur les temps primitifs de l'Ordre*, t. II, p. 272.

(1) Echard, *Id.*, p. 132. « Audivi a F. Guillelmo de Perault, qui composuit Summam de Vitiis et Virtutibus. » — Lecoy de la Marche, *Anecdotes historiques d'Etienne de Bourbon*, p. 8, 45..... Echard, *Id.* rapporte le jugement de Salagnac qui estimait le recueil de Guillaume de Pérault fort utile aux prédicateurs : « Summa de Vitiis et Virtutibus perutilis ad prædicationem. »

(2) Danzas, *Id.*, p. 271.

(3) Lecoy de la Marche, *La Chaire Française au moyen âge*, p. 64 et 122.

(4) Danzas, *Id.*, p. 273.

(5) Echard, *Id.*, t. I, p. 135. *Liber de Eruditione Principum*. « Inter opuscula S. Thomæ de Aquino in edit. Rom. anni 1570 primum prodiit. »

Perfection religieuse, et la note manuscrite qui se lit sur un exemplaire de l'ouvrage, se termine par cet éloge d'une admirable concision (1) : « Comme il écrivit, ainsi vécut-il. » Ce disciple de Jésus obéissant, ce religieux humble et caché dans la vie du cloître, semblait encore se survivre après sa mort, prendre plaisir à la nuit qui enveloppait de ses voiles, son nom, son âge, sa patrie, ses écrits (2), et précéder dans la carrière des inconnus célèbres, Raymond de Sebonde (3) ou l'auteur ignoré du livre de l'*Imitation*.

Guillaume de Pérault ne devait pas rester longtemps à Paris. « Pour porter fruit, avait dit saint Dominique, le grain se répand à travers les sillons. » C'était le sort réservé à tous les religieux de Saint-Jacques. En attendant, Pierre de Reims (4) par la gravité de sa parole et par l'étendue de ses connaissances, s'assurait une place d'honneur parmi les prédicateurs de la capitale. André de Lonjumeau (5) se distinguait par son expérience des affaires et par son énergie, tandis que par l'ardeur de son zèle il préludait à ses pérégrinations lointaines. Yves le Breton (6) brillait de tout l'éclat de sa sainteté, et, excellent prédicateur, il faisait servir à la gloire de Dieu et au salut des âmes, l'habitude qu'il avait acquise de parler plusieurs langues. Ces noms ne sont certes pas sans gloire, et ils méritent d'être cités avec éloge parmi les premiers Frères qui, à Saint-Jacques, donnèrent l'impulsion à l'enseignement de la chaire. Chacun au couvent de Paris répondait à sa vocation de Prêcheur, et suivant le vœu de leur saint

---

(1) « Hic, sicut scripsit, ita et vixit. »

(2) Echard, *Id.*, p. 131. « F. Guillelmus Peraldus, nulli prope scriptorum ignotus, sed nec satis notus, adeo in ejus ætate, patria, nomine, scriptisque sibi parum et veritati consentiunt. »

(3) *Un inconnu célèbre*. Dans une charmante étude publiée naguère sous ce titre, M. l'abbé Reulet a remis en possession de son nom, de sa patrie et de ses écrits Raymond de Sebonde, le philosophe si estimé de Montaigne.

(4) Echard, *Id.*, p. 115 : « Vir gravis et eruditus, atque inter regiæ urbis concionatores nominatus. »

(5) Echard, *Id.*, p. 140. « Vir strenuus, rerum agendarum peritus, studio fide propagandæ incensus. »

(6) Echard, *Id.*, p. 131. « Vir totius sanctitatis et religionis, et in linguis pluribus optimus prædicator. »

Fondateur, tous s'appliquaient au ministère de la parole, sinon avec le même succès, du moins avec le même enthousiasme.

Jourdain de Saxe s'élève au-dessus de ceux-ci et se place à côté de ceux-là, par l'influence extraordinaire qu'il prit comme orateur de la chaire, et qu'il garda toute sa vie sur le peuple de Paris, et sur le monde des Ecoles (1). En effet, quel empire ne devait pas exercer sur la société parisienne, celui qui tenait son auditoire fasciné sous le charme tout-puissant de sa parole, sans pouvoir le rassasier d'éloquence (2)? Quels enthousiasmes, quelle admiration n'excitait pas autour du couvent de Saint-Jacques, celui qui, au dire des historiens, n'avait point trouvé son pareil parmi les hommes éloquents, qui florissaient dans l'Ordre à cette époque (3), celui que Walter d'Allemagne signalait comme un danger permanent pour la sécurité des maîtres et des écoliers (4) : « Prenez garde, disait-il, d'aller à ses sermons; ne prêtez même pas l'oreille à sa parole, car, ainsi qu'une courtisane, il polit ses discours de manière à séduire les hommes, » celui que ce Walter lui-même et tant d'autres récalcitrants devaient honorer de leurs glorieuses défaites, en venant un jour vaincus et domptés par sa parole, faire entre ses mains et sous la bure dominicaine, vœu de ne tenir plus ici-bas qu'à l'obéissance et à la pauvreté? Une antique fiction représentait les Gaulois suspendus par des fils d'or et d'ambre aux lèvres du Dieu de l'éloquence (5) : les pères idolâtres avaient cru à la fable; les enfants chrétiens se rendaient à la vérité, Jourdain de Saxe avait su enchaîner le flot mobile des descen-

---

(1) Echard, *Id.*, p. 97. « Gratiosus apud magnates, et religiosus apud clerum et populum et Universitatem Scholarium ubique, adeo quod vix poterant satiari de verbis gratiæ quæ procedebant de ore ejus sive in sermonibus, sive in sanctis collationibus quas habebat. » — Bolland., *Acta Sanctorum*, t. II Febr., p. 721. — Lecoy de la Marche, *La Chaire Française...* p. 104

(2) Gérard de Frachet, *Vies des Frères*, P. III, c. vi. « Omnes eloquia ejus sitiebant. »

(3) Bolland., *Acta Sanctorum*, t. II Febr., p. 726. « Circa verbum Dei et prædicandi officium fuit adeo gratiosus et fervens, ut vix ei similis sit inventus. » — Gérard de Frachet, *Vies des Frères*, P. III, c. ii.

(4) Gérard de Frachet, *Vies des Frères*, P. III, c. x.

(5) Michelet, *Hist. de France*, 1re édition., t. I, c. ii, p. 42. — H. Martin, *Hist. de France*, t. I, l. II, p. 57. — *Hist. littéraire de la France*, t. I, p. 6.

dants de ceux qui ne se laissaient, disait-on (1), toucher que par le bruit des armes, ou par les accents d'une parole harmonieuse.

Est-il étonnant que sous un tel maître, l'Ordre ait couru de succès en succès, et la maison de Saint-Jacques de conquête en conquête ? Une ardeur inexprimable, au témoignage de Gérard de Frachet (2), s'était emparée de tous les religieux, et comparant l'institut de saint Dominique à un char éblouissant, le vieil historien ajoute que (3) : « l'esprit de Dieu faisait tourner les roues, » pour signifier l'essor communiqué à la prédication des Frères, et les grâces merveilleuses qui jetaient, à leur parole, le monde entier dans la stupéfaction (4).

L'éloquence reparaissait dans la chaire chrétienne, et elle retrouvait là, comme aux premiers âges de l'Eglise, les grandes pensées qui l'animent, les foules attentives qui l'enflamment. La parole humaine triomphait mieux qu'aux temps des orateurs grecs ou romains (5), éclairant les intelligences, brisant les volontés par ses inspirations puisées aux sources les plus vives, la pureté de l'âme et la noblesse du cœur au service de la vérité. Jourdain de Saxe entraînait à son exemple les religieux de Saint-Jacques, et tous d'un commun accord, rivalisaient pour faire éclater les admirables harmonies de la vie religieuse et du ministère apostolique. Sublimes efforts, qu'un des leurs, l'Ange de l'Ecole, traduira dans son énergique langage, disant : « Les religieux, par leur triple vœu, se sont affranchis des sollicitudes qui partagent et dissipent l'esprit. C'est donc à eux qu'il convient d'étudier et d'enseigner. Et ceux-là surtout sont appelés à ensei-

---

(1) *Hist. littéraire de la France*, t. I, p. 7. — Charisius, *Inst. Gram.*, t. II, p. 225, attribue à Caton ces paroles : « Pleraque Gallia duas res industriosissime sequitur, rem militarem et argute loqui. »

(2) Gérard de Frachet, *Vies des Frères*, P. III, c. 1. « Temporibus duorum patrum Dominici et Jordanis, tantus fuit fervor in Ordine quod nullus sufficiat enarrare. »

(3) Gérard de Frachet, *Id.*, « Spiritus Dei erat in rotis. »

(4) Martène, *Veter. Script. et Monum.*, t. VI, Brevis historia Convent. Parisien. Ord. Prædic., p. 551. « Quod propter eorum gratiam prædicationis, et alia miranda quæ faciebant, totus mundus ex auditu stupebat. »

(5) Caton disait du véritable orateur : « Vir bonus dicendi peritus », et Quintilien ajoutait après Cicéron : « Pectus est quod disertos facit. »

gner, qui se sont pénétrés davantage des choses divines par la contemplation, dont ils doivent distribuer les fruits (1). » Ainsi, au couvent de Saint-Jacques, la doctrine amassée par l'étude, s'épurait par la contemplation et s'épanchait par la prédication, pour rafraîchir et soulager les foules toujours avides d'accourir à l'église, leur vraie maison, entendre parler du ciel, leur véritable patrie.

Le merveilleux que l'on cherchait partout en ces siècles de foi robuste, ne manquait pas de venir, comme une sanction divine, confirmer l'union de l'étude et de la prédication, scellée par saint Dominique comme la pierre fondamentale du couvent de Paris. Je ne sais rien de plus gracieux que ce récit cueilli parmi les origines dominicaines (2). Les Frères-Prêcheurs avaient assez longtemps habité sous des tentes à Brives, en Limousin. Le jour où la première pierre du couvent fut posée, demeura marqué par un prodige, heureux présage de l'avenir. Tout était prêt pour la fête. Quelques prélats, le clergé, la noblesse des environs, les bourgeois, les protecteurs et les amis de l'Ordre se tenaient assemblés en foule, autour de l'espace choisi pour l'établissement des religieux. Ceux-ci de leur côté, s'avancèrent en procession, la croix en tête, les ministres revêtus des ornements sacrés, et l'air retentissait de leurs chants d'allégresse. On était en avril, et à cette époque les abeilles ne quittent pas encore les ruches. Tout à coup, aux regards des assistants saisis d'admiration, un essaim vint s'abattre sur la multitude, mais les abeilles se montraient douces, aimables, familières (3) : elles se mêlaient dans les rangs et demeuraient là, sans blesser personne, sans s'effaroucher, comme des amies de la maison. On les vit se poser sur le visage,

---

(1) S. Thomas, *Liber contra impugnantes religionem* : « Contemplata aliis tradere. » — Danzas, *Études sur les temps primitifs de l'Ordre de Saint-Dominique*, t. I, p. 100.

(2) Martène, *Veter. Script. et Monum.*, t. VI, Bernard Guidonis, *Historia fundat. Convent. Ord. Prædic.* Fundatio Conventus Brivensis, p. 503. « Jocundum signum et præsagium futurorum. »

(3) « Desuper examen apum descendens dulciter, amicabiliterque ac socialiter astantibus se conjungens. »

sur les mains des ouvriers et des fidèles, sans intentions hostiles, oublieuses de leur aiguillon, car elles n'étaient point descendues pour s'en servir, mais seulement pour témoigner de leur bienveillance par leurs façons caressantes. Enfin, l'essaim entoura la croix que portait un des Frères, et s'y arrêta quelque temps. Puis après avoir rempli son office et fourni le présage, comme il était venu avec la foule, il disparut avec elle pour aller où sait Dieu seul qui l'avait créé et envoyé (1).

« Voilà dit l'auteur de la Chronique, ce que j'ai appris des Frères qui avaient vu, de leurs yeux vu, et entre autres du Frère Jean de Villeneuve, témoin oculaire, qui me l'a depuis bien souvent raconté (2). » Et il ajoute : « Que pouvait signifier ce présage au moment où se fondait le couvent des Frères, serviteurs et ministres de Dieu? Ne devaient-ils pas, comme la diligente abeille, des rayons des saintes Ecritures extraire un miel délicieux, pour le distiller ensuite par la prédication (3), et ainsi nourrir les peuples de la parole divine? »

(1) « Et quo abierunt solus ille plane novit qui eas creavit et misit. »
(2) « Didici et collegi ex ore Fratrum plurium narrantium, qui præsentes affuerunt, et eas visibiliter suis oculis conspexerunt ; specialius tamen et seriosius a F. Joanne de Villa-Nova qui præsens affuit et post modum sæpius enarravit. »
(3) « Qui de favorum cellulis Scripturarum sanctarum mella dulcedinis cum devotionis sapore in prædicatione verbi Dei debebant populis eliquare. »

VIII

LE COUVENT DE SAINT-JACQUES ET LES ÉCOLES DE PARIS. — TRAVAUX ET SUCCÈS DE JOURDAIN DE SAXE. — SES VOYAGES. — CURIEUX DÉTAILS EMPRUNTÉS A SA CORRESPONDANCE AVEC DIANE D'ANDALO. — FONDATIONS A COLOGNE, A MAGDEBOURG ET A LILLE PAR DES RELIGIEUX DE SAINT-JACQUES. — HUMBERT DE ROMANS. — HUGUES DE SAINT-CHER. — GILLES DE PORTUGAL. — GUERRIC DE SAINT-QUENTIN. — MORT DE HENRI DE COLOGNE.

Le cardinal Jacques de Vitry avait bien saisi le caractère essentiel de l'Ordre de Saint-Dominique, quand il l'appelait (1) « cette congrégation d'écoliers recommandable par sa sainteté et par sa distinction. » L'éminent prélat ne s'était trompé ni sur les sources où l'institut venait de préférence renouveler ses forces épuisées, ni sur les fonctions auxquelles les Frères dépensaient plus volontiers leur vie et leur activité, lorsqu'il écrivait (2) : « Sortis du monde des Ecoles, ils étudient, puis ils prêchent. » Tandis que la prédication populaire affermit et développe l'influence des Dominicains sur les habitants de Paris, les liens de sympathie qui se formèrent dès l'origine, vont se resserrant entre l'Ordre et les Ecoles, car c'est dans les rangs de la jeunesse studieuse, que les religieux de Saint-Jacques jettent surtout leurs filets, pour y prendre leurs meilleures et plus illustres recrues.

Le cœur de l'Ordre des Frères-Prêcheurs battait vraiment au couvent de Saint-Jacques, et Paris était bien à ce moment le

---

(1) Echard, *Scriptores Ordinis Prædicatorum*, t. I, p. 24. « Sancta et honesta Christi Scholarium congregatio. »

(2) *Id.* — Jacques de Vitry, *Hist. Occid.*, c. XXVII. « Ipsi autem ex numero Scholarium..... Quæ diligenter audierint, summi Pontificis auctoritate, et sanctæ Romanæ Ecclesiæ institutione, Christi fidelibus, diebus festis, in prædicatione refundunt. »

centre fécond d'où la vie et le mouvement se propageaient au loin dans les provinces. Déjà la main du Fondateur avait largement puisé dans les greniers mystiques de Saint-Jacques, pour ne point laisser s'affadir ou se corrompre le bon grain que le Seigneur y entassait sans relâche, et pour le distribuer, semence choisie, aux villes de France qui lui paraissaient les mieux préparées, Limoges, Reims, Metz, Poitiers et Orléans. Ces sacrifices loin d'appauvrir le sol béni par saint Dominique, semblaient au contraire, y avoir attiré une sève, dont la richesse désormais inépuisable, s'épanouissait à la fois comme sur les plantes des tropiques, dans une magnifique récolte de fleurs et de fruits.

Les vides ouverts à Saint-Jacques par ces missions simultanées, s'étaient comblés soudain, car, au dire d'un des premiers Frères (1), « un grand nombre de clercs de distinction se succédaient à la porte, demandant à entrer dans l'Ordre. » Grâce à ces vocations incessantes, les rangs ne s'éclaircissaient pas, et le Couvent demeurait en mesure de ne point négliger les études : en même temps il faisait face aux besoins du ministère apostolique (2), qui exigeait une attention spéciale, en présence d'un auditoire emprunté à toutes les nations, formant une assistance différente d'humeur et d'esprit, mais sans rivale par son éducation et par sa valeur intellectuelle.

C'était une croyance acceptée chez tous les peuples de l'Europe (3), que pour jouir dans sa patrie de la considération et du crédit, il fallait avoir passé sa jeunesse à Paris et suivi les leçons de ses professeurs. L'Allemagne et l'Italie envoyaient l'élite de leurs enfants aux Écoles qui s'échelonnaient sur les flancs de la Montagne de Sainte-Geneviève. L'Angleterre, plus voisine et plus liée, y mettait encore plus d'empressement (4). Ce concours, en-

---

(1) Echard, *Id.*, p. 49, 2. Actes de Bologne, Déposition de F. Jean de Navarre. « Parisius fecerunt conventum, ubi multos bonos clericos receperunt, qui Ordinem FF. Prædicatorum intraverunt. »

(2) *Id.* « Ut Fratres fortius intenderent studio et prædicationibus. »

(3) Hurter, *Vie d'Innocent III*, t. I, l. I, p. 19.

(4) Du Boulay, *Hist. Univ. Paris.*, t. II, p. 775. — Crevier, *Histoire de l'Université de Paris*, t. I, l. I, p. 175.

tretenu par la vogue et animé par le succès, avait transporté sur les bords de la Seine, comme un bien désormais inaliénable, l'héritage sacré des traditions savantes de l'antiquité, et Paris s'entendit appeler du titre glorieux de *Lumière de l'univers*, de *Cariath Sepher*, qui signifie en hébreu *Ville des Lettres* (1). On comparait notre capitale aux villes célèbres des Livres Saints, et par un rapprochement alors tout à fait à la mode, on disait : « Que ceux qui veulent un conseil, aillent le demander à Abela (2), et que ceux qui demandent l'instruction, viennent la chercher à Paris.

L'Université de Paris, décorée des plus beaux privilèges, protégée et favorisée par les papes (3), soutenait et augmentait l'éclatante renommée dont elle jouissait auprès des nations voisines. Les écrivains du temps la célèbrent comme la mère et la source de la sagesse (4). On exaltait sa gloire au-dessus de celle d'Athènes. Robert d'Auxerre dans sa *Chronique* (5), ne fait point difficulté de dire que si la ville de Paris est recommandable à cause du séjour de la majesté royale, elle mérite encore bien plus d'être tenue en haute estime, pour le grand nombre d'hommes que l'on y voit exceller en doctrine dans tous les genres. L'Université en effet, continuait de fournir à l'Eglise, les sujets qui occupaient les premières dignités, et qui brillaient le plus par leurs lumières. Sans oublier le pape Innocent III, Pierre de Corbeil, le légat Robert de Courçon, Guillaume de Joinville, rappelons seulement le cardinal Etienne de Langton, pour montrer par un souvenir particulier à ce prélat, quelle était la réputation des membres et suppôts de l'Ecole de Paris (6). Il était d'origine anglaise et avait parcouru avec distinction la carrière de ses études à Paris ; il fut élu archevêque de Cantorbéry, mais le roi Jean Sans-Terre qui

---

(1) Crevier, *Id*. — Du Boulay, *Id*., t. II, p. 253, 485 et 580.
(2) II Reg., c. xx, 18. « Sermo dicebatur in veteri proverbio : qui interrogant, interrogant in Abela et sic perficiebant. »
(3) Crevier, *Id*., p. 304.
(4) Du Boulay, *Id*.; t. III, p. 114 et 117. — Crevier, *Id*., p. 304.
(5) Robert d'Auxerre écrivait sa *Chronique* au commencement du treizième siècle.
(6) Du Boulay, *Id*., p. 10, 30 et 40. — Crevier, *Id*., p. 304. — Fleury, *Hist. Eccles.*, t. XVI, l. LXXVI, 33.

n'agréait point ce choix, allégua, pour n'y point souscrire, qu'il ne connaissait pas le candidat. Innocent III prétendit donner une réponse suffisante à ce prétexte, en soutenant qu'un homme né sujet anglais, docteur ès arts et en théologie à Paris, ne pouvait être inconnu au monarque.

On ne négligeait rien, il faut l'avouer, pour protéger et pour assurer contre toute défaillance, la gloire de l'Ecole de Paris. Les privilèges se multipliaient à son profit, afin d'écarter les embarras et les difficultés capables de troubler dans leurs études, ceux qui voulaient s'y appliquer. Cependant « il ne suffit pas, dit un écrivain (1), d'assurer aux Lettres leur tranquillité. Comme l'exercice en est pénible et infructueux par lui-même, elles ont besoin d'encouragement, et les bénéfices ecclésiastiques leur ont toujours été proposés pour récompense. Je n'examine point si ceux qui parviennent aux bénéfices, doivent y porter une intention plus pure que celle d'y trouver une subsistance honorable ; c'est l'affaire des particuliers. Mais il est avantageux pour l'Eglise, que les postes ne soient remplis que par des hommes éminents en savoir : et conséquemment à cette vue de bien public, ils ont toujours été regardés comme les prix et les aiguillons des études. » Et de fait, presque tous les savants théologiens qui ont illustré le douzième siècle, devinrent évêques ou même cardinaux. Le pape Alexandre III chargea expressément son légat en France (2), le cardinal Pierre, du titre de saint Chrysogone, de lui faire connaître les hommes qui par leur science et leurs vertus, pouvaient devenir les ornements de l'Eglise romaine, et le légat désigna entre autres, Pierre Comestor, Bernard et Girard la Pucelle (3), qui professaient alors la théologie et le droit canon à l'Ecole de Paris.

On ne se contenta même pas de récompenser et d'animer les études par la promotion aux dignités : on voulut que pendant qu'elles duraient, il ne put y être apporté ni obstacle, ni interrup-

---

(1) Crevier, *Id.*, p. 265.
(2) Du Boulay, *Id.*, t. II, p. 369, 399, 454 et 734. — Crevier, *Id.*, l. I, p. 243.
(3) *Histoire littéraire de la France*, t. IX, p. 9, 74, 215 et 216. — Crevier, *Id.*, l. I, p. 266.

tion. C'est pourquoi la jouissance des revenus ecclésiastiques s'accordait à ceux que l'étude retenait loin de leurs bénéfices (1), et ces faveurs n'étaient pas réservées aux seuls professeurs, elles s'étendaient également aux disciples qui venaient s'instruire à leurs leçons. Une lettre du pape Alexandre III (2) est le plus ancien titre du droit que prétendaient avoir les professeurs de notre Université, de percevoir, sans être obligés à résidence, les revenus de leurs bénéfices.

« Les honneurs font fleurir les arts (3) » disait Cicéron. Le moyen âge avait suivi ces maximes de l'orateur romain, depuis Charlemagne (4) qui promettait aux jeunes gens dont il surveillait l'éducation et qu'il voulait animer à bien faire, les meilleures abbayes et les plus riches évêchés. Le nom de *Maître* était tellement apprécié dans ces temps anciens, qu'il demeurait un honneur même dans les plus grandes situations (5) : en écrivant à un cardinal ou à un évêque qui avait enseigné, on ne manquait point de le qualifier de *Maître* (6), comme du titre qui méritait la plus haute considération. L'Ecole de Paris était tenue en si parfaite estime, que parmi les disciples du seul Abélard, on comptait vingt cardinaux et plus de cinquante évêques ou archevêques (7).

« Tel était le respect que l'on portait alors aux Lettres, s'écrie un historien (8) ! Et en effet de quel ordre peuvent être tirés plus convenablement les évêques, docteurs de l'Eglise par état, que du

---

(1) Crevier, *Id.*, p. 267. — Hubert, archevêque de Cantorbéry, comptait les écoliers parmi ceux qui avaient une raison légitime de ne point résider dans leurs bénéfices : « Quidam in scholis militant. »

(2) Du Boulay, *Id.*, t. II, p. 370. — Cette lettre était adressée à Girard la Pucelle, pour lui accorder la jouissance de ses revenus ecclésiastiques en Angleterre, pendant qu'il professait à Paris.

(3) *Tusculanes*, l. I, c. II. « Honor alit artes. »

(4) Monachus Sangallensis, *De Gestis Caroli Magni*, l. I, c. III.

(5) *Histoire littéraire de la France*, t. IX, p. 83. — Du Boulay, *Id.*, t. II, p. 367. — Crevier. *Id.*, l. I, p. 171.

(6) Telles sont les lettres de saint Bernard au cardinal Yves, au cardinal Guy de Castello, disciple d'Abélard et pape sous le nom de Célestin II, à l'évêque de Londres, Gilbert l'Universel. — Un grand nombre de lettres de Jean de Salisbury se présentent avec les mêmes adresses.

(7) *Histoire littéraire de la France*, t. X, p. 75, 78, 83 et 85.

(8) Crevier, *Id.*, l. I, p. 170.

nombre de ceux qui ont enseigné avec succès les lettres divines et humaines ? »

La mode était donc aux études, et aux études poursuivies à l'Université de Paris. Saint Dominique comprit les aspirations de la société qui le vit apparaître ; il n'hésita pas à jeter les Frères-Prêcheurs dans le courant impétueux, parfois troublé, de la science, non point pour l'arrêter ou lui faire obstacle, mais pour le diriger, coulant à pleins bords vers l'océan sans bornes et sans fond de l'éternelle vérité (1). Le saint Patriarche livra sa famille à l'étude, en supprimant l'ambition personnelle et l'appât des grandeurs : il remplaça les dignités et les bénéfices par les vœux de religion, et au lieu de l'aiguillon caduc de la gloire, il mit au cœur de chacun de ses fils, une force invincible, le zèle divin du salut des âmes.

Tel fut l'Ordre de Saint-Dominique, fixant dès sa première apparition, ses racines profondes parmi les écoliers de Paris, et dans son ancienne acception, ce nom comprenait les maîtres aussi bien que les disciples (2). Faut-il donc s'étonner de compter dans les rangs des Frères-Prêcheurs qui les premiers, fondèrent la réputation du couvent de Saint-Jacques, à côté de Mathieu de France, de Réginald, de Pierre de Reims et des autres Français, une pléiade d'illustres étrangers Allemands, Jourdain de Saxe, Henri de Cologne et Henri de Marbourg ; Anglais, Simon Taylor et Robert Kilwarby ; Espagnols, Jean de Navarre et Gilles de Portugal ; Italiens, Guillaume de Montferrat et Jean Colonna ?

Au nombre de ces étrangers enrôlés dans l'Ordre de Saint-Dominique, parmi les religieux de Saint-Jacques, nous avons rappelé le nom de Guillaume de Montferrat. Nous venons de découvrir la lettre du pape Honorius III recommandant ce jeune italien aux Frères-Prêcheurs de Paris. C'est un document curieux qui n'est pas sans intérêt pour l'histoire du Couvent de Saint-Jacques, car

---

(1) « Mare magnum historiarum. » Le Frère Jean Colonna donnait ce titre à ses recherches historiques. Echard, *Id.*, p. 419. — F. Antoine Mallet, *Histoire du Couvent de Saint-Jacques*, t. I, p. 227.

(2) Crevier, *Id.*, p. 263.

il établit très-nettement la situation de cette maison, qui marquait dès l'origine sa place dans l'Ecole de Paris. Les études fondées par saint Dominique et bénies par le Souverain-Pontife (1), avaient prospéré, puisque nous apprenons de la bouche même d'Honorius III, que si l'on continuait à venir de toutes parts étudier à Paris, on y distinguait déjà le Couvent de Saint-Jacques, comme un sanctuaire mieux choisi pour le succès des études (2). Cette lettre est datée du 30 décembre 1220.

« Honorius, évêque, serviteur des serviteurs de Dieu,

« A nos chers fils le Prieur et les Frères de l'Ordre des Prêcheurs de Saint-Jacques de Paris, salut et bénédiction apostolique.

« Comme Lia par ses importunités, Nous envie les caresses de l'aimable Rachel, Nous recourons à vous et vous demandons avec instance, à vous qui vous tenez assis avec Marie, aux pieds du Seigneur, de le prier humblement qu'il dirige Nos pas dans la voie de ses commandements, afin que faisant ce qui lui est agréable, Nous puissions rendre un compte exact de tout ce qui a été confié à Notre sollicitude. De plus, Nous vous recommandons Notre cher fils, le Frère Guillaume, porteur de ce message; sa présence Nous réjouissait, mais il a préféré, par amour pour

---

(1) Bulle du pape Honorius III en date du 26 février 1220.
(2) Archives nationales, *Registres et Cartons*, L. 240, n° 81. — Inédite.

« Honorius episcopus, servus servorum Dei,

« Dilectis filiis Priori et Fratribus Ordinis Prædicatorum sancti Jacobi Parisiensis, salutem et apostolicam benedictionem.

« Cum Liæ importunitas desiderabiles Rachelis amplexus fere continue Nobis invideat, religionem vestram rogamus attentius et instantius postulamus, quatinus vos qui sedetis ad pedes Domini cum Maria, ipsum humiliter exoretis, ut gressus Nostros dirigat in suorum semita mandatorum, quatinus quæ sibi sunt placita facientes, dignam sibi possimus de commissa Nobis sollicitudine reddere rationem. Ad hæc dilectum filium Fratrem Guilielmum, latorem præsentium, qui licet Nobis ejus præsentia grata esset, esse tamen vobiscum Parisius studendi desiderio præelegit, caritati vestræ propensius commendamus, per apostolica vobis scripta mandantes, quatinus ei ad cujus preces vobis et toti Ordini vestro concessimus, ut pro ipsius Ordinis litteris nihil pro bulla Nostra tempore Nostro solvatur, opportunitatem studendi, quantum permittet vestri Ordinis institutio tribuatis.

« Datum Laterani, III Kal. Januarii, Pontificatus Nostri anno quinto. »

l'étude, se rendre près de vous, à Paris. Nous le recommandons à votre bienveillance : c'est à sa prière que Nous vous avons accordé, à vous et à l'Ordre tout entier, que dans les lettres touchant votre Ordre, il ne soit, de Notre temps, rien retranché à Notre bulle. Aussi, Nous vous mandons par Nos lettres apostoliques, de lui accorder toutes les facilités d'étudier que permettront les constitutions de votre Ordre.

« Donné au palais de Latran, le troisième jour des Calendes de Janvier, la cinquième année de Notre pontificat. »

Lorsque Guillaume de Montferrat quitta Rome pour venir étudier à Paris, au Couvent de Saint-Jacques, le Pape lui remit encore deux autres lettres de recommandation adressées du palais de Latran, le 27 décembre, au Couvent de Saint-Magloire (1), et à l'Université, le 2 janvier (2).

« Honorius, évêque, serviteur des serviteurs de Dieu,

« A nos chers fils l'Abbé et les religieux de Saint-Magloire de Paris, salut et bénédiction apostolique. »

---

(1) Archives nationales, *Registres et Cartons*, L. 240, n° 80. — Inédite.

« Honorius episcopus, servus servorum Dei,

« Dilectis filiis Abbati et Conventui Sancti Maglorii Parisiensis, salutem et apostolicam benedictionem.

« Iteratæ preces precantis...

« Datum Laterani, VI Kal. Januarii, Pontificatus Nostri anno quinto. »

Le texte de ces deux lettres est le même : il diffère seulement en ce que la première porte *alias* au lieu de *pluries*, et *Priorem* à la place de *Magistrum*.

(2) Archives nationales, *Registres et Cartons*, L. 240, n° 84. — Inédite.

« Honorius episcopus, servus servorum Dei,

« Dilectis filiis Universis Magistris et Scholaribus Parisius commorantibus, salutem et apostolicam benedictionem.

« Iteratæ preces precantis affectum exprimunt pleniorem, cum crescant regulariter omnia geminata. Licet igitur pro dilectis filiis, Priore et Fratribus Ordinis Prædicatorum sancti Jacobi Parisiensis, pluries vobis direxerimus preces Nostras quas prona devotione ac prompta obedientia, sicut eorum læta relatione didicimus, suscepistis, gratum Deo et Nobis in hoc obsequium exhibendo, adhuc tamen preces per dilectum filium Fratrem Wilielmum, familiarem Nostrum ejusdem Ordinis, eo affectuosius et fiducialius iterantes, quo placida et placita conversatione sua Nobis meruit complacere, Universitatem vestram rogamus et monemus attente, quatinus prædictos Magistrum et Fratres et specialiter hunc habentes ob reverentiam divinam et Nostram propensius commendatos, eos defendatis præsidiis, attollatis

« Honorius, évêque, serviteur des serviteurs de Dieu,

« A nos chers fils les Maîtres et les Ecoliers de l'Université, demeurant à Paris, salut et bénédiction apostolique.

« Les prières réitérées expriment une plus grande affection, car tout ce que l'on redouble grandit en proportion. Nous vous avons plusieurs fois adressé des prières pour Nos chers fils le Prieur et les Frères de l'Ordre des Prêcheurs de Saint-Jacques, à Paris, et vous les avez accueillies, ils ont été heureux de Nous l'apprendre, avec un respectueux dévouement et une prompte obéissance, en quoi vous avez rendu à Dieu et à Nous-même, un hommage agréable. C'est pourquoi Nous vous renouvelons ces prières, par notre cher fils, le Frère Guillaume, de Notre maison et de leur Ordre, avec d'autant plus d'affection et de confiance, qu'il avait si bien su nous plaire par la douceur et le charme de sa conversation. Nous prions votre Université et Nous la pressons de tenir, par respect pour Dieu et pour Nous, en recommandation particulière, le Maître de l'Ordre, les Frères, et surtout le Frère Guillaume, de les environner de votre protection, de les aider de vos faveurs, de les soutenir par vos bienfaits, afin d'augmenter par là, la somme de vos mérites, et Nous qui portons à tout l'Ordre une affection sincère, et qui désirons ardemment de le voir croître dans le Seigneur, Nous pourrons avec justice, de plus en plus célébrer votre charité.

« Donné au palais de Latran, le quatrième jour des Nones de Janvier, la cinquième année de Notre pontificat. »

Le Souverain-Pontife pouvait se dégager de toute sollicitude. Les facilités d'étudier, *opportunitatem studendi*, qu'il demandait pour son protégé, l'Institut des Frères-Prêcheurs les ouvrait à tous sans distinction, suivant la pensée même du bienheureux Fondateur. Français, Allemands, Anglais, Espagnols, Italiens,

---

favoribus et beneficiis foveatis, ita quod exinde vestrorum crescat cumulus meritorum, et Nos, qui Ordinem totum sinceritatis brachiis amplexantes, eorumdem profectum in Domino affectamus, caritatem vestram possimus magis ac magis merito commendare.

« Datum Laterani, IIII Nonas Januarii, Pontificatus Nostri anno quinto. »

s'empressaient de sortir de l'Ecole de Paris, afin d'entrer au Couvent de Saint-Jacques : ils n'abandonnaient pas l'étude pour laquelle ils avaient tout quitté, seulement ils y joignaient la prédication, et consacraient ces deux forces vives à étendre le règne de Celui qui s'appelle le Seigneur Dieu des sciences (1).

Dominique ne venait-il pas de jeter un cri d'alarme, dont les échos avaient douloureusement résonné dans le monde chrétien ? Il ne s'agissait plus de conquérir Jérusalem et le tombeau du Christ, mais bien de défendre, de sauver l'Eglise, son épouse. Nous l'avons dit avec Lacordaire (2), « on répondit à saint Dominique comme on avait répondu à Pierre l'Ermite, on se fit Frère-Prêcheur comme on s'était fait Croisé. Toutes les Universités de l'Europe fournirent leur contingent en maîtres et en écoliers. » C'est l'heure des sympathies ardentes, des généreux enthousiasmes : ce sont les jours de vocations triomphantes. « C'est en ces temps, dit Humbert de Romans (3), qu'on vit entrer dans l'Ordre un si grand nombre de sujets distingués par la noblesse, la fortune et la science. » Le saint Patriarche avait en mourant, laissé à son successeur, Jourdain de Saxe, l'honneur insigne de leur donner l'habit et de recevoir leurs vœux.

Ces héroïques vaincus ne se rendaient pas tous sans avoir soutenu de longs combats et opposé des résistances opiniâtres. Combien de maîtres ou d'écoliers, à la veille de briser les liens qui les retenaient captifs, s'arrêtaient hésitants, ballottés entre les séductions du monde et les mystérieuses attractions de la grâce ? Soudain, une heureuse surprise rompait le charme, dissipait l'ivresse, mettait fin aux incertitudes, et ceux qui détournaient les autres, se sentaient saisis les premiers aux charmes magiques de la parole de Jourdain, témoin ce Walter d'Allemagne : « et comme la pauvre nature voulait l'empêcher d'entrer dans l'Ordre, serrant les poings, il s'en frappait les flancs comme de deux éperons,

---

(1) I Regum, c, ii, 3. « Deus scientiarum Dominus est. »
(2) Lacordaire, *Vie de saint Dominique*, c. iii, p. 50.
(3) Humbert de Romans, *Chronicon Ordinis*, ii. « Multi viri et excellentes in nobilitate et divitiis intraverunt. » — Echard, *Id.*, p. 97.

en se disant à lui-même : — Oui, tu iras là, tu iras là. — Il y vint en effet; il fut reçu et son exemple montra le chemin du salut à beaucoup d'autres (1). »

Dieu ne semblait-il pas, en donnant à Jourdain de Saxe cette éloquence aux douceurs enchanteresses, l'avoir suscité tout exprès pour décider les défaites et couronner les victoires? « Son soin principal, dit Humbert de Romans (2), fut de dilater l'Ordre en vue du salut des âmes : dans ce but, il s'appliquait à attirer les personnes lettrées, fixant de préférence son séjour dans les villes d'écoliers, et principalement à Paris. »

Jourdain prit donc en main l'œuvre entière de saint Dominique; il se leva, suivant le langage des Saintes Ecritures, « pareil à un géant, pour fournir sa carrière (3), » et rien ne fut capable d'arrêter ou d'entraver sa marche vers le but constant de ses travaux et de ses voyages. Le bienheureux Maître, disent les Chroniques contemporaines, faisait également concourir au succès de son œuvre, et la puissance dont il jouissait au ciel et l'influence qu'il exerçait sur la terre. « Cher à Dieu et aux hommes, observe Thierry d'Apolda (4), il procura l'avantage de sa grande famille : il dilata la gloire de son Ordre, il l'agrandit par la création de provinces nouvelles et de nombreuses maisons, et lui conquit une multitude de sujets excellents. En effet beaucoup d'hommes illustres par leur rang ou par leur naissance, par leurs richesses ou par leurs bénéfices, un grand nombre maîtres et docteurs dans la science sacrée, une foule incalculable de jeunes gens et d'écoliers distingués, se laissèrent toucher au charme de son éloquence. A sa

---

(1) Gérard de Frachet, *Vies des Frères*, p. V, c. x.
(2) Humbert de Romans, *Chronicon Ordinis*, 4. « Fuit ejus summum studium Ordinem dilatare propter fructum animarum, propter quod totum se dabat ad trahendas personas bonas ad Ordinem, et ideo immorabatur quasi semper in locis in quibus erant Scholares, et præcipue Parisius. » — Echard, *Id.*, p. 97.
(3) Psaume XVIII, 6. « Exultavit ut gigas ad currendam viam. »
(4) Bolland., *Acta sanctorum*, t. I August., p. 605. — Thierry d'Apolda, *Vita S. Dominici*, c. XXII, § 255. « Nam multi natalibus et dignitatibus præeminentes, plurimique possessionibus et beneficiis locupletes, plerique divinarum scientiarum magistri et doctores, aliique innumeri juvenes et litterati scholares, ad sermonum ejus mellifluum compuncti eloquium, omnia propter Christum et evangelium relinquentes, Prædicatorum Ordinem assumpserunt. »

parole, ils abandonnèrent tout pour le Christ et pour l'Evangile, et entrèrent dans l'Ordre des Frères-Prêcheurs. »

A qui Jourdain de Saxe racontera-t-il les progrès de sa vaste entreprise, les difficultés vaincues, les obstacles surmontés? Quel sera le confident de ses pensées? N'y aura-t-il personne à qui son cœur s'ouvrira pour dire ses craintes, ses espérances? Ne verra-t-on pas le serviteur de Dieu, à travers les courses apostoliques qui épuisent ses forces et consument sa vie, s'arrêter au détour du chemin, déposer le bâton du pèlerin ou la croix du missionnaire, et prendre la plume, pour se faire, sans y songer, sans s'en douter, son propre historien et l'écrivain des premières annales du Couvent de Saint-Jacques?

Les ténèbres sillonnées à peine de quelques lueurs fugitives enveloppaient les origines du grand Couvent et les efforts victorieux du successeur de saint Dominique. Soudain la nuit a resplendi, les ombres se dissipent aux doux rayons de la correspondance de Jourdain de Saxe avec la bienheureuse Diane d'Andalo. Ces lettres, poussière d'or pieusement recueillie par des mains fraternelles (1), éclairent des espaces ignorés, et sont comme des traînées lumineuses dans l'immensité des cieux. Diane d'Andalo tient dans la vie de Jourdain de Saxe, la place de Paula ou d'Eustochium dans l'existence de saint Jérôme (2); elle est sœur de ces illustres romaines, pour qui l'ermite de Bethléem, absent de la Ville-Eternelle, semble n'avoir point quitté Rome, tant il leur restait présent par ses lettres. Comme Eustochium ou Paula, Diane d'Andalo est un ange de la terre; Jourdain lui voua l'affection la plus tendre et aussi la plus pure; il l'aima pour le ciel et pour Dieu. Ses conseils aidèrent la jeune fille à triompher des difficultés

---

(1) *Lettres du B. Jourdain de Saxe.* — L'original et les premiers manuscrits de ces lettres avaient disparu. Heureusement il existait des copies, et le P. Bayonne, des Frères-Prêcheurs, a eu la bonne fortune d'en découvrir un exemplaire dans une bibliothèque d'Italie. « Ravi, dit-il, par leur lecture, et étonné qu'elles fussent restées inédites jusqu'à ce jour, nous prîmes la résolution de les publier sans retard. » *Préface*, p. xxxiii.

(2) E. Bernard, *Voyages de saint Jérôme*, ch. v, p. 268. (Ouvrage couronné par l'Académie française).

qu'on lui suscita, quand elle voulut offrir au Seigneur le sacrifice de ses espérances sur la terre. Diane d'Andalo, la patricienne de Bologne, que Dominique formait à la vie religieuse au moment même où il y attirait Jourdain de Saxe : Diane d'Andalo, que le bienheureux Réginald soutenait et encourageait dans ses épreuves; Diane d'Andalo, que Dominique et Réginald, en mourant, laissèrent à Jourdain comme une de ces célestes apparitions qui, sur l'échelle mystérieuse, montaient et descendaient dans la vision de Jacob, Diane d'Andalo se détache radieuse parmi les austères figures groupées autour du berceau de l'Ordre des Frères-Prêcheurs, semblable aux vierges de Raphaël, qui sourient au milieu des chefs-d'œuvre de la galerie du Louvre.

C'est à elle que Jourdain adressa quelques-unes de ces lettres que l'on tenait en si haute estime, au dire de Humbert de Romans (1). Après les plus sages conseils et les plus douces consolations (2), il lui demande des prières (3), et pour les obtenir plus assidues, plus ferventes, il se laisse aller à ouvrir quelques jours sur ses voyages, ses prédications, ses succès parmi les écoliers de Paris ou ses travaux au Couvent Saint-Jacques, et en tête de ces saintes et précieuses confidences, il a écrit (4) : « Frère Jourdain, serviteur inutile de l'Ordre des Prêcheurs, à Diane, sa sœur chérie dans le Christ, née d'un commun père spirituel, et sa très-

---

(1) Echard, *Id.*, p. 97. « Scribebat sæpe Fratribus quos videre non poterat, litteras dulcissimas sanctæ consolationis et exhortationis plenas. » — Humbert de Romans, *Chronique*, 3.

(2) R. P. Bayonne, *Lettres du B. Jourdain de Saxe.* — Lettre II, p. 6. « Licet te nec præsens per litteras modo, sicut vellem, valeam consolari, spero tamen quod ille qui consolatur humiles Paracletus, Deus noster, omni consolatione replebit. » — Lettre VI, p. 14. « Consoleris igitur in Domino, ut ex hoc eodem valeam consolari. Tua enim consolatio mihi gaudium est et exultatio ante Deum. »

(3) *Lettres du B. Jourdain de Saxe.* — Lettre IV, p. 12. « Ora pro me et commenda me Sororibus, ut orent quod Dominus perficiat in nobis quod incœpit. » — Lettre VI, p. 22. « Devote orate pro me. » — Lettre IX, p. 30. « Spem magnam habeo in orationibus vestris, maxime dum concorditer et unanimiter ipsum invocatis. » — Lettre XXXIV, p. 132. « Orationes tuæ et Sororum tuarum innotuerunt non modice apud Deum. »

(4) Lettre VI, p. 16. « Frater Jordanis, Ordinis Prædicatorum, servus inutilis, dilectæ in Christo Sorori suæ ex eodem Patre spirituali, et carissimæ Filiæ suæ Dianæ, quam sibi reliquit idem Pater, salutem et Spiritus Paracleti consolationem. »

chère fille qui lui a été laissée par le même père, le salut et la consolation de l'esprit Paraclet. »

Lorsque saint Dominique vint à Bologne en 1219, « Diane, nous dit une Chronique du temps (1), se prit à l'aimer de tout son cœur et à traiter avec lui du salut de son âme. » Le serviteur de Dieu approuva le dessein qu'elle avait formé de renoncer au monde, « et sans lui permettre encore de rien changer à l'extérieur, il voulut recevoir ses vœux, avant de partir pour Rome. Diane fit profession entre ses mains, devant l'autel de Saint-Nicolas, en présence de maître Réginald, des autres religieux et de plusieurs nobles dames de la ville. » La descendante des fiers seigneurs d'Andalo (2), ainsi consacrée au Seigneur, « demeurait dans la maison paternelle, présente de corps, mais non d'esprit. Sous ses riches vêtements de pourpre et de soie, toute resplendissante d'or, d'argent, de pierreries, elle portait un rude cilice et une ceinture de fer qui meurtrissaient sa chair délicate. Le matin, elle ne sortait jamais de sa chambre avant tierce. Elle passait tout ce temps dans la retraite, le silence et l'oraison, et consacrait le reste du jour à faire de bonnes œuvres ou de pieuses lectures. »

Le cardinal Ugolin, alors légat du pape en Lombardie, entendit parler de la haute sainteté de Diane ; il désira la connaître, et vint souvent avec Dominique la visiter chez son père, pour lui apporter des consolations et des espérances. L'héroïque jeune fille se voyait empêchée de mener à bon terme l'accomplissement de ses résolutions ; les difficultés s'élevaient, les obstacles se multipliaient et sa famille s'était nettement déclarée contraire à sa vocation. Devant cette opposition absolue, « saintement impatiente de satisfaire son désir et de tenir ses promesses, Diane voulut tenter un effort suprême. Le jour de la fête de sainte Marie-Madeleine, elle

---

(1) Bolland., *Acta Sanctorum*, t. II Jun., p. 363. — Melloni, *Atti o Memorie degli Uomini illustri in santita*, t. I, p. 365. — R. P. Bayonne, *Préface*, p. IX.

(2) La famille d'Andalo tenait le premier rang dans l'aristocratie du nord de l'Italie ; elle avait refusé de céder son droit de patronage sur Saint-Nicolas-des-Vignes, à Bologne, lorsque cette église, grâce au cardinal Ugolin, fut donnée par l'évêque aux disciples de saint Dominique.

dit à sa famille qu'elle allait visiter le monastère de Ronzano (1), situé sur une des hauteurs voisines de Bologne. Elle sortit donc en grande pompe, suivie d'un nombreux cortége de dames et de servantes. Arrivée au monastère, Diane entra toute seule au dortoir des Sœurs, et demanda l'habit religieux qui lui fut immédiament accordé. C'était un événement, et la nouvelle ne tarda pas à se répandre : aussitôt parents et amis accoururent en foule tumultueuse à Ronzano, et arrachèrent Diane à ce saint asile avec une violence telle, qu'ils lui brisèrent une côte. Elle resta malade près d'une année dans la maison paternelle. Dominique n'eut garde de ne point la visiter; mais comme il ne pouvait l'entretenir sans témoins, il lui écrivit en secret pour la soutenir et la consoler dans cette douloureuse épreuve. »

Jourdain de Saxe avait appris l'histoire de Diane, et il se sentit pénétré pour elle d'une sainte tendresse. Comme elle à Bologne, il avait été à Paris le disciple des premiers Frères-Prêcheurs : comme elle, il avait eu Dominique et Réginald pour l'initier à la vie spirituelle. Si, plus heureux qu'elle, il appartenait déjà à leur famille religieuse, il n'ignorait pas que l'héritière des d'Andalo aspirait à s'y associer sans retard, afin de prendre une part plus énergique et plus intime à leur œuvre apostolique. Parce que l'Ordre est actif, ne lui faut-il pas une force d'équilibre qui fasse contre-poids du côté de la contemplation? Saint Dominique institua les Sœurs, à juste titre appelées Prêcheresses (2), pour suppléer par leur vie de prière et d'immolation cachée, à ce que le Frère-Prêcheur, si souvent entraîné dans le tourbillon du monde, ne pouvait accomplir. C'était bien toujours un seul et même Ordre qui contemplait et qui prêchait (3), dans l'admirable unité

---

(1) L'ancienne église du couvent de Ronzano sert aujourd'hui de poste militaire.
(2) Lacordaire, *Vie de saint Dominique*, ch. iv, p. 182. *Fondation du couvent de Notre-Dame de Prouille.* — Un chroniqueur du treizième siècle désigne par ce nom les Sœurs instituées par saint Dominique. « L'an MCCCXXIV, dit-il, la femme au roi Charles... mourut .. et fut mise en terre au moustier des Prescheresses de Montargis. »
(3) Danzas, *Etudes sur les temps primitifs de l'Ordre*, t. I, p. 136.

des Frères-Prêcheurs et des Sœurs Prêcheresses, « ces deux branches sorties d'un même tronc (1). »

Saint Dominique avait songé, répondant aux vœux les plus chers de Diane d'Andalo, à établir sur ses instances, un couvent de Sœurs Dominicaines à Bologne. Il ne put donner suite à son dessein ; mais à son lit de mort, le serviteur de Dieu recommanda expressément à ses Fils de seconder Diane dans ses projets de fondation. C'est pourquoi Jourdain de Saxe, nommé prieur de Lombardie, s'estima lié par un engagement sacré ; il regarda désormais Diane comme sa sœur et sa fille, et n'eut rien de plus pressé que de remplir les saintes et suprêmes volontés de celui que tous deux appelaient leur père (2), et que Dieu venait de couronner au ciel. « De concert avec les quatre Frères (3), qui en avaient reçu commission de saint Dominique lui-même, Jourdain choisit près de Saint-Nicolas, sur les pentes doucement inclinées d'un lieu dit la vallée de Saint-Pierre, un vaste terrain où s'élevait un oratoire dédié à sainte Agnès, vierge et martyre, qui donna plus tard son nom au monastère. »

Sur ces entrefaites, Jourdain revint à Paris assister au troisième Chapitre général, dont les suffrages lui déférèrent, en 1222, la succession de saint Dominique, comme Maître général de l'Ordre. Cette nouvelle causa une joie sans mélange à Diane, car elle comprit que ses vœux allaient enfin être exaucés. Sa confiance augmenta si bien, que sentant ses forces rétablies, elle se retira de nouveau à Ronzano, la nuit de la Toussaint, et cette fois, ses parents ne songèrent plus à user de violence pour vaincre sa résolution. Elle attendit en paix, dans le silence de ce monastère, l'heure de se consacrer entièrement à Dieu : du haut de la colline de Ronzano, elle pouvait contempler non loin de sa maison paternelle et du couvent de Saint-Nicolas (4), à travers les sou-

---

(1) Lacordaire, *Id.*, p. 183.
(2) Lettre VI, p. 16. « Dilectæ in Christo Sorori suæ ex eodem Patre spirituali. »
(3) Ces quatre Religieux se recommandaient par leur haute vertu non moins que par leurs éminentes qualités : c'étaient F. Paul de Hongrie, F. Guala, depuis évêque de Brescia, F. Ventura de Vérone et F. Rodolphe de Faënza.
(4) R. P. Bayonne, *Lettres du B. Jourdain*, Préface, p. XVI.

venirs qui lui montraient là les meilleures affections de sa vie, le lieu prédestiné où elle devait finir ses jours sous l'humble livrée des sœurs Prêcheresses.

Les devoirs de sa nouvelle charge et la nécessité de présider le Chapitre général, ramenèrent Jourdain de Saxe à Bologne vers le commencement de l'année 1223. Saint Dominique avait dit à ses religieux de Saint-Nicolas réunis autour de lui : « Mes frères, il nous faut bâtir à tout prix un monastère de Sœurs, lors même que nous devrions interrompre la construction de notre propre couvent. » Jourdain ne semblait-il pas avoir hérité de l'esprit du saint Patriarche, dont il était « moins le successeur dans la charge de Maître général, que le digne émule dans la pratique de la justice et de la charité (1) ? » Aussi son premier soin fut-il de reprendre l'œuvre déjà traversée par tant d'obstacles, et Maître de l'Ordre, il acheva ce que le prieur de Lombardie avait commencé l'année précédente. Il voulut tout d'abord adoucir les regrets de la famille d'Andalo. Le ciel s'était si clairement montré favorable aux desseins de Diane, que personne n'osa plus aller à l'encontre. Le 13 mai 1223 (2), Diane entrait en possession du terrain choisi pour élever le monastère, et le contrat fut signé dans l'église même de Ronzano, au pied des autels où elle avait si souvent prié et gémi devant Dieu. On fit telle diligence, qu'à la fin du mois, les bâtiments provisoires étaient prêts à la recevoir. Pendant l'octave de l'Ascension, maître Jourdain s'y rendit avec les plus anciens religieux de Saint-Nicolas, et sous leurs mains bénissantes, Diane au comble de ses vœux, s'enferma solennellement dans le nouveau couvent, avec quatre dames de Bologne qui avaient voulu suivre son exemple.

Le Chapitre général se tint à la Pentecôte, selon la coutume établie. Le jour de la fête de saint Pierre et de saint Paul, Jourdain revint à la maison des nouvelles Prêcheresses ; il voulut avec l'éclat des cérémonies en usage, revêtir Diane et ses compagnes

---

(1) Bolland., *Acta Sanctorum*, t. I August., p. 605. — Thierry d'Apolda, *Vita B. Dominici*, c. XXII, § 255.

(2) R. P. Bayonne, *Lettres du B. Jourdain*, Préface, p. XVII.

de l'habit religieux des Sœurs de Saint-Dominique. Il ne restait plus qu'à compléter leur éducation dominicaine. Lorsque le serviteur de Dieu eut établi ses filles à Rome, pour y implanter l'esprit et les traditions de l'Ordre, il avait fait venir des religieuses de Notre-Dame de Prouille (1); Jourdain suivit son exemple. Il obtint du pape Honorius III, pour le monastère de Sainte-Agnès, « quatre Sœurs de Saint-Sixte, dont saint Dominique lui-même avait reçu les vœux, et de ce nombre se trouvait sœur Cécile, qui avait assisté à la résurrection du jeune Napoléon (2). » Elle fut élue prieure de Sainte-Agnès où elle mourut en odeur de sainteté.

Le nouveau monastère prospéra, et Jourdain ne négligeait rien pour lui assurer l'avenir. Dans cette pensée, il sollicita du Souverain Pontife un bref (3) « qui lui prescrivait à lui, ainsi qu'à ses successeurs, de prendre ce couvent à sa charge, et de veiller sur lui comme sur une maison de l'Ordre. » Jourdain statua ensuite que les Frères de Saint-Nicolas s'y rendraient chaque jour, pour célébrer la sainte messe et administrer les sacrements. « Mais, remarque le chroniqueur, ce qui prouve par-dessus tout, l'affection et le dévouement sans bornes du bienheureux Père pour le vénérable collège des vierges de Sainte-Agnès, ce sont les *lettres* qu'il adressait à sœur Diane et à ses filles. »

Ces lettres sont vraiment l'expression franche et naïve d'un amour toujours croissant (4), qui n'aurait pas de nom sur la terre, si Jésus-Christ lui-même n'avait dit à ses disciples : « Je vous ai appelé mes amis. » C'est la correspondance sans recherche et sans apprêt de deux âmes qui conversent déjà dans les régions éthérées, radieuse vision qui traverse le monde, comme Dante et Béatrix parcouraient le Paradis, pour en surprendre la langue et en saisir les éternelles harmonies. Jourdain parle en père et en frère à celle qu'il nomme sa fille et sa sœur : il est absent, mais

---

(1) R. P. Bayonne, *Lettres du B. Jourdain*, Préface, p. xviii.

(2) Lacordaire, *Vie de saint Dominique*, ch. xi, p. 304. Ce miracle consigné dans la Relation de sœur Cécile, n° 2, est un des plus éclatants.

(3) *Bullarium Ordinis Prædicat.*, t. VII, p. 7. — *Lettres du B. Jourdain*, lettres XIX et XX.

(4) Lacordaire, *Sainte Marie-Madeleine*, p. 43.

on dirait la suite d'un entretien qui se continue à travers l'espace, malgré la distance. « Je vous en prie, écrivait-il à Diane peu de jours après leur première séparation (1), que votre cœur ne se trouble et ne s'effraie plus. Désormais, je serai votre père, vous serez ma fille et l'épouse de Jésus-Christ, et je prierai Dieu qu'il daigne vous prendre en sa sainte garde. » Il a quitté Bologne, et chaque absence doit le ramener à Paris : au monastère de Sainte-Agnès, on le suit par la pensée, chacune l'accompagne de ses vœux, toutes sont avides de recevoir de ses nouvelles, de savoir où il est, ce qu'il fait, d'apprendre le détail de ses voyages, de connaître les heureux fruits de ses prédications. Jourdain ne peut pas ne point leur toucher un pauvre mot, comme disait Mme de Sévigné, de toutes ces choses qui ne sauraient leur être étrangères ou indifférentes, d'autant que s'il est Prêcheur, ne sont-elles pas Prêcheresses ? Et pendant que ses mains infatigables répandent à travers champs et villes la semence de l'Evangile, les sœurs agenouillées au pied des autels, adressent à Dieu les prières qui la rendront féconde. « Ce sont vos filles, redisait-il souvent à Diane (2), mais ce sont aussi les miennes, et je les chéris tendrement dans le Seigneur. »

Chacune de ses lettres parle de Paris. Qu'il s'y rende par un long détour, on dirait à bon droit, par le chemin des écoliers, qu'il se retrouve à Saint-Jacques, parmi les religieux ravis de le revoir, au milieu de la jeunesse des Écoles insatiable de l'entendre, qu'il contemple avec une joie sans mélange, les masses de ses auditeurs s'ébranler à sa parole, et la foule des novices assiéger les portes du Couvent, Jourdain n'oublie certainement pas de faire monter au ciel l'hymne attendri de sa reconnaissance, mais il se rappelle aussi qu'au monastère de Sainte-Agnès, des oreilles pieuses accueilleront avec transport l'annonce de ses victoires et quelques notes affaiblies de ses chants d'allégresse.

Sans doute, Jourdain ne satisfait pas entièrement notre curiosité littéraire ; il se montre d'habitude trop sobre de détails dans

---

(1) *Lettres du B. Jourdain*, lettre IV.
(2) Lettres II, VI, VIII, IX, X, XIII.

ses confidences épistolaires, et sa plume, à notre gré, ne s'attarde pas assez aux « longueries d'apprêts : » néanmoins ses lettres à Diane d'Andalo restent comme un magnifique canevas, où il est facile de disposer les festons et les broderies des annalistes ou des chroniqueurs. Elles embrassent un espace de quatorze années, les dernières de sa vie, la durée entière de son généralat, et quel temps, on peut dire, fut jamais plus fertile en miracles ?

« Ce fut en ces jours, écrit Humbert de Romans (1), que l'Ordre vit arriver à lui des Frères excellents en grâce et en doctrine, comme l'attestent aujourd'hui leurs écrits et leur mémoire. » Entre ces noms illustres, ne suffit-il pas de citer Albert le Grand, Humbert de Romans, Hugues de Saint-Cher, Gérard de Frachet, Jean Colonna et Pierre de Tarentaise ?

Jourdain venait de tenir le chapitre général à Bologne, aux fêtes de la Pentecôte 1223. Comme il devait l'année suivante, présider de nouveau cette assemblée à Paris, il quitta Bologne aussitôt après avoir installé Diane et ses compagnes au monastère de Sainte-Agnès, le jour où l'Eglise célèbre la solennité des apôtres Pierre et Paul. Le successeur de saint Dominique avait arrêté le projet de faire sa première visite aux couvents de l'Ordre, qui se fondaient, ou qui, déjà fondés, se développaient en Italie, et de parcourir ainsi la contrée située de ce côté des Alpes, avant de franchir les monts, pour rentrer en France et revenir à Paris. Il partit au commencement de juillet, accompagné de deux Prêcheurs, le F. Jean et le F. Archange, et les voyageurs ne manquèrent sans doute pas de passer par Faënza, se rendre compte de la formation récente d'une de leurs maisons.

C'est de Venise que Jourdain écrit sa première lettre à Diane, pour lui donner de ses nouvelles, et lui annoncer qu'il va prendre le chemin de Padoue.

« Frère Jourdain (2), serviteur inutile de l'Ordre des Prêcheurs,

---

(1) Humbert de Romans, *Chronique*, 2. « Fuerunt inter Fratres ab illo tempore multi valde excellentes gratiæ et doctrinæ, sicut eorum scripta et memoria usque hodie manifeste declarat. » — Echard, *Id.*, p. 97.

(2) *Lettres du B. Jourdain de Saxe*. Lettre I.

à sœur Diane, sa très-chère fille dans le Christ, la rosée de la grâce dans le chemin de la charité, et dans la patrie de la lumière, le torrent des délices infinies.

« Grâce à Dieu, je suis arrivé assez heureusement à Venise, ainsi que le porteur de la présente, qui est Milanais, pourra vous le raconter en détail. Je me dispose à partir pour Padoue : mais auparavant, je veux vous dire que vous devez recommander à vos Sœurs de prier instamment Jésus-Christ, Fils de Dieu, qu'il donne à sa voix une parole efficace (1), capable de produire quelques fruits en son honneur. » Ce recours immédiat aux prières de la communauté, déchire, dès le début, le voile transparent jeté sur un précieux aveu. Malgré son humilité, Jourdain laisse échapper son secret, le sentiment vrai de l'influence qu'il avait acquise sur les écoliers. Jean-Baptiste se disait (2) « la voix de celui qui crie dans le désert » : Jourdain s'appelle la voix du Christ, résonnant dans les Ecoles, et il demande pour soi la grâce divine, sans laquelle il se sentait froid et impuissant.

« Pour vous, très-chère, ajoute-t-il, fortifiez-vous dans le Seigneur et dans la toute-puissance de Dieu ; encouragez les autres Sœurs, et réjouissez-vous sans cesse en Celui dont la droite est la source des joies spirituelles. » Puis, à propos du Nom de l'Agneau, il rappelle cette main libérale, remplie de consolations pour ceux qui pleurent la patrie absente, main prête « à verser à ces cœurs désolés une liqueur fortifiante (3), prête encore à remplacer l'eau froide que l'on boit avec tristesse sur la terre d'exil, par un vin de source divine, généreux, d'éternelle allégresse. » Une de ces paroles, *siceram* (4), tombée comme une innocente plaisanterie, de la plume de Jourdain, ne trahit-elle pas une préférence germanique, une allusion aux souvenirs de son pays d'Allemagne,

---

(1) *Id.* « Sorores alias exhorteris, ut orent Dei Filium Jesum Christum, ut det voci suæ vocem virtutis, ut ad honorem suum possim fructum aliquem operari. »
(2) S. Marc., c. I, 3. « Vox clamantis in deserto. »
(3) *Lettres du B. Jourdain de Saxe*. Lettre I. « Ad dandum lugentibus ex patriæ desiderio consolationem, et siceram iis qui ex amore amaro sunt animo. »
(4) *Id.*, ex vetust. Cod.

où les plus anciennes traditions (1) nous montrent les âmes des héros dans le palais d'or de la Walhalla, assis à la même table et buvant la bière écumante?

Entre toutes les villes d'Italie, Padoue méritait d'être de la part de Jourdain, l'objet d'une attention particulière. Les Frères-Prêcheurs s'y établissaient à cette époque, avec la même ardeur qu'ils apportaient à leurs nombreuses fondations. Mais ce n'eût été là, pour attirer le Maître général, que le motif d'une visite ou d'une inspection ordinaire. En ce moment, la politique tortueuse, aux allures byzantines, de Frédéric II, créait à Padoue une situation exceptionnelle. Quelques discussions survenues à Bologne, s'étaient envenimées plus que de raison, et avaient fini par jeter le trouble dans l'Université. L'empereur d'Allemagne, jaloux du renom de la grande cité guelfe, saisit l'occasion de faire échec, et même de porter atteinte à cette célébrité : il s'empressa d'offrir aux mécontents une généreuse hospitalité dans les murs de Padoue (2). Un grand nombre de transfuges, maîtres et écoliers, accoururent alléchés par les promesses, ou sensibles aux présents, de couleur quelque peu grecque, du monarque allemand. C'était plus qu'il n'en fallait pour éveiller les sollicitudes de l'ancien prieur de Lombardie, et ouvrir à son zèle les champs de bataille qu'il préférait. Jourdain résolut de suspendre son voyage, et pliant sa tente, il se fixa dans Padoue, où il se mit à prêcher à l'Université ainsi grossie de recrues étrangères.

La terre se montra d'abord ingrate à la divine semence, et, comme le poëte latin, déconcerté de voir la faveur populaire répondre si mal à ses efforts (3), l'apôtre se surprit seul, délaissé, versant des larmes sur le sillon qui demeurait stérile. Il écrit à Diane, et sa lettre a gardé l'impression de sa tristesse (4). « Je

---

(1) Ozanam, *Etudes germaniques*, t. I, ch. II, p. 51.
(2) Cantu, *Histoire universelle*, t. XI, ch. VII, p. 183.
(3) Horace, *Epîtres*, liv. II, 1, 9 :

>   Ploravere suis non respondere favorem
>   Speratum meritis.

(4) *Lettres du B. Jourdain de Saxe*, II.

suis absent, et ne puis seulement par mes lettres vous consoler comme je le voudrais : mais j'espère que le divin Paraclet, le consolateur des humbles, consolera pleinement votre âme. Ses consolations n'ont rien de mensonger; elles sont souverainement véritables, car il est, de nom et de fait, l'Esprit de vérité. Appuyez-vous sur lui, et attendez ainsi mon retour avec patience. Je confie à sa sainte garde votre cœur et celui de vos Sœurs, mes Filles bien-aimées. Je vous recommande à toutes de prier beaucoup le Seigneur pour les clercs de l'Université (1), afin que Dieu daigne les secouer, et attirer à lui ceux qu'il sait nous convenir, pour sa plus grande gloire et celle de l'Eglise, pour leur salut et la prospérité de notre Ordre. Ils sont d'une froideur extrême ; un seul jusqu'à ce jour s'est donné à nous, et nous devons chercher ailleurs pour eux le feu qu'ils n'ont pas. »

Tout à coup la glace se rompit : les prières demandées par Jourdain avaient-elles attiré du ciel l'étincelle qui devait animer ces statues de marbre? « Réjouissez-vous, écrit-il à Diane (2), et rendez mille actions de grâces à l'Auteur de tout bien, car le Seigneur dans sa miséricorde, a visité cette terre, et il a répandu sur elle des bénédictions, qui ont dépassé mes espérances. Depuis longtemps je prêchais en vain, ou à peu près, aux écoliers de Padoue (3) : saisi de dégoût, je songeais à partir, lorsque soudain, le Seigneur a daigné toucher le cœur d'un grand nombre, y faire régner sa grâce, et donner à sa voix une parole efficace (4). Dix déjà sont entrés dans l'Ordre : deux d'entre eux sont fils de seigneurs puissants, comtes d'Allemagne. Le premier était grand-prévôt, et possédait, avec plusieurs autres dignités, une immense fortune; le second, vraiment noble de naissance et d'esprit, disposait de revenus considérables. Nous pensons que plusieurs autres,

(1) *Lettres du B. Jourdain de Saxe* : « Committo tibi et eis, ut fideliter Dominum supplicetis pro cordibus clericorum. »
(2) *Id.*, III.
(3) *Id.* : « Cum enim diu prædicassem Scholaribus apud Paduam, et modicum, imo pene nullum fructum viderem, affectus tædio, de reversione cogitabam. »
(4) Jourdain se sert des expressions de sa première lettre : « Dare voci suæ vocem virtutis. »

non moins distingués, suivront leur exemple; priez instamment le Seigneur pour eux, afin qu'il réalise au plus tôt nos espérances. »

L'un de ces écoliers allemands était l'héritier des comtes de Lasvingen, en Souabe. Il s'appellera Albert le Grand; on le comptera au nombre des gloires de l'Ordre, et il prendra place dans les rangs des maîtres de l'Université, parmi les princes de l'Ecole. « Cet homme d'un génie extraordinaire, disait un de ceux qui l'avaient connu (1), prit l'habit des Frères-Prêcheurs, alors qu'il était encore bien jeune; il ne tarda pas à se signaler par ses progrès dans la sainteté comme dans la science, et parvint en peu d'années à être considéré par ses contemporains comme le plus savant entre tous les savants. »

Albert avait quitté sa patrie pour venir avec la jeunesse d'Allemagne étudier à Paris. De là, il s'était rendu en Italie. Ses qualités naturelles, les plus heureuses qui se pussent rencontrer (2), sa noblesse, sa fortune, une éducation parfaite, le goût du travail, tout lui préparait les plus brillants succès, quand il eut, au cours même de ses études, la première pensée d'embrasser la vie religieuse. On racontait que dans une apparition, la sainte Vierge, marquant au jeune allemand sa place parmi les Frères-Prêcheurs, lui avait révélé les progrès merveilleux qu'il devait y faire dans la science. Néanmoins il ne se sentait pas la force d'accomplir le sacrifice et de renoncer entièrement au monde. Gérard de Frachet a rapporté les dernières résistances de l'ancien écolier de Paris, étudiant à Padoue. Par cette victoire, Jourdain ouvrait la carrière de l'un des maîtres les plus illustres du Couvent de Saint-Jacques.

« Un Frère de grand renom, dit Gérard (3), de haut lignage et non moins distingué par sa science, étudiait fort jeune à Padoue. Les exhortations des Prêcheurs, de maître Jourdain surtout, éveillèrent dans son esprit le désir d'entrer dans l'Ordre. Ce n'était encore qu'une velléité. Son oncle qui ne l'avait point quitté,

---

(1) Jean Colonna, *De viris illustribus ethnicis et christianis*, F. Albertus.
(2) Echard. *Id.*, t. I, p. 169 « Aptissimum disciplinis omnibus a natura sortitus ingenium, mirum illud excoluit tum sub cura parentum in patria, tum in Gallia Parisiis, tum in Italia Patavii, avunculo ubique comite. »
(3) Gérard de Frachet. *Vies des Frères*, P. IV, ch. x.

combattait cette inclination. Il lui fit même jurer de ne point fréquenter les Frères durant un certain temps ; mais ce temps écoulé, le jeune homme revint au couvent, et si son désir de prendre l'habit s'affermissait, il se sentait toujours retenu par la crainte de ne point persévérer. Une nuit, il rêva qu'il était entré dans l'Ordre, et qu'ensuite il avait dû en sortir. A son réveil, il se réjouit grandement de n'avoir pas donné suite à ses projets, et il se disait à lui-même : — Je le vois bien maintenant, ce que je redoutais me serait arrivé, si je m'étais fait religieux. — Cependant, le même jour, il alla au sermon de maître Jourdain, qui parlait entre autres choses des tentations du démon. Soudain, pour donner un exemple des ruses de l'esprit malin, le prédicateur s'écria : — Il y a des hommes qui se proposent d'entrer dans un Ordre, mais le démon leur envoie pendant le sommeil des impressions contraires. Ils s'imaginent que s'ils entrent, ils sortiront ensuite, et ils se figurent de brillantes cavalcades, en habits d'écarlate, auxquelles ils vont se livrer, ou seuls, ou avec leurs amis. De la sorte, s'ils ne sont pas encore en religion, la crainte de ne point persévérer les arrête, ou bien s'ils y sont déjà, cette même crainte les trouble et les décourage. — Le jeune écolier, très-étonné, vint après le sermon trouver Jourdain : — Maître, qui donc vous a révélé mon cœur? Qui vous a dit mes pensées et découvert mon rêve? — Jourdain, plein d'espérance, se mit à le réconforter en beaucoup de manières, contre la tentation qui l'avait tourmenté, et le jeune homme entièremet raffermi, coupa court aux délais et entra dans l'Ordre. C'est ce Frère qui a raconté lui-même toutes les circonstances de sa vocation. »

L'âme de Jourdain tressaillait d'allégresse, la joie débordait de son cœur, à la vue de l'admirable élan qui succédait à la première indifférence des étudiants de Padoue. Et ce n'était point un enthousiasme éphémère ou stérile; le nombre des vocations en faisait foi. L'humble religieux n'en tirait aucune gloire, car il écrivait à Diane (1) : « Priez pour moi, et recommandez aux Sœurs

---

(1) *Lettres du B. Jourdain de Saxe*, IV.

de prier le Seigneur, qu'il veuille bien achever son œuvre en notre faveur. Par la grâce de Dieu j'ai reçu trente-trois Frères (1). Tous sont vertueux et assez versés dans les lettres, à l'exception de deux laïques devenus Frères convers; plusieurs même sont distingués par leur naissance, ainsi que vous avez pu l'apprendre d'ailleurs. Nous en attendons beaucoup d'autres, et déjà six d'un vrai mérite se sont attachés à l'Ordre. »

Jourdain ne peut prolonger indéfiniment son séjour à Padoue : un mois ou six semaines ont suffi pour que son zèle ait accompli ces merveilles. Il se remet en route; la fièvre l'arrête à Brescia, vers la fin d'août, et il se rend à Milan, où une attention délicate lui dicte quelques lignes pour rassurer Diane. « Ma guérison, dit-il (2), ne s'est pas fait attendre, grâce à Dieu, et j'espère du Seigneur Jésus que je pourrai sans danger continuer mon chemin. » Il passe à Besançon (3), et sa présence dans cette ville produit une si heureuse impression, que les bourgeois et le clergé se décident à appeler des Frères-Prêcheurs.

Le soin de visiter en France les couvents de son Ordre, demande encore à maître Jourdain quelques courses et quelques délais; puis vers les fêtes de la Toussaint, il touche au terme de son voyage. Les portes du Couvent Saint-Jacques se sont ouvertes pour le recevoir, et une lettre en porte aussitôt à Diane l'heureuse nouvelle. « Voici, très-chère, écrit-il (4), qu'avec l'aide de Dieu et le secours de vos prières et des prières de mes Filles, qui m'ont accompagné et suivi partout, je viens d'arriver à Paris en bonne santé, après un excellent voyage. J'ai hâte de vous écrire, afin de vous consoler au moins par un salut épistolaire, puisque vous êtes mo-

---

(1) *Id.* : « Triginta tres Fratres recepi per Dei gratiam, et omnes sunt viri honesti et competentis litteraturæ. »

(2) *Lettres du B. Jourdain de Saxe*, V. « Noveris igitur quod apud Brixiam, febribus laboravi, sed per Dei misericordiam convalui, et veni Mediolanum, et spero in Domino Jesu, quod bene possim ulterius proficisci. »

(3) Danzas, *Etudes sur les temps primitifs de l'Ordre*. T. II, p. 133.

(4) *Lettres du B. Jourdain de Saxe*, VII. « Ecce, carissima, prævia Dei gratia, comitantibus et nihilominus prosequentibus tuis ac Filiarum mearum orationibus, prospere veni Parisios sanus et incolumis competenter. »

mentanément privée de la joie que vous apportaient ma présence et mes entretiens. »

Padoue avait pu d'abord ne point se laisser émouvoir à la parole de Jourdain, et les étudiants s'y montrer froids ou sourds aux accents de son éloquence. Il n'en fut pas ainsi de Paris. En reparaissant à Saint-Jacques, le successeur de saint Dominique retrouvait sa place dans le monde des Ecoles : le simple Frère était devenu Maître général de l'Ordre, mais la dignité dont on le voyait revêtu, ne changeait rien à son caractère ; ses préférences pour la jeunesse studieuse demeuraient les mêmes; il lui réservait la meilleure part dans son ministère apostolique, et sa prédication déjà si avidement écoutée, sembla ne plus frapper l'air, que pour toucher les âmes et soumettre les volontés. Toute autre pensée ne saurait qu'effleurer son esprit; ses sollicitudes ne sont que pour le bien spirituel de la société. « Priez pour moi, dit-il à Diane (1), saluez vos Sœurs, mes chères filles dans le Seigneur. Recommandez-leur de prier pour les écoliers de Paris, afin que Dieu ouvre leurs cœurs, pour les amener à se convertir, et que ceux qui ont pris de bonnes résolutions, les mettent courageusement en pratique, et ne cessent plus désormais de s'acheminer vers la vie éternelle. »

Jourdain multipliait ses efforts en raison même des succès de son ministère. Afin de faire fructifier le don merveilleux que le Seigneur lui avait accordé, il résolut de disposer à l'avenir ses courses apostoliques, de façon à prêcher le Carême soit à Paris (2), soit à Bologne, là où, suivant la volonté de saint Dominique, devait à la Pentecôte s'assembler le Chapitre général. Ce projet reçut sa première exécution à Paris, en cette année 1224, et

---

(1) *Lettres du B. Jourdain de Saxe*, VII. « Ora pro me. Saluta Sorores, filias in Domino dilectas, et orare moneas pro Scholaribus Parisiensibus, ut Dominus adaperiat corda ipsorum, ut ad conversionem efficiantur faciles, et ii qui bonæ voluntatis propositum conceperunt, inveniantur in opere efficaces, et ad vitam perseveranter proficiant sempiternam. »

(2) Martène, *Veterum Script. et Monum.*, T. VI, *Brevis historia Conventus Parisiensis Ord. Prædic.*, p. 551: « Consueverat de duabus Quadragesimis, unam Parisius tenere. »

les fruits ne se firent pas attendre. Comme l'Apôtre (1), Jourdain pouvait dire : « J'ai planté, le Seigneur a donné l'accroissement. » Dans quelle mesure? Une lettre à Diane va nous l'apprendre. « Comme j'ai une occasion favorable, dit-il (2), et que vous désirez sans doute, recevoir de mes nouvelles, je ne veux pas laisser partir ce courrier, sans lui confier au moins quelques mots pour vous. Depuis mon arrivée à Paris, j'ai toujours joui d'une bonne santé, si ce n'est qu'au milieu du Carême, j'ai été pris d'une fièvre tierce. Mon ministère auprès des écoliers n'a pas été, grâce à Dieu, sans succès (3). De l'Avent à Pâques, quarante novices environ, sont entrés dans l'Ordre : plusieurs ont été Maîtres, et le reste n'est pas dépourvu de littérature. Beaucoup d'autres nous donnent bon espoir. Remerciez Dieu pour ceux que nous avons reçus, et priez-le pour ceux que nous devons recevoir, afin que le Seigneur leur accorde de vouloir et de mettre en pratique. »

Peut-être y aurait-il lieu de craindre que Jourdain n'ait pas confessé toute la vérité, quand il écrit à Diane « que son ministère n'a pas été sans succès auprès des écoliers de Paris? » Sa modestie s'est enveloppée d'un voile trop discret. Les témoins, et surtout ceux qui, subjugués par sa parole, entrèrent au Couvent de Saint-Jacques, ont raconté sous des couleurs plus vives, les effets de sa prédication. L'enthousiasme éclata si fort, que l'un d'eux, Gérard de Frachet, n'a pas hésité à dire (4) : « Il est permis de croire que depuis qu'il existe des Ordres religieux, on ne vit rien de semblable à la multitude des hommes de lettres et des clercs de distinction, que maître Jourdain attira et admit au nombre des Frères. »

Les soins et les fatigues d'un ministère si bien rempli, n'em-

---

(1) I ad Corinth., ch. III, 6. « Ego plantavi, Apollo rigavit, sed Deus incrementum dedit. »
(2) *Lettres du B. Jourdain de Saxe*, VIII.
(3) *Id.* « Circa autem Scholares satis prospere, pro Dei gratia, mihi successit, quia ab Adventu Domini usque ad Pascha, circiter quadraginta novitii Ordinem intraverunt, quorum plures fuerunt Magistri, et alii convenienter litterati : et de multis aliis spem bonam habemus. »
(4) Gérard de Frachet, *Vies des Frères*, P. IV, ch. XIII.

pêchaient pas Jourdain de préparer le Chapitre général, qui s'assembla le 2 juin 1224. Des résolutions d'une haute importance devaient y être discutées et adoptées. Cinq ans auparavant saint Dominique arrivait à Paris pour la première fois; l'état de la maison qui venait de se fonder, lui parut assez florissant pour qu'il jugeât bon de choisir entre les religieux, et de les disperser en différentes villes de France. Jourdain, soucieux d'imiter en toute occasion les exemples du Serviteur de Dieu, trouva que le Couvent de Saint-Jacques pouvait suffire à une nouvelle expansion de l'œuvre apostolique. « En ce temps, dit Humbert de Romans (1), l'Ordre prit un prodigieux accroissement par la formation de Provinces et de Maisons nouvelles. »

Le successeur de saint Dominique a parlé, les Frères s'éloignent de Paris, ils vont où la volonté de Dieu les appelle. Jourdain les envoie fonder d'autres couvents en Allemagne et dans le nord de la France. Il ne recule devant aucun sacrifice pour assurer le succès de leur entreprise. Nul ne paraît mieux que frère Henri, devoir se charger de la mission allemande : Jourdain n'hésite pas un instant à se séparer de son plus tendre ami, de son compagnon d'école et de religion. Henri reçoit avec le titre de Prieur, l'ordre de partir pour Cologne, jeter les fondements d'une maison de Prêcheurs (2). Il emmène Henri de Marbourg et Léon (3) destinés à le seconder dans son œuvre. D'autres Frères les accompagnent : ceux-ci porteront leurs pas jusqu'à Magdebourg (4) sur les confins de la Saxe, où les appelait une demande de l'archevêque et des évêques de la contrée.

(1) Humbert de Romans, *Chronicon Ordinis* ab anno MCCIII ad MCCXLIV.
(2) Gérard de Frachet, *Vies des Frères*, P. IV, c. xiii. — Echard, *Id.* t. I, p. 94 : « Missus autem pro Priore Coloniam. » Et en note : « F. Henricus dicitur fuisse primus nostrorum Coloniæ Prior, ac proinde anno MCCXXIV Parisios reliquerit, nam eo anno cœnobium Coloniense fuit erectum. »
(3) Il était entré dans l'Ordre, gagné par Jourdain et Henri de Cologne.
(4) Martène, *Veterum Scrip. et Monum.*, t. VI. *Brevissima Chronica R. R. Magistrorum generalium Ord. Prædic.*, c. iv, p. 351. « Anno Domini 1224, mense Augusti, in vigilia B. Laurentii, venerunt Fratres primo in *Magdeburg*, civitatem Saxoniæ, missi a Capitulo Parisiensi et Magistro Jordani, ad petitionem RR. DD. Archiepiscopi Magdeburgensis, et quorumdam aliorum episcoporum et nobilium. »

Ces demandes arrivaient de toutes parts, et Jourdain ne pouvait songer à les satisfaire à la fois. Sur les instances des principaux habitants de Lille (1), des religieux du Couvent de Saint-Jacques partaient vers la même époque, pour le nord de la France. Les auteurs de la requête, heureux de voir leur prière exaucée, s'empressèrent de remercier le Provincial de France, Pierre de Reims : leur lettre énumère les faveurs et les privilèges accordés au premier établissement des Prêcheurs dans les Flandres (2).

« Aux vénérables et chers dans le Christ, Maître Pierre, Prieur de l'Ordre des Prêcheurs en France, et les Frères du même Ordre établis à Paris, Guillaume, par la miséricorde divine, Prévôt de Lille, le salut et la grâce de marcher constamment sur les traces de Jésus-Christ.

« Nous vous adressons nos meilleurs remerciements de ce que vous avez bien voulu donner votre gracieux assentiment à la fondation d'un couvent à Lille. C'est pourquoi, de concert avec notre Chapitre et avec le prêtre de la paroisse, au cas où vous déciderez de bâtir votre maison dans notre domaine, sur la paroisse de Saint-Etienne, nous la déclarons exempte de tout droit parois-

---

(1) Echard, Id., t. I, p. 116. « Sodales a Parisiis Insulas ad domum Ordinis ibidem erigendam misit, quod litteris instantibus ab eo flagitarunt ejus urbis primores. »

(2) Echard, Id., p. 116.

« Viris venerabilibus et dilectis in Christo Magistro Petro, Ordinis Prædicatorum Priori in Francia et ejusdem Ordinis Fratribus Parisius constitutis, Wilhelmus, divina miseratione Præpositus Insulensis, salutem et indesinenter J. C. vestigiis inhærere.

« Gratiarum actiones vobis referimus copiosas, quod ad habendam conventualem domum apud Insulam, benignum adhibuistis assensum. Nos igitur de consensu Capituli nostri ac Parochialis presbyteri, si domum vestram in personatu nostro, intra Parochiam S. Stephani, decreveritis construendam, eam a jure parochiali decrevimus liberam; ac cæmeterium vobis concedimus sub eadem qua et alibi libertate gaudetis. Concedimus etiam, ut in eadem domo de gratuitis oblationibus consuetudines teneatis, quæ in vestris aliis domibus observantur : pro quibus oblationibus arbitrio trium canonicorum nostrorum, tam Præpositurae nostræ quam Parochiali presbytero recompensatio plena fiet, per personam aliquam, quam sibi Dominus jam providit.

« Ut hæc igitur firma permaneant, præsens scriptum sigilli nostri fecimus appensione signari. Capitulum quoque nostrum in signum assensus sui eisdem litteris suum fecit apponi sigillum.

« Actum anno Domini MCCXXIV, mense Decembri. »

sial, et nous vous accordons un cimetière, avec les libertés dont vous jouissez ailleurs. Nous octroyons également à votre maison, touchant les offrandes gratuites, les droits établis par l'usage dans vos autres couvents. Pour ces offrandes, trois de nos chanoines verront à indemniser pleinement notre prévôté et le prêtre de la paroisse ; ils chargeront quelqu'un de ce soin, et le Seigneur y a déjà pourvu.

« Pour ce confirmer, nous avons ordonné d'apposer notre sceau aux présentes lettres. Notre Chapitre, en signe d'adhésion, les a fait également sceller du sien.

« Donné l'an du Seigneur MCCXXIV, au mois de Décembre. »

Paris prend ainsi de plus en plus la direction de l'Ordre des Prêcheurs ; le Couvent de Saint-Jacques tend à devenir la maison-mère des Fils de saint Dominique. Là se traitent les affaires générales ; là viennent se former à la science et à la vertu les Frères qui retournent ensuite édifier les maisons de Limoges, de Lyon (1) et de Toulouse : là se discutent les questions importantes ; là se décident les fondations nouvelles : de là partent les religieux que Jourdain à son tour, envoie « étudier, prêcher, fonder des couvents, » leur disant avec la même confiance que Dominique (2) : « Allez, n'ayez pas peur, le Seigneur sera avec vous. »

Par ces expéditions pacifiques les vides se creusent à Saint-Jacques, mais on les voit vite se remplir : ils se forment de nouveau, c'est pour se combler encore. Le sang qui afflue là, au cœur de l'Ordre, est jeune et généreux. Il peut couler à flots sans jamais se tarir. Les Ecoles de Paris fournissaient largement aux vocations religieuses, qui entretenaient autour de Jourdain, à Saint-Jacques, la plus ferme et la plus brillante des couronnes. L'étude de ce mouvement n'est pas sans intérêt. Ces recrues incessantes relient intimement les annales du Couvent à l'histoire de l'Université : la scène où se développent ces vocations, les obstacles

---

(1) Le couvent de Saint-Jacques envoya Pierre Cellani et Gérard de Frachet à Limoges, et à Lyon, Guillaume de Perault, Humbert de Romans, Hugues de Saint-Cher, Etienne de Bourbon, Pierre de Tarentaise.

(2) Echard. *Id.*, t, I, p. 49. Actes de Bologne, déposition de F. Jean de Navarre, 2.

qui les entravent, les péripéties qui les éprouvent et où elles s'affermissent, l'ensemble des personnes, des événements, des circonstances qui les combattent ou qui les favorisent, éclairent vivement la peinture des mœurs et des coutumes de ce temps, ou du moins présentent quelques traits lumineux au tableau de la société française.

Les deux noms qui s'offrent tout d'abord en tête de ces innombrables recrues, sont unis par des liens qui rappellent l'amitié de Jourdain de Saxe et de Henri de Cologne. Humbert de Romans et Hugues de Saint-Cher, Bourguignons l'un et l'autre, du diocèse de Vienne, en Dauphiné, s'étaient rencontrés à l'Ecole de Paris; ils ne se séparèrent pas pour prendre l'habit à Saint-Jacques. Hugues sera cardinal de la sainte Eglise, et Humbert, Maître général de l'Ordre de Saint-Dominique. Le récit de leur entrée au Couvent nous a été transmis par un contemporain (1), qui tenait ces détails intimes de la bouche même de celui qui plus tard, devait recueillir l'héritage de Jourdain de Saxe.

Un Frère qui pendant longtemps occupa dans l'Ordre une position éminente, avait été, jeune encore, envoyé aux Ecoles de Paris (2). Témoin des commencements des Frères-Prêcheurs, et gardant un bon souvenir des Chartreux, à qui l'on avait coutume de donner l'hospitalité dans la maison de son père, il demandait souvent au Seigneur de mourir dans l'un ou dans l'autre de ces deux Ordres. Par un don de la grâce divine, il se préservait de beaucoup de péchés; il portait même secrètement, de temps à autre, un cilice, dans l'espérance d'obtenir le salut de son âme. Il faisait des aumônes, assistait à l'office divin les jours de fête, visitait presque tous les jours l'église Notre-Dame, et manquait rarement l'occasion d'entendre un sermon. Néanmoins ni les prédications de maître Jourdain, qui remuait alors profondément les âmes, ni celles d'aucun autre n'avaient encore pu le déterminer à entrer dans l'Ordre.

---

(1) Gérard de Frachet, *Vies des Frères*, P. IV, c, IX, § 2.
(2) *Id.* » Cum missus fuisset satis juvenculus Parisius ad Scholas. »

L'écolier studieux devint Maître ès-arts et professeur (1) : ce qui ne l'empêcha pas de se faire de nouveau étudiant, pour suivre les leçons de droit canonique sous Hugues de Saint-Cher, et même il se rendait quelquefois, de bon matin, à l'insu de ses condisciples, aux Ecoles de théologie. Un jour de fête, après avoir assisté aux vêpres dans l'église de Saint-Pierre-aux-Bœufs (2), sa paroisse, il laissa se retirer les autres, et resta aux Vigiles des morts. On allait lire les leçons, lorsque le chapelain de l'église, qui paraissait un homme assez simple, mais bon, s'approcha et lui dit : « Êtes-vous de ma paroisse, mon cher ami? » Il répondit : « Monsieur, je demeure dans telle maison. » — « Vous êtes mon paroissien, reprit le prêtre; aussi je veux remplir mon devoir de pasteur envers vous. » Et après quelques mots, il ajouta : « « Savez-vous bien ce que vous avez promis à Dieu dans le Baptême? » — « Quoi donc? » — « Vous avez promis de renoncer à Satan et à toutes ses pompes. Lorsque le prêtre qui vous baptisait, vous demanda : Renoncez-vous à Satan et à toutes ses pompes? Celui qui vous portait répondit pour vous : J'y renonce. » — « Mais pourquoi me dites-vous cela! » — « Cher ami, c'est parce qu'un grand nombre d'écoliers à Paris se donnent beaucoup de mal, et travaillent de longues années pour acquérir la science, et cependant quelle est la fin de tout cela? Les pompes de Satan. En effet, ils disent dans leur cœur : Quand tu auras étudié à Paris, que tu seras Maître en telle ou telle faculté, de retour dans ton pays, tu auras un nom fameux; on te rangera parmi les plus savants des clercs; tu seras honoré de tous; on te comblera de bénéfices, on t'élèvera aux dignités. Et qu'est-ce que tout cela, sinon pompes de Satan! Pour vous, cher ami, gardez-vous d'une telle intention

---

(1) Echard, *Id.*, t. I, p. 141 : « Studuit Parisius adolescens et artium magister laureatus easdem professus est, tum et in jure canonico fuit auditor Hugonis de Sancto Charo, quandoque etiam, sed occulte, theologicas lectiones frequentabat. »

(2) L'Eglise de Saint-Pierre-aux-Bœufs n'avait de remarquable que son antiquité. En 1107, elle fut donnée à l'abbaye de Saint-Maur-des-Fossés, et peu après érigée en paroisse. Elle s'élevait dans la rue Saint-Pierre aux-Bœufs qui tenait à la rue des Marmousets et aboutissait au Parvis Notre-Dame. Jaillot, *Recherches critiques et historiques...* T. I, p. 157. Quartier de la Cité. — Lebeuf, *Histoire du diocèse de Paris*. Edit. Cocheris, t. III, p. 388.

dans vos études. Voyez plutôt combien de Maîtres, et des plus renommés, quittent le monde pour entrer à Saint-Jacques, en considérant que presque tout ce que les hommes ambitionnent ici-bas, se rapporte aux pompes de Satan. »

Le prêtre achevait, quand, à la fin d'une leçon, un clerc entonna le répons suivant (1) : « Hélas! Seigneur, j'ai beaucoup péché dans ma vie; que faire, malheureux que je suis! Où fuir sinon vers vous, ô mon Dieu! » Ainsi la parole du prêtre d'une part, le chant du clerc de l'autre, retentirent comme deux trompettes et pénétrèrent violemment le cœur de l'écolier, qui fondit en larmes. Il sortit de l'église; mais depuis, partout où il allait, partout où il s'arrêtait, il portait ces mots gravés au plus profond de son âme : « Que faire, malheureux, et où fuir? » Et il croyait entendre une voix qui lui répondait : « Il n'y a pour toi de refuge qu'à Saint-Jacques, auprès des Frères-Prêcheurs. »

Humbert alla, les jours suivants, prier selon son habitude, à l'église Notre-Dame; il y reçut à plusieurs reprises, une telle grâce de componction, et y versa tant de larmes, son cœur y ressentit une attraction si forte, que dégoûté du monde, le jeune étudiant vint sans plus tarder, trouver les Frères qu'il connaissait à Saint-Jacques, et s'entendit avec eux pour entrer dans l'Ordre, aussitôt qu'il aurait acquitté quelques dettes.

Le futur religieux se hâta de courir vers son maître, le seigneur Hugues, afin de lui faire part de sa résolution, car il le savait vertueux et incapable de l'en détourner. A cette nouvelle, Hugues rendit grâces à Dieu et s'écria : « Sachez, maître, que je nourris le même dessein; je ne puis l'exécuter en ce moment, parce que j'ai différentes affaires à terminer. Mais allez sans crainte, et soyez certain que je vous suivrai. » Humbert entra au Couvent de Saint-Jacques le 30 novembre 1224, jour de la fête de Saint-André.

Son maître Hugues de Saint-Cher s'était distingué dans les Ecoles de Paris, par son goût et ses heureuses dispositions pour

---

(1) Officium Defunct., II Noct., après la leçon V, ℞ : « Hei mihi, Domine, quia peccavi nimis in vita mea! Quid faciam, miser? Ubi fugiam, nisi ad te, Deus meus? »

les lettres(1) ; ses succès en philosophie et en théologie l'élevèrent au grade de bachelier; ses études dans le droit, le firent encore plus remarquer, et lui méritèrent l'honneur d'enseigner cette science dans l'Université de Paris. Déjà il passait pour un habile jurisconsulte, et commençait à recueillir les avantages de sa réputation. Les affaires qu'il avait voulu régler, avant de rejoindre son ami au Couvent de Saint-Jacques, ne lui étaient point personnelles ; il s'agissait des intérêts du prince Guillaume, fils de Thomas Ier, comte de Savoie (2). Hugues n'eut pas plus tôt terminé ces négociations, qu'il vint prendre l'habit des Frères-Prêcheurs, le Carême suivant de l'année 1225, le 22 février, le jour où l'Eglise célèbre la fête de la Chaire de saint Pierre à Antioche.

Humbert de Romans remarqua parmi les nouveaux venus qui, à Saint-Jacques, furent ses compagnons de noviciat, un jeune étranger (3) dont la conversion causait un vif émoi dans le monde parisien. Gilles de Portugal avait de la naissance (4), de la fortune, de la gloire même : il tenait de ses parents une éducation littéraire des plus soignées (5), il passait déjà pour un habile médecin. Un jour, le désir d'augmenter ses richesses et d'ajouter à sa renommée, l'amène à Paris, se perfectionner dans la médecine (6), et prendre le titre de docteur en cette Faculté. Il eut vite fait de trouver sa place au soleil (7). Son caractère gai, son

---

(1) Echard, *Id.*, t. I, p. 195. « Ut ingenio erat ad litteras propenso ac facili, Parisius juvenis venit, emensisque philosophiæ et theologiæ studiis, in sacra facultate baccalaureus admissus est, et juri utrique operam dedit, quod et publice docuit. »

(2) Touron, *Histoire des Hommes illustres de l'Ordre de Saint-Dominique*, t. I, p. 202. — Echard, *Id.*, t. I, p. 195.

(3) Gérard de Frachet, *Vies des Frères*, P. V, c. I, § 6. « F. Ægidius, Hispanus vir auctoritatis et veritatis indubitatæ, F. Humberto, Magistro Ordinis, cujus fuit circa novitiatum, Parisius, socius carissimus. » — Echard, *Id.*, t. I, p. 241.

(4) Echard, *Id.*, p. 241. « Patre Ruderico Pelagio Valladoris equite, arcis et urbis Conimbricensis præfecto, matre Therasia Gilia, paris nobilitatis femina. »

(5) *Id., Id.*, p. 241. « Domi, sub cura parentum delicate educatus, et litteris humanioribus egregie imbutus. »

(6) *Id., Id.*, p. 241. « Huic arti operam totam dedit, et quo perfectior evaderet, Parisius se contulit, ubi in ea facultate lauream adeptus est. »

(7) Gérard de Frachet, *Vies des Frères*, P. IV, c. II, § 4. « Qui in sæculo fuit statu magno. » — Echard, *Id.*, t. I, p. 243.

humeur enjouée, le rendaient d'un commerce très-agréable (1). Mais au milieu de ces sollicitudes terrestres, l'aimable mondain semblait n'oublier qu'une seule chose, c'est qu'il était prêtre (2). Soudain la grâce le frappe d'un de ces traits auxquels on ne résiste point. Il brise aussitôt toutes les attaches qui pouvaient le retenir, et vient humblement heurter à la porte du Couvent de Saint-Jacques.

Gilles de Portugal y rencontra Humbert de Romans, et tous deux ne tardèrent pas à se lier d'affection (3). Cette intimité s'accrut du mauvais état de leur santé, qui les réunissait souvent à l'infirmerie (4), dans la même chambre. De là des confidences qui sont une page curieuse de la vie intérieure du Couvent. Gilles ne se soumit pas aux austérités du cloître sans faire regimber la chair et le sang : il rencontrait en soi des répugnances, des révoltes, des découragements, et dans ses difficultés il ouvrait familièrement à Humbert son cœur endolori. Les vêtements étaient grossiers et le lit très-dur pour l'élégant Espagnol habitué à toutes les délicatesses de l'opulence. Ce fut la source de ses premières tentations (5). Il en fit part à son confesseur qui lui répondit : « Mon cher Frère, rappelez-vous comment vous avez vécu dans le monde. En expiation de vos péchés, acceptez avec patience, embrassez avec amour ces mortifications, et le Seigneur sera avec vous. » Ces paroles se gravèrent si bien dans son cœur, que la tentation cessa, « et, disait-il à Humbert, ce qui lui avait paru intolérable jusque-là, lui devint désormais facile à supporter. »

(1) Gérard de Frachet, *Vies des Frères*, P. IV, c. XVI, § 1. « In sæculo multum fuerat facetus et jucundus et hominibus affabilis valde. » — Echard, *Id.*, t. I, p. 241.

(2) Echard, *Id.*, p. 241. « Variis auctus est, seu potius onustus sacerdotiis, inter alia canonicus et thesaurarius Ecclesiæ Conimbricensis allectus... sibique deinceps vitam molliorem indulserat. »

(3) Gérard de Frachet, *Vies des Frères*, P. IV, c. II, § 4. « Magister Humbertus qui ejus socius et valde familiaris fuit diu in Parisius Conventu. » — Echard, *Id.*, t. I, p. 243.

(4) *Id.*, *Vies des Frères*, P. IV, c. XVI, § 1. « Hoc autem scivit per eum Magister Ordinis, qui diu cum eo pariter in infirmaria stetit in una camera. » — Echard, *Id.*, t. I, 241.

(5) *Id.*, *Vies des Frères*, P. IV, c. XVI, § 1. — Echard, *Id.*, p. 241.

Gilles racontait encore à son ami, qu'à son entrée dans l'Ordre, quand il fallut s'astreindre au silence, renoncer à se répandre de çà, de là, il se sentait bouillir et tout près d'éclater. Il lui semblait même qu'une flamme intérieure lui consumait la gorge et la poitrine. Un rayon d'en haut fit comprendre au novice ainsi tourmenté, que ce n'était qu'une tentation du démon, et il forma le ferme propos de rester là, dans sa cellule et dans le silence, quand il devrait brûler entièrement ou en crever (1). Dieu bénit sa résolution énergique et le délivra de cet esprit de vertige. Autant il lui fut dès lors facile de se taire et de rester seul à la même place, au point qu'il paraissait avoir reçu des grâces spéciales de solitude et de silence.

Plus tard, quand Humbert rassemblait ses souvenirs de leur noviciat à Saint-Jacques (2), il ne se rappelait point avoir jamais entendu Frère Gilles prononcer de paroles oisives. Mais, ou bien il consolait ceux qui souffraient, ou il parlait des choses du ciel, ou il se taisait humblement. « Sa vertu était si grande, ajoutait Humbert (3), qu'en l'absence des Frères, occupés à l'école, il courait balayer leurs chambres : d'autres fois il nettoyait l'infirmerie. Au commencement de son noviciat il se sentit presque toujours malade, et, quoique bon médecin, jamais il ne demandait autre chose que ce qui lui était offert, acceptant tout avec reconnaissance, même ce qui semblait contraire à son tempérament, à ses habitudes, ou à son état de santé. Gilles de Portugal avait mis sa confiance en Dieu, et Dieu prit soin de lui. Après toutes sortes d'épreuves, de tentations et de maladies, il se trouva si fort, si robuste, qu'il devint prédicateur agréable, lecteur distingué (4), prieur d'une incomparable activité, sans que ces diffé-

---

(1) Gérard de Frachet, *Vies des Frères*, P. IV, c. XVI, § 1. « Etiamsi totus comburi et si crepare deberet. » — Echard, *Id.*, t. I, p. 241.

(2) *Id.*, *Vies des Frères*, P. IV, c. II, § 4. « De F. Ægidio narravit venerabilis pater magister Humbertus, qui ejus socius et valde familiaris fuit diu in Parisius Conventu. » — Echard, *Id.*, t. I, p. 243. »

(3) *Id.* « Quod cum Fratres essent in Scholis. »

(4) *Id.*, *Vies des Frères*, P. IV, c. XVI, § 1. « Postea gratiosus prædicator, et utilis lector, et laboriosus Prior provincialis in Hispania. » — Echard, *Id.*, t. I, p. 241.

rentes fonctions lui aient jamais rien fait omettre de ses anciennes pratiques religieuses. »

Gilles de Portugal continuait les traditions de ces convertis, maîtres ou écoliers, que la grâce attirait dans l'Ordre de Saint-Dominique. En Italie, ils s'appelaient Roland de Crémone, Moneta, Guillaume de Montferrat : à Paris, au premier rang, c'était Guerric, et les Frères de Saint-Jacques aimaient à raconter de quelle manière il avait été conduit à prendre l'habit. Une fortune indépendante et le goût de la science l'amenèrent à Paris (1). Un soir, il veillait à sa fenêtre, et son attention fut distraite de l'étude par un refrain que l'on chantait dans la rue (2).

>   Temps s'en vait
>   Et n'ai rien fait.
>   Temps s'en vient
>   Et ne fais rien.

La douceur de la voix le toucha d'abord, puis il fut frappé du sens des mots. Il crut y saisir l'expression de la volonté divine. Le lendemain, Guerric quittait tout pour se faire Prêcheur, et saint Dominique l'envoya fonder un couvent à Metz.

Aux noms de Guerric de Metz et de Gilles de Portugal, il faut ajouter celui de Garnier ou Guerric de Saint-Quentin. Les écoliers de Paris le regardaient avec raison, comme un de leurs maîtres les plus recommandables pour la variété et l'étendue de ses connaissances. Il jouissait d'une grande réputation dans l'Université (3), où il enseignait la philosophie. « Frère Guerric, écrivait Gérard de Frachet (4), avait étudié longtemps et en

---

(1) Lecoy de la Marche, *Anecdotes historiques d'Etienne de Bourbon*, p. 336. « Audivi quod cum quidam dives clericus vigilaret Parisius, ad fenestram studens. » — Echard, *Id.*, t. I, p. 115.

(2) *Id.* « Tempus vadit, et ego nihil feci ; tempus venit, et ego nil operor. » — Lecoy de la Marche, *la Chaire Française au moyen âge*, p. 443.

(3) Echard, *Id.*, t. I, p. 114. « Guerricus, jam ætate maturus, ac emeritus in Universitate Parisiensi philosophiæ professor, facultatis etiam medicinæ doctor, Ordinem Parisius, in domo Sanjacobæa, circa annum 1225, ingressus est. »

(4) Gérard de Frachet, *Vies des Frères*, P. IV, c. x. « F. Guerricus, qui diu et in diversis locis sectatus studia in logicalibus et quadrivialibus et naturalibus et in medicina excellenter. » — Echard, *Id.*, p. 113. — L'enseignement au

divers endroits, les sciences philosophiques, mathématiques et naturelles ; il excellait surtout dans la médecine. »

Guerric de Saint-Quentin prit l'habit à Saint-Jacques, dans le courant de cette même année 1225. Ce fut un vrai triomphe pour le Couvent, et les fils de saint Dominique rendirent grâces à Dieu, qui leur venait en aide par de si puissants renforts. Mais à nul autre cette conquête ne causa autant de joie qu'à Humbert de Romans, car, avec ses goûts et ses dispositions, assurément il n'avait pu manquer de suivre les leçons du professeur, dont la renommée ne se lassait point de publier les louanges. L'Université de Paris les avait mis en présence, l'un maître, l'autre disciple : le cloître de Saint-Jacques les rapprocha, et maintenant Frères tous deux, ils passèrent ensemble le temps de leur noviciat.

Humbert apprit de la bouche de Guerric lui-même, les circonstances qui avaient déterminé sa conversion, et ce récit lui causa une impression assez profonde, pour qu'il se soit dans la suite surpris à le répéter maintes fois, dans le dessein d'encourager les Frères à la perfection religieuse. L'un d'eux, Etienne de Bourbon, laissait ainsi parler ses souvenirs : « Guerric enseignait avec éclat à Paris (1), lorsque, entrant un jour dans une église, il entendit lire ce passage des saints Livres (2) : « Adam vécut neuf cent trente ans, et il mourut. » Et ainsi des autres patriarches. Un éclair illumina son esprit, il vit la médecine impuissante à conjurer ce tragique dénouement de l'existence humaine, et saisi d'effroi, il s'écria : — Mon Dieu, tous meurent, et même ceux qui ont vécu si longtemps ! Que faire, car nous aussi, nous mourrons ? — La pensée de la mort lui fit abandonner les vaines chimères d'une philosophie orgueilleuse, et il entra dans l'Ordre des Frères-

---

moyen-âge, comprenait d'abord la grammaire, la rhétorique, la dialectique, qui, sous le nom de *trivium*, préparaient au *quadrivium*, embrassant l'arithmétique, la musique, la géométrie et l'astronomie.

(1) Lecoy de la Marche, *Anecdotes historiques*, p. 222. « Audivi a Fratre Humberto, quod cum Frater Guernerus esset Parisius magnus magister. » — Echard, *Id.*, t. I, p. 113.

(2) *Genèse*, c. v, 5. « Et factum est omne tempus quod vixit Adam, anni nongenti triginta et mortuus est. »

Prêcheurs. » Toujours avide de science, Guerric se livra à l'étude de la théologie (1) avec une ardeur et des succès qui devaient bientôt le rendre à l'enseignement. « L'Ordre tout entier, aussi bien que l'Eglise de Dieu, observe Gérard de Frachet (2), n'ignorent pas quelle fut la sainteté de sa vie, et combien de services il procura par l'excellence de sa doctrine. »

Pendant que l'on recueillait à Saint-Jacques les fruits de sa prédication et de son zèle apostolique, Jourdain de Saxe était parti prêcher le Carême et tenir à Bologne le Chapitre de la Pentecôte de cette année 1225. Une lettre le précède, gracieuse messagère chargée d'annoncer sa prochaine arrivée à Diane d'Andalo et aux religieuses de Sainte-Agnès (3). « Je ne vous écris que quelques lignes aujourd'hui, parce que j'espère, s'il plaît à Dieu, vous entretenir bientôt de vive voix. En attendant, mes très-chères Filles, priez en commun et en particulier pour moi, pauvre pécheur, afin que prévenu et soutenu par la grâce divine, je puisse accomplir entièrement sa volonté dans la charge qui m'a été imposée. J'ai une grande confiance dans vos prières, alors que vous invoquez Dieu toutes ensemble, car il est difficile, quand plusieurs se réunissent pour prier, que quelques-uns ne soient pas exaucés. »

La présence de Jourdain était vivement désirée à Bologne, au Couvent de Sainte-Agnès. « Appuyez-vous sur le Paraclet, écrivait-il à Diane (4), il est de nom et de fait, l'Esprit de vérité. Appuyez-vous sur lui et tâchez d'attendre mon retour avec patience. » Quelques nuages avaient obscurci le ciel du monastère, Diane était inquiète; afin de calmer ses alarmes, Jourdain lui

---

(1) Lecoy de la Marche, *Anecdotes historiques*, p. 66. « Frater Guerricus intravit Ordinem Prædicatorum, ubi factus est maximus magister in theologia. » — *Id.*, p. 222. « Ubi vacans summæ philosophiæ, multis annis postea rexit Parisius in theologia. » — Echard, *Id.*, p. 113.

(2) Gérard de Frachet, *Vies des Frères*, P. IV, c. x. « Cujus vita quam sancta, doctrina quam utilis et clara fuerit, notum est toti Ordini et Ecclesiæ Dei. » — Echard, *Id.*, p. 113.

(3) *Lettres du B. Jourdain de Saxe*, IX. « Pauca vobis ad præsens scribo, quia fiduciam habeo quod, Deo dante, ore ad os loquar in brevi. »

(4) *Id.*, II. « Utique dicitur, et est Spiritus veritatis. Ei interim innitaris, in ipso me ad tempus patienter expecta. »

mandait (1) : « Je vous en prie dans le Seigneur, que *votre cœur ne se trouble et ne s'effraie* plus désormais, quand vous aurez à souffrir quelque tribulation pour le Christ : *nous participerons un jour à ses consolations, si maintenant nous prenons part à ses souffrances. Servez-le avec sagesse,* afin que vous puissiez plaire à l'Epoux invisible de votre âme. Fortifiez-vous dans le Seigneur, acceptez tout ce qui vous sera imposé ; résignez-vous en souffrant, et prenez patience en vous humiliant. Que le Seigneur soit avec votre esprit. » Et il terminait par ces mots : « Je vous le répète, n'ayez plus aucune crainte ; je serai votre père, vous serez ma fille et l'épouse de Jésus-Christ, et je prierai le Seigneur qu'il daigne vous prendre en sa sainte garde. » Ailleurs, il s'efforçait encore de rassurer Diane et de dissiper ses tristesses (2) : « Consolez-vous, disait-il, dans le Seigneur, afin que moi-même je sois consolé ; car votre consolation m'est un sujet de joie et d'allégresse devant Dieu. » Et dans une autre lettre, il ajoute de nouveau (3) : « J'ai hâte de vous écrire, afin de vous consoler au moins par un salut épistolaire, puisque vous êtes momentanément privée de la joie que vous apportaient ma présence et mes entretiens. »

Jourdain mit fin à ces inquiétudes et ramena, par son arrivée, la paix au milieu des Sœurs de Sainte-Agnès. Pendant son séjour à Bologne, il échappait au tracas des affaires ou se reposait de la prédication, en venant tracer à Diane et à ses compagnes le chemin de la perfection religieuse, en leur apprenant à mériter (4) « la grâce d'être unies au chœur des vierges saintes, qui suivent l'Agneau, fils de la Vierge, partout où il va. » Les conseils que le Maître leur donne, respirent les suaves parfums d'une vertu

---

(1) *Lettres du B. Jourdain de Saxe*, IV. « Tuam in Domino rogo caritatem, ut non turbetur cor tuum neque formidet, si pateris aliquas tribulationes pro Christo. »
(2) *Id.*, V. « Consoleris in Domino, ut ex hoc eodem valeam consolari. Tua enim consolatio mihi gaudium est et exultatio ante Deum. »
(3) *Id.*, VII. « Nunc præsentes tibi curavi destinare litteras, ut saltem ex litterarum salutatione aliquale tibi generetur solatium, cui sublata est ad tempus, corporalis præsentia et allocutio personalis. »
(4) *Id.*, IX. « In choro sanctarum **virginum sequi Agnum, Virginis filium, quocumque ierit.** »

simple et sans fard (1) : « Si je vous ai dit quelques mots sur la pauvreté, la charité et l'humilité, c'est afin que vous arriviez à la richesse, à la félicité et à la gloire, avec l'aide de *Celui qui est notre puissant soutien, Jésus-Christ Notre-Seigneur.* » Les qualités aimables de son cœur l'éloignent de toute exagération (2) : « Ne vous appliquez pas seulement à l'exercice des mortifications corporelles, où il est facile de dépasser la mesure, mais encore à la pratique des vertus, et surtout de celle qui, au témoignage de l'Apôtre (3), *est utile à toutes choses;* attachez-vous à la piété, faites-en votre principale étude. Ayez sans cesse dans le cœur, et désirez ardemment cette patrie bienheureuse des Saints, foyer glorieux de la joie et de l'allégresse, lieu tout inondé des splendeurs de la beauté souveraine, infiniment supérieur aux conceptions humaines, pays vraiment divin et bien fait pour être le séjour de celui qui a été créé à l'image de Dieu. Que le souvenir de l'Epoux soit souvent et pieusement évoqué par les épouses ; qu'elles prennent garde à lui plaire par leur beauté, en faisant disparaître le plus petit défaut, la tache la plus légère, de peur, ce qu'à Dieu ne plaise, que son œil délicat n'éprouve la moindre impression mauvaise. Que votre cœur soit pur, votre vie innocente, vos mœurs irréprochables ; faites régner la paix et la concorde ; ayez une charité inaltérable et une humilité sincère, sauvegarde de tous les biens. Ainsi votre âme fera ses délices de la pratique des vertus, et en même temps elle fera les délices du Fils de Dieu *qui est béni dans les siècles des siècles.* »

Quelle douceur dans ces conseils et quelle sagesse dans la direction générale qu'il veut imprimer à ces âmes d'élite ! « Si vous rencontrez des épreuves extraordinaires, leur dit-il encore (4), ne

---

(1) *Lettres du B. Jourdain de Saxe*, VI.

(2) *Id.*, VII. « Non corporalibus tantum afflictionibus, in quibus rationis et discretionis mensura facile exceditur, studere summopere satagas. »

(3) I ad Timoth., c. IV, 8. « Pietas ad omnia utilis est, promissionem habens vitæ quæ nunc est, et futuræ. »

(4) *Id.*, IX. « Si quæ vobis tentationes occurrunt insolitæ, nolite terreri, quia hæc sunt prælia et seditiones, contra quæ Dominus servos et ancillas suas vult esse fortes et magnanimos. »

vous effrayez point : ce sont des attaques et des assauts que Dieu veut voir soutenir avec force et magnanimité par ses serviteurs et par ses servantes, car le Seigneur, le maître des combats, est lui-même votre soutien. Quel est le prince qui, voyant de faibles femmes, ses sœurs ou ses servantes, résister pour lui contre de cruels ennemis, ne s'empresserait pas, surtout s'il disposait d'une grande armée, de voler à leur défense, pourvu que, loin de prendre la fuite pendant la bataille, elles se fussent adressées à lui pour implorer son secours? Combattez donc non-seulement avec virilité, mais avec sagesse. Salomon l'a dit : *Il faut livrer bataille en bon ordre.* On combat de la sorte, quand on soumet la chair à l'esprit, peu à peu, sans rien précipiter (1), quand, faisant tous les jours de nouveaux progrès dans les vertus spirituelles, on gravit l'échelle de la perfection, non pas d'un seul bond, mais degré par degré (2), et qu'ainsi on arrive à la consommation de toutes choses. Oui, pour me résumer en un mot, mettez de la mesure en tout et pour tout, afin d'acquérir la sagesse (3). Seul l'amour divin ne connaît ni excès ni mesure. Or, sachez-le bien, la flamme de cet amour ne s'entretient pas tant par les mortifications corporelles, que par les saints désirs, les méditations pieuses et la charité mutuelle, qui vous fait aimer chacune de vos Sœurs comme vous-même. »

Ces saints désirs, ces méditations pieuses dont Jourdain de Saxe parlait si bien, s'échappaient de son âme comme un chant d'amour, comme un hymne de reconnaissance. Avec le Roi-Prophète, il y aurait volontiers convié la création entière, car le Seigneur lui accordait en ce moment, le plus grand bonheur qu'il pût souhaiter sur la terre, la joie de se retrouver avec Henri de Cologne, pour retremper leurs âmes dans ces entretiens, qui leur rappelaient les premiers jours de leur liaison à Paris, aux Ecoles d'abord, ensuite au Couvent de Saint-Jacques.

(1) *Lettres du B. Jourdain de Saxe*, IX. « Vos tunc prudenter pugnatis, dum paulatim carnem vestram vobis subjicitis, nec præcipitanter. »
(2) *Id.*, IX. « Non volando, sed pedetentim ascendere scalam perfectionis. »
(3) *Id.*, IX. « Et uti brevi sermone concludam, cum in omnibus modus sit habendus, ut efficiamini modestæ. »

Les semaines du Carême s'étaient écoulées; le temps de Pâques avait pris fin pour faire place aux fêtes de la Pentecôte; le Chapitre général en se terminant (1), donnait le signal de quitter Bologne. Jourdain voulut revenir en France par un long circuit, traverser le nord de l'Italie, franchir les Alpes tyroliennes, parcourir l'Allemagne, visiter les maisons récemment fondées dans ce pays, et passer quelques instants au couvent de Cologne, auprès de son cher ami, le prieur Henri.

Bologne le vit s'éloigner au commencement du mois de juin, avec les religieux allemands qui s'en retournaient chez eux après le Chapitre général. Conrad, le prieur d'Allemagne, et Henri de Cologne étaient du nombre : ils allaient tous ensemble à Magdebourg, au couvent érigé l'année précédente par les Frères envoyés de Paris; l'œuvre avait bien réussi, et déjà les bâtiments étaient assez vastes pour que l'on pût songer à y assembler le premier Chapitre de la province.

Jourdain n'est pas plus tôt en route, qu'il se représente le deuil causé par son départ, et le vide laissé par son absence au monastère de Sainte-Agnès (2). « Il est hors de doute, écrit-il à ses chères Filles (3), que *Dieu habite en son saint temple*, c'est-à-dire dans votre âme. *Ne pleurez donc point sur vous, filles de Jérusalem*, à cause de mon éloignement corporel (4); réjouissez-vous de préférence avec votre Epoux qui est au milieu de vous. Et moi aussi, je suis près de vous en esprit, et je me réjouis en songeant que bientôt vous *serez amenées et présentées au Seigneur-Roi dans la joie et dans l'allégresse.* »

Tout à coup, dès les premières journées de marche, il apprend la nouvelle qu'un grand malheur vient de frapper Diane : la mort lui a enlevé son frère, le seigneur Brancaleone, qui gouvernait la

---

(1) Il s'assembla cette année 1225, le 18 mai. Echard, *Scrip. Ord. Prædic.*, p. XVI, *Capitula generalia*.

(2) *Lettres du B. Jourdain de Saxe*, XVI. « Deus absterget illas amaras lacrymas quas, me abeunte, tam largiter flentes, effudistis. »

(3) *Id.*, X.

(4) *Id.*, X. « Nolite flere, filiæ Jerusalem, super vos, quod ego corpore recesserim a vobis. »

République de Gênes (1). Jourdain ne pouvait revenir sur ses pas, mais il s'empresse de dépêcher auprès de Diane, un de ses compagnons, le Frère Bernard, avec cette lettre toute inspirée des saintes Ecritures (2). « Vous êtes dans la douleur; mais prenez courage, *votre tristesse se changera en joie*, parce que le Seigneur inondera votre âme d'une félicité en rapport avec les peines qui vous auront accablée. Vous serez consolée par l'Esprit Paraclet, que Dieu le Père vous enverra. De mon côté, je vous envoie le Frère Bernard, pour votre consolation et celle de dame Jacobine, votre belle-sœur (3), priant et suppliant Celui qui console les siens dans toutes leurs afflictions, de dissiper au plus tôt la tristesse de vos cœurs. *Ici-bas nous devons nous attrister un peu et non outre mesure*, selon la parole de saint Jacques, afin que nous ayons quelque ressemblance avec Celui qui a dit : « Mon âme est triste jusqu'à la mort. » Mais dans l'autre vie, *c'en sera fait de la souffrance et des gémissements...* Jusque-là, lorsque vous ressentirez trop vivement la douleur, dites avec le Psalmiste : « Pourquoi êtes-vous triste, ô mon âme, et pourquoi me troublez-vous ? Espérez en Dieu. » — *Votre frère a été enlevé, de peur que le mal ne pervertît son intelligence*, et que son cœur ne fût séduit par les charmes trompeurs du monde. Ne vous laissez donc point aller, mes très-chères, à une tristesse excessive, *comme celles qui n'ont pas d'espérance ; que votre espérance soit pleine d'immortalité.* »

Chacun se sent touché de la douleur de Diane, et tous s'associent au deuil de sa famille : Henri de Cologne, sous le couvert de la douce intimité qui l'unit à Jourdain et qui met entre les deux amis tout en commun, n'a point voulu laisser partir le courrier, sans ajouter à cette lettre, quelques lignes, les seules qui soient demeurées écrites de la main de ce Prêcheur, l'une des gloires les plus pures du Couvent de Saint-Jacques. Les voici (4) :

(1) Muratori, *Scriptores rerum Italic.*, t. VI, col. 437.
(2) *Lettres du B. Jourdain de Saxe*, XI. « Existimo te quidem ad modicum contristatam. »
(3) C'était la veuve de Brancaleone.
(4) *Lettres du B. Jourdain de Saxe*, XI. « Salutat vos valde affectuose Frater Henricus, multum compatiens super afflictione vestra. »

« Frère Henri vous salue très-affectueusement, et prend une grande part à votre affliction. Le Seigneur, qui fait succéder le calme à la tempête, rendra la paix à votre âme. Il dissipera cet orage et vous conduira au port de sa très-douce volonté. Portez-vous bien. Saluez votre Marie, et n'oubliez pas sœur Jourdaine. J'envoie à celle-ci, avec la permission de maître Jourdain, de l'étoffe pour une robe et un capuce; je vous prie de la lui remettre. Adieu. »

Le Frère Bernard ayant rempli sa mission de charité, se hâta de rejoindre ses compagnons de route, et il leur rapporta des nouvelles du monastère, de Diane et de sa famille. Jourdain écrit de nouveau (1) à sa Fille bien-aimée dans le Christ. « N'oubliez pas, très-chère, que selon le mot de la sainte Ecriture, *il nous faut entrer dans le royaume des cieux à travers de nombreuses tribulations*, et qu'alors seulement, nous serons à l'abri de la douleur. En attendant, Jésus-Christ, votre Epoux, vous assure lui-même, *qu'il ne vous délaissera et ne vous abandonnera jamais*... Lui seul, d'ailleurs, *est attentif à l'affliction et à la souffrance*. Après le travail, le repos; après la douleur, la consolation éternelle; tel est notre partage. Les consolations divines enivreront nos âmes en proportion de nos souffrances. » Le sage directeur ne laisse pas échapper l'occasion de glisser un conseil, et toujours ses recommandations respirent la même douceur, la même simplicité (2). « Ne vous imposez pas de trop grandes privations touchant la nourriture et le sommeil, et pratiquez en toutes choses la patience et la modération. » De plus : « Veillez à ce que vos Sœurs ne s'imposent point de mortifications excessives, et à ce qu'elles procèdent avec mesure en toutes choses. » Et la lettre signée de Jourdain, se ferme encore cette fois sur ces mots : « Moi, Frère Henri, je vous salue, Diane, de tout mon cœur. »

---

(1) *Lettres du B. Jourdain de Saxe*, XII.
(2) *Id.*; XII. « Noli nimis abstinere a cibo, potu et somno, sed moderate et patienter in omnibus age. » — « Cave ne Sorores se nimis affligant, et in omnibus ordinate procedant. » — « Ego, Frater Henricus, saluto te, Diana, et toto corde meo. »

Les journées de marche se succèdent; chacune élargit l'espace qui sépare Jourdain du monastère de Sainte-Agnès. Ni les fatigues du chemin, ni les travaux de son ministère, ne peuvent écarter de cette âme aimante, l'image de la douleur qui a étendu ses voiles funèbres sur Diane et sur ses compagnes. Il leur écrit encore (1) : « La consolation des affligés est un des devoirs principaux de la miséricorde. Je prie donc instamment votre charité de ne rien négliger pour consoler dame Jacobine dans son veuvage. Par là, vous serez agréables à Dieu, et vous pourrez gagner son âme. Appliquez-vous à l'oraison; priez pour moi, pour Frère Henri, prieur de Cologne, pour Frère Bernard et pour mes autres compagnons, afin que le Seigneur dirige notre route selon son bon plaisir, et qu'il daigne nous accorder la grâce de sauver un grand nombre d'âmes. Nous nous proposons d'y travailler activement; en priant pour nous, vous participerez à notre apostolat. »

Ces lettres ont un charme indéfinissable; l'âme de Jourdain y est toute entière. Elles nous pénètrent d'un parfum doux et triste, comme ces fleurs fanées, serrées au fond d'une cassette, souvenirs discrets, échangés par ceux qui ne sont plus, symbole timide de l'affection qui unissait leurs cœurs. Ces pages ne sauraient être étrangères à l'histoire de Saint-Jacques, car elles révèlent le caractère de Jourdain, l'esprit des religieux formés à l'Ecole et au Couvent de Paris : chacune d'elles promène un rayon voilé sur la vie intime, sur les voyages du Maître, comme la lampe du sanctuaire jette, le soir venu, des lueurs mystérieuses dans les temples déserts, le long des murs silencieux, sur les statues immobiles.

A son tour Jourdain est visité par l'épreuve. La maladie le surprend et l'arrête à Vérone. Heureusement quelques jours de repos suffisent pour le rétablir et lui permettre de continuer son voyage. De Trente, il s'empresse de rassurer Diane sur l'état de sa santé. Cette lettre est un petit chef-d'œuvre de grâce et de délicatesse (2).

---

(1) *Lettres du B. Jourdain de Saxe*, XIII.
(2) *Id.*, XIV. « Ego non rependo tibi vicem, sicut vehementer credo, magis enim diligis quam a me diligaris. Nolo tamen ut hac dilectione, quæ mihi grata est, corpore nimium affligaris, aut animo fatigeris. »

« Je crains fort de ne pas vous payer de retour, car vous m'aimez plus que je ne vous aime. Cependant je ne veux pas que cette affection, dont je suis heureux, soit trop un tourment pour votre corps, une fatigue pour votre esprit. J'ai appris, en effet, que ma maladie vous avait trop émue, trop affligée, vous et toutes vos Sœurs.

« Votre prière est montée jusqu'à Dieu, et dans sa miséricorde, il a daigné prolonger la durée de ma vie, ou plutôt le temps de ma pénitence. Le jour de saint Laurent, j'ai pu, quoique assez faible encore, quitter Vérone, d'après l'avis du médecin. J'ai pris des forces en m'acheminant vers Trente, au point qu'il m'a été possible de prêcher au peuple, le jour de l'Assomption, et le lendemain, au clergé.

« Votre état et celui de vos Sœurs m'inspire de l'inquiétude ; je désire être renseigné sur tout ce qui vous concerne. Pour vous, très-chère Fille, ne cessez point d'avoir confiance en Dieu. Quels que soient les maux qui vous accablent et les dangers qui vous entourent, ne vous troublez point : Dieu est au milieu de vous. Adieu dans le Christ.

« Je vous ai écrit cette lettre de Trente, le lendemain de l'Assomption. »

Jourdain a pris soin de raconter lui-même à Diane la suite de son voyage (1). « Comme je ne doute pas, lui écrit-il, que votre affection ne vous cause des inquiétudes sur l'état de ma santé, je tiens à vous mander qu'après avoir quitté Vérone, j'ai fait bon voyage, grâce à la protection de Dieu, notre Sauveur, qui m'a donné assez de force pour arriver sain et sauf à Magdebourg, trois jours après la fête de saint Matthieu. Les religieux étaient inquiets à mon sujet depuis longtemps ; ils m'ont fait le plus aimable accueil, en compagnie d'un grand nombre de séculiers. La bonne disposition de ce couvent et la réception encore récente de plusieurs novices, ont vivement réjoui mon cœur. Remer-

---

(1) *Lettres du B. Jourdain de Saxe*, XV. « Quia pro statu meo tuam dilectionem anxiari non dubito, ob hoc tibi significare volui quod postquam a Verona recessi, prosperum iter faciente Deo, perveni Madeburgum. »

ciez-en le Seigneur, qui est infiniment miséricordieux à notre égard, et qui ne cesse de nous bénir beaucoup plus que nous ne le méritons. »

Faut-il revenir sur la sagesse des conseils qui terminent cette lettre? Ne serait-ce que pour mieux établir avec quelle insistance Jourdain recommandait la modération. « Soyez prudente, très-chère, dans vos austérités (1), imposez le frein de la discrétion à tous vos actes ; tandis *qu'en courant après l'odeur des parfums de votre Epoux*, vous désirez lui offrir la myrrhe, ou la mortification de la chair, réservez une place à l'or, à l'exemple de ces trois heureux Mages qui apportèrent, pour l'offrir à Jésus-Christ, de l'or, de l'encens et de la myrrhe. Il ne vous faut pas tellement remplir le vase de myrrhe, qu'il n'y ait plus de place pour l'or de la discrétion et de la sagesse. Vous devez pouvoir dire avec l'Epouse : *Mon bien-aimé m'est un faisceau de myrrhe*; elle n'a pas dit un fardeau, mais un faisceau de myrrhe, pour vous apprendre à garder la mesure en toutes choses. Je vous en ai souvent fait la recommandation de vive voix (2), je vous la renouvelle par écrit, afin que vous marchiez avec prudence et que vous arriviez sans obstacle à la patrie du ciel, sous la conduite de Jésus-Christ, fils de Dieu. »

Nous savons si Jourdain de Saxe et Henri de Cologne s'aimaient d'amour tendre. Ces lettres nous les ont montrés réunis après l'absence et resserrant leurs liens dans le commerce journalier de la plus intime familiarité. Mais ce qu'elles ne nous ont point dit, ce sont les saintes délices, les célestes colloques, les divines consolations de ces deux amis, durant le cours de ce long et pénible voyage. Après avoir tenu à Magdebourg, le premier Chapitre de la province d'Allemagne, ils se séparèrent : Henri rentrait directement à Cologne, Jourdain doit l'y rejoindre après une

---

(1) *Lettres du B. Jourdain de Saxe*, XV. « Carissima, modum appone tuis laboribus, et frænum discretionis adhibe vitæ tuæ. »

(2) *Id.* XV. « Sæpe istud tibi dixi præsens, et idipsum absens moneo, ut cum tanto per viam incedas moderamine, ut sine offendiculo ad metam cœlestis patriæ gradiaris. »

excursion de quelques jours, car il veut auparavant remonter jusqu'à Trèves, dont le couvent réclame sa présence, à titre de fondation nouvelle.

Le ciel lui ménageait là une de ces joies dont son âme apostolique ne pouvait se rassasier. Un noble et gracieux jeune homme Walter de Meysenbourg, prit à Trèves, entre les mains du Maître général, l'habit des Frères-Prêcheurs (1), et, pour entrer dans l'Ordre, il renonçait à l'âge de seize ans, à un riche bénéfice et aux plus brillantes espérances. L'Esprit-Saint n'a-t-il pas dit que les larmes se mêlent au rire, et que la douleur se tient sur les confins de la joie (2)? Jourdain remerciait Dieu de sa nouvelle conquête; l'hymne de sa reconnaissance s'éteignit soudain dans un sanglot. Il quitta Trèves et n'arriva au couvent de Cologne que pour recevoir le dernier soupir de son ami, de son frère, le prieur Henri.

Jourdain pleura Henri, comme saint Ambroise avait pleuré Satyre, comme saint Bernard avait pleuré Gérard. Sa vertu ne rougissait pas de ces larmes, dans un temps où l'on croyait posséder à Vendôme, conservée par le ministère des Anges, une des larmes répandues par le Sauveur du monde sur la tombe de son ami Lazare. Dans sa douleur, il écrit à Diane, qui venait encore de perdre sa sœur Otha, et « à la sainte Congrégation de Sainte-Agnès. » — « *Quand Dieu*, dit-il (3) *essuiera toute larme des yeux des saints*, il sèchera aussi ces larmes amères que vous avez si abondamment versées à mon départ. J'avais espéré jusqu'à ce jour, pouvoir vous adresser quelques consolations sous l'inspiration du divin Paraclet, au moins pour alléger un peu l'immense douleur qui avait envahi votre âme. Mais voilà que mon espérance est tombée sans retour, la consolation s'est enfuie de mon cœur. Celui qui divise et sépare les hommes entre eux, ne mettra plus de séparation entre les frères; il les a divisés et séparés, selon qu'il l'a jugé à propos. J'ai pleuré et je pleure encore mon très-

---

(1) Danzas, *Etudes sur les temps primitifs de l'Ordre*, t. II, p. 145.
(2) Proverbes, ch. xiv, 13. » Risus dolore miscebitur, et extrema gaudii luctus occupat. »
(3) *Lettres du B. Jourdain de Saxe*, XVI.

doux ami, je pleure mon très-aimable frère, je pleure mon fils bien-aimé, Frère Henri, prieur de Cologne. Il est heureusement sorti de ce monde pour s'en aller vers son père et vers sa patrie, et malheureux que je suis, il m'a laissé au milieu de ce siècle pervers. Du reste, je ne suis pas le seul qui l'ai pleuré. Que de larmes versées par tous les citoyens de Cologne ! Jamais homme n'en fit tant répandre. Que de gémissements dans la ville, surtout de la part des Frères, des saintes veuves et des vierges ! C'était un ami dévoué des Frères, et dès son enfance, il avait soigneusement gardé sa chasteté. La piété, la prudence, l'humilité, la modestie, la sobriété, la pureté, la douceur embellissaient son âme, et le faisaient vivre sur la terre d'une vie toute angélique.

« Maintenant, je le crois fermement, il règne avec le Seigneur, il est en compagnie de l'Agneau de Dieu. Oui, elle resplendit avec le Christ, cette perle des Prêcheurs : *quelques jours lui ont suffi pour vivre longtemps*. Il a entendu cette douce invitation : *Allons, bon et fidèle serviteur, entrez dans la joie de votre maître*. Nous ne l'avons pas perdu (1), nous l'avons député vers les Cieux. Il est passé des ténèbres aux clartés immortelles, du danger à la sécurité, du dénûment à la richesse, du combat à la victoire, de la tristesse à la joie, du temps à l'éternité, des fétides odeurs de la terre aux suaves parfums du ciel.

« Suivons-le, hâtons-nous d'entrer à notre tour dans ce repos éternel. Et cependant n'allez pas trop vite, *il reste encore un long chemin à parcourir*. Si vous êtes fatiguées, songez que Jésus le fut aussi, et qu'il vint s'asseoir au bord d'un puits pour se délasser. Si vous vous sentez engourdies, faibles, paresseuses, dites à Celui qui *s'élance comme un géant pour fournir sa carrière* : « Attirez-« nous après vous, faites-nous courir après l'odeur de vos par-« fums. » Il vous convient également d'être humbles et patientes en toutes choses...

« Pour vous, Diane, ma très-chère Fille, ne vous attristez pas outre mesure de la mort de votre frère et du trépas de votre sœur

---

(1) *Lettres du B. Jourdain de Saxe*, XVI. « Non eum amisimus, sed præmisimus. »

chérie, Otha, qui fut toujours pour vous une amie charmante et fidèle (1), et que j'aurais été heureux de revoir, si votre Jésus l'avait voulu. Consolez-vous avec votre Epoux, le Fils unique de Dieu : nous verrons nos amis en sa présence, et nous nous réjouirons en lui et devant lui, comme des moissonneurs au jour de la récolte. Maintenant il nous faut souffrir un peu : *nous devons marcher et semer dans les larmes*. Au jour de la moisson, nous viendrons joyeux, les mains chargées de gerbes...

« Diane, saluez Madame Otha (2), et dites-lui que je voudrais être avec sa chère Otha et avec mon cher Henri. O Diane, combien leur sort est préférable au nôtre! Ils sont dans la gloire et nous sommes dans la peine, ils triomphent et nous combattons, ils jouissent dans la patrie et nous gémissons dans l'exil. Cependant nous ne devons pas négliger de prier pour eux, afin qu'ils soient délivrés et couronnés sans retard, au cas où ils seraient morts avec quelques péchés véniels.

« Je me porte assez bien. J'espère que le Christ soutiendra mes forces et me conservera dans son esprit. »

Diane n'était pas la seule à qui Jourdain ait écrit pour annoncer le malheur qui le frappait. Il y avait en Allemagne de saintes âmes qui s'étaient confiées à la direction du prieur de Cologne, et Henri s'était empressé de les recommander à Jourdain, comme Jourdain lui avait fait part de sa sainte affection pour Diane et pour les Prêcheresses de Sainte-Agnès. Le Maître venait sans doute de visiter, au nom de son ami, celles qui demeuraient au monastère de Horren (3), dans le diocèse de Trèves. Au milieu de ses larmes, il ne veut pas leur laisser ignorer la triste nouvelle; sa lettre est adressée à une religieuse de ce couvent, à Marie, « chère

---

(1) *Lettres du B. Jourdain de Saxe*, XVI. « Et tu, filia mea, Diana carissima, noli nimis contristari super fratre tuo, aut super sorore tua Otha dilecta, et dulci et fideli amica. »

(2) C'était la mère de Diane. « Dic ei quod ego vellem esse cum Otha dilecta et dilecto Henrico. O Diana, melior est iis duobus quam mihi et tibi. »

(3) Célèbre monastère de l'ordre de Saint-Benoît, fondé par saint Modoald, archevêque de Trèves, et qui eut pour abbesses deux filles du roi Dagobert. D'Achery, *Spicilegium, Historia Trevirensis*, t. III, p. 146.

entre toutes dans le Christ, » et d'une main tremblante encore, il lui retrace les derniers instants du bien-aimé Prieur (1). « Notre ami s'en est allé loin de nous, il s'est desséché comme une fleur du printemps. Hélas ! notre vigne, au lieu de nous envoyer ses parfums, ne nous apporte plus que la tristesse, et la voix de la tourterelle ne se fait plus entendre sur notre terre. Levez-vous à la hâte et accourez à moi : pleurez la fleur qui s'est desséchée, pleurez la tourterelle qui ne chantera plus. De qui parlé-je sinon de Henri, qui est votre ami et qui est le mien, votre ami et mon ami, notre ami commun, ou plutôt l'ami de tous, puisqu'*il s'était fait tout à tous pour les gagner à Jésus-Christ...*

« Pleurez donc avec moi, afin que je pleure dignement celui qui a été déjà pleuré par Cologne et l'Allemagne, *mais gardez-vous de pleurer comme ceux qui n'ont point d'espérance.* Je vous l'avoue, je ne crois pas avoir jamais autant pleuré la perte d'aucun homme. J'ai pleuré avant sa mort, à sa mort, après sa mort, et pleurer ainsi me faisait du bien, parce que c'étaient des larmes de soulagement et non de désespoir, qui inondaient mon visage : c'étaient non de ces larmes qu'on verse sur un cercueil, mais de celles qui se répandent dans la prière, quand l'âme tressaille en présence du Dieu vivant, comme il arrive aux hommes pieux les jours où l'Église célèbre la fête de ses saints patrons.

« Le jour de la fête de saint Séverin, archevêque de Cologne, fut le jour de sa naissance au ciel. En sortant de cette vie, il mourut au monde, mais naquit à Dieu, c'est-à-dire dans le Christ. La nuit du 23 octobre, dès qu'on eût sonné Matines, j'allai le voir avant de me rendre au chœur ; il était haletant et entrait déjà en agonie ; je lui demandai s'il voulait recevoir l'Extrême-Onction, il me répondit qu'il le désirait ardemment. Nous voulûmes satisfaire son désir avant de commencer l'office, et il sembla se donner les onctions plutôt que les recevoir des autres, tant il récitait les

---

(1) Martène, *Thesaurus novus anecdot.*, I pars, p. 920, a publié cette lettre que le P. Bayonne a placée à la suite de son recueil des lettres du B. Jourdain de Saxe, I. « Dilectus noster abiit et recessit, et flos aruit, ita ut jam vinea nostra non det odorem sed mœrorem. »

prières de l'Eglise avec ferveur. Nous descendîmes ensuite au chœur, et en l'honneur de saint Séverin de Cologne, nous fîmes l'office de neuf leçons. Je fus frappé de leur sens, et intérieurement je les appliquai, ainsi que le chant, à notre Henri, qui était sur le point d'entrer au ciel. Aussitôt mes yeux s'inondèrent de larmes; elles affluaient par torrents, et j'éprouvais à les répandre un charme inexprimable. Je revins vers lui et le trouvai parlant avec transport de Dieu et avec Dieu, chantant, s'excitant, lui et les autres, au désir de la patrie, plein de dégoût pour ce triste lieu d'exil, consolant les Frères qui l'entouraient et leur disant : « O « mes frères, mon âme s'est dilatée sur vous! » A ces mots, son âme tressaillit ; il se prit à chanter et à répéter souvent avec allégresse cette invocation : « Vierge Marie, rendez-nous dignes de « ce pain céleste. » Il dit ensuite à ceux qui brillaient déjà comme des flambeaux dans le monde et comme des astres au firmament : « Le Seigneur vous a choisis pour être son héritage. » C'est par de telles paroles et d'autres semblables, par le désir de la mort, par des exhortations à vivre saintement, que cette âme bienheureuse s'apprêtait à partir. Au moment où le Seigneur l'appelait, et où il était déjà hors des atteintes *de l'ennemi qui cherche à nous mordre au talon*, il répéta ces paroles de Jacob (1). « *Si le Sei-* « *gneur est avec moi dans la route que j'entreprends, s'il daigne me* « *conduire et me donner du pain pour me nourrir, un vêtement pour me* « *couvrir, il sera mon Dieu*, et la croix du Christ mon étendard. » Il continua quelque temps ainsi et ajouta : « *Le prince de ce monde* « *s'avance, mais il sera impuissant contre moi.* » Après avoir dit ces paroles et d'autres non moins mémorables, il entra en agonie, et nous de faire la recommandation de l'âme, de gémir et de pleurer. Nos prières étaient entrecoupées de sanglots et quelquefois interrompues par un morne silence. Que de soupirs, que de larmes, quand un père si tendre quitta des enfants si chéris et que ces enfants perdirent leur père ! Et moi, son père, si indigne que j'en fusse, je me voyais privé d'un fils dont j'avais tant besoin : je

---

(1) Genèse, ch. XXVIII, 20.

l'avais enfanté sans douleur, je ne le perdis pas sans angoisse. Mais non, je ne l'ai point perdu, je l'ai envoyé devant moi ; car, malgré sa jeunesse, il est mort plein de jours, ou plutôt, il s'est endormi dans le Seigneur.

« Cette pensée me console plus que son absence ne m'attriste. Consolez-vous donc, vous aussi, ma Fille, vous avez près du Christ un ami fidèle et un puissant intercesseur. Cependant priez pour lui, afin que, s'il en est besoin, il soit purifié sans retard, et puisse ensuite prier Dieu pour vous. »

Jourdain se consolait ainsi de la mort de son ami (1), « de ce fils dont il avait tant besoin. » C'est pourquoi ne pouvant plus le voir, il ne se lassait pas d'en parler, et il écrit encore à une autre religieuse du même Ordre (2). « Je pleure mon très-cher fils, Henri, prieur de Cologne. Il est mort! qui le remplacera désormais pour diriger les hommes vers la sainte Sion! L'ange de paix, qui portait partout la paix et illuminait la patrie, est maintenant retourné dans sa patrie. C'est avec raison que je l'appelle un ange, puisqu'il vivait sur la terre, d'une vie toute angélique. Oui, c'était un véritable envoyé du Seigneur!

« O mon frère Jonathas, vous étiez souverainement aimable! Vous m'aviez été donné par la Colombe (3), la glorieuse Vierge Marie, car lorsque j'eus résolu en mon cœur d'entrer dans l'Ordre, je demandais à ma Reine de me le donner pour frère, ce qu'elle fit, sinon en vertu de ma prière, du moins dans l'effusion de ses miséricordes. Lui-même alors la supplia avec des larmes brûlantes, de lui accorder la volonté d'entrer avec moi dans l'Ordre; il fut exaucé à son tour : la Colombe unique en fit présent à l'Ordre. Don précieux de la Colombe, Henri en avait toutes les

---

(1) *Lettres du B. Jourdain*, I, à la fin du recueil : « Tam mihi necessarium perdidi filium. »

(2) Martène, *Id.*, a encore publié cette lettre, et nous la trouvons également à la fin du recueil que le P. Bayonne a fait des lettres du B. Jourdain de Saxe, II. « Ego lugeo amicum dulcissimum, lugeo fratrem amantissimum, lugeo filium meum carissimum, Henricum, priorem Coloniæ. »

(3) En hébreu Jonathas signifie *Dieudonné* et Jonas *Colombe*, d'où Jourdain a pu faire *Don de la Colombe*.

qualités ; *il cheminait en toute simplicité, et par là même en toute confiance.* Excellent ouvrier dans la vigne du Seigneur, il fut appelé, non pas à la fin du jour, mais vers la sixième heure, pour toucher son salaire. Il a reçu la récompense du ciel, la couronne d'immortalité, non pas au terme d'une languissante vieillesse, mais dans la fleur même de sa jeunesse, alors qu'il courait avec ardeur et en toute hâte pour arriver le premier. O bon et fidèle serviteur, vous avez fait valoir le talent que le Seigneur vous avait confié, et c'est pourquoi vous êtes entré sûrement, à la fin de votre tache si bien remplie, dans la joie de votre maître bien-aimé. Je vous loue après votre mort, je vous exalte après votre couronnement.

« Voyez, très-chère, comme Dieu m'a frappé d'une manière tout à fait imprévue ! Quelle consolation pouvez-vous attendre d'un homme désolé comme moi ? »

Cette page est belle ; sous son air inspiré, on la dirait détachée du livre de l'Apocalypse. Ces larmes éloquentes, versées avec ces souvenirs, sur la tombe du Prêcheur Henri de Cologne, ne sont-elles pas le plus magnifique éloge de l'écolier de Paris, du religieux de Saint-Jacques ? Il mourait comme Réginald, déjà couronné de l'auréole des saints ; comme Réginald, Henri ne semblait-il pas éclairer d'un rayon de sa gloire l'Université et le Couvent de Paris qui lui avaient donné naissance ?

Henri de Cologne était allé au ciel célébrer la fête de tous les Saints. Dieu prit pitié de la douleur de Jourdain. Son ami lui apparut resplendissant de lumière, et de cette vision bienheureuse jaillit une source nouvelle d'éloquence pour l'apôtre des Ecoles. Depuis, toutes les fois qu'il montait en chaire (1), Jourdain apercevait devant lui, au milieu des Anges, Henri qui le bénissait et l'inspirait.

(1) Cette légende se trouve rapportée dans l'exemplaire manuscrit conservé à Viterbe, des *Vies des Frères* de Gérard de Frachet. Danzas, *Etudes sur les temps primitifs*, T. II, p. 153.

IX

INFLUENCE POLITIQUE DU COUVENT DE SAINT-JACQUES. — L'ANNÉE 1226. — JOURDAIN DE SAXE A PARIS. — GÉRARD DE FRACHET. — LES FRÈRES-PRÊCHEURS ET LES ALBIGEOIS. — L'ÉVÊQUE DE PARIS, LE LÉGAT DU SAINT-SIÈGE, LA REINE BLANCHE DE CASTILLE AU COUVENT DE SAINT-JACQUES. — OBSESSIONS. — LE *Salve Regina*. — DÉPART DE JOURDAIN. — MORT DU PAPE HONORIUS III. — GRÉGOIRE IX.

Le Seigneur avait accordé à Jourdain de Saxe, au milieu des agitations de sa vie, toute entière livrée aux devoirs de sa charge, la consolation de recevoir le dernier soupir de son ami Henri de Cologne. Les jours qu'ils venaient de passer ensemble en Italie et en Allemagne, leur avaient été donnés comme une halte à la veille du grand voyage. Lorsque tous deux prenaient à Paris l'habit de Saint-Dominique, au Couvent de Saint-Jacques, ils se plaisaient à souhaiter de « toujours se tenir ensemble. » Leur vœu ne s'était accompli qu'à la dernière étape ; ils avaient pu se serrer la main, en se disant adieu sur le seuil de l'éternité, où l'un allait attendre l'autre.

Jourdain rendit les devoirs suprêmes à son cher Henri, et sans plus tarder, il reprit le chemin de Paris, où il arriva au commencement de l'Avent 1225. La joie qui l'accueillit, fit diversion à sa douleur ; mais à Saint-Jacques, ne retrouvait-il pas l'image, les souvenirs et l'expression profonde des regrets causés par la perte prématurée de celui que tous les religieux du Couvent avaient connu et aimé ? Le Maître donna aux Frères l'exemple de la résignation devant ce coup frappé par la mort : l'apôtre sécha ses larmes et reprit aussitôt le cours ordinaire de ses prédications. Le même succès répondit aux élans toujours nouveaux du même zèle pour la gloire de Dieu et les progrès de l'Ordre. La parole de

Jourdain ne pouvait ni tomber en vain, ni demeurer stérile dans le monde des écoliers. « Je ne veux pas, très-chère, écrit-il à Diane (1), que vous ignoriez les bienfaits de Dieu sur notre Ordre. Nos Frères croissent partout en nombre et en mérite. Depuis mon arrivée à Paris, dans l'espace de quatre semaines, j'ai reçu vingt-et-un novices : six d'entre eux sont Maîtres ès arts ; les autres ne manquent ni de connaissances ni d'habileté, et paraissent devoir faire d'excellents Prêcheurs. »

Gérard de Frachet se trouvait au nombre de ces nouveaux Frères ; le prieur Mathieu de France l'avait reçu dans l'Ordre (2), à Saint-Jacques, quelques mois auparavant, le 11 novembre, fête de saint Martin, et il fit profession le 25 mars 1226, jour de l'Annonciation, entre les mains de Jourdain de Saxe. Gérard n'était pas le premier venu parmi les écoliers de Paris (3). A la naissance, à la fortune, vint s'ajouter l'éclat de la renommée. Les études achevèrent ce que l'éducation avait commencé, et il ne voulut demeurer étranger à rien de ce qui concernait la religion. Bernard Guidonis nous le montre (4), « plein de grâce, cher à Dieu et aux hommes, environné de l'estime générale, prédicateur à la parole éloquente et facile, aimé du peuple et du clergé de Paris. » Le jeune religieux se mit de bonne heure à étudier l'antiquité, les vies des saints et des hommes illustres (5), les faits mémorables, et

---

(1) *Lettres du B. Jourdain de Saxe*, XVII. « Fratres nostri crescunt numero et merito. Post introitum enim nostrum Parisios, infra quatuor septimanas, viginti et unus Fratres intraverunt, intra quos erant sex Magistri artium, et alii erant *diotelarii*, et habiles ad Ordinem et competentes. »

(2) Echard, *Script. Ord. Prædic.*, t. I, p. 259. « Ordinem amplexus est Parisiis, in S. Jacobi, et e manibus Matthei, primi Prioris, accepit anno 1225, die XI mensis Novembris, die ipsa S. Martini, et die Annuntiationis B. Virginis immediate sequenti, inter manus B. Jordani professus est. »

(3) Bernard Guidonis, *de Lemovicencis domus Prioribus* : « Gratiosus Deo et hominibus, persona cunctis spectabilis, prædicator facundus et fœcundus. » — Echard, *Id.*, p. 259.

(4) Bernard Guidonis, *de Provincialibus Provinciæ* : « Hic fuit dilectus Deo et hominibus, prædicator ad clerum et populum gratiosus, et in omnibus quæ religionis sunt ad plenum instructus, et a primævis annis jugiter enutritus, gratia facundus, genere et opinione præclarus, verbo etiam ædificationis semper et ubique affluens. » — Echard, *Id.*, p. 259.

(5) *Id.* « Gesta sanctorum et virorum illustrium, res antiquitatis memora-

surtout les origines de l'Ordre de Saint-Dominique, rassemblant ainsi les documents et préparant les matériaux qui devaient lui servir à composer ses *Vies des Frères*.

Ce n'est pas assez pour Jourdain des travaux de son ministère et des soucis de sa charge, il faut que la politique y mêle encore ses préoccupations. A ce moment, l'Italie se débat en vain contre les attaques extérieures, tandis qu'elle consume ses forces dans les dissensions intestines. L'Ordre de Saint-Dominique comptait trop d'intérêts au-delà des monts, pour que le Maître général demeurât indifférent à cette situation presque désespérée. La ligue lombarde vient de se reconstituer (1) ; c'est une déclaration de guerre à l'empire germanique. Par suite, les armées de Frédéric II menacent Bologne, l'une des principales cités confédérées. Jourdain sent augmenter ses alarmes, car « il a récemment appris les tribulations et les angoisses de cette ville, les vôtres par conséquent, dit-il à Diane (2), et celles de vos Sœurs. » Et il sait qu'en cas de siège, le monastère de Sainte-Agnès, par sa position hors les murs, est particulièrement exposé, sans défense aucune, aux coups de l'ennemi. « J'en suis d'autant plus attristé, continue-t-il (3), que je me sens incapable de vous donner un conseil et de vous apporter un soulagement, si ce n'est par mes pauvres prières et par celles de nos Frères. Dieu, je l'espère, voudra bien nous exaucer, car il n'a pas coutume de repousser les demandes de ses serviteurs, et de rester sourd à leurs supplications quand ils sont dans la détresse. »

Cependant, si les choses en sont à Bologne au point que de Paris, Jourdain n'ose risquer un avis, dont sa prudence ne peut mesurer le sens ou préciser les termes, le Père spirituel du monastère de Sainte-Agnès ne met pas moins sa confiance en Dieu,

---

biles gerens in pectore, et promens in tempore opportuno, vir ubique in optimis notus. »

(1) Cantù, *Histoire universelle*, t. XI, ch. vii, p. 181.
(2) *Lettres du B. Jourdain de Saxe*, XVII. « Tribulationes et angustias civitatis Bononiæ, et per consequens tuas et Sororum tuarum nuper audivimus. »
(3) *Id.*. Et contristor eo vehementius, quo scio me vobis in hac parte nullum posse vobis dare consilium vel levamen. »

et c'est pour la communiquer à sa Fille, qu'il lui tient ce sublime langage (1) : « N'ayez pas peur, très-chère, et ne vous laissez contrister par aucune tribulation. Vous avez un époux qui a passé par des épreuves de tout genre, et qui, pour cela même, sait compatir aux souffrances, surtout à celles de ses épouses. C'est un Dieu jaloux, et il vous enverra son ange, qui se fera un devoir de mettre votre corps, et bien plus encore votre âme, à l'abri de tout danger. Aussi, ma Fille, soyez entièrement rassurée : prenez courage et restez inébranlable. Votre Epoux ne s'appelle-t-il pas Emmanuel ? Il n'abandonne jamais ceux qui espèrent en lui ; et, fidèle à sa promesse, il demeure avec eux jusqu'à la consommation des siècles. Remettez-vous-en donc avec sécurité, à Celui dont la puissance est invincible, la sagesse infaillible, la bonté infatigable (2). Tel est votre bien-aimé : il peut, il sait, il veut vous délivrer de toutes vos tribulations et de toutes vos angoisses. En attendant, pensez au divin Jésus, qui a voulu recevoir sur lui tous les coups des pécheurs, pour en prémunir ses serviteurs et ses servantes, pensez-y toujours, et votre âme ne sera point abattue. »

Amené sur le terrain des événements qui troublaient ainsi la face des affaires en Italie, Jourdain ne s'est point détourné de ce triste spectacle, sans évoquer le nom, l'image de celui qui par sa politique de fraudes et de mensonges, causait la plus grande partie des malheurs de la Péninsule. Mais sa réserve habituelle ne s'est point mise en défaut ; elle ne lui a permis que d'effleurer un sujet si brûlant, et son crayon n'a rendu qu'un des traits saillants de Frédéric II, sans s'arrêter aux contours de la figure. « L'Empereur, dit-il à Diane (3), est un homme qui ne sait ni entendre ni respecter les religieux : il le déclare lui-même, il n'aime pas à les voir. Aussi, Dieu seul connaît ce qui adviendra de tout ceci,

---

(1) *Lettres du B. Jourdain de Saxe*, XVII. « Noli timere, carissima, nec contristet te quidquid tribulationis evenerit. »
(2) *Id.* : « Secura projice in Eum omnem sollicitudinem tuam, cujus non potest vinci potentia, nec falli sapientia, nec fatigari benignitas. »
(3) *Id.* : « Imperator homo est qui non novit revereri viros religiosos, vel audire : sed potius, sicut dicit, graves sunt ei ad videndum. Et propter hoc, Deus scit, sicut mihi in litteris tuis scripsisti... »

comme vous me l'avez fort bien dit dans une de vos lettres. »
C'est pourquoi le Maître repousse nettement l'idée d'un voyage qui serait sans effet, et il exprime son intention bien arrêtée de ne pas quitter Paris (1) : « Quant à moi, je ne juge pas à propos de me rendre maintenant à Bologne ; je suis presque certain que ma présence y serait complétement inutile. »

Cette décision de Jourdain devait être amère pour les Sœurs du monastère de Sainte-Agnès ; sans doute elles avaient compté sur son intervention pour les sortir d'embarras ou pour les mettre à l'abri. Afin d'apporter quelque adoucissement à leur peine, il laisse entrevoir à Diane, à travers les nuages qui chargent le ciel, comme un rayon de soleil, avec l'espérance de jours meilleurs. « Je viendrai, ajoute-t-il (2), dans le courant de l'année, s'il plaît à Dieu. Nous nous verrons de nouveau, et nos cœurs tressailleront de joie. Ici-bas, la joie et la tristesse se succèdent tour à tour ; encore un peu de temps, et l'heure sonnera où la joie sera pleine et ne pourra plus nous être ravie. »

Cependant la paix se fit en Lombardie, paix boiteuse assurément, et qui ne semblait pas avoir chance de durer ou de s'affermir. Les religieux de Saint-Dominique avaient pris une part active et efficace à la conclusion de la trève telle qu'elle était. Le Frère Guala, prieur de Brescia, s'y était surtout employé avec une prudence et une sagesse qui lui valurent une grande réputation. Le pape Honorius l'avait spécialement chargé de cette mission délicate, et quand l'habile négociateur eut achevé son œuvre, il se livra tout entier, en Italie, comme Frère Jean le Teutonique, en Allemagne, à la prédication de la croisade qui se préparait de nouveau contre les Sarrasins, pour la délivrance de la Terre-Sainte.

Le zèle de ces deux grands apôtres allait se heurter bien vite contre le mauvais vouloir de Frédéric, et, sans guère tarder, l'obliger à lever le masque qui couvrait les véritables visées de sa

---

(1) *Lettres du B. Jourdain*, XVII. « Modo ad præsens non venio, quia mea præsentia in hoc casu, penitus esset inutilis, sicut opinor vehementer. »

(2) *Id.* : « Veniam autem, si Domino placuerit, in isto anno, et videbimus nos iterum, et gaudebunt corda nostra. Modo succedunt sibi gaudium et tristitia. »

politique. On commençait à voir clair au fond de cette âme. « L'Empereur n'aime pas les religieux, avait dit Jourdain ; il ne sait ni les respecter ni les entendre. »

La cour de France n'offrait pas le même spectacle que la maison de Souabe. Si la rupture des Prêcheurs avec le souverain d'Allemagne, menaçait de ne point tarder à s'accomplir, les Fils de saint Dominique liaient avec le roi de France, des relations qui devenaient de plus en plus intimes. Les sympathies déclarées de la famille royale, puisaient leur principe et leur raison dans les exemples de la reine Blanche, assidue à former le cœur et l'esprit de saint Louis, attentive à n'agréer autour du jeune prince aucune familiarité dangereuse ou nuisible. Aussi, « le garda Dieu, dit Joinville (1), par les bons enseignements de sa mère, qui l'enseigna à Dieu croire et amer et li attrait autour lui gens de religion. » Les vertus et le mérite de Jourdain ne contribuaient pas peu à disposer les choses en cet état, et personne ne mettait en doute l'influence que le Maître général des Prêcheurs avait acquise auprès de Louis VIII et de Blanche de Castille. Il a laissé lui-même entrevoir la vérité par un mot discrètement glissé, quand il écrivait à Diane (2) : « La Reine nous aime avec tendresse. Elle a daigné m'entretenir assez intimement de ses affaires. »

L'éducation de son fils occupait sans contredit, la première et la plus grande place dans les sollicitudes de la reine Blanche. Les Frères-Prêcheurs continuaient à venir en aide à sa tendresse maternelle, et leurs conseils dirigeaient avec un dévouement éclairé (3), les soins qu'un maître spécial apportait à cultiver et à orner l'intelligence du jeune prince.

D'autres affaires envahissaient en ce moment la pensée de Blanche de Castille. Des complications sérieuses tenaient les es-

(1) Jean, sire de Joinville, *Histoire de saint Louis*.
(2) *Lettres du B. Jourdain de Saxe*, XVII. « Ipsa Regina tenerrime diligit Fratres, quæ mecum de negotiis suis ore proprio satis familiariter loquebatur. »
(3) *Office de saint Louis*, anciennes leçons. « Quæ puerum sanctæ indolis Ludovicum tenerrime diligens, sub specialis cura magistri de consilio religiosorum, et maxime Ordinis Fratrum Prædicatorum, moribus et scientia litterarum tradidit instruendum. » — Danzas, *Études sur les temps primitifs de l'Ordre*, t. III p. 410.

prits en suspens ; elles réclamaient une attention qui devait ne point tarder à montrer au grand jour les éminentes qualités de la reine. A ses premiers pas dans la vie politique, qui désormais, sera la sienne, Blanche n'hésitait pas à recourir à la sagesse et à l'expérience du Maître général d'un Ordre déjà puissant. Paris assistait aux préparatifs de la guerre contre les Albigeois, et Louis VIII allait prendre en personne le commandement de son armée.

Le pape Honorius III avait envoyé en France, dans les premiers mois de l'année 1225, le cardinal Romain de Saint-Ange. Depuis l'arrivée du légat, trois réunions d'évêques et de barons auxquelles il avait assisté, s'étaient tenues en Mai, en Novembre et en Janvier. Dans la dernière assemblée, le roi, les prélats et les seigneurs arrêtèrent la résolution d'en finir par la force des armes avec l'hérésie turbulente des Albigeois. Il ne s'agissait pas seulement d'une question religieuse à vider ; c'étaient des intérêts politiques à sauvegarder, une situation délicate à trancher, car Frédéric II passait avec raison pour encourager le comte de Toulouse dans sa résistance contre l'Eglise, et pour le soutenir, grâce à certaines prétentions en Provence (1), dans ses démêlés avec la France.

A la dernière assemblée des grands du royaume, convoqués à Paris, le 28 Janvier, le légat avait excommunié Raymond, et transmis à la couronne de France la propriété des terres appartenant au prince hérétique (2). Il avait en même temps, jeté l'interdit sur les pays et sur les villes qui prendraient fait et cause pour le comte de Toulouse. La guerre était déclarée sainte (3). Le Vendredi

---

(1) Fleury, *Histoire Eccles.*, t. XVI, liv. 79, 28.
(2) Martene, *Veterum Script. et Monum.*, t. VI, p. 1068. *Chronicon Turonense.* « Ludovicus, rex Franciæ, et Legatus generale Concilium Parisius celebrarunt, in quo idem Legatus auctoritate domini Papæ, Raymundum, comitem Tholosanum, suosque complices excommunicavit, et terram illius, tanquam damnati hæretici, Ludovico, regi Franciæ, et hæredibus ejus in perpetuum confirmavit. » — D'Achery, *Spicilegium*, t. III, p. 31. *Chronicon Guillelmi de Nangis*, ad annum MCCXXVI.
(3) D'Achery, *Spicilegium*, t. III, p. 30. *Chronicon Guillelmi de Nangis*, ad annum MCCXXV. « Circa Purificationem Beatæ Mariæ, Ludovicus rex Francorum, et Magnates quamplurimi, Archiepiscopi et Episcopi, et multi alii de regno Francorum, Parisius adunati, per manum Romani (sancti Angeli diaconi cardi-

suivant, 30 Janvier, Louis VIII reçut la croix de la main du légat, avec presque tous les évêques et barons du royaume. Le 20 mars, quatrième Dimanche du Carême, le roi assembla un nouveau parlement à Paris (1) ; après y avoir encore traité de l'affaire des Albigeois avec le légat, les évêques et les barons, il fit expédier des lettres pour mander à tous ceux qui lui devaient le service militaire, de le venir trouver à Bourges, bien et dûment armés, le 17 Mai, quatrième Dimanche après Pâques.

Les Frères-Prêcheurs du Couvent de Saint-Jacques et des autres maisons de France, avaient, dès le parlement du 20 Mars, reçu mission de prêcher cette croisade contre les Albigeois (2). L'importance du rôle politique qui leur fut confié dans ces circonstances, ne manqua pas d'aider à l'accroissement de leur prospérité matérielle. Nous l'avons dit en son lieu (3). Mais les services qu'ils rendirent dans une cause qui intéressait si fort la paix de l'Eglise et la grandeur de la France, développèrent avec une énergie facile à comprendre, l'influence morale de l'Ordre de Saint-Dominique.

Le pape avait frappé le comte de Toulouse et ses adhérents, villes et campagnes, seigneurs, bourgeois et paysans. L'usage de ces armes spirituelles entraînait pour les pays atteints par la sentence, des effets qui glaçaient tous les cœurs de crainte et d'épouvante. Les églises fermées, les offices supprimés, l'usage des sacrements suspendu, les clochers silencieux, la vie religieuse arrêtée dans ses sources, telles étaient les conséquences immédiates de ces coups portés par le Souverain-Pontife. Le comté de Toulouse était particulièrement visé par les foudres du pape Honorius, et les Prêcheurs possédaient plusieurs maisons dans le midi de la France. Jourdain s'empressa de porter à leur connaissance une bulle qu'il venait d'obtenir, l'année précédente, du vicaire de Jésus-Christ ; les événements présents ajoutaient un

---

nalis qui legatus in Franciam advenerat), cardinalis crucis dominicæ signum contra Albigenses hæreticos assumserunt. »

(1) Fleury, *Hist. Eccles.*, liv. 79, 18.
(2) Martene, *Id.*, *Chronicon Turonense*. « Per regni provincias delegat viros probabiles..... qui contra Albigenses hæreticos prædicarent. »
(3) Voir ci-dessus, VI, *Progrès matériels du Couvent*, p. 85.

grand prix à ce nouveau privilège. Voici le texte de cette pièce dont nous avons trouvé l'original au trésor de nos Archives (1).

« Honorius, évêque, serviteur des serviteurs de Dieu.

« A Nos chers fils le Maître et les Frères de l'Ordre des Prêcheurs, salut et bénédiction apostolique.

« Vos prières ont touché Notre cœur, et mérité de Notre part un accueil favorable. C'est pourquoi Nous vous accordons par l'autorité des présentes, pour les églises où vous aurez un collège, la permission, en temps d'interdit général, de célébrer l'office divin à voix basse, sans sonner les cloches, les portes fermées, et après exclusion de ceux qui sont frappés d'excommunication ou d'interdit. Que personne donc ne prenne la liberté d'enfreindre cette concession délivrée par Nous, ou d'aller témérairement à son encontre. Si quelqu'un avait cette audace, il encourrait, qu'il le sache bien, l'indignation du Dieu tout-puissant et celle des saints apôtres Pierre et Paul.

« Donné au palais de Latran, le quinzième jour des Calendes de Janvier, la neuvième année de Notre Pontificat. »

Le Couvent de Saint-Jacques recueillait largement le fruit des privilèges accordés par le pape Honorius, et le bénéfice des témoignages de confiance prodigués par la reine Blanche au successeur de saint Dominique. Sous les cloîtres improvisés, à travers les salles transformées du Parloir aux Bourgeois, on voyait

(1) Archives Nationales, *Registres et Cartons*, 240, n° 108. — Inédite.

« Honorius episcopus, servus servorum Dei.

« Dilectis filiis Magistro et Fratribus Ordinis Prædicatorum, salutem et apostolicam benedictionem.

« Favorabilibus precibus vestris benignum impertientes assensum, auctoritate vobis præsentium indulgemus ut generalis tempore interdicti, liceat vobis in ecclesiis vestris, in quibus collegium fuerit, non pulsatis campanis, januis clausis, excommunicatis et interdictis exclusis, submissa voce divina officia celebrare. Nulli ergo omnino hominum liceat hanc paginam Nostræ concessionis infringere, vel ei ausu temerario contraire. Si quis autem hoc attemptare presumpserit, indignationem omnipotentis Dei et beatorum Petri et Pauli apostolorum ejus, se noverit incursurum.

« Datum Laterani, XV Kal. Januarii, Pontificatus Nostri anno nono. »

se succéder les hommes qui remplissaient les fonctions les plus élevées dans l'Etat et dans l'Eglise. Le cardinal Romain de Saint-Ange venait y prendre conseil, au milieu des affaires qu'il avait la mission délicate de conduire ou de régler. Comme il s'était, dès son arrivée à Paris, aliéné l'Université, en se prononçant contre elle en faveur du Chapitre de Notre-Dame, l'ardent prélat comptait sur l'influence de Jourdain parmi les Maîtres et les Ecoliers, pour calmer, sinon pour se réconcilier les esprits.

Romain de Saint-Ange retrouvait à Saint-Jacques la trace et les souvenirs laissés par son prédécesseur Conrad de Lähringen. Ce cardinal appartenait à l'Ordre des Cisterciens, et le pape Honorius l'avait d'abord envoyé comme légat en Languedoc, pour apaiser les troubles causés dans l'Eglise par l'hérésie des Albigeois. Conrad eut ainsi occasion de voir les Frères-Prêcheurs à l'œuvre dans le midi de la France. Quand il se rendit à Paris, peu de temps après, en qualité de légat, avec le titre d'évêque de Porto (1), quelques doutes lui vinrent à l'esprit, concernant le caractère et la vocation des religieux de Saint-Dominique. Le cardinal résolut, pour s'éclairer, de recourir à un moyen alors en usage; il se présenta au Couvent de Saint-Jacques, prit un missel (2), et l'ouvrant au hasard, ses yeux tombèrent sur ces mots : « *Laudare, benedicere et prædicare* (3), louer, bénir et prêcher. » Ce fut un trait de lumière : le légat comprit la mission destinée aux Frères-Prêcheurs par la divine Providence, et il embrassa d'un regard l'économie entière de l'institution dominicaine. Devant une assistance nombreuse, il tint à déclarer que tout en portant l'habit d'un autre Ordre, il serait toujours pour les Fils de saint Dominique, un frère, un ami, et qu'aucune vicissitude ne le pourrait jamais détacher de leur cause. « Heureux, s'écria-t-il (4), l'Ordre

---

(1) D'Achery, *Spicilegium*, t. III, p. 50. *Chronicon Guillelmi de Nangis*, ad annum MCCXXIV. « Tertio Nonas Maii, Ludovicus, rex Franciæ, et Conradus, Portuensis episcopus, qui in terra Albigensium legatus advenerat, cardinalis Apostolicæ Sedis, generale concilium Parisius convocaverunt. »

(2) Thomas de Champré, *De Apibus*, l. I, c. ix.

(3) Préface de la sainte Vierge.

(4) Thierry d'Apolda, *Vita S. Dominici*, c. xxiii, n° 272. « Vere felix et gloriosus Prædicatorum Ordo, Angelico Ordini similimus! Laudat, namque benedicit et

des Frères-Prêcheurs! Gloire à lui, car il est semblable aux chœurs des Anges! Il loue, il bénit, il prêche, et n'est-ce point là ce que font les Anges? » Dans la suite, les Dominicains prirent pour devise (1) les paroles qui avaient frappé le cardinal Conrad de Lähringen.

Tandis que le légat honorait le Couvent de ses visites, et Jourdain des marques extérieures de sa considération, l'évêque de Paris, Barthélemy (2), ne manifestait pas moins de bienveillance à l'égard du Maître de l'Ordre et des religieux de Saint-Jacques. Le premier pasteur du diocèse se montrait digne de la chaire qu'il occupait. Sa science du droit l'avait rendu célèbre (3) ; l'administration des affaires s'éclairait de l'expérience du canoniste et de l'habileté du jurisconsulte. Il déployait un zèle et une activité infatigables, et le père des âmes était en même temps excellent juge des intelligences. Dès lors, les Fils de saint Dominique pouvaient compter sur son appui. Il les environnait de son affection, et ne leur en ménageait pas les preuves, afin de les récompenser des services que leur dévouement rendait à son clergé, et du bien que leur parole produisait dans les âmes.

Jourdain est heureux de ces attentions, qui ne laissaient aucun doute sur les sentiments des princes de l'Eglise en faveur du Couvent de Saint-Jacques. Sa joie et sa reconnaissance ont peine à tenir dans ces lignes qu'il adresse à Diane (4). « Monseigneur l'Evêque de Paris aime tellement nos Religieux, qu'il a voulu assister à un de mes sermons et dîner avec nous au réfectoire. Le légat de France nous a fait le même honneur le jour de l'Annon-

---

prædicat, et hoc Angelorum esse, nemo est qui ambigat. » — Bolland., *Acta Sanctorum*, t. I August., p. 561 et 608.

(1) Danzas, *Etudes sur les temps primitifs de l'Ordre*, t. I, p. 391.

(2) Guillaume II de Seignelay était mort le 23 Novembre 1223 : Barthélemy, doyen de l'Eglise de Chartres, fut appelé à lui succéder.

(3) *Gallia Christiana*, t. VII, p. 93. « Scientia vir illustris, et maxime in utroque jure canonico scilicet et civili, plenissime instructus, honestate vitæ plurimum commendabilis. » — *Pastorale Parisien.*, t. I, p. CI.

(4) *Lettres du B. Jourdain de Saxe*, XVII. « Dominus Episcopus Parisiensis tanto ad Fratres movetur affectu, quod ipse particulariter ad sermonem nostrum accessit et cum Fratribus in refectorio comedit. Similiter Dominus Legatus Franciæ in Annunciatione Beatæ Virginis cum Fratribus in refectorio comedit. »

ciation de la sainte Vierge. » Et il ajoute pour terminer sa lettre : « Je vous dit tout cela, ma Fille, afin que vous louiez et glorifiez le Seigneur, et que vous exhortiez vos Sœurs à le remercier sans cesse, selon qu'il convient, pour ces bienfaits et pour beaucoup d'autres encore. Portez-vous bien. Faites prier pour moi et pour mes Frères. »

Le saint temps du Carême s'était écoulé au milieu du fracas des armes et des préoccupations belliqueuses, sans que le souci de la guerre qui se préparait, ait en aucune manière, interrompu Jourdain dans le cours de ses prédications accoutumées. Les Frères de Saint-Jacques et les autres religieux de l'Ordre avaient rempli leur tâche et parcouru la France, en prêchant la croisade contre les hérétiques. Tout était prêt (1). L'armée attendait à Bourges, où le roi vint la rejoindre avec l'élite de la noblesse française. Les prélats qui l'accompagnaient, offrirent au ciel des prières solennelles pour l'heureuse issue de l'entreprise. Louis VIII prit le commandement des troupes assemblées, et l'on se mit en marche vers Lyon, pour descendre la vallée du Rhône.

Pendant que cette expédition se poursuivait activement et avec succès dans le midi de la France, Jourdain se délassait des fatigues du Carême, en disposant toutes choses pour le Chapitre général qui se réunit à Paris, aux fêtes de la Pentecôte, le 7 juin 1226. Des faits d'une gravité sans pareille s'imposaient à l'examen de l'aréopage dominicain ; ils fournirent matière à de longues et sérieuses délibérations, et provoquèrent des mesures que l'Ordre, depuis, n'a pas cessé de mettre en pratique. Il était constant que des apparitions fantastiques répandaient l'effroi dans plusieurs couvents, et que des obsessions implacables tourmentaient les religieux. Ces événements étranges, ces communications mystérieuses jetaient le Maître et les Frères en plein surnaturel, au milieu du monde des esprits.

« Ces apparitions, dit Saint-Marc Girardin (2), aujourd'hui, nous semblent de pures fantaisies d'imagination, des visions de

(1) H. Martin, *Histoire de France*, t. IV, p. 125.
(2) Saint-Marc Girardin, *Souvenirs de voyages et d'études*, 2e série, p. 75.

moines superstitieux. » Le spirituel académicien les explique en disant : « C'est la personnification de la passion qui lutte contre la vertu. » Et il ajoute : « Ces moines, ces légendaires, grossiers rédacteurs de la vie des saints, ont personnifié hardiment, sous la forme du démon, cette résistance inévitable des mauvais penchants. Au lieu de faire une analyse métaphysique des passions, ils les ont mises en action et en drame. » Ces traits sont décochés d'une main légère et par la tangente. Rapprochons une réflexion d'Ozanam (1) : « Toute la poésie du moyen âge, a-t-il dit, était pleine des spectacles de l'éternité. Mais de même que les songes de la nuit se forment des pensées du jour, ainsi les poëtes rêvent ce que les peuples croient. Les peuples croyaient donc au commerce des vivants et des morts; ils croyaient l'éternité accessible aux âmes pures, ils croyaient aux visions. Il n'est pas de récits que les enfants aient plus curieusement écoutés de la bouche de leurs mères, les hommes des lèvres du prêtre, qui les tenait de ses livres. Je n'accuse ni les livres, ni le prêtre, ni les mères, et je ne vois rien de plus digne de respect que cette crédulité tant méprisée. J'y découvre le besoin le plus honorable de la nature humaine, et le plus inexorable en même temps, le besoin de l'infini. » Et l'éloquent professeur continue : « On avait beau fouler aux pieds les pauvres dans la fange, ils n'étaient pas encore si bas qu'ils ne se souvinssent de leurs destinées. Ils voulaient, non-seulement qu'on leur enseignât le Paradis, mais qu'on le leur décrivît, qu'on l'eût visité pour eux. On avait beau envelopper les rois dans une nuée d'encens et d'hommages, ils s'ennuyaient de ces honneurs qui devaient finir, et payaient des poëtes pour leur peindre l'éternité, sans oublier l'enfer où sont punis les tyrans. »

N'est-ce pas de cette foi robuste, féconde en prodiges, que Michelet a écrit (2) : « Voilà tout le mystère du moyen âge, le secret de ses larmes intarissables, et de son génie profond. Larmes précieuses, elles ont coulé en limpides légendes, en merveilleux poëmes, et

---

(1) Ozanam, *Des Sources poétiques de la Divine Comédie*, Œuvr., t. V, p. 465.
(2) Michelet, *Histoire de France*, 1re édition, t. II, p. 641.

s'amoncelant vers le ciel, elles se sont cristallisées en gigantesques cathédrales qui voulaient monter au Seigneur ! »

On croyait en ce temps, et personne n'eût osé révoquer en doute les visions et les obsessions dénoncées à Paris, au Chapitre général. Laissons encore parler Ozanam (1) : « Les saints et les démons des cathédrales demeuraient immobiles à la place où l'artiste les avait rangés. L'imagination populaire voulait les voir en mouvement et en action. » Il poursuit : « Quand on jouait les mystères, le théâtre se partageait en trois étages, pour découvrir d'un seul coup, aux regards de la foule, la terre, le ciel et l'enfer. Un jour, à Florence, une troupe joyeuse avait dressé des tréteaux sur l'Arno, pour y donner le spectacle des diables pourchassant les damnés. Les gens de la ville et des environs avaient été invités à son de trompe, à venir savoir des nouvelles de l'autre monde. »

Soudain la scène change, la fiction s'évanouit et fait place à la sombre réalité : les promesses se trouvent cruellement remplies, l'enfer s'ouvre, les démons apparaissent et viennent eux-mêmes tourmenter les vivants, prendre possession des corps, parler de justice, de châtiment, d'expiation. Faut-il dire comme Ozanam devant la résistance opiniâtre qui arrêtait souvent l'effort civilisateur du Christianisme (2) ? « Il semble qu'il fallût toute la puissance de la terreur pour faire pénétrer la sainte pensée du devoir. Ces cœurs violents, ces esprits indisciplinés ne se rendaient qu'à la prédication de l'enfer. » Ou bien devons-nous répéter avec Michelet (3) ? « Assis au bord de ce grand fleuve poétique du moyen âge, j'y distingue deux sources diverses à la couleur de leurs eaux. Le torrent épique, échappé jadis des profondeurs de la nature païenne, pour traverser l'héroïsme grec et romain, roule mêlé et trouble des eaux du monde confondues. A côté coule plus pur le flot chrétien qui jaillit du pied de la croix. »

Le démon n'a point disparu englouti sous ces ondes régénératrices. Vaincu, l'Ange des ténèbres continue sa lutte sacrilège :

---

(1) Ozanam, *Des Sources poétiques de la Divine Comédie*, p. 389.
(2) *Id.*, p. 417.
(3) Michelet, *Histoire de France*, 1re éd., t. II, p. 641.

écrasé, il se tord sous l'arbre rédempteur, et par ses tressaillements, mieux que les Titans de la fable, il ne cesse d'agiter le monde et de le faire trembler. C'est parce que ce ne sont plus ici de vains fantômes agités par une main incertaine, c'est parce que la vérité touche de si près à la fiction, c'est parce que l'ombre transparente laisse palpiter des êtres avec leurs formes transfigurées par la joie qui récompense, ou obscurcies par la douleur qui expie. L'homme a beau faire ici-bas ; il ne parvient qu'à force d'endurcissement, à imaginer entre ce monde et l'autre un chaos infranchissable. Les grands poëtes ne s'y sont pas trompés : le ciel et l'enfer, les anges et les démons ne remplissent-ils pas les chefs-d'œuvre de Dante et de Milton, du Tasse et de Gœthe, de Klopstock et de Chateaubriand ?

Saint Dominique avait conçu le plan d'une magnifique épopée : les Prêcheurs, ses fils, marchaient sur ses traces, vers le dénouement d'un drame qui devait durer autant que le monde, mais où chaque acte, chaque scène tourne invariablement dans le même cercle divin, le salut des âmes. Les chevaliers prenaient la croix et se levaient en masse, pour s'emparer de la Terre-Sainte, des lieux témoins de la passion du Sauveur ; les disciples de saint Dominique s'enrôlaient en foule pour mener les hommes à la conquête du ciel, pour rendre à sa véritable patrie le genre humain racheté par le sang d'un Dieu. Ils s'armaient de la prière, de la doctrine et de la prédication, dans cette guerre du ciel contre l'enfer, du Christ contre Satan ; guerre sans trêve et sans fin, combats incessants, lutte acharnée, où l'Eglise croulait sous l'effort de ses ennemis, quand Innocent III vit saint Dominique prêter à la grande délaissée l'appui de ses robustes épaules. Est-il étonnant que l'enfer ait frémi, qu'à son tour, il se soit armé de toutes pièces, qu'il ait ébranlé les cloîtres où venaient, sous une sainte discipline, s'aguerrir les légions de religieux prêts à lui ravir la victoire ?

Les puissances infernales semblaient s'être déchaînées contre la famille dominicaine, aussitôt après la mort de son fondateur. La douleur accablait les fils demeurés orphelins, et le découragement avait envahi leur âme ; à leurs yeux, Dominique était descendu au tombeau, entraînant son Ordre, comme une mère emporte son nouveau-né dans les plis de son suaire. « Les Frères, dit Rodrigue de Mont-Cerrat dans sa Chronique (1), étaient tombés dans un état de grande et profonde désolation. Ils craignaient qu'après la mort d'un père aussi saint, leur Ordre, de date récente, ne pût subsister. L'ennemi du genre humain profita de ce découragement pour leur livrer les combats les plus acharnés. Le pasteur n'était plus là, et ce loup ravissant se jeta sur les brebis, dans la pensée de les disperser, de détruire même le troupeau. Ce fut surtout dans les deux couvents de Paris et de Bologne qu'il déchaîna sa fureur, en troublant l'esprit des Frères par des visions horribles. » L'œuvre de saint Dominique se voyait compromise. L'Eglise menaçait-elle d'entraîner son soutien dans une chute commune? « Satan, pour parler le langage de Michelet (2), poussa un rire d'immense dérision. Il crut avoir vaincu ; il n'a jamais pu apprendre, l'insensé, que son triomphe apparent n'est jamais qu'un moyen. »

Jourdain fit aux membres du Chapitre assemblé à Paris, l'histoire de cette persécution diabolique : il exposa de quelle manière, dès les premiers jours de son gouvernement, il se sentit paralysé par de singulières complications ; il raconta les assauts livrés aux autres, les attaques qu'il avait dû repousser lui-même, et il signala les moyens employés pour se garder ou pour se débarrasser de ces obsessions. « Il y avait, dit-il (3), un Frère Bernard, obsédé du démon et cruellement tourmenté. Nuit et jour en proie à d'épouvantables accès de fureur, il jetait le trouble et la confusion dans la communauté. Sans aucun doute, cette épreuve venait

---

(1) Danzas, *Etudes sur les temps primitifs de l'Ordre*, t. I, p. 48.
(2) Michelet, *Histoire de France*, 1re éd., t. II. p. 694.
(3) Jourdain de Saxe, *de Principio Ordinis Prædicatorum Libellus*, n° 13. « Erat tunc quidam Frater Bernardus qui obsessus acerrimo cruciabatur dæmonio in tantum, ut die noctuque furiis exagitaretur horrendis, et supra modum omne Fratrum exturbaret collegium. » — « Sed referam quo ordine huic tale flagellum evenerit. » — Echard, *Scrip. Ord. Prædic.*, t. I, p. 95. — Bolland., *Acta Sanctorum*, t. II Febr., p. 729, n°s 37 et suiv.

de la main miséricordieuse de Dieu, qui voulait exercer ses serviteurs à la patience. Mais racontons par ordre, comment les choses se passèrent.

« Après son entrée parmi nous, le Frère Bernard, pleurant sans cesse et détestant ses péchés, désirait vivement que le Seigneur lui envoyât une affliction propre à le purifier. L'idée d'une obsession diabolique se présente à son esprit ; il balançait à l'accepter. Enfin, après avoir beaucoup hésité, il surmonta l'effroi que lui inspirait un sort pareil ; et, un jour qu'il se sentait plus attristé du souvenir de ses péchés, il consentit, pour la purification de son âme, à ce que son corps fut livré au démon. C'est ce qu'il m'a lui-même confié. Or, il arriva soudain que ce qu'il avait accepté dans son cœur devint une réalité. Le démon faisait d'étonnantes révélations par sa bouche. Ce Frère était peu versé dans la théologie : il n'avait pas une grande connaissance des Saints Livres, cependant on l'entendait émettre les pensées les plus profondes sur les Ecritures, au point qu'on les aurait plutôt attribuées à la plume de saint Augustin. Et si quelqu'un prêtait à ses discours une oreille attentive, l'esprit d'orgueil dont il était possédé, le poussait à s'en rapporter toute la gloire. »

Ainsi commença la guerre. Mais ce n'est là que le prologue de la lutte. La persécution s'aggrava, s'étendit, dura longtemps et s'exerça surtout au Couvent de Paris. Les cris de douleur qu'elle arrachait, ont prolongé leurs échos à travers les anciennes Chroniques de l'Ordre. Jourdain de Saxe avait parlé de ces obsessions, de celles des autres et des siennes, car nous savons s'il y eût sa large part. Etienne de Bourbon, qui n'avait pas encore quitté Saint-Jacques pour la maison de Lyon, recueillit ces précieuses révélations tombées de la bouche du Maître ; il les classa avec l'esprit curieux qui le distingue, afin de les rapporter à l'appui des faits mystérieux dont il avait été témoin. Gérard de Frachet venait d'entrer à Saint-Jacques, quelques mois avant la réunion du Chapitre général ; il a consigné dans ses *Vies des Frères*, le récit véridique de ce qu'il avait vû lui-même, ou entendu dire aux témoins oculaires. Enfin un vieux manuscrit de Saint-Victor retraçait l'histoire du Couvent de Saint-Jacques ; il ne se compose que de quelques feuillets, et l'auteur y a donné la plus grande place à ces apparitions, dont il paraît encore tout épouvanté, même en racontant comment les Frères avaient obtenu leur complète délivrance.

« Le diable, dit-il (1), cet ennemi de tout bien, qui n'a pas eu peur de s'attaquer au Seigneur de toutes choses, livra bataille, lui et ses satellites, dès les commencements de l'Ordre, dans le Couvent de Paris, aux Frères qui, là, lui faisaient la guerre la plus acharnée. Il épouvantait celui-ci par un globe de feu qu'il lui montrait prêt à l'écraser : il offrait à celui-là des femmes aux manières provocantes : l'un voyait se dresser des ânes portant des cornes, l'autre des serpents qui jetaient des flammes. Beaucoup se sentaient tourmentés par toutes sortes de visions fantastiques ; plusieurs criaient sous les coups dont ils étaient accablés. La nuit, les fantômes étaient si terribles et les apparitions du démon si effrayantes (2), que les Frères veillaient tour à tour, les uns pendant que les autres dormaient. Il y en avait qui tombaient secoués par des accès de frénésie, ou en proie à mille autres souffrances horribles. »

Barthélemy de Trente avait monté cette garde nocturne (3), et dans un sermon, du haut de la chaire de vérité, il s'écriait : « J'ai moi-même, il m'en souvient, ainsi veillé comme les autres Frères. »

Etienne de Bourbon écrivait (4) : « J'ai entendu ceci de Frère

(1) Martène, *Veterum Script. et Monum.*, t. VI, p. 549. *Brevis Historia Conventus Parisiensis Fratrum Prædicatorum*, ex Mss Sancti Victoris. « Bonorum æmulus diabolus qui universorum Dominum non timuit aggredi, in isto Conventu Parisiensi, ubi eum Fratres maxime impugnabant, ipsos ab initio Ordinis, per se et per suos satellites est aggressus. »
(2) *Id.*, t. VI, p. 549. *Brevis Historia Conventus Parisiensis Fratrum Prædicatorum*, ex Mss Sancti Victoris. « Aliis alia ludibria et verbera inferebat, in tantum ut propter noctium phantasmata et dæmonum illusiones vicissim cogerentur Fratres custodire vigilias noctis super alios quiescentes. »
(3) Barthélemy de Trente, *Sermones de tempore et de sanctis*, Mss conservé à la bibliothèque des Chanoines Réguliers de Saint-Sauveur, à Bologne. « Quas vigilias et me meminit observasse. »
(4) Lecoy de la Marche, *Anecdotes historiques d'Etienne de Bourbon*, p. 197.

Jourdain, de l'Ordre des Prêcheurs : un Religieux était possédé, par suite d'un secret jugement de Dieu ; ce même Jourdain interrogea le démon et l'adjura de dire son nom. — Je m'appelle le *Rusé*, répondit-il, parce que j'ai mille moyens, mille artifices pour tromper les hommes. Et, ajouta-t-il, afin que tu saches que je dis vrai, c'est moi qui induis en erreur les grands théologiens, les décrétistes, les légistes, les philosophes, les barons, les soldats, les prévôts, les marchands. — Aussitôt il se mit à contrefaire leur langage, leurs gestes, leur ton, leurs manières. Il imitait même les femmes de chambre des grandes dames, quand elles cajolent leurs maîtresses par leurs flatteries ou par leurs paroles mielleuses. »

Les souvenirs d'Etienne de Bourbon ne lui font pas défaut au sujet des obsessions de Saint-Jacques. « C'était, rapporte l'intarissable conteur (1), aux premiers temps de la maison des Frères-Prêcheurs, à Paris ; on creusait le puits du cloître. Après Complies, les Frères se rendaient au dortoir, lorsque le sous-prieur crut remarquer qu'un religieux était resté près du puits. Il alla de ce côté, faisant signe au Frère de rentrer. Celui-ci refusait et semblait vouloir l'éviter, comme s'il avait eu l'intention de sortir du Couvent. Le sous-prieur se mit à sa poursuite, afin de savoir qui il était. Il fit ainsi plusieurs fois, en courant après lui, le tour du réfectoire, alors en construction, et pour attraper le fuyard, il coupa court en un endroit. Mais le pied lui glissa et il tomba. Le démon (2) qui avait pris la figure d'un Frère, disparut à ses yeux en disant : — Je voulais te tromper et te faire courir. — J'ai appris cette aventure du sous-prieur lui-même, qui se nommait Frère Guillaume de Limoges. »

« Audivi a Fratre Jordano, Ordinis Prædicatorum, quod cum divino judicio quidam Frater arreptus esset, et quæreret a dæmone, adjurando eum, quomodo vocaretur, respondit *Mille Artifex*, quia mille modos et artes habebat homines seducendi. »

(1) Lecoy de la Marche, *Souvenirs historiques d'Etienne de Bourbon*, p. 196. « Cum, in principio domus Fratrum Predicatorum Parisius, fieret ibi puteus in claustro. »

(2) *Id.* « Demon, qui erat in similitudine Fratris mutatus, evanuit ante eum dicens : « Hoc querebam quod te errare et circuire facerem. » Hoc audivi per dictum subpriorem, qui vocabatur Frater Guillelmus Limovicensis. »

Si le démon tourmentait avec une pareille violence les Religieux de Saint-Jacques, il dirigeait surtout ses attaques les plus opiniâtres contre le Maître général de l'Ordre. Pendant qu'il soutenait et qu'il s'efforçait de protéger les Frères, Jourdain de Saxe se sentait lui-même véritablement obsédé, car l'esprit du mal tentait tour à tour de le vaincre par la sensualité, par l'exagération dans les austérités ou par les pensées d'orgueil, et après avoir essayé de lui ravir la paix de l'âme, il le harcelait encore par les peines corporelles, les outrages, les voies de fait, les injures et les hallucinations. Laissons parler Gérard de Frachet (1) : « Le bienheureux Jourdain, de passage à Besançon, se vit contraint par la maladie de suspendre son voyage. Un jour que, sous le coup d'un violent accès de fièvre, il se sentait altéré, un jeune homme ayant autour du cou une serviette blanche et portant un flacon de vin d'une main, de l'autre une coupe d'argent, se présenta et lui dit : — Maître, je vous ai préparé un breuvage excellent, et je vous invite à vous rafraîchir, car vous vous en trouverez bien. — Jourdain ne se laissa pas tromper par l'artifice ; il recommanda son âme à Dieu, fit le signe de la croix, et aussitôt l'apparition s'évanouit. »

« Une autre fois, dit encore Gérard, Jourdain se trouvait à Paris, au Couvent de Saint-Jacques, malade de la fièvre dont les retours constants usaient ses forces et paralysaient son zèle. L'esprit malin ayant revêtu la forme d'un personnage respectable, se présente à la porte du Couvent et demande à être introduit auprès du Maître général. Sa prière est exaucée, et après avoir échangé quelques propos sans importance, comme s'il avait à lui parler en confidence, il invita les Frères à se retirer. — Maître, dit-il alors, vous êtes la tête d'un très-saint Ordre, et les yeux de tous les Frères sont fixés sur vous. Chacune de vos actions, grandes et petites, importe à la ferveur des religieux. La plus légère irrégularité de votre part produirait son effet, car la nature est prompte à décliner, et, si vous fournissiez dans un Ordre aussi considérable, un motif de relâchement et une cause de trouble,

---

(1) Gérard de Frachet, *Vies des Frères*, P. III, passim.

vous en porteriez certainement la peine devant Dieu. Vous êtes malade, c'est vrai, mais pas au point de ne pouvoir vous passer d'un lit moelleux, pas au point de vous nourrir de chair. Il arrivera que si demain ou un autre jour, on n'accorde pas les mêmes dispenses à un Frère, peut-être aussi malade ou plus malade que vous, les Religieux de la maison se laisseront aller aux jugements téméraires et aux murmures. C'est pourquoi je vous exhorte et je vous prie de vous montrer bon religieux en ces choses, comme vous l'avez été jusqu'ici dans les autres. — Après ce discours fardé, le tentateur prit congé et s'en alla, marmottant entre les dents, comme s'il eût débité des psaumes. L'homme de Dieu eut la simplicité de croire et d'obéir à ces avis : il s'abstint plusieurs jours de toute dispense, mais sa faiblesse s'accrut d'autant, et à peine s'il pouvait se soutenir. Alors le Seigneur lui révéla que le donneur de conseils n'était autre que le diable qui en voulait à ses prédications. »

Le récit de Gérard se confirme par les aveux de Jourdain. « Il me souvient, dit-il (1), que le démon me proposa de cesser mes prédications, et qu'il renoncerait à toute tentative contre les Frères. A Dieu ne plaise, répondis-je, que je fasse jamais alliance avec la mort, que je signe un pacte avec l'enfer ! Malgré toi, tes attaques profiteront aux Frères, en les affermissant dans la grâce, parce que la vie de l'homme est un combat sur la terre. »

Jourdain voulait surtout faire tourner son expérience à l'avantage du Couvent de Saint-Jacques (2), et il n'hésitait pas à entrer

---

(1) Jourdain de Saxe, *De principio Ordinis...*, n° 13. « Interdum hanc ut recolo mihi conditionem exhibuit, ut a prædicatione desisterem, et ipse a Fratrum omnium tentatione cessaret. » — Thomas de Champré, *De Apibus*, lib. III, c. V.

(2) Lecoy de la Marche, *Anecdotes historiques d'Etienne de Bourbon*, p. 101. « Cum, in principio Ordinis Prædicatorum, demones totis viribus laborarent ad infestacionem Fratrum, non solum invisibiliter et spiritualiter temptando et impugnando, immo eciam multos materialiter et corporaliter affligendo, apparuit dyabolus Jordano bone memoriæ, dicti Ordinis Magistro, ut audivi ab aliis de eo et ab eo de quodam Fratre non se nominando, dicens quod, si vellet tantum facere, scilicet quod eum prædicando non molestarent sui Fratres, ipse eos in pace dimitteret; cum autem respondisset ei quod ipsi propter eum a prædicacione non cessarent, sed forcius instarent, ipse quantum poterat forcius Fratres impugnabat. »

dans des détails personnels sur les assauts qu'il avait à subir de la part du mauvais esprit. « Le démon, dit le Maître général (1), s'efforçait à tout moment, par un langage aux formes insidieuses, de jeter dans mon âme quelques germes de sa malice. Je m'en aperçus et lui dis : — Pourquoi recommencer tes artifices? Je connais tes intentions. — Et moi, répliqua-t-il, crois-tu que je ne connaisse pas de quel limon tu es sorti? Ce que je te propose une fois, tu le repousses et le dédaignes ; si j'insiste, vaincu par mon opiniâtreté, tu finiras par l'accepter avec plaisir. — Que les soldats du Christ l'entendent bien, s'écrie l'héroïque Prêcheur, la lutte n'est pas engagée contre la chair et le sang, mais contre les princes et les puissances des ténèbres, contre l'esprit du mal se transformant en ange de lumière! Que tous apprennent par les efforts continus de l'ennemi, à ne rien perdre de leur ferveur, à se garder de faire le plus léger sacrifice à la paresse ou au relâchement! »

Le démon vaincu et repoussé revenait à la charge ou se vengeait d'une autre façon. Ainsi dans sa rage contre Jourdain, il le faisait souffleter par un religieux possédé. Mais ces violences ne servaient qu'à mieux mettre en relief la patience du successeur de saint Dominique (2). « Cet énergumène qui l'avait frappé, montrait une telle vigueur, qu'il brisait les liens qui le tenaient attaché, et se précipitait sur les Frères pour les maltraiter. Une fois, on était parvenu à le garrotter et à l'étendre sur un lit. Jourdain parut : — O aveugle, s'écria le démon, si je pouvais te saisir, je te mettrais en pièces. — Le Maître donna aussitôt l'ordre de le délier, puis il dit : — Te voilà libre, fais ce que tu pourras. — Et le possédé ne bougea pas. Une autre fois, il avait insulté tous les Frères, mais voyant arriver Jourdain, il se leva avec les marques du plus profond respect, et se mit à louer la grâce singulière de ses prédications. Il voulait par là lui fournir matière à une vaine complai-

---

(1) Jourdain de Saxe, *De principio Ordinis...*, n° 13. « Nitebatur sub quadam fraudulenta palliatione verborum et crebro, aliquod in cordibus nostris suæ nequitiæ seminare vestigium. »
(2) Gérard de Frachet, *Vies des Frères*, P. III, n°s 30 et 31.

sance. Que pouvait pareille ruse auprès d'un homme aussi saint? Il confondit le malin par son humilité. »

Le Frère Bernard était un des religieux qui souffrait le plus de la malice du démon. La persécution avait commencé par lui; il continuait à la sentir peser sur son existence. Jourdain qui l'entourait de sa sollicitude et l'emmenait comme compagnon de voyage (1), a retracé les tourments de cette âme qu'il consolait, et dont il se trouvait amené plus d'une fois à partager les épreuves. A Saint-Jacques (2), « ce Frère un jour avait dû garder l'infirmerie, et les autres pour la plupart étaient aux Ecoles; il s'écria tout à conp : — Voici que les encapuchonnés disputent sur la question de savoir si le Christ est le chef de l'Eglise. — Et il répétait ces paroles avec colère, manifestant un vif dépit de cette discussion. Jourdain lui dit une fois : — Malheureux, pourquoi tenter ainsi les Frères ? Pourquoi multiplier tes efforts afin d'entraîner leurs âmes au péché, puisque tu te prépares un châtiment d'autant plus rigoureux ? — Il répondit : — Ce n'est point que le péché me plaise; j'en saisis toute l'horreur, mais je travaille par intérêt. Ainsi fait à Paris le maître des égouts; la mauvaise odeur ne lui est pas agréable, il exerce son métier pour les profits qu'il en tire. »

Jourdain ne quitte pas l'arène où il est descendu avec le Frère Bernard. Nouveau Jacob, il lutte, mais contre l'ange des ténèbres, jusqu'à ce que la victoire vienne couronner ses efforts. Les deux Prêcheurs associés dans une même fortune, se voient enveloppés par de nouvelles embûches. Le Maître rompit le filet où se débattait le religieux, et c'est encore tout frémissant du danger couru, qu'il a tracé le tableau du combat et le portrait de celui qui combattait à ses côtés (3). « Il parlait, dit-il, comme s'il eût prêché, d'une

---

(1) *Lettres du B. Jourdain de Saxe*, XI et XIII.
(2) Gérard de Frachet, *Vies des Frères*, P. III. — Danzas, *Etudes sur les temps primitifs de l'Ordre*, t. IV, p. 322.
(3) Jourdain de Saxe, *De principio Ordinis...*, 13. « Tam efficacibus utebatur velut in modum prædicationis sermonibus, ut ipso pronuntiationis modo, ac pietate simul et profunditate verborum uberes eliceurit lacrymas de cordibus auditorum. » — Echard, *Scriptores Ord. Prædic.*, t. I, p. 96.

manière si pénétrante, que sa prononciation, son accent pathétique joint à la piété et à la profondeur de ses discours, arrachait des larmes abondantes à tous ceux qui l'entendaient. Le démon versait parfois sur le corps de ce Frère qu'il obsédait, des parfums d'une incomparable suavité. Il essaya de m'égarer moi-même, feignant en ma présence, d'être fort tourmenté par ces odeurs, et supposant qu'un ange du ciel les avait répandues, tandis que c'était lui, qui pour nous inspirer une opinion téméraire de notre sainteté, produisait toutes ces illusions. Un jour entre autres, j'étais là, et il venait d'infliger à un Frère les plus cruelles tortures : tout à coup, il se mit à simuler un grand effroi et à crier : — Voici l'odeur, voici l'odeur ! — Un instant après il était tout imprégné de ces suaves parfums, tandis que par la contraction de ses traits et l'altération de sa voix, il affectait une grande horreur. Il me dit : — Sais-tu ce qui m'inspire cet effroi ? Voici que l'ange de ce Frère est venu le consoler en lui prodiguant ces aromes exquis, et cette visite me cause un affreux tourment. Mais attends, je vais te faire sentir comment j'ai coutume de signaler ma présence. — A ces mots, pour compléter sa jonglerie, il infecta l'air d'exhalaisons sulfureuses. Bientôt je me vis le point de mire des mêmes artifices (1). Ma perplexité devint extrême. J'avais tout lieu d'être convaincu de mon peu de mérite, et mon embarras ne saurait se traduire, lorsque partout où j'allais, je me sentais environné d'une atmosphère embaumée. Je n'osais étendre les mains, de peur de sembler trahir une sainteté que je ne pouvais m'attribuer. Si je portais le calice destiné au sacrifice du corps du Seigneur, il en sortait une odeur si délicieuse, qu'à la respirer seulement, j'aurais pu me croire transformé par tant de douceur.

« Cependant l'esprit de vérité ne permit pas à l'esprit de mensonge de nous jouer plus longtemps par ses impostures (2). Un jour, je me préparais à célébrer les saints mystères, et je récitais

---

(1) Jourdain de Saxe, *De principio Ordinis*..., 13. « Idem tentationis genus mihi in memetipso nequiter intulit. »

(2) *Id.* « Sed non passus est Spiritus veritatis maligni spiritus in longum durare fallacias. »

avec beaucoup d'attention le psaume (1) *Judica, Domine, nocentes me*, comme très-propre à repousser les tentations. Tandis que ma pensée s'arrêtait à méditer ce verset (2) : *Omnia ossa mea dicent : Domine, quis similis tibi ?* tout d'un coup ces senteurs parfumées m'enveloppèrent en entier et me pénétrèrent jusqu'à la moelle des os. Je demeurai saisi d'étonnement, et dans ma stupeur, je me mis à supplier le Seigneur de me faire connaître par sa grâce, s'il fallait prendre ce prodige pour une illusion diabolique. Je demandais à Dieu de délivrer le pauvre de la main du puissant, puisque lui seul pouvait me secourir. Je n'avais pas fini de prier ainsi, je le dis à la louange du Seigneur, que je fus éclairé d'une lumière intérieure, et le calme se rétablit dans mon âme. Je compris, sans qu'il me fût possible d'en douter, que l'effusion de tous ces parfums n'était qu'un artifice de l'esprit de mensonge. Dès que j'eus la certitude de ne pas me tromper, je fis part de cette révélation au Frère possédé, et les odeurs cessèrent de se répandre autour de nous. Mais il arriva dès lors que ce Frère se laissait aller à parler de choses mauvaises et immondes, lui qui nous avait habitués à n'entendre de sa bouche que les conversations les plus pieuses. Et comme je lui disais : — Où sont donc tous tes beaux discours ? — Il me répondit (3) : — Puisque ma ruse est découverte, je veux me montrer tel que je suis. »

La persécution fatiguait les corps, troublait les âmes et obscurcissait les esprits. Le mal était grand, et ses ravages menaçaient de compromettre la prospérité du Couvent de Saint-Jacques. Il fallait un remède énergique, prompt et efficace. Laissons la parole à Etienne de Bourbon (4). « Le démon, dit-il, s'acharnait contre les Frères. En présence de ces attaques continuelles, Jourdain or-

(1) Psaume XXXIV. « Jugez, Seigneur, ceux qui veulent me nuire. »
(2) « Tous mes os diront : Seigneur, qui est semblable à vous ! »
(3) Jourdain de Saxe, *De principio Ordinis...*, n° 14 : « Respondit mihi ; manifestum est nunc meæ fraudis consilium. Manifestam jam volo exercere nequitiam. » — Echard, *Scriptores Ord. Prædic.*, t. I, p. 96.
(4) Lecoy de la Marche, *Anecdotes historiques d'Etienne de Bourbon*, p. 102. « Ordinavit idem Jordanus quod per totum Ordinem, finitis Matutinis, responsorium de Angelis *Te sanctum Dominum* cum alta voce cantaretur, pro adjutorio bonorum Angelorum invocando. »

donna que dans tout l'Ordre, on chanterait à haute voix, à la fin des Matines, le répons des saints Anges : *Te sanctum Dominum*, pour implorer le secours de ces esprits bienheureux. » Les Religieux firent ce qui était commandé. « Or, poursuit le chroniqueur de Saint-Jacques (1), le démon, par la bouche d'un Frère qui lui avait donné prise par des abstinences indiscrètes, s'écria au moment où l'on chantait ces paroles du même répons : *Cherubim quoque ac Seraphim Sanctus proclamant :* — O malheureux, vous ne savez pas ce que vous chantez ! Vous ne connaissez pas la sublimité de ces anges. Je la connais moi, qui suis tombé du rang que je partageais avec eux. Je ne puis reconquérir ma place, parce que je n'ai point de corps pour faire pénitence. Ah ! si seulement j'avais autant de chair qu'il y en a dans le pouce d'un homme, je me mortifierais si bien, que je m'élèverais encore plus haut qu'autrefois. — Maître Jourdain ne s'y laissa pas tromper, et pour déjouer la ruse du démon, il avertissait les Frères de se tenir en garde contre les austérités indiscrètes. »

Les bons Anges ne pouvaient fermer l'oreille aux supplications des Frères-Prêcheurs. L'enfer semblait déchaîné, mais à côté des apparitions effrayantes, en attendant l'heure prochaine de la délivrance, des visions sereines venaient faire luire un rayon d'espérance. « Une nuit, raconte Gérard de Frachet (2), un Frère de vie sainte et dévote, avait vu planer sur le cloître et sur les autres bâtiments, des multitudes de démons qui répandaient à travers le Couvent des exhalaisons empestées. Puis il vit accourir les bataillons des saints Anges qui chassaient les démons et leurs odeurs infectes. Un autre ange vint ensuite, tenant un encensoir plein de parfums, et il parcourait tous les quartiers du Couvent où l'air avait été corrompu, afin de les remplir d'un nuage embaumé. »

---

(1) Lecoy de la Marche, *Anecdotes historiques d'Etienne de Bourbon*, p. 164 : « Clamavit dyabolus per os cujusdam Fratris, quem propter indiscretam abstinenciam arripuerat, cum cantarent : *Cherubim quoque ac Seraphim...* O miseri, vos nescitis quid cantatis ! Nescitis quam sublimes isti sunt, sed ego scio, qui de eorum consorcio cecidi. »

(2) Gérard de Frachet, *Vies des Frères*, P. III : « Vir sanctus et devotus. » — Danzas, *Etudes sur les temps primitifs de l'Ordre*, t. IV, p. 326.

Les Anges n'avaient point dissipé l'orage ; ils montrèrent seulement dans l'horizon éclairci, l'arc resplendissant qui présage la fin de la tempête. Leur mission n'était que de défendre et de protéger. La reine des Anges, Marie, parut, terrible comme une armée rangée en bataille, et seule, elle remporta la victoire. « Marie, dit l'un des plus illustres Prêcheurs, Jacques de Voragine (1), parlant des assauts du démon, Marie est à elle seule, toute une armée. Son nom, sa salutation, sa louange sont terribles aux mauvais anges. Quand nous la nommons, quand nous la saluons, quand nous chantons ses louanges, les esprits de ténèbres s'enfuient épouvantés. Son nom, lorsque le diable l'entend, est comme le bâton ou la massue qui le renverse. Quand il entend sa salutation, on dirait le tonnerre qui le glace de terreur, et il prend la fuite comme fou d'effroi. Lorsqu'il entend louer et glorifier la Mère du Sauveur, c'est comme s'il sentait un glaive lui transpercer la gorge. »

« Comme les démons, dit Etienne de Bourbon (2), ne cessaient point d'exercer leurs malices, on prit la résolution, pour implorer contre eux l'assistance de la bienheureuse Vierge, de chanter chaque soir après Complies, l'antienne *Salve Regina*. Et dès lors, par la puissance de la Mère de miséricorde, les esprits méchants qui tourmentaient les Frères, surtout pendant la nuit (3), ne purent plus dresser leurs embûches comme ils le faisaient auparavant. »

Jourdain avait déjà, l'année précédente, commencé à faire chanter à Bologne, le *Salve Regina* en l'honneur de la sainte Vierge, et la première pensée lui en était venue dans le dessein

---

(1) Jacques de Voragine mourut archevêque de Gênes, en 1298. Ce passage est tiré de son sermon pour le samedi de la quatrième semaine du Carême. — Danzas, *Etudes sur les temps primitifs de l'Ordre*, t. IV, p. 327.

(2) Lecoy de la Marche, *Anecdotes historiques d'Etienne de Bourbon*, p. 102. « Cum non cessaret demonum sevicia, statuerunt ut post Completas, alta voce, *Salve Regina misericordiæ*, cantaretur, ad adjutorium beate Virginis implorandum contra demonum seviciam. »

(3) *Id.* « Ex tunc, per ejus misericordiam, demones, qui maxime solebant de nocte Fratres vexare, magis infrenati sunt, ne possint desevire ut prius. »

d'obtenir la délivrance du Frère Bernard (1). Mais c'est à Paris, au Couvent de Saint-Jacques (2), que la décision fut solennellement prise, et le règlement établi, de transformer ce pieux exercice en une cérémonie liturgique, en un rite caractéristique de l'Ordre des Frères-Prêcheurs. Depuis, partout où se fonde une maison, partout où s'implante une tribu de la grande famille dominicaine, partout, le soir, à l'église du couvent ou dans la modeste chapelle, on entend résonner la douce antienne, et l'on voit les Maîtres qui n'ont pas oublié Jourdain de Saxe, les Religieux qui se rappellent le Frère Bernard, porter au trône de Marie l'hommage perpétuel de leur amour et de leur reconnaissance.

« Que de larmes de dévotion, s'écrie Jourdain (3), ont coulé à l'occasion de cette louange de la Mère du Christ! Quelle douceur n'a-t-elle pas répandue dans les âmes de ceux qui la chantaient, de ceux qui l'entendaient! Quels sont les cœurs dont elle n'a pas amolli la dureté ou enflammé l'ardeur? Ne croyons-nous pas que la Mère du Rédempteur s'attendrit à ces accents, se réjouit de cette louange? Un homme de Dieu, religieux fervent et digne de foi, m'a rapporté que souvent, quand les Frères chantaient : *Eia ergo advocata nostra!* il vit la Mère du Sauveur prosternée devant son Fils, et priant pour la conservation de l'Ordre. Nous rappelons ici ces choses (4), afin que de plus en plus s'accroisse le pieux enthousiasme des Frères à chanter les louanges de la bienheureuse Vierge Marie. »

Les Couvents troublés ou tourmentés recouvrèrent le calme et

---

(1) Jourdain de Saxe, *de Principio Ordinis...* n° 15. » Hujus prædicti F. Bernardi tam fera vexatio prima fuit occasio, qua permoti *Salve Regina* antiphonam post Completorium decantandam instituimus apud Bononiam. »

(2) Martène, *Veterum Script. et Monum.*, t. VI, *Brevis Historia Conventus Parisiensis*, p. 549. « Ad singularem spem, Mariam videlicet, et potentissimam et piissimam confugientes, Fratres istius Conventus Parisiensis ordinaverunt ut post Completorium, omni die, cum processione et solemnitate cereorum, *Salve Regina misericordiæ*, in initio flexis genibus, in laudem et honorem gloriosissimæ Matris Dei, fundatricis et conservatricis Ordinis Prædicatorum cantaretur. »

(3) Jourdain de Saxe, *de Principio Ordinis...* n° 15 : « Quantas hæc sancta laus venerandæ matris Christi lacrymas devotionis excussit ! »

(4) *Id.*, « Quod idcirco commemoratum sit, ut legentium Fratrum devotio magis jam deinceps in laudem Virginis animetur. »

la tranquillité. Un Frère de Saint-Jacques, d'une illustre naissance (1), il était fils de roi, fut un des premiers guéris de la possession qui prenait en lui tous les signes extérieurs de la folie. Le chant du *Salve Regina* le remit en pleine santé. Le Frère Bernard ressentit également l'heureuse efficacité de l'intervention de la Sainte Vierge contre l'ange des ténèbres. « Chose admirable, s'écriait à son tour Barthélemy de Trente (2), l'effet suivit immédiatement la cause, et la puissante Impératrice du ciel déjoua si bien les embûches de l'ennemi, que l'on vit disparaître aussitôt toute trace de ses infernales machinations. »

« A partir de ce moment, rien ne manqua plus à la prospérité de l'Ordre (3). » Marie le couvrait de sa protection : car, observent les anciennes Chroniques (4), « beaucoup de personnes ont vu et raconté que les Frères ne se rangeaient pas plus tôt en procession pour se rendre à l'autel de Notre-Dame, que Marie entourée d'un cortège céleste, venait se mêler à leurs mouvements, et qu'à l'instant où ils lui adressaient cet appel suppliant : *O dulcis Virgo Maria*, elle s'inclinait et les bénissait. Puis, l'antienne chantée et les Frères rentrant au chœur, la sainte Vierge remontait au ciel. »

Notre vieux chroniqueur ne s'arrête pas dans la voie de ces merveilleux récits. « On vit encore, dit-il (5), quand les Frères disaient : *et spes nostra, salve*, la Mère de miséricorde leur rendre gracieusement leur salut. Lorsqu'ils ajoutaient : *Eia ergo advocata nostra*, elle s'agenouillait devant son Fils et se répandait en

---

(1) Martène, *Veterum Script. et Monum.*, t. VI, *Brevis Historia Conventus Parisiensis*, p. 549. « Statim fuere fugata phantasmata, et qui prius vexabantur curati sunt. Unde quidam Frater, filius regis, qui in isto Conventu erat insanus, causa prædicta liberatus est plenissime. » — Thomas de Champré, *De Apibus*, L. III, c. v.

(2) Barthélemy de Trente, sermon déjà cité. — Danzas, *Etudes sur les temps primitifs de l'Ordre*, t. IV, p. 328.

(3) Martène, *Veterum Script. in Monum.*, t. VI, *Brevis Historia Conventus Parisiensis*, p. 550. « Ex tunc omnia Ordini prospere successerunt. »

(4) *Id.*, « Multi viderunt, Fratribus ad altare Virginis egredientibus, ipsam Virginem cum multitudine civium supernorum e summo cœli progredi. »

(5) *Id.* « Visum etiam fuit alii, ut Fratres dicebant Spes nostra salve, ipsam Reginam misericordiæ ipsos dulciter resalutantem. » — Danzas, *Etudes sur les temps primitifs de l'Ordre*, t. IV, p. 330.

prières pour le Couvent. A ces paroles : *Illos tuos misericordes oculos ad nos converte!* elle tournait vers les Frères son visage plein d'allégresse et arrêtait sur eux un regard d'une douceur ineffable. Enfin, lorsqu'ils chantaient : *Et Jesum benedictum fructum ventris tui nobis post hoc exilium ostende*, la bienheureuse Vierge tenant son fils tout petit enfant, le présentait avec la plus aimable complaisance, à tous et à chacun des Frères. »

« Le concours des peuples, la dévotion du clergé, les pieux soupirs, les douces larmes, les admirables visions, » dit Gérard de Frachet (1), se succédaient ainsi, pour communiquer aux fidèles l'enthousiasme des Frères, et pour faire partager aux églises (2) l'usage de chanter, comme dans le Couvent de Paris, l'antienne aux irrésistibles accents, le *Salve Regina*.

Le succès fut complet, l'élan ne connut pas de bornes; parti du Couvent de Saint-Jacques (3), le chant du *Salve Regina* résonna bientôt par toute la terre, et ce n'est pas sans raison que l'auteur du manuscrit de Saint-Victor, tressaillait d'un légitime orgueil, et donnait au plus long des rares chapitres de son histoire, ce titre flatteur (4) : « Que le chant du *Salve Regina* après Complies a pris naissance au Couvent de Saint-Jacques. »

L'attention des Frères était absorbée par l'enchaînement dramatique de ces faits, dont les conséquences avaient menacé la paix et la prospérité de la maison de Paris. Cependant les Fils de saint Dominique tenaient au midi de la France par des liens trop intimes, l'hérésie des Albigeois touchait de trop près aux origines de l'Ordre des Prêcheurs, pour que le Couvent de Saint-Jacques

---

(1) Gérard de Frachet, *Vies des Frères*, P. I, c. vii.
(2) Lecoy de la Marche, *Anecdotes historiques d'Etienne de Bourbon*, p. 102. « Exemplo Fratrum multe ecclesie idem facere statuerunt. »
(3) Martène, *Veterum Script. et Monum.*, t. VI. *Brevis Historia Conventus Parisiensis*, p. 559. « Ideo ordinatum est in quodam Capitulo generali, ut pro conservatione et prosperitate Ordinis, ista laudabilis processio in Conventu isto incæpta, per totum Ordinem fieret, ad quam Fratres omnes cum devotione insimul conveniunt; et in hoc postea multi imitati sunt Fratres, *Salve Regina* eorum modo cantantes. »
(4) *Id*. « Quod in isto Conventu habuit ortum quod cantaretur *Salve Regina* post Completorium. »

demeurât indifférent à la marche de l'expédition dirigée contre le comte de Toulouse. La victoire ne ménagea point ses lauriers au roi de France ; mais la mort y ajouta brusquement ses couronnes de cyprès. Louis VIII ne put pas atteindre la fin qu'il s'était proposée : il fut enlevé au milieu de ses succès, et son fils Louis IX lui succéda sous la régence de Blanche de Castille.

Le jeune roi fut aussitôt sacré à Reims, le 29 novembre 1226. Jourdain ne pouvait manquer à cette cérémonie, afin d'offrir à Dieu les prières de l'Ordre qui fournissait à Blanche de Castille des précepteurs pour son fils, et afin de protester du dévouement de toute la famille dominicaine à la couronne de France. Parmi les Frères qu'il emmena du Couvent de Saint-Jacques, se trouvait Etienne de Bourbon. Ce Prêcheur, qui recueillait dans ses anecdotes historiques tout ce qu'il avait vu et entendu, n'a pas oublié de faire mention de l'ampoule apportée du ciel (1) par une colombe, pour le baptême de Clovis. Etienne fut témoin de la procession solennelle où les archevêques et les évêques portèrent en grande pompe (2), de l'église de Saint-Remi à la basilique de Notre-Dame, à Reims, l'ampoule miraculeuse qui sert au jour du couronnement des rois. « Et, ajoute l'auteur, il est remarquable que par un prodige du ciel, elle contient toujours, sans que personne y ait mis la main, l'huile nécessaire au sacre de chaque roi de France. »

Le cours de ces événements divers s'était précipité de telle façon, que Jourdain retenu à Saint-Jacques par toutes sortes de soucis au dehors, par toute espèce de sollicitudes au dedans, se trouvait encore à Paris au commencement de l'année 1227. Il n'a pas cessé de prêcher. La guerre a été déclarée et les préparatifs se sont achevés, le Chapitre général s'est tenu, les troubles étranges survenus au Couvent se sont dissipés, Louis VIII est mort, Louis IX a été sacré à Reims le premier dimanche de l'A-

---

(1) Lecoy de la Marche, *Souvenirs historiques d'Etienne du Bourbon*, p. 427. « Detulit columba de cœlo ampullam mirabilem, plenam celesti mixtione. »

(2) *Id.* « Portatur ibi dicta ampulla, ut ego vidi, ab archiepiscopis et episcopis et clero processionaliter, cum multa reverencia et honore. »

vent, la reine Blanche a vaillamment pris la tête des affaires, rien n'a pu ni arrêter, ni ralentir les élans apostoliques du Maître travaillant sans relâche au salut des âmes. Cependant sa pensée ne s'enchaînait pas sur les bords de la Seine : sous le pli d'une lettre, elle franchissait l'espace et les monts, pour aller rassurer Diane au milieu des troubles de l'Italie, la consoler d'une absence ainsi prolongée au-delà des limites ordinaires. « Mes filles bien-aimées, écrivait-il aux Sœurs de Sainte-Agnès (1), prenez courage dans le Seigneur Jésus, votre époux. Vous l'avez sagement préféré à tous les biens de ce monde, et, je l'espère, vous le retenez captif par vos prières et par vos larmes, afin qu'il ne puisse vous échapper. Ne vous laissez point abattre ; il n'y a plus en vous de sujet de condamnation, puisque vous possédez le maître du salut, qui veut, qui sait et qui peut vous délivrer de tout péril, de toute tribulation et de toute angoisse. Qui donc parmi vous, se voyant en proie pour quelque temps, au dégoût, à l'insensibilité et à la sécheresse, oserait s'écrier ? Le Seigneur m'a abandonnée ; il ne s'occupe plus de moi, je le vois bien, je ne sens plus la même dévotion. A Dieu ne plaise, qu'une épouse du très-bon Jésus tienne jamais ce langage! » Et rappelant les avis qu'il avait coutume de leur donner (2), il continue : « Ainsi que je vous l'ai souvent répété de vive voix, consolez-vous par la très-douce réponse faite dans Isaïe, à une épouse du Seigneur qui se plaint d'avoir été abandonnée. Le prophète s'exprime en ces termes : — Sion a dit : le Seigneur m'a abandonnée : le Seigneur ne se souvient plus de moi. — Sion signifie miroir, et c'est le symbole de l'âme sainte qui contemple souvent le Christ, miroir sans tache de la divinité. Parfois attristée de sa sécheresse, elle s'écrie : le Seigneur m'a abandonnée, le Seigneur m'a oubliée. Mais écoutez la réponse du Seigneur : — Est-ce qu'une mère peut oublier son enfant, et n'avoir pas pitié du fruit de ses entrailles ? Eh bien,

---

(1) *Lettres du B. Jourdain de Saxe*, XVIII. « Confortamini, Filiæ carissimæ, in Domino Jesu, sponso vestro, quem vobis præ omnibus desiderabilibus hujus sæculi prudenter quidem elegistis. »

(2) *Id.* « Sicut sæpius vobis, cum apud vos essem, dicebam. »

encore qu'il en fût ainsi, je ne vous oublierai point; je vous ai écrite dans ma main! — Plût au ciel que cette parole fût souvent présente à votre esprit! Alors, malgré vos tribulations et vos angoisses, malgré la sécheresse continue de votre cœur, le démon ne vous ferait pas croire facilement que le Seigneur vous a abandonnées. »

Jourdain terminait cette lettre en disant (1) : « Je vous recommande de prier pour moi. J'espère par la grâce de Dieu, vous voir bientôt et vous consoler dans le Seigneur. Adieu. » Il se trompait dans ses prévisions; les choses ne s'arrangèrent pas ainsi, et au mois de Janvier de l'année 1227, il n'avait pas quitté Paris. Le successeur de saint Dominique venait de recevoir du pape Honorius, une lettre qui lui confiait la direction du couvent des Prêcheresses, à Bologne. C'était un grand sujet de joie pour Diane et pour toutes les Sœurs de Sainte-Agnès. Jourdain prend part à leur allégresse, mais en même temps il ne veut pas leur laisser ignorer le contentement que lui cause, à Paris, le nouveau succès de ses prédications auprès des écoliers de l'Université. « Je n'en doute pas, écrit-il (2), il vous a été dit autrefois par les prophètes, et enfin par saint Paul, au nom du Christ, que nous devions nous réjouir avec les serviteurs de Jésus-Christ, alors surtout qu'ils sont dans la joie et dans l'allégresse. Ayant donc appris de nouveau, combien vous étiez heureuses de la grâce faite à votre communauté, je viens en féliciter toutes les Sœurs. Est-ce que leurs joies ne sont pas miennes ?

« Et vous, chère Fille, encore que vous n'ignoriez point que partout et toujours j'ai désiré votre bonheur et celui de vos Sœurs, sachez cependant que désormais, s'il plaît à Dieu, je redoublerai de sollicitude à votre égard. Je vous confie la lettre que le Souverain-Pontife m'a adressée en votre faveur : gardez-la religieuse-

---

(1) *Lettres du B. Jourdain de Saxe*, XVIII. « De cætero, committo me orationibus vestris. Spero quod, Domino adjuvante, debeam videre vos et in Domino consolari. Valete. »

(2) *Id.*; XIX. « Non dubito olim traditum esse a sanctis prophetis, et novissime a Paulo, in quo Christus, nos debere congaudere servis Jesu Christi. »

ment. Et afin de ne point paraître ingrat, je veux vous dire que depuis mon départ de Bologne, Dieu m'a comblé de ses bienfaits; rendez-lui mille actions de grâces, car le Christ a attiré dans notre Ordre dix-huit sujets capables (1). Je vous les recommande avec d'autres qui se proposent de les imiter. »

Un de ces Frères cueillis par Jourdain dans les rangs de l'Université, portait l'un des plus grands noms et appartenait à l'une des plus illustres familles d'Italie (2). Jean Colonna n'était pas sorti de l'enfance quand il avait, à Rome, connu saint Dominique. Il fut envoyé très-jeune à Paris par son oncle le cardinal Colonna, afin d'y poursuivre le cours de ses études sous la conduite d'un gouverneur et d'un précepteur. Les prédications de Jourdain touchèrent le cœur de l'écolier et l'inclinaient à prendre l'habit des Prêcheurs. Un ecclésiastique de haut rang, un grand clerc, dit Gérard de Frachet (3), s'efforçait de l'en dissuader. Jean lui avait même promis de ne s'arrêter à aucune décision, sans avoir auparavant traité l'affaire de vive voix. Jourdain, de son côté, sans détourner l'étudiant de cette fréquentation, l'exhortait à la patience, et lui promettait que son contradicteur cesserait bientôt d'apporter obstacle à ses pieuses aspirations. En effet, à quelque temps de là, un jour le jeune Italien entra visiter une abbaye de Paris (4), et quelle ne fut point sa surprise quand il reconnut ce grand clerc enlevé par une mort subite et déjà exposé dans le chœur de l'église? Cet accident acheva l'œuvre de la grâce et Jean Colonna n'hésita plus à se faire admettre au Couvent de Saint-Jacques (5).

(1) *Lettres du B. Jourdain de Saxe*, XIX. « Multiplices gratias age pro donis suis quæ mihi sunt. Christus namque traxit ad Ordinem decem et octo viros idoneos, quos tibi commendo, et reliquos, quorum propositum sanctum est. »

(2) Échard, *Scriptores Ord. Prædic.*, t. I, p. 418. « Joannes Columna, Romanus ex antiqua Columnensium stirpe satus, inter primos nuper nati Ordinis viros et assertores laudandus, adolescens Parisius litteris erudiendus, cum præceptore et gubernatore missus fuerat a patruo. Is erat Joannes cardinalis de Columna. »

(3) Gérard de Frachet. *Vies des Frères*, P. IV, c. x, § 3. « A quodam magno clerico retrahebatur. »

(4) Échard, *Id.* « Ecce invenit quasi subito defunctum in medio chori cujusdam abbatiæ Parisiensis jam delatum. »

(5) Échard, *Id.* « Magistri Ordinis venerabilis Jordani tum Parisius prædi-

Les difficultés qui retardaient le départ de Jourdain furent enfin levées, et il put reprendre le chemin de Bologne. A peine y avait-il commencé ses prédications ordinaires du Carême, que le bruit de la mort du pape Honorius III arrivait (1), suivi bientôt de la nouvelle de l'élection du cardinal Ugolin, sous le nom de Grégoire IX. Le nouveau pape avait pris en affection, d'ancienne date déjà, Diane d'Andalo, Jourdain de Saxe, et les Fils de saint Dominique. Aussi s'empressa-t-il de réclamer de ses amis le secours de leurs prières, afin d'attirer les bénédictions du ciel sur son pontificat. Voici, tel que nous l'avons découvert aux Archives (2), le texte inédit de la lettre particulière aux Frères-

cantis sermonibus intimius motus.... Ordinem in domo San Jacobea Parisiensis amplexus est, anno MCCXXVI. »

(1) Fleury. *Hist. Eccles.*, t. XVI, l. 79, 31.
(2) Archives nationales, *Registres et Cartons*, L, 241, n° 1. — Inédite.

« Gregorius episcopus, servus servorum Dei,

« Dilectis filiis patri Jordano Magistro, Prioribus et Fratribus Ordinis Prædicatorum in Francia constitutis, salutem et apostolicam benedictionem.

« Assumpti nuper immo verius rapti ad summi pontificatus officium quod Fratres Nostri Nos quantumlibet reluctantes suscipere coegerunt, eo plenius insufficientiam Nostram agnoscimus quo diligentius incumbentia nobis onera cogitamus. Si enim quilibet sanæ mentis anxiatur et metuit ne pro se ipso possit dignam reddere rationem in extremo examine, quis ad eam reddendam pro omnibus, pro prælatis et subditis, pro sapientibus et insipientibus, quibus ipsum officium eos qui ad illud assumuntur constituet debitores, se sufficientem audeat reputare, plane recognoscimus et fatemur quod in hac altitudine maris, in hac tumultuosa mundanorum fluctuum tempestate, Petri navem, universalem Ecclesiam gubernare nequaquam Nostra virtute sufficimus, sed a solo Deo qui dat omnibus affluenter et non improperat sufficientiæ gratiam expectamus, atque inter hujus maris magni et spaciosi, inter videlicet hujus sæculi turbulentissimos et amarissimos fluctus Nostra mens ad ejus auxilium suos oculos levat et erigit, qui beatum Petrum ambulantem in fluctibus ne mergeretur erexit, in quo nimirum non parvam dignata est Nobis dare prudentia divina fiduciam, ostendens Ecclesiam suam quæ præfigurabatur in Petro, fore ipso manum sui auxilii porrigente, seculum calcaturam. Quia vero importuna lippentis Liæ instantia Nos frequenter a suavibus perspicacis Rachelis amplexibus avellente, ipsi Deo precibus insistere non possumus ut oportet, vos qui ad pedes ejus sedetis jugiter cum Maria, et quibus ab olim Nos junximus bitumine caritatis, sollicitandos duximus et prece affectuosa rogandos, pro grandi munere postulantes, quatenus in ara cordis vestri ei pro Nobis orationum vestrarum sacrificium crebrius offeratis, suppliciter postulando ut ad se ipsum dirigat Nostras cogitationes et actus, et ad exsuperandum negotiorum turbulentiam mundanorum, dignetur Nobis porrigere manum suam, quatinus ejus Nos præveniente gratia et sequente, sic impleamus officium apostolicæ servitutis, quod cum venerit positurus cum servis suis cal-

Prêcheurs, écrite par Grégoire IX, les premiers jours après son avènement à la chaire de Saint-Pierre (1). Cette lettre porte en tête une inscription spéciale à Jourdain, Maître général de l'Ordre.

« Grégoire, évêque, serviteur des serviteurs de Dieu.

« A Nos chers fils, le Père Jourdain, Maître général, les Prieurs et les Frères de l'Ordre des Prêcheurs établis en France, salut et bénédiction apostolique.

« Nous venons d'être appelé à prendre, il serait plus vrai de dire contraint d'accepter la charge de Souverain Pontife, que Nos Frères Nous ont imposée malgré Nos résistances. Nous reconnaissons d'autant plus Notre insuffisance, que Nous examinons mieux le fardeau qui Nous incombe. Si tout homme sage se trouble et craint de ne pouvoir rendre dignement ses comptes particuliers au jugement dernier, qui donc oserait s'estimer capable de les rendre pour tous, prélats et fidèles, sages et insensés, dont il devient le débiteur par le fait même de son élection ? Nous reconnaissons et Nous confessons que sur cette mer profonde, au milieu des flots tumultueusement agités par les orages du monde, Nous Nous sentons absolument incapable, par Nos seules forces, de gouverner la barque de Pierre, l'Eglise universelle ; Nous espérons en Dieu seul, qui ne refuse à personne, mais qui accorde à chacun les grâces suffisantes. Du milieu des flots troubles et amers de l'océan immense de ce monde, Notre âme élève et tourne ses regards vers Celui qui soutint saint Pierre marchant sur les eaux et l'empêcha d'être submergé ; la divine sagesse Nous permet de mettre en Lui toute Notre confiance, quand elle Nous montre son Eglise figurée dans saint Pierre, soutenue par sa main, assistée de son aide, victorieuse du siècle. Mais la triste Lia, par ses importunités, Nous arrache souvent aux caresses de l'aimable Rachel et Nous empêche de prier Dieu comme il faut ; c'est pourquoi Nous Nous adressons à vous, qui vous tenez con-

culum rationis, illam desiderabilem vocem : Euge serve bone, intra in gaudium Domini tui, audire ipso miserante possimus.

« Datum Laterani, IIII Kal. Aprilis, Pontificatus Nostri anno primo. »

(1) Grégoire IX fut couronné le dimanche 21 mars, et sa lettre est datée du 29, huit jours après.

stamment à ses pieds avec Marie, vous à qui depuis longtemps Nous sommes uni d'affection intime, Nous vous supplions, au nom de cette affection, de Nous rendre l'immense service d'offrir pour Nous au Seigneur, sur l'autel de votre cœur, le sacrifice continu de vos prières, en lui demandant instamment qu'il dirige vers Lui Nos pensées et Nos actions, qu'il daigne Nous tendre la main pour Nous aider à surmonter le tourbillon des affaires temporelles; que sa grâce Nous précède et Nous accompagne afin que Nous remplissions les fonctions du ministère apostolique de manière à l'entendre, quand il viendra régler les comptes de ses serviteurs, Nous adresser dans sa miséricorde cette parole de salut : « C'est bien, fidèle serviteur, entrez dans la joie de votre maître. »

« Donné au palais de Latran, le quatrième jour des Calendes d'Avril, la première année de Notre pontificat. »

Grégoire IX continuait ainsi les témoignages de bienveillance que le cardinal Ugolin avait donnés, dès le commencement, à saint Dominique et à l'Ordre que le serviteur de Dieu venait de fonder. Cette lettre combla de joie tous les Frères-Prêcheurs; mais à ces attentions délicates du nouveau Pontife nul ne fut plus sensible que Jourdain. Il acheva de prêcher le Carême à Bologne, au milieu des espérances que lui permettaient de concevoir les preuves d'une faveur aussi haute et aussi marquée. Il n'eut pas plus tôt terminé le cours de ses instructions quadragésimales, qu'il voulut profiter des loisirs que lui laissait l'intervalle qui sépare les fêtes de Pâques de celles de la Pentecôte, pour se rendre à Rome, afin de déposer aux pieds de Grégoire IX, avec l'expression de sa propre reconnaissance, l'hommage de la filiale affection de la famille dominicaine.

Dans ce dessein, Jourdain est parti en toute hâte; les adieux ont été si précipités, qu'au dernier moment la pensée ne lui est pas venue de raconter à Diane comment le ciel avait encore cette fois béni les travaux de son ministère. A la première halte, il eut soin de réparer cette omission, et il écrit (1) : « Le Seigneur, qui

(1) *Lettres du B. Jourdain de Saxe*, XXI.

m'a créé et souvent comblé de bienfaits, vient encore de multiplier ses miséricordes à mon égard, par les mérites de Jésus-Christ, son Fils, pour son honneur et sa gloire, ainsi que pour le salut des âmes. Il a attiré chez nous, sous l'impulsion du Saint-Esprit, une trentaine de sujets capables et distingués par leurs connaissances littéraires (1). Rendez-en grâce à Dieu avec toutes vos Sœurs. »

Est-ce qu'il est possible à Jourdain d'écrire et de ne penser qu'à lui? Il réclame les prières de ses Filles : mais, en retour, il songe à leur progrès spirituel, et, sur le bord du chemin où la nuit l'a contraint de s'arrêter, oubliant la fatigue d'une journée de marche, il prolonge sa veille pour ajouter à sa lettre quelques conseils qui serviront au bien de leurs âmes. « Fortifiez-vous aussi, dit-il (2), dans le Seigneur, et faites qu'il habite toujours dans vos cœurs. Le cœur qui ne possède point le Christ ressemble à la paille qui n'a pas de grain ; il est ballotté par les tentations, comme celle-ci est emportée par le vent. Il n'en est pas ainsi de la paille pleine de grain : le vent l'agite sans l'emporter, soutenue qu'elle est par son propre poids. De même le cœur où habite Jésus-Christ est soutenu par lui, et n'est point abattu par les tentations qui viennent l'agiter. Redites donc et du cœur et des lèvres : — Que les autres s'attachent à qui leur plaira ; mon bonheur à moi est de m'attacher à Dieu. — Et encore : — Mon âme, ô mon Dieu, s'est attachée à vous. — Si le vent détache la paille du grain, c'est qu'elle ne lui était pas fortement attachée. Or le Seigneur, voulant que nous lui fussions fortement attachés, nous a unis à lui grâce au ciment indestructible de son amour...

« Je vais à Rome, priez pour moi (3). Vous pouvez lire cette lettre à toutes les Sœurs. »

Nous savons les relations amicales qui s'étaient établies entre

---

(1) *Lettres du B. Jourdain de Saxe*, XXI. « Traxit ad Ordinem nostrum in virtute Spiritus Sancti ferme triginta personas idoneas et bene litteratas. »

(2) *Id.* « Vos etiam confortamini in Domino Jesu Christo, et ipse semper habitet in corde vestro. »

(3) *Id.* « Vado Romam, orate pro me. »

le cardinal Ugolin, légat du Pape en Lombardie, et Jourdain de Saxe, Prieur des Dominicains dans la même province. Aujourd'hui tous deux se retrouvent à Rome, celui-ci chargé de la conduite générale de l'Ordre, celui-là tenant en main le gouvernement de l'Eglise universelle. Grégoire IX fit au Maître l'accueil le plus gracieux, qui confirmait le bon souvenir qu'il avait gardé de leur ancienne intimité, souvenir auquel sa plume, interprète du cœur, semblait, aux termes de sa lettre (1), s'être arrêtée avec une vraie complaisance. Le Pape et le Prêcheur reprirent les confidences où leurs âmes charmées s'étaient autrefois, à Bologne, abandonnées l'une à l'autre. Laissant de côté les sollicitudes particulières et les questions de détail, les deux interlocuteurs trouvaient à leurs conversations une matière inépuisable dans l'étude des intérêts religieux, dans l'examen des affaires concernant l'Eglise, les peuples et les rois. Frédéric II paraissait tout près de rompre le fil léger auquel était suspendue la concorde de l'Eglise et de l'Empire. Qui plus que Jourdain de Saxe se sentait à même d'éclairer Grégoire IX sur la situation politique de l'Allemagne ? Sa naissance, ses voyages, les progrès de l'Ordre sur les bords du Rhin, transformaient le Maître en un conseiller d'Etat germanique. A qui le Pape pouvait-il mieux demander des renseignements sur la France, sur le caractère de Louis IX, sur les dispositions de Blanche de Castille, qu'au Prêcheur de Saint-Jacques, dont la régente venait, au Couvent de Paris, prendre les conseils pour l'éducation du jeune roi et pour la direction des affaires publiques ?

La familiarité du Pape et de Jourdain de Saxe ne pouvait que tourner à l'avantage spirituel de l'Ordre. C'est sans doute au sortir d'un de ces entretiens que le Souverain Pontife expédiait dans le monde chrétien, à ses frères dans l'épiscopat, une bulle qui demeure comme un monument précieux de ses sentiments pour la famille de saint Dominique. Grégoire IX renouvelle dans cette lettre les recommandations de son prédécesseur, le pape

(1) « Quibus ab olim Nos junximus bitumine caritatis. »

Honorius III (1), en faveur des Prêcheurs. Il y ajoute la mention expresse de pouvoirs spéciaux qu'il venait de leur accorder, et il prend souci de mettre en garde tous les pasteurs de l'Eglise contre les imposteurs qui se couvraient du manteau dominicain et escomptaient, afin d'en tirer un profit honteux, la renommée déjà acquise aux nouveaux prédicateurs de l'Evangile. Cette bulle est datée du palais de Latran (2), le 14 Mai; il y avait à peine deux mois que Grégoire IX occupait la chaire de saint Pierre.

« Grégoire, évêque, serviteur des serviteurs de Dieu.

« A Nos vénérables frères les Archevêques et les Evêques, à Nos

---

(1) Voir ci-dessus IV. *Formation du Couvent de Saint-Jacques*, p. 56.
(2) Archives nationales, *Registres et Cartons*, L. 241, n° 2. — *Bullarium Dominicanum*, t. I, p. 18.

« Gregorius, episcopus, servus servorum Dei,

« Venerabilibus fratribus Archiepiscopis et Episcopis, ac dilectis filiis Abbatibus, Prioribus et aliis ecclesiarum prelatis ad quos litteræ istæ pervenerint, salutem et apostolicam benedictionem.

« Quoniam habundavit iniquitas et refriguit caritas plurimorum, ecce Ordinem dilectorum filiorum Fratrum Predicatorum Dominus suscitavit, qui non quæ sua sed quæ sunt Christi quærentes, tam contra profligandas hereses quam pestes alias mortiferas extirpandas se dedicarunt evangelizationi verbi Dei in abjectione voluntariæ paupertatis. Nos ijitur eorum sanctum propositum et necessarium ministerium favore benivolo prosequentes, universitati vestræ ipsos affectuose duximus commendandos, caritatem vestram rogantes et exhortantes in Domino, ac per apostolica vobis scripta mandantes, quatinus dilectos vos Fratres Ordinis memorati pro reverentia divina ad officium prædicandi ad quod deputati sunt, recipiatis benigne, ac populos vobis commissos ut ex ore ipsorum verbi Dei semen devote suscipiant et confiteantur eisdem, cum ipsis auctoritate Nostra liceat confessiones audire ac poenitentias injungere, sedulo ammonentes, pro Nostra et Apostolicæ Sedis reverentia in suis eis necessitatibus liberaliter assistatis, quatinus ad prædicta suscipienda vestris exhortationibus populi præparati, tanquam bona et fructifera terra pro vitiorum tribulis, incipiant segetem germinare virtutum, et dicti Fratres per operationem vestram suscepti ministerii cursum feliciis constituendo, optatum reportent sui laboris fructum et finem, salutem videlicet animarum. Quia vero sæpe vitia sub specie virtutum occulte subreptant et angelus Satanæ in angelum lucis se plerumque simulate transformat, præsentium vobis auctoritate mandamus, quatinus si qui de Prædicatorum Ordine se dicentes, in vestris partibus prædicaverint ad questum se pecuniarum convertendo, per quod religionem eorum et paupertatem professi sunt, contingeret infamari, vos tanquam falsarios capiatis et condempnetis eosdem.

« Datum Laterani, II Id. Maii, pontificatus Nostri anno primo. »

chers fils les Abbés, les Prieurs et les autres prélats à qui ces lettres seront adressées, salut et bénédiction apostolique.

« L'iniquité s'étend et la charité se refroidit, mais voici que le Seigneur a fait naître l'Ordre de Nos chers fils les Frères-Prêcheurs, qui cherchent non pas leurs intérêts, mais ceux du Christ, et qui, pour combattre l'hérésie et pour guérir les autres fléaux mortels, se sont adonnés à la prédication de la parole de Dieu, dans l'abnégation d'une pauvreté volontaire. C'est pourquoi, Nous qui environnons de Notre bienveillance et de Notre faveur eur sainte entreprise et leur œuvre nécessaire, Nous avons pensé devoir vous les recommander avec affection, priant votre charité, vous exhortant dans le Seigneur et vous mandant, par Nos lettres apostoliques, d'accueillir avec bonté, et par respect pour le divin Maître, les chers Frères de cet Ordre, dans le ministère de la prédication dont ils sont chargés. Ayez soin de conseiller aux peuples qui vous sont confiés, de recevoir pieusement de leur bouche la semence de la parole évangélique, de se confesser à eux, puisque Nous leur avons, de Notre autorité, donné permission d'entendre les confessions et d'imposer des pénitences. Par respect pour Nous et pour le Saint-Siège Apostolique, assistez-les largement dans leurs nécessités, et les peuples préparés par vos avis à recevoir leur prédication deviendront comme une terre bonne et fertile, qui, à la place des épines du vice, se couvrira d'une moisson de vertus. Grâce à votre coopération, les Frères-Prêcheurs poursuivront avec plus de succès le cours de leur mission, et comme fin de leurs travaux, ils récolteront le fruit désiré, le salut des âmes. Mais comme il arrive souvent aux vices de se glisser sous l'apparence des vertus, et à l'ange de Satan de se transfigurer en ange de lumière, Nous vous mandons par l'autorité des présentes de vous tenir en garde, et si des missionnaires se disant de l'Ordre des Dominicains prêchent dans vos régions, s'appliquent à amasser de l'argent, et portent ainsi préjudice à la religion et au vœu de pauvreté de l'Ordre, vous les ferez arrêter et vous les condamnerez comme imposteurs.

« Donné au palais de Latran le deuxième jour des Ides de Mai, la première année de notre pontificat. »

Grégoire IX reconnaissait dans Jourdain, avec une vertu non moins héroïque, l'esprit de sagesse et le sens pratique qu'il avait admirés dans Dominique. Il voyait de jour en jour augmenter son affection pour le Maître général, et, afin de lui donner un nouveau témoignage d'estime, il voulut l'entendre prêcher. Jourdain se préparait à répondre à la flatteuse invitation du Pape, lorsque, faisant sa méridienne, selon l'usage monastique à Rome, un Frère convers, dans un accès de folie furieuse, se jeta sur lui armé d'un rasoir, et lui ouvrit une large blessure à la gorge. La nouvelle s'en répandit aussitôt. L'émotion fut grande dans la Ville éternelle ; l'alarme franchit le seuil du palais pontifical. « Eh quoi, s'écria le Pape (1), allons-nous perdre cette colonne de l'Eglise ? » Une grâce particulière de Dieu mit promptement fin à l'anxiété publique. Au bout de trois jours, Jourdain se leva, fit dresser un autel et célébra les saints mystères. Après la Communion, « de la seconde ablution, dit Thomas de Champré, en touche ses plaies, est guery aussitost, et le mesme jour presche glorieusement devant le Pape et les Cardinaux en Consistoire, au grand etonnement de ceux qui sçavoient de cette sanglante histoire. »

Le Souverain Pontife désira tenir le récit de cette guérison miraculeuse de la bouche même du religieux, qu'il plaçait si haut dans son affection, et dont il estimait les services si nécessaires à l'Eglise ; il força le Maître des Prêcheurs à subir un honneur tout à fait inusité, celui de manger à la table disposée en demi-lune (2), à laquelle les papes s'asseyaient seuls pour prendre leurs repas.

Le soir du même jour, Jourdain quittait Rome pour revenir à Bologne où l'appelait le Chapitre général. Il fut surpris par la nuit dans un village de la campagne romaine, et alla frapper à la

---

(1) Thomas de Champré, *De Apibus*, l. III, c. v. — Danzas, *Etudes sur les temps primitifs de l'Ordre*, t. II, p. 158.

(2) « In modum lunæ corniculatam. »

porte du presbytère. On le repoussa. Une pauvre maison s'ouvrit pour lui offrir l'hospitalité, mais les hôtes étaient si misérables, qu'ils n'avaient pas de quoi préparer à souper. Jourdain ressentit alors les transports de cette joie céleste réservée aux âmes parfaites, et il dit aux Religieux qui l'accompagnaient (1) : « Béni soit ce prêtre qui nous a refusé son logis! D'autant qu'il m'a délivré de la gloire d'avoir aujourd'hui mangé, séant à même table, avec le Souverain Pontife de l'Univers. »

Jourdain présida le Chapitre général à Bologne, aux fêtes de la Pentecôte, le 31 mai 1227. Le Maître apportait une attention scrupuleuse à toutes les questions traitées dans ces réunions solennelles des principaux membres de l'Ordre. Cette fois, il suivit avec un intérêt plus vif le cours des délibérations, dont le résultat devait avoir pour Diane et pour ses compagnes une importance particulière. Entre autres dispositions, l'assemblée, suivant les prescriptions de la bulle du pape Honorius, arrêta que le gouvernement du monastère de Sainte-Agnès resterait désormais confié aux Religieux de l'Ordre de Saint-Dominique.

Puis, après s'être réjoui avec les Sœurs-Prêcheresses de cette mesure définitive, vivement désirée et impatiemment attendue, le bâton du voyageur à la main, Jourdain se remit en route vers la France, en visitant sur son passage les couvents de l'Italie septentrionale. Diane ressentit une vive douleur au départ de son père spirituel; privée de ses conseils, attristée de cette nouvelle séparation, elle se prit à souhaiter de mourir. Elle retraça l'état désolé de son âme dans une lettre à Jourdain, qui répondit aussitôt avec sa sagesse et sa mansuétude habituelles (2). « Vous m'avez écrit que vous n'auriez pas voulu mourir et entrer dans la maison de votre Père céleste, *où il y a plusieurs demeures*, tant que le couvent de Sainte-Agnès n'était pas définitivement placé sous la

---

(1) Thomas de Champré, *De Apibus*, l. III, c. v.
(2) *Lettres du B. Jourdain de Saxe*, XX. « Scripsisti mihi quod adhuc non placuit tibi mori et venire ad domum Patris tui, ubi mansiones multæ, eo quod domus sanctæ Agnetis non fuit sub Ordine stabilita et confirmata ; nunc autem securius cupis dissolvi et esse cum Christo. »

juridiction de l'Ordre, et que maintenant, n'ayant plus rien à craindre, vous soupirez après *la dissolution de votre corps pour être unie au Christ*. Je veux que vous nourrissiez ce saint désir au fond du cœur, et, d'autre part, je ne veux pas que vous précipitiez votre mort par une componction excessive et par des mortifications indiscrètes, car, dit Salomon, *celui qui court trop vite risque de trébucher*. Ne courez donc pas au point de tomber en défaillance le long du chemin. Suivez plutôt le conseil de l'Apôtre, et *marchez avec sagesse, de manière à parvenir heureusement au terme*. Puisse le Dieu des bénédictions nous attirer à sa suite, afin que nous courions avec plus de douceur et de charme après l'odeur de ses parfums ! Du reste, il nous conduira lui-même selon sa volonté, il nous recevra en triomphe, et nous apparaîtrons avec lui dans le Ciel, par les mérites de son glorieux Fils Jésus-Christ. »

Jourdain ajoute, à la fin de sa lettre, une petite note où il annonce à Diane que le porteur de ce message serait accompagné d'une jeune novice dont il l'avait déjà entretenue. Ces quelques lignes révèlent l'exquise bonté du Maître, qui abandonnait avec une grâce parfaite les sommets escarpés de la direction générale de l'Ordre, pour descendre aux recommandations d'une mère attentive à l'éducation de son enfant. « Je vous envoie dit-il (1), la jeune fille dont j'ai parlé à votre charité, traitez-la comme je l'attends de vous. Je crains cependant de vous être à charge, mais que voulez-vous ? Ils se proposaient de l'élever, et j'ai eu pitié d'elle, par amour de Celui qui a souffert pour notre salut. Je désirerais aussi que quelque Frère d'Allemagne vînt lui parler une ou deux fois par semaine, afin qu'elle n'oublie pas l'allemand qu'elle sait aussi bien que le lombard. Dites-le, je vous prie, au Prieur du couvent, et obligez l'enfant à causer avec le Frère qui lui sera envoyé (2) ; en ce moment elle n'aime pas à parler allemand, parce que depuis Pâques elle n'a entendu parler

---

(1) *Lettres du B. Jourdain de Saxe*, XX. « Ecce puelluiam, de qua locutus fui tuæ dilectioni, transmitto ; tracta eam ut de te confido. »

(2) *Id.* « Tu coge eam loqui cum illo, invite enim loquitur modo teutonicum, quia fuit a Pascha huc usque cum domino Gherardo, ubi non audivit nisi lombardicum, qui dicit eam esse bonam puellam. »

que lombard. Messire Gérard, chez qui elle était, dit que c'est une bonne petite fille, et il ne s'en est séparé qu'à regret. Adieu dans le Christ. » C'est par ces échappées que l'âme de Jourdain se découvre à nous dans son aimable simplicité, avec la grâce triomphante qui la rendait belle devant Dieu, forte devant les hommes, et il nous devient possible de comprendre le charme souverain qui gagnait les cœurs de tous ceux qui l'approchaient.

Le voyage de Jourdain à Rome, son séjour dans la Ville éternelle et sa présence à la Cour pontificale avaient laissé une impression profonde dans l'esprit de Grégoire IX. Nous en avons la preuve dans les bulles que le pape expédia en faveur de l'Ordre de Saint-Dominique, pour lui conférer de nouveaux privilèges. Elles sont datées d'Anagni, où les médecins avaient envoyé Grégoire IX passer l'été, afin de le soustraire aux influences malsaines de la température. La première, du 2 juillet (1), montre les attentions du Souverain Pontife à procurer aux Frères-Prêcheurs les moyens d'accomplir, avec plus de fruit et moins d'embarras, les œuvres de salut auxquelles chacun dans l'Ordre devait consacrer sa vie.

« Grégoire, évêque, serviteur des serviteurs de Dieu,

« A Nos chers fils les Frères de l'Ordre des Prêcheurs, salut et bénédiction apostolique.

« Voulant pourvoir à votre tranquillité, Nous vous accordons, par l'autorité des présentes, la faculté de refuser l'examen des

---

(1) Archives nationales, *Registres et Cartons*, L. 241, n° 6. — *Bullarium Dominic.*, t. I, p. 16.

« Gregorius episcopus, servus servorum Dei,

« Dilectis filiis, Magistro et Fratribus Ordinis Prædicatorum, salutem et apostolicam benedictionem.

« Quieti vestræ providere volentes auctoritate vobis presentium indulgemus ut commissiones causarum vel sententiarum executiones a Sede Apostolica vel delegatis ejus, seu a quibuslibet aliis vobis factas sine vestra non teneamini recipere voluntate, nisi in litteris apostolicis de concessione hujusmodi mentio habeatur. Nulli ergo omnino hominum liceat hanc paginam Nostræ concessionis infringere, vel ei ausu temerario contraire. Si quis autem hoc attemptare præsumpserit, indignationem omnipotentis Dei et beatorum Petri et Pauli apostolorum ejus se noverit incursurum.

« Datum Anagnie, VI Non. Julii, pontificatus Nostri anno primo. »

causes ou l'exécution des sentences qui vous seraient offertes par le Saint-Siège, par ses délégués, ou par toute autre personne, et de ne vous en charger que de votre plein gré, à moins qu'il ne soit fait mention dans les lettres apostoliques d'une disposition semblable. Que personne donc ne prenne la liberté d'enfreindre cette concession délivrée par Nous, ou d'aller témérairement à son encontre. Si quelqu'un avait cette audace, il encourrait, qu'il le sache bien, l'indignation du Dieu tout-puissant et celle des saints apôtres Pierre et Paul.

« Donné à Anagni, le sixième jour des Nones de Juillet, la première année de Notre pontificat. »

Des circonstances particulières au moyen âge pouvaient enchaîner nombre de sujets, ou multiplier les obstacles à leur entrée dans la milice dominicaine. Dans une seconde bulle du 10 juillet (1), le Pape voulut aplanir ces difficultés, du moins en ce qui tenait à certaines censures, à certaines irrégularités.

« Grégoire, évêque, serviteur des serviteurs de Dieu,

« A Nos chers fils le Maître et les Prieurs de l'Ordre des Prêcheurs, salut et bénédiction apostolique.

« Par l'autorité des présentes, Nous vous accordons, au cas où il arriverait à certains sujets de vouloir entrer dans votre Or-

---

(1) Archives nationales, *Registres et Cartons*, L. 241, n° 5. — *Bullarium Dominic.*, t. I, p. 20.

« Gregorius episcopus, servus servorum Dei,

« Dilectis filiis Magistro et Prioribus Ordinis Prædicatorum, salutem et apostolicam benedictionem.

« Auctoritate vobis presentium indulgemus ut si contigerit aliquos Ordinis vestri religionem intrare volentes in canonem latæ sententiæ incidisse, ne pium eorum propositum possit ullatenus impediri, si eos ad Sedem Apostolicam laborare oporteat, eis beneficium absolutionis impendatis, dummodo passis injuriam satisfaciant competenter, nisi forte usque adeo gravis fuerit et enormis eorum excessus quod sint merito ad Sedem Apostolicam transmittendi. Nulli ergo omnino hominum liceat hanc paginam Nostræ concessionis infringere, vel ei ausu temerario contraire. Si quis autem hoc attemptare præsumpserit, indignationem omnipotentis Dei et beatorum Petri et Pauli apostolorum ejus se noverit incursurum.

« Datum Anagniæ, VI Idus Julii, pontificatus Nostri anno primo. »

dre et d'avoir encouru une peine canonique *latæ sententiæ*, Nous vous accordons le pouvoir de leur dispenser le bienfait de l'absolution, afin que leur pieux dessein ne rencontre aucun empêchement, s'il leur fallait recourir au Saint-Siège, pourvu toutefois qu'ils fournissent une satisfaction suffisante aux personnes lésées, et à moins que la gravité et l'énormité de la faute n'oblige à les renvoyer au Saint-Siège. Que personne donc ne prenne la liberté d'enfreindre cette concession délivrée par Nous, ou d'aller témérairement à son encontre. Si quelqu'un avait cette audace, il encourrait, qu'il le sache bien, l'indignation du Dieu tout-puissant et celle des saints apôtres Pierre et Paul.

« Donné à Anagni, le sixième jour des Ides de Juillet, la première année de Notre Pontificat. »

Deux autres bulles (1) s'étaient succédé à peu d'intervalle ; elles témoignaient de la confiance du Pape dans le ministère des Prêcheurs et de sa sollicitude pour leur prospérité. L'une accordait à Jourdain le droit de prêcher en tous lieux, l'autre protégeait l'Institut contre les désertions qui auraient pu l'affaiblir ou le discréditer.

La résolution prise par le Maître général de visiter les maisons de son Ordre, toutes fois que les circonstances le permettraient, élargissait chaque année le cercle de ses pérégrinations, et prolongeait pendant plusieurs mois la durée de ses voyages. Nous ne savons au juste où il se trouvait, quand les bulles de Grégoire IX arrivèrent à sa connaissance, réjouissant son âme par le témoignage réitéré de la bienveillance du Souverain Pontife.

Chemin faisant, Jourdain fut instruit, par les voix de la renommée, de l'acte énergique accompli par le Pape contre l'empereur d'Allemagne. Ce prince s'était, à diverses reprises, engagé à partir en Terre Sainte pour la croisade ; mais, en dépit des serments les plus solennels, il multipliait les prétextes et prolongeait les délais, afin d'éluder ses promesses. Guala, le Prieur des Dominicains de Brescia, le même que le pape Honorius III avait déjà chargé de

---

(1) *Bull. Dominic.*, t. I, p. 19 et 23.

négocier la paix avec Frédéric, venait d'être envoyé par Grégoire IX auprès du monarque allemand (1), afin de lui rappeler ses engagements. L'empereur avait fini par se rendre à Brindes, où les croisés réunis n'attendaient que lui pour mettre à la voile. Soudain Frédéric changea d'avis : il prétexta une maladie et ne s'embarqua pas. Grégoire IX, lassé et indigné de cette mauvaise foi, excommunia Frédéric (2) le 29 septembre 1227. La sentence, prononcée solennellement à Anagni, fut aussitôt portée à la connaissance des pasteurs et des fidèles dans les différents pays de la chrétienté, et ce fut aux Frères-Prêcheurs que le Pape confia surtout le soin de cette promulgation.

L'influence politique des Prêcheurs servait la cause et les intérêts du Saint-Siège. En retour, le Pape ne se lassait point de manifester ses préférences pour l'Ordre qui, par l'action et par la parole, poursuivait avec autant d'ardeur que de sagesse, le ministère de salut ou de concorde que l'Eglise lui confiait. Mais la situation des Ordres Mendiants restait encore indécise : leur manière d'être et leur mode de se gouverner n'avaient point la stabilité que donne l'expérience : les privilèges dont ils s'honoraient à bon droit, semblaient mal définis ou mal affermis ; de là des difficultés d'administration que Grégoire IX n'ignorait pas, et qu'il eut la pensée de faire disparaître par sa bulle du 3 décembre (3).

---

(1) *Bull. Dominic.*, t. I, p. 21. F, Gualam ad Fridericum mittit Gregorius IX cum epistola. — Fleury, *Hist. Ecclés.*, t. XVI, L. 79, 36.

(2) D'Achery, *Spicilegium*, t. III, p. 32. Chronicon Guillelmi de Nangis, ad ann. MCCXXIX. « Romanus pontifex Gregorius Imperatorem excommunicavit, et per totam christianitatem denuntiari excommunicatum præcepit. » — Fleury, *Histoire Ecclés.*, t. XVI, l. 79, 39. — Cantu, *Hist. Univ.*, t. XI, p. 184.

(3) Archives nationales, *Registres et Cartons*, L. 241, n° 24. — *Bullarium Dominic.*, t. I, p. 24.

« Gregorius episcopus, servus servorum Dei,

« Dilectis filiis Fratribus Ordinis Prædicatorum, salutem et apostolicam benedictionem.

« Ne pro eo quod diœcesanis episcopis debitam obedientiam et reverentiam exhibetis, statuta vestra subverti contingat in grave vestri Ordinis detrimentum, volumus ut episcopis vestris impendatis obedientiam et reverentiam debitam et devotam, salvis vestri Ordinis institutis et maxime circa institutionem et destitu-

« Grégoire, évêque, serviteur des serviteurs de Dieu,

« A Nos chers fils, les Frères de l'Ordre des Prêcheurs, salut et bénédiction apostolique.

« De peur qu'en témoignant aux évêques diocésains le respect et l'obéissance qui leur est due, il n'arrive à vos constitutions de subir des atteintes funestes à votre Ordre, Nous voulons que vous rendiez avec empressement à vos évêques cette obéissance et ce respect, sans préjudice aucun pour les statuts de votre Ordre, et surtout en ce qui tient à l'institution et à la destitution de vos Prieurs. Que personne donc ne prenne la liberté d'enfreindre cette concession délivrée par Nous, ou d'aller témérairement à son encontre. Si quelqu'un avait cette audace, il encourrait, qu'il le sache bien, l'indignation du Dieu tout-puissant et celle des saints apôtres Pierre et Paul.

« Donné au palais de Latran, le troisième jour des Nones de Décembre, la première année de Notre pontificat. »

Au milieu des émotions diverses causées par tous ces événements, Jourdain continua sa route sans que ses lettres nous apprennent les pays qu'il parcourut, les Ecoles où il prêcha. Nous savons seulement qu'il rentra à Paris (1), au Couvent de Saint-Jacques, le 10 décembre de cette année 1227.

---

tionem Priorum vestrorum. Nulli ergo omnino hominum liceat hanc paginam Nostræ concessionis infringere, vel ei ausu temerario contraire. Si quis autem hoc attemptare præsumpserit, indignationem omnipotentis Dei et beatorum Petri et Pauli apostolorum ejus se noverit incursurum.
 « Datum Laterani, III Nonas Decembris, pontificatus Nostri anno primo. »
(1) *Lettres du B. Jourdain de Saxe*, XXI.

X

Nouveaux progrès et organisation nouvelle de l'ordre de saint Dominique. — Mort de Matthieu de France. — Pierre de Reims, prieur de Saint-Jacques. — Hugues de Saint-Cher, provincial de France. — L'année 1228. — Le premier chapitre généralissime de l'ordre se célèbre a Paris. — Jean de Saint-Gilles. — Entrée des Frères-Prêcheurs dans l'Université. — Le couvent et l'école de Saint-Jacques.

Un messager, porteur de tristes nouvelles, avait hâté le retour de Jourdain de Saxe à Paris. Matthieu de France venait de mourir, Matthieu, le premier Prieur de Saint-Jacques, qui avait eu l'honneur et la peine de présider à la formation du Couvent. Il s'était efforcé de remplir les intentions de saint Dominique, et de suivre les plans tracés par le fondateur de l'Ordre, « faisant bastiments en esprit de pauvreté ». Pendant les douze années qu'il gouverna la maison (1), Matthieu, pénétré de la mission délicate de n'en point laisser ébranler les premières assises, avait pris à tâche d'écarter avec un soin scrupuleux tout incident désagréable, qui aurait pu compromettre l'établissement des Frères-Prêcheurs. L'habile Prieur avait su conquérir et assurer ses positions. Il était en faveur à la Cour, auprès de la régente et du jeune roi; son zèle pour le salut des âmes lui avait valu l'amitié de l'Evêque; le Chapitre de Notre-Dame, son puissant voisin, ne le voyait pas de mauvais œil, et dans les dissentiments suscités par l'affaire du sceau entre le légat du Saint-Siège, les chanoines et l'Université, il avait pu se tenir à l'écart et se conserver en bonnes relations avec les uns et avec les autres. Le religieux réussit, par sa sagesse

---

(1) Martène, *Veterum Script. et Monum.*, t. VI, *Brevis Historia Conventus Parisiensis*, p. 549. « Fuit autem in Conventu Prior longo tempore Frater Mathæus. » — Thomas de Champré, *De Apibus*, l. III, c. v.

et sa prudence, à surmonter les obstacles qui entravaient les commencements de son œuvre, tandis que l'administrateur signalait son sens pratique dans l'acquisition des terrains, et dans les constructions qui préparaient la prospérité future du Couvent de Paris. A coté des édifices « de peu de montre », à l'ombre du Parloir aux proportions plus vastes, Matthieu avait voulu, vu l'insuffisance de la petite chapelle de Saint-Jacques, jeter les fondements de l'église du Couvent, et il en pressait les travaux, lorsque la mort vint le surprendre au milieu de son entreprise. Les Frères lui firent de grandes funérailles (1), et il fut enterré dans le chœur de cette église (2), à droite, vis-à-vis la stalle du Prieur, à la place du Chantre, près des stalles inférieures.

Jourdain chercha, pour remplacer Matthieu, un des anciens religieux du Couvent de Paris, un des Frères qui avaient connu saint Dominique et puisé dans le commerce du Serviteur de Dieu le sentiment vrai de la vocation des Prêcheurs. Son choix se fixa sur Pierre de Reims, qui, à l'appel du Maître général, abandonna le gouvernement de la province de France, dont il était chargé (3), et prit en main la direction du Couvent de Saint-Jacques. L'importance de la maison de Paris expliquait ce changement.

Un autre religieux de Saint-Jacques, Hugues de Saint-Cher, s'était fait remarquer, depuis son entrée dans l'Ordre, par des qualités éminentes et par des aptitudes spéciales. Il fut jugé digne de commander (4) et envoyé, comme Prieur provincial, pour succéder à Pierre de Reims, dans les fonctions que celui-ci venait de résigner.

---

(1) Echard, *Scriptores Ord. Prædic.*, t. I, p. 92. F. Mathæus Gallicus. « Perhonorifice sepultus fuit in eadem ecclesia S. Jacobi, in odeo, ante sedem Prioris. »

(2) Martène, *Veterum Script. et Monum.*, t. VI, *Brevis Historia Conventus Parisiensis*, p. 549. « Sepultus est in capite chori dextri istius Conventus, prope sedes inferiores. »

(3) Echard, *Scriptores Ord. Prædic.*, t. I, p. 116. « Mortuo F. Mathæo S. Jacobi Parisiis Priore, F. Petrus Remensis ei suffectus est, deposito Provincialatu. »

(4) *Id.*, p. 195. « F. Mathæo primo S. Jacobi Priore mortuo et F. Petro Remensi ex Provinciali in Mathæi locum Priore constituto, Hugo noster ad regimen aptissimus, Franciæ Provincialis dictus est et præfectus. »

Un temps assez long s'était écoulé au milieu des sollicitudes causées par une affaire aussi sérieuse que celle de pourvoir à la première charge, vacante à la fois et au Couvent de Saint-Jacques et dans la province de France. Jourdain, absorbé par le devoir, n'avait pu écrire à Diane, pour lui annoncer son arrivée à Paris. D'ailleurs les courriers manquaient, et il avait fallu attendre. Tout à coup une occasion favorable se présente. Aussitôt le Maître général commence une lettre (1), se disant humblement « le serviteur inutile de l'Ordre », et offrant « à Sœur Diane, à sa très chère Fille dans le Seigneur, le salut et les embrassements répétés de Jésus-Christ. »

Il continue inspiré par le sentiment exquis d'une affection dont la pureté faisait la douceur et la force (2) : « Comme il ne m'est pas donné, ma chère, de vous voir et de me consoler avec vous, aussi souvent que vous le voudriez et que je le voudrais moi-même, mon cœur se soulage et se rafraîchit, chaque fois que je puis vous visiter par lettres et vous envoyer de mes nouvelles. C'est pourquoi je désirerais en recevoir fréquemment de vous, car ma plus douce joie est d'apprendre que vous avancez dans la perfection ainsi que toutes vos Sœurs. J'aurais pu vous écrire depuis longtemps, si j'avais eu un courrier à ma disposition. Sachez donc que Dieu, notre Sauveur, a béni mon voyage, et que je suis arrivé bien portant au Couvent de Paris (3), quinze jours avant Noël. J'y reste (4), toujours occupé à prêcher et à célébrer les miséricordes infinies de notre Dieu. A ce sujet, je vous recommande, à vous et à toutes vos Sœurs, de le prier instamment, afin qu'il

---

(1) *Lettres du B. Jourdain de Saxe*, XXII. « Carissimæ Filiæ suæ in Christo Sorori Dianæ, Frater Jordanis, Ordinis Prædicatorum servus inutilis, salutem et copiam amplexuum Jesu Christi. »

(2) *Id.* « Quia te, dilecta mea, quoties velles et ego vellem, corporaliter videre non sinor, tecum pariter consolari, reficitur tamen et temperatur desiderium cordis mei, quando te possum visitare per litteras et tibi scribere statum meum, sicut et ego frequentius scire cuperem qualiter te haberes. »

(3) *Id.* « Scias quia ego, ante Natale quindecim diebus, iter nostrum faciente prosperum Deo salutarium nostrorum, incolumis ad Parisiensem Conventum perveni. »

(4) *Id.* « Ubi etiam et nunc immoror prædicans et præstolans consuetam misericordiam Dei nostri. »

daigne exaucer le *désir de ses pauvres*, augmenter les membres notre famille (1) et toucher efficacement par sa grâce le cœur des étudiants de Paris. »

Peut-être Jourdain allait-il entrer dans quelques détails sur les événements accomplis à Saint-Jacques, quand le départ précipité du courrier le força d'abréger sa lettre. Il n'a juste que le temps d'aviser au plus sérieux, qui toujours est pour lui le plus pressé, et d'insister encore sur les conseils qu'il donne à sa Fille, d'éviter toute exagération et de se renfermer dans la pratique d'une vertu solide. « Le courrier, dit-il (2), part plus tôt que je ne l'aurais cru. Je vous écrirai plus longuement une autre fois, s'il plaît à Dieu. Pour le moment, je me contente de vous rappeler les recommandations que je vous ai faites souvent, à vous et à vos Sœurs. Conduisez-vous d'abord vous-même avec sagesse, et prenez garde que l'épuisement du corps ou la lassitude de l'âme ne vous permette plus de pratiquer les bonnes œuvres, de nourrir de vifs sentiments de piété, d'édifier le prochain, d'honorer Dieu, en un mot, de faire tout le bien que l'indiscrétion ne tarde pas à rendre impossible. Et puisque vous en faites quelquefois l'expérience, je veux que, sur ce point, vous soyez très prudente et très vigilante à l'égard de vos Sœurs. Je vous l'ai souvent répété (3) : la mortification de la chair est d'une utilité médiocre, et l'excès est facile dans les larmes, les jeûnes et les veilles. Il n'en est pas ainsi de la vertu (4) : on ne peut jamais aller trop loin dans la pratique de l'humilité, de la patience, de la douceur, de l'obéissance, de la charité et de la modestie. Je vous exhorte donc à les faire fructifier en vous de plus en plus. Sans doute, j'en ai la confiance, elles fleurissent déjà dans votre âme; mais rien ici-bas n'est si parfait, qui ne puisse se perfectionner encore, jusqu'à ce que nous arri-

---

(1) *Lettres du B. Jourdain de Saxe*, XXII. « Ut numerum nostrum benignus adaugeat, Parisiensium Scholarium pie et efficaciter corda tangat. »
(2) *Id.* « Sane nuncius iste cum festinatione recessit, unde prolixius potero tibi alias scribere, Deo dante. »
(3) *Id.* « Ut sæpe vos monui, exercitatio corporalis ad modicum est utilis, et vigiliarum, et abstinentiarum, lacrymarumque facile modus exceditur. »
(4) *Id.* « Virtus autem, ut est humilitas et patientia, benignitas et obedientia, caritas quoque atque modestia, nimis excrescere nunquam possunt. »

vions heureusement au séjour où il n'y aura plus aucun défaut, où toutes choses recevront leur perfection dernière, où tout bien découlera de Dieu, où Dieu lui-même sera tout en tous. »

La mort, dans ses funèbres excursions, ne s'était pas arrêtée à la porte du Couvent de Saint-Jacques ; Jourdain avait aussi trouvé l'Eglise de Paris en deuil de son évêque. La bienveillance de Barthélemy était acquise au Couvent, où il venait familièrement s'asseoir à la table des religieux. « Il était sorti de sa prison de chair, le 19 octobre (1). » Mais la Providence lui avait préparé un digne successeur dans les rangs de l'Université, là où s'étaient formés le pape Innocent III (2), le cardinal légat Robert de Courçon, le cardinal archevêque de Cantorbéry, Etienne de Langton, l'archevêque de Sens, Pierre de Corbeil, saint Guillaume de Bourges, saint Edme de Cantorbéry, et tant d'autres, illustres par leur science autant que par leurs vertus. Un écolier de Paris, devenu maître à son tour, fut appelé, en janvier 1228 (3), à prendre place sur le siège de saint Denys, et rien ne lui manquait pour recueillir l'héritage des Marcel, des Germain, des Landry, des Pierre Lombard et des Maurice de Sully.

Guillaume III (4) d'Auvergne, ainsi surnommé parce qu'il était né à Aurillac, avait étudié à Paris, avec un égal succès, les lettres profanes et les sciences sacrées (5). Il passait pour le plus illustre docteur de son temps, et son savoir, son éloquence, ses connaissances universelles lui faisaient décerner le premier rang parmi les Maîtres de l'Université. Sa piété égalait sa science ;

---

(1) Mabillon, *Analect.*, t. II, p. 608. « De carnis ergastulo egressus est anno 1227, XIV Kal. Novembris. » — *Pastorale Parisiens.*, t. I, p. CII.

(2) Crevier, *Hist. de l'Univ. de Paris*, t. I, p. 305. — Du Boulay, *Hist. Univ. Parisiens.*, t. III, p. 17, 30, 40, 43, 88, 100, 104, 682.

(3) Fleury, *Hist. Eccles.*, t. XVI, l. 79, 34.

(4) L'Eglise de Paris avait été déjà gouvernée par deux évêques de ce nom, Guillaume Ier de Montfort et Guillaume II de Seignelai.

(5) *Pastorale Parisiens.*, t. I, p. CII. « Guillelmus profanis sacrisque Litteris Lutetiæ operam dederat. Doctorum sui temporis facile princeps, scientia, eloquentia et omni disciplinarum genere inter Academiæ Parisiensis Magistros excultissimus, ac pietatis laude commendatissimus, frustrato æmulorum ambitu, Bartholomæo episcopo suffectus est. »

sa charité s'était récemment signalée par une de ces œuvres (1) qui éveilleront un fidèle écho dans le cœur de saint Vincent de Paul. Guillaume quittait l'école et suspendait ses leçons pour courir à l'église se livrer à la prédication (2). « La force et l'onction de ses sermons avaient engagé plusieurs personnes du sexe, dont la conduite avait été très dérangée, à mener une vie plus régulière : pour leur faire éviter les occasions de rechutes, il forma le dessein de les réunir, et de leur procurer un asile dans un lieu convenable. Il fit bâtir à cet effet, en 1225, une maison hospitalière hors de la ville et près de Saint-Lazare, où il plaça ces femmes nouvellement converties. » Elles s'appelèrent du nom de Filles-Dieu. Cependant l'élection de Guillaume ne se fit pas sans lenteurs et sans difficultés (3). Enfin les menées ambitieuses de ses rivaux échouèrent devant son mérite. Tous applaudirent à ce choix, et Paris, florissant de l'éclat de ses Ecoles, acclama Guillaume d'Auvergne (4), « la perle du sacerdoce, l'honneur du clergé », ainsi que l'appelait un poète contemporain.

Jourdain se réjouit plus que tous les autres de cette élection, car elle devait lui apparaître comme un bienfait signalé du Ciel. Dieu mettait à la tête du diocèse, où les Prêcheurs avaient leur maison principale, un orateur célèbre, un maître de renom, pour

---

(1) *Monumenta Germaniæ historica*, t. XXIII. *Chronica Albrici Monachi Trium-Fontium*, ad ann. 1225, p. 917. « Magister Guillelmus Alvernus, theologiam legens Parisius, novam domum Filiarum Dei inchoavit, et plures communes mulierculas prædicatione sua a peccato retraxit, et harum exemplo in aliis civitatibus cœpit hic Ordo dilatari. »

(2) Jaillot, *Recherches sur la ville de Paris*, t. II, p. 23. Quartier Saint-Denys.

(3) *Chronica Albrici Mon.*, ad ann. 1228, p. 922. « Parisius mortuo episcopo Bartholomeo, episcopatum Magister Guillelmus Alvernensis, et ipse theologus optimus post multorum electionem optinuit. »

(4) Duchesne, *Hist. Franc. Script.*, t. V. Nicolaüs de Braia. *Heroïcum carmen Lud. VIII.*

  Et tu quem decorat virtutum schema, Sophiæ
  Gratia : quem Genitrix et virgo pudica pudicum
  Esse sibi gaudet famulum, quo præsule ridet
  Artibus ingenuis vernans Urbs Parisiensis,
  Quo festinat eum Alvernia fomite felix.
  Gemma sacerdotum, cleri decus, huc ades, aures
  Huc adverte tuas, cœptis patiare Camœnam.....

qui saint Dominique n'était pas un inconnu, que Jourdain lui-même avait sans doute entendu parler et enseigner, et qui certainement comptait parmi ses disciples les meilleurs et les plus fervents, presque tous les Ecoliers devenus Frères, à l'exemple des Gérard de Frachet, Etienne de Bourbon, Vincent de Beauvais, Hugues de Saint-Cher et Humbert de Romans. Avec ses qualités éminentes, le nouvel évêque de Paris ne pouvait que continuer à l'Ordre de Saint-Dominique les bonnes grâces de son prédécesseur.

Tel était Guillaume d'Auvergne (1). L'Université avait donné à l'Eglise un prince de plus ; les fidèles retrouvaient un père, le Couvent de Saint-Jacques ne faisait que changer de protecteur.

Jourdain de Saxe inspira bientôt à l'évêque de Paris la confiance qu'il avait su mériter à Rome, de la part du Souverain Pontife. Fort de ce nouvel appui et sûr d'avoir mis en bonnes mains la direction du Couvent de Saint-Jacques, le Maître général put apporter toute son attention aux graves affaires qui tenaient alors les esprits en suspens. Blanche de Castille avait besoin des lumières de ses conseillers et amis, qu'ils s'appelassent Thibaud de Champagne, Romain de Saint-Ange, Guillaume d'Auvergne ou Jourdain de Saxe. « Cette femme, a-t-on dit (2), la plus grande qui eût porté la couronne en Gaule, depuis sa compatriote Brunehilde, était digne de régir et de défendre l'héritage de Philippe-Auguste ; elle avait la soif et le génie du pouvoir au même degré que Philippe lui-même, possédait la vigueur, le courage, la persévérance, toutes les vertus viriles, sans rien perdre de l'adresse ni des grâces insinuantes de son sexe. »

Blanche avait vu son autorité menacée dès l'origine par de puissants ennemis. « Elle puisait, soit dans l'indépendance de son caractère, soit dans la supériorité de son esprit, la ferme volonté de maintenir la dignité du trône de son fils » contre toute prétention dominatrice. Louis IX venait de rentrer au Louvre

---

(1) *Gallia Christiana*, t. VII, p. 95. « Guillelmus III, doctorum sui temporis facile princeps. »

(2) H. Martin, *Histoire de France*, t. IV, l. XXIV, p. 133.

avec sa mère, arrachés tous deux aux embûches des grands barons par la fidélité des Parisiens, qui s'étaient précipités au-devant du cortège royal, par les portes d'Enfer et de Saint-Jacques (1), sur la route d'Orléans, jusqu'à Montlhéry. La fière régente avait accepté la lutte, et elle la soutenait avec une indomptable énergie contre les efforts de ses adversaires (2). Sa politique devait triompher. Peu à peu le nombre de ses alliés augmenta, « on ne pouvait aimer ni haïr Blanche à demi ». Toutefois, « son impérieuse nature subjuguait les cœurs plus qu'elle ne les attirait; mais les affections que la mère de saint Louis imposait étaient inaltérables. Elle rencontra une fidélité constante chez les hommes qui se dévouèrent à sa fortune », et comme tous ses desseins tendaient à la grandeur de la France, le légat lui-même et les évêques, les prêtres et les religieux se déclaraient unanimes à l'aider des secours multiples qu'ils pouvaient emprunter à l'Eglise.

A ce moment les troubles suscités par les barons rebelles au gouvernement de la régente, s'étendaient et s'aggravaient dans les provinces de l'Ouest. Le duc de Bretagne, Pierre Mauclerc, que les seigneurs mécontents s'étaient donné pour chef, affectait une indépendance de plus en plus souveraine à l'égard de la couronne de France, tandis que son esprit d'intrigue se dépensait en négociations coupables, pour propager la coalition au profit du roi d'Angleterre.

Dans le Midi, les conquêtes de Louis VIII sur les terres du comte de Toulouse se réduisaient à néant (3), et les fruits de cette glorieuse expédition allaient se trouver bientôt complètement perdus, consé-

(1) VI. *Progrès matériels du Couvent*, p. 89.
(2) D'Achery, *Spicilegium*, t. III, p. 31. *Chronicon Guillelmi de Nangis*, ad annum MCCXXVI. « Hugo comes Marchiæ, Theobaldus comes Campaniæ, necnon Petrus comes Britanniæ, contra dominum suum regem Francorum conspirantes, fœdus ad invicem inierunt. Quo rex cognito, contra illos de consilio matris suæ reginæ Blanchæ, incredibilis multitudinis exercitum collegit. » — Thibaud, comte de Champagne, ne devait pas tarder de se détacher de cette ligue. « A proposito maligno resipuit, ajoute la Chronique, et regi Franciæ adhærens a comitum Marchiæ et Britanniæ celeriter resilivit. » — H. Martin, *Histoire de France*, t. IV, p. 137.
(3) H. Martin, *Histoire de France*, t. IV, l. xxiv, p. 146.

quence désastreuse des hostilités reprises avec succès par les Albigeois.

Enfin, par son ambition démesurée, par sa mauvaise foi, l'empereur d'Allemagne ajoutait à ces principes de guerres civiles et de dissensions intestines, un élément de discorde d'autant plus redoutable, que sa main n'était pas étrangère aux machinations tramées par les grands contre Blanche de Castille, et que son glaive faisait échec à la puissance temporelle du Pape en Italie. La France, dans la conduite de ses affaires politiques, devait se tenir en garde contre toute ingérence sourde ou déclarée de Frédéric, et, comme l'écrivait Grégoire à son légat Romain de Saint-Ange (1), l'Eglise ne pouvait demeurer indifférente aux manœuvres déloyales d'un ennemi qu'elle avait réchauffé dans son sein.

Ce concours de circonstances créait à la régente une situation particulièrement délicate. Blanche ne laissa paraître aucune défaillance. Sa grande âme ne se troubla point en face du péril, son esprit ferme et résolu lui fournit des armes pour lutter de force et d'adresse à l'heure du danger. Tout en veillant à la défense de son gouvernement contre les seigneurs révoltés, elle ne perdait pas de vue le sort des armes de son fils dans le comté de Toulouse. Dès le printemps de l'année 1228, après s'être assuré l'assistance de Thibaud de Champagne, elle convoquait le ban royal contre le duc de Bretagne (2). Pierre essaya de conclure le mariage de sa fille Yolande avec Thibaud, qu'il comptait ainsi détacher de la régente; mais celle-ci, avec une habileté consommée, déjoua les intrigues ourdies par son ennemi, rompit les négociations déjà très avancées et se ménagea l'alliance désormais définitive du comte de Champagne. En même temps, dirigée par les conseils du légat Romain de Saint-Ange, Blanche de Castille avisait à prendre les dispositions les meilleures et les plus effi-

---

(1) Labbe, *Sacrosancta Concilia*, t. XI, p. 315.
Gregorii IX epistola ad Romanum Francorum legatum.
« Quia filium quem nutrivit Ecclesia romana et exaltavit, sperans eum propugnatorem habere contra perfidas nationes, necnon persecutorem sentit immanem. »
(2) H. Martin, *Histoire de France*, t. IV, p. 189.

caces pour ranimer de tous côtés le zèle de la croisade contre les Albigeois.

Jourdain s'empressa de mettre au service de la reine Blanche les forces vives dont il pouvait disposer dans son Ordre. Il fit de la politique toute française, et il y déploya d'autant plus d'ardeur que la cause de la France ne se distinguait point de celle de l'Eglise. Le 23 mars 1228, Grégoire IX avait de nouveau fulminé l'excommunication contre l'empereur d'Allemagne (1) ; Jourdain avait reçu du Pape (2) « mission spéciale de faire dénoncer aux peuples la double sentence qui venait de frapper Frédéric ». En ces siècles de foi, ce n'était point chose indifférente aux yeux des chrétiens que d'avoir encouru pareil châtiment : la note d'infamie qui s'y attachait, l'abaissement moral qui devait en résulter pour la maison de Souabe, ne pouvaient que servir la cause et profiter aux intérêts de la couronne de France.

La campagne de 1228 s'était ouverte dans le Midi sous d'heureux auspices pour le comte de Toulouse. Les soldats de Louis IX avaient besoin de prendre une éclatante revanche, afin d'arrêter la marche victorieuse des Albigeois. La question religieuse était devenue une question tout à fait nationale : il fallait la trancher à courte échéance. Blanche de Castille tenta l'entreprise : l'austère Espagnole était de taille à mener de front les négociations de la politique et la marche de ses armées (3). Jourdain n'avait point de trésors à déposer aux pieds de la régente, afin de subvenir aux

---

(1) Fleury, *Histoire Eccles.*, t. XVI, 1. 79, 40.

(2) *Monumenta Germaniæ historica*, t. XVII, p. 841. *Annales Colonienses maximi*, 1228. « Papa, per omnes provincias publice mandat Imperatorem excommunicatum denuntiari, missis nuntiis et maxime Prædicatoribus, ad exequendum. » — D'Achery, *Spicilegium*, t. III, p. 190. *Chronicon Nicolaï Trivetti, Dominicani*, ad annum MCCXXIX. « Gregorius papa imperatorem Fredericum excommunicavit, et per totam Christianitatem excommunicatum denuntiari præcepit. »

(3) D'Achery, *Spicilegium*, t. III, p. 31. *Chronicon Guillelmi de Nangis*, ad annum MCCXXVII. « Ludovicus, rex Franciæ, consilio Reginæ Blanchæ matris suæ, Episcopos et milites plurimos in terra Albigensium misit. » — D'Achery, *Id.*, p. 189. *Chronicon Nicolaï Trivetti, Dominicani*, ad annum MCCXXVII. « Ludovicus, Francorum rex, de consilio Blanchæ matris suæ, Episcopos et milites in terram Albigensium misit. »

frais de la guerre, mais il donna ce qu'il avait. Le Maître général escompta au profit de la France le crédit de l'Ordre qu'il dirigeait, et il enflamma l'éloquence des Frères-Prêcheurs pour exciter l'ardeur des fidèles et recruter de nouvelles légions.

Quelques semaines avant le retour de Jourdain au Couvent de Saint-Jacques, les évêques de la province de Sens s'étaient assemblés à Paris. D'ici, de là, des nuages s'élevaient à l'occasion des subsides que le légat Romain de Saint-Ange voulait continuer à faire payer au clergé de France, pour couvrir les dépenses nécessitées par la guerre contre les Albigeois. Plusieurs Chapitres avaient pris l'alarme : celui de Paris (1), entre autres, et celui de Sens s'étaient émus plus que de raison. Evoquant l'ombre éplorée du Prophète des lamentations (2), ils avaient adressé au pape un appel véhément contre des exigences qui ne tendaient, ils le craignaient du moins (3), qu'à transformer en obligation et en servitude des libéralités volontairement acceptées au concile de Bourges.

Grégoire IX se laissa trop facilement et trop profondément toucher à l'expression de ces plaintes (4). Il écrivit aussitôt à son légat pour lui dire son mécontentement, et lui commander de révoquer sans délai l'ordonnance concernant les subsides à payer par les requérants (5). A ceux-ci le pape répondait en même temps par une lettre qui leur donnait pleinement raison, et qui renferme

---

(1) Raynald. *Annales*, 1227, t. I, LVI, p. 600.

« Sanctissimo in Christo Patri ac Domino Gregorio, miseratione divina summo et universali Pontifici, devoti et humiles ejus famuli P... decanus, totumque Capitulum Ecclesiæ Parisiensis. » — Le Doyen du Chapitre de Paris en question s'appelait Philippe de Nemours. *Gallia Christiana*, t. VII, p. 203.

(2) *Id.* « Si populo suo reservasset Dominus alterum Jeremiam. »

(3) *Id.* « Attendentes quod hoc ipsum quod de liberalitate processerat, convertebatur in obligationem, et servitutem sibi timentes in posterum. »

(4) *Id.*, p. 601. « Præsentatæ paginæ Senonensis et Parisiensis Capitulorum tenor exhibitus amarissimæ myrrhæ fasciculum Nobis de novo in cruce carnis et patibulo spiritus immolatis exhibuit. »

(5) *Id.* « Intellectis gravaminibus vobis a dilecto filio Nostro Romano S. Angeli diacono card. A. S. L. per ordinationem quondam Senonis editam irrogatis, tacti dolore cordis intrinsecus, et gravi admiratione commoti, eumdem Legatum litterarum asperitate Nostrarum, ut decuit, redarguimus, et ei continuo dedimus in virtute obedientiæ firmiter in præceptis, ut ordinationem ipsam omnino revocet sine mora. »

de l'Eglise de France l'éloge le plus magnifique. « Nous le reconnaissons, dit Grégoire (1), et nous le confessons, l'Eglise Gallicane est, après le siège apostolique, le modèle et la règle de toute la chrétienté, dans la pratique constante des devoirs de la foi. Que les autres Eglises Nous permettent de le dire : l'Eglise Gallicane ne marche pas après elles, mais elle les devance et leur donne à toutes l'exemple d'une foi fervente et d'un dévouement au Saint-Siège, que Nous croyons inutile d'exalter par des paroles, puisqu'il se manifeste par des faits éclatants. »

Les évêques réunis à Paris (2) dissipèrent ces nuages qui obscurcissaient l'horizon : leur patriotisme inspira la résolution (3) signalée dans la lettre de l'Archevêque de Sens (4) :

(1) Raynald. *Annales*, 1227, t. I, LVI, p. 600. « Recognoscimus siquidem, et fatemur, quod Ecclesia Gallicana post Apostolicam Sedem quoddam totius Christianitatis est speculum et immotum fidei firmamentum, utpote quæ in fervore fidei Christianæ, ac devotione Apostolicæ Sedis non sequitur alias, sed, ut cum earum pace dixerimus, antecedit. Cujus devotionem verbis extollere superfluum reputamus, cum sit claris operibus manifesta. » — Longueval, *Hist. de l'Eglise Gallicane*, t. XI, l. XXXI.

(2) L'assemblée était présidée par l'archevêque de Sens, Gauthier Cornut, qui remplissait, avant d'occuper ce siège, les fonctions de doyen du Chapitre de Paris. *Gallia Christiana*, t. XII, p. 60.

(3) La lettre qui contient la formule de l'engagement pris par les prélats de la province ne porte en tête que le nom de l'évêque de Chartres, Gauthier, associé à celui de l'archevêque de Sens. *Gallia Christiana*, t. VIII, p. 1156.

(4) Martène, *Veterum Script. et Monum.*, t. I, p. 1212.

« G. Dei gratia Senonensis archiepiscopus, et G. eadem gratia episcopus Carnotensis, omnibus præsentes litteras inspecturis, salutem in Domino.

« Notum facimus quod Nos pro utilitate ecclesiarum Nostrarum, et pro conservanda pace, et indemnitate ipsarum, et ne impediatur succursus negotii pacis et fidei in terra Albigensi, carissimo Domino Nostro regi Francorum illustri, et Dominæ Blanchæ reginæ, matri ejus, promisimus Nos soluturos eis vel hæredibus eorum, singulis annis usque ad quadriennium, si negotium terræ Albigensium tantum duraverit, in manu Domini regis vel hæredum suorum, mille et quingentas libras Parisienses pro Capitulis ecclesiarum cathedralium ecclesiæ Senonensis vel provinciæ, ita quod unusquisque in solidum teneatur, sed uno solvente alter liberabitur. Et ad hoc faciendum obligamus personas Nostras, et bona Nostra, et ecclesias etiam Nostras, et successores Nostros, de assensu etiam et auctoritate venerabilis Patris domni Romani S. Angeli diaconi cardinalis Apostolicæ Sedis legati...

« Solutio autem hujus pecuniæ fiat in duobus terminis, medietas videlicet in festo Omnium Sanctorum, et medietas in Pascha, et fiet Parisiis apud Templum, et fiet in instanti festo Omnium Sanctorum prima paga...

« Actum Parisiis, anno Domini MCCXXVII, mense Augusto. »

« Gautier, par la grâce de Dieu archevêque de Sens, et Gautier aussi par la grâce de Dieu évêque de Chartres, à tous ceux qui les présentes lettres verront, salut en Notre-Seigneur.

« Nous vous faisons savoir que pour le bien de Nos églises, afin de leur assurer la paix et de les préserver de tout mal, afin que rien ne vienne entraver la conclusion de la paix et le triomphe de la foi au pays des Albigeois, Nous avons promis à notre très cher seigneur, le roi de France, et à notre très noble dame la reine Blanche, sa mère, de leur payer à eux ou à leurs héritiers, chaque année pendant quatre ans, si l'expédition des Albigeois n'est pas terminée auparavant, la somme de quinze cents livres parisis, pour les Chapitres de Nos églises cathédrales de Sens et de la province, de telle façon que chacun sera tenu solidairement de la payer, mais que l'un ayant soldé, les autres seront libérés. Et à ce faire Nous obligeons Nos personnes, Nos biens, Nos églises même et Nos successeurs, du consentement et de l'autorité du vénérable père et seigneur Romain de Saint-Ange, cardinal diacre et légat du Saint-Siège. Le payement de cette somme se règlera en deux termes, la moitié à la fête de tous les Saints, l'autre moitié à Pâques, à Paris, au Temple ; et le premier payement s'effectuera à la prochaine fête de tous les Saints.

« Fait à Paris, l'an du Seigneur MCCXXVII, au mois d'Août. »

Le légat Romain de Saint-Ange, de son côté, ne voulut pas demeurer sous le coup du blâme qu'il avait encouru : il fournit à Rome des renseignements et des explications qui éclairèrent mieux la conscience du Souverain Pontife. Grégoire IX étudia l'affaire avec plus de soin (1), et sans tenir aucun compte des lamentations des Chapitres de Sens et de Paris, revenant sur sa première décision, il écrivait à Louis IX, à la date du 13 novembre (2) :

---

(1) Raynald. *Annales*, t. I, p. 601. « Qui postea cum rem suis ponderibus librasset. » — « Prætermissis cleri Gallicani lamentis. » — Fleury, *Hist. Ecclés.*, t. XVI, 79, 33.

(2) Raynald. *Annales, Id.*, p. 602.

« Illustri regi Franciæ,
« Cum dilectus filius Noster Romanus S. Angeli diaconus card. tunc A. S. L.

« Quelques Chapitres ont trouvé bon d'en appeler au Saint-Siège de l'ordonnance qui les obligeait à payer la dîme de tous les revenus ecclésiastiques votée au concile de Bourges. Après avoir entendu les députés de ces Chapitres et le cardinal légat lui-même, après avoir considéré qu'en pareille nécessité et dans une affaire aussi utile à l'Eglise, celui-ci avait, par droit de légation, le pouvoir de statuer et de régler ce qu'il jugeait expédient, Nous avons estimé légitime et sainte la promesse qu'il a faite au roi votre père, de l'avis de presque tout le concile de Bourges, et, par le conseil de nos Frères les cardinaux, Nous l'avons approuvée et ratifiée, voulant et ordonnant par l'autorité des présentes que, conformément à la promesse du légat à votre père, la dîme vous soit entièrement payée. »

Le mouvement qui concentrait les forces de la nation sur les provinces méridionales partait de haut, du trône et de l'autel. Blanche et le légat, le pape et les évêques poursuivaient de concert la conquête du comté de Toulouse par le roi de France. L'armée de Louis IX reprenait ses avantages (1). Les destinées de ces provinces allaient se décider et se fondre à la base de la grande unité française (2).

Les prêtres, excités par la parole et par l'exemple des pasteurs,

in concilio Bituris pro negotio pacis et fidei convocato, consilium accepisset, quod si claræ memoriæ Rex Franciæ pater tuus negotium assumeret, decimam omnium ecclesiasticorum proventuum suæ legationis, usque ad quinquennium, si tantum duraret negotium, offerret eidem... ne compellerentur dictam decimam solvere, ad Sedem Apostolicam pro se et sibi adhærentibus duxerint appellandum, Nos auditis super hoc quibusdam Capitulorum procuratoribus et Cardinale prædicto, considerato etenim quod pro tam evidenti necessitate, et tam utili negotio Ecclesiæ Dei, dictus Legatus tunc jure legationis statuere vel ordinare potuit quod expedire videbat... volentes et statuentes auctoritate præsentium, ut tibi secundum dictam promissionem a memorato Legato eidem patri tuo factam, decima integra persolvatur.

« Datum Laterani, Id. Novembris, Pontificatus Nostri anno primo. »

(1) D'Achery, *Spicilegium*, t. III, p. 189. *Chronicon Nicolaï Trivetti, Dominicani*, ad annum MCCXXVII. « Ludovicus, Francorum rex, de consilio Blanchæ matris suæ, Episcopos et milites in terram Albigensium misit, per quos urbem Tolosam cum toto obtinuit Comitatu. »

(2) H. Martin, *Histoire de France*, t. IV, p. 147. — Fleury, *Hist. Ecclés.*, t. XVI, 79, 32.

ne reculaient devant aucun sacrifice, pour hâter la fin des guerres fratricides qui désolaient depuis trop longtemps les contrées méridionales de la France. De concert avec les Frères-Prêcheurs, ils bravaient les fatigues de la route et l'intempérie des saisons ; ils partaient dans toutes les directions, délégués les uns et les autres, avec mission particulière de prêcher la croisade et d'enrôler des soldats. Un archidiacre de Paris (1), Guillaume, s'en allait, au milieu du fracas des armes et du tumulte des camps, encourager les braves, stimuler les tièdes, retenir à l'armée ceux qui, leur congé fini, se disposaient à quitter les drapeaux. Etienne de Bourbon (2), qui s'était éloigné de Paris pour vaquer au ministère évangélique en d'autres résidences, accourait, au signal donné par Jourdain, rejoindre les Frères de Saint-Jacques sur la nouvelle arène ouverte à leur éloquence (3). Sa parole ardente pénétrait l'âme des chevaliers : ses traits, ses images leur plaisaient; ils aimaient ses discours, sollicitaient ses conseils (4), recherchaient sa conversation, et parmi les seigneurs qui s'attachèrent plus intimement à lui, au cours de cette expédition, il rappelait dans ses Anecdotes, le nom, l'esprit de pénitence et la piété de Guillaume de Contres (5).

Prêtres et religieux, Prêcheurs de Saint-Jacques et des autres couvents de France, tous rivalisaient de zèle dans l'accomplissement de leur tâche. A la voix de ces missionnaires, l'armée augmentait en nombre, les rangs se serraient, la discipline s'affermissait : chacun y mettait toute sa peine. Les moyens qu'ils employaient pour atteindre leurs fins ne sont point à passer sous

---

(1) Etienne de Bourbon, *Anecdotes historiques*, p. 36. « Cum quidam Willelmus archidyaconus Parisiensis, esset legatus in terra Albigensium. »
(2) *Id.*, p. 140. « Cum ego prædicarem crucem apud Verzeliacum contra hæreticos Albigenses. »
(3) *Id.*, p. 148. « Audivi a Fratribus quod, cum quidam hæretici in terra Albigensium jactarent se coram suis credentibus de exteriori affliccione. »
(4) *Id.*, p. 43. « Cuidam militi valde devoto et bonc vite, qui super hoc eciam me consuluit. »
(5) *Id.*, p. 44. « Guillelmus de Contres, socius comitis Nivernensis et Forensis, qui miles magne abstinencie et devocionis mihi fuit familiarissimus, qui etiam in terra Albigensium et transmarina multa sustinuit propter Deum. »

silence, si l'on veut savoir quel était à cette époque le caractère de la foi, et comment s'affirmait dans cette société l'énergie des croyances. « Guillaume, archidiacre de Paris, raconte Etienne de Bourbon (1), était en mission au pays des Albigeois. Il y rencontra un soldat qui s'était signalé par sa bravoure, et qui venait de terminer les quarante jours de son engagement. Comme la guerre continuait à mettre la patrie en danger, on s'efforçait de retenir le soldat, mais il ne se laissait gagner par aucune proposition d'argent. Guillaume lui offrit d'appliquer au nom de Dieu, du pape et de l'Eglise, l'indulgence à son père défunt, s'il voulait contracter un nouvel engagement de quarante jours. Le soldat accepta, et il n'était pas au bout, que son père lui apparaissait resplendissant de lumière, pour lui rendre grâces de sa délivrance. »

Si les Dominicains travaillaient de toutes leurs forces au salut des âmes, au bien de la société chrétienne et au succès de la politique française, les protecteurs de l'Ordre redoublaient de générosité pour lui venir en aide, car, il ne faut pas se le dissimuler, les Frères avaient besoin d'une assistance énergique pour surmonter les obstacles, les embarras, la gêne qui rend toujours difficiles les commencements d'une grande œuvre. Mais Celui qui donne leur pâture aux petits des oiseaux, veillait sur ceux qui avaient fait vœu d'être siens : les appuis ne manquaient point aux Prêcheurs, et sur la liste de leurs bienfaiteurs s'inscrivaient chaque jour les noms les plus illustres.

Les fondations de l'Ordre au pays de Flandre, par des religieux détachés de Saint-Jacques, entraient dans une ère de prospérité plus marquée, grâce à la faveur du comte Ferrand. Depuis la bataille de Bouvines, l'adversaire vaincu de Philippe-Auguste était demeuré prisonnier au Louvre (2). Durant ce séjour pro-

---

(1) Etienne de Bourbon, *Anecdotes historiques*, p. 36. « Cum quidam miles strenuus perfecisset ibi strenuissime quadragesimam... dixit ei legatus quod auctoritate Dei et pape et Ecclesie, concedebat patri suo defuncto indulgenciam, si etiam pro eo per aliam quadragesimam sustineret laborem ibi. »

(2) P. Bernard de Jonghe, *Belgium Dominicanum*, p. 1. « Ferrandus, comes Flandriæ, in infausto prælio Boviniensi captus, et per aliquot annos apud

longé sur les bords de la Seine, il avait connu les Dominicains qui commençaient à répandre en France le renom de leur science et de leur sainteté. Bientôt le seigneur flamand se lia intimement avec ces religieux ; il faisait de fréquentes visites à leur Couvent, où les Frères le consolaient dans ses tristesses, et allégeaient pour lui les heures pesantes de la captivité. Ferrand avait usé de tout le pouvoir qui lui restait dans sa défaite, pour décider le Maître général à envoyer des Prêcheurs dans les Flandres, afin d'y exciter le peuple à la pratique de la vertu.

La comtesse Jeanne fut informée des pieuses démarches de son époux (1) et du succès qui les avait couronnées. Aussitôt elle mit tout en œuvre pour obtenir que les Frères choisis à ces fins se rendissent à Gand. Ils étaient partis de Paris dans ce dessein : mais, chemin faisant, ils passèrent par Lille (2) et s'y arrêtèrent quelques jours. La pauvreté de leur vêtement, la sainteté de leur vie, attirèrent tous les regards ; l'éclat de leurs vertus, la sagesse de leur conversation, pénétrèrent les cœurs : l'admiration gagna les grands et le peuple, si bien que le Prévôt de Saint-Pierre, Guillaume, et les chanoines n'hésitèrent pas à les retenir et à pourvoir aux moyens de leur fonder un couvent. De peur d'encourir les reproches de la comtesse Jeanne, ils lui écrivirent, sollicitant son approbation pour l'entreprise qu'ils avaient arrêtée. Jeanne était trop heureuse de voir se propager les Ordres religieux et s'accroître le nombre de ceux qui formaient ses sujets à la vertu. Elle répondit favorablement, laissa les Prêcheurs à Lille, et en demanda d'autres pour Gand (3). A bref délai, un grand

---

Luparam detentus, nascentis Prædicatorum Ordinis primitias in Galliarum regno sanctitatis et doctrinæ odore fragrantes adeo intense diligere cœpit, ut eorum consortio pro captivitatis suæ solatio persæpe uteretur, nonnullosque ejusdem Ordinis viros in ditiones suas mitti expostularet. »

(1) Buzelinus, *Annales Gallo-Flandriæ*, p. 272. « Cognita mariti religione et voluntate, ut eorum aliqui Gandavum proficiscerentur, Johanna laboravit. » — P. Bernard de Jonghe, *Belgium Dominic.*, p. 1.

(2) *Id.* « Dum Lutetia Parisiorum digressi viam maturant Gandavum, Insulam, qua via ferebat, divertunt. »

(3) *Id.* « Iis igitur Insulæ relictis, alios e Francia hæc Gandavum evocavit. »

changement s'accomplit dans les habitudes de ces deux villes (1) : la prédication des Frères, leur conversation, produisirent d'excellents fruits dans les villes voisines et dans les campagnes.

Ces détails complètent l'histoire de la fondation de Lille (2). Quelle fut à Gand la première maison qui s'ouvrit pour donner asile aux Prêcheurs envoyés de Saint-Jacques? Un vénérable chanoine de Saint-Pierre de Lille, Foulques Uytenhove, s'était entendu avec sa sœur Trina, pour abandonner vers 1201, aux pauvres et aux malades, la maison qu'il possédait à Gand (3), près d'une chapelle consacrée à saint Michel. Gauthier de Marvisie, évêque de Tournai, avait recommandé cet hôpital au comte de Flandre, Ferrand, et à la comtesse Jeanne. Une maison était adjacente à l'hôpital. C'est dans cette maison cédée à titre gratuit par Siger Paris (4), que s'établirent les Dominicains envoyés de Paris à Gand, sur la demande du comte Ferrand. Chaque jour leur nombre alla croissant, si bien qu'ils se trouvèrent vite à l'étroit, les Frères dans leur couvent, les pauvres dans leur hôpital.

Le comte de Flandre résolut de transférer ailleurs (5) l'hôpital qui contrariait l'extension de l'œuvre dominicaine. Soudain la fortune s'était lassée de poursuivre le vaincu de Bouvines : son exil venait de prendre fin. Blanche de Castille, en présence des dispositions hostiles que sa régence rencontrait chez les barons, avait formé le projet de se créer des amis parmi les grands du royaume (6). C'est pourquoi elle s'était décidée à rompre les chaînes du comte de Flandre. Ce prince, rendu à la li-

---

(1) Buzelinus, *Annales Gallo-Flandriæ*, p. 272. « Intra breve spatium temporis tam Gandavi quam Insulæ visa est ngens morum mutatio. »
(2) Voir ci-dessus VIII, Le Couvent de Saint-Jacques,... p. 147.
(3) P. Bernard de Jonghe, *Belgium Dominic.*, t. I, p. 26. « Fulco Uytenhove S. Petri Insulis canonicus, et Trina soror ejus... anno 1201 domum suam juxta D. Michaëlis ædem sacram, in pauperum ac in infirmorum receptaculum commutarunt. »
(4) *Id.* « Adjacentem domum, quam Fratres Prædicatorum Ordinis a Zegero Paris in eleemosynam acceperant, inhabitabant dicti Fratres a Ferrando Parisiis Gandavum missi, qui quotidie numero accrescebant, unde illorum, dictique Hospitalis fundi nimis angusti videbantur. »
(5) P. Bernard de Jonghe, *Belgium Dominic.*, *ib.* « De Hospitali alio transferendo actum fuit. »
(6) H. Martin, *Histoire de France*, t. IV, p. 136.

berté (1), moyennant une forte rançon (2), rentrait en possession de ses Etats. Les Frèrès de Saint-Jacques n'étaient peut-être point étrangers à sa délivrance : la reine ne recourait pas en vain aux conseils de Jourdain de Saxe. Toujours est-il que Ferrand se montrait bienveillant par reconnaissance ou par attachement; il s'employait de toute manière à accroître dans les Flandres la prospérité des Prêcheurs, qu'il y avait fait venir, et en 1228 (3), il leur donnait, à Gand, la maison du chanoine Uytenhove avec la chapelle attenante de Saint-Michel.

Voici les lettres que le comte de Flandre expédia aussitôt à Paris, au Maître général de l'Ordre (4), pour obtenir que la fondation fût reconnue et confirmée :

(1) D'Achery, *Spicilegium*, t. III, p. 31. *Chronicon Guillelmi de Nangis*, ad annum MCCXXVI. « Ferrandus comes Flandriæ, qui per duodecim annos Parisius, in carcere Regis Franciæ detentus fuerat, multa redemptus pecunia, liberatur. — Martène, *Thesaurus novus Anecdot.*, t. V, p. 65. *Chronicon Lamberti parvi*, an. MCCXXVI. « Defuncto Ludovico rege Franciæ, Ferrandus, Flandriæ et Hyn. Comes, liberatur a carcere, qui per annos XII in vinculis detentus fuerat. »

(2) Martène, *Thesaurus novus Anecdot.*, t. I, p. 886. Litteræ Johannæ comitissæ Flandrensis et Hannoniensis. — « De pecuniis ad usuram mutuo acceptis pro redemptione Ferrandi, comitis Flandrensis, regis Francorum captivi. »

(3) P. Bernard de Jonghe, *Belgium Dominic.*, id., p. 27. « Prior illa domus, quæ juxta D. Michaëlis erat, anno 1228, usui Fratrum nostrorum concessa fuit. »

(4) P. Bernard de Jonghe, *Belgium Dominicanum*, t. I, p. 27.

Fundationis Litteræ.

« F., Flandriæ et Hayn. Comes, et J. Comitissa uxor ejus, omnibus præsentes litteras inspecturis, salutem.

« Notum vobis facimus quod Nos, extra Gandavum, juxta locum qui ab antiquo *Monialium Portus* appellari solebat, in honorem S. Mariæ quondam, inchoavimus Hospitale, juxta quem locum Monasterium quoque Monialium *Portum Beatæ Mariæ* vocamus, fecimus inchoari. Ita quod ipsum Hospitale cum omnibus ad illud pertinentibus semper erit membrum de corpore præfati Monasterii, et bona ejusdem Hospitalis habita, vel habenda, in perpetuum ipsius provisione Monasterii regentur ac distribuentur in necessitates infirmorum et pauperum, quorum usibus assignata noscuntur.

« Bona quoque, quæ spectabant hactenus ad domum sitam secus atrium S. Michaëlis in Ganda, in qua manere solebant pauperes et infirmi, perpetuo pertinebunt ad Hospitale prædictum, in quod transferendi sunt ad manendum pauperes memorati.

« Domum vero præsitam, quæ est pauperum, per manum Venerabilis Patris Walteri, Tornacensis Episcopi, et de assensu omnium, quorum fuit super hoc requirendus assensus, assignavimus Fratribus Ordinis Prædicatorum in perpetuam mansionem. Ita quod ipsa domus in usus alios, quam in mansionem eorumdem Fratrum in ea habendam, nullo modo possit converti, nec a Fratrum habitatione poterit alienari, quin domus eadem revertatur ad pauperes Hospitalis præfati;

« Ferrand, comte de Flandre et de Hainaut, et la comtesse Jeanne, son épouse, à tous ceux qui les présentes verront, salut.

« Nous vous faisons savoir qu'en dehors de la ville de Gand, dans un lieu anciennement appelé *Port Monial*, en l'honneur de la Vierge Marie, Nous avons jeté les fondements d'un hôpital et d'un Monastère de religieuses, qui portera le nom de *Port Notre-Dame*. L'hôpital, avec toutes ses dépendances, fera toujours partie du monastère : les biens présents ou futurs de l'hôpital seront à perpétuité administrés et consacrés par le Monastère aux besoins des pauvres et des malades. Telle est la destination assignée à ces biens : ceux qui jusqu'à présent dépendent de la maison des pauvres et des malades, située à Gand, près de la chapelle de Saint-Michel, appartiendront désormais à l'hôpital en construction, où les pauvres devront être transférés.

« Quant à la maison elle-même, Nous l'avons fait céder aux Frères-Prêcheurs, par le vénérable Gauthier, évêque de Tournai, du consentement de tous ceux qu'il a fallu consulter à ce sujet. Cette maison sera à perpétuité la demeure de ces Frères, de telle façon qu'elle ne puisse ni servir à autre chose, ni recevoir une destination différente, sous peine de revenir aux pauvres de l'hôpital.

« Voulant que cet hôpital et le monastère croissent et soient administrés au temporel et au spirituel, suivant l'esprit de Dieu, Nous les donnons avec toutes leurs dépendances à l'Ordre de Cîteaux, pour servir à l'usage des religieuses et aux nécessités des malades et des pauvres.

« Pour confirmer ces dispositions et en perpétuer la mémoire, Nous avons fait rédiger ces lettres et y avons apposé notre sceau.

« Donné l'an du Seigneur MCCXXVIII. »

« Cupientes ergo ut Monasterium et Hospitale, de quibus fecimus mentionem, tam in temporalibus quam in spiritualibus secundum Dominum proficiant et regantur, locum ipsius Monasterii, et universa ad illud pertinentia, Ordini Cisterciensi in perpetuum pacifice possidenda concedimus in usus Monialium et in necessitates infirmorum et pauperum convertenda.

« Ut haec autem firma permaneant et ab hominibus memoria non recedant, præsentes litteras scribi fecimus, et sigillorum Nostrorum munimine roborari.

« Datum anno Domini MCCXXVIII. »

L'Ordre croissait toujours, non seulement en France et dans les pays voisins, mais aussi dans les autres parties de l'Europe, et déjà des Frères avaient pénétré en Asie. Cette marche triomphale ainsi poussée en avant par l'ardeur des religieux qu'entraînait l'enthousiasme des peuples, ces expéditions apostoliques couronnées par un succès constant, demandaient, pour ne pas se résoudre en vaine fumée, une main ferme qui réglât l'une, qui protégeât les autres, en étendant jusqu'aux limites les plus reculées, le frein nécessaire d'une autorité supérieure. Il fallait couvrir du pavillon de l'Ordre les positions lointaines enlevées par ces héroïques soldats. Une armée victorieuse ne s'aventure pas dans l'intérieur du pays qu'elle subjugue, sans jeter des garnisons dans les villes, sans établir des postes avancés à travers les campagnes, soit afin de pourvoir à son ravitaillement, soit afin d'assurer sur les peuples soumis, la domination de la mère-patrie. Jourdain jugea que le temps était venu d'organiser les nouvelles conquêtes de son Ordre : le Maître général estima qu'il ne devait point différer le moment de prendre, au nom de saint Dominique, possession des divers pays où les Frères-Prêcheurs avaient étendu le pacifique empire de leur parole.

Pendant qu'il méditait sur ce grave sujet, sur les dispositions à prendre et sur le caractère à donner au prochain Chapitre où elles se discuteraient, une lettre arrivait de Rome à Saint-Jacques, réclamant pour la province de Hongrie une attention particulière du Maître général. Le Souverain Pontife lui écrivait à la date du **21 mars 1228 (1)** :

(1) *Bullarium F. F. Prædicatorum*, t. I, p. 26.

« Gregorius episcopus, servus servorum Dei,

« Dilecto filio Priori Ordinis Fratrum Prædicatorum, salutem et apostolicam benedictionem.

« Cum Venerabili Fratri Nostro Strigoniensi Archiepiscopo, Apostolicæ Sedis legato, juxta suum desiderium Dominus fructum dederit, conversionem videlicet non parvæ multitudinis Cumanorum, et in partibus illis idem Archiepiscopus Venerabilem Fratrem Nostrum Theodericum de Ordine tuo, per Christi gratiam in Episcopum jam præfecerit, tu, et Fratres Ordinis tui, qui ex Ordine ipso tenemini salutem gerere animarum, parati esse debetis toto mentis affectu in partem sollicitudinis hujus accedere, ac collaborando Archiepiscopo et Episcopo

« Grégoire, évêque, serviteur des serviteurs de Dieu,

« A Notre cher fils le Prieur de l'Ordre des Frères-Prêcheurs, salut et bénédiction apostolique.

« Notre Vénérable Frère, l'archevêque de Strigonie, légat du Siège Apostolique, a vu ses désirs comblés par les fruits que le Seigneur lui a donné de recueillir, c'est-à-dire par la conversion d'une grande multitude de Cumans. Ce prélat vient, par la grâce de Dieu, d'établir, comme évêque dans ce pays, Notre Vénérable Frère Thierry, de votre Ordre. Vous donc et vos Frères, qui par vos constitutions mêmes, êtes tenus de travailler au salut des âmes, vous devez de tout cœur vous associer à cette œuvre, et, en prenant part aux labeurs de l'archevêque et de l'évêque, presser le succès d'une aussi sainte entreprise. C'est pourquoi Nous faisons appel à votre zèle, et Nous vous mandons par Nos lettres apostoliques, d'envoyer chez les Cumans les Frères qui vous paraîtront les plus aptes à cette mission, au jugement de l'archevêque et de l'évêque. Celui-ci a été pendant cinq ans Prieur de votre Ordre, en Hongrie : il doit bien connaître ceux qui sont capables de rendre le plus de services. Quant à ceux qui s'offriraient de bon gré, laissez-les partir sans trop de difficultés, surtout puisque un grand nombre de vos Frères, Nous l'avons appris, se présentent au nom du Christ, pour ce ministère apostolique.

« Donné au palais de Latran, le douzième jour des Calendes d'Avril, la deuxième année de Notre pontificat. »

La maison de Paris semblait toujours, grâce à une abondance

supradictis, tam pium et sanctum negotium promovere. Quare devotioni tuæ, per apostolica scripta mandamus, quatenus in mittendis ad Cumanos Fratribus qui magis idonei videbuntur secundum conscientiam ejusdem Archiepiscopi necnon et ejus Episcopi, qui cum fere per quinquennium Prior fuerit ejusdem Ordinis in Hungaria, magis utiles plene novit, et eorum qui se ad hoc sua offerunt voluntate, te non difficilem, sed facilem debeas adhibere, maxime cum ad hunc laborem, sicut accepimus, plures pro Christo se offerant ex Fratribus supradictis.

« Datum Laterani XII Kalend. Aprilis, Pontificatus Nostri anno secundo. »

de sève qui coulait à pleins bords, prête à fournir des légions de Frères, dont la prédication allait porter aux quatre vents du ciel la réputation de Saint-Jacques. L'Université continuait à peupler le Couvent de l'élite des Français et des étrangers qui remplissaient les Ecoles. La naissance et le nom, la fortune et la science se trouvaient réunis sous ces cloîtres en construction, où l'on rencontrait également la connaissance du monde et l'expérience des affaires. Déjà « ils portaient dans toute leur personne, dit Lacordaire (1), le sceau de l'homme qui a tout vu du côté de Dieu et du côté de la terre. »

L'archidiacre de Paris, Jean de Montmirail (2), ne laissait point s'émousser, sous l'habit dominicain, la pénétration d'esprit qu'il s'était acquise dans l'administration diocésaine. Vincent de Beauvais préparait les matériaux destinés au monument historique dont il méditait le plan. La société frivole ne se rappelait pas sans regret les façons élégantes de Gilles de Portugal, et les savants ne citaient point sans éloge les noms de Humbert de Romans, de Laurent de Fougères, de Guerric de Saint-Quentin. Quelques religieux revenaient de mission en pays étrangers, et la curiosité parisienne se sentait tenue en éveil par le récit des voyages et par l'éloquence des voyageurs. Déjà l'opinion publique attachait au Couvent de Saint-Jacques les rayons d'une célébrité de jour en jour plus éclatante. Il était temps, suivant la maxime de saint Dominique, de tirer parti de ces gloires pour les empêcher de s'éteindre dans une triste oisiveté.

---

(1) Lacordaire, *Vie de saint Dominique*, ch. III, p. 55.
(2) Etienne de Bourbon, *Anecdotes historiques*, p. 109. « Cum quidam confiteretur Fratri Johanni de Monte-Mirabili, de Ordine Prædicatorum, qui fuerat magnus Archidiaconus Parisiensis, magne litterature et consilii. » — *Id.*, p. 386. « Asserebat quidam Frater se audivisse a Fratre Johanne de Monte-Mirabili, quondam archidiacono magno Parisiensi. » — Jean de Montmirail n'était encore que chanoine de Paris, quand nous le voyons assister l'Evêque dans un différend à régler entre le curé de Saint-Eustache et le doyen de Saint-Germain l'Auxerrois. « Guillelmus I de Varziaco, quem inter et parochum S. Eustachii Guillelmus episcopus Parisiensis cum Joanne de Montemirabili et Herberto de Goussainville, canonicis Parisiensibus, pronuntiavit die Jovis, mense Jul. 1223, de oblationibus et obventionibus illius ecclesiæ. *Gallia Christiana*, t. VII, p. 256.

En tout ce qui concernait la direction de l'Ordre, Jourdain ne s'inspirait que des leçons et des exemples du saint Fondateur; mais attentif à ne point s'écarter de la voie tracée par le Serviteur de Dieu, il voulait encore n'avancer qu'en suivant les règles de la prudence humaine. Ce qui faisait la force de l'Ordre de Saint-Dominique, c'était l'admirable distribution de l'autorité qui communiquait le mouvement régulier à ses membres, c'était la sage disposition du gouvernement qui présidait à ses destinées. Rien ne s'accomplissait à la légère : tout était étudié, examiné, pesé, discuté dans les assemblées qui se tenaient chaque année aux fêtes de la Pentecôte. Autour du Maître général accouraient se grouper, selon leurs fonctions, les Prieurs provinciaux et les Définiteurs (1), choisis par chaque province. Ceux-là rendaient compte de leur administration, des remarques et des observations qu'elle leur avait suggérées pendant l'année; ceux-ci, assistés chacun d'un Frère qui le suppléait ou l'aidait de ses conseils, s'éclairaient des renseignements fournis par les Provinciaux, et ils partageaient avec le Maître général la responsabilité du pouvoir dans la gestion des affaires, dans les décisions à prendre, dans les lois à formuler, dans les abus à réprimer. Car telle était la sagesse qui avait posé ces assises fondamentales, que, dans l'Ordre, le pouvoir se divisait en deux parts : l'une, mobile, se pliait aux circonstances, s'adaptait aux besoins et s'exerçait dans les Chapitres généraux; l'autre, ferme, immuable, gardait la Règle et protégeait les Constitutions contre toutes les nouveautés indiscrètes. Celle-là éclatait dans les statuts, lois et ordonnances proposées ou mises à l'essai par les Chapitres généraux; celle-ci fermait l'entrée de la Règle à tous ces décrets nouveaux, et, attendant le résultat de l'épreuve, leur barrait absolument le seuil

---

(1) Echard, *Script. Ord. Præd.*, t. I, p. 45. Actes de Bologne. Déposition du F. Ventura de Verone. « Placuit ipsi F. Dominico, quod Diffinitores constituerentur in Capitulo, qui haberent plenam potestatem super toto Ordine, et super ipso Magistro, et ipsius Ordinis Diffinitoribus, scilicet diffiniendi, statuendi, ordinandi, et puniendi salva reverentia magistrali. » — « Dominique, dit Lacordaire, avait demandé et obtenu l'institution de cette charge qui devait limiter son pouvoir. » *Vie de saint Dominique*, ch. XVII, p. 381.

des Constitutions. C'était là l'arche sainte : un Chapitre généralissime possédait seul le droit d'y porter la main. Jourdain décida que telle serait l'assemblée prochaine, et il convoqua à Paris, au Couvent de Saint-Jacques, pour les fêtes de la Pentecôte de l'année 1228, le premier Chapitre généralissime de l'Ordre de Saint-Dominique.

En donnant à l'assemblée de Paris ce caractère inaccoutumé, le Maître général la souhaitait plus nombreuse, plus solennelle. Soit à cause de la gravité des événements politiques auxquels se mêlaient Grégoire IX, Frédéric II, Louis IX, Blanche de Castille et Raymond de Toulouse, soit en raison de la part d'activité déployée par les Frères-Prêcheurs dans les affaires de l'Église, de l'Italie, de l'Allemagne et de la France, soit surtout dans la pensée d'organiser les nouvelles conquêtes des Dominicains dans les pays étrangers, Jourdain désira s'entourer de plus de lumière, s'aider des meilleurs conseils. C'est pourquoi, aux premiers jours du mois de mai, l'on vit arriver à Paris, répondant à son appel, les Frères qui, de droit, étaient mandés par lettres officielles, et ceux qu'un choix spécial désignait comme des auxiliaires habiles à servir les intérêts de l'Ordre.

Jourdain de Saxe se vit entouré des fils les plus illustres de la famille dominicaine (1). Les Prieurs provinciaux, tous disciples de saint Dominique, jadis groupés autour de lui dans le sanctuaire de Notre-Dame de Prouille, se retrouvaient aujourd'hui réunis autour de son successeur, dans le Couvent de Saint-Jacques. Chacun était assisté de deux Définiteurs, députés par les Chapitres provinciaux : d'un consentement unanime, les Prieurs avaient adopté ces élus pour représentants, et ils leur avaient délégué pleins pouvoirs, pour constituer, destituer, changer, ajouter,

---

(1) Martene, *Veterum Script. et Monum.*, t. VI, p. 552. *Brevis Historia Conv. Parisien. Ord. FF. Prædic.*, ex Mss. S. Vict. « Anno ab Incarnatione MCCXXVIII, convenerunt in isto Conventu omnes Priores provinciales Ordinis prædicti, una cum sancto Patre Fratre Jordano Magistro Ordinis, singuli cum duobus Diffinitoribus, sibi a Capitulis provincialibus deputatis, in quos omnes Priores sua vota unanimiter transtulerunt, eisdem plenariam potestatem concedentes, ut quicquid ab eis fieret, sive in constituendo, sive in destituendo, mutando, addendo vel diminuendo, de cætero perfirmum et stabile permaneret. »

diminuer, afin que tout ce qui serait décidé dans le Chapitre, demeurât désormais fixe et irrévocable.

Parmi les Dominicains que Saint-Jacques avait fait naître à la vie monastique, et qui revoyaient avec bonheur le cloître et l'autel témoins de leur profession religieuse, Henri de Marbourg fut un de ceux qui réveillèrent dans l'âme de Jourdain les plus doux et les plus tristes souvenirs. Il revenait de Cologne (1) : son nom, son couvent, ne rappelaient-ils pas à la mémoire du Maître général cet autre Henri qu'il avait aimé si fort ?

Henri de Marbourg se rendait au Chapitre pour fournir, en sa qualité d'ancien croisé (2), les renseignements nécessaires aux projets des Prêcheurs sur la Terre-Sainte. Il se retrouvait avec plusieurs de ses compagnons de noviciat, au milieu des premiers Frères envoyés jadis, par saint Dominique, fonder la maison de Paris. Un mot du Maître les avait aussi dispersés dans les provinces : une parole de son successeur les rassemblait de nouveau dans le Couvent de Saint-Jacques, pour délibérer en commun sur les destinées de l'Ordre auquel ils avaient consacré leur vie.

Bertrand de Garrigue arrivait de Provence ; l'austère Provincial (3) abandonnait avec une grâce parfaite les hauteurs sereines où son âme se tenait d'habitude, afin de retracer les œuvres des Frères dans le comté de Toulouse : il suspendait avec la même placidité ses saintes méditations, pour répondre aux questions dont on le pressait sur les péripéties de la guerre au pays des Albigeois.

Suéro Gomez administrait la province d'Espagne : il accourait avec Michel de Fabra, qui enseignait la théologie à la communauté naissante de Saint-Jacques, lorsque Dominique l'envoya dans l'Aragon (4). L'ancien professeur devait rendre

---

(1) Echard, *Script. Ord. Prædic.*, t. I, p. 148. — Touron, *Vie de saint Dominique*, l. VI, p. 727.

(2) Echard, *id.* « Crucem quæ tum prædicabatur assumsit, et in Palæstinam transfretavit ; ea vero expeditione functus... »

(3) Bolland., *Acta Sanctorum*, t. I Augusti, n° 39, p. 550. « Vir existens sanctitatis magnæ et rigoris circa seipsum inexorabilis. »

(4) Touron, *Vie de saint Dominique*, l. VI, p. 662. — Echard, *Script. Ord. Prædic.*, t. I, p. 16. — Mamachi, *Annales Ord. Prædic.*, t. I, l. II, p. 562.

compte de sa mission apostolique, de l'influence qu'il exerçait à la cour de Jacques Ier, où ce monarque l'avait choisi pour confesseur et pour conseiller.

Jean de Navarre venait de Bologne (1), qu'il n'avait pas quittée, depuis que, dans un moment d'insurmontable ennui, il s'était éloigné de ses frères, désespérant de leur avenir dans le pauvre hôpital de Saint-Jacques.

Laurent d'Angleterre reprenait place auprès de Jean de Navarre, dont il avait partagé le découragement en dépit des visions qui lui révélaient la prospérité future de la maison de Paris (2), si chétive à l'origine. Laurent avait traversé la Manche, chargé de plaider au Chapitre la cause des couvents d'Écosse (3) : l'incrédule d'autrefois pouvait maintenant contempler de ses yeux et admirer le magnifique accomplissement de son rêve, dans la multitude des religieux qui affluaient au Couvent de Saint-Jacques. Avec Laurent, deux Frères déjà célèbres dans les écoles d'Oxford, Robert Bacon et Richard Fitsacre accompagnaient Gilbert de la Fresnaie. L'un et l'autre, à l'arrivée des Prêcheurs au pays des Anglo-Saxons, n'avaient pas hésité à tout sacrifier pour s'associer aux pauvres du Seigneur (4). Le Provincial d'Angleterre apportait les meilleures nouvelles sur les progrès de l'Ordre à Cantorbéry (5), sous les auspices de l'archevêque Étienne de Langton, dont la faveur ne s'était pas un instant démentie depuis le premier jour, à Londres, où le comte de Kent (6) donnait son magnifique

---

(1) Touron, *Vie de saint Dominique*, l. VI, p. 656. — Mamachi, *Ann. Ord. Prædic.*, t. I, l. II, xxvii, p. 466. — Bolland., *Acta Sanctorum*, t. I August., p. 551.

(2) Bolland., *Acta Sanctorum*, t. I August., p. 551. — Mamachi, *Ann. Ord. Prædic.*, t. I, l. II, xxvii, p. 466.

(3) Touron, *Vie de saint Dominique*, l. VI, p. 661.

(4) Echard, *Script. Ord. Prædic.*, t. I, page 118. « Inter eos vero qui eis ex Academia Oxoniensi se adjunxerunt, illustriores fuerunt hi duo nominati. »

(5) D'Achery, *Spicilegium*, t. III, p. 188. *Chronicon Nicolai Trivetti, Dominicani.* « Progredientes Fratres de Cantuaria venerunt Londonium in festo S. Laurentii, et ulterius Oxoniam in festo Assumptionis Virginis gloriosæ, in cujus honore Oratorium construxerunt, et habebant Scholas illas quæ nunc S. Eduardi dicuntur. »

(6) Matthieu Paris, *Historia Anglorum Major*, ad annum 1243. « Delatum est corpus ejus venerandum veneranter Londinum tumulandum in domo Fratrum Prædicatorum, quibus vivens multa bona contulerat, et inter cætera suum nobile

palais aux Prêcheurs, à Oxford, où le couvent se signalait déjà par le renom de ses maîtres, par la force des études et par le nombre des écoliers.

Pierre Cellani avait quitté Limoges afin d'assister Hugues de Saint-Cher, qui venait à peine de prendre possession de son gouvernement (1). Ils s'étaient adjoint Guerric de Metz, pour exposer la situation des couvents fondés sur les bords de la Moselle (2), à l'extrémité de la province de France, et Gérard de Frachet qui, saisi d'un enthousiasme de plus en plus vif pour l'Ordre qu'il avait embrassé (3), ne négligeait aucune occasion de s'édifier au commerce des premiers Frères, dont il devait un jour retracer les éminentes vertus.

De ces religieux, que le Chapitre généralissime assemblait à Saint-Jacques, comme Prieurs provinciaux, Définiteurs ou Conseillers, plusieurs arrivaient à Paris pour la première fois. Saint-Jacques les eût attirés depuis longtemps : ils en avaient entendu raconter tant de merveilles ! L'obéissance, qui avait jusque-là comprimé leur désir, les amenait aujourd'hui à ce Couvent, auquel le devoir allait attacher les plus illustres : ils venaient choisis juste à l'heure où la Providence s'apprêtait à élargir, pour la maison de Paris, le cercle des obligations attribuées à l'Ordre dans le monde des intelligences.

Entre les Frères que le Couvent de Saint-Jacques devait garder, on distinguait au premier rang, Roland de Crémone (4), le célèbre professeur lassé de gloire et de renommée : l'ardente parole du bienheureux Réginald l'avait détaché des vanités de la terre, et il s'était jeté dans les rangs des Prêcheurs, espérant y trouver la solitude et l'oubli. Le choix de sa province l'arrachait au silence

---

palatium, quod non multum distat a palatio comitis Richardi, juxta Westmonasterium. »

(1) Touron, *Histoire des Hommes illustres de l'Ordre de saint Dominique*, t. I, p. 203.
(2) Echard, *Script. Ord. Prædic.*, t. I, p. 115.
(3) Echard, *id.*, p. 259.
(4) Echard, *Script. Ord. Prædic.*, p. 125. — Gérard de Frachet, *Vies des Frères*, p. I, c. v, § 1.

de son couvent de Bologne (1) ; il avait fait le voyage avec Jean de Navarre, accompagnant tous deux Étienne d'Espagne (2), qui remplissait depuis Jourdain les fonctions de Prieur de la Lombardie.

Des années passeront avant que Roland ne reprenne le chemin de l'Italie. Les autres Dominicains accourus de l'étranger, députés par les diverses provinces, n'étaient appelés, ceux-ci à passer au Couvent de Paris que le temps consacré aux délibérations du Chapitre. Toutefois, ces courts instants, dévorés presque par le souci des affaires à discuter, suffiraient pour qu'à leur nom évoqué plus tard, sous les cloîtres, par les religieux de Saint-Jacques, on entendît résonner comme un harmonieux écho des éloges qu'ils avaient su mériter. Tel le Frère Clair, le Prieur de la province Romaine, l'habile jurisconsulte qui s'était converti, comme Roland de Crémone, à la prédication de Réginald. « C'était, dit Gérard de Frachet (3), un homme de bien et de grand conseil, versé dans la connaissance du droit civil, qui avait enseigné le droit canonique et les arts. » Tel Nicolas de Giovenazzo, « un homme saint, observe encore Gérard (4), et de grande discrétion ». Prêcheur infatigable, d'une piété ravissante, et à qui les anges, disait-on, apportèrent du ciel les plans du couvent de Pérouse.

Ceux-là partiront aussitôt le Chapitre terminé, mais leur adieu ne sera point définitif, et leur absence ne se prolongera pas au delà de certaines limites. Ils reviendront dans la suite, à Saint-Jacques, prêcher, étudier, enseigner, se voir élever dans l'Ordre

---

(1) Echard, *Script. Ord. Prædic.*, t. I, p. 125. « Comitiis generalissimis, anno MCCXXVIII Lutetiæ a B. Jordano coactis, ad ea missum a sua provincia, cum unus esset et primoribus conjicio. »

(2) Echard, *Id.*, t. I, p. 52. Actes de Bologne, déposition de F. Etienne d'Espagne. « Frater Stephanus, Prior provincialis Ordinis Prædicatorum provinciæ Lombardiæ. » — Bernard Guidonis observait en marge : « Prior provincialis Lombardiæ secundus, ut puto. »

(3) Gérard de Frachet, *Vies des Frères*, p. 1, c. v, § I. « F. Clarus, vir bonus et magnæ auctoritatis, et peritus in jure civili, qui etiam in artibus et jure canonico rexerat, et postmodum fuit Prior provincialis in Romana provincia. » — Echard, *Script. Ord. Prædic.*, t. I, p. 92. — Mamachi, *Ann. Ord. Prædic.*, t. I, l. II, xi, p. 643.

(4) Gérard de Frachet, *Vies des Frères*, p. I, c. v.

aux fonctions les plus hautes, comme Jean de Wildenhausen (1), au diocèse d'Osnabrück. On ne sait rien de son entrée chez les Frères-Prêcheurs. Connaît-on bien les montagnes où le Nil prend sa source? Ses eaux inondent l'Égypte, arrosant le pied des pyramides, la base des obélisques et des sphinx, portant partout la richesse et la fécondité. En 1223, Jean aidait à la fondation du couvent de Strasbourg (2). De là (3), il remontait ou descendait le Rhin : tour à tour on le trouve à Bâle, on le rencontre à Cologne: on l'appela Jean de Strasbourg ou Jean le Teutonique. Sur un ordre du Pape (4), il était venu se joindre au légat Conrad de Zähringen, et prêcher en Allemagne la croisade pour la délivrance de la Terre-Sainte. L'armée attendait depuis longtemps le signal du départ, que Frédéric II ne se pressait point de donner. L'empereur, cette fois, semblait décidé à ne plus prolonger ses délais. Jean avait accompli sa mission (5). Le religieux s'était révélé homme d'État. Aucune barrière n'arrêtait le Prêcheur dans l'exercice de son ministère; il parlait avec une égale facilité le latin, l'italien et le français (6). Conrad, le Provincial d'Allemagne (7), s'empressa de s'associer un auxiliaire aussi précieux, et il l'amena prendre part aux travaux du Chapitre.

Conrad d'Allemagne ne comptait-il point parmi ses compagnons de route deux Prêcheurs, comme lui attirés dans l'Ordre et enrôlés par saint Dominique? Le Serviteur de Dieu les avait envoyés lui-même prêcher sur ces terres lointaines, auxquelles il ne don-

---

(1) Echard, *Script. Ord. Prædic.*, t. I, p. 111. — Touron, *Histoire des Hommes illustres...*, t. I, l. II.

(2) *Gallia Christiana*, t. V, p. 802. « 1223, quo tempore S. Dominici alumni hospitium in urbe habere cœperunt. »

(3) Conrad, *Chronique d'Ursperg, Monumenta Germaniæ historica*, t. XXIII, p. 379. « Johannes de Ordine Prædicatorum, veniens de Argentinensi civitate instabat prædicationi opportune et importune. »

(4) *Bullarium Dominicanum*, t. I, p. 20. Epistola Honorii... « Mandatum quod de prædicanda cruce dudum ab Apostolica sede recepisti. »

(5) Touron, *Hist. des Hommes illustres de l'Ordre...*, t. I, p. 96.

(6) Humbert de Romans, *Chronicon Ordinis* ab anno MCCIII ad MCCXLIV, « Hic prædicator egregius in multis linguis, Teutonica, Italica, Gallica et Latina, multum fructum fecit in prædicando. » — Echard, *Script. Ord. Prædic.*, t. I, p. 111.

(7) Echard, *Scriptores Ord. Prædic.*, t. I, p. 21. — Mamachi, *Ann. Ord. Prædic.*, t. I, l. II, XII, p. 643.

naît point encore place dans ses Provinces, et que son successeur rêvait maintenant de ranger sous la tutelle d'un gouvernement régulier. « Quand le voyageur, dit Lacordaire (1), entre à Sainte-Sabine, demeurée jusqu'aujourd'hui l'un des chefs-d'œuvre de Rome, et qu'il en visite avec soin les pieuses nefs, il remarque dans une chapelle latérale des fresques antiques. L'une d'elles représente Dominique revêtant de l'habit de Frère-Prêcheur un jeune homme agenouillé devant lui, pendant qu'un autre jeune homme est étendu par terre ; le visage de l'un et de l'autre est caché au spectateur, et tous les deux pourtant lui causent de l'émotion. Ces deux jeunes gens sont deux Polonais : Hyacinthe et Ceslas Odrowaz. Ils avaient accompagné à Rome leur oncle Yves Odrowaz, évêque élu de Cracovie, et, conduits probablement à Saint-Sixte (2) par le cardinal Ugolin, ancien condisciple d'Yves à l'Université de Paris (3), ils avaient assisté à la résurrection du jeune Napoléon.

« L'évêque avait aussitôt prié Dominique de lui donner quelques Frères-Prêcheurs pour les emmener avec lui en Pologne. Le saint lui objecta qu'il n'en avait aucun qui fût initié à la langue et aux mœurs polonaises, et que si quelqu'un de sa suite voulait prendre l'habit, ce serait le meilleur moyen de propager l'Ordre en Pologne et dans les contrées du Nord. Hyacinthe et Ceslas s'offrirent alors de leur propre mouvement. On croit qu'ils étaient frères, et il est hors de doute qu'ils appartenaient à la même famille. Leur cœur se ressemblait comme leur sang. Consacrés tous les deux à Jésus-Christ par le sacerdoce, ils avaient honoré leur maître aux yeux de leur patrie, et la jeunesse ne paraissait en eux qu'une vertu de plus. »

Tous les deux, exercés à l'étude, unissaient la science à la piété. Hyacinthe se distinguait surtout par ses connaissances

---

(1) Lacordaire, *Vie de saint Dominique*, ch. xii, p. 310.

(2) Mamachi, *Ann. Ord. Prædic.*, t. I, l. II, xxiv, p. 578. « Quum forte fortuna ad S. Sixti cum iis una ea ipsa die venisset, qua die Dominicus restituit Napoleoni vitam, prodigiumque admiratus de novo Prædicatorum ordine didicisset. »

(3) Bolland., *Acta Sanctorum*, t. IV Julii, p. 185. « Yvo... ad Honorium III in Urbem se contulit... in Cracoviensem episcopatum se promoveri, personam suam Ugolino cardinali, episcopo Hostiensi, propter familiaritatem præcipuam quam invicem in studio Parisiensi contraxerant. »

littéraires (1); l'évêque le fit chanoine de l'église de Cracovie. Ceslas s'était appliqué de préférence à la théologie et au droit canonique : curieux de les posséder à fond, il ne se contenta pas de l'enseignement donné par les maîtres de son pays, il vint fréquenter tour à tour les écoles de Paris (2) et de Bologne. Il était aussi chanoine de l'église de Cracovie, et de plus, préfet ou prévôt de l'église de Sandomir. Ils prirent ensemble l'habit à Sainte-Sabine, de concert avec deux autres compagnons de leur voyage, connus dans l'histoire dominicaine sous le nom de Henri le Morave et de Hermann le Teutonique. La Pologne et l'Allemagne, seuls pays de l'Europe qui n'eussent point encore donné de leurs fils à l'Ordre des Frères-Prêcheurs, lui apportèrent ce jour-là leur tribut, sur cette colline mystérieuse que les Romains n'avaient point comprise dans leur enceinte sacrée (3), et dont le nom signifie *séjour d'oiseaux*.

« Que les voies de Dieu sont grandes et simples ! s'écrie le P. Lacordaire. Ugolin Conti, d'Italie, et Yves Odrowaz, de Pologne, se rencontrent à l'Université de Paris. Ils y passent ensemble quelques jours de leur jeunesse : puis le temps, qui confirme ou qui brise l'amitié comme toutes choses, met entre leurs cœurs l'abîme de plus de quarante ans. Yves, promu à l'épiscopat, est obligé de se rendre à Rome ; il y retrouve sous la pourpre l'ami de ses anciennes années. Le cardinal conduit un jour son hôte à l'église de Saint-Sixte, pour lui faire connaître un homme dont le nom n'était jamais parvenu jusqu'à lui, et ce jour-là même la vertu de cet homme éclate à l'improviste par l'acte le plus élevé de la puissance, par un acte de souveraineté sur la vie et sur la mort. Yves, subjugué, demande à Dominique quelques-uns de ses

---

(1) Bolland., *Acta Sanctorum*, Id., xxv, p. 580. « Quum unus omnium inter sui temporis adolescentes et morum gravitate, et litteris maxime floreret. »

(2) *Id.*, xxvi, p. 581. « Adolescens gravioribus disciplinis in Parisiensi et Bononiensi Academiis excultus adeo theologicarum rerum, jurisque canonici præceptis, institutisque abundare visus est. » — Bolland., *Acta Sanctorum*, t. IV Julii, p. 190.

(3) Virgile, *Æn.* VIII, 235.
« Dirarum nidis domus opportuna volucrum. »

Frères, sans se douter qu'il n'était venu autrefois à Paris, et maintenant à Rome, que pour amener à Dominique quatre nobles enfants du Septentrion (1), prédestinés de Dieu à semer des couvents de Frères-Prêcheurs en Allemagne, en Pologne, en Prusse, et jusqu'au cœur de la Russie.

« Hyacinthe et ses compagnons ne demeurèrent que peu de temps à Sainte-Sabine. Dès qu'ils furent suffisamment instruits des règles de l'Ordre, ils partirent avec l'évêque de Cracovie. En passant à Frysach (2), ville de l'ancienne Norique entre la Drave et le Murle, ils furent poussés par l'Esprit-Saint à y annoncer la parole de Dieu. Leur prédication remua ce pays de fond en comble. Animés par le succès, la pensée leur vint d'y ériger un couvent. Ils y réussirent en six mois, et le laissèrent sous la direction d'Hermann le Teutonique (3), peuplé déjà d'un grand nombre d'habitants. »

Hyacinthe et Ceslas revinrent à Cracovie : l'évêque leur donna, pour en faire un couvent, une maison de bois qui dépendait de l'évêché, et, le jour de la Toussaint 1221, il les mettait en possession de l'église de la très Sainte-Trinité. Ce furent là les prémices de l'Ordre dans les régions septentrionales (4). Puis les deux apôtres se séparèrent. Ceslas prit pour lui la Silésie, la Bohême et la Moravie; il fonda les couvents de Prague (5), de Znaïm et de Breslau (6). Hyacinthe s'en alla vers l'Orient, jusqu'aux extré-

---

(1) Bolland., *Acta Sanctorum*, t. IV Julii, p. 185. — Fleury, *Hist. Ecclés.*, l. 78, 33.

(2) Mamachi, *Ann. Ord. Prædic.*, t. I, l. II, xxviii, p. 582. « In itinere, quum Frisiaci, quod oppidum est Carinthiæ provinciæ constituent, orationesque de rebus divinis ad populum habere cœpissent, adeo eorum virtute, orationeque incolæ permoti sunt, ut sex mensium intervallo plurimi nostram disciplinam amplexi fuerint. »

(3) *Id.*, xxxi, p. 584. « Frisiacensi cœnobio primus omnium F. Hermannus Teuto præfectus fuit. »

(4) Mamachi, *Annales Ord. Prædic.*, *id.* « Hæc prima Prædicatorum in Germania, reliquisque regionibus quæ ad Septentrionem vergunt, origo fuit. Quare recte a plerisquet Hyacinhus primus nostri Ordinis in eis locis institutor, propagatorque habetur. »

(5) *Monumenta Germaniæ historica*, t. IX, p. 171. *Annales Pragenses*, ad ann. 1226. « Prædicatores receperunt domum in civitate Pragensi. » — Bolland., *Acta Sanctorum*, t. IV Julii, p. 187. « Beatus Ceslaus cum beato Henrico socio Pragam Boëmorum metropolim se contulit. »

(6) Bolland., *Acta sanctorum*, *id.*, p. 190. « Dum dicitur quod fundaverit

mités de l'Europe, et à la fin de 1222 il avait planté les tentes dominicaines dans Kiew (1), à côté du palais des descendants de Rurik, sous les yeux des schismatiques grecs et au bruit des invasions des Tartares. Il y resta jusqu'au jour où la ville fut prise et livrée au pillage par une de ces hordes (2). Ce fut alors qu'Hyacinthe traversa les ruines fumantes et passa le Dnieper à pied sec, emportant dans ses bras la sainte Eucharistie et une image vénérée de la sainte Vierge (3). L'héroïque Prêcheur retourna vers l'Occident, et en 1227 il posait les premières pierres d'un couvent à Dantzig (4).

Ceslas se trouvait à cette époque à Breslau, occupé, lui aussi, à fonder dans cette ville une maison de son Ordre. La distance qui les séparait de Paris n'était point faite pour arrêter les deux missionnaires, si l'on considère les espaces immenses qu'ils avaient parcourus depuis leur départ de Rome, à la parole de saint Dominique. L'un d'eux avait-il hésité devant la longueur du voyage, lorsque l'amour de la science l'arrachait à la terre natale et l'emportait vers les écoles de Paris et de Bologne?

Des motifs particuliers les poussaient à se présenter au Chapitre, et l'Assemblée elle-même avait les raisons les plus graves de s'éclairer des conseils de leur expérience. Qui mieux que ces intrépides Prêcheurs pouvait parler des missions lointaines? Qui eût trouvé des accents plus émus pour retracer les besoins et les dangers du ministère apostolique en pays étrangers? Quel avocat plus éloquent que l'un ou l'autre de ces fils de la Po-

---

conventum Wratislaviæ, anno MCCXXVI, id intelligendum est de emptione loci et ædificatione actuali. »

(1) Bolland., *Acta Sanctorum*, t. III August., p. 316. « Cum B. Hyacinthus a Kioviæ duce locum pro monasterio construendo impetrasset, et ibi quinque annis prædicando et monasterium construendo remansisset. »

(2) *Id.*, p. 317. « Ecce subito ex repentino Tartarorum incursu clamor in urbe exortus est. »

(3) *Id.*, p. 318. « Antiquus liber scriptus Stanislai refert Tartaris civitatem Kioff invadentibus, beatus hic vir, sanctissimo Sacramento manibus suscepto et imagine beatissimæ Mariæ Virginis... Borysthenem fluvium Europam ab Asia dividentem, sua rapiditate et profunditate metuendum, siccis pedibus pertransivit. »

(4) Contin. Mss des *Annales* de Mamachi. — Danzas, *Etudes sur les temps primitifs de l'Ordre...* t. I, c. II, p. 82.

logne serait venu plaider la cause de la mère-patrie, devant le Chapitre convoqué pour délibérer sur l'avenir des couvents fondés au milieu des barbares, sur le sort des Prêcheurs envoyés dans des régions, où ruisselait le sang non encore refroidi du bienheureux Paul et des Frères (1) martyrisés en Hongrie?

Le premier Chapitre généralissime de l'Ordre s'ouvrit donc le 14 mai 1228 (2), réunissant à Paris, au Couvent de Saint-Jacques, les fils de saint Dominique présents de droit, députés de choix ou mandés d'office à ces assises extraordinaires. Les constructions de la nouvelle église, qui s'élevait adjacente à la petite chapelle de l'hôpital, étaient assez avancées pour permettre à une nombreuse assistance de se joindre aux Frères, à l'heure où les exercices religieux, la prière ou la prédication, appelaient les membres du Chapitre au pied des autels. C'est dans ce sanctuaire imparfait que remplissaient le souvenir et la pensée de saint Dominique, c'est sous ces travées incomplètes où reposaient les restes du Prieur choisi par lui pour Paris, Matthieu de France, le premier et seul abbé de l'Ordre, c'est là que Jourdain se rendit tout d'abord, et environné des représentants de la famille dominicaine, il entonna le chant du *Veni Creator* (3), afin d'appeler les lumières de l'Esprit-Saint sur les travaux de l'assemblée.

Le temps se partageait entre la discussion des affaires générales, l'examen des questions particulières et la révision des pouvoirs déférés aux Prieurs provinciaux ou conventuels. A chacune de ces divisions se rattachaient, suivant la convenance, les pétitions et les requêtes, la prédication et les examens, les réclamations et les

---

(1) Echard, *Script. Ord. Prædic.*, t. I, p. 21. « Ferunt Paulum post multa cœnobia in Pannonia erecta... vitam tandem, cum Tartari, Hungaria invasa, ferro et igne omnia popularentur, illustri martyrio finiisse. »

(2) Echard, *Script. Ord. Prædic.*, t. I. Capitula generalia. « MCCXXVIII. Parisiis, XIV Maii, Generalissimum primum. »

(3) *Summarium Constit. Declarat. et Ordinat. Ordinis Prædicatorum*, apud Michaëlem Sonnium, Via Jacobæa, Parisiis, MDCXIX, P. I, c. xviii, p. 30 et P. III, c. xxxii, p. 321. « Priores Provinciales cum suis Diffinitoribus, gratia Spiritus sancti invocata. » — Martene, *Veterum Script. et Monum.*, t. VI, p. 552, *Historia Conventus Parisien. Ord. Prædic.*, ex Mss. S. Vict. « Qui Spiritus sancti gratia invocata. »

17

abus, les accusations et les pénitences. Le Maître général présidait les séances solennelles et dirigeait les délibérations où il s'agissait de statuer sur les rapports des commissions spéciales, de les repousser ou de les adopter par un scrutin définitif. « Je connais parfaitement, disait-il dans une de ses lettres (1), les actes et les décrets de tous les Chapitres, ainsi que les raisons secrètes qui les ont inspirés. »

Le Chapitre adopta par un vote unanime (2), différentes Constitutions destinées à sauvegarder les intérêts, l'honneur et la prospérité de l'Ordre. Un de ces articles concernait le vœu de pauvreté, signe distinctif des enfants de saint Dominique : il ordonnait l'abandon de toute sorte de biens et de revenus (3). Un autre interdisait aux Frères Prêcheurs et aux Sœurs Prêcheresses d'en appeler d'une correction ou d'un supérieur (4), de porter plainte contre lui, avant d'avoir eu recours au Prieur, au Provincial, au Maître de l'Ordre et au Chapitre général. Un troisième statut défendait aux Définiteurs de nuire aux Prieurs provinciaux (5), et aux Provinciaux de causer préjudice aux Définiteurs dans l'exercice

---

(1) *Lettres du B. Jourdain de Saxe*, XXVIII. « Quod ego sine dubietate cognovi, qui omnibus Capitulis et Definitionibus interfui, et causas novi quarumlibet Constitutionum quas fecimus usque modo. » — XXIX. « Ego enim cum facta, et institutiones, et intentiones instituentium omnium Capitulorum plene cognoverim. »

(2) Martene, *Veterum Script. et Monum.*, t. VI, p. 552. « Qui Constitutiones ad honestatem et vitam Ordinis Fratrum Prædicatorum pertinentes unanimiter et concorditer ediderunt. »

(3) *Summarium Constit. Declarat. et Ordin. Ord. Prædic.*, P. III, c. XXXII, p. 321. « Inter alias autem quasdam voluerunt inviolabiliter et immutabiliter in perpetuum observari, De Possessionibus et reditibus non habendis vel recipiendis. » — *Liber Constitutionum Fratrum Ordinis Prædicatorum*, Mediolani, MCCCCV. Distinc. II, c. X, De Capitulo generalissimo.

(4) *Id.* « De Appellationibus removendis. — *Summ. Const. Decl.*, P. IV, c. XIII, p. 347. « Quod nullus ex Fratribus sive Sororibus Ordinis Prædicatorum a correctione quacumque seu ab aliquo Prælato, quavis occasione appellare, aut contra eos querelam proponere, nisi prius coram Priore vel Provinciali, vel Magistro Ordinis, et successive in generali Capitulo causam vel querelam suam proposuerit verbo vel scriptis, possit aut debeat. »

(5) *Id.*, P. III, c. XXXII, p. 321. « De Præjudicio vitando, et quod non possit per Fratres Diffinitores Prioribus Provincialibus, neque per Priores Provinciales Fratribus Diffinitoribus in suis diffinitionibus aliquid præjudicium generari. »

de leurs fonctions. Ces trois articles furent déclarés irrévocables (1), à l'abri de tout changement qu'y pourraient apporter de nouveaux décrets, des circonstances imprévues, des affaires en souffrance. Un autre Chapitre généralissime demeurait seul investi du droit de les modifier. Le Maître général lui-même reconnaissait l'infirmité de sa puissance devant ces articles souverains; il ne lui était pas permis de dispenser de l'obligation qu'ils imposaient, si bien, que de son propre aveu (2), Jourdain « songea un instant à les faire ratifier par le Saint-Siège. »

On approuva et on renouvela une disposition déjà prise de réserver à trois Chapitres généraux se suivant sans interruption (3), le pouvoir de faire de nouvelles Constitutions. On confirma également les défenses (4), relatives aux voyages à cheval, aux frais de route et à l'usage des viandes, si ce n'est en cas de maladie, de telle façon toutefois que les supérieurs pouvaient accorder dispense, eu égard aux circonstances particulières de temps, de lieux et de personnes.

Comme le Souverain Pontife avait chargé le Maître général de l'Ordre de veiller avec la même sollicitude sur les Frères Prêcheurs et sur les Sœurs Prêcheresses (5), Jourdain soumit à l'étude du Chapitre différentes questions qui intéressaient le maintien du bon esprit, de la ferveur et de la discipline parmi ces religieuses.

---

(1) *Lettres du B. Jourdain de Saxe*, XXIX. « Quasdam autem voluerunt immobiles permanere, ut non (nisi a consimili Capitulo) novis emergentibus articulis, casibus, vel negociis, de ipsis possit aliquid pro tempore immutari. »

(2) *Id.* « Tribus illis articulis duntaxat exceptis, qui in præterito Parisiensi Capitulo fuerunt adeo firmiter stabiliti, ut nec revocari possint, nec dispensationem admittere, quos etiam volebamus tunc vobis per Curiam confirmari. »

(3) *Summarium Constit., Id.* « De Constitutionibus non faciendis nisi per tria generalia Capitula continua fuerunt approbatæ. »

(4) *Id.* « De non equitando. De expensis non portandis. De carnibus (nisi causa infirmitatis) non comedendis, ita tamen quod in his pro loco et tempore Prælato liceat dispensare. »

(5) *Lettres du B. Jourdain de Saxe*, XXIX. « In Papæ præjudicium fecissemus, cujus præcepto eis sumus tanquam et aliis Fratribus obligati. » — XIX. « Litteras autem quas mihi Summus Pontifex destinavit pro te, tuæ custodiæ committo, sisque ipsarum fidelis servatrix. — *Bullarium Dominic.*, t. VII, p. 7.

L'esprit humain, toujours court par quelque bout, suivant l'énergique expression de Pascal, ne pouvait manquer de trahir ses défaillances, envers et contre les secours que la Règle multipliait autour des Frères Prêcheurs. De là l'examen scrupuleux des réclamations transmises au Chapitre : de là l'infatigable énergie déployée par les Définiteurs à redresser les torts, à corriger les travers, aussitôt qu'ils en avaient connaissance. Jourdain leur signala un abus à réprimer (1). « Les Frères en certaines provinces, comme en Allemagne et ailleurs, se laissaient aller dans le cours de leurs missions apostoliques, à la coutume d'admettre avec une trop grande facilité à la clôture, au voile ou à la profession, des courtisanes qui voulaient se convertir, ou les jeunes filles qui demandaient à faire vœu de chasteté. » Le remède fut immédiatement appliqué au mal (2), et « un décret spécial défendit aux Frères d'admettre dans l'avenir, les femmes à la clôture, au voile ou à la profession ».

Toutes ces questions avaient été soumises à un examen rigoureux (3); la discussion dissipait les nuages et bannissait les incertitudes : les statuts qui fixaient la pensée du Chapitre, étaient rédigés avec entente et adoptés à l'unanimité. Puis l'assemblée prit garde à ce que ces divers articles fussent insérés à la place qui leur convenait, dans le texte des Constitutions.

Les affaires intérieures réglées, le Chapitre concentra ses travaux sur les nouvelles conquêtes de l'Ordre dans les pays étrangers, restés en dehors de la première division administrative établie par saint Dominique. La province d'Allemagne s'étendait du Dniéper au Rhin, des rivages de la Baltique aux Alpes Nori-

---

(1) *Lettres du B. Jourdain de Saxe.* XXIX. « Fratres qui in aliquibus Provinciis, velut in Teutonia et etiam alias, dum in prædicatione exirent, meretrices aut juvenculas virgines sive converti volentes ad pœnitentiam, sive ad votum continentiæ se offerentes, facile tondere, induere, vel ad professionem recipere consueverunt. »

(2) *Id.*, « Constitutionem illam, qua mulieres tonderi, indui, vel ad professionem recipi Fratribus prohibetur. »

(3) *Summarium Constit., Id.*, p. 321. « Constitutiones præmissa diligenti examinatione unanimiter et concorditer ediderunt, quas in locis suis in Constitutionibus inserere procurarunt. »

ques. Le provincial Conrad exposa l'état des couvents disséminés sur cet immense espace (1), où Kiew et Cologne, Frysach et Dantzig occupaient les points extrêmes. Hyacinthe et Ceslas, fondateurs de la plupart de ces maisons, fournirent par la connaissance pratique qu'ils possédaient de ces pays étrangers, les éléments nécessaires à l'étude et à la discussion. Hyacinthe racònta la ruine de Kiew et les dangers courus par les Frères ; il traça le portrait de ces Tartares envahisseurs, cruels, sauvages, adonnés à tous les vices, livrés au culte des idoles, en attendant que l'Evangile les éclairât de sa lumière. Après mûres délibérations, il fut décidé que pour vaincre la difficulté des distances, pour relier ensemble tous ces couvents épars, et pour y maintenir l'unité de gouvernement, il fallait procéder à un nouveau partage administratif, qui embrasserait ces régions lointaines et les comprendrait sous le joug bienfaisant de la même autorité. Le Chapitre créa quatre nouvelles Provinces (2). Les anciennes, dites Provinces Majeures, prirent le rang qui suit : l'Espagne, la Provence, la France, la Lombardie, la Province romaine ou de Toscane, la Hongrie, l'Allemagne et l'Angleterre. Les nouvelles, appelées Provinces Mineures, furent la Pologne, la Dacie, la Grèce et la Terre-Sainte.

Humbert de Romans disait vrai, lorsque, rappelant dans sa Chronique, les principaux événements de la Magistrature de Jourdain de Saxe, il signalait ainsi le caractère de cette époque (3) :

---

(1) Mamachi, *Ann. Ord. Prædic.*, t. I, l. II, xii, p. 643. « Latissime tunc ea Provincia patebat. »

(2) Martene, *Veterum Script. et Monum.*, t. VI, p. 406. — Bernardi Guidonis *Libellus de Magistris Ord. Prædic.* « Anno Domini MCCXXVIII, in primo Capitulo generalissimo Ordinis, quod fuit Parisius celebratum, primis octo Provinciis per B. Dominicum institutis fuerunt quatuor superadditæ, scilicet Polonia, Dacia, Græcia et Terra Sancta, sicut notatum inveni, scilicet in notulis cujusdam antiqui Fratris qui fuit circa hujusmodi studiosus, et ab ore ejus ipse audivi. » — Martene, *Thesaurus novus Anecdot.*, t. IV, p. 1671. *Acta Capit. general. Ord. Prædic.* « Anno Domini MCCXXVIII, celebratum fuit Parisius a præfato Magistro Jordane primum Capitulum generalissimum Ordinis in quo Capitulo octo præfatis Provinciis per beatum Dominicum institutis quatuor fuerunt superadditæ, scilicet Polonia, Dacia, Græcia et Terra Sancta, et quædam alia quæ in Constitutionibus continentur fuerunt ibi constituta et ordinata. »

(3) Humbert de Romans, *Chronicon Ordinis*, ab anno MCCIII ad MCCXLIV.

« En ces jours, l'Ordre se dilata de façon merveilleuse en provinces, en couvents et en religieux. » Des côtes de la Baltique aux rivages de la mer de Syrie, la route était ouverte et préparée pour les missions lointaines.

Saint Dominique avait ardemment souhaité de consacrer les dernières années de sa vie à travailler au salut des infidèles. S'épanchant avec Paul de Venise, il lui disait (1) : « Quand nous aurons réglé et formé notre Ordre, nous irons chez les Cumans : nous leur prêcherons la foi du Christ, et nous les gagnerons au Seigneur. » La mort ne lui en laissa pas le temps, mais du haut du ciel, il voyait ses vœux se réaliser sous les auspices de son successeur immédiat.

Grégoire IX avait, par sa lettre, appelé l'attention du Chapitre sur les Cumans et sur la Hongrie. Certes la recommandation venait de haut. Pour donner une satisfaction complète au désir exprimé par le Souverain Pontife, Jourdain ne sut faire mieux que d'envoyer en Hongrie Jean le Teutonique (2), avec le titre de Prieur provincial, pour succéder au bienheureux Paul.

Dans cette lettre, le Pape demandait au Maître général de ne point se montrer difficile à l'endroit des Frères qui s'offriraient à partir en Hongrie. Ils se présentèrent en grand nombre pour accompagner Jean le Teutonique. Mais lorsque Jourdain prit la parole devant ses religieux assemblés (3), pour leur annoncer la création de la province de Terre-Sainte, lorsqu'il les interrogea s'ils étaient disposés à se rendre en Orient, l'enthousiasme ne

---

« In diebus ejus Ordo fuit valde dilatatus in Provinciis, in Conventibus, in numero Fratrum. »

(1) Echard, *Script. Ord. Prædic.*, t. I, p. 55. Actes de Bologne, Déposition de F. Paul de Venise. « Postquam ordinaverimus et instruxerimus Ordinem nostrum, ibimus ad Cumanos, et prædicabimus eis fidem Christi, et acquiremus eos Domino. »

(2) Echard, *Id.*, p. 112. « Anno MCCXXVIII, Provinciæ Hungariæ præfectus electus F. Pauli primi hujus Provinciæ Prioris successor. » — Touron, *Histoire des Hommes illustres de l'Ordre...*, t. I, p. 99.

(3) Gérard de Frachet, *Vies des Frères*, p. IV, c. I. « Cum incumberet aliquos Fratres mittere ad Provinciam Terræ Sanctæ, dixit magister Jordanis Fratribus in ipso Capitulo, quod si qui parati essent bono animo ire illuc. » — Echard, *Script. Ord. Prædic.*, t. I, p. 116. — Touron, *Vie de saint Dominique*, L. VI, p. 712.

connut point de bornes. Il n'avait point fini de parler, que tous les Frères présents se jetèrent à genoux, demandant avec larmes et sanglots à être envoyés dans ces lieux consacrés par le sang du Sauveur. A cette vue, Pierre de Reims, prieur de Saint-Jacques, quitta son siège et vint se prosterner avec les autres religieux. « Mon bon Maître, s'écria-t-il, je vous supplie de ne point me priver de la compagnie de mes chers Frères. Laissez-les moi, ou permettez que je parte avec eux, car dans leur société je suis prêt à marcher à la mort. » Jourdain calma ces élans. Pierre de Reims resta au Couvent de Saint-Jacques. Henri de Marbourg (1), que son passé désignait naturellement pour remplir ces fonctions, fut nommé premier Prieur provincial de la Terre-Sainte. On fit un choix spécial des Frères qui devaient l'accompagner (2), parce que cette mission dominicaine était destinée à prendre une grande importance à cause des croisades.

Ce mouvement religieux, ralenti quelque peu par l'insuccès, continuait à pousser vers la Palestine les chrétiens d'Occident, armés pour la conquête des Saints-Lieux, et les membres du Chapitre généralissime, avant de se séparer, apprenaient à Paris, que Frédéric d'Allemagne (3), prenant enfin le parti de tenir ses engagements, venait de mettre à la voile, et conduisait en Orient les croisés réunis sous son commandement.

Hyacinthe et Ceslas furent-ils les premiers Prieurs des nouvelles Provinces septentrionales de Pologne et de Dacie? Un écrivain polonais (4) revendique cet honneur pour saint Hyacinthe,

---

(1) Echard, *Script. Ord. Prædic.*, t. I, p. 148. « Anno MCCXXVIII, quo in comitiis generalissimis Lutetiæ habitis, octo antiquis Provinciis novæ quatuor adjectæ sunt, Polonia, Dacia, Græcia, Terra Sancta, in hanc ultimam a B. Jordano, Prioribus Provincialibus et Diffinitoribus unanimi consensu delegatus est, et ut alicubi legi, primus Prior Provincialis præfectus, in eamque implendi officii gratia iterum trajecit. » — Touron, *Vie de saint Dominique*, L. VI, p. 726.

(2) Echard, *Id.*, p. 91. Tancrède de Sienne, Burchard, Bène, Philippe, Yves le Breton, étaient-ils de ce nombre ? C'est chose probable, surtout pour les deux derniers que nous verrons occuper l'un après l'autre la place de Henri de Marbourg.

(3) Ughelli, *Italia sacra*, t. X, p. 204. Richard de San-Germano, *Chronicon* ad annum 1228. « Imperator apud Brundusium mare intrat, ac apud S. Andream de Insula jussit omnia navigia ad transitum convenire. »

(4) Severinus Cracoviensis, *Vita S. Hyacinthi*, L. I, c. v. « Beatus Hyacinthus

mais les monuments de l'antiquité dominicaine n'en disent rien. Les deux Prêcheurs retournèrent dans leur patrie, et reprirent leur ministère apostolique un moment interrompu. La terre ignora les prodiges de leur foi, jusqu'au jour où elle vit placer sur les autels ces fils glorieux de saint Dominique, couronnés comme leur père, de l'auréole de la sainteté (1).

Ce que ces enfants du Nord avaient raconté des Tartares, de leurs invasions, de la ruine du couvent de Kiew, n'épouvanta point les Prêcheurs assemblés à Paris. Ces Tartares étaient plongés dans les ténèbres de l'idolâtrie; il y avait là des âmes à sauver, des infidèles à convertir. Cette œuvre de zèle et de dévouement tenta la grande âme de Jourdain ; il résolut de pénétrer chez ces peuplades sauvages, dont le nom (2) causait à l'Europe civilisée le même effroi que leurs ancêtres, les Huns d'autrefois, et il confia la direction de cette entreprise difficile à l'un des anciens religieux de Saint-Jacques, à André de Lonjumeau (3).

Il est permis de présumer que le Chapitre eut peine à se reconnaître au milieu des requêtes qui lui furent présentées par les Prieurs et par les Seigneurs jaloux d'obtenir des Frères pour leurs Etats. Les évêques adressaient les mêmes prières au profit de leurs diocèses. Il fallait accueillir celles-ci, rejeter celles-là, motiver les refus, expliquer les préférences, car, quel que fût le nombre des religieux qui affluaient dans l'Ordre, il n'était pas possible de satisfaire tous les solliciteurs à la fois.

L'un des prélats qui avait le plus de droits à faire agréer ses vœux, était sans contredit Milon de Nanteuil (4), évêque de Beauvais. Il

---

Provinciæ Poloniæ primus fundator extitit, in qua, diversis in partibus, fundans monasteria, primus Provincialis fuit. » — Bolland., *Acta Sanct.*, t. III Aug., p. 313.

(1) Bolland., *Acta Sanct.*, t. IV Julii, p. 182. S. Ceslas. — T. III August., p. 309. S. Hyacinthus. « Post multos labores et opera in dilatatione fidei christianæ et salutis animarum apud Poloniam et Russiam assidue exhibita. »

(2) Mathieu Paris, *Hist. Angl. major.*, ad ann. 1238. « Hi Borealem plagam inhabitantes, vel in Caspiis montibus, vel ex vicinis, dicti Tartari, a Tar flumine, numerosi nimis, in pestem hominum creduntur ebullire. »

(3) Touron, *Hist. des hommes illustres de l'Ordre,...* t. I, p. 162.

(4) *Gallia Christiana*, t. IX, p. 741 » Milo I Ludovicum regem adversus Albigenses hæreticos arma inferentem comitatus est, eidemque morienti adfuit :

avait accompagné Louis VIII dans l'expédition dirigée contre les Albigeois : il fut présent à la mort de ce prince, reçut ses dernières volontés, assista aux funérailles, à Saint-Denis, et porta à Reims, comme son titre lui en donnait le droit, le manteau royal au sacre de Louis IX (1).

En 1228 le jeune roi posait les fondements, et à ses côtés Milon bénissait la première pierre d'une abbaye de Cisterciens qui prendra le nom de Royaumont (2). Sur ces entrefaites, l'évêque demandait à Paris des Dominicains pour la ville de Beauvais, où il avait, trois ans auparavant, établi les disciples de saint François. Le Couvent de Saint-Jacques comptait au nombre de ses religieux les plus distingués par leur science et par leur piété, un enfant de Beauvais, qui, à l'exemple de beaucoup d'autres, d'étudiant s'était fait Prêcheur. Vincent de Beauvais n'avait-il pas déjà marqué sa place parmi les premiers Frères enrolés à Paris par saint Dominique? Partageant son temps entre la lecture et le travail de la composition (3), il n'en était que mieux préparé à annoncer la parole de Dieu, et ses prédications l'avaient mis en grand renom à la ville et à la cour. C'est lui que Jourdain choisit pour répondre aux vœux de l'évêque. Vincent fut envoyé fonder le couvent de Beauvais (4), au moment où, sur les limites du diocèse, s'élevait l'abbaye de Royaumont. Beauvais et Royaumont, toute la vie de Vincent tiendra là, entre le couvent où rien ne troublera ses études, et l'abbaye qui devait unir dans

Ludovico ejus filio fidem juravit sub tutela Blanchæ reginæ, ejusque inaugurationi adstitit inter pares. »

(1) D. Beaunier, *Recueil hist. des Archevêchés, Evêchés,...* t. II, p. 613.

(2) *Gallia Christiana*, t. IX, p. 741 et 843. « Ludovicus IX a Monialibus Benedictinis S. Martini *de Borenc* emit locum dictum *Cuimont*, prope Bellum-Montem, ad Oësiam situm. Celebre inibi Ordinis Cisterciensis monasterium propriis ipso manibus extruxit, quod Regalem-Montem appellari voluit... multis attributis prædiis locupletavit anno 1228 et aliis. »

(3) Echard, *Script. Ord. Prædic.*, t. I, p. 213. « Ita libris legendis aut scribendis deditus, ut ab habendis concionibus non cessaret, imo exinde illi muneri aptior fieret atque paratior. Eo revera genere sic inclaruit, ut fama ejus longe lateque diffusa in aulam penetrarit. »

(4) *Id.* « Vincentium itaque Parisiis nostris jam ascitum, domui Bellovacensi deinde anno 1228 erigendæ ac promovendæ missum facile concesserim. »

la plus douce intimité saint Louis et le savant dominicain (1).

Les désirs de Milon de Nanteuil comblés, les lettres du comte Ferrand relatives à la fondation de Gand et la supplique du prévô Guillaume pour l'établissement de Lille, furent soumises à l'approbation du Chapitre, qui ratifia ce qui avait été fait dans les Flandres par les Prêcheurs de Paris. Le couvent de Gand fut reconnu (2) avec celui de Lille, et ces maisons auxquelles se joignait celle de Beauvais, prirent place dans la province de France comme les trois nouvelles filles du Couvent de Saint-Jacques.

L'assemblée avait achevé son œuvre; la Providence attendait le moment d'accomplir la sienne. Ce n'était pas sans un dessein secret de Dieu, que Jourdain avait choisi Paris pour lieu de réunion du premier Chapitre généralissime de l'Ordre de saint Dominique. De cette convocation extraordinaire, il devait rester un souvenir, un signe indélébile, un monument impérissable, fondement assuré de l'influence doctrinale du Couvent de Saint-Jacques. C'est en ces circonstances solennelles que l'on vit d'une façon qui tenait du prodige, s'ouvrir pour les Frères Prêcheurs les portes de l'Université. Jusque-là ils étaient des amis, désormais ils compteront parmi les fils : écoliers modestes hier, maîtres illustres demain.

Les séances du Chapitre généralissime étaient entremêlées d'exercices religieux, de prières et de prédications. Il s'y pressait une foule considérable, aussi nombreuse que le permettait l'enceinte inachevée de l'église. Des discours consacrés à la louange de la vie religieuse, à l'éloge de ses devoirs et de ses grandeurs, édifiaient l'auditoire profane, tout en délassant l'esprit des Frères, fatigués par l'examen des affaires et par le travail des délibérations. Car, durant ces jours, la parole n'appartenait pas aux reli-

---

(1) Cabanel a été chargé dans l'œuvre décorative de l'église patronale de Sainte-Geneviève, de fixer sur la toile les principaux traits de la vie de Louis IX. L'une des plus heureuses inspirations de l'éminent artiste rappelle l'éducation du jeune roi, dirigée sous le regard de Blanche de Castille, par deux Frères Prêcheurs, Jourdain de Saxe et Vincent de Beauvais.

(2) P. Bernard de Jonghe, *Belgium Dominic.*, c. I, p. 28. « Eodem anno 1228, domus FF. Prædicatorum in Ganda, pro Conventu acceptata fuit in Capitulo generali, mense Junio, sub B. M. P. Jordano. »

gieux du Couvent; Jourdain avait voulu réserver l'honneur de ces prédications aux personnages les plus distingués dans l'Eglise de Paris et dans l'Université.

Un des orateurs qui se rendirent à l'invitation du Maître général, se nommait Jean de Saint-Gilles. C'était un habile médecin (1). L'Angleterre le vit naître (2) ; « sa réputation le fit connaître à la cour de France, et le roi très chrétien Philippe-Auguste, l'ayant appelé à Paris, l'honora de sa confiance et voulut l'avoir pour médecin ordinaire. » A la mort de ce prince, Jean de Saint-Gilles partit pour Montpellier (3), et il enseigna dans cette ville l'art auquel il devait sa fortune et sa renommée. Montpellier ne le retint pas longtemps. Jean revint à Paris, non plus curieux de professer la médecine, qui ne suffisait pas à occuper son esprit, mais dévoré du désir de s'appliquer à la théologie, dont les profondeurs mystérieuses semblaient devoir lui révéler des vérités plus hautes et plus consolantes. Il se livra donc tout entier à ces études, où la raison défaillante trouve toujours pour appuyer sa faiblesse, les inflexibles affirmations de la foi. Bientôt le nouvel écolier voulut donner la mesure des connaissances, qu'un travail acharné joint à une intelligence supérieure et à la maturité de l'âge, l'avait mis à même d'acquérir dans les différentes branches de la science sacrée : il subit les épreuves imposées par l'Université à ceux qui briguaient l'honneur de devenir Maîtres, et, sorti victorieux de la lutte, il ouvrit une Ecole (4) qui ne tarda pas à se faire remarquer sur le versant de la Montagne Sainte-Gene-

(1) Echard, *Scriptores Ord. Prædic.*, t. I, p. 100. « Natione Anglus, physicus sua ætate celebris, a Philippo II Augusto Francorum rege in medicum ordinarium ex Anglia accersitus est et assumptus. »

(2) *Antiquitates Oxoniensis Academiæ*, ad ann. MCCXXXI. « Philosophiæ scientia eminebat, deinde a Philippo Galliæ rege ad curandam valetudinem accitus est. — Touron, *Hist. des hommes illustres de l'Ordre...* t. I, p. 138.

(3) *Antiq. Oxon. Acad.*, *Id.* « Philosophiam et medicinam Lutetiæ primo, postmodum in Montepessulano in summo auditorum confluxu præmonstrabat. » — D'Achery, *Spicilegium*, t. III, p. 188. *Chronicon Nicolai Trivetti, Dominicani.* « Fuit in arte medicinæ expertissimus, utpote qui tam Parisiis quam in Montepessulano rexerat in eadem. »

(4) Echard, *Script. Ord. Prædic.*, t. I, p. 100. « Sacræ theologiæ lauream Parisiis obtinuit : hanc in una e Scholis Parisiensibus docebat ingenti auditorum concursu et plausu. »

viève. Jean de Saint-Gilles fascinait ses auditeurs par l'éclat d'un enseignement qu'il ornait de toutes les grâces du langage (1) : sa parole avait un charme irrésistible, parce qu'il y versait à pleine bouche les trésors d'une érudition variée; la doctrine dont il expliquait les austères préceptes (2), perdait, en tombant de ses lèvres persuasives, tout ce qu'elle contenait de sécheresse ou de rigidité. Ces qualités attrayantes avaient promptement attiré les Dominicains au pied de la chaire du professeur, en qui la science de Dieu ne se séparait pas des connaissances humaines.

Jean de Saint-Gilles dut à sa réputation et à l'estime particulière dont il jouissait auprès des Frères de Saint-Jacques, l'honneur de parler devant les membres du Chapitre réunis (3), et au milieu de l'assistance accourue pour prier avec cette illustre assemblée. Dans leurs bulles, les papes avaient surtout célébré la pauvreté des disciples de saint Dominique : c'était la marque distinctive de l'Ordre; le Père l'avait choisie, les Fils l'avaient embrassée comme un legs sacré, expression de sa volonté suprême (4). Jourdain appelait les Prêcheurs, ses Frères (5), « les pauvres de Dieu : » l'admiration publique (6), à Paris et ailleurs, ne se lassait point autour de cette vertu significative : Jean de

(1) Mathieu Paris, *Hist. Angl. major*, ad ann. MCCLIII. « Vocavit ad se quemdam Fratrem de Ordine Prædicatorum, Magistrum Joannem de Sancto Ægidio, in arte peritum medicinali, et in Theologia lectorem, eleganter eruditum et erudientem. »

(2) D'Achery, *Spicilegium*, t. III, p. 188. *Chronicon Nic. Trivetti, Dominic.*: « Suavissimus quippe moralisator erat. »

(3) Echard, *Script. Ord. Prædic.*, t. I, p. 100. « Cum anno 1228, apud nostros Sanjacobæa habita sunt generalissima Ordinis comitia, ad quæ ille invitatus, coram Patribus congregatis, Clero plurimo, frequentissimoque populo concionatus est. »

(4) Etienne de Bourbon, *Anecdotes historiques*, p. 449. « Qui testamentum fecit et Fratribus suis erogavit perpetuo ista tria jure hereditario possidenda, scilicet charitatem, humilitatem paupertatem. »

(5) *Lettres du B. Jourdain de Saxe*, XXII. « Ut Deus suorum pauperum desiderium audiat. »

(6) P. Bernard de Jonghe, *Belgium Dominic.*, p. 2. Buzelinus, *Annales Gallo-Flandriæ*, p. 272. « Omnium quibuscum egerunt, in se oculos et animos convertere vilis habitus pauperie, corporis modestia, sanctis moribus. » — Mathieu Paris, *Hist. Angl. major*, ad ann. 1243. « Eo quod viam perfectionis, videlicet paupertatis et patientiæ, videbantur elegisse. »

Saint-Gilles la prit pour sujet de son discours (1). Il célébrait avec une éloquence étrange le détachement des choses de la terre, gloire et fortune, honneurs et plaisirs, lorsque soudain on le vit s'arrêter court, se précipiter aux pieds de Jourdain (2), lui demander et recevoir de ses mains l'habit des Frères, puis remonter en chaire et terminer l'éloge de la pauvreté dont il venait d'embrasser l'héroïque livrée.

Le Chapitre bénit le Seigneur. Cette résolution imprévue ne causait aucune surprise : tel ou tel Provincial, tel ou tel Définiteur qui versait à ce spectacle des larmes avec des prières, reconnaissait dans la vocation subite de Jean de Saint-Gilles, un de ces coups de la grâce dont ils avaient senti la triomphante amorce.

Jean de Saint-Gilles avait revêtu l'habit dominicain. Le maître s'était évanoui, il ne restait plus sous l'humble capuce que le religieux soumis et obéissant. Le nouveau Frère ne pouvait retourner à l'Ecole où il enseignait. Mais les écoliers ne se résignèrent point à laisser taire la parole qui suspendait leur attention (3) : ils ne voulurent pas renoncer aux leçons qui ravissaient leurs suffrages, ils demandèrent avec instance à ce qu'elles fussent reprises et continuées par le professeur au Couvent de St-Jacques.

Il n'était pas bon, en ce temps-là, de résister à la fougueuse jeunesse des Écoles, surtout lorsque ses exigences pouvaient sembler raisonnables ; le Chapitre de Paris et le Légat du Saint-Siège en savaient quelque chose. Les événements les plus graves ont souvent les causes les plus futiles. Est-ce à la crainte d'ameuter les écoliers que céda le Chapitre généralissime, ou bien

---

(1) D'Achery, *Spicilegium*, t. III, p. 188. *Chronic. Nic. Trivetti, Dominic.* : « Joannes de Sancto Ægidio in domo Fratrum Prædicatorum sermonem faciens ad Clerum, cum suasisset paupertatem voluntariam, ut verba suo exemplo confirmaret, descendens de ambone, habitum Fratrum recepit, et in eodem regressus ad Clerum sermonem explevit. »

(2) Martene, *Veterum Script. et Monum.*, t. VI, p. 351. *Brevissima Chronica RR. Magist. General. Ord. Prædic.* « Sub isto Patre Jordane Ordinem intravit vir eximiæ litteraturæ, Frater Johannes de Sancto Ægidio, Magister in theologia. »

(3) *Id.* « Occasione ejus habuerunt Fratres duas scholas infra septa sua, resumente eo lectiones suas post Ordinis ingressum, ad importunam instantiam auditorum. — Echard, *Script. Ord. Prædic.*, t. I, p. 100.

saisit-il avec empressement le prétexte qu'il n'avait point cherché, de fonder une école dans l'enceinte du Couvent? Quels que soient les motifs qui présidèrent à la délibération, le Chapitre donna son assentiment, l'Ecole s'ouvrit à Saint-Jacques (1), et Jean de Saint-Gilles fut le premier Dominicain qui enseigna à Paris, dans l'Université, avec le titre de docteur.

Suivant la coutume universitaire (2), le maître devait partager son enseignement avec un bachelier, qui, sous cette direction spéciale, s'exerçait à mériter la licence de professer à son tour. Le Chapitre se garda bien de rompre avec un usage établi; le choix des Frères se fixa sur Roland de Crémone (3), qui fut chargé de ces leçons complémentaires, et dont le nom se trouve ainsi associé à celui de Jean de Saint-Gilles (4), à la première page, en tête des annales de l'École de Saint-Jacques.

Le successeur de Pierre avait inscrit à la base du Couvent de Paris, au moment de sa fondation, un mot qui recevait son parfait accomplissement. Le pape Honorius III avait signalé la présence des Dominicains par ces paroles : « étudiant à Paris la théologie sacrée ». Le Chapitre généralissime venait de se prononcer : par une décision solennelle, il fondait l'École dans le Couvent de Saint-Jacques. L'avenir des Frères Prêcheurs, la gloire de l'Ordre de Saint-Dominique, tenaient dans cette détermination. La prédication s'appuyait vraiment sur l'étude : la chaire existait déjà, mais pour y conduire sûrement, à côté on avait placé l'école.

Le premier Chapitre généralissime assemblé à Paris, au Couvent de Saint-Jacques, était terminé. Les Frères réunis avaient vérita-

---

(1) Echard, *Script. Ord. Prædic.*, t. I, p. 100. « Nec propterea cessavit a lectionibus, quas instantibus discipulis indesinenter resumpsit, tumque primum Scholæ nostræ Sanjacobeæ erectæ sunt, nostrique ad gradus in sacra Facultate promoti. »

(2) Thurot, *De l'organisation de l'Enseignement dans l'Université de Paris au moyen âge*, ch. II, § I, p. 110. — Crevier, *Hist. de l'Univ. de Paris*, l. II, p. 354.

(3) Echard, *Script. Ord. Prædic.*, t. I, p. 100 et 125. « F. Rolandus de Cremona primus sub eo baccalaureum egit, sententiasque legit. »

(4) Etienne de Salagnac, *Catalogus Magistrorum nostrorum Parisiensium*, N° 1. « F. Rolandus Lombardus Cremonensis fuit primus licenciatus Parisius de Ordine Prædicatorum. » — N° 2. « F. Joannes de Sancto Ægidio Anglicus, qui intravit Ordinem Prædicatorum Magister existens. Sub eo incœpit præfatus F. Rolandus. »

blement fait acte de prudence et de sagesse : ils s'étaient rencontrés réellement dans une pensée commune (1), traduite par un vote unanime, ayant tous ensemble décrété « les Constitutions qui intéressaient le bien, l'honneur et la prospérité de l'Ordre. » Les Prieurs emportèrent, chacun dans sa Province, une copie des actes du Chapitre. Les Frères avaient reçu des instructions particulières ; ils savaient leurs destinations respectives. L'église les réunit une dernière fois, pour déposer au pied de la croix, par un acte de suprême obéissance, le sacrifice de leurs volontés dans les plis du manteau de saint Dominique. Puis on se sépara dans le baiser du Seigneur, en se disant adieu, comme ces oiseaux de haut vol et à large envergure, qui, repliant leurs ailes fatiguées, se reposent un instant sur la cime des grands arbres ou sur le sommet des montagnes, pour s'élancer de nouveau dans l'espace, vers les régions inconnues où les porte le vent du ciel.

(1) *Summ. Constitut.*, *Declarat. et Ordin. Ord. Prædic.*, p. III, c. xxxii, p. 321. » Priores Provinciales cum suis Diffinitoribus, Constitutiones ad utilitatem et honestatem et confirmationem Ordinis, præmissa diligenti examinatione, unanimiter et concorditer ediderunt. »

XI

INFLUENCE DOCTRINALE DU COUVENT DE SAINT-JACQUES. — TITRES DES PREMIERS FF. PRÊCHEURS A CETTE INFLUENCE. — L'UNIVERSITÉ DE PARIS. — STATUT DE ROBERT DE COURÇON. — LES MAÎTRES. — LES ÉCOLIERS. — TROUBLES DANS L'UNIVERSITÉ. — SA DISSOLUTION.

Les anciennes Chroniques de l'Ordre nous apprennent que saint Dominique mourant fut ramené dans son couvent de Saint-Nicolas de Bologne (1), transporté dans la cellule du frère Monéta et déposé sur la couchette qui servait à ce même frère Monéta (2). Il fallut en agir ainsi, parce que le serviteur de Dieu passant d'habitude les nuits en prières, à la chapelle, n'avait ni cellule ni couchette réservées à son usage particulier. Et comme ce grand pauvre ne possédait qu'une tunique, celle qu'il portait, quand les Frères qui le soignaient voulurent la lui changer, ils se virent encore, pour le vêtir, dans la nécessité de prendre une des tuniques du frère Monéta (3). Or, Monéta n'était autre que « le professeur si renommé dans toute la Lombardie, qu'un sénatus-consulte avait mis en possession de la chaire de philosophie, à Bologne (4) », et que l'éloquence irrésistible de Réginald avait attiré dans l'Ordre des Frères-Prêcheurs.

Ainsi saint Dominique rendit le dernier soupir et remit son âme à Dieu sous les plis de la tunique, sur la couchette, dans la

---

(1) Echard, *Script. Ord. Præd.*, t. I, p. 46. Actes de Bologne, déposition de F. Ventura de Vérone.

(2) Mamachi, *Ann. Ordin. Præd.*, t. I, l. II, p. 660. « Bononiam, ad S. Nicolai in F. Monetæ cubiculum delatum, in stragulo quo uti idem Moneta consueverat (nam Dominicus neque stragulum neque cubiculum in cœnobio ullum designatum habebat, ut qui noctes in templo orando ducere soleret), collocaverunt. »

(3) *Id.* « Cumque illi nonnisi una tunica esset, ut hanc deponeret, ac Monetæ tunicam indueret, curarunt. »

(4) *Id.*, p. 467. « Quum unus omnium incredibili doctrinæ laude floreret, Senatusconsulto accersitus Bononiam, conductusque est ut in Academia publice philosophiam explicaret. »

cellule de Monéta. Le saint avait revêtu l'enveloppe du savant, comme la robe nuptiale qu'il voulait présenter aux noces de l'Agneau. N'était-ce pas le mariage mystique du Frère-Prêcheur avec la science, qui se consommait entre les bras de la mort, sur le seuil de l'éternité, dans la personne du saint Patriarche, afin de se renouveler à l'avenir dans chacun de ses héroïques descendants, et de se perpétuer dans les différentes maisons, où, de par le monde, ses fils se réuniraient pour prier et pour enseigner?

Le Couvent de Saint-Jacques avait ouvert la voie : à l'envi, les Dominicains de Paris travaillaient à l'élargir; avec une énergie infatigable ils rivalisaient de zèle pour en adoucir les pentes rocailleuses ou escarpées. Le Prieur, Pierre de Reims, venait de saluer avec des transports d'allégresse l'entrée de Jean de Saint-Gilles dans la communauté (1) : tous les Frères avaient acclamé le nouveau venu, le reconnaissant de grande race, de taille à servir sous les drapeaux de saint Dominique, de force à marcher sur les traces de Réginald et sur les pas de Jourdain de Saxe.

Le premier Chapitre généralissime de l'Ordre, tenu à Paris, s'était terminé par un incident qui prenait les proportions d'un véritable événement. L'acte accompli dans l'église de Saint-Jacques par l'ancien médecin de Philippe-Auguste, les leçons de théologie que le maître de l'Université continuait de donner sous le froc dominicain, l'École qui se fondait dans l'enceinte du Couvent, toutes ces circonstances particulières marquaient une nouvelle période dans l'alliance de la doctrine et de la piété chez les Frères-Prêcheurs.

Les disciples de saint Dominique présentaient alors à la société chrétienne un spectacle étrange, si, à cette époque du moyen âge, quelque chose pouvait étonner. Partout où l'Ordre jetait ses racines, partout où il étendait sa forte ramure, en France, en Espagne, en Italie, en Angleterre, en Allemagne, et jusque sur le sol encore sauvage de la Hongrie, partout il attirait, sous son

---

(1) Humbert de Romans, *Chronicon Ordinis*. « Ordinem intravit F. Johannes de S. Ægidio, Anglicus natione, magister in theologia, facto sermone prius. » Mamachi, *Ann. Ord. Præd.*, t. I. *Appendix*, p. 302.

ombre déjà propice aux études, les hommes qui s'étaient fait un nom dans le monde des savants, partout il offrait aux regards une admirable phalange de religieux ornés de titres, chargés d'honneurs, qui témoignaient d'un mérite incontestable dans les arts aussi bien que dans la théologie.

Ces titres et ces honneurs n'avaient point manqué à Dominique. De ces distinctions, les unes auraient pu passer pour la récompense de l'ardeur qu'il avait déployée, ou pour le couronnement légitime des succès qu'il avait remportés dans ses études littéraires et théologiques (1) ; les autres, et la plus excellente surtout, lui venaient du Souverain Pontife. Dans son admiration pour le talent de parole et pour la valeur doctrinale du « maître des Frères-Prêcheurs (2) », comme l'appelait Innocent III, le pape Honorius avait créé exprès pour le saint fondateur la charge de *Maître du sacré palais*. Cet office, exclusivement réservé aux religieux de son Ordre, attribuait à Dominique, à Rome, le droit d'interpréter les saintes Écritures, et la fonction de diriger les études de l'École pontificale (3).

« Trois villes, dit Lacordaire, gouvernaient alors l'Europe, Rome, Paris et Bologne, Rome; par son pontife : Paris et Bologne, par leurs universités, qui étaient le rendez-vous de la jeunesse de toutes les nations. Ce furent ces trois villes que Dominique choisit pour être les capitales de son Ordre et en recevoir sur-le-champ les essaims (4). » Les premiers et les plus illustres des Prêcheurs se glorifiaient d'avoir reçu l'habit des mains même de leur vénéré Père. A Rome, c'étaient les deux Polonais, Hyacinthe et Ceslas : celui-là « distingué par ses connaissances litté-

---

(1) Jourdain de Saxe, *Vita S. Dominici*, n° 2. « Missus Palentiam ut in liberalibus formaretur scientiis... Ad theologiæ studium convolavit... In eis sacris studiis annos transegit quatuor, per quos hauriendis sacrarum Scripturarum rivulis tam incessanter, tamque avidus inhiabat, ut præ discendi infatigabilitate noctes pene insomnes perageret. » — Echard, *Id.*, p. 3.

(2) Lacordaire, *Vie de saint Dominique*, ch. ix, p. 272.

(3) Echard, *Id.*, p. xxi. « Cum id munus in scholæ Romanæ et pontificiæ regimine, et in publica sacræ Scripturæ expositione potissimum contineretur. » — Lacordaire, *Vie de saint Dominique*, ch. ix, p. 277.

(4) Lacordaire, *Vie de saint Dominique*, ch. x, p. 287.

raires » (1); celui-ci « renommé pour sa science théologique » (2): c'était Réginald d'Orléans, « le célèbre docteur qui enseignait avec tant d'éclat le droit canonique à l'Université de Paris » (3). A Bologne, c'était d'abord Paul de Hongrie, dont les leçons de droit canon emportaient les suffrages des étudiants lombards (4). Puis c'était l'Italien Barthélemy de Bragance, « que ses compatriotes tenaient en si haute estime », qui offrait, entre les mains de saint Dominique, le sacrifice « des honneurs de toutes sortes qu'il avait mérités par ses études et par son enseignement » (5). Enfin, c'était Conrad le Teutonique, « ce docteur de l'Université, si célèbre en ce temps-là par sa science et sa vertu, que les Frères désiraient ardemment de le compter parmi les hommes remarquables qui avaient embrassé leur religion (6) ». A Paris, c'était Guillaume de Montferrat, « que Dominique avait connu, à Rome, chez le cardinal Ugolin, et qui lui avait promis d'être Frère-Prêcheur, après qu'il aurait étudié deux ans la théologie à l'Université » (7). A Milan, où le serviteur de Dieu revenant de France,

(1) Mamachi, *Ann. Ord. Prædic.*, t. I, l. II, p. 580. « Quum unus omnium inter sui temporis adolescentes litteris maxime floreret. »

(2) *Id.*, p. 581. « In Parisiensi et Bononiensi Academiis excultus adeo theologicarum rerum, jurisque canonici præceptis. »

(3) B. Jourdain, *Vita B. Dominici*, n° 34. « Reginaldus erat vir opinione magnus, doctus scientia, celebris dignitate, qui in jure canonico rexerat Parisius annos quinque. » — Echard, *Script. Ord. Præd.*, t. I, p. 18, p. 89. « Academiam Parisiensem prioribus annis coluit et illustravit Reginaldus, juris canonici in ea doctor laureatus. »

(4) Bolland., *Acta Sanctorum*, t. I August., p. 598, Thierry d'Apolda, *Vita S. Dom.*, c. xviii, n° 211 : « Eo tempore Paulus Hungarus actu legens in jure canonico Bononiæ. » — Jourdain de Saxe, *Vita B. Dominici*, n° 39, note. « F. Paulus, qui cum esset Bononiæ publicus S. C. professor, ab ipso S. Dominico veste accepta, in ejus manibus professionem emiserat. » — Echard, *Script. Ord. Præd.*, t. I, p. 21. — Lacordaire, *Vie de saint Dominique*, ch. xvii, p. 401.

(5) Echard, *Id.*, p. 255. « Erat Bartholomæus ut religione sic et eruditione virtutumque omnium laude conspicuus, nec dubium quin apud suos plurimi habitus, varios obtinuerit obieritque regiminis aut studiorum honores. »

(6) F. Constantin, *Vita S. Dominici*, n° 42. « Erat autem tunc temporis Bononiæ magister quidam Conradus Theotonicus, cujus ingressum ad Ordinem Fratres mirabiliter affectabant. » — Echard, *Script. Ord. Præd.*, t. I, p. 34. — Mamachi, *Ann. Ord. Præd.*, t. I, l. II, p. 596. — Lacordaire, *Vie de saint Dominique*, ch. xvi, p. 385.

(7) Echard, *Script. Ord. Præd.*, t. I, p. 47. Actes de Bologne, déposition de F. Guillaume de Montferrat.

s'arrêtait après son séjour à Paris, sa prédication opérait les mêmes merveilles de conversion. Son éloquence entraînait dans l'Ordre trois illustres jurisconsultes de la Lombardie : Amizo de Solario, docteur en droit civil et en droit canonique, « qui avait rempli avec honneur la charge de notaire du sacré palais, à Rome » (1); Guy de Sesto, docteur en décret, « qui s'était acquitté avec éclat des fonctions d'auditeur des controverses à la Curie romaine » (2); Roger de Vimercato, également couronné du double doctorat en droit canon et en droit civil, « à qui l'opinion du peuple milanais avait fait une réputation sans rivale » (3).

Dominique avait donné l'exemple que ses successeurs devaient suivre religieusement; il avait posé le premier fondement de cette action que ses fils allaient étendre encore sur les maîtres et sur la jeunesse des Écoles. Charmés par sa parole, subjugués par sa vertu, les étudiants lui ouvraient leur cœur et venaient en toute confiance lui confesser leurs fautes. A Bologne, un jour que la foule impatiente accourait à Saint-Nicolas, pour l'accompagner jusqu'à l'église où il devait prêcher, deux écoliers s'approchèrent du saint patriarche, et l'un d'eux lui dit : « Je vous prie de demander à Dieu pour moi la rémission de mes péchés, car je m'en repens, si je ne me trompe, et je les ai tous confessés » (4). Dominique, qui était encore à la chapelle, s'approcha d'un autel, y fit une courte prière, et revenant au jeune homme, lui dit : « Ayez confiance et persévérez dans l'amour de Dieu, il vous a remis vos fautes. » L'autre écolier, qui entendait cela, s'approcha plus près du saint, et lui dit à son tour : « Père, priez aussi pour

---

(1) Taëgius, *Monum. Ord.*, P. VI, fol. 16, ad ann. MCCXIX. « Quosdam præclaros viros tunc temporis ad Ordinem recepit, videlicet F. Amizionum de Solario, Mediolanensem jurisperitum, qui fuerat sacri palatii notarius. » — Echard, *Script. Ord. Prædic.*, t. I, p. 48. Déposition de F. Amizo de Milan, notes.

(2) *Id.*, « F. Guidotum de Sexto, Mediolanensem Decretorum doctorem, auditoremque contradictionum in Curia. » — Echard, *Script. Ord. Prædic.*, t. I, p. 141.

(3) *Id.* « F. Rogerium de Vicomercato, doctorem juris famosissimum. » — Echard, *Script. Ord. Prædic.*, t. I, p. 48 et 141.

(4) F. Petrus Calo, *Vita S. Dominici*, n° 18. — Lacordaire, *Vie de saint Dominique*, ch. XVI, p. 387.

moi, car j'ai confessé tous mes péchés. » Dominique s'agenouilla de nouveau à l'autel et y pria. Mais, de retour vers le jeune étudiant, il lui dit : « Mon fils, n'essayez pas de tromper Dieu, votre confession n'a point été entière ; il y avait un péché que vous avez tu sciemment par une mauvaise honte. » Et le tirant à part, il lui dit quel était ce péché qu'il avait rougi d'avouer. L'écolier répondit : « Père, cela est ainsi, pardonnez-moi. » Dominique lui parla encore quelque temps, et il partit ensuite avec la foule qui l'attendait.

La divine semence ainsi jetée, souvent en passant, au milieu des étudiants de Paris ou de Bologne, produisait des fruits au centuple dans l'âme de ces jeunes gens. Sur un signe, sur un mot de Dominique, ils se séparaient du monde, abandonnaient leurs familles et devenaient ses enfants. Voici comment l'un d'entre eux, Étienne d'Espagne, racontait sa prise d'habit, et son récit est tiré de la déposition même qu'il fut appelé, comme témoin, à faire au procès de canonisation du serviteur de Dieu. « Pendant que j'étudiais à Bologne, dit-il aux juges de la cause (1), maître Dominique y vint, et il prêchait aux écoliers ainsi qu'à d'autres personnes. J'allais me confesser à lui, et je crus remarquer qu'il m'avait pris en affection. Un soir que je me disposais à souper dans mon hôtel, avec mes compagnons, il envoya deux Frères me dire : — Maître Dominique vous demande, et il souhaite que vous veniez sur-le-champ. — Je répondis que j'irais aussitôt après avoir soupé. Ils répliquèrent qu'il m'attendait à l'instant même. Je me levai donc, laissant tout là pour les suivre, et j'arrivai à Saint-Nicolas, où je trouvai maître Dominique au milieu de beaucoup de frères. Il leur dit : — Apprenez-lui comment on fait la prostration. — Quand ils me l'eurent appris, je me prosternai, en effet, avec docilité, et il me donna l'habit de Frère-Prêcheur, en me disant : — Je veux vous munir d'armes avec

(1) Echard, *Script. Ord. Prædic.*, t. I, p. 53. Actes de Bologne, déposition de F. Etienne d'Espagne. « Item dixit quod cum studeret Bononiæ ipse testis, præfatus magister Dominicus venit Bononiam, et prædicabat Scholaribus et aliis bonis hominibus. »

lesquelles vous combattrez le démon tout le temps de votre vie. — J'admirai beaucoup alors, et jamais je n'y ai pensé sans étonnement, par quel instinct maître Dominique m'avait ainsi appelé et revêtu de l'habit de Frère-Prêcheur. Jamais je ne lui avais parlé d'entrer en religion, et, sans doute, il agit de la sorte par quelque inspiration ou révélation divine. »

Réginald avait continué trop peu de temps, hélas! pour l'institut, l'œuvre de formation dominicaine inaugurée par le saint fondateur dans les Universités, parmi les maîtres et les écoliers. A Bologne, il recevait dans l'Ordre, Maître Clair de Toscane, « que l'on vantait beaucoup comme un homme de noble caractère et de grande autorité, et si l'on admirait en lui l'habileté du jurisconsulte, c'était sans préjudice pour le talent dont il avait fait preuve quand il enseignait les arts et le droit canon (1) »; Monéta, « Maître ès arts, le plus célèbre des professeurs de toute la Lombardie (2) »; Maître Roland de Crémone, « docteur excellent, qui enseignait la philosophie avec un talent incomparable (3) »; et après ces savants, beaucoup d'autres qui faisaient la gloire et le succès de l'académie bolonaise (4). A Paris, où les lettrés répondaient déjà si bien aux appels de Matthieu de France (5), les triomphes de Réginald ne furent pas moins éclatants; à sa parole, l'Université se dépeuplait : les meilleurs et les plus instruits abandonnaient, ceux-ci les chaires où ils enseignaient, ceux-là les écoles où ils étudiaient, pour courir s'en-

---

(1) Gérard de Frachet, *Vies des Frères*, P. I, c. 5. « F. Clarus, vir bonus et magnæ auctoritatis et peritus in jure civili, qui etiam in artibus et jure canonico rexerat. » — Echard, *Id.*, p. 92.

(2) Gérard de Frachet, *Vies des Frères*, P. IV, c. 9. » Magister Moneta qui tunc in artibus legens, in tota Lombardia famosus erat. » Echard, *Script. Ord. Prædic.*, t. I, p. 123.

(3) Gérard de Frachet, *Vies des Frères*, P. I, c. 5. « Magister Rolandus Cremonensis, qui tum regebat Bononiæ, cujus fama celebris et excellens in philosophicis habebatur. » — Echard, *Id.*, p. 125. « Clarissimus philosophiæ professor per omnium ora volitabat. »

(4) Echard, *Id.*, p. 89. « Ut quamplures ipse et illustriores Academiæ Boloniensis professores nostris allegerit. »

(5) Echard, *Id.*, p. 92. « Cum omne ferventissime verbo Dei instarent, et in primis Matthæus quamplures in Academia Parisiensi litteris operam dantes Ordini aggregavit. »

fermer à Saint-Jacques, et former, au berceau de ce Couvent, cette admirable pléiade conduite par Henri de Cologne et Jourdain de Saxe.

Jourdain n'eut pas plus tôt entre les mains la succession de saint Dominique, qu'il poursuivit avec un merveilleux succès les conquêtes de l'Ordre dans les rangs de l'Université, à Paris et à Bologne alternativement, au milieu du monde intelligent qui cultivait les arts et la philosophie, ou qui s'adonnait à l'étude de la médecine, du droit canon et de la théologie. Nous savons leurs noms, rappelons leurs titres. Divers, ils s'effaçaient, comme se confondaient les différentes nationalités dans la personne du Frère-Prêcheur, pour ne laisser subsister que le religieux. L'Espagnol Raymond de Pennafort, « docteur renommé en droit canonique, qu'il professait à Bologne (1) », avait suivi l'exemple du frère Clair le Toscan, et abandonné sa chaire avec les lauriers académiques qu'il y cueillait; la gloire du maître s'était éclipsée sous l'habit du religieux. Après les Anglais Robert Bacon et Richard Fitsacre, « les plus illustres de l'académie d'Oxford (2) », après l'Allemand Albert de Souabe, « considéré par ses contemporains comme le plus savant entre tous les savants (3) », Gilles de Portugal apportait à l'Ordre « son nom, ses connaissances littéraires et sa gloire médicale » (4). On savait apprécier à leur valeur les études de Henri de Marbourg, en grammaire et en dialectique (5); on admirait la vaste érudition de Geoffroi de

---

(1) Humbert de Romans, *Chronicon Ordinis*, ad ann. MCCXXXVIII. « F. Raimundus fuit excellens doctor in jure canonico, in quo rexit Bononiæ. » — Echard, *Script. Ord. Præd.*, t. I, p. 106.

(2) Matthieu Paris, *Hist. Angl. Major*, ad ann. 1248. « Quibus non erant majores, imo nec pares, ut creditur, viventes in theologia et in aliis scientiis. » — Echard, *Id.*, p. 118. « Inter eos qui eis ex Academia Oxoniensi se adjunxerunt illustriores. »

(3) Echard, *Id.*, p. 162. « Omnigenis scientiis philosophicis, mathematicis, etiam medicinæ apprime institutus. »

(4) Echard, *Id.*, p. 241. « Litteris humanioribus egregie instructus... Parisios se contulit, ubi in medicina lauream adeptus est. » — Gérard de Frachet, *Vies des Frères*, P. IV, c. 5. « F. Ægidius de Portugalia, fama, litteratura et auctoritate præcipuus. »

(5) Echard, *Id.*, p. 148. « In grammaticis optime institutus, Parisios missus est ut in Academia dialecticam, artesque cæteras assequeretur. »

Blével (1), la science universelle de Vincent de Beauvais (2), chacun se rappelait les leçons d'herméneutique sacrée données par Pierre de Reims (3), et personne n'avait oublié le rang occupé par Laurent de Fougères dans les arts et la médecine, à l'Université de Paris (4). A côté de ces hommes éminents, sous les cloîtres de Saint-Jacques, étaient venus s'asseoir Humbert de Romans, maître ès arts (5); Hugues de Saint-Cher, professeur de droit civil et de droit canonique (6); Guerric de Saint-Quentin, professeur de philosophie et docteur en médecine (7); Guillaume de Rennes, qui s'était fait un nom par l'étendue et la variété de ses connaissances (8); enfin, Jean de Montmirail, l'archidiacre de Paris, dont le mérite littéraire semblait au-dessus de tous les éloges (9).

Les voilà tels que les anciens Chroniqueurs les ont dépeints. L'Ordre les a cueillis partout où ils se sont rencontrés, à Paris, à Bologne, à Padoue, comme des fruits mûrs à la saveur délicate, aux reflets de pourpre et d'or, qu'une main discrète détache de la branche qui les a nourris et qui ne peut plus les retenir : tous docteurs en médecine, en philosophie ou en droit canon; tous,

---

(1) Echard, *Script. Ord. Præd.*, t. I, p. 127. « Academiam Parisiensem eximia pietate et eruditione plurimum illustravit. »

(2) Echard, *Id.*, p. 213. « Præcipuum ad quod natura incitabatur studium, polymathia erat ac scientia universalis. »

(3) Echard, *Id.*, p. 115. « Sacræ Facultati aggregatum, non quidem theologiæ magistrum, sed sacræ Scripturæ interpretem. »

(4) Echard, *Id.* p. 100. « F. Laurentio de Filgeriis sacræ Facultatis Parisiensis magistro, et ante ingressum Ordinem jam doctore medico. » — P. 241. « Laurentius de Filgeriis magister in artibus et in medicina. »

(5) Echard, *Id.*, p. 141. « Studuit Parisiis adolescens et artium magister laureatus easdem professus est. »

(6) Echard, *Id.*, p. 195. « Parisios juvenis venit, emensisque philosophiæ ac theologiæ studiis, in sacra Facultate baccalaureus admissus est, tum et juri utrique operam dedit, quod et publice docuit. »

(7) Gérard de Frachet, *Vies des Frères*, P. IV, c. 5. « Guerricus qui diu et in diversis locis sectatus studia in logicalibus et quadrivialibus et naturalibus et in medecina excellenter. » — Etienne de Bourbon, *Anecdotes historiques*, p. 66 et 222. « Cum F. Guerricus esset Parisius magnus magister. — Echard, *Id.*, p. 113.

(8) Echard, *Id.*, p. 130. « Vir doctrina insignis, utriusque juris admodum peritus. »

(9) Etienne de Bourbon, *Anecdotes historiques*, p. 109. « Magnus archidiaconus Parisiensis, magnæ litteraturæ et consilii. »

maîtres dans les arts ou dans la théologie. L'élan était donné, l'enthousiasme ne s'éteint plus ; que d'autres Frères viendront à la suite s'inscrire parmi les fils de saint Dominique, laissant s'étouffer contre les murailles du Couvent la voix publique qui les poursuivait de ses louanges ! Que d'autres Prêcheurs accourront, à la parole du bienheureux Jourdain, cacher leurs titres littéraires sous l'habit religieux, ensevelir au fond du cloître les trésors de science amassés par leurs études et attestés par leur enseignement ! A chaque nouvelle recrue c'était fête dans la maison, qui se réjouissait de voir augmenter le nombre de ses enfants. Comme Monéta, chacun entrait dans l'Ordre en prenant l'engagement d'y attirer ses meilleurs amis, et à chaque prise d'habit qu'il avait provoquée, chacun, comme Monéta (1), affirmait qu'en y assistant, il renouvelait lui-même sa profession dominicaine au pied des saints autels.

Humbert de Romans avait vraiment raison de s'écrier : « Grâce à Jourdain de Saxe, l'Ordre prit un magnifique accroissement ; on créa de nouvelles provinces, les couvents se multiplièrent, le nombre des Frères s'augmenta d'une foule de personnages illustres par leur noblesse, leur fortune et leur science » (2). Les anciennes Chroniques ne se lassent pas de le répéter sous toutes les formes et sur tous les tons. Celle-ci dit : « Sous Jourdain de Saxe, à Paris, l'Ordre accueillit dans son sein une foule de maîtres en théologie, de docteurs en droit, de bacheliers, de maîtres ès arts, et une multitude innombrable d'autres sujets d'élite » (3). Celle-la constate que « sous ce Père, l'Ordre reçut

(1) Mamachi, *Ann. Ord. Præd.*, t. I, l. II, p. 512. « Interea magister Moneta, quod se facturum promiserat, multis auctor erat, ut non modo Reginaldi concionibus adessent, sed etiam in cœtum Prædicatorum venirent. Itaque sæpe aliquem virtute præstantem virum ad S. Nicolai ducebat, atque ubi is quem adduxerat, nostrum institutum amplexus erat, Moneta iterum se vestes Dominicanorum quam primum sumpturum confirmabat. »

(2) Humbert de Romans, *Chronicon Ordinis*. « In diebus ejus Ordo fuit valde dilatatus in provinciis, in conventibus, in numero Fratrum, et multi viri, et excellentes in nobilitate, et divitiis, et scientiis intraverunt. » Mamachi, *Ann. Ord. Præd.*, t. I, *Appendix*, p. 302.

(3) Martene, *Veterum Script. et Monum.*, t. VI, p. 552. *Brevis historia Conventus Parisiensis*, FF. Præd. « Sub eo intraverunt Parisiis Ordinem Prædica-

parmi les Frères un homme distingué par ses connaissances littéraires, Jean de Saint-Gilles, maître en théologie, et beaucoup d'autres hommes éminents, dont les écrits attestent encore aujourd'hui la sagesse et la science » (1). Nous lisons ailleurs : « En ce temps, on comptait parmi les Prêcheurs beaucoup de Frères d'une grâce parfaite et d'une science admirable, comme il est facile de s'en convaincre par les écrits et par les souvenirs qu'ils ont laissés » (2). Enfin, d'autres annales de l'Ordre nous apprennent « qu'à cette époque la maison de Paris ne datait que de quelques années, et déjà elle était florissante ; on y voyait accourir un grand nombre d'hommes remarquables appartenant à toutes les Facultés de l'Université » (3). Années heureuses, que souhaitait de revoir un vieil historien de l'Ordre, « temps bénis du ciel, où les études brillaient du plus vif éclat, où la règle était strictement observée, où des hommes illustres, maîtres en théologie, bacheliers, chanoines et grands archidiacres accouraient en foule prendre, au Couvent de Saint-Jacques, l'habit des Frères-Prêcheurs » (4).

Est-ce que Jourdain de Saxe lui-même, énumérant ses conquêtes à la bienheureuse Diane d'Andalo, ne s'arrêtait pas avec une véritable complaisance à détailler les titres, à célébrer le mérite littéraire ou la valeur théologique des jeunes gens qu'il admettait à la profession dominicaine, à chaque étape de ses

---

torum tot magistri in theologia, doctores in jure, baccalaurei et magistri in artibus, et alii innumerabiles. »

(1) Martene, *Id.*, p. 353. *Brevissima Chronica R. R. Magist. gen. Ord. Præd.*, c. IV. « Sub isto Patre Ordinem intravit vir eximiæ litteraturæ, Frater Johannes de S. Ægidio, magister in theologia, et multi alii excellentes viri, quorum scripta usque ad hodiernam diem eorum sapientiam et doctrinam demonstrant. »

(2) Humbert de Romans, *Chronicon Ordinis*. « Fuerunt autem inter hujusmodi Fratres ab illo tempore, multi valde excellentis gratiæ et doctrinæ, sicut eorum scripta et memoria usque hodie manifeste declarant. »

(3) Echard, *Script. Ord. Præd.*, t. I, p. 241. « Florebat iis diebus a quibusdam annis erecta domus nostra S. Jacobi, multique omnium Facultatum Universitatis ad eam confluebant viri graves. »

(4) Echard, *Id.*, p. 213. « Cum apud nostros quam maxime florerent studia cum strictissima regularum observatione, ac confertim felicibus illis annis viri celeberrimi, theologiæ magistri, baccalaurei, canonici, archidiaconi etiam magni in domo Sanjacobea nomen darent. »

incessantes pérégrinations? De Padoue, il écrivait : « Ils sont dix qui viennent d'entrer dans l'Ordre. Deux sont fils de deux comtes puissants en Allemagne : celui-ci est grand prévôt, et d'autres dignités relèvent encore en lui l'honneur du nom et l'éclat des richesses; celui-là est vraiment distingué de corps et d'esprit, de plus, il possède une fortune considérable (1). » De Bologne, voici les nouvelles qu'il annonce : « Dieu aidant, j'ai reçu trente-trois Frères, tous sont de bonne famille et d'instruction satisfaisante. Nous en attendons beaucoup d'autres, et déjà six, fort instruits, ont revêtu notre habit (2). » Dans une lettre datée de Paris, il s'écriait : « Je suis heureux ! Dieu bénit mon ministère parmi les écoliers, de l'Avent à Pâques, quarante novices sont entrés dans l'Ordre. Plusieurs étaient maîtres; les autres ne manquent pas de connaissances littéraires. Nous avons bon espoir qu'ils compteront de nombreux imitateurs (3). » Ailleurs, ces mots tombent de sa plume : « Nos Frères croissent en nombre et en mérite. Je ne suis à Paris que depuis quatre semaines, et déjà vingt et un novices ont pris l'habit. Six étaient maîtres ès arts, d'autres licenciés, et le reste a ce qu'il faut pour rendre service dans l'Ordre (4). » Enfin le long du chemin, sur la route qui le conduit à Rome ou qui le ramène en France, il s'arrête un instant pour écrire quelques lignes à la hâte, et c'est pour dire : « Le Seigneur qui m'a créé, me comble de ses bienfaits. Chaque jour sa miséricorde se multiplie en ma faveur par les mérites de Jésus-Christ, pour son honneur, sa gloire et le salut des âmes. L'Esprit-Saint vient de nous amener trente sujets : ils sont tous fort capables et très versés dans la littérature (5). »

Devant ce succès croissant, Jourdain ne sentait point se ralentir son zèle, « le zèle de la maison de Dieu (6) », dont parle le roi-prophète, et qui dévorait l'âme ardente du successeur de saint

---

(1) *Lettres du B. Jourdain de Saxe*, III.
(2) *Id.*, lettre IV.
(3) *Id.*, lettre VIII.
(4) *Id.*, lettre XXI.
(5) *Id.*, lettre XVII.
(6) Psaume LXVIII, 10 : « Quoniam zelus domus tuæ comedit me. »

Dominique. Le salut des âmes, comme il le disait à Diane, lui semblait intimement lié au progrès de l'Ordre, que la Providence n'avait institué que pour prêcher l'Évangile. Multiplier le nombre des Frères-Prêcheurs, c'était donc, pour le Maître général, le moyen le plus efficace d'augmenter la grande famille chrétienne, héritière du royaume des cieux. C'est afin d'accomplir plus sûrement ce double dessein, qu'il se livre tout entier au soin d'attirer dans la bergerie naissante confiée à sa houlette des sujets habiles dans les lettres, dans les arts et dans la théologie : c'est afin de travailler sans cesse à ce recrutement, qu'il paraît ne vouloir résider que dans les villes où des écoles rassemblaient une jeunesse intelligente, et, entre ces villes, Paris n'avait-elle pas toutes ses préférences? Et cette tâche, il ne la suspendait un moment, que contraint par un devoir rigoureux; ces villes, il ne s'en éloignait un instant, que forcé d'obéir à la voix souveraine qui l'appelait à Rome, prendre place parmi les conseillers de la Cour pontificale (1).

Si la foule des sujets, théologiens et lettrés, qui entraient ainsi dans l'Ordre, ne diminuait en rien l'activité de Jourdain de Saxe, encore moins l'humble religieux songeait-il, dans cette glorieuse moisson, à s'attribuer quelque mérite. Est-ce qu'il n'exhortait pas sans cesse Diane et ses compagnes à prier, « afin qu'il plût au Seigneur de toucher par sa grâce le cœur des écoliers (2) », dans les différentes Universités où il prêchait l'Évangile? Est-ce qu'il ne réclamait pas, de la part de ces saintes filles, une infatigable persévérance à prier pour les intentions qu'il ne se lassait pas de leur recommander? « Priez, disait-il, priez toutes ensemble, priez instamment que le Seigneur daigne exaucer le désir de ses

(1) Humbert de Romans, *Chronicon Ordinis* : « Fuit autem ejus summum studium Ordinem dilatare propter fructum animarum, propter quod totum se dabat ad attrahendas personas litteratas ad Ordinem, et ideo immorabatur quasi semper in iis locis, in quibus erant Scholares, et præcipue Parisiis, nisi quando eum ire ad Curiam oportebat. » Mamachi, *Ann. Ord. Prædic.*, t. I, *Appendix*, p. 303.

(2) *Lettres du B. Jourdain de Saxe*, VII. « Orare moneas pro Scholaribus Parisiensibus, ut Dominus adaperiat corda ipsorum, ut ad conversionem efficiantur faciles. »

pauvres, qu'il augmente les membres de notre famille, qu'il pénètre de sa grâce efficace le cœur des écoliers de Paris (1). »

Et les prières montaient au ciel ferventes, continues, et les grâces de conversion à l'Ordre se multipliaient incessantes, admirables, « parmi les hommes illustres par leur science et leur sainteté ; ils laissaient là les espérances de la terre, richesses et grandeurs, pour se consacrer au Christ Jésus sous les austères livrées de la pauvreté (2) ».

La vérité historique enregistrant les faits, crayonnait le tableau des luttes et des victoires de l'Ordre de Saint-Dominique. A cette froide esquisse la légende ajoutait ses vives couleurs. Elle émaillait de ses apparitions mystérieuses, de ses interventions surnaturelles, le récit des travaux et des conquêtes des Prêcheurs, afin de tenir les esprits en éveil, afin de ne point laisser passer ou s'éteindre le souffle ardent qui effeuillait ainsi sous tous les cieux les fleurs de la vocation dominicaine.

On savait partout dans les Ecoles, et les Prêcheurs ne se lassaient point de le redire dans les Universités, que le ciel avait mis les merveilles de son invincible puissance aux mains de trois étudiants, trois jeunes lettrés, attirés à l'Ordre par la parole de Paul, l'apôtre de la Hongrie. Le Bienheureux, parti pour évangéliser les régions septentrionales qu'il devait féconder de son sang, avait franchi les Alpes et gagné Lauriacum, sur les confins de la Bavière et de la Bohême. Quatre Frères l'accompagnaient (3), Sadoc était du nombre, et sa sainteté, jointe à celle de Paul, ne pouvait ne pas attirer les bénédictions du ciel sur la mission qu'ils venaient fonder. La petite caravane s'arrêta dans cette ville,

---

(1) *Lettres du B. Jourdain de Saxe*, XXII. « Super quo, te quidem, et alias Sorores quæ tecum sunt, volo esse in orationibus assiduas et sollicitas, ut Deus suorum pauperum desiderium audiat, ut numerum nostrum benignus adaugeat, et Parisiensium Scholarium pie et efficaciter corda tangat. »

(2) D'Achery, *Spicilegium*, t. III, p. 188. *Chronicon Nicolaï Trivetti, Dominicani* : « Circa ea tempora multi viri scientia et sanctitate illustres, abjectis secularium divitiarum copiis, Christum pauperem imitari conantes, ad Prædicatorum Ordinem confluxerunt. Inter quos erat Joannes de sancto Ægidio. »

(3) Mamachi, *Ann. Ord. Prædic.*, l. II, XIII, p. 645 : « Paulus Hungarus cum sociis quatuor Lauriacum venerunt. »

qui possédait des écoles entourées de quelque célébrité; et comme les frais d'installation ne leur causaient pas grand souci, les religieux commencèrent aussitôt à prêcher. L'opinion publique ne tarda pas à s'édifier sur leur caractère, leur science et le dessein qu'ils poursuivaient avec une abnégation héroïque, loin de la famille, loin de la patrie (1). Les écoliers de Lauriacum ne se montrèrent pas moins dociles que ceux de Padoue, de Bologne et de Paris. Trois adolescents, doués des plus heureuses qualités, et qui se livraient avec ardeur à l'étude des belles-lettres, se présentèrent pour recevoir des mains de Paul l'habit des Frères-Prêcheurs (2). L'enfer s'émut à ce spectacle. Les Dominicains n'eurent pas plus tôt mis le pied sur la terre de Hongrie, que le frère Sadoc se vit soudain entouré, la nuit, d'une multitude de démons qui le menaçaient et lui disaient : « Ce qui nous appartient de droit, vous le faites passer aux mains de Jésus-Christ. » Et la troupe infernale, fixant des regards furieux sur les trois jeunes étudiants enveloppés dans leur scapulaire, s'écriait : « Malheur ! C'est par ces enfants que nous sommes battus et taillés en pièces (3). »

Ces récits merveilleux remplissent les Chroniques dominicaines; ils entretenaient le feu sacré, enflammant les imaginations, embrasant les cœurs. Là, l'exemple des maîtres provoquait l'émulation des écoliers ; ici, la courageuse initiative des étudiants triomphait des lenteurs ou des hésitations des professeurs. Sous le souffle de l'Esprit divin, aucune étincelle ne se perdait ; mais nulle part ces étincelles ne trouvaient à se réunir en un foyer plus large qu'à Paris. C'est pourquoi l'École venait de se fonder à point, au Couvent de Saint-Jacques, afin de sceller par un acte

---

(1) Mamachi, *Id.* « Ut primum divulgari cœpit qui viri, quibus moribus, quanta doctrina, quam ob causam Lauriacum venerunt. »

(2) *Id.* « Tribusque adolescentibus excellenti ingenio præditis, qui studio litterarum strenuam operam navabant, in Ordinem cooptatis. »

(3) *Id.* « Interea Sadocho turba demonum se noctu ostendit, magnoque ejulatu sibi a Prædicatoribus insignem injuriam fieri queritur : « Nam quod jure ad nos pertinet, inquit, id est a vobis in Christi redactum potestatem. » Mox tres adolescentes quos paulo ante aggregatos ad Ordinem diximus, intuens : « Heu ! conclamat, horum nos parvulorum opera prostrati, victique sumus. »

solennel, afin d'affirmer par des fonctions officielles, par l'enseignement public dans l'Université, l'union de la doctrine et de la piété chez les disciples de saint Dominique.

Jean de Saint-Gilles semblait avoir reçu de la Providence, mission spéciale pour préparer à cette grande entreprise les plus heureux commencements. La situation qu'il avait occupée auprès du roi Philippe-Auguste, les relations qu'il conservait à la Cour, sa renommée d'habile médecin, sa réputation de savant théologien, la façon dramatique dont il avait pris l'habit dominicain, tout s'accordait pour assurer son succès dans la nouvelle école. La faveur de la jeunesse lui était acquise, et les témoignages d'admiration que les étudiants avaient prodigués aux leçons du professeur séculier, ne devaient point faire défaut à l'enseignement du maître religieux.

Roland de Crémone était en tous points digne d'associer ses efforts dans la fondation de l'œuvre délicate confiée au savoir et à l'expérience de Jean de Saint-Gilles. Personne n'ignorait à Paris, en quelle estime l'ancien professeur de droit était tenu à Bologne et dans toute la Lombardie ; et si l'opinion favorable qui l'accueillait à ses débuts dans l'École de Saint-Jacques, avait eu besoin de s'appuyer sur le jugement antérieur d'un Français, d'un Parisien, est-ce qu'il ne suffisait pas de rappeler le dessein formé par Réginald, d'envoyer de Bologne à Paris le frère Roland, tôt après sa prise d'habit (1), afin d'enseigner la théologie à la famille religieuse assemblée pour étudier (2), sous la conduite du premier prieur Matthieu de France ? Le Chapitre généralissime n'avait fait que mettre à exécution le projet nourri par Réginald le premier, et les années qui s'étaient écoulées avaient achevé de façonner Roland à la tâche qu'il venait remplir dans la maison de Paris. Les barrières qui devaient resserrer l'enceinte réservée à sa parole, s'écartaient devant la décision de l'aréopage domini-

---

(1) Mamachi, *Ann. ord. Prædic.*, t. I, l. II, p. 512. « Reginaldus Rolandum Cremonensem, quod ab egregio, doctissimoque viro erudiri nostros præclare in theologicis disciplinis posse videret, Luteliam Parisiorum mittere decrevit. »
(2) Bulle du pape Honorius III, en date du 26 février 1220. « Dilectos filios Fratres Prædicatorum, in sacra pagina studentes apud Parisius. »

cain : les religieux seuls ne formeraient pas son auditoire, mais la jeunesse étudiante de toutes les nations aurait accès au pied de sa chaire ; ce n'était plus au Couvent qu'il allait enseigner, mais à l'Ecole ; il cessait de ne tenir que l'office privé de maître à Saint-Jacques, pour passer aux fonctions publiques de grand docteur dans l'Université (1).

Ainsi s'était ouverte l'École de Saint-Jacques. Jean de Saint-Gilles reprit son enseignement théologique ; Roland de Crémone commença ses leçons sous la direction paternelle du maître. Quelle que fût la faveur qui les honorât, l'un, au début de sa carrière, dans l'Académie de Paris, l'autre, en pleine possession de sa gloire universitaire, fallait-il se résigner à penser que ces applaudissements n'auraient d'autre résultat que d'encourager les nouveaux professeurs, comme jadis Anselme de Laon (2), Richard l'Evêque (3), Robert Pullus (4), Joscelin (5), Gauthier de Mortagne (6) et Abélard (7), maîtres isolés qui avaient disparu

---

(1) Etienne de Bourbon, *Anecd. hist.*, p. 222 : « Parisius magnus magister. » — P. 359 : « Quidam magnus magister in litteratura. »

(2) Jean de Salisbury, *Metalogicus*, l. I, c. v : « Splendidissima lumina Galliarum, Lauduni gloriam, fratres theologos, Anselmum et Radulfum. » — Du Boulay, *Hist. Univ. Paris.*, t. II, p. 8. — Crévier, *Hist. de l'Université de Paris*, t. I, p. 112, 124, 167. — *Hist. Litt. de la France*, t. IX, p. 45.

(3) Jean de Salisbury, *Metalog.*, l. II, c. x : « Ricardum, cognomento Episcopum, hominem fere nullius disciplinæ expertem. » — Du Boulay, *Hist. Univ. Paris.*, t. II, p. 770. — Crévier, *Hist. de l'Univ. de Paris*, t. I, p. 164.

(4) Jean de Salisbury, *Metalog.*, l. II, c. x : « Robertus Pullus quem vita et doctrina pariter commendabant. » — Du Boulay, *Hist. Univ. Paris.*, t. II, p. 153. — Crévier, *Hist. de l'Univ. de Paris*, t. I, p. 168. — *Hist. Litt. de la France*, t. IX, p. 71.

(5) Joscelin quitta sa chaire à Paris, pour occuper le siège de Soissons. Du Boulay, *Hist. Univ. Paris.*, p. 18 et 751. — Crévier, *Hist. de l'Univ. de Paris*, t. I, p. 122, 169 et 179. — *Hist. Litt. de la France*, t. IX, p. 38 et 44.

(6) Gauthier de Mortagne devint évêque de Laon. Du Boulay, *Hist. Univ. Paris.*, t. II, p. 77 et 739. — Crevier, *Hist. de l'Univ. de Paris*, t. I, p. 169. — *Hist. Litt. de la France*, t. IX, p. 36 et 95.

(7) Abélard naquit à Palais, dans le diocèse de Nantes, d'où lui vint le surnom de *Palatinus*. Le trop fameux professeur enseigna avec le même succès à Melun, à Corbeil, à Paris, dans les Ecoles principales du Cloître, et dans son école particulière de Saint-Denis, du Paraclet et de la Montagne Sainte-Geneviève. Jean de Salisbury, *Metalog.*, l. II, c. x. « Contuli me ad peripateticum Palatinum, qui tunc in Monte Sanctæ Genovefæ clarus doctor et admirabilis omnibus præsidebat. » — Du Boulay, *Hist. Univ. Paris*, t. II, p. 51, 85, 95, 142. — Crévier,

sans laisser de tradition scolaire, sans léguer à des fils, à des frères ou à des disciples, l'héritage de leur enseignement théologique, philosophique ou littéraire? Les uns et les autres, après avoir brillé du plus vif éclat, s'étaient évanouis, semblables à ces astres lumineux qui jettent un instant dans l'espace leurs gerbes étincelantes, et qui disparaissent bientôt dans l'immensité des cieux.

Que pouvait faire une école de plus ou de moins dans l'enceinte de Paris, à ne considérer que le nombre, en ne tenant point compte de la question de personnes? Sur la rive gauche de la Seine, sur les pentes de la montagne de Sainte-Geneviève, au milieu des terrains libres naguère, maintenant fermés de murailles récemment achevées (1), dans la région qui s'étendait jadis depuis la porte Gibert, à la porte Saint-Victor, depuis la porte de Bucy, jusqu'à la porte Saint-Jacques, dans le clos Bruneau ou dans le clos Mauvoisin (2), à travers le quartier de l'Université (3), que d'écoles s'étaient fondées, qui, un jour, une heure, l'avaient disputé par leur célébrité, aux Ecoles de Notre-Dame, ouvertes et entretenues dans l'île, par l'Evêque ou par le Chapitre, à l'abri de l'église cathédrale! Ecoles principales, comme celles du Cloître (4), du Parvis (5), comme Sainte-Geneviève (6) et Saint-Victor (7), qui devaient leur durée et leur succès permanent, non pas seulement aux maîtres, qu'ils eussent nom

---

Hist. de l'Univ. de Paris, t. I, p. 113, 115, 119, 127, 131, 155. — *Hist. Litt. de la France*, t. IX, p. 66 et 89. — C. de Rémusat, *Abélard*, t. I, l. I, p. 39, 170.

(1) Documents sur l'Histoire de France, *Paris sous Philippe le Bel*, p. 439.
(2) Sauval. *Antiquités de Paris*, t. II, p. 359. — Crévier, *Hist. de l'Univ. de Paris*, t. I, p. 272. — Jaillot, *Recherches sur la ville de Paris*, t. IV, Q. Saint-Benoît, p. 62.
(3) Du Breul, *Antiquités de Paris*, l. II, p. 254 et 768.
(4) Jaillot, *Recherches sur la ville de Paris*, t. I, Q. de la Cité, p. 115.
(5) Du Boulay, *Hist. Univ. Paris*, t. II, p. 666. — Crévier, *Hist. de l'Univ. de Paris*, t. I, p. 122, 162 et 272. — *Cartulaire de Notre-Dame*, Préface, p. cxii.
(6) Du Breul, *Antiquités de Paris*, l. II. p. 281. — Crévier, *Hist. de l'Univ. de Paris*, t. I, p. 122 et 217.
(7) Du Boulay, *Hist Univ. Paris.*, t. II, p. 24. — Crévier, *Hist. de l'Univ. de Paris*, t. I, p. 117, 122 et 179. — Jaillot, *Recherches sur la ville de Paris*, t. IV. Q. de la place Maubert, p. 167.

Abélard (1), Guillaume de Champeaux (2), Pierre Lombard (3), Pierre de Poitiers (4), Gérard la Pucelle (5), Anselme de Paris (6), Matthieu d'Angers (7), Hugues, Yves et Richard de Saint-Victor (8), mais encore à la corporation, à l'institut qui les avait créées, où elles allaient sans cesse puiser des forces nouvelles, et dont l'énergie vitale ne leur permettait ni de dégénérer, ni de déchoir. Ecoles particulières, « que pouvait ouvrir quiconque avait droit d'enseigner, en tel lieu qu'il lui plaisait, pourvu que ce fut dans le voisinage des Ecoles principales (9), » qui, le plus souvent, leur avaient donné naissance. Ainsi, « il est constant que l'Ecole épiscopale de Paris fut l'origine de toutes les autres Ecoles qui se multiplièrent prodigieusement tant dans la ville

---

(1) Abélard tint quelque temps à l'Ecole du Cloître, la chaire de théologie et de philosophie. Du Boulay, *Hist. Univ. Paris*, t. II, p. 51. — Crévier, *Hist. de l'Univ. de Paris*, t. I, p. 127.

(2) Guillaume de Champeaux enseigna d'abord à l'Ecole du Cloître, la rhétorique, la dialectique et la théologie. Archidiacre de Paris, il résigna ces fonctions pour fonder l'Ecole de Saint-Victor. Il mourut évêque de Châlons. Jean de Salisbury, *Metalog.*, l. I, c. v et l. III, c. IX. — Du Boulay, *Hist. Univ. Paris.*, t. II, p. 8 et 24. — Crévier, *Hist. de l'Univ. de Paris*, t. I, p. 113, 115, 117 et 179.

(3) Pierre Lombard, appelé le *Maître des Sentences*, illustra l'Ecole du Cloître et mourut évêque de Paris. Du Boulay, *Hist. Univ. Paris*, t. II, p. 251, 403, 553, 766. — Crévier, *Hist. de l'Univ. de Paris*, t. I, p. 201. — *Hist. Littér. de la France*, t. IX, p. 210.

(4) Pierre de Poitiers, chancelier de l'Église de Paris, enseigna pendant trente huit ans la théologie à l'Ecole du Cloître. Du Boulay, *Hist. Univ. Paris.*, t. II, p. 629. — Crévier, *Hist. de l'Univ. de Paris*, t. I, p. 207.

(5) Gérard la Pucelle professait à l'Ecole Principale, le droit canonique, ainsi qu'Anselme de Paris, qui devint évêque de Meaux, et Matthieu d'Angers, qui fut honoré de la pourpre romaine. Du Boulay, *Hist. Univ. Paris.*, t. II, p. 369, 454, 734. — Crévier, *Hist. de l'Univ. de Paris*, t. I, p. 243. — *Hist. Littér. de la France*, t. IX, p. 9, 73, 216.

(6) Crévier, *Hist. de l'Univ. de Paris*, t. I, p. 245. — *Gallia Christiana*, t. VII, p. 206. — *Hist. Littér. de la France*, t. IX, p. 75.

(7) Crévier, *Hist. de l'Univ. de Paris*, t. I, p. 245. — Frizon, *Gallia Purpurata*, p. 171. — *Hist. Littér. de la France*, t. IX, p. 73.

(8) Hugues de Saint-Victor passa pour le plus grand théologien de son siècle; Yves fut élevé au cardinalat, et Richard a laissé divers ouvrages qui attestent sa science. Du Boulay, *Hist. Univ. Paris.*, t. II, p. 64 et 159, 102 et 752. — Crévier, *Hist. de l'Univ. de Paris*, t. I, p. 180 et 216. — *Hist. Littér. de la France*, t. IX, p. 114. — Frizon, *Gallia Purpurata*, p. 140. — Jean de Salisbury, *Metalog.*, l. I, c. v.

(9) *Hist. Littér. de la France*, t. IX, p. 64.

qu'aux environs (1), » Ecole du Petit-Pont (2), Ecole du Grand-Pont (3), Ecole d'Abélard (4) Ecole de Guillaume de Conches (5), Ecole d'Albéric et de Robert de Melun (6), Ecole de Gilbert de la Porrée (7) ; la splendeur éphémère de ces écoles étendait orgueilleusement ses ombres à l'entour, tant que vivait le maître en vogue qui leur donnait son nom, et qui paraissait tenir leur précaire existence suspendue au fil de sa popularité.

L'Ecole du Couvent de Saint-Jacques par le renom de ses maîtres et par le caractère de ses étudiants, par la fermeté de sa dis-

(1) Crévier, *Hist. de l'Univ. de Paris*, t. I, p. 272. — *Hist. Littér. de la France*, t. IX, p. 65.

(2) Cette école se nommait ainsi du lieu où elle avait été ouverte par maître Adam, d'origine anglaise, qui donnait là ses leçons de grammaire, de rhétorique et de dialectique. Il passa ensuite à l'Ecole de la cathédrale, pour y enseigner la théologie. Jean de Salisbury, son compatriote, nous dit qu'il le connaissait intimement, *Metalog.*, l. II, c. x : « Ad magistrum Adam, acutissimi virum ingenii, et multarum litterarum familiaritatem contraxi. » — Du Boulay, *Hist. Univ. Paris.*, t. II, p. 141. — Crévier, *Hist. de l'Univ. de Paris*, t. I, p. 165.

(3) Un autre maître, aussi appelé Adam, mais Parisien de naissance, avait à peu près à la même époque fondé l'Ecole du Grand-Pont. Du Boulay, *Hist. Univ. Paris.*, t. II, p. 717. — Crévier, *Hist. de l'Univ. de Paris*, t. I, p. 272.

(4) Abélard, après s'être rendu célèbre à l'Ecole du Cloître, avait comme nous l'avons observé, continué ses leçons avec le même éclat à Saint-Denis, au Paraclet et sur la Montagne de Sainte-Geneviève. — *Hist. Littér. de la France*, t. IX, p. 84.

(5) Guillaume de Conches tenait une Ecole de grammaire. Jean de Salisbury, *Metalog.*, l. I, c. v, et xxiv et l. II, c. x : « Consulto me ad grammaticum de Conchis transtuli, ipsumque triennio docentem audivi. » — Du Boulay, *Hist. Univ. Paris.*, t. II, p. 770. — Crévier, *Hist. de l'Univ. de Paris*, t. I, p. 159 et 164.

(6) Albéric et Robert de Melun avaient donné leur nom à une Ecole de dialectique, qu'ils dirigeaient sur la Montagne de Sainte-Geneviève. Jean de Salisbury, *Metalog.*, l. II, c. x : « Adhæsi Magistro Alberico, qui inter cæteros opinatissimus dialecticus enitebat... Biennio conversatus in Monte, artis hujus præceptoribus usus sum Alberico et Magistro Roberto Melodensi. » — Du Boulay, *Hist. Univ. Paris.*, t. II, p. 143. — Crévier, *Hist. de l'Univ. de Paris*, t. I, p. 159.

(7) Gilbert de la Porrée enseignait la logique et la théologie dans son Ecole de Paris, et continua ses leçons sur le siège épiscopal de Poitiers. Jean de Salisbury, *Metalog.*, l. I, c. v et l. II, c. x : « Reperi Magistrum Gilbertum, ipsumque audivi in logicis et divinis. » — Du Boulay, *Hist. Univ. Paris.*, t. II. p. 214, 238, 271. — Crévier, *Hist. de l'Univ. de Paris*, t. I, p. 167 et 195. — *Hist. Littér. de la France*, t. IX, p. 45 et 71.

Jean de Salisbury cite encore plusieurs autres maîtres, « qui tenaient chacun leur école, les uns près l'église de Notre-Dame, les autres sur le Mont Sainte-Geneviève : » Simon de Paris, l'Allemand Thierry, Pierre Hélie, Guillaume de Soissons, Simon de Poissy. « On en trouve jusqu'à douze, indiqués par leurs noms, continue Crévier, et ils n'étaient pas les seuls. » Jean de Salisbury, *Metalog.*, l. I, c. v ; l. II, c. x. — Crévier, *Hist. de l'Univ. de Paris*, t. I, p. 162.

cipline et par l'excellence de son organisation, par la perfection de son enseignement et par la régularité de ses leçons, ne devait point tarder à s'élever parmi ses rivales, comme ces arbres à tige aérienne dont parle le poète, pour conquérir une place d'honneur dans l'Université. Les jalousies, les inimitiés n'éclateront que plus tard. A l'origine l'Ecole dominicaine n'éveille aucune susceptibilité. Personne ne songe à regarder d'un mauvais œil ces nouveaux venus, qui ne demandaient que la permission d'apporter modestement leur pierre à la construction du temple magnifique que Paris élevait à la science sacrée et à la profane. Evêques et chanoines, moines et prélats, clercs séculiers et religieux, pouvaient choisir dans l'édifice que le grand Apôtre nous montre grandissant toujours (1), telle ou telle partie, tel ou tel détail qu'ils se flattaient de traiter avec un art plus soigné. Et, sous les nefs sans fin ouvertes à l'intelligence humaine, la place ne manquait pas aux travailleurs d'esprit ou de génie; autour des autels, au bas des arceaux, au fût des colonnes, le long des travées, tous trouvaient à exercer leur patience ou à signaler leur habileté, depuis les modestes fondations cachées sous terre, jusqu'aux lancettes des ogives, jusqu'aux dentelures des flèches hardiment jetées dans les airs. L'Ordre de Saint-Dominique usait de la liberté que personne n'avait encore osé ni restreindre ni enchaîner, liberté qui revenait essentiellement à chacun, quel que fût son pays, son nom ou son habit, de tenir école, dès qu'il avait obtenu de qui de droit, des chanceliers de Notre-Dame ou de Sainte-Geneviève (2), la licence d'enseigner à Paris.

Au moment où les Dominicains entraient dans la carrière, les écoles de Paris ne s'étaient pas encore associées, liées, fondues pour former ce magnifique corps homogène qui s'appelait déjà l'Université (3). Chacune gardait une indépendance presque

---

(1) *Ep. ad Ephes.*, II, 21 : « Omnis ædificatio constructa crescit in templum sanctum. »

(2) Crévier, *Hist. de l'Univ. de Paris*, t. I, p. 257. « Il fallait la demander et l'obtenir des chanceliers de Notre-Dame ou de Sainte-Geneviève, qui ne pouvaient la refuser aux sujets capables. »

(3) Deux bulles du grand pape Innocent III avaient, en 1208 et en 1209,

absolue, parce qu'elles n'étaient soumises à aucune autorité parfaitement définie. Il n'y avait que des essais de lois, des tentatives de règlements. L'enseignement, qu'il s'exerçât dans les lettres, les arts, le droit, la philosophie ou la théologie, s'était longtemps égaré, timide ou trop hardi, hors des voies régulièrement tracées, sans méthodes consacrées par l'expérience. L'ordre qui donne la stabilité, commençait à sortir du chaos. La théologie dans ses leçons, devait avoir pour objet l'explication des *Sentences* de Pierre Lombard (1) : les grammairiens suivaient les pas de Bernard de Chartres (2) : le nom et les écrits d'Aristote inspiraient les philosophes (3) : les canonistes commentaient le décret de Gratien (4) : les Pandectes de Justinien fournissaient matière aux lectures des jurisconsultes (5). Ce n'était néanmoins qu'un acheminement vers la marche régulière. On abandonnait volontiers les rênes sur le cou du professeur ; les maîtres avides de succès et de gloire, n'étaient dirigés que par un pouvoir fort indécis ; ils prenaient les sentiers qui leur plaisaient, pressant ou ralentissant leur allure, ne se sentant contenus que par une législation très imparfaite.

Les chanceliers de Notre-Dame et de Sainte-Geneviève confé-

commencé par constituer les maîtres et les étudiants de Paris en une vraie corporation, *Universitas*, selon le droit romain. — Thurot, *De l'Organisation de l'Enseignement dans l'Université de Paris*, p. 7 et 11.

(1) Du Boulay, *Hist. Univ. Paris.*, t. II, p. 553 : t. III, p. 84. — Crévier, *Hist. de l'Univ. de Paris*, t. I, l. I, p. 204 et 252.

(2) Jean de Salisbury, *Metalogicus*, l. I, c. 24 : « Bernardus Carnotensis exundantissimus modernis temporibus fons litterarum in Gallia » ; l. II, c. 17 : « Egerunt operosius Bernardus Carnotensis et ejus sectatores. » — Du Boulay, *Hist. Univ. Paris.*, t. I, p. 515. — Crévier, *Hist. de l'Univ. de Paris*, t. I, l. I, p. 80 et 159.

(3) Jean de Salisbury, *Metal.*, l. II, c. 10 : « Magistrum Adam... qui Aristoteli præ cœteris incumbebat. » — *Histoire Littér.*, t. VII, p. 131. — Crévier, *Hist. de l'Univ. de Paris*, t. I, l. I, p. 89, et l. II, p. 204.

(4) Gratien, moine de Saint-Félix de Bologne, fit paraître son Décret en l'année 1151. — Du Boulay, *Hist. Univ. Paris.*, t. II, p. 141 et 580. — Crévier, *Hist. de l'Univ. de Paris*, t. I, l. II, p. 242. — *Hist. Littér.*, t. VII, p. 15.

(5) Les Pandectes de Justinien furent découvertes à la prise d'Amalfi, dans le royaume de Naples, en 1133. — Du Boulay, *Hist. Univ. Paris.*, t. II, p. 177. — Crévier, *Hist. de l'Univ. de Paris*, t. I, l. II, p. 245. — *Hist. Littér.*, t. IX p. 60 et 217.

raient la licence, mais ne pouvaient s'inquiéter de la manière dont chacun usait du droit acquis. Le Recteur, revêtu d'une dignité récemment instituée (1), ne possédait guère qu'un titre honorifique, sans la puissance et les privilèges que le temps devait y attacher. Il fallait des audaces étranges, témoins Roscelin (2), Galon (3), Abélard (4), pour émouvoir les juges ecclésiastiques, disciples ou collègues des maîtres incriminés (5); ce n'était pas trop des témérités inouïes de Simon de Tournai (6) ou d'Amaury de Bêne (7), pour armer de foudres des mains amies, plus disposées à bénir qu'à frapper. Est-ce que leurs erreurs doctrinales avaient empêché Pierre Lombard d'arriver à la chaire épiscopale de Paris (8), et Gilbert de la Porrée d'occuper tranquillement le siège de Poitiers (9)?

Les écoliers, rassemblés à Paris des différentes parties du monde, avaient longtemps joui d'une liberté sans frein et sans limites. Indépendants les uns des autres, à peine formaient-ils quelques groupes déterminés par l'identité d'origine ou par la conformité des études (10). Toutefois, cette licence absolue ne devait point tarder à se restreindre devant les prescriptions de la loi appuyée par la force des armes. Les écoliers commençaient à

(1) Du Boulay, *Hist. Univ. Paris.*, t. III, p. 30. — Crévier, *Hist. de l'Univ. de Paris*, t. I, l. II, p. 255. — Thurot, *De l'Org. de l'Enseign.*, p. 20.

(2) Du Boulay, *Id.*, t. I, p. 485. — Crévier, *Id.*, l. I, p. 94. — Thurot, *Id.*, p. 7. — Jean de Salisbury, *Metal.*, l. II, c. 17. « Licet hæc opinio cum Rocelino suo fere omnino jam evanuerit. »

(3) Du Boulay, *Id.*, t. II, p. 128. — Crévier, *Id.*, p. 176.

(4) Les erreurs d'Abélard furent dénoncées et condamnées au concile de Soissons, en 1122, et au concile de Sens, en 1140. Du Boulay, *Id.*, t. II, p. 162 et 180. — Crévier, *Id.*, p. 137 et 183. — De Rémusat, *Vie d'Abélard*, t. I, l. I, p. 77, 172, 196. — Vallon, *Saint Louis et son temps*, t. II, p. 215.

(5) Du Boulay, *Id.*, t. II, p. 85 et 730. — Crévier, *Id.*, p. 171 et 173. Le cardinal Guy de Castello, plus tard pape sous le nom de Célestin II, avait suivi les leçons d'Abélard, et « il le protégea, dit Crévier, autant que les torts de cet esprit inquiet et téméraire pouvaient le permettre. »

(6) Du Boulay, *Id.*, t. III, p. 8 et 710. — Crévier, *Id.*, l. II, p. 309.

(7) Du Boulay, *Id.*, p. 24 et 674. — Crévier, *Id.*, p. 309.

(8) Du Boulay, *Id.*, t. II, p. 404. — Crévier, *Id.*, p. 206.

(9) Du Boulay. *Id.*, t. II, p. 232 et 271. — Crévier, *Id.*, p. 201. — Jean de Salisbury, *Metal.*, l. I, c. 5. « Magister Gilbertus cancellarius Carnotensis, postmodum venerabilis episcopus Pictaviensis. »

(10) Thurot, *De l'Org. de l'Enseign.*, p. 14.

se réunir par *Nations* (1), mais la discipline qui les maintenait dans l'ordre et qui les assujetissait au travail n'existait encore qu'à l'état rudimentaire. « Elle paraissait plutôt fondée sur des usages déjà anciens que sur un grand nombre de lois écrites (2). » Il était difficile d'attacher ces jeunes gens à la chaire d'un professeur (3). La voix publique, célébrant les louanges de tel ou tel maître, risquait fort d'amener les écoliers, Français et Allemands, Normands et Anglais, confondus ensemble, aux leçons que la renommée avait mises à la mode. Le vent de cette popularité malsaine, qui avait jadis entraîné la perte d'Abélard, ne soufflait-il pas en ce moment sur Simon de Tournai, pour le porter aux mêmes abîmes (4)? Les passions aidant, la fougue de cette jeunesse éclatait au plus léger prétexte, et alors théologiens et artistes, canonistes et médecins, signalaient leur turbulence et leurs emportements par les excès les plus déplorables. « Le concours infini d'auditeurs, dit Crévier, et le trop grand nombre de maîtres, attesté par les écrivains du temps, étaient des occasions de confusion et de désordre. Et c'est ce qui obligea l'école à se former en compagnie, afin que cette vive et nombreuse jeunesse pût être gouvernée par une discipline commune, et que les maîtres se soutinssent mutuellement, et gardassent la paix entre eux, en s'astreignant à des devoirs respectifs les uns à l'égard des autres (5). »

Robert de Courçon venait de tenter un effort énergique afin de discipliner les écoliers et de régenter les maîtres. Les statuts qui portent son nom formaient à peu près tout le code universitaire au commencement du treizième siècle (6). Robert avait rempli les

---

(1) Du Boulay, *Id.*, t. II, p. 491. — Crévier, *Id.*, p. 254. — Thurot, *Id.* p. 19. Ces nations portaient les noms de France, de Normandie, de Picardie et d'Angleterre. Plus tard la nation anglaise s'appela aussi nation allemande.

(2) Crévier, *Id.*, p. 255. — Vallon, *Saint Louis et son temps*, t. II, p. 201.

(3) Thurot, *Id.*, p. 4 et 7.

(4) Matthieu Paris, *Historia Anglorum Major*, ad ann. 1201. « Ipsis quoque diebus quidam magister Parisiensis nomine Simon... tot habuit auditores quot amplissimum palatium potuit continere... Omnes theologi Scholares in civitate... ad ipsius famosam scholam certatim ac catervatim confluxerunt. »

(5) Crévier, *Hist. de l'Univ. de Paris*, t. I, l. I, p. 253.

(6) Du Boulay, *Hist. Univ. Paris.*, t. III, p. 81. — Crévier, *Id.*, l. II, p. 296.

hautes et délicates fonctions de chancelier de Notre-Dame; il connaissait les écoles de Paris (1). Quand il reparut au milieu de la jeunesse indocile qui les fréquentait, revêtu des insignes du cardinalat et de l'autorité de Légat du Saint-Siège, l'ancien maître usa de son pouvoir et de son expérience pour apporter remède à la fâcheuse situation de l'Université. L'enseignement se constitua d'une façon régulière, surtout en ce qui concernait les arts, les lettres et la théologie. Les écoliers furent soumis à des mesures disciplinaires destinées à corriger leur humeur vagabonde, à réprimer le libertinage, à garantir l'ordre et à protéger le travail.

Robert de Courçon ne s'occupa point seulement d'établir les bonnes mœurs et la décence dans les écoles de Paris, de stimuler l'ardeur et d'accroître les progrès intellectuels des étudiants, il voulut prendre souci de la situation matérielle de ces jeunes gens, français et étrangers, que le désir d'apprendre entassait sur la rive gauche de la Seine, dans l'étroit espace circonscrit par le mur de Philippe-Auguste (2). Tous n'étaient pas riches, loin de là, et pour beaucoup l'ennui de pourvoir à la maigre pitance de chaque jour, absorbait les ressources d'une imagination sans cesse inquiète du lendemain, les efforts d'une industrie continuellement aux prises avec les nécessités de la vie.

Jean d'Autville, un poète contemporain, nous a laissé dans son *Architrenius*, ou *la Grande Lamentation*, chant douloureux, humide de larmes et coupé de sanglots, la triste mais frappante *pourtraicture* de l'écolier pauvre. Le voilà tel qu'il se montrait trop

---

(1) Robert de Courçon était né en Angleterre : il vint à Paris achever les études qu'il avait commencées à Oxford. — Du Boulay, *Id.*, p. 81 et 708. — Crévier, *Id.*, p. 303. — Fleury, *Hist. Ecclés.*, t. XVI, l. 77, 6.

(2) Du Breul, *Antiquités de Paris*, l. II, p. 254. « Ladicte closture est celle que l'on void auiourd'huy qui commence à la Tournelle, où est maintenant la porte Saint-Bernard, et poursuit par la porte Saint-Victor, la porte Bordelle ou Saint-Marcel, la porte Saint-Jacques, la porte Gibard, depuis dicte porte d'Enfer, et maintenant porte Saint-Michel, la porte Saint-Germain, la porte de Bussy et la porte de Nesle. Et en cette enceincte de murs l'Université depuis fut totalement comprise, où estaient les Escholliers et estudiants comme en leur donjon et forteresse. » — *Paris sous Philippe le Bel*, p. 349. — Sauval, *Antiquités de Paris*, t. I, p. 28.

souvent, hélas! aux alentours du Pré-aux-Clercs, « le ventre vide, se tordant sous les étreintes d'une longue faim. Il a perdu la grâce et la beauté : les couleurs ont abandonné son visage amaigri; la neige de son teint s'est obscurcie, ses yeux éteints n'ont plus de flamme; les lys de ses joues, les roses de ses lèvres, la blancheur de ses épaules, tout a disparu pour faire place à une enveloppe terreuse et livide. Une seule pensée hante son cerveau; aviser un moyen d'assouvir cette faim, compagne décharnée de la pauvreté qui s'est assise à son foyer glacé (1). » Car la misère s'est fixée aux côtés de l'écolier pour ne plus le quitter; elle se trahit dans son air, dans sa nourriture, dans son vêtement; rien qu'à le voir on peut dire de lui, comme plus tard La Bruyère de Phédon : « Il est pauvre (2). »

> Sur son front se hérisse une ample chevelure,
> Dont le peigne a longtemps négligé la culture :
> Jamais un doigt coquet, une attentive main
> Aux cheveux égarés ne montrent le chemin.
> Un soin plus important aiguillonne leur maître,
> Il faut chasser la faim toujours prompte à renaître.
> Le temps à son manteau suspend, d'un doigt railleur,
> La frange qu'oublia l'aiguille du tailleur (3).

(1) Jean d'Autville, *Architrenius*, c. I. Il ne nous paraît pas indifférent de prendre connaissance de la langue poétique parlée en ce temps-là.

> .... Vacui furit aspera ventris
> Incola longa fames, formæ populatur honorem,
> Exhauritque genas macies pallore, remittit
> Quam dederat natura nivem, ferrugine texit
> Liventes oculos, facula splendoris adusta
> Extinxit faciem, marcent excussa genarum
> Lilia, laborumque rosæ, collique pruina
> Dejicitur livore luti.

(2) La Bruyère, *Caractères*, ch. VI. Des biens de la fortune.
(3) Jean d'Autville, *Archit.*, Id.

> .... Neglecto pectinis usu
> Cæsaries surgit, digito non tersa colenti.
> Non coluisse comam studio delectat arantis
> Pectinis, errantique viam monstrasse capillo.
> .... Major depellere pugna
> Sollicitudo famem : longo defringitur ævo
> Qua latitat vestis : ætatis fimbria longæ
> Est, non artificis.

La cuisine de l'écolier ne vaut pas mieux que sa toilette (1) :

> Près du tison murmure un petit pot de terre,
> Où nagent des pois secs, un oignon solitaire,
> Des fèves, un poireau, maigre espoir du dîner.
> Ici cuire les mets, c'est les assaisonner ;
> Et quand l'esprit s'enivre aux sources d'Hippocrène,
> La bouche ne connaît que les eaux de la Seine (2).

Le poète n'a rien oublié, pas même la silhouette ratatinée de la vieille femme en haillons, qui préside à la préparation sommaire de ces légumes indigestes et « féconds en migraines. »

Après que l'écolier a *diminué* sa faim, il va maigrir sur un lit des plus durs, qui n'est guère plus élevé que le sol. C'est là que gît souvent sans sommeil, l'infatigable athlète de la logique, l'héritier d'Aristote. La lueur avare d'une lampe lui dessèche les yeux, tandis que,

> L'oreille sur sa main, le coude sur son livre.
> A ses morts immortels tout entier il se livre.
> Si quelque nœud tenace arrête son esprit,
> Il fatigue du pied l'entrave qui le prit :
> D'un feu sombre et brûlant son œil creux s'illumine,
> Son menton incliné pèse sur sa poitrine (3).

On retrouve, ajoute M. Demogeot, dans les vers originaux de Jean d'Autville, quelque chose de cet enthousiasme fiévreux, de cette patiente fureur dont il avait sans doute sous les yeux plus d'un exemple. Maint écolier vieillissait, non pas sur les bancs, mais sur la paille de l'école.

---

(1) Demogeot, *Hist. de la Littérature française*, p. 165.
(2) Jean d'Autville, *Archit.*, *Id.*

> ...... Admoto immurmurat igni
> Urceolus, quo pisa natant, quo cœpe vagatur,
> Quo faba, quo porrus capiti tormenta minantur.
> Hic coxisse dapes est condidisse... ..
> Quæ Thetyn ore bibit, animo bibit ebria Phœbum.

(3) Jean d'Autville, *Archit.*, *Id.*

> Et libro et cubito, dextræque innixus et auri,
> Quid nova, quid veterum peperit cautela revolvit.
> ..... Si quid nodosius obstat,
> Ingeniumque tenet, pugnat conamine toto
> Pectoris exertus, pronisque ignescit ocellis,
> Immergitque caput gremio.

La situation lamentable où languissait si souvent et si longtemps l'écolier de Paris (1), ne venait pas toujours d'une condition peu ou point favorisée des dons de la fortune; parfois le dénûment n'était que le fruit amer de ses désordres, du jeu (2) ou de la débauche (3), quand il avait follement dissipé le pécule qui devait le faire vivre l'année entière (4), ou même tout le temps de ses études. « Un écolier, raconte Étienne de Bourbon (5), s'était acoquiné à la beauté facile d'une fille de joie, avec laquelle il dépensa tout ce qui lui avait été envoyé de son pays. Il ne sauva du naufrage qu'une cappe neuve (6),

---

(1) Cent ans plus tard, Villon étudiait au milieu de la même misère, et peut-être y fait-il allusion dans la Ballade,

>Povres housseurs ont assez peines,

peines qui lui ont donné tous ses vices : misère si profonde que le poète ne put léguer à la terre qu'un corps où

>Les vers ne trouveront grand'graisse,
>Tant la faim lui fit rude guerre !

(2) Combien d'écoliers pouvaient redire avec Rutebeuf, leur contemporain, se dépitant contre cette malheureuse passion qui lui enlève souvent sa bourse et sa robe :

>Li dé m'ocient,
>Li dé m'aguètent et espient :
>Li dé m'assaillent et défient.

(3) Comme Villon, disciples peu assidus « d'Aristote et de ses comments, » il leur arrivait « de fuir l'école, comme fait le mauvais enfant, » et de suivre une troupe de gens de joyeuse vie,

>Si bien chantants, si bien parlants,
>Si plaisants en faits et en dits,

pour s'installer avec eux,

>Dans la taverne où tenaient leurs états.

(4) Eloy d'Amerval, dans son *Livre de la Déablerie*, s'adressait sans doute à ces écoliers et autres gens de la sorte, quand il disait :

>Mais ilz sont des enfans prodigues,
>Grans despensiers, gasteurs de biens,
>Goulafrent tout, n'espargnent riens.

(5) Etienne de Bourbon, *Anecdotes historiques*, p. 406. « Cum quidam clericus scolaris tenuisset concubinam in scolis, in qua totam substanciam sibi missam de terra sua cum consumpsisset, cappa quadam bona retenta. »

(6) C'était une partie essentielle de l'habillement porté dans l'Université, car

afin de pouvoir, au retour, se présenter à sa famille sous un aspect convenable. Arriva le moment de rentrer à la maison paternelle : la donzelle avec une de ses pareilles, conduisit l'étudiant sur le chemin, et la séparation fut arrosée d'un torrent de larmes. Mais à peine l'écolier disparu, la fille se mit à rire et à plaisanter avec sa compagne. — Comment, s'écria celle-ci, à l'instant même, à son départ, tu pleurais si fort, et te voilà qui ris de si bon cœur? — Je ne pleurais pas de le voir partir, ne vas pas croire, mais de ce qu'il emporte une belle cappe dont nous n'avons pas fait chère lie. »

Quelle que fût l'origine où la cause de cette pauvreté, il fallait subsister et ramasser la mince redevance exigée par les professeurs. La vie de bohème ne date pas d'hier, et si le nom n'existait pas encore, la chose, au treizième siècle, n'était pas inconnue au faubourg Saint-Marcel, au clos Bruneau ou à la rue du Fouarre. Dès le matin, l'écolier pauvre se mettait en quête de services à rendre, de courses à faire, d'aventure à chercher : c'étaient, chaque jour, quelques heures à dérober aux études afin de s'assurer le pain quotidien. Les uns ne rougissaient pas de mendier, les autres se livraient à un travail de manœuvre ou d'artisan : celui-ci s'employait dans la maison d'un bourgeois, celui-là s'attachait à un maître, pour l'aider dans ses recherches, à un prêtre, pour l'assister dans son ministère.

L'anecdote suivante, empruntée à Étienne de Bourbon, montre que même en ces circonstances délicates et difficiles, l'étudiant apparaissait encore doublé du gamin de Paris. « Un écolier pauvre venait dans une paroisse prêter secours à un prêtre pour la célébration de l'office divin (1). On commençait par réciter les

---

on lit dans le Statut de Robert de Courçon : « Que nul maître lisant ès arts n'ait une chappe qui ne soit ronde, noire, et tombant jusque sur les talons, du moins lorsqu'elle est neuve. » Marot ne se plaignait-il pas de son valet qui lui avait dérobé la sienne?

> Bref, le villain ne s'en voulut aller
> Pour si petit, mais encore il me happe
> Saye et bonnet, chausses, pourpoint et cappe.

(1) Etienne de Bourbon, *Anecdotes historiques*, p. 185. « Audivi quod cum

Heures; le prêtre bredouillait si bien, que l'écolier ne pouvait saisir que le son, et nullement le sens des versets. Alors celui-ci se mit à imiter les *crieries* de Paris, comme il les entendait faire à chacun suivant son métier ou sa profession, marchands de vieux habits, marchands de vieux souliers, marchands d'oublies (1). Le prêtre croyait que l'écolier prononçait bien tout ce qu'il avait à dire, parce qu'ils ne se comprenaient ni l'un ni l'autre, n'apportant attention qu'au son de la voix. »

Tandis que les écoliers pauvres faisaient, selon le proverbe, bois de toute flèche, afin de surmonter les rigueurs de la fortune, l'étudiant que l'aveugle déesse avait moins durement traité, devait veiller avec soin à se tenir en garde contre les usuriers (2), les marchands (3), les serviteurs mêmes, quand il en avait, car tous semblaient s'être donné le mot pour le voler à qui mieux mieux (4). Ses livres, aussi bien que sa bourse, devenaient une proie dont la valeur excitait des convoitises coupables. D'adroits filous se glissaient dans les maisons où plusieurs écoliers habitaient ensemble, et profitant de l'absence du locataire pour explorer chaque chambre, ils ne disparaissaient qu'après avoir allégé la bibliothèque des ouvrages les plus précieux. Voir son argent volé, passe encore, mais ses livres ! C'était le présent pour l'écolier, car ils aidaient à ses études : n'était-ce pas encore l'avenir, puisque, à travers les feuillets manuscrits, il espérait trouver la science, et combler ses rêves de richesse et de gloire ? On usait donc de tous les moyens, on recourait même aux sortilèges, à la magie, aux évocations afin de découvrir les auteurs du criminel larcin. Un souvenir de jeunesse, rappelé par Etienne de Bourbon, présente une curieuse peinture des mœurs de l'Uni-

---

quidam pauper scolaris veniret de Parisius et juvaret in quadam parrochia quemdam sacerdotem. »

(1) « Tum incepit ipse clamare, conformans illud quod audierat clamari Parisius a quodam artifice clamante artificium suum, ut faciunt reparatores vestium veterum ac querentes veteres sotulares aut oblearii. »

(2) Etienne de Bourbon, *Anecdotes historiques*, p. 361.

(3) *Id.*, p. 376. « Furtum quod sæpe faciunt mercatores multis modis. »

(4) *Id.*, p. 372. « Ut accidit de servientibus clericorum, qui fere sunt omnes fures Parisius. »

versité. « J'étudiais à Paris, dit-il (1), lorsque la veille de Noël, pendant que nous étions à Vêpres, un voleur fameux pénétra dans notre hôtel, et ayant ouvert la chambre de l'un de nos compagnons, il emporta plusieurs livres de droit. Après la fête, quand notre ami voulut se remettre à l'étude, il ne trouva plus ses livres. Aussitôt il courut chez un sorcier : il en consulta plusieurs qui le trompèrent. Enfin, un magicien évoqua le démon, et prenant un miroir, le présenta à l'étudiant qui vit dans cette glace différents objets, et, entre autres figures, reconnut un de nos condisciples, son parent, qui lui dérobait ses livres. Nous le regardions comme le plus honnête de notre société. Celui à qui appartenaient les livres volés, l'accusa de ce larcin auprès de ses amis et de tous les autres écoliers. Sur ces entrefaites, le véritable voleur avait continué ses exercices, et s'était laissé prendre dans une de ses opérations. Il s'était réfugié dans une église et caché dans le clocher. Il fut pris et interrogé : il nomma les personnes qu'il avait volées, désigna les objets qu'il avait enlevés et déclara ce qu'il en avait fait. Nos condisciples retrouvèrent ainsi une valise qu'ils avaient perdue. Celui qui avait également perdu ses livres, se laissa persuader et se rendit près du voleur pour le questionner sur ce sujet. Bien lui en prit : le coupable indiqua de suite le jour où il avait emporté les livres, et la maison d'un juif chez qui il les avait mis en gage. C'était vrai, car l'écolier y trouva ses livres. »

Il n'était pas impossible de se défendre des juifs et autres voleurs, et de les écarter de son logis : mais ce logis, pour entrer en sa possession, l'écolier devait lutter contre des prétentions exorbitantes. Que d'assauts il lui fallait livrer au propriétaire dont la main rapace menaçait encore d'écorner, voire même d'épuiser son budget ! « Les écoliers n'avaient de ressources pour se loger que les maisons des bourgeois : et il ne pouvait pas manquer de survenir des contestations sur le prix. Les proprié-

---

(1) Etienne de Bourbon, *Anecdoctes historiques*, p. 317. « Cum studerem Parisius, in vigilia Natalis, cum socii nostri essent in Vesperis, quidam latro famosissimus intravit hospitium nostrum. »

taires voulaient louer cher, et les écoliers être logés à bon marché (1). » A Paris, comme à Bologne (2), les écoliers habitaient ainsi, plusieurs ensemble, dans les maisons bourgeoises, auxquelles ils donnaient alors le nom d'hôtel (3).

Harpagon n'était pas encore né sous le pinceau de Molière, mais Plaute avait esquissé la figure de Chrémès ; et les bourgeois de Paris prenaient volontiers, à l'égard des nourrissons des Muses, les allures du vieil avare de la comédie latine. Ce n'était pas assez de se préoccuper de vivre, il fallait s'ingénier pour s'assurer le couvert, et sur ce point, à l'endroit des étudiants, les propriétaires se montraient farouches, sinon intraitables.

Robert de Courçon, d'accord avec le chancelier de Notre-Dame, régla la question des loyers en ce qu'elle intéressait les écoliers, et le prix fut taxé d'autorité (4). « C'est un des articles nommés expressément dans le Statut, parmi ceux sur lesquels l'Université est en droit de prendre des délibérations (5). » Le cardinal-légat se rendait bien compte de la situation des écoliers à Paris ; il n'ignorait pas les difficultés qu'ils avaient à vaincre : il connaissait les dangers qui les menaçaient. Sa paternelle sollicitude était acquise au monde des écoles ; il mettait tout en œuvre, afin d'y sauvegarder les mœurs et de diminuer les occasions de troubles et de désordres (6).

---

(1) Crévier, *Hist. de l'Univ. de Paris*, t. I, l. II, p. 358.
(2) Echard, *Script. Ord. Prædic.*, t. I, p. 53. Actes de Bologne. Déposition du F. Etienne. « Cum studeret Bononiæ ipse testis... et vellet cœnare in hospitio suo cum sociis suis. »
(3) Etienne de Bourbon, *Anecdotes historiques*, p. 317. « Quidam latro famosissimus intravit hospicium nostrum, et, aperta camera cujusdam socii nostri. »
(4) Du Boulay, *Hist. Univ. Paris.*, t. III, p. 82. « Item facere possunt Magistr et Scholares tam per se, quam cum aliis, obligationes et Constitutiones fide vel pœna vel juramento vallatas... pro taxandis pretiis Hospitiorum. »
(5) Crévier, *Hist. de l'Univ. de Paris*, t. I, l. II, p. 359.
(6) Du Boulay, *Hist. Univ. Paris.*, t. III, p. 81. Le *Statut* de Robert de Courçon commence ainsi :

« Robertus, servus Christi, divina miseratione tituli S. Stephani in Cœlio monte presbyter cardinalis, Apostolicæ Sedis legatus, Universis Magistris et Scholaribus Parisiensibus salutem in Domino sempiternam.

« Noverint universi, quod cum D. Papæ speciale habuissemus mandatum, ut statum Parisiensium Scholarium in melius reformando impenderemus operam

Ce n'était pas chose facile, si nous nous arrêtons à la peinture des étudiants, tels que Jacques de Vitry les avait connus, si nous nous reportons à la description du quartier latin, tel qu'il l'avait lui-même habité. « Paris, dit l'ancien écolier, devenu cardinal et légat du Saint-Siège (1), Paris, c'est la source d'eau vive qui arrose toute la surface de la terre; c'est la fontaine qui fertilise le monde, et lui fait produire un pain délicieux, des fruits pleins de saveur. Paris, c'est une nourrice dont le sein fécond offre à l'Eglise de Dieu, un lait plus doux que le miel, que le plus doux rayon de miel. Mais en même temps, surtout dans le monde des écoliers, Paris, c'est une brebis galeuse, dont l'incomparable corruption gagne tous ceux qui l'approchent; c'est une terre qui dévore ses habitants; c'est un abîme dans lequel se trouvent bientôt engloutis les hôtes innombrables qui s'y pressent de toutes parts. Là, on n'estime pas que la simple fornication soit une faute. Là, des prostituées, répandues partout, dans les rues et sur les places, s'attaquent publiquement aux écoliers qu'elles rencontrent, et les entraînent comme par force dans leurs impurs réduits. Quelqu'un repousse-t-il absolument leurs propositions? Elle se mettent aussitôt à sa poursuite, l'accusant avec grand tumulte, de crimes mille fois plus infâmes que ceux qu'elles voulaient lui faire commettre. Dans la même maison, vous voyez en haut, des écoles, en bas, des lieux de débauches; en haut, des maîtres enseignent, en bas, des courtisanes exercent leur honteuse industrie; vous entendez en même temps et les cris de ces femmes qui se querellent et les clameurs des écoliers qui discutent. Qu'un étudiant soit prodigue et déréglé : tous les autres célèbrent aussitôt la noblesse de son caractère et sa libéralité; qu'un autre veuille, selon la parole de l'Apôtre, mener une vie sobre, réglée et chrétienne : tous ces débauchés, tous ces efféminés le traitent aussitôt d'avare, de bigot, de misérable hypocrite. Le plus grand

---

efficacem, Nos de bonorum virorum consilio, Scholarum tranquillitati volentes in posterum providere, ordinavimus et statuimus in hunc modum... »

(1) Jacques de Vitry, *Historia Occidentalis*, c. vii. — Du Boulay, *Hist. Univ. Paris.*, t. II, p. 687.

nombre de ces écoliers sont des étrangers, qui viennent à Paris, dans le seul but d'y apprendre quelque chose de nouveau. Les uns étudient pour acquérir de la science, et c'est curiosité; les autres pour se parer de leur savoir, et c'est vanité; d'autres encore pour faire fortune, et c'est cupidité ou simonie; quelques-uns seulement dans le dessein de s'édifier eux-mêmes, et afin de pouvoir travailler au bien et à l'édification des autres (1). »

Ces derniers demandaient aux pratiques d'une bonne et solide piété la force de se soustraire à la contagion du mauvais exemple. On les voyait, le jour, au sortir de l'école, fréquenter les églises, et la nuit, interrompre leur sommeil pour courir à la récitation des Matines. Jourdain de Saxe arrivait à Notre-Dame, avant que le bedeau n'eût ouvert les portes de la basilique (2); Henri de Cologne ne tardait pas à y rejoindre son ami (3). D'autres les imitaient. « Je rapporte ce que j'ai vu de mes yeux, dit Etienne de Bourbon (4), lorsque, jeune écolier, j'étudiais à Paris. C'était un samedi : j'allais à Notre-Dame assister à Vêpres. » — « J'étais écolier à Paris, écrit-il ailleurs (5), et la veille de Noël je me trouvais à Vêpres avec les étudiants qui logeaient dans mon

(1) Les temps passent, les générations se succèdent, les latitudes diffèrent, l'écolier reste toujours le même. Au seizième siècle, en Angleterre, Bacon disait-il autre chose des étudiants de son pays et de son époque, quand il écrivait : « Nous voulons que tous ceux qui liront ceci soient avertis de songer aux véritables fins de la science, qu'ils n'en fassent point un instrument de caprices, une matière à disputes, un sujet de mépriser les autres, un moyen de se procurer du bien, de la puissance ou de la gloire. Puissent-ils l'employer à des fonctions plus nobles, à bien mériter des hommes, à soulager les maux de la vie! Puisse la charité être la règle de la consommation de leurs travaux! Car l'amour de la puissance a fait tomber les anges, l'appétit de la science a fait tomber les hommes; mais la charité ne connaît point d'excès, et jamais ni ange ni homme ne courut par elle danger de périr. » Bacon, *De Dignitate et augmentis scientiarum*, Prefatio.

(2) Voir ci-dessus, II, p. 10.

(3) Echard, *Scrip. Ord. Prædic.*, p. 93. « Cum ad Matutinas ecclesiæ B. Virginis perrexisset, perduravit ibidem usque ad diluculum, orans et deprecans Matrem Domini. » — Voir ci-dessus, III, p. 31.

(4) Etienne de Bourbon, *Anecdotes historiques*, p. 363. « Cum essem juvenis studens Parisius et venissem ad ecclesiam Beatæ Virginis die sabbati, ad Vesperas audiendas. »

(5) *Id.*, p. 317. « Cum studerem Parisius, in vigilia Natalis, cum socii nostri essent in Vesperis. »

hôtel. » Humbert de Romans, maître ès arts, quittait l'école où il enseignait, et partageait ses visites entre Notre-Dame et Saint-Pierre-aux-Bœufs, sa paroisse (1).

Ainsi se retrouvaient, agenouillés au pied des saints autels, les maîtres et les écoliers unis et confondus dans l'expression publique d'une foi sincère. Le respect humain n'arrêtait pas ces vrais chrétiens (2). Les meilleurs d'entre eux, et nous les avons nommés, entrèrent au Couvent de Saint-Jacques, pour mettre en commun les trésors de science et de piété qui remplissaient leur âme, et pour les dépenser avec plus de largesse au service de leurs frères.

Ce n'était là, malheureusement, qu'un petit groupe d'élus parmi les quarante mille étudiants rassemblés à Paris. Le plus grand nombre, et Jacques de Vitry ne les a certes pas flattés, sacrifiaient à d'autres dieux. Le courant les précipitait ailleurs, plus au crime et à l'orgie (3) qu'à l'office divin, moins à l'église du Christ qu'aux temples consacrés au plaisir.

Les écoliers portaient partout, avec les habitudes de licence, un esprit pétillant, prompt à la raillerie, un caractère indépendant, porté à la violence. A l'école, à l'église même, ils ne parvenaient pas à se dépouiller de leurs manières goguenardes ou frondeuses. Le pouvoir, quel qu'il fût, l'autorité, quelles que fussent ses armes, ne pouvaient avoir raison des emportements de cette jeunesse débarrassée de tout frein. Les grands du royaume, les hommes d'État n'étaient pas à l'abri de ses lazzis, de ses chansons, et les évêques de Paris eux-mêmes n'échappaient point à ses récriminations séditieuses. Si la nouvelle d'une grande victoire, si le récit d'une heureuse campagne, si la visite d'un prince étranger livrait Paris à la joie, les écoliers prenaient une part

---

(1). Echard, *Id.*, p. 141. « Die quodam festo, post auditas in ecclesia S. Petri de Bobus vespertinas horas. » — Voir ci-dessus, VIII, p. 250.

(2) On pouvait admirer les mêmes exemples de piété dans les écoles de Bologne. « In festo B. Stephani cum Scholares Magistrum Monetam ad sermonem attraherent..., dixit eis : Eamus prius ad S. Proculum, ut audiamus missam. » Echard, *Id.*, p. 123.

(3) *Gallia Christiana*, t. VII, p. 92. « Qui Scholastici noctu latrocinia, cædes, aliaque agitia impune perpetrare audebant. »

bruyante à l'allégresse publique. Lorsque Philippe-Auguste fit à Jean sans Terre les honneurs de la Capitale, tous, sans distinction de pays, s'empressèrent à grossir la foule qui aidait au roi de France à fêter la présence du roi d'Angleterre (1). Ils avaient naguères vaillamment applaudi en voyant la Normandie, l'Anjou, la Touraine et le Poitou retrouver place dans le cercle si souvent brisé de l'unité française (2). Après la bataille de Bouvines, pendant que la ville entière retentissait du son des cloches, des accords de la musique, des cris d'enthousiasme, pendant que les habitants endimanchés accouraient sur le passage du comte de Flandre, vaincu et chargé de chaînes, la jeunesse des écoles jetait au cortège qui accompagnait le prisonnier, ce refrain de circonstance :

> Deux ferrands bien ferrez
> Traînaient Ferrand bien enferré (3).

Et sept jours et sept nuits durant, elle célébra par des chants, des danses et des festins, le triomphe de son illustre protecteur (4), le roi de France Philippe-Auguste.

(1) Du Boulay, *Hist. Univ. Paris.*, t. III, p. 10. « Eodem anno 1201, Joannes Rex Parisius venit, et a rege cum ingenti honore et tripudio, clero simul et populo solemniter accurrente, exceptus est. »

(2) *Id.*, t. III, p. 24. « Hoc anno 1203 Normania pene tota rediit sub jugum Francorum... Dici non potest quantæ fuerint totius regni Francici, præsertim vero civium et Scholarium Parisiensium acclamationes, quanti plausus ob receptam Normaniam, Andegaviam, Turoniam et Pictaviam. »

(3) *Monumenta Germaniæ*, t. XXIII. *Chronica Albrici Monachi Trium-Fontium*, ad ann. 1214, p. 902. « Accidit quod equi lecticam Fernandi trahentes, essent coloris ferrandini, et Fernandus ab omni populo vocatur Ferrandus, unde dicebatur a singulis : « Modo bene ferratus est Ferrandus et bene vinculatus. » Scholares vero Parisius choros, cantus et tripudia atque convivia per septem dies agere non cessabant. » — Du Boulay, *Hist. Univ. Paris.*, t. III, p. 75.

(4) Guillaume le Breton, dans sa *Philippide*, l. XII, n'a pas oublié de célébrer l'enthousiasme des écoliers; il lui donne pour raison l'affection que Philippe-Auguste avait su mériter de la part de l'Université :

> Præcipue quos Palladii dulcedo laboris
> Allicit alma sequi vitæ documenta beatæ,
> Plenius et multo se splendidiore paratu
> Accingunt, palmæque ut festum Regalis honorent,
> Perque dies octo, totidem celebria noctes
> Gaudia continuant, et eo devotius instant
> Lætitiæ, quod Rex magis est dilectior illis.

L'entrée solennelle de Louis VIII dans sa capitale excitait chez les écoliers les mêmes transports d'allégresse. Paris prenait ses grands airs de fête pour acclamer son roi, revenant de Reims, où il avait été sacré. La joie débordait de tous les cœurs, on applaudissait à tout rompre. L'Université n'y fit pas défaut (1). Elle s'était mise en vacances, afin de laisser ses clercs libres de se mêler au peuple, et la reconnaissance qu'ils gardaient au père, se traduisait par les vœux de joyeux avènement qu'ils prodiguaient au fils.

Ondoyant et divers, le monde de l'Université subissait toutes les impressions : la politique excitait les esprits, le patriotisme enflammait les cœurs. Mais à défaut de motifs aussi nobles, aussi généreux, il suffisait d'une cause futile, d'un prétexte frivole, pour mettre en émoi le plus grand nombre des écoliers. Ils avaient chanté Ferrand, le comte de Flandre : ils riaient de leurs maîtres, ils se vengeaient par une plaisanterie d'un sophiste qui les avait joués (2) ; ils s'amusaient du ton, de l'habit d'un prédicateur. « Un jour d'hiver, raconte Humbert de Romans (3), un docteur de Paris montait en chaire, chaudement enveloppé dans les moelleux replis d'une magnifique fourrure. Son sermon ne touchait guère l'auditoire, quand d'un groupe d'écoliers partit cette apostrophe : « Silence ! l'habit que vous portez vous ôte le droit de parler. »

Cet âge a toujours été sans pitié. Si les écoliers ne respectaient ni leurs maîtres, ni les ministres de la religion, la pointe de leur malice s'émoussait encore moins à l'adresse des Parisiens et des Parisiennes, dont leur verve moqueuse ne ménageait pas les travers ou les vices. Le mur de la vie privée ne s'élevait pas assez haut pour arrêter leurs regards curieux ou pour étouffer leurs

---

(1) Du Boulay, *Hist. Univ. Paris.*, t. III, p. 110. « Ludovicus redit Lutetiam, ubi difficile dictu est quanta fuerit, quamque animis lætitia. Nec defuit Universitas tantis plausibus. Quique ipsa institum indicens tam solemnem reditum festive celebravi. »

(2) Etienne de Bourbon, *Anecdotes historiques*, p. 311.

(3) Humbert de Romans, *Expositio super Constit. Ordinis*, c. II. — Danzas, *Etudes sur les temps primitifs de l'Ordre*, t. I, p. 381.

observations indiscrètes. « Voici ce que j'ai entendu rappeler, dit Etienne de Bourbon (1), peut-être même en ai-je été témoin. Des écoliers demeuraient ensemble dans un hôtel voisin de la maison d'une dame élégante du nom d'Isabelle. Un jour, dans son jardin, ne se croyant vue de personne, il lui arriva de se débarrasser la tête d'une splendide chevelure d'emprunt : elle la suspendit à un arbre pour la teindre, la friser, l'arranger, afin de la remettre en place, de masquer ainsi son crâne presque dépourvu de cheveux, d'y ajuster le peu qui lui appartenaient, et, par ces artifices, de réparer des ans l'irréparable outrage. Les écoliers regardaient par une fenêtre : ils la virent occupée à sa toilette. Aussitôt ils appelèrent leurs amis, en grand nombre, pour rire du spectacle imprévu. « Dame Isabelle, se mirent-ils à crier, la queue n'est pas au veau (2) ! » Après quoi, lorsqu'ils la rencontraient se promenant dans les rues, ils lui répétaient : « Dame Isabelle, la queue n'est pas au veau ! » De ce mot on fit un proverbe et un trait contre la vanité des femmes ; quelqu'un avait dit : « Cette vache a perdu sa queue », un autre acheva : « Que ne la lia-t-on (3) ! »

Une humeur aussi turbulente ne pouvait manquer d'exciter entre les écoliers des discussions fréquentes, qui les armaient les uns contre les autres. Un maître soutenait-il une opinion contraire au sentiment d'un autre maître? Soudain l'on voyait les étudiants se partager entre les deux adversaires, s'échauffer, se passionner pour l'enseignement du professeur qu'ils préféraient, se ranger en bataille autour de lui, et défendre sa cause d'abord par des discussions tumultueuses, puis souvent à coups de pierre, de bâton, d'épée ou de poignard (4). Laissons encore

---

(1) Etienne de Bourbon, *Anecdotes historiques*, p. 239. « Audivi vel forsitan vidi quod, cum quidam Scholares morarentur juxta domum cujusdam mulieris ornatæ, quæ vocabatur Ysabel. »

(2) « O domina Ysabel! ista cauda non est de isto vitulo. »

(3) « Quidam ait : « Istud jumentum cauda caret. » Alius finivit sic : « *Or la lient un.* »

(4) L'évêque de Paris, Thiébaud, excommunia un maître nommé Pierre, à l'occasion d'excès commis par les écoliers. Crévier, *Hist. de l'Univ. de Paris*. t. I, l. I, p. 202.

à Jacques de Vitry le soin de nous peindre les discordes qui troublaient l'Université et ensanglantaient les rues de Paris : l'éminent historien retrace en même temps les causes qui perpétuaient parmi les écoliers ces scènes de violence. « Ce n'étaient pas, dit-il (1), des questions d'école seulement qui divisaient les étudiants : la diversité de nation et d'origine demeurait, parmi ces jeunes gens, la source la plus féconde, la plus intarissable de dissensions, de haines, d'injures et d'impudentes calomnies. Les Anglais s'entendaient traiter d'ivrognes et de poltrons; les Français, de fats, de voluptueux et d'efféminés. On reprochait aux Allemands leurs aveugles fureurs et leurs injures obscènes, aux Normands, leur vanité présomptueuse, aux Poitevins, leur perfidie et leur avarice. Les Bourguignons, on les appelait brutes et idiots; on accusait les Bretons de légèreté, d'inconstance, et à chacun on faisait un crime du meurtre d'Arthur. On disait les Lombards malicieux et lâches, les Romains, révolutionnaires, colères et rageurs, jusqu'à se ronger les mains dans leur dépit, les Siciliens, tyrans et cruels, les Brabançons, hommes de sang, de feu, de sac et de corde, les Flamands, prodigues, débauchés, gourmands, mous comme du beurre. Mais on ne s'en tenait pas toujours aux injures : souvent aux paroles succédaient les coups. »

C'était, on le voit, et Jacques de Vitry le montre bien, matière souverainement inflammable que la jeunesse des écoles de Paris, et de tant d'éléments divers les étincelles jaillissaient au moindre choc, pour s'allumer en véritables incendies. Qu'en advenait-il lorsque les querelles éclataient dans les tavernes et se vidaient dans les rues ou sur les places publiques (2)? La foule s'attroupait, les partis se renforçaient, les rixes personnelles se transformaient en guerres civiles, les émeutes allaient leur train; on échangeait force coups et force blessures : parfois il s'ensuivait mort d'homme, et le guet survenant se voyait rossé d'impor-

---

(1) Jacques de Vitry, *Historia Occid.*, c. VII. « De statu civitatis Parisiensis. » — Fleury, *Hist. Ecclés.*, t. XVI, l. 77, 60.

(2) Du Boulay, *Hist. Univ. Paris.*, t. III, p. 1. « Hujus nobilis Scholaris serviens cum in taberna vinum emeret, verberatus est, et vas suum vinarium confractum est. Quo audito, factus et concursus clericorum Teutonicorum. »

fance, obligé de recourir aux moyens les plus énergiques pour triompher de l'acharnement des jeunes révoltés.

L'Université ne datait que d'hier, et ses premières heures d'existence avaient été troublées par des cris séditieux; ses annales comptaient à peine quelques feuillets, et déjà, aux premières pages, l'œil attristé distinguait des taches de sang. Un maître en renom, Galon, avait tellement excité l'enthousiasme des étudiants, qu'ils se firent les avocats de sa cause dans ses différends avec l'évêque de Paris, Etienne de Senlis. « L'évêque irrité, dit Crévier, contre Galon et ses écoliers, mit toute la montagne en interdit (1). » Leurs violences obligèrent l'autorité ecclésiastique à entrer en accommodement avec l'audacieux professeur (2).

Sous le règne de Philippe-Auguste, en l'année 1200, la discorde soulevait les bourgeois contre les écoliers (3). Le prévôt de Paris, Thomas, à la tête d'une populace armée, engagea une véritable bataille avec les étudiants. Ceux-ci s'assemblèrent de toutes parts, afin d'organiser une sérieuse résistance : les étrangers s'unirent aux Français; les uns se précipitèrent eux-mêmes au secours de leurs condisciples, comme l'archidiacre de Liège, Henri, prétendant sérieux au siège épiscopal de cette ville (4); les autres se hâtèrent d'envoyer leurs gens à la rescousse, comme le comte Frédéric de Summerschenberg, chanoine de l'Église de Magdebourg (5). La mêlée devint sanglante, et parmi les morts on releva, du côté des étudiants, le jeune Henri de Liège. L'Université adressa ses plaintes au roi, et demanda prompte justice du prévôt et de ses complices. Phi-

---

(1) Crévier, *Hist. de l'Univ. de Paris*, t. I, l. I, p. 177.
(2) Du Boulay, *Hist. Univ. Paris.*, t. II, p. 131.
(3) *Id.*, t. III, p. 1. « Eodem anno 1200 orta est gravis dissensio inter Scholares et cives Parisienses. » — Crévier, *Hist. de l'Univ. de Paris*, t. I, l. II, p. 277. — Fleury, *Hist. Ecclés.*, t. XVI, l. 75, 26.
(4) *Id.* « Erat Parisius quidam nobilis Scholaris Teutonicus qui erat unus de Electis in episcopum de Legis. » — Crévier, *Id.*, l'appelle Henri et dit qu'il était archidiacre de Liège.
(5) *Monumenta Germaniæ*, t. XXIII, *Chronicon Montis Sereni*, p. 204. « Comes Fidericus de Summerschenberg, ecclesiæ Magdeburgensis canonicus, cum in Scholis esset Parisius, accidit ut, contentione inter burgenses et clericos orta, servientes ipsius ai auxilium clericorum ab eo missi, homicidium commiterent. »

lippe-Auguste craignit de voir les maîtres et les écoliers déserter la ville et porter ailleurs la gloire des études : en châtiant les coupables, « il accorda aux complaignants, satisfaction pour le passé (1), et sécurité pour l'avenir (2) ».

Le premier pasteur du diocèse de Paris, le premier magistrat de la ville, n'étaient pas sortis indemnes de leurs démêlés avec les étudiants. A son tour le Chancelier de Notre-Dame se vit, à différentes reprises, poursuivi par les manifestations hostiles des écoliers, revendiquant leurs libertés contre ses prétentions exorbitantes (3). « L'Université avait un puissant adversaire en la personne du Chancelier de l'Eglise de Paris, qui voulait réduire les maîtres et les écoliers sous sa dépendance (4). » Jean de Candel avait entrepris d'établir une rétribution pécuniaire pour obtenir la licence, malgré les décrets des Papes, les canons de l'Eglise et les statuts de l'Université : de plus, il obligeait les maîtres à lui jurer obéissance et soumission, et réclamait pour les écoles épiscopales, le monopole de l'enseignement de la théologie et du droit canon (5). Innocent III se déclara contre le chancelier, et une commission, nommée par le pape, fit prompte justice de ces mesures indiscrètes (6). L'acte de pacification, dressé par l'évêque et par le doyen de Troyes, ratifié par

---

(1) Du Boulay, *Hist. Univ. Paris.*, t. III, p. 1. « Ad quorum instantiam captus est præfatus Thomas præpositus, captique sunt complices sui quidam et incarcerati. »

(2) Crévier, *Hist. de l'Univ. de Paris*, t. I, l. II, p. 278. — Du Boulay, *Id.* « Rex dedit Scholaribus firmam pacem suam, et eam charta sua confirmavit :
« Philippus, Dei gratia Francorum Rex...
« De securitate Scholarium Parisiensium in posterum de consilio hominum Nostrorum hæc ordinavimus. »

(3) Du Boulay, *Id.*, p. 44. « Anno 1208 primas Scholarium Parisiensium obmurmurationes ortas esse scribit Hemeræus adversus M. Joannem de Candel, cancellarium. »

(4) Crévier, *Id.*, p. 285.

(5) Du Boulay, *Id.*, p. 59. « Tria exigebat contra consuetudinem et leges Academiæ, scilicet pecuniam pro concedenda docendi licentia, jusjurandum de obedientia sibi præstanda, et ne alibi quam in Scholis episcopalibus seu claustralibus Theologia præsertim et Jus Canonicum docerentur. »

(6) Crévier, *Id.*, p. 286. Le pape Innocent III donna à l'évêque et au doyen de Troyes, commission pour rédiger les clauses d'un accommodement qui sanctionnerait les usages reçus.

l'évêque de Paris, Pierre de Nemours, et par Jean de Candel lui-même, fut solennellement confirmé par Robert de Courçon (1).

Ce légat avait repris, dans son règlement, les différentes questions agitées par le chancelier Jean de Candel, et il les avait toutes décidées à l'avantage de l'Université. « Pour obtenir la licence, dit-il, du chancelier ou d'un autre, il n'y a ni argent à payer, ni serment de fidélité à prêter, ni aucun autre engagement à remplir (2). » Les maîtres et les écoliers sont autorisés à contracter des obligations entre eux et avec les autres, à faire librement des constitutions munies d'une peine ou de la religion du serment. Les cas où ils pourront user de ce droit sont indiqués : « Si un écolier a été tué ou blessé, ou s'il a été victime d'une injure atroce, et qu'il ne puisse se faire rendre justice; s'il s'agit de la taxe des hôtels où logent les écoliers, et encore de ce qui concerne l'habillement, la sépulture, les leçons et les thèses (3). » La seule restriction que le légat mette à l'exercice de ce pouvoir, c'est d'exclure « ce qui tendrait à dissoudre ou à détruire l'Université (4) ».

Les écoliers se trouvaient aussi dans la nécessité de défendre la possession du terrain désigné sous le nom de Pré-aux-Clercs, contre les droits que prétendaient avoir les religieux de l'abbaye de Saint-Germain. Robert de Courçon leur assura cette propriété : « Nous confirmons, dit-il, aux maîtres et aux écoliers la

---

(1) Du Boulay, *Id.*, p. 81. « Secundum formam quæ continetur in scripto D. Petri Parisiensis episcopi, ubi continetur pax confirmata inter Cancellarium et Scholares a Judicibus delegatis a D. Papa, scilicet ab Episcopo et Decano Trecensi, et a Petro episcopo et Joanne Cancellario Parisiensi approbata et confirmata. » — Fleury, *Hist Ecclés.*, t. XVI, 77, 39.

(2) *Id.*, p. 82. « Robertus, servus Christi...
« Nullus incipiat Licenciatus a Cancellario vel ab alio, data ei pecunia vel fide præstita, vel alia conventione habita. »

(3) « Item facere possunt Magistri et Scholares tam per se, quam cum aliis, obligationes et Constitutiones fide vel pœna vel juramento vallatas in his casibus, scilicet in interfectione vel mutilatione Scholaris, vel in atroci injuria illata Scholari, si defuerit justitia. Pro taxandis pretiis Hospitiorum, de Habitu, de Sepultura, de Lectionibus, de Disputationibus. »

(4) « Ita tamen quod propter hæc Studium non dissolvatur aut destruatur. » L'Université portait à cette époque le nom d'Etude de Paris.

possession du pré Saint-Germain dans l'état où il leur a été adjugé (1). »

Cependant le statut publié par le légat, sur un mandat spécial du Pape, n'empêcha pas le successeur de Jean de Candel, Raoul de Reims, de risquer, en 1218, une nouvelle tentative contre les droits acquis à l'Université (2). L'émotion fut grande dans les écoles. « D'une humeur altière et d'un caractère opiniâtre (3), » le nouveau chancelier usa de tous les moyens pour arriver à ses fins. « Comme les maîtres des arts libéraux s'étaient signalés par une résistance plus marquée, il les excommunia, eux et leurs écoliers, suspendit les maîtres de l'exercice de leurs fonctions, et fit même emprisonner quelques-uns des étudiants (4). » Les écoles se fermèrent et les leçons furent interrompues. Honorius III parut indigné de cette insolence : c'est l'expression dont le Pape se sert pour flétrir dans une bulle très sévère, les excès du chancelier, qu'il condamnait à venir à Rome, en personne, rendre compte de sa conduite (5).

(1) Du Boulay, *Id.* « Pratum S. Germani in eo statu in quo fuit eis adjudicatum, eis plane confirmamus. » Un pré immense, situé sur le territoire de l'abbaye de Saint-Germain-des-Prés, s'étendait sur la rive gauche de la Seine, depuis l'endroit où débouche aujourd'hui la rue des Saints-Pères, jusques au delà des Invalides. Dès l'an 1163, les écoliers avaient choisi le pré voisin de l'abbaye pour le théâtre de leurs amusements, et ils lui avaient en conséquence donné le nom de Pré-aux-Clercs qu'il a toujours porté depuis. Personne n'ignore les nombreux procès que la jouissance de ce vaste terrain a fait naître entre l'Université de Paris et l'abbaye Saint-Germain. *Paris sous Philippe-le-Bel*, p. 459.

(2) *Id.*, p. 94. — Crévier, *Id.*, p. 287. Le chancelier de Notre-Dame ne s'appelait pas à cette époque Philippe de Grève, comme le prétend Crévier, mais bien Raoul ou Etienne de Reims.

(3) *Id.* « Anno 1218. — Erat tunc Ecclesiæ et Universitatis Paris. Cancellarius M. Radulphus de Remis, vir imperiosus et duræ cervicis. » Du Boulay le nomme Raoul, tandis qu'il est appelé Etienne dans la *Chronique* du moine Albéric et dans le *Cartulaire de Notre Dame*, t. I, p. 394.

(4) Crévier, *Id.*, p. 289.

(5) *Id.*, p. 290. — Du Boulay, *Id.*, p. 94. Dans cette bulle qu'il adressait à l'évêque, au doyen et au chantre de Troyes, Honorius déclarait nulle la sentence d'excommunication portée contre les maîtres et les écoliers.

« Honorius episcopus, servus servorum Dei,

« Venerabili Fratri Episcopo et dilectis filiis Decano et cantori Trecensi salutem et apostolicam benedictionem.

« Si Doctorum et discipulorum Parisiensis Universitas... Cancellarius ipse... con-

Jean de Candel et Raoul de Reims, aux prises avec les écoliers de Paris, n'avaient pas été plus heureux que le prévôt Thomas, que l'évêque Etienne de Senlis.

A travers la longue suite de ces démêlés, le roi de France s'était constamment montré le protecteur de l'Université : il l'avait prouvé par des privilèges contenus dans sa fameuse charte édictée en faveur des maîtres et des écoliers (1). Les précautions singulières qu'il prit pour leur sûreté, en rendant tous les bourgeois responsables des mauvais traitements dont les étudiants seraient victimes (2), laissent deviner assez combien les conflits étaient fréquents dans les rues de Paris, et font soupçonner à quels dangers ils exposaient la tranquillité publique.

Malgré la vivacité des querelles ainsi suscitées par les écoliers et les maîtres, le Souverain Pontife ne leur témoignait pas moins de bienveillance. Dans ces luttes interminables, où malheureusement la modération ne s'alliait pas toujours au bon droit, l'Université rencontrait sans coup férir, auprès de la cour romaine, assistance et secours contre des attaques renouvelées avec la même opiniâtreté et repoussées avec un égal acharnement. Une des conséquences les plus redoutables de ces rixes entre clercs, dans

---

temptis statutis quæ super his facta fuerant per judices a Sede Apostolica delegatos, Magistros ab officio suo suspendere ac Scholares mancipare carceri non veretur...

« Unde præ confusione faciei et mentis angustia defecit in ipsis doctoribus spiritus ad legendum. Et quod valde dolentes audivimus, in omni facultate silet Parisius vox doctrinæ...

« Nolentes tantam Cancellarii ipsius ac præfatorum sociorum ejus insolentiam ulterius sub dissimulatione transire, per Apostolica vobis scripta mandamus... Ut ipse Cancellarius personaliter, complices vero ejus per procuratores, Apostolicæ Sedis conspectui se repræsentent, ut super prædictæ temeritatis excessu, si potuerint, se excusent, aut meritam sentiant ultionem, ipseque Cancellarius famam suam quæ apud Nos multipliciter est gravata, tueatur si poterit, aut iniquitatis suæ vinculis constringatur. »

(1) Du Boulay, *Id.* p. 131. « Illud privilegium quod a Philippo Augusto concessum fuerat ad securitatem Scholarium. »

(2) *Id.*, p. 2. « Philippus, Dei gratia Francorum Rex...

« Si contigerit quod aliquis Scholarem percusserit, nisi super se defendendo, si Scholaris maxime armis percutiatur, aut fuste vel lapide, omnes laici qui viderint bona fide, comprehendent illum malefactorem vel malefactores et tradent justitiæ Nostræ. » — Crévier, *Id.*, p. 279.

lesquelles on en venait trop aisément aux coups, entraînait l'excommunication des étudiants qui s'étaient abandonnés à ce genre d'arguments (1). L'absolution de cette sentence, réservée au pape, ne pouvait s'obtenir sans un long voyage, de grands frais et un préjudice grave porté aux études. L'Université fit valoir ces considérations auprès du Souverain Pontife. La requête fut exaucée : Innocent III et son légat le cardinal Galon, puis après eux, le pape Honorius III, multiplièrent les bulles et les statuts, pour adoucir les rigueurs de la loi qui frappait les écoliers coupables de violence. Galon présidait un synode à Paris, après la mort de l'évêque Eudes de Sully, et il commandait des monitions réitérées avant de procéder à l'excommunication des maîtres et des écoliers (2). Innocent III donnait pouvoir à l'abbé de Saint-Victor d'absoudre les écoliers excommuniés (3), et Honorius III, après la condamnation sommaire des maîtres ès arts par le chancelier Raoul de Reims, la déclara nulle, et défendit à qui que ce fût d'excommunier l'Université en corps, sans une commission expresse du Saint-Siège (4).

Depuis que les Frères Prêcheurs s'étaient établis au Couvent de Saint-Jacques, ils avaient été les témoins attristés des troubles suscités dans Paris, par l'humeur indocile des écoliers. Les faveurs du roi et les privilèges des papes (5) engendraient des

---

(1) Crévier, *Id.*, p. 333.

(2) Du Boulay, *Id.*, p. 63. « Gualo synodum habuit cleri Parisiensis et statuta synodalia condidit, occasione mortis Odonis... Ex statutis illis tria leguntur ad Academiam pertinentia, de excommunicationibus, et comminationibus excommunicationum. » — Crévier, *Id.*, p. 332. — Fleury, *Hist. Ecclés.*, t. XVI, 76, 38.

(3) *Id.*, p. 63. — « Anno 1211, mense Januario, Innocentius Universitati Parisiensi concesserat, ut Scholares qui ob rixas sæpe incidebant in censuras ecclesiasticas, absolvi possent ab abbate San-Victorino a vinculis excommunicationis ob percussionem Clericorum. ». — Fleury, *Id.*, 76, 60.

(4) *Id.*, p. 94.

« Honorius episcopus...

« Venerabili Fratri Episcopo...

« Per Apostolica vobis scripta mandamus, quatenus Magistros et Scholares ipsos... hujusmodi sententia non ligatos, ac inhibentes districte ne quis de cætero, sine speciali sedis Apostolicæ mandato tales audeat sententias promulgare. »

(5) *Id.*, p. 44. « Florente Academia pontificiis regalibusque privilegiis. »

abus. En l'année 1218, l'Official de Paris dut s'armer d'une nouvelle sévérité, et il publia une ordonnance qui défendait dans les rues, le jour et la nuit, le port d'armes aux clercs, aux écoliers et à leurs serviteurs (1). Cet édit confirme la vérité du tableau peu édifiant, tracé par Jacques de Vitry, des mœurs des étudiants, car l'official se fonde sur leurs excès : « Ils brisaient les serrures, enfonçaient les portes, enlevaient les femmes et les filles (2). » L'arrêt ne pouvait manquer d'exaspérer les mauvais écoliers qu'il atteignait, et de les jeter, comme ils avaient accoutumé, dans la révolte, dans l'émeute.

Sur ces entrefaites, on apprit la mort de Pierre de Nemours, décédé en Orient, et Guillaume de Seignelai fut transféré d'Auxerre à l'évêché de Paris (3). Philippe-Auguste remit au nouveau prélat le soin de corriger les jeunes séditieux (4). Comme ils troublaient la paix et la sûreté publiques, non seulement à l'égard des autres écoliers, mais encore des bourgeois, l'évêque employa les moyens les plus énergiques : il fit emprisonner les principaux rebelles et en chassa quelques-uns de la ville (5). Ce châtiment calma les autres et rétablit la tranquillité.

Le spectacle de ces désordres indisposa Guillaume de Seignelai contre ceux qui ne cessaient de les fomenter. Il pensa que Raoul de Reims n'avait peut-être pas eu tort dans ses projets de compression et de répression de l'Université. Le chancelier se résignait difficilement à la défaite. En vertu de sa charge, il

---

(1) *Cartulaire de Notre-Dame*, t. I, p. 161.

« Officialis Curia Parisiensis universis ecclesiarum Rectoribus, Magistris et Scolaribus in civitate et suburbio Parisiensi constitutis...

« Excommunicamus in scriptis Clericos et Scholares et eorum servientes, qui de nocte seu de die Parisios cum armis incedent. » — Du Boulay, *Hist. Univ. Paris.*, t. III, p. 95.

(2) « Quod de die et nocte multos vulnerant atrociter, interficiunt, mulieres rapiunt, obprimunt virgines, hospicia frangunt »

(3) *Gallia Christiana*, t. VII, p. 91.

(4) *Id.*, p. 92. « Guillelmo Scholasticorum emendationem Philippus rex delegaverat. »

(5) Du Boulay, *Hist. Univ. Paris.*, t. III, p. 111. « Sic exterminavit de villa, ut quosdam quasi hujusmodi Scholarium sicariorum præcipuos in carcerem retruserit. » — Fleury, *Hist. Ecclés.*, t. XVI, l. 78, 39.

exerçait, comme Jean de Candel et ses autres prédécesseurs, une autorité souveraine sur les écoles de Notre-Dame (1). Aussi tous deux s'étaient-ils efforcés de retenir l'Université sous leur domination, de la régir par leurs lois et mandements, de ne lui laisser adopter aucun statut, aucun règlement, sans leur approbation préliminaire, enfin, de l'empêcher de se servir d'un autre sceau que de celui du Chapitre (2), et la garde de ce sceau était confiée aux mains du Chancelier de Paris. Raoul de Reims profita donc du mécontentement que la turbulence des écoliers entretenait dans l'esprit de Guillaume. Il fit valoir à propos, auprès de l'austère prélat, les garanties de paix et de sécurité attachées à l'ancien ordre de choses ; il sut habilement confondre son autorité dans la puissance épiscopale, et n'eut pas de peine à les représenter l'une et l'autre, fâcheusement amoindries par les faveurs et privilèges concédés à leur préjudice. L'évêque se laissa gagner à ces raisons. C'est pourquoi il n'hésita pas à prêter son appui au Chancelier de Notre-Dame, pour renouveler les mêmes entreprises contre les libertés reconnues par le roi ou par le pape aux maîtres et aux écoliers (3). La mort ne lui laissa pas le temps de poursuivre cette affaire, qu'il n'aurait pas eu la satisfaction de terminer au gré de ses désirs.

L'Université avait porté sa cause au tribunal du Souverain Pontife, son juge ordinaire. Le pape Honorius s'était saisi de l'affaire, et l'instruisait avec la sollicitude toute paternelle qu'il avait coutume de témoigner aux maîtres et aux écoliers de Paris. Soudain, un adversaire plus redoutable se présenta dans l'arène,

---

(1) Du Boulay, *Hist. Univ. Paris.*, t. III, p. 94. « Unde porro dissidia tam frequentia Cancellarii Parisiensis cum Universitate? Quod cum sine dubio Cancellarius magnum jus haberet in scholam episcopalem seu claustralem, eamque suæ jurisdictioni et imperio subditam haberet, eamque potestatem, jus et authoritatem extendere voluerit in Academicos. »

(2) *Id.* « Non alio sigillo uti quam eo cujus custodiam habebat, id est Capitulari. »

(3) *Id.*, p. 111. « Guillelmus cum tranquilla omnia fere fecissot, excepta causa Scholarium, qui juridictioni ecclesiæ suæ et Cancellarii in quibusdam se mancipare volebant, quædam sibimetipsis authoritate propria statuta condentes ac sibi jus condendi in præjudicium Episcopi et Cancellarii, ut credebat Episcopus, attribuere laborantes. »

où, de prime-abord, il se plaçait au premier rang parmi les combattants. C'était Philippe de Grève. Il succédait à Raoul de Reims dans les fonctions de Chancelier de Notre-Dame (1). Philippe était un enfant de Paris : sa réputation de théologien reposait sur des titres sérieux, qui commandaient à la fois l'estime et la crainte. Il reprit avec ardeur la lutte engagée par ses prédécesseurs Jean de Candel et Raoul de Reims, et, tout aussitôt, il articula nettement ses griefs contre l'Université, lui reprochant de s'être fait faire un sceau, accusant les Théologiens et les Décretistes de tenir leurs écoles autre part qu'entre les deux Ponts, et de se soustraire à l'autorité du Chancelier, enfin, se plaignant de ce que maîtres et écoliers tenaient des assemblées sans qu'il fût présent, et de ce que, sans le consulter, ils se donnaient de nouveaux statuts, de nouveaux règlements contraires à la juridiction de l'évêque (2). Honorius se prononça. Le cardinal Romain de Saint-Ange arriva en France, à Paris (3), avec mission du pape d'intervenir entre les maîtres et les écoliers, d'une part, et de l'autre, l'évêque, le chancelier et le Chapitre. Le légat négocia une transaction, qui devait maintenir les choses en même état (4), puisqu'elle conserva au Chancelier le droit de donner la licence ou permission d'enseigner, et à l'Université le pouvoir de régler elle-même sa discipline.

L'accord ne s'était pas plus tôt fait sur ce point, qu'une autre

---

(1) *Monum. Germ. hist.*, t. XXXIII, p. 913, *Chronic. Albrici Mon. Trium-Fontium*, ad annum 1223. « Eodem anno factus est Cancellarius Parisiensis Philippus optimus theologus, de ipsa civitate oriundus. »

(2) Du Boulay, *Hist. Univ. Paris.*, t. III, p. 111. « Quæ sunt ista de quibus conquestum legimus Cancellarium ? Quod Universitas proprium sibi sigillum fecisset : quod Theologi et Decretistæ loca in quibus docere solebant inter duos Pontes deseruissent... quod ipsa se non advocato conventus ageret... novasque leges conderet jurisdictioni episcopali adversantes. »

(3) *Id.*, p. 117. « Anno 1225, missus ab Honorio M. Romanus S. Angeli diaconus cardinalis... Lutetiam venit. »

(4) *Id.*, p. 130. « Statutum quod de licentia danda, de constitutionibus faciendis, ordinandisque lectionibus et puniendis rebellibus, temporibus Innocentii III inter ipsam Universitatem et Cancellarium Parisiensem factum fuerat a Roberto cardinale, deinde a Romano, jussu Honorii. » — Crévier, *Hist. de l'Univ. de Paris*, t. I, l. II, p. 291.

contestation s'élevait entre le Chapitre et l'Université. Afin de battre en brèche le crédit grandissant des maîtres et des écoliers, Phillippe de Grêve s'alliait aux chanoines de Notre-Dame. On choisit encore pour juge le cardinal Romain de Saint-Ange, qui résidait à Paris (1). Mais cette fois il ne fut pas aussi heureux. Le légat du pape vit même sa dignité compromise dans une de ces émeutes familières à la jeunesse des Ecoles (2). Il s'agissait du sceau que l'Université venait de se donner, pour l'apposer désormais à ces actes, au lieu et place du sceau du Chapitre. Le chancelier et les chanoines lui en refusaient le droit. Romain de Saint-Ange prit fait et cause pour le Chapitre, rompit le sceau de l'Université, et défendit, sous peine d'excommunication, qu'on ne le renouvelât jamais. « Ce jugement, dit le Chroniqueur de Tours (3), fut beaucoup trop précipité, et le légat eut tout lieu de s'en repentir. » En effet, les écoliers n'eurent pas plus tôt entendu la sentence, qu'ils jetèrent de hauts cris, se dispersèrent dans la ville pour répandre la nouvelle, et accoururent de toutes parts avec des épées et des bâtons assiéger la maison du légat (4). Ses domestiques ferment les portes et prennent les armes. L'action s'engage, les écoliers livrent plusieurs assauts, font pleuvoir une grêle de pierres, rompent les portes : ils allaient s'emparer du légat et de ses gens, lorsque le roi Louis, qui revenait de Melun, apprenant le danger où se trouvait le cardinal Romain, envoya sur-le-champ des chevaliers et des sergents pour le secourir. Ils repoussèrent les écoliers par leurs menaces et par la force des armes. Le légat et les siens furent

---

(1) Du Boulay, *Id.*, p. 118. « Cum Philippus de Greva Cancellarius et Canonici ipsi Ecclesiæ Parisiensis conquesti fuissent apud Legatum quod Universitas spreto et abjecto capitulari sigillo, proprium sibi fecisset. »

(2) *Monumenta German. hist.*, t. XXIII; *Chronic. Albrici*, ad ann. 1226, p. 917 : « Qui cardinalis Parisios reversus nuper tumultum fecerat maximum, quoddam privilegium magistrorum et doctorum scindendo per medium. » — Fleury, *Hist. Ecclés.*, t. XVI, 79, 13.

(3) Martène, *Veterum Script. et Monum.*, t. V, *Chronicon Turonense*, p. 1067. « Qui habito super hoc admodum festinato consilio. »

(4) *Id.* « Clamor in cœlum attollitur, rumor per urbem egreditur, Scholares conveniunt, et ad domum Legati cum gladiis et fustibus conveniunt. »

délivrés, mais non sans effusion de sang. Il sortit de Paris sous escorte, excommuniant tous les écoliers, ceux qui lui avaient fait cette insulte et les autres qui y avaient assisté de leur part.

Nous ne pourrions dire si justice fut tirée de cet attentat. Peut-être le Maître général de l'Ordre de Saint-Dominique intervint-il fort à propos. Nous n'avons pas besoin de rappeler le crédit de Jourdain auprès du roi, de la reine et du légat : nous connaissons l'autorité qu'il exerçait sur les écoliers. Peut-être s'offrit-il comme médiateur, pour ménager un rapprochement, obtenir des excuses. Ce que nous savons, c'est que les esprits se calmèrent, et chacun n'attendait plus qu'une prompte réconciliation. Quatre-vingts maîtres reconnaissant leurs torts, se rendirent à Bourges, où le cardinal Romain présidait un concile, pour solliciter humblement leur grâce et l'absolution. Le légat s'empressa de pardonner : il leva la sentence d'excommunication, et le méfait fut oublié (1). En tout cas, les religieux de Saint-Jacques, qui avaient fréquenté les Ecoles, qui s'étaient assis sur la même paille, autour des mêmes chaires, ces religieux qui ne cessaient point d'être hommes, qui avaient seulement changé d'habit et de manière de vivre, mais qui conservaient à la science le même culte désintéressé, ces religieux semblaient particulièrement façonnés pour prévenir par leurs exemples, pour arrêter par leur parole, les désordres dont l'effet le plus funeste était de porter préjudice au progrès des études et de retarder l'organisation définitive de l'Université. Jourdain de Saxe, Pierre de Reims, Etienne de Bourbon, Gérard de Frachet, Hugues de Saint-Cher, Humbert de Romans, tous écoliers de Paris, avaient acquis et conservaient un grand ascendant sur cette jeunesse, dont ils connaissaient les bouillantes ardeurs, dont ils aimaient les élans généreux, tout en déplorant la turbulente humeur.

Eu égard aux circonstances, aux troubles si fréquents dans

---

(1) Labbe, *Sacrosancta Concilia*, t. XI, P. I, *Concilium Bituricense*, p. 291. « Tunc fere octoginta Magistrorum Parisius, qui contra Legatum in supradicto assultu fuerant, et ligatos Legati sententia se videbant, absolutionem a Legato in dicto concilio petierunt, petitamque protinus receperunt. » — *Monum. Germ. hist., Id.*, p. 917: « Scandalum amovit et absolvendos absolvit, et turbatos pacificavit. »

l'Université, au nombre et au caractère des jeunes gens qui suivaient les Ecoles, une importance spéciale s'attachait à l'un des articles du statut de Robert de Courçon. On y lisait ceci : « A Paris, nul ne sera considéré comme écolier, s'il ne reconnaît un maître déterminé (1). » Le légat songeait-il à susciter sur les bords de la Seine, des émules aux disciples des philosophes du Portique, du Lycée ou de l'Académie ? Dès lors une correspondance particulière s'établissait entre les maîtres et les écoliers : ceux-ci, étrangers la plupart, ne restaient plus livrés à eux-mêmes, affranchis de toute surveillance, sans conseil et sans guide, exposés à la contagion du mauvais exemple ou à l'entraînement des conseils pernicieux.

Robert de Courçon ne s'était point borné au seul dessein d'assujétir les écoliers de Paris à l'ordre et à la discipline. Dans ses Statuts, il avait réservé une place aux maîtres, afin de régler leur vie, de diriger leur enseignement, de fonder entre eux une alliance intime, gage sérieux de paix et de concorde. L'école formait déjà corps, et nous savons, sans qu'il puisse surgir d'équivoque à ce sujet, que l'Anglais Jean de la Celle, élu, en 1195, abbé du monastère de Saint-Alban, « avait été associé au corps des maîtres d'élite, à Paris, après y avoir achevé le cours de ses études (2) ». En 1209, huit députés de l'Université, choisis à ces fins par la compagnie, donnèrent un statut qui concernait la discipline intérieure de l'Ecole. « Il roulait sur la décence de l'habillement, sur l'ordre des leçons et des disputes ou thèses, et sur l'assistance aux funérailles des suppôts qui venaient à décéder. Le statut était accompagné d'une formule de serment, par lequel chaque maître devait en jurer l'observation, sous peine d'être retranché du corps (3). » Ce règlement fut porté

---

(1) Du Boulay, *Hist. Univ. Paris.*, t. III, p. 82. « Nullus sit Scholaris Parisius qui certum magistrum non habeat. » — Thurot, *De l'Org. de l'Enseignement...* p. 33 et 110.

(2) Matthieu Paris, *Vitæ Abbat. San-Albanensium*, p. 367. « Johannes de Cella in juventute Scholarum Parisiensium frequentator assiduus, ad electorum consortium Magistrorum meruit attingere. »

(3) Crévier, *Hist. de l'Univ. de Paris*, t. I, l. II, p. 295.

à la connaissance du pape Innocent III, qui l'approuva, le confirma et en ordonna l'exécution, « comme de tout statut qui doit vous assurer la paix et la tranquillité, l'honneur et la considération », dit-il dans la bulle adressée aux maîtres et aux écoliers de Paris (1).

Ces liens et cette familiarité se resserrèrent entre les maîtres de l'Université, lorsque Robert de Courçon, embrassant dans son fameux Statut toute la discipline de l'Ecole, arrêta, par rapport aux Arts et à la Théologie, les conditions exigées du candidat aspirant aux fonctions de professeur, le choix des livres qui devaient être lus et la liste des ouvrages dont la lecture demeurait interdite.

Pour les Arts, il est ainsi statué : « A Paris, nul n'enseignera dans les Arts, s'il n'est âgé de vingt et un ans, s'il n'a suivi pendant six ans les leçons des maîtres, s'il ne promet de professer deux ans, à moins d'une dispense légitime, qu'il sera tenu d'exposer publiquement ou de soumettre à l'appréciation des juges, s'il ne jouit point d'une réputation sans tache, et s'il n'a subi, au moment où il se dispose à faire ses leçons, un examen suivant la forme déterminée dans le mandement du seigneur Pierre, évêque de Paris (2). »

---

(1) Du Boulay, *Hist. Univ. Paris.*, t. III, p. 52.

« Innocentius episcopus, servus servorum Dei,

« Dilectis filiis Doctoribus et Universis Scholaribus Parisiensibus, salutem et apostolicam benedictionem.

« Quotiens pro communi utilitate aliqua statuuntur, per quæ paci et tranquillitati consultum, ac publicæ honestatis et honoris procuratur augmentum, conveniens est et decens ut eadem ab omnibus irrefragabiliter observentur. Cum igitur, sicut accepimus, quidam ex vobis ad tractanda negotia Universitatis vestræ communiter deputati, *Statuta et Ordinationes* et alia quæ utilitati et honori vestro congruere noscuntur, certa pœna et juramentis interpositis decreverint observanda, Universitatem vestram rogamus, monemus et hortamur attente per Apostolica scripta mandantes, quatenus si ita est, Statuta et Ordinationes prædictas, et alia perinde ordinata studeatis inviolabiliter observare.

« Datum Anagniæ, iv Non. Julii, Pont. Nostri anno XII. »

(2) Du Boulay, *Hist. Univ. Paris.*, t. III, p. 82. « Nullus legat Parisius in Artibus citra 21 ætatis suæ annum, et quod sex annis audiverit de Artibus ad minus, antequam ad legendum accedat, et quod protestetur se lecturum duobus annis ad minus, nisi rationabilis causa intervenerit, quam publice vel coram examinatoribus debebit probare, et quod non sit respersus aliqua infamia, et quod cum legere disposuerit, examinetur quilibet secundum formam quæ continetur in scripto D. Petri Parisiensis episcopi. »

Pour la Théologie voici ce qui fut décidé : « A Paris, nul n'enseignera la Théologie, s'il n'est âgé de trente-cinq ans, s'il n'a étudié huit ans au moins dans les livres et à l'École, s'il n'a suivi pendant cinq ans un cours de Théologie, avant de rendre publiques ses leçons particulières. Aucun de ces professeurs ne doit lire avant Tierce, les jours où les maîtres font leurs leçons. A Paris, nul ne sera reçu à faire des leçons solennelles ou à prêcher, s'il n'est de mœurs irréprochables, et si sa science n'a pas été soumise à l'épreuve (1). »

Quelques maîtres de Paris avaient engagé l'enseignement théologique dans des voies où ils s'étaient égarés. Plusieurs même étaient allés aux abîmes, pour s'être laissé conduire par des guides suspects. Afin de tenir le corps des professeurs en garde contre des admirations dangereuses, Robert de Courçon indiqua les livres à lire en leçons (2), et signala ceux qu'il fallait mettre en interdit ; ces sévérités visaient principalement les traités d'Aristote sur la Physique et sur la Métaphysique (3).

Différents articles du Statut ont pour objet d'assurer l'ordre, de fixer certains points de discipline, voire même de maintenir la décence dans l'installation des nouveaux maîtres et dans la soutenance des thèses, où les repas bruyants sont interdits (4), dans l'assistance aux funérailles des maîtres et des écoliers (5),

---

(1) *Id.* « Circa statum Theologorum statuimus, quod nullus Parisius legat citra 35 ætatis annum, et nisi studuerit per octo annos ad minus, et libros fideliter et in Scholis audiverit, et quinque annis audiat Theologiam antequam privatas lectiones legat publice, et illorum nullus legat ante Tertiam in diebus quando magistri legunt. Nullus recipiatur Parisius ad lectiones solennes, vel ad prædicationes, nisi probatæ vitæ fuerit et scientiæ. » — Thurot, *De l'Org. de l'Enseig.*, p. 110, 147 et 149. — Fleury, *Hist. Ecclés.*, t. XVI, 77, 39.

(2) Du Boulay, *Hist. Univ. Paris.*, t. III, p. 82. « Et quod legant libros Aristotelis in Dialectica. »

(3) Launoy, *De varia Aristotelis in Academia Parisiensi fortuna*, c. IV. « Circa annum MCCXV, qui sedis Apostolicæ Legatus Parisiensem Academiam meliorem reduxit in Ordinem, illique docendi modum præstituit, ne quis Aristotelis libros de Metaphysica et Philosophia naturali legeret, interdixit. » — Crévier, *Hist. de l'Univ. de Paris*, t. I, l. II, p. 299.

(4) Du Boulay, *Id.* « In Principiis et Conventibus Magistrorum, in Responsionibus vel Oppositionibus puerorum vel juvenum, nulla fiant convivia. »

(5) Du Boulay, *Id.* « Si quis obierit Scholarium in Artibus, vel in Theologia,

et jusques dans les menus détails de la toilette universitaire. « Aucun maître, est-il dit, ne doit lire dans les Arts, s'il n'a une cappe ronde, noire et tombant sur les talons, du moins lorsqu'elle est neuve. Il peut porter un manteau, mais les souliers à lacets ou à la poulaine lui sont défendus (1). » Si le légat ne dédaignait pas de descendre à ces prescriptions vulgaires, c'est qu'il avait bien compris la pensée du pape Innocent III, et qu'il croyait ne rien devoir négliger de ce qui pouvait concourir à l'honneur de l'Université, à la dignité de ses maîtres (2).

Du temps d'Abélard, on ne connaissait point les noms de bachelier, de licencié et de docteur. Pierre Lombard passait pour avoir introduit ces degrés académiques dans les écoles de Paris (3). Toutefois, l'enseignement ne fut pas plus tôt soumis à une discipline régulière, qu'il fallut d'abord prendre, pendant un certain temps, les leçons d'un maître, afin de devenir bachelier. « En réalité, ce terme signifiait *apprentissage*, l'apprentissage de la maîtrise : ce n'était pas un *grade*, mais un *état* (4). » Le bachelier cessait d'être étudiant, mais il n'était pas encore maître, et, s'il désirait obtenir du chancelier la licence ou permission d'enseigner, il devait faire lui-même un cours public sous la direction d'un maître. Robert de Courçon ne désigne point ces titres ou ces

medietas magistrorum eat ad sepulturam... Si quis obierit Magister in Artibus, vel in Theologia, omnes Magistri intersint vigiliis... Die quo tumulatur Magister nullus legat vel disputet. »

(1) Du Boulay, *Id.* « Nullus Magistrorum legentium in Artibus habeat cappam nisi rotundam, nigram et talarem, saltem dum nova est. Pallio autem bene potest uti. Sotulares non habeat sub cappa rotunda laqueatos, nunquam liripipiatos. » La critique n'a pas ménagé ces chaussures bizarres mises à la mode par les élégants de cette époque, et justement interdites par le Légat dans les Ecoles, par le Chapitre dans la Cathédrale. *Chartul. Eccles. Paris.*, t. III, p. 415. Etienne de Bourbon les désignait par ces mots : « Sotularibus rostratis. » *Anecdotes historiques*, p. 232.

(2) Bulle d'Innocent III, voir ci-dessus, p. 644. « Per quæ publicæ honestatis et honoris procuratur augmentum. » Ces recommandations ne semblent-elles pas inspirées par Cicéron, que nous savons si délicat en tout ce qui touche aux convenances? « Nihil est difficilius quam, quid deceat, videre. » *Orator*, XXI.

(3) Du Boulay, *Id.*, t. II, p, 681. « Ea Bononiæ primum usurpata, deinde Parisios a Petro Lombardo translata. » — Crévier., *Id.*, l. I, p. 135.

(4) Thurot, *De l'Organisation de l'Enseignement dans l'Université de Paris*, p. 137.

grades par leurs noms, mais il trace clairement le programme des exercices destinés à les mériter. Un cours d'études, suivi d'un examen qui mène au baccalauréat : une série de leçons sous la conduite d'un maître, pour se rendre digne de la licence : enfin, un cours de licence qui se termine par le titre de maître, comme récompense et comme couronnement. Dans le Statut du légat, les leçons des aspirants à la maîtrise en théologie sont nettement distinguées de celles des maîtres.

Ne seraient-ce pas ces aspirants à la maîtrise, ces bacheliers licenciés, que Jourdain de Saxe désigne sous le nom de *Diotelarii* (1)? Le successeur de saint Dominique avait subi les épreuves du baccalauréat (2); il s'était préparé à la licence par ses leçons sur l'Ecriture sainte (3), qu'il avait enseignée sous la direction d'un maître. A l'exemple de Jourdain, les Prêcheurs de Saint-Jacques possédaient ces titres universitaires : ils les avaient conquis à Paris, les uns dans les arts, les autres en médecine, ceux-ci en théologie, ceux-là dans le droit civil et en droit canonique. L'école ouverte au Grand Couvent allait leur permettre de rentrer dans la voie qu'ils avaient quittée, et de se consacrer avec plus de zèle et d'abnégation au succès des études, au progrès de l'enseignement. Nul ne connaissait les habitudes des écoles mieux que ces maîtres Dominicains qui s'appelaient Vincent de Beauvais, Gilles de Portugal, Hugues de Saint-Cher, Humbert de Romans, Guerric

---

(1) Jourdain de Saxe, *Lettres*, XVIII. « Intra quos erant sex Magistri Artium, et alii erant Diotelarii et habiles ad Ordinem. » N'est-ce pas une expression tombée en désuétude, qui s'appliquait aux licenciés près de toucher la fin, le couronnement de leurs études, le dernier degré, la maîtrise? « Tertius denique gradus dicebatur τελετή, id est, perfectio et magisterium... sive illorum qui probati fuerant suffragio præstantissimorum. » Du Boulay, *Id.*, *De Gradibus Schol. antiq.*, t. II, p. 674.

(2) Echard, *Script. Ord. Prædic.*, t. I, p. 97. « Hic cum esset Scholaris Parisius et probus in Theologia. » — Gérard de Frachet, *Vies des Frères*, P. III, c. IV. « Cum jam baccalaureus esset in theologia Parisiis. » — Bolland., *Acta Sanctorum*, t. II Febr., p. 725.

(3) Gérard de Frachet, *Id.* « Qui primo legendo Parisiis Fratribus Evangelium B. Lucæ gratiosissime. » — Bolland., *Acta Sanct.*, *Id.*, et t. I August., p. 594. « Pari ius Evangelium beati Lucæ tam gratiose Fratribus legit, quod ex ejus doctrina et profectum magnum veritatis in scientia, et affectum pietatis in conscientia perceperunt. »

de Metz et Guerric de Saint-Quentin. N'avaient-ils pas commencé par être écoliers de Paris? Leurs études terminées avec succès ne les avaient-elles pas élevés à la dignité de maîtres? Puis soudain, la voix aux douceurs souveraines qui retentissait sur les bords du lac de Génésareth, leur avait dit au milieu des applaudissements : « Viens et suis-moi. » Aussitôt ils avaient abandonné l'Ecole pour le Couvent ; mais ils étaient admirablement préparés pour reprendre les leçons auxquelles ils croyaient avoir renoncé, le jour où ils offraient à Dieu le sacrifice de leurs espérances de la terre, aux pieds du Maître général de l'Ordre de Saint-Dominique. Pour exercer de nouveau ce ministère dans l'Université, comme lecteurs en théologie cette fois, leurs aptitudes étaient d'autant plus merveilleuses que, possesseurs déjà de vastes connaissances, maîtres ès arts, docteurs en médecine ou professeurs de philosophie (1), leur science, leur âge, leur réputation, leurs titres ne les empêchaient pas de se façonner de plus en plus à l'enseignement théologique, en passant par les épreuves règlementaires du baccalauréat, afin d'arriver à la licence, et d'atteindre les sommets glorieux du doctorat et de la maîtrise. Est-ce que Humbert de Romans n'était pas maître ès arts, quand il suivait les cours de droit canon professé par Hugues de Saint-Cher (2), ou quand il allait en cachette s'asseoir au pied d'une chaire de théologie? Est-ce que Guerric de Saint-Quentin n'était pas docteur en médecine et célèbre professeur de philosophie, lorsqu'il se livrait tout entier à l'étude de la théologie, jaloux d'y mériter encore l'honneur des différents degrés académiques (3)? Est-ce

(1) Ces faits n'étaient point particuliers aux Dominicains de Saint-Jacques : Du Boulay cite une foule d'exemples communs aux différentes Ecoles de Paris, où Jean d'Abbeville, Guillaume d'Auxerre, Alain de Beauclif, saint Edmond abandonnèrent les arts libéraux pour étudier et enseigner la théologie. *Catalogus illust. Academ.*, t. III, passim.

(2) Echard, *Script. Ord, Prædic.*, t. I, p. 141. « Studuit Parisiis adolescens, et artium magister laureatus easdem professus est, tum et in jure canonico fuit auditor Hugonis de Sancto Charo, quandoque etiam sed occulte, theologicas lectiones frequentabat. »

(3) Echard, *Id.*, p. 114. « Emeritus in Universitate Parisiensi philosophiæ professor, facultatis etiam medicinæ doctor..., theologiæ se totum applicuit, adeo ut in sacra facultate ad gradus promotus fuerit. »

que Roland de Crémone, qui s'était illustré comme maître enseignant la philosophie, n'acceptait pas de faire ses premières leçons de théologie sous la direction de Jean de Saint-Gilles, afin de le remplacer un jour, maître lui-même, dans la chaire de Saint-Jacques (1)?

Sous l'habit religieux, quels exemples d'obéissance, d'abnégation, de sacrifice n'offraient pas ces maîtres devenus Frères Prêcheurs! Qui donc, dans les écoles de Paris, ne savait les circonstances déterminantes de leur vocation? Guerric de Metz avait été rappelé au vrai sens des choses du monde par un refrain populaire chanté sous ses fenêtres (2). Guerric de Saint-Quentin s'était détaché des vanités de la terre par la méditation d'un verset des saints Livres, faisant tenir la longue vie des patriarches entre ces deux mots : « Il vécut tant d'années et il mourut (3). » Humbert de Romans, tourmenté par un répons de l'Office des morts, auquel il assistait dans sa paroisse, venait heurter à la porte et demander la paix au Couvent de la rue Saint-Jacques (4). Gilles de Portugal rentrait en lui-même et, converti, laissait là héroïquement l'existence large et facile, avec le luxe, la bonne chère et les plaisirs, pour s'ensevelir dans une cellule étroite et nue, à Paris, dans la même maison des Frères Prêcheurs (5). Pas un écolier n'ignorait à quelle impression immédiate, irrésistible, avait obéi Jean de Saint-Gilles, le premier Dominicain appelé à enseigner comme maître, à Paris, à l'école du Couvent de Saint-Jacques (6). Et l'autre Prêcheur, désigné par la voix du Chapitre général pour remplir les modestes fonctions de bachelier, à côté de Jean de Saint-Gilles, Roland de Crémone, le fameux professeur de Bologne, n'avait-il pas frappé tous les esprits par l'éclat foudroyant de sa conversion? « Un jour de fête, raconte Gérard de

---

(1) Echard. *Id.*, p. 125. « Sub eodem, illo ipso anno, Rolandus baccalaureus institutus Sententias interpretari cœpit, et suo tempore licenciatus ac laurea donatus triennium prosecutus est. »
(2) Voir ci-dessus, VIII, p. 155.
(3) Voir ci-dessus, VIII, p. 156.
(4) Voir ci-dessus, VIII, p. 151.
(5) Voir ci-dessus, VIII, p. 151.
(6) Voir ci-dessus, X, p. 269.

Frachet, Roland, vêtu d'habits de pourpre d'un grand prix, avait, en compagnie de ses amis, pris part à un banquet solennel, et tout le jour s'était passé au milieu des réjouissances fournies par le luxe le plus raffiné. Le soir, se trouvant seul, il se dit : — Voici donc la fin de ces plaisirs que je m'étais représentés si brillants, et auxquels je me suis livré avec tant d'ardeur. Je n'ai rien oublié pour en savourer toute la douceur, et que m'en reste-t-il ? Ces jeux si amusants, ces compagnies si agréables, cet éclat, cette pompe, qui enchantaient mon cœur, que sont-ils devenus ? Quand je pourrais chaque jour procurer la même satisfaction à mes sens, mon corps n'en serait que plus vite usé, et mon âme plus coupable devant Dieu. Ma vie s'écoulera comme s'est déjà écoulé le jour dont je dois regretter la perte, et lorsque le juste Juge me fera paraître devant son tribunal, à quel titre demanderais-je la récompense qui n'est promise qu'à la vertu ? — Sous ces impressions, le lendemain de grand matin, Roland accourait au couvent de Saint-Nicolas, au moment où Réginald prêchait aux religieux, se jeter à ses pieds et demander l'habit. Réginald n'attendit pas qu'on en allât chercher un, il ôta son propre capuce et en revêtit Roland, pendant que les Frères mêlaient des larmes de joie au chant du *Veni Creator* (1). »

Des professeurs d'un si haut mérite ne pouvaient qu'honorer les écoles de Paris. Mais pourquoi l'Université venait-elle d'accorder si généreusement aux Dominicains place parmi ses maîtres ? La permission octroyée à Jean de Saint-Gilles de transporter sa chaire et son enseignement théologique sur la montagne de Sainte-Geneviève, ne marque-t-elle pas une trêve à des contestations pendantes ? L'ouverture de l'école de Saint-Jacques affirmait une victoire : c'était un acte solennel inaugurant l'exercice désormais incontestable d'un droit que les chanceliers de Notre-Dame disputaient à l'Université.

---

(1) Gérard de Frachet, *Vies des Frères*, P. IV, c. VII, § 1. « In sero ad se reversus : Ubi est festum quod fecimus, et lætitia illa tota quo abiit ? » — P. I, c. V, § 1. « F. Reginaldus præ nimio gaudio vestes alias non expectans, exuto suo caputio statim induit eum. » — Echard, *Scrip. Ord. Prædic.*, t. I, p. 125.

Jean de Candel avait voulu enfermer la théologie et le droit canon dans les écoles soumises à son autorité (1). Philippe de Grève poursuivit la même pensée, et prétendit forcer les théologiens et les décrétistes à ne donner leurs leçons qu'entre les deux ponts, c'est-à-dire dans l'enceinte de l'île du Palais. Sur ce terrain, l'Université rencontra un auxiliaire puissant dans le chancelier de Sainte-Geneviève, qui se voyait ainsi lésé dans ses droits, car la licence qu'il conférait, permettait d'enseigner la théologie et le droit canon, aussi bien que les arts libéraux, sur le territoire relevant de l'illustre abbaye. Le différend fut porté devant le pape Grégoire IX, qui, le 22 novembre 1227, nomma une commission composée de l'Abbé et du Prieur de Saint-Jean des Vignes, et de maître Raoul de Coudun, archidiacre de Soissons (2). Par un autre rescrit, daté du même jour, le pape prévenait le chancelier de Notre-Dame, qu'il avait chargé ces juges du soin d'examiner l'affaire (3). Dans l'intervalle, le légat Romain de Saint-Ange, qui résidait à Paris, fut amené à négocier un accom-

---

(1) Crévier, *Hist. de l'Univ. de Paris*, t. I, l. II, p. 292. — Du Boulay, *Hist. Univ. Paris.*, t III, p. 124.

(2) Du Boulay, *Hist. Univ. Paris.*, t. III, p. 124. « Conquesti apud Gregorium pontificem Hebertus abbas et conventus San-Genovefanus quod cancellarius Parisiensis Magistros in Theologia et Decretis docentes adstringeret vinculo etiam juramenti, ad docendum inter duos Pontes..., obtinuerunt ab eodem litteras ad Radulphum, tunc abbatem S. Joannis Baptistæ de Vineis et M. Radulphum de Coudun, tunc quoque Cantorem et Archidiaconum Suessionensem, ut in veritatem inquirerent. »

« Gregorius episcopus, servus servorum Dei,

« Dilectis filiis Abbati et Priori Sancti Joannis in Vineis et M. de Coudun, archidiacono Suessionensi, salutem et apostolicam benedictionem.

« Dilecti filii Abbas et Conventus S. Genovefæ Parisiensis Nobis insinuare curarunt, quod cum ad eorum jus pertineat ut doctores Theologiæ ac Decretorum ac Liberalium Artium de ipsorum licentia libere legere valeant in Parochia et terra eorum infra Parisiens. murorum ambitum constituta, Theologiæ Decretorumque doctores ad regendum inter duos Pontes adstringi vinculo juramenti : propter quod etsi doctores Artium de licentia ipsorum regant in prædicta parochia, Theologiæ tamen et Decretorum doctores non audent regere in eadem...

« Datum Laterani X Kal. Decembris, Pontificatus Nostri anno I. »

(3) La lettre de Grégoire IX au Chancelier de Notre-Dame est conçue dans les mêmes termes.

« Gregorius episcopus, servus servorum Dei,

« Dilecto filio Cancellario Parisiensi salutem et Apostolicam benedictionem... »

modement entre] le chancelier de Notre-Dame et l'Université, touchant les mêmes démêlés. Cette transaction fut confirmée par une bulle de Grégoire IX, en date du 3 juin 1228, adressée à l'archevêque de Reims, à l'évêque de Senlis, et au doyen de Saint-Quentin, à qui le pape donne les pouvoirs nécessaires pour faire exécuter ses volontés (1). Si la bulle ne dit rien de l'œuvre des premiers commissaires, c'est que la question avait été tranchée, et la fondation d'une école de théologie au Couvent de Saint-Jacques se présentait comme la prise de possession officielle d'un droit reconnu.

A ces querelles extérieures se venaient mêler des divisions intestines, qui contribuaient à entretenir l'Université dans une agitation continuelle. Ce nouveau dissolvant prenait sa source dans des questions de doctrine. L'enseignement théologique auquel les Dominicains érigeaient une nouvelle chaire dans leur Couvent, voyait, depuis longues années déjà, son cours s'embarrasser, se troubler par des procédés indiscrets et téméraires, empruntés aux ouvrages d'Aristote (2). Le philosophe grec,

(1) Archives nationales, *Registres et Cartons*, L. 242, n° 48. — Du Boulay, *Hist. Univ. Paris.*, t. III, p. 130.

« Gregorius episcopus, servus servorum Dei,

« Venerabilibus fratribus Archiepiscopo Remensi, et Episcopo Silvanectensi, et dilecto filio Decano Sancti Quintini Noviomensis Diœcesis, salutem et apostolicam benedictionem.

« Dilecti filii Magistri et Universitas Scolarium Parisien. Nobis humiliter supplicarunt, ut compositionem quæ inter ipsos ex parte una, et bonæ memoriæ Episcopum et dilectos filios Cancellarium et Capitulum Parisien. ex altera, super danda licentia ab eodem Cancellario Magistris volentibus incipere in singulis facultatibus, et faciendis constitutionibus de ordinandis lectionibus et disputationibus, ac puniendis rebellibus per subtractionem societatis, et taxandis hospitiis, ac quibusdam aliis articulis, mediante dilecto filio Nostro R. Sancti Angeli diacono cardinale tunc Apostolicæ sedis Legato, amicabiliter intercessit, apostolico dignaremur munimine roborare. Ideoque discretioni vestræ per apostolica scripta mandamus, quatinus compositionem eamdem, sicut sine pravitate pro unde facta est, et ab utraque parte sponte recepta, faciatis per censuram ecclesiasticam, appellatione remota, firmiter observari. Quod si non omnes his exequendis potueritis interesse, duo vestrum ea nihilominus exequant.

« Datum Assisii, III Nonas Junii, Pontificatus Nostri anno secundo. »

(2) Du Boulay, *Hist. Univ. Paris.*, t. II, p. 45. « Plerique tunc Aristotelicis regulis nimium tribuentes, supra Paulum et alios Evangelistas Magistrum suum Aristotelem extollebant, et fraudulentis philosophiæ principiis et axiomatibus innixi scientiam Christi evertebant. »

accueilli par les Arabes, avait été traduit dans leur langue, et Averroës l'avait proclamé le chef-d'œuvre de Dieu et le terme suprême de la perfection où l'humanité puisse atteindre. Bientôt il passa dans les mains des chrétiens qui étudiaient aux Ecoles de Cordoue, et s'introduisit furtivement dans les Universités orthodoxes (1). Ce fut dans cette lecture que le fougueux Abélard chercha des inspirations : les téméraires maximes qu'il y puisa furent frappées de la réprobation de l'Église.

Les maîtres ès arts s'occupaient surtout de philosophie, et cette science orgueilleuse, hautaine, comme l'appelle Cicéron (2), avait fini par envahir peu à peu tout le domaine des Lettres. « La philosophie avait tous les honneurs ; seule elle attirait l'attention de ceux qui enseignaient et étudiaient les arts. » Ainsi Aristote avait détrôné la grammaire et la rhétorique ; il menaçait même de remplacer la Loi et les Prophètes (3). On ne s'inspirait que d'Aristote ; comme maître Adam du petit Pont (4), on ne jurait plus que par Aristote, et les poètes eux-mêmes cédant à l'engouement général, n'avaient garde d'échapper à la contagion ; leurs vers auraient risqué fort de déplaire, si l'on n'y avait lu le nom d'Aristote (5). Les principes du Stagyrite s'étaient glissés dans les écoles de théologie, où ils avaient produit les fruits les plus détestables (6). Roscelin et Abélard donnèrent le branle : on

---

(1) Ozanam, *Mélanges*, t. I, p. 775.

(2) Cicéron, *De Oratore*, l. I, XLIII. « Quem ista præpotens et gloriosa philosophia delectat. »

(3) Crévier, *Hist. de l'Univ. de Paris*, t. I, l. I, p. 96, et l. II, p. 308.

(4) Jean de Salisbury, *Metalogicus*, l. II, c. x. « Magist. Adam, acutissimum virum ingenii et multarum litterarum, qui Aristoteli præ cæteris incumbebat. »

(5) Du Boulay, *Hist. Univ. Paris.*, t. III, p. 110. Nicolas de Braïa pour célébrer l'entrée solennelle de Louis VIII à Paris, après son sacre à Reims, disait :
« Inque brevi spatio trabeatus Parisiensem
Ingreditur...
Tunc labor et studium logicorum lisque quiescit.
Cessat Aristoteles, nec Plato problemata ponit,
Nec currit sortes, plausu damnante laborem. »

(6) Du Boulay, *Hist. Univ. Paris.*, t. III, p. 48. « Non caruit civitas Parisiensis ejusmodi pestiferis hominibus, qui, quo occultiores erant, eo magis et timendi : sensim enim virus suum instillabant, nec jam modo Academiam et cives Parisienses, sed alias quoque urbes et pagos, villasque turbare incipiebant. »

attribuait leurs erreurs à ce courant d'idées métaphysiques qu'ils n'avaient pas su diriger (1). Simon de Tournai et Amaury de Bène, maîtres ès arts d'abord, ensuite de théologie (2), passaient pour avoir puisé dans les écrits du philosophe grec, le premier son impiété, le second ses hérésies, condamnées, en 1204, par une assemblée célèbre de l'Université (3). Celui-ci avait laissé des partisans (4). Comme leurs opinions singulières, monstrueuses (5), ne portaient pas seulement préjudice au dogme chrétien, mais encore se traduisaient par des attentats à la morale (6), plusieurs de ces hérétiques furent arrêtés et traduits devant un concile tenu à Paris, en 1209, par l'archevêque de Sens, Pierre de Corbeil. C'était une des gloires de l'Université (7). Sur l'invitation de leur illustre devancier, les maîtres en théologie prirent place dans cette assemblée (8), qui condamna les coupables et les livra au bras séculier, pour être brûlés sur la place des Champeaux (9). Les

---

(1) Crévier, *Hist. de l'Univ. de Paris*, t. I, l. I, p. 204. — *Histoire Littéraire*, t. IX, p. 85 et 184.

(2) Du Boulay, *Id.*, t. III, p. 8 et 35. — Crévier, *Id.*, l. II, p. 309. — Matthieu Paris, *Hist. Angl. major*, ad. ann. 1201.

(3) Du Boulay, *Id.*, t. III, p. 24. « Universitas Parisiensis celeberrima habuit comitia adversus Amalricum de Bena, ejusque sectatores, quorum errores condemnavit et anathemate percussit. » — Fleury, *Hist. Ecclés.*, t. XVI, 75, 35.

(4) Du Boulay, *Id.*, t. III, p. 48. « Qui non contenti insistere M. Amalrici vestigiis, audacius asserebant Christum non magis esse in Eucharistia quam in qualibet alia re. » — *Monum. Germ. hist.*, *Id.*, p. 890.

(5) Jean de Salisbury, *Metalog.*, l. II, c. XVII. « Rem de re praedicari monstrum ducunt, licet Aristoteles monstruositatis hujus auctor sit. » C'est la querelle des réalistes et des nominaux, dont les tenants cherchaient à se prendre en défaut, et ne se ménageaient point les injures.

(6) Crévier, *Hist. de l'Univ. de Paris*, l. II, p. 312.

(7) *Gallia Christiana*, t. XII, p. 57. « Famosus ille erat theologiæ professor..... In Scholarum regimine Parisiis diu claruerat, ubi inter discipulos alios habuit Innocentium III. »

(8) Du Boulay, *Id.*, t. III, p. 49. « Congregato Episcoporum concilio, assidentibus Magistris Parisiensibus, propalantur eorum ineptiæ, omniumque judicio reprobantur et judicati hæretici exponuntur publicæ potestati. » — Fleury, *Id.*, 76, 59.

(9) Crévier, *Id.*, l. II, p. 312. Louis VI, dit Jaillot, avait établi un marché en un lieu appelé *Champeaux*; Philippe-Auguste entoura de murs ce marché de Champeaux, et en 1183 le remplaça par les Halles. Là se dressaient les échafauds et autres instruments de supplice, qui même y restaient à demeure, afin d'inspirer une salutaire frayeur. Tel était le pilori des Halles, avant le treizième siècle. *Recherches hist. sur la ville de Paris*, t. II, Quartier des Halles, p. 20 et 27.

égarements de ces malheureux causèrent grand émoi. La cause en parut devoir être attribuée aux écrits d'Aristote, d'où venait tout le mal, disait-on (1). C'est pourquoi il fut défendu de copier et de lire les livres de ce philosophe sur la Physique et sur la Métaphysique (2). Les Pères du Concile avaient, par ces rigueurs, voulu couper le mal jusque dans ses racines (3). Robert de Courçon ne fit que confirmer ce décret d'interdiction, dont il étendit les termes aux écrits des hérétiques David de Dinan, Amaury de Bène et Maurice d'Espagne (4). « Insensé, disait l'ancien chancelier de Paris, celui qui peut se laisser aller à la pensée d'approfondir plus qu'il ne convient, des secrets et des mystères que toutes les forces humaines sont impuissantes à expliquer (5). » Mais les maîtres en théologie ne continuèrent pas moins à s'inspirer des ouvrages condamnés : la scolastique éprise de nouveauté, courait les mêmes aventures et s'arrêtait aux mêmes autels, « Aristote était son Dieu, » a-t-on dit sans exagération (6), tant était profond l'engouement pour le philosophe de Stagyre (7). Rome s'émut d'une religion si dangereuse : le 7 juillet 1228, le pape Grégoire IX adressait à l'Université de Paris une bulle fulminante, afin de corriger les professeurs qui se

(1) Crévier, *Id.*, p. 313. — Fleury, *Id.*, 76, 59. — Launoy, *De varia Aristotelis fortuna*, c. VII. « Floruit Lutetiæ Simon Tornacensis, qui quod Aristoteli nimium addictus esset, in hæreseos crimen incurrit. ». —*Hist. Litt.*, t. IX, p. 184.

(2) Crévier, *Id.*, p. 308. « Les livres d'Aristote sur la Physique et la Métaphysique, avaient été apportés, vers l'an 1167, de Constantinople à Paris, et traduits du grec en latin pour être mis à la portée de tous ceux qui s'appliquent aux sciences »

(3) Launoy, *De varia Arist. fort.*, c. II : « Parisiensis Concilii Patres comburendos esse Aristotelis libros decreverunt, atque eorum descriptione et lectione commissis fidei suæ populis interdixerunt. »

(4) Voici le texte du Statut : « Non legantur libri Aristotelis de Metaphysica, et de naturali Philosophia, nec Summa de iisdem, aut de doctrina Magistri David de Dinant, aut Amalrici heretici, aut Mauricii Hispani. »

(5) Launoy, *De varia Arist. fort.*, c. III : « Stultus quilibet potest in his secretis et mysteriis occultis plura inquirere, quam totus mundus posset solvere. »

(6) Cantu, *Hist. Univ.*, t. X, p. 538. — Hauréau, *de la Philosophie scolastique*, t. Ier, p. 391-417. — *Monum. Germ. hist.*, *Id.*, p. 914.

(7) L'Université de Paris s'était rangée de l'avis de Quintilien, disant dans son admiration pour Aristote : « Quid Aristotelem memorem? Quem dubito scientia rerum, an scriptorum copia, an eloquendi usu, an suavitate eloquii, an inventionum acumine, an varietate operum, clariorem putem? *Institut. Orat.*, l. X, I, 83.

laissaient aller à la folle audace d'expliquer les vérités au dessus de la raison, à l'orgueilleuse pensée de mêler les opinions philosophiques, incertaines et vacillantes, avec les dogmes immuables de la révélation (1).

C'est au moment même où le pape reprochait sévèrement aux maîtres de Paris les témérités de leur enseignement théologique, que l'Université donnait rang aux Dominicains parmi les professeurs chargés de distribuer la saine doctrine. N'espérait-elle pas se faire promptement absoudre, en confondant sa cause avec celle des Frères Prêcheurs ? Jourdain de Saxe se préparait à partir en Italie. N'avait-on pas compté sur le crédit du Maître général de l'Ordre, pour effacer la mauvaise impression jetée dans l'esprit du Souverain Pontife, par des rapports peut-être exagérés, ou par les imprudences de quelques téméraires ? Cette confiance n'était pas sans fondement, car Grégoire IX et le sacré Collège honoraient Jourdain d'une considération si parfaite, que ses requêtes ne manquaient jamais d'être exaucées. A Rome, « on était persuadé qu'il ne demandait que ce qui pouvait contribuer à la gloire de Dieu et au bien spirituel des âmes (2) ». Et l'on savait à Paris, que le pape abandonnait à l'humble religieux le soin de rédiger lui-même les bulles qui devaient aider au progrès et à la prospérité des Frères Prêcheurs (3). Certes, l'Université, en leur donnant une place officielle dans l'enseignement, ne pouvait mieux faire pour seconder les vues du Saint-Siège, et favoriser le développement de l'Ordre de Saint-Dominique.

(1) Du Boulay, *Hist. Univ. Paris.*, t. III, p. 129.
« Gregorius episcopus, servus servorum Dei,
« Dilectis filiis Universis doctoribus et Magistris theologiæ Parisius docentibus, salutem et apostolicam benedictionem.
« Tacti dolore cordis intrinsecus, amaritudine repleti sumus absinthi...
« Datum Perusii, Non. Julii, Pontificatus Nostri anno secundo. »
(2) Touron, *Vie de saint Dominique*, l. VI, p. 700.
(3) Thomas de Champré, *De Apibus*, l. II, c. LVII, § 47, rapporte les paroles de Grégoire IX : « Charissime, linguam tuam pono pro malleo, ut secundum omnia privilegia quæ Ordini tuo expediunt, vel etiam quæ aliis Religiosis quibuscumque usque in præsens concessa sunt, scribi facias et bullari. » — Du Boulay, *Hist. Univ. Paris.*, t. III, p. 124. — Crévier, *Hist. de l'Univ. de Paris*, t. I, l. II, p. 327.

L'École du Couvent de Saint-Jacques s'ouvrit solennellement, comme c'était la coutume (1), le dix Octobre, le lendemain de la fête de saint Denis. Jean de Saint-Gilles reprit ses leçons de théologie, et Roland de Crémone commença ses explications sur le Livre des Sentences. La jeunesse des écoles connaissait les Dominicains à leur prédication; ils allaient les juger dans leurs leçons, et s'il avait suffi des premières impressions pour tirer un présage, elles permettaient de concevoir à l'avenir les plus magnifiques espérances.

Jourdain, de son côté, n'avait rien négligé pour assurer les heureux débuts de l'École en qui reposaient toutes ses complaisances. Il ne voulut point s'éloigner avant d'avoir vu poser la première pierre de l'édifice qu'il regardait comme l'arsenal de l'Ordre de Saint-Dominique; il retarda son départ afin d'étendre ses mains bénissantes sur les premiers ouvriers choisis pour élever les murailles, au sommet desquelles se rangeront, en combattants de la vraie science, les Albert le Grand, les Hugues de Saint-Cher, et leur chef à tous, l'Ange de l'École, saint Thomas d'Aquin.

Le Maître général avait, pour ces causes, différé jusqu'à la dernière limite, le moment de quitter Paris, et de se rendre à Bologne, où, suivant sa coutume, il devait prêcher le Carême et surveiller les préliminaires du Chapitre général. A cette époque surtout, l'Italie semblait ne rien vouloir ménager, afin de mériter le titre de terre classique des révolutions. Toutefois, les attaques directes et continues aux pouvoirs de la terre, ne se compliquaient d'aucune atteinte aux puissances du ciel : empereurs et rois, princes et podestats, voyaient à chaque instant leurs droits méconnus, leur autorité contestée, mais l'esprit d'indépendance s'arrêtait, soumis et respectueux, devant la majesté de l'Homme-Dieu ; Guelfes et Gibelins s'inclinaient avec amour devant la gloire des saints du paradis. A son passage des Alpes, Jourdain trouva le génie de la guerre déchaîné sur toute l'étendue de la Péninsule. Cependant il put recueillir quelques notes apportées par l'écho

---

(1) Thurot, *De l'Organisation de l'Enseig.*, p. 145.

déjà lointain de la canonisation de saint François (1). Grégoire IX, fugitif et cherchant loin de Rome (2) un asile à l'abri des embûches de ses ennemis (3), s'était rendu de Spolète à Assise, pour présider lui-même les informations juridiques, afin de procéder à la cérémonie qui inscrirait solennellement un nom de plus au catalogue des Bienheureux. Ces chants de fête, en l'honneur du serviteur de Dieu, résonnèrent, comme une mélodie céleste, au milieu du tumulte et du fracas des armes.

Le départ de Frédéric pour la Terre Sainte n'avait point suspendu les hostilités engagées entre le pape et l'empereur. Ses lieutenants Renaud, duc de Spolète, et Thomas d'Aquin, comte d'Acerra, l'âme damnée du monarque allemand (4), s'étaient jetés sur le patrimoine de Saint-Pierre et sur la Marche d'Ancone (5), où les Sarrasins de Sicile, qui combattaient dans l'armée impériale, se signalèrent par toutes sortes d'excès (6). Les fidèles étaient massacrés; des prêtres et des clercs, qui tombèrent entre leurs mains, furent mutilés, égorgés, pendus (7). Grégoire IX, par une lettre en date du 5 août 1228, avait dénoncé ces invasions, et les violences qui les accompagnaient, au cardinal Romain de Saint-Ange, afin

---

(1) Grégoire IX avait promulgué le décret le dimanche 16 juillet 1228, dans l'église de Saint-Georges, où François était enterré, et les bulles de canonisation furent expédiées trois jours après. — Fleury, *Hist. Ecclés.*, t. XVI, l. 79, 42.

(2) Ughelli, *Italia Sacra*, t. X, p. 204, Rich. de San-Germano Chronicon ad ann. 1228. « Gregorius papa Urbem exiens sub fido ducato, vadit Reate. » — « A Reate discedens vadit Spoletum et exinde Perusiam. »

(3) Raynald., *Annales*, t. XX, p. 606. « Crescente et ardente Friderici persecutione, novis seditionibus inflammatis, Pontifex ex Urbe discedere compulsus est. »

(4) « Thomas, comes Atterarum, imperatoris bajulus, » dit Grégoire IX dans sa lettre au cardinal Romain de Saint-Ange.

(5) Raynald., *Annales*, t. XX, p. 608. « Cæsaris urgente nequitia, quam dira comitabat barbaries, et Marchiam Anconitanam, jure dominii per Romanam Ecclesiam antiqua traditione possessam, non minus nequiter quam potenter ingressus. »

(6) Ughelli, *Italia Sacra*, Rich. de San. Germ. Chronicon, p. 205. « Rainaldus, dux Spoleti, cum imperiali exercitu castrum... destruxit, ejusque incolas pœnis addixit variis et tormentis, et Sarracenorum traditos potestati, quos secum de Apulia duxerat, in ipsis cruciatibus exhalare coegit. »

(7) Raynald., *Annales, Id.* « Si quos inveniret catholicæ Ecclesiæ filios et devotos, crudeli morte damnaret. » — « Sacerdotes, diaconos et subdiaconos privatione luminum dehonestans. » — « Undique spoliatis ecclesiis et sanctorum extumulatis corporibus..., clericos turpissima suspendii morte damnavit. »

que le légat les portât à la connaissance de Louis IX et de Blanche de Castille (1). En même temps, le pape renouvelait ses sentences d'excommunication contre le duc de Spolète, et contre ceux qui lui prêtaient main-forte dans ces entreprises contre le Saint-Siège (2) : puis, voyant le peu d'efficacité de ses armes spirituelles, il résolut de repousser la force par la force (3). Pour faire diversion aux attaques vigoureusement poussées par les Impériaux contre les États de l'Église, les troupes pontificales, placées sous le commandement de Jean de Brienne et du cardinal Jean Colonna (4), d'une part, de l'autre, sous les ordres du légat Pandolfe d'Anagni, de Thomas, comte de Celano, et de Roger, comte d'Aquila, venaient d'envahir, en janvier 1229, les provinces soumises à la domination de l'empereur d'Allemagne (5). La tempête grondait plus que jamais en Italie. Venise faisait la guerre à Ferrare; Padoue, à Vérone; Mantoue et Milan, à Crémone; Bologne, à Modène; Parme, à Pavie; Florence, à Sienne; Gênes à Savone (6).

Une fois parti de Paris, Jourdain fut obligé de presser sa marche, et ne put faire en route que les haltes indispensables. Son voyage est bientôt attristé par le bruit que Diane d'Andalo vient de perdre son père. La nouvelle se confirme à Milan (7), et sans délai

---

(1) Matthieu Paris, *Hist. Angl. Maj.*, ad ann. 1228. — Labbe, *Sacrosancta Concilia*, t. XI, p. 315. Gregorii IX Epistola ad Romanum Francorum legatum. « Patrimonium Apostolicæ sedis per Sarracenos et alios impugnat. » — « Servis Christi servos præfert Machometi. » — « Contra Patrimonium Ecclesiæ magnum exercitum Christianorum et Sarracenorum multitudinem destinavit. »
« Datum Laterani Nonis Augusti, Pontificatus Nostri anno II.
(2) Raynald., *Annales, Id.* « Marchiam exire nolentem Ecclesiæ princeps anathematis gladio percussit. » — Ughelli, *Italia Sacra*, Rich. a S. Germ. Chron., *Id.*
(3) Raynald., *Annales, Id.* « Necessitate devictus temporalem curavit Petri successor gladium exerere. » — Ughelli, *Italia Sacra. Id.* « Materiali gladio nisus est contra ipsum qui jam pro parte Marchiam ad opus Imperii cœperat occupare. »
(4) Ughelli, *Id.* « Tunc Joannem quondam Jerosolymitanum regem et Joannem de Columna, cardinalem, dirigit contra eum. »
(5) Raynald., *Annales*, t. XX, p. 609. « In regnum impetus suos comitibus Thoma Cellanensi ac Rogerio Aquilano cum exercitu, ac Pandulpho legato missis convertisse, ut ad tuenda propria aliena deserere cogeretur. »
(6) Cantu, *Hist. Univ.*, t. XI, p. 185.
(7) *Lettres du B. Jourdain de Saxe*, XXV. « Ipse autem, ut Mediolani intellexi de novo, mortuus est. »

Jourdain écrit à sa chère fille pour la consoler dans cette douloureuse épreuve. S'il fait appel à l'esprit de sacrifice et d'abnégation de la religieuse, « je ne vous dis pas cela, observe-t-il, parce que la mort de votre père me laisse indifférent : loin de là, j'en suis profondément affecté surtout à cause de vous (1). Toutefois, admirez la clémence divine : elle vous enlève tour à tour vos parents selon la chair, qui ne font que passer, afin de vous laisser un seul ami spirituel qui ne passe point. Elle vous ravit ce que vous ne pouviez garder longtemps, mais c'est pour vous mettre en possession de ce qui est éternel et que vous ne perdrez jamais. » Il ajoute : « Je suis à Milan, et je vous écris à la hâte, car le courrier ne peut pas attendre. Je vous verrai bientôt, s'il plaît à Dieu (2). »

Au moment où Jourdain quittait Paris, le calme régnait dans les écoles ; l'année 1229 commençait, et aucun orage n'assombrissait le ciel de l'Université. En restait-on plus sûr de la tranquillité du lendemain ? Le Maître général avait à peine franchi les Alpes, que derrière lui la tempête se déchaîna soudain. Cette fois, l'émeute prit un caractère de violence inaccoutumée ; les troubles se transformèrent en rébellion, les rixes devinrent guerre civile (3), et la révolte compromit, avec la fortune de l'Université, la situation des maîtres et les études des écoliers.

Le lundi et le mardi gras, jours où les écoliers ont coutume de s'amuser (4), quelques clercs sortirent de la ville pour aller au faubourg Saint-Marcel prendre l'air et se livrer à leurs divertissements ordinaires. Le jeu fini, ils entrèrent dans une taverne

---

(1) *Id.* « Hæc ideo non dico, ac si me ejus mors non tangat; tangit utique, sed præcipue propter te. »

(2) *Id.* « Hæc tibi de Mediolano breviter scripsi, nuntius enim expectare non potuit... Cito vos videbo, si Deo placuerit. »

(3) *Monum. Germ. hist.*, t. XXIII, *Chronic. Albrici* ad an. 1229, p. 923.
« Guerra pessima nimis et crudelis orta est Parisiis Quadragesima inter clericos et laycos satis pro nihilo. »

(4) Matthieu Paris, *Historia Anglorum Major*, ad ann. 1229. « Feria secunda et tertia ante Cineres, quibus solent diebus clerici Scholares ludis vacare. » — Fleury, *Hist. Ecclés.*, t. XVI, l. 79, 50.

où, par hasard, le vin était bon et agréable à boire (1). Quand il fallut payer, les écoliers et l'aubergiste se prirent de querelle, des soufflets sont échangés de part et d'autre : on s'arrache les cheveux. Les gens du quartier accourent et enlèvent le cabaretier des mains des écoliers ; ils blessent ceux qui font résistance et mettent le reste en fuite après les avoir bel et bien battus (2). Ainsi maltraités, les écoliers rentrent en ville et excitent leurs condisciples à les venger. Le lendemain donc, ils se rendent en nombre, armés d'épées et de bâtons, au faubourg Saint-Marcel, pénètrent de force dans une taverne, défoncent les futailles et répandent le vin. Après quoi se précipitant à travers les rues, ils se jettent sur les hommes et les femmes qu'ils rencontrent, les frappent à coups redoublés et les laissent à demi morts (3).

Le doyen de Saint-Marcel, voyant pareils excès commis au détriment de gens qu'il devait défendre, porta plainte au légat Romain de Saint-Ange et à l'évêque de Paris, qui s'empressèrent d'aller ensemble trouver la reine Blanche, la prier de réprimer un semblable forfait. La régente ne sut pas modérer son juste courroux, et dans le premier mouvement d'indignation (4), elle donna ordre au prévôt de Paris et à quelques-uns de ses routiers, de courir promptement châtier les auteurs de ces violences, sans épargner personne. Ces gens de guerre n'étaient que trop portés à la cruauté : ils sortirent en armes et trouvèrent hors des murs, un grand nombre d'écoliers qui prenaient leurs ébats, et qui n'avaient été mêlés en rien aux désordres en question. Ceux qui avaient provoqué l'émeute, venaient du pays limitrophe de la Flandre : on leur donne le nom de Picards, observe Matthieu Paris (5). Néanmoins, les archers n'écoutant que leur humeur

---

(1) *Id.* « Invenerunt ibi casu vinum optimum in taberna quadam, et ad bibendum suave. »

(2) « Sed et vulnera repugnantibus clericis infligentes, bene fustigatos et egregie, eos in fugam compulerunt. »

(3) *Id.* « Procedentes per plateas quoscumque invenerunt viros aut mulieres acriter invadunt, et plagis impositis semivivos relinquunt. »

(4) *Id.* « At illa muliebri procacitate simul et impetu animæ agitata. »

(5) *Id.* « Qui seminarium tumultuosi certaminis moverunt, erant de partibus conterminis Flandriæ, quos vulgariter Picardos nominamus. »

brutale, se jetèrent sur ces jeunes gens, bien qu'ils fussent innocents et sans armes. Quelques-uns furent tués, quelques autres blessés, plusieurs dépouillés après avoir été roués de coups (1). Le reste prit la fuite et se cacha dans les vignes ou dans les carrières. On releva parmi les morts deux clercs très riches et d'une grande autorité : l'un était Flamand, l'autre, Normand (2).

Matthieu Paris, a raconté tout au long le tragique épisode amené par un de ces jeux accoutumés de la *gent eschollière s'esbattant* dans une taverne, un jour de carnaval, dans un faubourg de Paris. Après boire, la plaisanterie dépasse les bornes, la querelle se vide dans la rue, les archers s'en mêlent, on en vient sérieusement aux mains, le sang coule et nous nous trouvons en présence d'une véritable émeute dans l'Université. Le récit de Mathieu Paris doit être vrai : mais le chroniqueur anglais n'a pas manqué l'occasion de trahir sa malveillance, en décochant un trait envenimé à l'adresse de Blanche de Castille. « La vaillante, la bonne reine, qui si bien et si sagement gouverna le pays (3), » n'avait écouté que son amour de la justice, quand elle commanda de réprimer, au plus vite, les scènes de violence qui jetaient le désordre dans la capitale. Le prévôt et ses gens dépassèrent sans doute les ordres de la régente. Nangis et le moine anonyme de Saint-Denis nous laissent entendre que les bourgeois, exaspérés par les agressions continuelles des écoliers, s'étaient unis à la force armée pour vider leurs vieilles querelles, et savourer cette fois le plaisir d'une vengeance éclatante. Les bourgeois firent tout le mal, semblent dire les deux Chroniques (4), et c'est à leur furieuse attaque qu'elles renvoient

---

(1) *Id.* » Alios occiderunt, atque alios plagis impositis spoliantes, immisericorditer tractaverunt. »

(2) *Id.* « Inventi sunt inter vulneratos duo Clerici divites et magnæ auctoritatis interfecti, quorum unus erat genere Flandrensis, et alius natione Normannus. »

(3) Ces paroles d'une Chronique anonyme sont développées par H. Martin, quand il célèbre les louanges de Blanche de Castille, « cette femme, la plus grande qui ait porté la couronne en Gaule... » *Hist. de France*, t. IV, p. 133.

(4) Du Boulay, *Id.*, p. 135. — D'Achery, *Spicilegicum*, t. III, *Chron. Guil. de Nangis*, p. 32 : « Burgenses quosdam de clericis occiderunt. »

la responsabilité du sang répandu. Un annaliste allemand confirme les témoignages de Nangis et du moine de Saint-Denis : à les en croire, les écoliers seuls, par les funestes conséquences déjà subies, et surtout par les résultats lamentables qui devaient suivre, expièrent les excès du mouvement populaire soulevé par leur humeur batailleuse (1).

L'Université se sentit blessée au vif par l'ingérence du prévôt et des gens d'armes dans le domaine de ses affaires de police : ses privilèges avaient été méconnus, ses immunités violées. Les maîtres, instruits de cet attentat, suspendirent aussitôt leurs leçons, arrêtèrent les disputes, sans en excepter aucune (2), et se présentèrent en corps devant la reine et le légat, afin de réclamer bonne et prompte justice. Il leur semblait indigne de faire tourner la faute de quelques mauvais écoliers, au préjudice de l'Université tout entière (3), et, à leur avis, il fallait infliger le châtiment à ceux qui s'étaient rendus coupables des actes incriminés.

Ils n'obtinrent satisfaction ni de la reine, ni du légat, ni de l'évêque de Paris. Alors les maîtres se retirèrent, les clercs se dispersèrent (4), les docteurs cessèrent leurs leçons et les écoliers abandonnèrent leurs études : il ne resta plus à Paris un seul professeur en renom (5). Les Anglais retournèrent dans leur pays, et Matthieu Paris nous a conservé le nom des plus célèbres : c'étaient maître Alain de Bécoles, maître Nicolas de Frenhan, maître Jean Blount, maître Raoul de Maidenston, maître Guillaume de Durham.

Parmi les maîtres français, le plus grand nombre se retirèrent

---

(1) *Monum. Germ. hist.*, t. XVI. *Annales Stadenses*, p. 360 : « Parisius inter clerum et populum maxima orta est dissensio, et multi clerici sunt trucidati. »
(2) Matthieu Paris, *Id.* « Convenerunt omnes in præsentia reginæ et Legati, suspensis prius lectionibus et disputationibus universaliter. »
(3) *Id.* « Quorumdam contemptibilium clericulorum transgressio in præjudicium totius redundaret Universitatis. »
(4) *Id.* « Cum omnimoda eis justitia tam a Regina et Legato quam ab Episcopo civitatis denegata fuisset, facta est universalis discessio Magistrorum et Scholarium dispersio. »
(5) *Id.* « Ita quod nec unus famosus ex omnibus in civitate remanserit. »

à Angers, pour y fixer le siège d'un enseignement universitaire (1). Les autres allèrent, dit-on, fonder les universités d'Orléans, de Reims et de Poitiers (2). Henri III d'Angleterre offrit, avec une générosité toute royale, asile aux muses françaises ainsi mises en déroute, et désormais sans temple, sans autels. Le monarque déclarait tenir à leur disposition des édifices commodes et spacieux, leur accordait immédiatement les privilèges dont elles jouissaient à Paris, et leur promettait dans la suite d'autres témoignages plus éclatants de sa munificence (3).

La dispersion de l'Université ne se fit pas sans déchirement, sans douleur. Les maîtres et les écoliers ne se séparèrent que les larmes aux yeux et la rage dans le cœur, en exhalant leurs colères contre le légat et la régente : aveuglés par la passion, ils allaient dans leurs lamentations, jusqu'à manquer au respect dû à la vertu de la sainte reine Blanche de Castille, « jusqu'à la flétrir comme femme et comme veuve, et la montrer indigne de gouverner son fils (4) ». « Hélas! disait une de leurs complaintes, nous mourons terrassés, enchaînés, écrasés, dépouillés, et ces malheurs nous arrivent par la malice du légat (5) ! » Il leur en coûtait tant de quitter Paris, « source de la philosophie, école de la sagesse (6) », qu'ils s'en prenaient à tous ceux qui, de près ou de loin, pouvaient passer pour les artisans de cette calamité (7). Ce

---

(1) *Id.* « Quorum maxima pars civitatem Andegavensium metropolitanam ad doctrinam elegit universalem. »

(2) Du Boulay, *Hist. Univ. Paris.*, t. III, p. 132. Dispersio Universitatis Parisiensis. — Crévier, *Hist. de l'Univ. de Paris*, t. II, p. 341. — D'Achery, *Spicilegium*, t. III, p. 32, *Chronicon Guil. de Nangis* ad ann. MCCXXX.

(3) Du Boulay, *Hist. Univ. Paris.*, t. III, p. 133. « Loca commoda et amœna offert, privilegia non modo ea quæ Parisiis habebant, sed et ampliora pollicetur. »

(4) Wallon, *Saint Louis et son temps*, t. I, p. 16.

(5) Matthieu Paris, *Hist. Angl. Maj.*, *Id.*
      Heu! morimur strati, vincti, mersi, spoliati.
      Mens mala legati nos facit ista pati.
— Du Boulay, *Hist. Univ. Paris.*, t. III, p. 133.

(6) Matthieu Paris, *Id.* « Sic ergo a nutrice philosophiæ et alumna sapientiæ civitate Parisiaca recedentes Clerici, legatum Romanum execrantes, Reginæ muliebrem maledixerunt superbiam. »

(7) *Monum. Germ. hist.*, t. XXIII, *Chronic. Albrici*, *Id.* « Inde culpabantur Regina et ipse domnus Cardinalis. »

fut une vraie désolation, qui reportait la pensée en deuil aux temps de la captivité de Babylone : les accents de Jérémie se retrouvent dans les chroniques des contemporains, qui pleuraient sur Paris, demeurant, comme autrefois Jérusalem, solitaire et privée de son peuple d'écoliers, dont elle se montrait si fière, parce qu'ils faisaient son succès et sa gloire (1). La vieille Lutèce s'animait, prenait un corps et une âme; secouée par les sanglots, elle apparaissait sous les traits d'une matrone éplorée, et s'adressant à ceux qui partaient : « Pauvres clercs, disait-elle, voyez mon angoisse, vous tous qui me délaissez! Mes larmes coulent. Je pleure mon malheur, pleurez aussi le vôtre (2). »

(1) Matthieu Paris, *Id.* « Et remansit orbata clero suo civitas, quæ solet in illo gloriari. »
(2) Matthieu Paris, *Id.* « Ut si loqueretur Urbs Parisiaca clero sub planctu :
    Clere, tremisce metu, quia vis contemnere me tu.
    Perfundor fletu : mea damna fleo, tua fle tu.

XII

ÉMOTION PRODUITE EN EUROPE PAR LA DISPERSION DE L'UNIVERSITÉ DE PARIS. — CAUSES DE CETTE ÉMOTION. — LES ÉCOLES DE PARIS FOURNISSENT A L'ÉGLISE SES MINISTRES LES PLUS ILLUSTRES ET A L'ÉTAT SES SERVITEURS LES PLUS ÉCLAIRÉS. — LES MAITRES ET LES ÉCOLIERS AUX AFFAIRES, DANS LES CONCILES ET LES LÉGATIONS, A LA COUR, DANS LES PARLEMENTS, LES CONSEILS ET LES AMBASSADES. — L'ÉCOLE DE SAINT-JACQUES APRÈS LA DISPERSION. — LE TRAITÉ DE MEAUX. — LE COUVENT DE SAINT-JACQUES ET L'UNIVERSITÉ DE TOULOUSE.

Le poëte de Mantoue nous a signalé le moment psychologique de toutes les émeutes populaires, lorsqu'il a dit : « Que soudain un homme se présente à la foule en délire, elle se tait et dresse à sa parole une oreille attentive (1). » L'homme dont Virgile exaltait ainsi l'irrésistible ascendant, s'est parfois rencontré parmi les citoyens des anciennes républiques de Rome, d'Athènes ; cependant cette toute-puissance semblait être jadis le partage réservé surtout à l'homme de Dieu, et la Sagesse éternelle, pour distinguer le serviteur du Très-Haut, « le montre domptant la multitude, non point par sa force corporelle ou par la puissance de ses armes, mais par sa parole (2). » Et, sous la même inspiration divine, le fils de Sirach achevait le portrait de ces hommes de Dieu, « qui commandent aux peuples, qui savent, à force de prudence, les soumettre à leurs sages avis.

---

(1) Virgile, *Enéide*, l. I, v. 151.
  « Tum, pietate gravem ac meritis si forte virum quem
  Conspexère, silent, arrectisque auribus adstant. »
(2) Sagesse, c. XVIII, 21, 22. « Ostendens quoniam tuus est famulus. Vicit autem turbas, non in virtute corporis, nec armaturæ potentia, sed verbo. »

Hommes riches en vertus, animés de l'amour du beau, capables d'assurer la paix dans les cités (1). »

Jourdain de Saxe eût été l'homme de Virgile, le pacificateur des saints Livres, au milieu de l'émeute qui menaçait de ruiner l'Université de Paris. L'autorité du Maître général aurait eu raison de l'effervescence des écoliers, sa parole aurait calmé les esprits, sa prudence n'eût pas manqué d'aplanir les difficultés qui séparaient les dissidents. De véritables abîmes s'étaient creusés entre les partis intéressés à la querelle. Romain de Saint-Ange représentait bien le pape, protecteur reconnu des écoles; mais il avait, en mainte occasion, commis l'imprudence de blesser les écoliers, de froisser leur susceptibilité : ils n'avaient pas oublié l'affaire du sceau brisé, et le légat se rappelait sa dignité outragée, ses gens malmenés (2), sa maison presque prise d'assaut. Guillaume d'Auvergne, irrité par les démonstrations tumultueuses des écoliers et des maîtres, avait exaspéré l'association entière par la rude fermeté qu'il avait mise à maintenir ses droits. L'évêque de Paris n'avait pas un instant hésité à se ranger du côté du roi, contre une tourbe de séditieux et de rebelles. Blanche de Castille n'éprouvait qu'un médiocre intérêt pour cette jeunesse turbulente que l'Université « attirait de toutes les parties de l'Europe (3), » pour ces maîtres audacieux dont « la plupart tenaient peu à Paris, où ils étaient étrangers (4), » et qui, dictant des conditions, semblaient prétendre traiter avec la royauté de puissance à puissance. La reine mère se sentait beaucoup mieux disposée en faveur de son *menu peuple;* elle voulait avant tout assurer la tranquillité de sa bonne ville, et ne se résignait pas à sacrifier, ne fût-ce qu'en apparence, la cause des bourgeois de Paris. On ne put donc pas s'entendre : l'U-

---

(1) Ecclésiastique, c. XLIV, 4, 6. « Imperantes in præsenti populo, et virtute prudentiæ populis sanctissima verba. Homines divites in virtute, pulchritudinis studium habentes, pacificantes in domibus suis. »

(2) *Monumenta Germaniæ historica*, t. XXIII. *Chronicon Albrici monachi Trium-Fontium*, p. 917. « Vulnerati fuerant duo de familia ejus. »

(3) Crévier, *Hist. de l'Univ. de Paris*, t. I, p. 275.

(4) *Id.*, p. 340.

niversité ferma ses portes, maîtres et écoliers se dispersèrent (1).

L'émotion fut grande dans les divers pays de l'Europe. Nangis nous apprend quel trouble cette nouvelle jeta dans tous les esprits, en France (2). Le contre-coup se fit vivement ressentir en Angleterre, au dire de Matthieu Paris (3), et nous trouvons dans le moine Albéric (4), le chroniqueur des Trois-Fontaines, les douloureux échos que cette dispersion éveillait en Allemagne, au-delà du Rhin. En Italie (5), à Rome surtout, où le sacré Collège comptait plusieurs écoliers de Paris honorés de la pourpre cardinalice, l'impression de tristesse fut si profonde, que la trace en est restée dans les lettres du pape Grégoire IX.

Pouvait-il en être autrement? Depuis longtemps déjà l'Université de Paris s'était fait une situation prépondérante dans l'Église et dans l'État. Ses maîtres et ses écoliers, investis d'honneurs et de puissance, papes ou cardinaux, légats, nonces ou chanceliers, évêques, doyens ou archidiacres, avaient rempli et remplissaient encore les plus hautes fonctions dans la société chrétienne. Célestin II, Adrien IV, et Innocent III avaient étudié à l'Université de Paris (6) : Grégoire IX rappelait avec une grâce parfaite qu'il y avait conquis ses grades en théologie (7), et, parmi ses successeurs sur le siège de Saint-Pierre, nous voyons, à quarante ans d'intervalle, Martin IV, Honorius IV et Boniface VIII se montrer fiers de pouvoir revendiquer le même honneur (8).

---

(1) Du Boulay, *Hist. Univ. Paris.*, t. III, p. 131.
(2) D'Achery, *Spicilegium*, t. III, *Chronicon Guillelmi de Nangis*, p. 32.
(3) Matthieu Paris, *Hist. Angl. major*, ad annum 1229.
(4) *Monum. Germ. hist.*, t. XXIII, *Chronicon Albrici monachi Trium-Fontium*, p. 923.
(5) Raynald., *Annales*, t. XXI, p. 16.
(6) Du Boulay, *Hist. Univ. Paris.*, t. II, *Catal. illust. Acad.*, p. 749. « Quippe qui a pueritia sua in Gymnasio Parisiensi operam litteris impenderat. » — *Id.*, p. 730. — Crévier, *Hist. de l'Univ. de Paris*, t. I, p. 220.
(7) Du Boulay, *Id.*, t. III, *Catal. illust. Acad.*, p. 680. « Lutetiæ summum in theologia apicem consecutus est, ut ipse dixit in quibusdam privilegiis Universitati concessis. » — Lacordaire, *Vie de saint Dominique*, c. XII, p. 310.
(8) Du Boulay, *Id.*, p. 698. « Martinus IV... Universitatem Parisiensem cujus se alumnum fuisse gloriabatur pluries reformavit. » — P. 689. « Honorius IV ex illustri Sabellorum gente, Parisius se studuisse scribit. » — P. 676. « Bonifacius VIII, patria Anagninus, in Musæo Parisiensi diu versatus. »

Les vicaires de Jésus-Christ, formés à l'École de Paris, ou touchés du mérite de ses maîtres, les appelaient à partager le fardeau des affaires, et leur donnaient place au premier rang, autour de la chaire apostolique. L'un de ces hauts conseillers, le cardinal Pierre de Léon, instruit à l'Université de Paris, « put bien y devenir un habile homme, mais non pas un homme vertueux (1) » car il n'apprit point à réfréner son ambition, et, s'appuyant sur la faction de ses frères, il ne craignit pas d'usurper la souveraineté pontificale, à l'exercer même comme antipape sous le nom d'Anaclet (2). Sa science le perdit : au lieu de l'appliquer à édifier, selon la parole de saint Paul, sur le fondement des apôtres, il la fit servir à une œuvre de destruction. Nous ne le passons point sous silence, parce que le mauvais usage auquel il dépensa son mérite, ne trouble nullement la pureté de la source où il l'avait puisé. Tels ne furent pas les cardinaux Yves et Hugues de Saint-Victor, Aubry de Beauvais, Matthieu d'Angers (3) : l'éclat sans tache de leur réputation rejaillit sur l'École qui les avait exercés à la sagesse. Comme eux, Robert Pullus s'était rendu célèbre par ses leçons à Paris. Théologien que l'on disait « digne de louange sans exception, il joignit la vertu au savoir et sut être sage avec sobriété (4). » Henri Ier tenta vainement de l'attirer en Angleterre par l'appât des dignités ; mais son détachement des grandeurs ne tint pas devant les instances du pape Célestin II, qui le fit cardinal et chancelier de l'Église romaine.

Le cardinal Pierre de Saint-Chrysogone avait subi les mêmes épreuves universitaires et passé par la même préparation (5).

---

(1) Crévier, *Id.*, p. 174.
(2) Fleury, *Hist. Ecclés.*, t. XIV, 68, 1.
(3) Frizon, *Gallia Purpurata*, p. 140, 149, 152, 171. — Du Boulay, *Id.*, t. II, *Catal. illust. Acad.*, p. 752, 748, 723. — *Gallia Christiana*, t. IV, p. 469.
(4) Crévier, *Id.*, p. 168. — Du Boulay, *Id.*, p. 244. « Hisce temporibus inter cardinales eminebat et doctrina et sanctitate vitæ M. Robertus Pullanus, Universitatis Parisiensis olim alumnus et magister, tunc vero cancellarius apostolicæ sedis. »
(5) Du Boulay, *Id.*, *Catal. illust. Acad.*, p. 765. « Petrus S. Chrysogoni, cons-

Légat en France, il fut chargé par le pape Alexandre III « de lui faire connaître les gens de lettres de ce royaume, qui méritaient que l'Eglise romaine les adoptât et les fît entrer en société de ses honneurs (1). » L'ancien Maître fournit le renseignement demandé, et nomma au Souverain Pontife, « entre autres, Pierre le Mangeur, Bernard, coadjuteur de ce théologien dans les fonctions de l'enseignement, et Girard la Pucelle, tous professeurs dans l'Ecole de Paris (2). » Le cardinal Melior fut un de ces glorieux fils d'adoption, que l'Université avait nourris pour l'Eglise du meilleur lait de sa doctrine (3), comme le cardinal Guillaume de Champagne, archevêque de Reims, le cardinal Henri de Sully, archevêque de Bourges (4), comme le cardinal Humbert, archevêque de Milan, qui, dix années durant, s'était assuré un rang honorable parmi les professeurs de Paris (5).

Le cardinal-archevêque de Cantorbéry, Etienne de Langton, « avait fourni avec distinction la carrière de ses études à Paris (6) ». Maître Jean d'Abbeville, doyen de l'Eglise d'Amiens,

cholaris Stephani Tornacensis, ex Magistro Parisiensi ad cardinalatum assumptus, varias legationes sub Alexandro III obiit in Gallia. »

(1) Crévier, *Id.*, p. 243.

(2) Crévier, *Id.*, p. 266. — Du Boulay, *Id.*, *Catal. illust. Acad.*, p. 765, 729. » Bernardus Pisanus vir fuit magnæ litteraturæ, praepositus scholae Petri Comestoris in Academia Parisiensi. » — P. 734. « Girardus Pucella diu in Academia Parisiensi scholas habuit. »

(3) Du Boulay, *Id.*, *Catal. illust. Acad.*, p. 755. « Melior ex Magistro Parisiensi assumptus ad cardinalatum a Lucio III, plurimum apud eum potuit. »

(4) Frizon, *Gallia Purpurata*, p. 175 et 189. — Du Boulay, *Id.*, *Catal. illust. Acad.*, p. 744. « Guillelmus Blesensis seu de Campania... in scholis Parisiensibus educatus, unde vir litteratissimus et non minus saecularibus quam theologicis studiis imbutus exiit. »

(5) *Mon. Germ. hist.*, t. XXIII, *Chron. Albrici*, p. 878. « Anno 1200, apud Mediolanum, Humbertus, theologus et cardinalis fuit archiepiscopus per annos 7, qui rexit Parisius decem annis. » — Ughelli, *Italia sacra*, t. IV, *Mediolanenses Episcopi*, p. 165.

(6) Crévier, *Id.*, p. 305. — Matthieu Paris, *Hist. Angl. major.*, ad ann. 1207. « Quod Parisius diu vacans liberalibus studiis, in tantum profecit, ut meruerit esse doctor, non solum in liberalibus facultatibus, verum et in theologicis disciplinis. » — Du Boulay, *Id.*, t. III, p 131. « Is est qui Biblia apud Parisium quotavit et libros Regum exposuit. » — *Id.*, *Catal. ill. Acad.*, p. 710. — *Monum. Germ. hist.*, *Id.*, p. 922. « Anno 1228 mortuus est archiepiscopus Cantuariensis magister Stephanus de Languenton, super omnes sui temporis nominatus theologus. »

archevêque de Besançon, avait enseigné avec un succès égal, à Paris, les arts libéraux et la théologie ; sur son refus d'accepter le siège patriarcal de Constantinople, il avait été promu au cardinalat (1), et il venait de voir Jacques de Vitry, écolier aussi et maître de l'Université, quitter la chaire épiscopale de Saint-Jean d'Acre, pour prendre place à ses côtés parmi les membres du sacré Collège (2).

Est-ce que le cardinal Robert de Courçon n'était pas un écolier de Paris (3), comme le cardinal Gilles d'Espagne (4), le cardinal Barthélemy Lombard (5), le cardinal Olivier de Paderborn (6), et d'autres encore que l'archevêque de Cantorbéry Richard disait avoir connus étudiants à l'Université (7) ? Sous la pourpre

---

(1) Du Boulay, *Id.*, p. 139 et 692. « Joannes de Abbatis-Villa, decanus Ambianensis, post laudabilem artium liberalium professionem, ad theologiam se contulit, in qua plurimum excelluit, eamque multis annis in Studio Parisiensi egregie docuit. » — *Monum. Germ. hist.*, *Id.*, p. 916. « Anno 1225, Magister Johannes de Abbatis-Villa Remis consecratur in archiepiscopum Bisuntinum. » — *Id.*, p. 919. « Anno 1227, onus illud Constantinopolitanæ sedis non consensit adoptare, unde dominus Papa cardinalem eum instituit. » — Frizon, *Gallia Parpurata*, p. 212. — *Gallia Christiana*, t. XV, p. 64. « Gregorius IX qui Joannem in scholis Parisiensibus condiscipulum habuerat, tantæ doctrinæ, tantæque industriæ virum... cardinalem creavit. »

(2) Du Boulay, *Id.*, p. 92. « Magister Jacobus de Vitriaco, alumnus et magister Universitatis. » — *Id.*, p. 690. — *Monum., Germ. hist.*, *Id.*, p. 905. « Magister Jacobus de Vitriaco factus est in partibus transmarinis Aconensis episcopus. » — *Id.*, p. 923. « Anno 1229, dimisso episcopatu suo in partes Leodii reversus et inde Romæ a Papa accersitus, fit cardinalis episcopus Tusculanus. » — Frizon, *Gallia Parpurata*, p. 214.

(3) Du Boulay, *Id.*, t. III, *Catal. illust. Acad.*, p. 708. « Robertus de Curson... Lutetiæ philosophica et theologica studia amplexus est, in quibus gradus omnes consecutus est. Doctor theologus, deinde cancellarius Ecclesiæ Parisiensis et Universitatis... Romam ab Innocentio III, cum quo in scholis et graduum cursu fuerat, accersitus, cardinalis creatus est. »

(4) Du Boulay, *Id.*, *Catal. illust. Acad.*, p. 671. « Ægidius Hispanus Lutetiam venit ad scolam publicam, unde reversus ad Curiam Romanam adscitus cardinalitium honorem obtinuit, magnæque fuit apud pontifices, præsertim Gregorium IX et Innocentium IV, authoritatis. »

(5) *Monum. Germ. hist.*, *Id.*, p. 918 et 920. « Magistrum Bartholomeum natione Lombardum, satis nominatum et discretum theologum. »

(6) *Monum. Germ. hist.*, t. XVI, *Annales Stadenses*, p. 356. « Magister Oliverus, prædicator famosissimus, postea Paderbornensis electus episcopus, et tandem sanctæ Sabinæ presbyter cardinalis. »

(7) Du Boulay, *Id.*, p. 136. « Eodem anno 1229, Magister Richardus, ecclesiæ Lincolnensis Cancellarius, ad archiepiscopatum Cantuariensem cum elogio Romæ

romaine, il n'était aucun de ces princes de l'Eglise qui ne se fît un titre de gloire du nom de Maître, quand ils avaient cueilli les palmes de docteur à l'Université de Paris (1).

L'Eglise catholique, fidèle à ses traditions déjà vieilles de deux cents ans, s'estimait heureuse et fière de choisir ses pasteurs dans les écoles de Paris, pour les asseoir sur ses chaires épiscopales, chez les différents peuples de l'Europe, et particulièrement en France, en Allemagne, en Angleterre. Et ces choix n'étaient pas de ceux qui pouvaient diminuer son prestige ou porter atteinte à sa dignité. La liste de ces prélats, à la science éprouvée, serait longue à dresser aux temps qui nous occupent, aux dernières années du douzième, aux premières du treizième siècle. Certes, ils méritaient bien d'être appelés à prendre en main le gouvernement des âmes, l'archevêque de Cantorbéry, l'illustre martyr saint Thomas Becket, l'une des gloires les plus pures de l'Ecole de Paris (2); l'archevêque de Rouen Gautier de Coutances et son successeur Robert Pullus, à qui l'enseignement de la théologie permettait de marcher presque de pair avec le cardinal de même nom (3); l'archevêque de Bourges, saint Guillaume, que ses austérités précoces avaient fait appeler Guillaume l'Ermite par ses condisciples (4); l'archevêque de Sens, Pierre de Corbeil, et son successeur Gauthier Cornut, le premier, théologien fameux, maître illustre, que le légat Octavien avait fait

---

promotus est... Ille autem Richardus olim multis Romanis cardinalibus in Academia Parisiensi innotuerat. »

(1) Du Boulay, *Id.*, t. II, *Catal. illust. Acad.*, p. 755. « Vocat illum Stephanus Magistrum Meliorem, nam etiam cardinales honori ducebant Magistri nomine insigniti, si eum gradum in Academia Parisiensi assecuti fuissent. »

(2) Du Boulay, *Id.*, t. II, *Catal. illust. Acad.*, p. 776. « Thomas Becket, ad capessenda bonarum litterarum studia, a parentibus missus est Parisios. »

(3) Du Boulay, *Id.*, t. III, p. 44. « Magistro Waltero de Constantiis suffectus est magister Robertus Pullus, insignis theologiæ professor. » — *Gallia Christiana*, t. XI, p. 59, « Pullus ille longe alius est a Roberto Pullo Anglo, cardinali et celeberrimo theologo. » — *Monum. Germ. hist., Id.*, p. 887.

(4) Du Boulay, *Id.*, *Catal. illust. Acad.*, p. 682. « Guillelmus de Archesiis primos adolescentiæ annos exegit in Academia Parisiensi, tantæ abstinentiæ et austeritatis fuit ut Guillelmus Eremita diceretur. » — Fleury, *Hist. Ecclés.*, t. XVI, 75, 28. — *Gallia Christiana*, t. II, p. 60.

évêque de Cambrai, et le Pape archevêque de Sens, le second, théologien non moins célèbre, docteur renommé en droit civil et en droit canon (1); l'archevêque d'Embrun, Bertrand, auparavant chancelier de Notre-Dame (2); l'archevêque de Reims, Guillaume de Joinville, qui, évêque de Langres, avait versé ses meilleures bénédictions sur l'Ordre naissant du Val des Ecoliers (3); l'archevêque de Rouen, Maurice, appelé de l'Eglise du Mans à reprendre les traditions savantes de Robert Pullus, au lieu et place de maître Thomas (4); l'archevêque de Besançon, Nicolas, successeur du cardinal Jean d'Abbeville (5); l'archevêque Gautier de Hemesham, nommé à la mort du cardinal Etienne de Langton; l'archevêque Richard, qui lui fut substitué par le pape sur le siège de Cantorbéry (6); son successeur saint Edmond, prédicateur éloquent, dialecticien habile, professeur d'une piété admirable : ses leçons dans les arts et ensuite dans la théologie, avaient

(1) *Gallia Christiana*, t. XII, p. 57. « Famosus ille erat theologiæ professor, Petrus dictus de Corbolio... In scholarum regimine diu claruerat. » — *Monum. Germ. hist., Id.*, p. 877 et 912. « Archiepiscopus Senonensis Magister Petrus de Corbolio doctor opinatissimus. » — Fleury, *Hist. Ecclés.*, t. XVI, 75, 27. — *Cart. de Notre-Dame*, t. IV, p. 71.
Du Boulay, *Id.*, p. 104. « Alii favebant Magistro Gualtero Cornuto insigni theologo et utriusque juris perito. » — *Id., Catal. illust. Acad.*, p. 681. — *Monum. Germ. hist.*, *Id.*, p. 912. — *Gallia Christiana*, t. VII, p. 202. — *Cart. de Notre-Dame*, t. IV, p. 50.
(2) *Monum. Germ. hist., Id.*, p. 887. « Bertramnus qui erat cancellarius Parisiensis post Pictavinum, factus est archiepiscopus Ebredunensis. »
(3) Du Boulay, *Id.*, p. 17. — *Id., Catal. illust. Acad.*, p. 682. « Guillelmus de Joinvilla sacræ theologiæ professor, e Remensi archidiacono factus episcopus Lingonensis, accepit primos Ordinis Vallis-Scholarium institutores Magistros et Scholares Parisienses. » — *Gallia Christiana*, t. IX, p. 107.
(4) *Monum. Germ. hist., Id.*, p. 929. « Episcopus Cenomanensis Magister Mauritius fit archiepiscopus Rothomagensis, per Papam repudiato et cassato Magistro Thoma. » — D'Achery, *Spicilegium* t. III, *Chronic. MS. Eccles. Rothom.*, p. 614. — *Gallia Christiana*, t. XI, p. 62.
(5) *Monum. Germ. hist., Id.*, p. 922. « Archiepiscopatum Bisuntinum Magister Nicholaüs optinuit predicator et bonus theologus. »
(6) Du Boulay, *Id.*, p. 131. « Monachos impetrato a Rege eligendi licentia, elegisse de gremio ecclesiæ suæ Magistrum Gualterum de Hemesham. » — *Id.*, p. 136. « Magister Richardus, ecclesiæ Lincolnensis Cancellarius, ad archiepiscopatum Cantuariensem promotus est cum elogio Romæ, repulso Gualtero. » — *Monum. Germ. hist., Id.*, p. 922. — Fleury, *Hist. Ecclés.*, t. XVI, 79, 52.

excité le même enthousiasme parmi la jeunesse des écoles (1) ; le premier archevêque de Strigonie, Robert de Vesprim (2) : enfin Michel de Corbeil et Raoul, tous deux patriarches latins de Jérusalem (3).

A côté de ces primats des Gaules, d'Angleterre, de Palestine et de Hongrie, il nous est permis de citer, inférieurs par le rang, mais égaux par le mérite, les évêques de Paris, Pierre Lombard, « rendu illustre par son livre des *Sentences*, et qui fut élevé à cette grande dignité sur la seule recommandation de son rare savoir » (4), Maurice et Eudes de Sully, qui veillaient avec une égale sollicitude à la construction de l'église et aux succès des Ecoles de Notre-Dame (5); Guillaume de Seignelai, dont le vaste savoir avait embrassé les arts, le droit canon et la théologie (6); Guillaume d'Auvergne, le prince des docteurs de son temps, titre glorieux entre tous, qui résume les louanges que l'on prodiguait à sa science, à son éloquence (7);

---

(1) Du Boulay, *Id.*, p. 99. « Edmundus Richius... summa discipulorum frequentia et nominis fama Lutetiæ docebat... Lutetiam profectus, confecto studiorum curriculo, cathedram quoque magistralem conscendit. » — P. 101. « Transactis sex annis quibus in Artibus egregie rexerat... sese mox ad Theologiæ studium contulit. » — P. 101. « Sacræ Scripturæ doctor effectus... erat prædicator egregius, disputator acutissimus, lector pius. » — *Id.*, *Catal. illust. Acad.*, p. 679. — — Fleury, *Hist. Ecclés.*, t. XVII, 80, 33.

(2) *Monum. Germ. hist.*, *Id.*, p. 920. « In Hungaria Magister Robertus Vesprimensis fit archiepiscopus Strigoniensis. »

(3) *Monum Germ. hist.*, *Id.*, p. 916. « Patriarcha Hierosolymitanus Magister Radulfus. » — Fleury, *Hist. Ecclés.*, t. XV, 74, 48. — *Gallia Christiana*, t. XII, p. 55. Michel de Corbeil abandonna le siège de Jérusalem pour devenir archevêque de Sens. — *Histoire Littéraire*, t. XV, p. 324.

(4) Du Boulay, *Id.*, *Catal. ill. Acad.*, p. 766. « Petrus Lombardus in theologia scholastica proesertim excelluit. » — Crévier, *Ia.*, p. 202.

(5) Du Boulay, *Id.*, t. II, *Catal. ill. Acad.*, p. 754. « Mauricius de Soliaco... philosophiam et theologiam multis annis, antequam episcopus fieret, Parisiis gloriose docuerat. » — Crévier, *Id.*, t. I, p. 214. — Du Boulay, *Id.*, t. III, p. 37. « Videtur eodem anno 1207 facta fuisse quædam reformatio Universitatis ab Odone episcopo Parisiensi. » — *Cart. de Notre Dame*, t. I, p. 344. — Fleury, *Hist. Ecclés.*, t. XV, 74, 58.

(6) Du Boulay, t. III, *Catal. illust. Acad.*, p. 683. « Guillelmus de Seliniaco, postquam liberalium disciplinarum sufficienter peritum se sensit, ad juris canonici scientiam se contulit, in eaque excelluit : sed non iis facultatibus contentus, theologiam amplexus est. »

(7) Du Boulay, *Id.*, p. 123. « Magister Guillelmus Arvernus, insignis bonarum

l'évêque de Laon, Gauthier de Mortagne (1); l'évêque d'Avranches, Richard, l'évêque de Saint-Asaph, Adam du petit Pont, l'évêque de Poitiers, Gilbert de la Porrée, et leur disciple l'évêque de Chartres, Jean de Salisbury (2); l'évêque de Rennes, Etienne de Fougères (3); l'évêque de Châlons, Gérard de Douai (4); les évêques de Tournai, Etienne et Gauthier de Marvisie, (5); l'évêque d'Orléans, Philippe Berruyer (6); les évêques de Troyes, Hervé et Robert (7); les évêques de Senlis, Guérin et Adam (8); l'évêque de Cracovie, Yves Odrovacz, et l'évêque d'Esthonie Hermann (9); l'évêque de Paderborn, Olivier (10); l'évêque d'Hildesheim, Conrad (11); l'évêque de Langres, Hugues de Montréal (12); l'évêque

---

artium, deinde Theologiæ professor. » — *Id.*, *Catal. illust. Acad.*, p. 684. — *Monum. Germ. hist.*, *Id.*, p. 322. « Magister Guillelmus Alvernensis et ipse Theologus optimus, Parisius episcopatum optinuit. »

(1) Du Boulay, *Id.*, p. 739. « Gualterus de Mauritania, insignis in Monte San-Genovefiano professor rhetorices, ad Philosophiam et Theologiam se contulit,... episcopus Laudunensis. »

(2) Jean de Salisbury, *Metalog.*, l. I, c. v, et l. II, c. x. — Du Boulay, *Id.*, p. 770, 735, 750. « Joannes Saresberiensis, natione Anglus, adolescens studiorum causa Lutetiam venit. » — Crévier, *Id.*, p. 165.

(3) Du Boulay, *Id.*, p. 775. « Stephanus de Filgeriis... episcopus Rhedonensis, ingentis peritiæ et litteraturæ vir fuit. »

(4) *Monum. Germ. hist.*, *Id.*, p. 882. « Magister Gerardus de Duaco fit Cathalaunensis episcopus. » — Fleury, *Hist. Ecclés.*, t. XVI, 75, 55.

(5) Fleury, *Id.* — Crévier, *Id.*, p. 217. — *Histoire Littéraire*, t. XV, p. 524. — Du Boulay, *Id.*, p. 133. « Magistrum Walterum de Marvis, episcopum Tornacensem. »

(6) Du Boulay, *Id.*, p. 107. « Dum puer Philippus traditur studio litterarum in celeberrima Parisiorum Academia. »

(7) Du Boulay, *Id.*, p. 106. « Obiit hoc anno 1221 Magister Hervæus Trecensis episcopus in utroque jure peritus, cui successit Magister Robertus ejusdem ecclesiæ decanus. » — *Id.*, p. 94. — *Monum. Germ. hist.*, *Id.*, p. 887 et 913.

(8) Du Boulay, *Id.*, p. 74. « Garinus episcopus Silvanectensis, vir erat litteratus et litteratorum fautor egregius. » — Fleury, *Hist. Ecclés.*, t. XVI, 76, 59. — *Monum. Germ. hist.*, *Id.*, p. 919. « Silvanectensis episcopus succedit Magister Adam, sufficiens predicator et theologus. »

(9) Lacordaire, *Vie de saint Dominique*, ch. XII, p. 310. — *Monum. Germ. hist.*, *Id.*, p. 902. « Episcopus Estonie Magister Hermannus. »

(10) *Monum. Germ. hist.*, *Id.*, p. 917. « Magister Oliverus Pateburnensis episcopus. » — *Id.*, t. XVI, *Annales Stadenses*, p. 356.

(11) *Monum. Germ. hist.*, t. VII, *Chronic. Hildesheimense*, p. 860. « Venerabilis D. Conradus, qui postquam Parisius in divina pagina rexerat, assumptus fuit ad regimen ecclesie nostre. »

(12) *Monum. Germ. hist.*, *Id.*, p. 930. « Episcopus Lingonensis Magister Hugo de Monte Reguli. »

nommé de Châlons, Frédéric (1); l'évêque d'Amiens, Geoffroi d'Eu; l'évêque de Durham, Guillaume Scot (2); l'évêque de Salisbury, Robert Bingeham; l'évêque de Londres, Roger Lenoir; l'évêque de Chester, Alexandre de Stavenesse; l'évêque de Rochester, Henri de Stanford (3), et l'évêque d'Hereford, Hugues Folioth, (4) successeur sur ce siège, d'un illustre savant, Robert de Melun, « homme excellent et l'un des ornements de son siècle (5). » Ces archevêques, ces évêques n'étaient-ils pas tous des maîtres fameux, des écoliers de l'Université de Paris (6), « célèbres par la culture de l'enseignement des lettres profanes ou de la littérature sacrée (7), professeurs excellents, dit du Boulay (8), et d'une immense renommée? »

Les monastères des grands Ordres, Bénédictins de Cluny, de Citeaux, de Clairvaux, Augustins, Prémontrés, trouvaient également les chefs de leurs communautés, abbés ou prieurs, à Paris, parmi ces maîtres qui parlaient avec tant d'autorité, parmi ces écoliers qui écoutaient avec un désir si vif de s'instruire. Ainsi s'était affermie par des liens vivants, en France et à l'étranger, une alliance féconde entre l'Université et les Ordres

---

(1) Du Boulay, *Id.*, p. 17. « Magister Fredericus decretorum doctor facundissimus, vir prudens et authoritate magnus, et omni honestate fultus, electus et confirmatus episcopus Cathalaunensis. » — *Id.*, *Catalog. illustr. Acad.*, p. 679. — *Monum. Germ. hist., Id.*, p. 904. « In electione nominatus est Magister Fredericus. »

(2) Du Boulay, *Id.*, p. 131. « Ad eumdem annum 1228 notat Matthæus Paris Magistri Wuillelmi Scoti in episcopum Dunelmensem electionem Romæ irritam fuisse factam, in ejusque loco suffectum Robertum Saresberiensem episcopum, et loco Saresberiensis electum a Canonicis Magistrum Robertum Bingeham... Eodem anno obiit Eustachius Londinensis episcopus, iuque ejus locum a Canonicis suffectus est Magister Rogerus Niger, vir in litteratura profundi pectoris, honestus et per omnia laudabilis. »

(3) *Id.*, p. 136. « Magistro Alexandro de Stavenesse, episcopo Cestrensi, Magistro Henrico de Stanford, episcopo Roffensi. »

(4) *Id.*, p. 151. « Magister Hugo Folioth, Herefordensis episcopus. »

(5) Crévier, *Id.*, p. 157. — Du Boulay, *Id.*, t. II. *Catal. illust. Acad.*, p. 779. « Robertus de Meliduno Lutetiae primum, deinde Meliduni artium liberalium professionem exercuit. »

(6) *Id.*, p. 131. « Isti omnes in Universitate Parisiensi Magisterium fuerant adepti et exercuerant. »

(7) *Histoire Littéraire*, t. XV, p. 324.

(8) Du Boulay, *Id.*, t. II. p. 496 : « Ingentis famæ. »

religieux. Les pères avaient grandi sous ses ailes; ils laissaient aux fils, comme un héritage sacré, le soin d'acquitter la dette de leur reconnaissance. La célèbre abbaye du Bec, en Normandie, avait été dirigée par l'abbé Thibaut, qui devint archevêque de Cantorbery, et initia, le premier, les Anglais à l'étude des lois romaines (1). Le monastère de Larivour, fondé au diocèse de Troyes par les moines de Clairvaux, avait prospéré sous la houlette de l'abbé Alain de Flandre (2), plus tard évêque d'Auxerre. Aubry de Beauvais (3) avait été tour à tour sous-prieur de Cluny, prieur de Saint-Martin des Champs à Paris, et abbé de Vezelai, au diocèse d'Autun. Aluin avait rempli la charge de prieur à l'abbaye bénédictine de Saint-Vaast (4), et les fonctions d'abbé, à celle d'Anchin, au diocèse d'Arras, dont il fut ensuite évêque. Philippe avait été le second abbé du monastère de Bonne-Espérance (5), de l'ordre des Prémontrés, au diocèse de Cambrai. Les Cisterciens de Perseigne, au diocèse du Mans, obéissaient à l'abbé Pierre de Roissy, et les Bénédictins de Saint-Germer de Flaix, au diocèse de Beauvais, à l'abbé Eustache (6). A l'abbaye cistercienne de Froidmond, au diocèse de Beauvais, deux abbés, l'un, Guillaume Ier, favorisait les talents littéraires du moine Helinand, l'autre, Guillaume II, prêtait, en 1223, des livres si précieux alors, à maître Renaud, tout le temps que devaient durer ses études à Paris (7). Elie Guérin était, en 1229,

---

(1) Du Boulay, *id.*, t. II, *Catal. illust. Acad.*, p. 775. « Theobaldus Normannigena, ex abbate Beccensi factus archiepiscopus Cantuariensis, qui primus legum Romanarum doctrinam in Angliam invexit. »

(2) Id., p. 719. « Alanus Flander ex monacho Claravallensi evocatus ad Ripatorium, cujus primus abbas fuit. »

(3) Id., p. 723. « Albericus Bellovacensis, praeclari vir ingenii et perspicacisi nomen dedit inter Cluniacenses, quorum factus supprior... translatus ad monasterium Vezeliacense, eique abbas factus est. »

(4) Id., p. 725. « Aluinus... Prior apud S. Vedastum, Aquicinctinus abbas episcopus Atrebatensis. » — *Gallia Christiana*, t. III, p. 411.

(5) Id., p. 768. « Philippus abbas Bonæ-Spei, Ordinis Præmonstratensis, primum Parisiis studuit. » — *Gallia Christiana*, t. III, p. 199.

(6) Fleury, *Hist. Ecclés.*, t. XVI, 75, 12.

(7) *Gallia Christiana*, t. IX, p. 830. « Willelmus I... sub quo Helinandus, scripsit. » — P. 831. « Willelmus II Magistro Renaldo commodavit anno 1223 psalterium, glossam et quasdam sententias, quamdiu scholas Parisiis frequentavit. »

abbé des Cisterciens de Grand-Selve, au diocèse de Toulouse, et l'évêque de Tournai, Etienne, dans une lettre à l'archidiacre de Bordeaux, rappelait avec émotion le temps de leurs études et l'origine de leur vieille amitié (1). Ces abbés et ces prieurs, sortis des écoles de Paris, ont leurs noms inscrits au livre d'or de l'Université.

N'est-ce pas à ces mêmes écoles que s'étaient formés pour l'Allemagne, l'abbé Absalon (2), de Spremkirsbach, de l'ordre de Saint-Augustin, l'abbé Philippe, d'Ottoburg (3), monastère cistercien fondé au diocèse de Mayence, par les fils de Saint-Bernard, à Clairvaux, l'abbé Daniel, de Schonau (4), également fondé par les mêmes religieux, au diocèse de Strasbourg, enfin, les abbés Hémon et Menkon (5), de Vérum, monastère de l'ordre des Prémontrés, au diocèse de Trèves? Pour l'Angleterre, l'abbé Adam (6), d'Evesham, de l'ordre de Cîteaux; les abbés Guérin et Jean de la Celle (7), au grand monastère de Saint-Alban? Pour la Sicile, le frère de Pierre de Blois, Guillaume (8), abbé des Bénédictins de Maniaca? Pour le Danemark, saint Guillaume (9), abbé d'Eschil, de l'ordre de Saint-Augustin?

---

(1) Du Boulay, *id., Catal. illust. Acad.*, p. 774. « Stephanus Tornacensis alumnus scholæ Parisiensis, ut ipse testatur in Ep. 231 ad Archidiac. Burdigal. : Venerabilis abbas Silvæ Majoris, audito quod cum esset Parisius in scholis constitutus, quando me affabilitate vestra et notitia dignum judicastis. » — *Gallia Christiana*, t. XIII, p. 134.

(2) Id., p. 715. « Absalon apud San-Victorinos educatus et litteris informatus, deinde abbas Spremkirbacensis. » — *Gallia Christiana*, t. XIII, p. 621.

(3) Id., p. 773. « Parisius inter alios discipulos habuit Philippum, abbatem de Ottoburg. » — *Gallia Christiana*, t. V, p. 595.

(4) Du Boulay, *id.*, p. 730. « Daniel, abbas de Sconavia, Ordinis Cisterciensis, studuit, nescio an professus sit Lutetiæ. » — *Gallia Christiana*, t. V, p. 712.

(5) *Monum. Germ. hist.*, t. XXIII. *Emonis et Menkonis Werumensium abbatum Chronica*, p. 467. « Emo studii causa, cum fratre Adone Parisios adiit. » — P. 455. « Magistri titulo decoratus et in patriam reversus. »

(6) Du Boulay, *id., Catal. illust. Acad.*, p. 716. « Adam abbas Eveshamensis, Cisterciensis Ordinis, Anglus. »

(7) Du Boulay, *id.*, t. III, p. 77. « Magister Joannes de Cella, abbas S. Albani, successor Magistri Guarini... In juventute scholarum Parisiensium frequentator assiduus. » — *Id., Catal. illust. Acad.*, p. 694.

(8) Du Boulay, *id.*, t. II, *Catal. illust. Acad.*, p. 745. « Guillelmus Blesensis, Petri frater, se ad Benedictinos contulit... et factus est Maniacensis abbas. »

(9) Du Boulay, *id.*, t. III, p. 18. « Magister Willelmus Roschildensis abbas in

Faut-il étendre encore la glorieuse énumération de ces savants abbés ou prieurs que l'*Histoire littéraire* a sauvés de l'oubli, et qui ont enrichi le *Catalogue des illustres Académiciens*? Maître Godefroy (1), sous-prieur de Sainte-Barbe, au pays d'Auge, en Normandie; Maître Pierre Mirmet, abbé d'Andernes (2), abbaye cistercienne, fille de Charroux, près de Poitiers; Guillaume II, abbé de Savigny, au diocèse d'Avranches, ensuite de Cîteaux, « appelé un homme éminent en littérature (3); » Etienne, abbé de Saint-Euverte, à Orléans, puis de Sainte-Geneviève, à Paris (4), mort évêque de Tournai; saint Guillaume, abbé de Chailly (5), élevé pour son savoir et ses vertus, au siège archiépiscopal de Bourges; Giraud, abbé de Cluny (6), évêque de Valence, ensuite patriarche de Jérusalem; Jean de Matha (7), le fondateur de l'ordre des Trinitaires, Michel d'Espagne (8), qui abandonnait ses études pour courir les rejoindre, et devenir un de leurs premiers supérieurs; l'abbé de Clairvaux, Etienne de Lexington, fondateur du collège des Bernardins, et maître Jacques le Cistercien, à qui il en confia la direction (9), tous avaient étudié, le

Dania, olim a domo San-Genovefana vocatus est. » — Mabillon, *Ann.*, *Ord. S. Benedicti*, t. VI, p. 384. — *Histoire Littéraire*, t. IX, p. 116.

(1) *Histoire Littéraire*, t. XV, p. 69.
(2) *Histoire Littéraire*, t. XV, p. 48.
(3) *Histoire Littéraire*, t. XV, p. 55. « Eminentis litteraturæ. »
(4) Crévier, *id.*, p. 217. — Fleury, *Hist. Ecclés.*, t. XV, 74, 39. — *Histoire Littéraire*, t. XV, p. 524.
(5) Du Boulay, *id.*, t. III, *Catal. illust. Acad.*, p. 682. « Guillelmus de Archesiis... abbas Caroli-Loci... archiepiscopus Bituricensis. » — *Monum. Germ. hist.*, *id.*, p. 874. « Abbas Karoliloci Magister Guillelmus factus est archiepiscopus Bituricensis. »
(6) *Monum. Germ. hist.*, *id.*, p. 910. « Abbas Cluniacensis Magister Giroldus fit episcopus Valenciæ. » — *Id.*, p. 916. « Patriarcha Jerosolimitanus Radulfus moritur, cujus cathedram sortitus est episcopus Valentie Magister Giroldus. »
(7) *Monum. Germ. hist.*, *id.*, p. 875. « Surrexit novus Ordo Fratrum Domus Sanctæ Trinitatis per quemdam Magistrum Joannem de Francia, cooperante sibi papa, et iste Magister apud Cherfroid primam domun suam instituit. » — Fleury, *Hist. Ecclés.*, t. XVI, 75, 9.
(8) Du Boulay, *id.*, t. III, *Catal. illust. Acad.*, p. 701. « Michaël Hispanus cum Parisiis studeret, ad recentem Trinitatensium Ordinem se contulit... fuitque postea quintus eorum minister generalis. »
(9) Du Boulay, *id.*, p. 692. « Jacobus Cisterciensis... Doctor Parisiensis et

plus grand nombre avait obtenu le titre de docteur, après avoir enseigné dans les écoles de Paris.

L'abbaye de Saint-Victor et l'abbaye de Sainte-Geneviève occupaient les premières places dans l'Université : l'une et l'autre, avec une superbe émulation, aidaient tantôt à condenser, tantôt à dilater les rayons lumineux qui partaient des écoles de Paris. Sainte-Geneviève voyait ses abbés établir des écoles intérieures à côté des écoles extérieures (1), pour augmenter le travail tout en diminuant les dérangements de la communauté, ses chanceliers partager avec ceux de Notre-Dame, le droit de conférer la licence d'enseigner (2), ses chanoines porter en pays étranger, au Danemark, par exemple, le flambeau de la science et la gloire de leurs institutions (3). Saint-Victor devait sa renommée constante au zèle de ses religieux (4), fidèles à ne point laisser perdre l'héritage qu'ils tenaient des mains de leurs illustres devanciers (5). Ses abbés s'étaient appelés Gilduin (6), qui avait recueilli la brillante succession de Guillaume de Champeaux; Achard (7), qui était venu ensevelir dans ce monastère sa réputation, ses études et sa prodigieuse érudition; Guérin (8), qui n'avait point de rival dans la connaissance des arts libéraux. Ses prieurs avaient été Richard (9), Gautier (10), Tho-

collegio Bernardinorum a Stephano de Lexintone, abbate Claravallensi instituto præpositus. »
(1) *Histoire Littéraire*, t. IX, p. 116. — Crévier, *Hist. de l'Univ. de Paris*, t. I, p. 217 et 270.
(2) Du Boulay, *Hist. Univ. Paris*, t. III, p. 124. — Crévier, *id.*, p. 257.
(3) Du Boulay, *id.*, t. II, p. 285. — Crévier, *id.*, p. 270.
(4) *Histoire Littéraire*, t. IX, p. 113. — Crévier, *id.*, p. 216 et 272.
(5) Du Boulay, *id.*, t. II, p. 64 et 102. — Crévier, *id.*, p. 180 et 216. — Fleury, *Hist. Ecclés.*, t. XVII, *Disc. Prélim.*
(6) Du Boulay, *id.*, t. II, p. 37. — Crévier, *id.*, p. 123.
(7) Du Boulay, *id.*, *Catal. illust. Acad.*, p. 715. « Achardus... vir eruditione multiplici mirifice florens... Post longam litterarum professionem ad Canonicos regulares S. Victoris se contulit, quorum et abbas fuit. »
(8) Du Boulay, *id.*, p. 742. « Guarinus de S. Victore liberalibus artibus instructissimus, abbas. »
(9) Du Boulay, *id.*, p. 771. « Richardus a S. Victore... vir scienciis philosophicis et theologicis instructissimus, Subprior fuit deinde Prior. »
(10) Du Boulay, *id.*, p. 741. « Gualterus a S. Victore Richardo in Prioratu successit. »

mas (1) et Eudes, que Suger enlevait à ce rang secondaire, pour en faire le premier abbé de Sainte-Geneviève (2). « On compte jusqu'à sept cardinaux que cette pieuse et savante abbaye avait donnés, au douzième siècle, à l'Eglise romaine. A ces cardinaux, il faut joindre deux archevêques, six évêques et cinquante-quatre abbés (3). » Elle était devenue une des plus brillantes académies de l'Europe. « On la regardait dès lors, dit Jacques de Vitry, comme un port tranquille et assuré où l'on étudiait les sciences, hors du trouble et du tracas. »

Semblables destins étaient bien faits pour tenter des esprits d'élite et les engager dans la voie de l'imitation : aussi quatre maîtres célèbres en théologie, Guillaume, Richard, Evrard et Manassé, quittaient-ils les écoles de Paris, pour courir, sous l'habit des chanoines de Saint-Victor, jeter, dans une gorge profonde et sauvage du diocèse de Langres, les fondements d'un institut qui ne tardera pas à briller d'un vif éclat dans l'Université, l'Ordre du Val des Écoliers (4).

Les églises dont le gouvernement était remis à la sollicitude des saints et savants évêques sortis de l'Université, confiaient aussi la gestion de leurs affaires et l'administration de leurs intérêts à des officiers formés à la même discipline, chanceliers, doyens, chantres, archidiacres, officiaux, prévôts. Tels étaient tous les chanceliers de Notre-Dame, Pierre le Mangeur, Hilduin, Robert de Courçon, Pierre de Poitiers, Bertrand, Prépositin, Jean de Candel, Raoul ou Étienne de Reims et Philippe de Grève (5),

---

(1) Du Boulay, *id.*, p. 777. « Thomas a S. Victore ejusdem domus Prior. »

(2) Du Boulay, *id.*, p. 756. « Odo a S. Victore, vir eximiæ pietatis et doctrinæ, ejusdem domus Prior : tum ex Priore assumptus ad regimen novæ Abbatiæ San-Genovefæ, factusque est primus abbas. »

(3) *Histoire Littéraire*, t. IX, p. 113.

(4) Du Boulay, *id.*, t. III, p. 15. « Isti quidem Vallis-Scholarium sodalitio, quod Augustiniana norma regitur, initium dedere Lutetiani quatuor Theosophiæ professores. » — Crévier, *id.*, p. 328. — Fleury, *Hist. Ecclés.*, t. XVI, 75, 34.

(5) Du Boulay, *id.*, *Catal. illust. Acad.*, p. 708, Robert de Courçon, p. 704, Pierre de Poitiers, p. 694, Jean de Candel, Prépositin, Raoul ou Étienne de Reims, p. 705, Philippe de Grève. — *Cartulaire de Notre-Dame*, t. IV, p. 172. « Magister Petrus Manducator cancellarius » — *Id.*, t. I, p. 397. « Datum per manum Hilduini cancellarii. » — *Id.*, t. II, p. 69. « Datum per manum Magistri

les chanceliers de Sainte-Geneviève, les chanceliers de l'église de Lincoln, en Angleterre, Richard et Guillaume Schirwode (1).

Le doyen de Saint-Quentin, Jean de Barastre (2) et Réginald, le doyen de Saint-Aignan, à Orléans (3); celui-là, le premier bienfaiteur ici-bas du Couvent de Saint-Jacques, celui-ci, son premier protecteur au ciel; les doyens de Paris, Michel de Corbeil, Étienne de Reims, Gautier Cornut, Hugues, Renaud de Courville et Jean de Provins (4); le doyen de Saint-Germain l'Auxerrois, Étienne Berout (5); Michel, le doyen de Saint-Marcel (6); le doyen d'Amiens, Jean d'Abbeville (7); le doyen de Soissons, Geoffroi (8); le doyen d'Auxerre, Guillaume de Seignelai (9); le doyen de Troyes,

---

Petri cancellarii. » — *Id.*, t. I, p. 344. « Magister Prepositinus factus est cancellarius. » — *Id.*, t. I, p. 357. « Magister Stephanus Parisiensis cancellarius. » — *Monum. Germ. hist.*, *id.*, p. 886. « Bertramnus qui erat cancellarius Parisiensis post Pictavinum, factus est archiepiscopus Ebredunensis, et Magister Prepositinus factus est cancellarius Parisiensis. — P. 891. « Post cancellarium Parisiensem Magistrum Prepositinum, fuit cancellarius Magister Joannes de Candelis, et post eum Magister Stephanus, decanus Remensis. — P. 913. « Eodem anno 1223, factus est cancellarius Parisiensis Philippus optimus theologus, de ipsa civitate oriundus. »

(1) Du Boulay, *id.*, p. 136. « Eodem anno 1229 Magister Richardus ecclesiæ Lincolnensis cancellarius. » — *Id.*, *Catal. illust. Acad.*, p. 687. « Guillelmus Schirwode prima litterarum rudimenta et incrementa Oxonii accepit, posteriora vero Lutetiæ Parisiorum, Lincolnensis ecclesiæ cancellarius designatus. »

(2) Du Boulay, *id.*, p. 93. « Erat autem Magister ille Joannes decanus S. Quintini. »

(3) Du Boulay, *id.*, p. 90. « Hic Reginaldus erat S. Aniani Aurelianensis decanus. »

(4) *Cartulaire de Notre-Dame*, t. IV, p. 215. — *Id.*, p. 135. « Magister Stephanus de Remis, decanus et sacerdos. »

Du Boulay, *id.*, *Catal. illust. Acad.*, p. 681. « Gualterus Cornutus, decanus ecclesiæ Parisiensis. » — *Cart. de Notre-Dame*, t. IV, p. 174.

Cart. de Notre-Dame, *id.*, p. 19. « Magister Ernaldus de Curva-Villa, decanus et sacerdos. »

Monum. Germ. hist., *id.*, p. 923. « Fuit Romæ consecratus in episcopum Aconensem Magister Johannes de Pruvino, decanus Parisiensis. »

(5) *Cart. de Notre-Dame*, t. II, p. 474 : « De Magistro Stephano in decanum Sancti Germani Antissiodorensis Parisius electo. »

(6) *Cart. de Notre-Dame*, t. I, p. 101. « Magistrum Michaelem, decanum Sancti Marcelli Parisiensis. »

(7) Du Boulay, *id.*, *Catal. illust. Acad.*, p. 692. « Joannes de Abbatis-Villa, decanus Ambianensis. » — *Monum. Germ. hist.*, *id.*, p 916. « Magister Johannes de Abbatis-villa, Ambianensis decanus. »

(8) Du Boulay, *id.*, p. 37.

(9) Du Boulay, *id.*, *Catal. illust. Acad.*, p. 683. « Guillelmus de Seliniaco in Antissiodorensi ecclesia decanatum adeptus est. »

Robert (1), successeur de l'évêque Hervé; le doyen de Chartres, Barthélemy (2); les doyens de Rouen, Thomas de Fréauville et Etienne de Castelnau (3); le doyen de Tours, Aubry (4), s'étaient distingués comme docteurs et comme maitres de l'Université.

A ces sources de la science jaillissant entre les Thermes et les Arènes, avaient puisé, avec une ardeur égale et un succès pareil, les archidiacres de Paris Bernard et Guillaume, célèbre dans la guerre des Albigeois, Etienne de Provins, Aubry de Laon, Godefroi, Aymeric de Rives, destinés par la Providence aux grands sièges de Reims, de Besançon et de Lyon (5); l'archidiacre de Sens, Guillaume de Seignelai (6); l'archidiacre de Reims, Guillaume de Joinville (7); l'archidiacre de Tours, Philippe Berruyer (8); l'ar-

(1) Du Boulay, *id.*, p. 94 et 106.
(2) *Cart. de Saint-Père de Chartres*, t. II, p. 683. « Magistri Bartholomei Subdecani Carnotensis. »
(3) Du Boulay, *id.*, p. 146. « Magister Thomas de Freavilla, decanus Rothomagensis ecclesiæ factus est episcopus Bajocensis, sicque vacavit decanatus, nec nisi anno 1233 suffectus est successor Magister Stephanus de Castro-Anuri, vir magnæ litteraturæ, qui diu Parisius rexerat. » — D'Achery, *Spicilegium*, t. III, MS. *Chron. Eccles. Rothom.*, p. 614. « MCCXXXIII. Hoc anno Magister Stephanus de Castro-Auni factus est decanus Rothomagensis. »
(4) Du Boulay, *id.*, *Catal. illust. Acad.*, p. 672. — *Cart. de Notre-Dame*, t. I, p. 407. « Karissimo fratri nostro Magistro Alberico, Turonensi decano. »
(5) *Cart. de Notre-Dame*, t. IV, p. 193. « Magister Bernardus, sacerdos et archidiaconus. »
Du Boulay, *Hist. Univ. Paris.*, t. III, p. 64. « Willelmus, archidiaconus Parisiensis. » — Fleury, *Hist. Ecclés.*, t. XVI, 77, 1.
Cart. de Notre-Dame, t. IV, p. 37. « Magister Stephanus de Privino, archidiaconus Parisiensis. »
Du Boulay, *id.*, p. 39. « Magister Albericus de Lauduno, archidiaconus Parisiensis, consecratur archiepiscopus Remensis. » — *Id.*, *Catal. illust. Acad.*, p. 672. « Insignis theologus et concionator. » — *Monum. Germ. hist.*, *id.*, p. 887.
Du Boulay, *id.*, *Catal. illust. Acad.*, p. 680. « Gaufridus archidiaconus Parisiensis. » — *Monum. Germ. hist.*, *id.*, p. 940. « Magister Gaufridus Parisiensis archidyaconus fit Bisuntinus archiepiscopus. »
Du Boulay, *id.*, *Catal. illust. Acad.*, p. 674. « Aymericus de Ripis, vir excellentis ingenii... Juris canonici doctor studiosus, studiosorumque amator præclarus, fuit primum archidiaconus Parisiensis et anno 1236 archiepiscopus Lugdunensis. » — *Monum. Germ. hist.*, *id.*, p. 940. — Fleury, *Hist. Ecclés.*, t. XVII, 80, 59.
(6) Du Boulay, *id.*, *Catal. illust. Acad.*, p. 683. « Guillelmus de Seliniaco... in Senonensi ecclesia archidiaconatum Pruvinensem adeptus est. »
(7) *Id.*, p. 682. « Guillelmus de Joinvilla... e Remensi archidiacono factus episcopus Lingonensis. »
(8) *Id.*, p. 107. « Philippus Berruerius... Turonis factus archidiaconus. »

chidiacre de Chartres, Pierre (1); l'archidiacre de Cambrai, Bertier (2); l'archidiacre de Bayeux, Thomas Lenoir (3); les archidiacres de Châlons, Frédéric et Jean (4); l'archidiacre de Troyes, Nicolas (5); l'archidiacre de Soissons, Raoul de Coudun (6); l'archidiacre de Boulogne, Jacques (7); les archidiacres de Liège, Henri et Isnard (8); l'archidiacre de Norwick, Geoffroi (9); l'archidiacre de Cantorbéry, Simon de Langton (10); l'archidiacre de Bedfort, Jean (11); l'archidiacre de Leicester, Robert Grosse-Tête (12), plus tard évêque de Lincoln, et Jean Basyng (13), archidiacre de Londres et de Leicester.

Un grand nombre de maîtres, sortis des mêmes écoles de Paris, jouissaient des bénéfices qu'ils avaient mérités, et se reposaient de leurs fatigues, ou vaquaient à des fonctions diverses dans les

---

(1) *Cart. de Notre-Dame*, t. II, p. 532. « Magister Petrus archidiaconus Carnotensis. »

(2) Fleury, *Hist. Ecclés.*, t. XVI, 75, 55.

(3) *Cart. de Notre-Dame*, t. IV, p. 159. « Magister Thomas, dictus Niger, archidiaconus Baiocensis. »

(4) Du Boulay, *id.*, p. 17. « Magister Fridericus, Decretorum doctor facundisimus. » — *Id.*, *Catal. illust. Acad.*, p. 679. « Episcopus nominatus est Fridericus archidiaconus Cathalaunensis. »

Id., p. 136. « Scripsit Pontifex Gregorius ad Magistrum Joannem archidiaconum Cathalaunensem. »

(5) *Monum. Germ. hist.*, id., p. 933. « Mortuo Roberto Trecensi episcopo, electus est Magister Nicholaüs archidiaconus. »

(6) Du Boulay, *id.*, p. 124. « Obtinuerunt ab eodem Pontifice Gregorio Litteras ad Magistrum Radulphum de Condun tunc cantorem et archidiaconum Suessonensem. »

(7) Du Boulay, *id.*, p. 145. « Magistro Jacobo, archidiacono Morinensi. »

(8) Crévier, *Hist. de l'Univ. de Paris*, t. I, p. 277.

Monum. Germ. hist., id., p. 899. « Archidyaconus Leodiensis Magister Hirnardus. »

(9) Du Boulay, *id.*, p. 47. « Magister Gaufridus, archidiaconus Norwicensis. »

(10) Id., *Catal. illust. Acad.*, p. 710. — *Cart. de Notre-Dame*, t. IV, p. 19. « Magister Symon de Languetone archidiaconus Cantuariensis. »

(11) Du Boulay, *Id.*, p. 136. « Magistro Joanne de Heutona. » — Fleury, *Hist. Ecclés.* t. XVI, 79, 44.

(12) Du Boulay, *id.*, p. 154. « Lincolnensi episcopo defuncto successit Magister Robertus Grosse-Tete, Academiæ Parisiensis alumnus, vir litteratissimus. » — *Id.*, *Catal. illust. Acad.*, p. 709. — Fleury, *Hist. Ecclés.*, t. XVII, 80, 60.

(13) Du Boulay, *id.*, *Catal. illust. Acad.*, p. 695. « Joannes Basyng... Lutetiam Parisiorum, morem studiosorum secutus sui temporis, petiit. Factus archidiaconus Londinensis, deinde Lecestriensis. »

chapitres des églises cathédrales et collégiales. C'étaient les chantres de Paris, Pierre, Nicolas de Villemer, Guillaume de Montmorency (1); Raoul de Coudun, chantre de Soissons; Guy, chantre de Saint-Etienne, de Châlons (2); Raoul de Namur, chantre de Cambrai (3); Guillaume, chantre de Lincoln, en Angleterre (4). C'étaient Elie de Courson (5), pénitencier de Paris; Roger (6), primicier de Verdun. C'étaient les officiaux de Notre-Dame de Paris, Aubry, Arnaud et Hugues (7); les officiaux de Reims, Prieur, Bon, Guillaume et Godefroi (8); Eudes, official de l'église de Sens (9); Raoul du Coin de Mur, official de Chartres (10); Robert, official de Norwick, et saint Edmond, trésorier de l'église de Salisbury, en Angleterre (11). C'étaient Pierre du

(1) *Monum. Germ. hist. id.*, p. 874. « Cantor Parisiensis Magister Petrus doctor theologus, in religione et honestis moribus famosus et clarus. » — *Cart. de Notre-Dame*, t. II, p. 198; t. IV, p, 159.
Id., p. 70. « Magister Nycholaus de Villa-Maris, cantor et canonicus Parisiensis. »
Id., p. 120. « Magister Guillelmus de Monte Moranciaci, quondam succentor Parisiensis. »
(2) Du Boulay, *id.*, p. 23. « Magister Guido, cantor S. Stephani Catalaunensis. »
(3) *Monum. Germ. hist., id.*, ad ann. 1209, p. 890. « Magistro Radulfo de Namurco qui postea fuit cantor Cameracensis. »
(4) Du Boulay, *id.*, p. 23. « Magister Willelmus, ecclesiæ Lincolnensis præcentor et canonicus, ejusdem ecclesiæ fit episcopus. »
(5) *Cart. de Notre-Dame*, t. IV, p. 30. « Magister Helias de Corsone, canonicus penitenciarius Parisiensis. »
(6) *Mon. Germ. hist., id.*, p. 926. « Apud Tullum factus est episcopus Magister Rogerus, primicerius Virdunensis, vir nobilis et litteratus. »
(7) *Cart. de Notre-Dame*, t. I, p. 148. « Magistro Alberico officiali. »
Id., p. 426. « Magister Arnaldus officialis domini episcopi Parisiensis. »
Id., p. 425. « Magister Hugo, officialis curie Parisiensis. » — *Id.*, t. II, p. 48.
(8) *Documents inédits, Archives de la ville de Reims*, t. I, IIe partie, p. 502 : « Ad hoc probandum Magistrum Priorem, officialem nostrum ipsi concessimus. » — P. 513 : « Magister Bonus, officialis D. H. Burgundi archidiaconi. » — P. 514 : « Magister Willelmus, canonicus et officialis Remensis. » — P. 534 « Magister Godefridus, canonicus et officialis Remensis. »
(9) Id., t. I, p. 431. « Magister Odo, Senonensis curie officialis. »
(10) *Cart. de l'abbaye de Saint-Père de Chartres*, t. II, p. 685. « Magistro R. de Cunco-Muri, officiali Carnotensi. »
(11) Du Boulay, *id.*, p. 85. « Magistro Roberto, officiali Norwicensis ecclesiæ. »
Id., p. 102. « Edmundus Richius... in Angliam reversus, ex canonico et thesaurario Saresberiensi ad Archiepiscopatum Cantuariensem promotus est. »

Pape, prévôt de Créteil (1); Hugues de Chevreuse, prévôt de Larchant (2); Pierre de Colmieu et Adolphe d'Anagni, prévôts de Saint-Omer (3). C'était une multitude innombrable de chanoines que ce titre attachait à l'Église de Paris ou à d'autres Églises, et que le *Cartulaire de Notre-Dame* inscrit à chacune de ses pages, comme Pierre et Milon de Corbeil, Jean de Candel, Philippe de Grève, Raoul de Reims, Gauthier et Albert Cornut, Guillaume de Montmorency, Pierre Poudreaux, Hugues de Chevreuse, Simon de Sens, Nicolas de Chartres, Simon de Langton, Adolphe d'Anagni, Pierre Colonna, Etienne de Provins, Drogon de Favières, Lucas du Gif, Nicolas de Linières, Pierre de Laon, Nicolas de Garlande, Thibaut, saint Guillaume de Bourges, Adam, Jourdain et Simon d'Auteuil (4). C'étaient des chanoines de Sens, comme

---

(1) *Cart. de Notre-Dame*, t. II, p. 184. « De Cristolio et Succiaco... Magister Petrus de Papa, quondam prepositus eorumdem locorum. » — *Id.*, t. IV, p. 147.

(2) Id., t. II, p. 298. « Cum Capitulum Parisiense karissimo et concanonico meo Magistro Hugoni de Caprosia preposituram Liricantus contulisset. »

(3) Du Boulay, *id.*, p. 153. « Cum Magister Petrus de Collemedio præpositus ecclesiæ San-Audomarensis. »
Cart. de Notre-Dame, t. II, p. 433. « Magister Adenulphus, præpositus sancti Audomari, Morinensis dyocesis. » — *Id.*, t. IV, p. 36 et 136.

(4) *Cart. de Notre-Dame*, t. I, p. 72. « Magister Petrus de Corbolio, canonicus Parisiensis. »
Id., t. II, p. 438. « Quod officium Magister Milo de Corbolio, concanonicus noster, primum suscepit. »
Id., t. I, p. 113. « Magister Johannes de Candelis, canonicus Parisiensis. »
Id., t. IV, p. 64. « Magister Philippus de Greva, concanonicus noster. »
Id., p. 169. « Magister Radulphus de Remis, concanonicus noster. »
Id., p. 174. « Dilecti fratres et concanonici nostri, Galterus, decanus noster et Magister Albericus, frater ejus. »
Id., p. 120 et t. I, p. 297. « Magister Guillelmus de Monte-Moranciaci, canonicus Parisiensis. »
Id., t. I, p. 410. « Magistri Petri Pulverelli, quondam canonici Parisiensis. »
Id., p. 426. « Magistro H. de Caprosia, canonico Parisiensi. »
Id., p. 454. « Magister Symon de Senonis, canonicus Parisiensi. »
Id., t. II, p. 72. « Magistro Nicholao de Carnoto, canonico Parisiensi. »
Id., p. 105. « Magister Symon de Languetone, canonicus noster. »
Id., t. IV, p. 149. « Dilecto concanonico nostro Magistro Adenulpho. »
Id., t. II, p. 123. « Magistr Petri de Columna, quondam canonici Parisiensis. »
Id., p. 237. Magister Stephanus de Pruvino, canonicus Parisiensis. »
Id., p. 261. « Testamenti Magistri Droconis de Faveriis, quondam canonici Parisiensis. »

Etienne et Guertius (1); de Reims, comme Michel de Saint-Denis (2), Adam de Saint-Quentin, Raoul du Bourg et Prieur, dont les noms se lisent dans une formule de serment prêté à l'archevêque par les échevins de la ville (3). C'étaient des chanoines de Tours, comme Philippe Berruyer (4), de Chartres, comme Barthélemy de Moussy, Guillaume et Guérin (5), de Châlons, comme Barthélemy Lombard, plus tard cardinal (6), de Senlis, comme Aymeric et Guérin (7), de Noyon, comme Raoul de Corgen (8). C'étaient en pays étrangers, en Angleterre,

---

Id., t. IV, p. 10. « Magister Lucas de Gyf, canonicus Parisiensis. »
Id., p. 21. « Magister Nicholaus de Lineriis, canonicus et sacerdos. »
Id., p. 46. « Magister Petrus de Lauduno, canonicus Parisiensis. »
Id., p. 161. « Magister Nicholaus de Gallandia, canonicus Parisiensis. »
Id., t. I, p. 104. « Magister Theobaldus, canonicus Parisiensis. »
Du Boulay, id., Catal. illust. Acad., p. 682. « Guillelmus de Archesiis... canonicus Parisiensis. »
Id., t. II, p. 415. « Magistrum Adam, concanonicum nostrum. »
Id., t. I, p. 370. « Magistrum Jordanum, canonicum Parisiensem. »
Du Boulay, id., p. 144. « Magistris Warnerio Tenusino Parisius commoranti et Simoni de Alteis, ambobus canonicis. »

(1) Cart. de Notre-Dame, t. II, p. 532. « Magister Stephanus, Senonensis ecclesiæ canonicus. »
Id., t. III, p. 288. « Magister Guertius, canonicus Senonensis. »
(2) Id., t. IV, p. 94. « Magister Michael de Sancto Dyonisio, quondam canonicus Remensis. »
(3) Archives de la ville de Reims, t. I, IIe partie, p. 591 : « Magister Adam, Magister Radulfus de Burgo, Magister Prior, canonici Remensis. » — Id. p. 545.
(4) Du Boulay, Id., p. 107. « Philippus Berruerius... ad Academiam Parisiensem missus et inde reversus, Turonis canonicus factus. »
(5) Cart. de Notre-Dame, t. I. p. 105. « Magister Bartholomeus et Magister W. canonici Carnotenses. »
Id., p. 370. « Magistrum Bartholomeum de Monciaco, canonicum Carnotensem. »
Cart. de Saint-Père de Chartres, t. II, p. 619. « Magister Garinus, canonicus Carnotensis. »
(6) Monum. Germ. hist., Id., p. 917 et 920. « Electus est Cathalaunensis episcopus Magister Petrus de Collemedio, sed non acquievit... Tertia electione, prima pars quæ major et sanior videbatur, magistrum Bartholomeum nominavit natione Lombardum, ejusdem ecclesiæ canonicum, satis nominatum et discretum theologum. »
(7) Cart. de Notre-Dame, t. I, p. 108. « Magister Haymericus, canonicus Silvanectensis. »
Id., t. III, p. 288. « Magister Garinus, canonicus Silviniacencis. »
(8) Du Boulay, Id., p. 27. « Magistro R. de Corgen, Canonico Noviomensi. »

Maurice et Elie Bernardi, chanoines d'Yorck (1), Robert Bingeham, chanoine puis évêque de Salisbury, Roger Lenoir, chanoine puis évêque de Londres (2); en Italie, Ardingus, chanoine de Pavie, puis évêque de Florence (3); en Allemagne, Henri, chanoine d'Utrecht, Frédéric de Summerschenberg, chanoine de Magdebourg, Henri, chanoine de Liège (4), et Warner, chanoine de Tenuse (5).

Enfin, à des degrés divers de la hiérarchie ecclésiastique c'étaient encore des Maîtres de Paris, tels que Mainier, chanoine prébendé de Sainte-Geneviève (6), Geoffroi, chanoine de Saint-Cloud (7), Pierre de Fontenay, chanoine de Saint-Germain l'Auxerrois (8), Milon, prêtre de Combes-la-Ville (9), Pierre, chapelain de la Confrérie de Saint-Augustin (10), Pierre et Robert, chanoines réguliers de Saint-Victor (11), Pierre de Riga, chanoine régulier de Saint-Denis, clerc ou chapelain de l'église de Reims (12),

(1) *Cart. de Notre-Dame*, t. IV, p. 173. « Magister Mauricius, canonicus Eboracensis. »
Id., t. I, p. 419. « Magister Helyas Bernardi, canonicus Eboracensis. »
(2) Du Boulay, *Id.*, p. 131. « Loco Saresberiensis episcopi electum a canonicis Magistrum Robertum Bingeham... in Londinensis episcopi locum a canonicis suffectus est Magister Rogerus Niger, vir in litteratura profundi pectoris... canonicus de gremio ecclesiæ suæ electus. »
(3) *Cart. de Notre-Dame*, t. I, p. 126 et t. III, p. 240. « Magister Ardingus, canonicus Papiensis, Parisius commorans. »
(4) Voir ci-dessus, II, p. 11 : XI, p. 311.
(5) Du Boulay, *Id.*, p. 144 et 145. « Magistro Warnerio Tenusino canonico Parisius commoranti. »
(6) *Cart. de Notre-Dame*, t. II, p. 392. « Magistro Mainerio, cui prebenda Sanctæ Genovefæ concessa est. »
(7) Id., t. III, p. 288. « Magister Gaufridus, canonicus Sancti Clodoaldi Parisiensis. »
(8) Id., t. IV, p. 142. « Magister Petrus de Fonteneto, presbyter canonicus Sancti Germani Antissioderensis. »
(9) Id., t. II, p. 542. « Magister Milo, presbyter de Consvilla. »
(10) Id., t. I, p. 402. « De voluntate Magistri Petri, tunc temporis dicte confratrie sancti Augustini capellani. »
(11) Id., p. 114. « Præsentibus Magistro Petro, Magistro Roberto, canonicis Sancti Victoris. »
(12) *Monum. Germ. hist.*, *Id.*, p. 889. « Sancti Dyonisii canonicus regularis, Magister Petrus, Riga cognominatus, apud scolares et studiosos opinione celeberrimus. » — Du Boulay, *Id.*, p. 52. « Magister Petrus de Riga, clericus ecclesiæ Remensis, inter omnes doctores sui temporis doctissimus. » — Crévier, *id.*, p. 238. — *Archives de la ville de Reims*, t. I, IIe partie, p. 545.

les diacres Osmond et Eudes de Champeaux (1), le sous-diacre Raymond de Figeac (2), Raoul, clerc de l'église de Namur (3), et Olivier, clerc de l'église de Cologne (4).

Si la promotion aux bénéfices était à cette époque un moyen énergique et efficace d'encourager et de récompenser les études, il n'en résultait pour les titulaires aucun obstacle à leurs pérégrinations scientifiques, aucune interruption dans leurs travaux théologiques ou littéraires. « Les professeurs de notre Université, dit Crévier (5), prétendaient avoir le droit de percevoir, sans être obligés à résidence, les revenus de leurs bénéfices, en quelque lieu que ces bénéfices soient situés. La faveur des études n'est pas pour les seuls professeurs, elle embrasse également ceux qui s'instruisent par leurs leçons. » Grâce à des dispositions aussi bienveillantes, on voyait des archidiacres, des doyens, des chanoines, comme l'allemand Thierry, Henri de Liège, Guillaume de Seignelai, Raoul d'Évreux, Henri de Cologne, Frédéric de Summerschenberg, Ardingus de Pavie, Warner de Tenuse et Etienne de Cudot, ne pas craindre de quitter leurs diocèses pour fréquenter les écoles (6), et, par la même raison, les maîtres pourvus de ces bénéfices, n'en être nullement empêchés de continuer ou de reprendre leurs leçons à l'Université de Paris, témoin le doyen de Salisbury (7).

---

(1) *Cart. de Notre-Dame*, t. IV, p. 51. « Magister Osmundus, vicarius et dyaconus. »
Id., p. 69. « Magister Odo de Campellis, diaconus. »
(2) *Cart. de Notre-Dame*, t. IV, p. 3. « Magister Reimundus de Figiaco, subdiaconus et concanonicus noster. »
(3) Du Boulay, *Id.*, p. 49. « Qui misso clam Magistro Radulpho de Nemurcio clerico, diligenter inquiri fecerunt hujus sectæ viros. » — Fleury, *Hist. Ecclés.*, t. XVI, p. 76 et 59.
(4) *Monum. Germ. hist.*, *Id.*, p. 902. « Eodem tempore, 1214, Magister Oliverus, Coloniensis scholasticus, crucem prædixit in partibus Brabantiæ. »
(5) Crévier, *Id.*, t. I, p. 267. — *Id.*, p. 331.
(6) Du Boulay, *Id.*, p. 108. « Theodoricum archidiaconum qui tum Lutetiæ studebat. » — *Id., Catal. illust. Acad.*, p. 683. « Guillelmus de Seliniaco..., adeptus est in Antissiodorensi Ecclesia decanatum dum adhuc in scholis esset. » — Id., p. 144. — *Cart. de Notre-Dame*, t. I, p. 128. — *Cart. de Saint-Père de Chartres*, t. II, p. 642. « Magister Radulfus, scolaris et canonicus. » — Etienne de Bourbon, *Anecd. Hist.*, p. 27. — Voir ci-dessus, p. 311.
(7) Du Boulay, *Id.*, p. 73.

Ainsi se succédaient les générations studieuses, sans diminution, sans appauvrissement. Autour de la chaire des professeurs en renom se formaient en même temps, d'autres docteurs destinés par la Providence à les aider dans leurs charges, à les remplacer dans leurs fonctions. Déjà ils étaient maîtres, ces disciples qui s'appelaient Pierre de Colmieu, plus tard recteur de l'Université, archevêque de Rouen, puis cardinal (1), Eudes de Chateauroux, plus tard chancelier de Notre-Dame, cardinal, évêque de Tusculum et légat du Saint-Siège en France (2), Geoffroi du Bar, plus tard official de Paris et cardinal (3), Gauthier de Château-Thierry, plus tard aussi chancelier de Notre-Dame, puis évêque de Paris (4), Gilon Cornut, plus tard archevêque de Sens (5), Pierre de Châteauroux, plus tard archevêque de Bourges (6), Azzo, évêque d'Arras, et Guillaume Remond, évêque de Toulouse en 1231, Raoul de Beauvais, évêque de Nevers en 1232 (7), Raoul de Tournai, évêque de Saint-Jean d'Acre en 1233 (8), Albéric Cornut, évêque de Chartres en 1236 (9), Arnaud

---

(1) Du Boulay, *Id.*, p. 153. — *Id.*, *Catal. illust. Acad.*, p. 704. « Petrus de Collemedio, rector olim Universitatis, eximiæ vir doctrinæ et in rebus agendis peritiæ, accitus ad Curiam Romanam varias legationes obtinuit sub Gregorio IX. » — D'Achery, *Spicilegium*, t. III, p. 603. — *Monum. Germ. hist.*, *Id.*, p. 922. — Fleury, *Hist. Ecclés.*, t. XVII, 82, 2 et 22.

(2) *Monum. Germ. hist.*, *Id.*, p. 941. « Novus Cancellarius dictus est Odo de Castro-Radulphi. » — Du Boulay, *Id.*, p. 204. — Crévier, *Id.*, p. 382. — Fleury, *Id.*, t. XVII, 82, 33.

(3) Du Boulay, *Id.*, *Catal., illust. Acad.*, p. 680. « Gaufridus de Barro ex decano et officiale Parisiensi et doctore theologo cardinalis. »

(4) Du Boulay, *Id.*, *Catal. illust. Acad.*, p. 681. « Gualterus, Cancellarius Ecclesiæ et Universitatis Parisiensis, vir multiplicis doctrinæ... ad episcopatum Parisiensem promotus sub nomine Gualteri de Castro-Theodorici. »

(5) Du Boulay, *Id.*, p. 681. « Gualterus Cornutus... Magistrum Gilonem Cornutum successorem habuit. » — *Gallia Christiana*, t. VII, p. 202.

(6) *Monum. Germ. hist.*, *Id.*, p. 930. « Archiepiscopus Bituricensis positus est quidam Magister Petrus de Castro-Radulfi. »

(7) Id., p. 929. « Episcopus Atrebatensis consecratur Magister Azzo... Episcopus Tolosanus succedit Magister Guillelmus dictus Remundus... Rome episcopatum Nivernensem suscipit quidam Magister Radulfus Belvacensis. »

(8) Id., p. 923. « In episcopum Aconensem electus est Magister Radulfus Tornacensis. »

(9) Id., p. 940. « Episcopus Carnotensis Magister Albricus Cornutus, frater archiepiscopi Senonensis. » — *Gallia Christiana*, t. VIII, p. 1159. « Albericus in ecclesia Parisiensi a teneris enutritus, juris canonici et civilis Lutetiæ professor. »

d'Amiens, qui succèdera en 1237 sur le siège épiscopal de cette ville, à un autre maître, docteur en médecine et docteur en théologie, Geoffroi d'Eu (1), les Anglais Robert de Maidestan, évêque d'Hereford en 1234, Robert Grosse-Tête, évêque de Lincoln, et Richard de Wendène, évêque de Rochester en 1235 (2).

A ces maîtres faut-il en ajouter d'autres, tels que Guy de Laon (3), Aymeric, Jean d'Orléans (4), plus tard chanceliers de Notre-Dame, Hugues, chancelier de l'église de Tours (5), Jean Dritton, recteur de l'Université de Paris (6), quand éclata la fameuse querelle des Ordres Mendiants, Lucas de Laon, plus tard doyen de Paris, Robert de Chanac, doyen de Beauvais, Robert de Bessancourt, doyen de Bayeux (7), Jean de la Porte, Jean d'Aurillac, Eudes de Garlande, Guillaume de Vauguignon, plus tard archidiacres de Paris, et Garnier, archidiacre

---

(1) Du Boulay, *Id.*, p. 161. « Gaufridus de Augo, Ambianensis episcopus, doctor primum medicus, deinde doctor theologicus, cui successit in episcopatu Arnoldus etiam in theologia magister. »

(2) Du Boulay, *Id.*, p. 151. « Herefordensis episcopus Magister de Maidestan vir in litterali doctrina famosus et ex iis Magistris Parisiensibus unus. » — *Id.*, p. 154. « Roffensi antistiti successit Magister Richardus de Wendene, et alii Magistri ad alias dignitates ecclesiasticas promoventur : illi autem fere omnes ex Academia Parisiensi recesserant. » — *Id.*, p. 154. « Lincolnensi episcopo defuncto successit Magister Robertus Grosse-Tete, Academiæ Parisiensis alumnus, vir litteratissimus et a primis annis in scholis educatus. » — *Id., Catal. illust. Acad.*, p. 709.

(3) Du Boulay, *Id., Catal. ill. Acad.*, p. 681. « Guiardus seu Guido de Lauduno, Cancellarius factus est post Philippum de Greva. » — *Monum. Germ. hist., Id.*, p. 942. « Cameracensis episcopus factus est Guiardus cancellarius Parisiensis. »

(4) *Cart. de Notre-Dame*, t. IV, p. 67. « Magister Hemericus, cancellarius Parisiensis. » — *Id.*, p. 66. « Venerabili viro Johanne de Aurelianis, cancellario Parisiensi. »

(5) *Cart. de Notre-Dame*, t. II, p. 126. « Vir venerabilis Magister Hugo, cancellarius Turonensis. »

(6) Du Boulay, *Id., Catal. illust. Acad.*, p. 695. « Joannes Dritonus... ad Academiam Parisiensem de more majorum studia sectatus, Philosophiam primum professus, deinde Theologiam, in qua doctor factus, Rector Universitatis erat anno 1256. »

(7) *Cart. de Notre-Dame*, t. IV, p. 23. « Magister Lucas, decanus et sacerdos. » — *Id.*, p. 18. « Magister Robertus de Chanaco, canonicus, sacerdos et decanus Belvacensis. » — *Id.*, p. 4 « Magister Robertus de Bercencuria, quondam decanus Bajocensis. »

de Brie (1), Jean de Paris, archidiacre de Soissons, et Jean de Lachi, plus tard archidiacre de Melun (2), Thibaut de Corbeil, chantre de Paris, Noël, official de Paris, Geoffroi de Gien, pénitencier de Paris (3), Jean de Blois, prévôt de Saint-Omer, et Galien de Pise, chanoine de Saint-Omer (4)? D'autres Maîtres encore, comme Simon de Sèvres, Hugues de Pontoise, Gilbert de Seine, Pierre de Laon, Ansel du Mesnil, Guillaume de Charly, et Anseau de Bucy seront plus tard chanoines de Notre-Dame (5), maître Thomas le sera de Sainte-Oportune, maître Aymeric de Saint-Christophe, de Saint-Jean le Rond, et maître Nicolas de la Chapelle, de Saint-Denis de la Chartre (6).

Parmi ces maîtres qui tenaient les chaires aux écoles de Paris pendant les trente années écoulées du treizième siècle, les uns n'ont point passé sans laisser une trace lumineuse dans les annales de l'Université, Robert Pullus, par exemple, Etienne de

---

(1) Id., p. 12. « Magister Johannes de Porta, archidiaconus ecclesie Parisiensis. » — Id., p. 46. « Magister Johannes, archidiaconus Parisiensis, natus de Aureliaco. » — Id., p. 163. « Magister Odo de Gallandia, hujus ecclesiæ archidiaconus. » — Id., p. 66. « Magister Guillelmus de Valle Gringnosa, condam archidiaconus in ecclesia Parisiensi. » — Id., p. 74. « Magister Garnerus, archidiaconus in Bria. » Le diocèse de Paris comprenait alors les trois archidiaconés de Paris, de Josas et de Brie.

(2) Id., p. 126. « Magister Johannes de Parisius, archidiaconus ecclesiæ Suessionensis. » — Id., p. 164. « Magister Johannes de Lachi, archidiaconus Melodunensis et concanonicus noster. »

(3) Id., p. 106. « Ad preces Magistri Theobaldi de Corbolio, canonici et succentoris Parisiensis. « — Id., p. 56. « Magister Natalis, officialis Parisiensis. » — Id., p. 123. « Magister Gaufridus de Giemo, canonicus et penitentiarius Parisiensis. »

(4) Id., p. 9. « Magistro Johanni de Blesis, quondam preposito Sancti Audomari, concanonico nostro. » — Id., p. 29. « Magister Galienus de Pisa, canonicus Sancti Audomari. »

(5) Id., p. 66. « Magister Symon de Separa, quondam canonicus Parisiensis. » — Id., p. 65. « Magister Hugo de Pontissara, concanonicus noster. » — Id., p. 37. « Magister Gilebertus de Saana, canonicus Parisiensis. » — Id., p. 46. « Magister Petrus de Lauduno, canonicus Parisiensis. » — Id., p. 86. « Magistro Ansello de Menilio, concanonico nostro. » — Id. p. 95. « Magister Guillermus de Karo-Loco, canonicus Parisiensis. » — Id., p. 164. « Magister Ansellus de Buciaco, concanonicus noster. »

(6) Id., p. 58. « Magistri Thome, canonici Sancte Oportune Parisiensis. » — Id., p. 36. « Magister Hemericus Sancti Christofori, canonicus Sancti Johannis Rotondi. » — Id., p. 167. « Magister Nycholaus de Capella, vicarius beati Dyonisii de Carcere in ecclesia Parisiensi. »

Langton, Pierre de Corbeil (1), Pierre de Poitiers (2), Guillaume d'Auvergne, Alain de Lille (3), Guillaume de Paris (4), Alain de Beauclif (5), Jean Blount (6), Hémon de Favenham, « le plus aristotélicien des maîtres aristotéliciens qui enseignaient alors à Paris (7), » Gauthier de Chatillon, qui se faisait l'écho de ses collègues pour remercier de sa haute protection le cardinal de Reims, Guillaume de Champagne (8), Gauthier et Geoffroi de Poitiers, Guillaume d'Auxerre, Jean Pagion (9), Arnaud d'Amiens (10), Pierre de Colmieu, Vincent de Beauvais, Hugues de Saint-Cher, Humbert de Romans, et surtout les quatre fondateurs du Val des Écoliers, « professeurs illustres de la faculté de théologie, parfaitement instruits dans toutes les sciences divines et humaines, Guillaume, Richard, Everard, Manassé (11) », et leur collègue en

---

(1) *Monum. Germ. hist., Id.*, p. 876. « Florebat hoc tempore vir nominatissimus Magister Petrus de Corbolio. »

(2) Du Boulay, *Id., Catal. illust. Acad.*, p. 704. — *Monum. Germ. hist., Id.*, p. 886. « Magister Petrus Pictaviensis, cancellarius Parisiensis, qui per annos 38 theologiam legerat Parisius. » — *Cart. de Notre-Dame*, t. IV, p. 142.

(3) Du Boulay, *Id.*, p. 19. « Magister Alanus de Insulis, doctor ille famosus scriptor. » — *Id., Catal. illust. Acad.*, p. 723. — Etienne de Bourbon, *Anect. hist.*, p. 293.

(4) Du Boulay, *Id.*, p. 139. « Florebant plurimi insignes viri, tam sæculares quam regulares. E sæcularibus Guillelmus Autissiodorensis, Gualterus Pictaviensis, Guillelmus Parisiensis. »

(5) Du Boulay, *Id., Catal. illust. Acad.*, p. 672. « Alanus Bello-Clivus Oxoniensium Scholarium decus, Lutetiam venit, ubi paratam Oxonii laudem vehementer auxit. Publice enim philosophiam, deinde theologiam legit tanta cum dignitate et existimatione nominis. »

(6) *Id., Catal. illust. Acad.*, p. 695. « Johannes Blondus inter doctos doctissimus. »

(7) Du Boulay, *Id.*, p. 687. « Haymo de Favenham, nationis anglicanæ, relictis patriæ scholis, Parisios venit, ubi doctoralem lauream assecutus... ingenio ita subtilis fuisse dicitur, ut inter aristotelicos aristotelissimus diceretur. »

(8) Du Boulay, *Id.*, p. 19. « Magni illius Guillelmi, Remensis archiepiscopi, tum cardinalis, tantopere a Galtero de Castellione et ab aliis Magistris laudati. »

(9) *Id. Catal. illust. Acad.*, p. 683. « Guillelmus Autissiodorensis insignis in Academia Parisiensi philosophiæ deinde theologiæ professor. » — *Id.*, p. 139. — *Monum. Germ. hist., Id.*, p. 927. « Magister Guillelmus Autissiodorensis Theologus nominatissimus. »

(10) Du Boulay, *Id., Catal. illust. Acad.*, p. 674. « Arnaldus seu Arnulphus Ambianensis insignis theologus. »

(11) Du Boulay, *Id.*, p. 16. « In alma Universitate Parisiensi erant viri divinis

Décret, Frédéric, qui renonçait à l'évêché de Châlons pour entrer dans le savant institut, dont le règlement avait, au premier jour, excité son admiration (1). Les autres, connus de leurs contemporains, ignorés aujourd'hui, ne doivent qu'à la reconnaissance de leurs élèves, historiens ou chroniqueurs, un souvenir qui les a sauvés de l'oubli, comme Guy d'Orchuel, Raoul de Bully, Etienne de Cudot, Jean des Vignes (2), rappelés par Etienne de Bourbon dans ses Anecdotes historiques, comme maître Etienne et maître Frédéric cités par l'allemand Menkon dans les annales de son monastère (3). Quelques-uns ont échangé les lauriers périssables de l'Académie pour la couronne immortelle que le Seigneur réserve à ses élus; leur mémoire ne périra pas, et, selon la parole de l'Esprit divin, ils brilleront durant toute l'éternité, car leurs noms sont inscrits au livre de vie : ils s'appellent saint Thomas Becket, saint Guillaume de Bourges, saint Guillaume de Roschild, saint Jean de Matha, le bienheureux Réginald, saint Edmond de Cantorbéry (4).

Les écoles de Paris, nous l'avons déjà dit, étaient renommées dans le monde entier. Depuis le dixième siècle (5), le culte que nos ancêtres rendaient aux lettres, avait accoutumé les esprits à rapprocher, par la pensée, les trois villes, Athènes, Rome et Paris. Comme ce culte n'avait fait que se développer avec les années, l'admiration des peuples était allée plus loin, et chacun

et humanis disciplinis ad plenum eruditi, celeberrimi et famatissimi, Theologiæque Facultatis Parisiensis professores Magistri, Guillelmus, Richardus, Evrardus et Manasse. » — *Id.*, *Catal. illust. Acad.*, p. 682. — Crévier, *Id.*, p. 328.

(1) Du Boulay, *Id.*, p. 17. « Miratur Fredericus, Decretorum doctor facundissimus, vir prudens, authoritate magnus et omni honestate fultus. » — *Id.*, *Catat. illust. Acad.*, p. 679.

(2) Etienne de Bourbon, *Anecd. hist.*, p. 16, 27, 50, 399. — Du Boulay, *Id.*, t. II, p. 749.

(3) *Monum. Germ. hist.*, t. XXIII, *Menkonis Chronicon*, p. 484. « Secundum Magistrum Stephanum. » — P. 526. « Quæ omnia conscribi ac plene corrigi per Magistrum Frethericum. »

(4) Bolland, *Acta Sanctorum*, 29 déc., 10 janv., 6 apr., 17 déc., 16 nov. — *Monum. Germ. hist.*, *Id.*, p. 889. « Sanctus Guillelmus Bituricensis archiepiscopus hic moritur, cujus sanctitas et meritum miraculis evidentibus declaratur. »

(5) *Histoire Littéraire*, t. VI, p. 33 et 100.

confesait ouvertement ses préférences, sous cette réserve : « Il n'est qu'une seule chose qui permette de comparer Athènes à Paris, c'est qu'à Paris, comme à Athènes, les savants étaient les plus honorés (1). »

L'opinion publique s'étant ainsi prononcée, il n'était personne qui songeât, ni en France ni en aucun pays d'Europe, à résister au courant. « Papes, Cardinaux, Archevêques, Evêques, Prieurs, Abbés venaient à Paris se préparer à leur haute destinée. Paris était de plus en plus regardé comme cette école féconde, ce foyer lumineux dont les rayons se projetaient sur toute la terre. C'était à Paris que se cimentaient ces amitiés dont les liens solides coopérèrent si efficacement (2) à cette grande union qui anima l'Europe entière, et qui étendit son heureuse influence sur chaque pays en particulier. La civilisation française, la magnificence du culte, le zèle de la science et l'amour des arts, furent portés par cette « Institutrice du monde (3) » dans tous les royaumes d'Occident. Tous ceux que les hasards de la fortune ou de la naissance, ou d'heureuses dispositions rendaient, capables d'obtenir et d'occuper dignement les hautes dignités de l'Église semblaient se donner rendez-vous à « cette source de la science (4) ».

« Je ne sache pas, s'écriait Rigord (5), et après lui Vincent de Beauvais, je ne sache pas que dans Athènes, ou dans aucune autre ville de l'univers, on ait jamais vu autant d'écoliers rassemblés pour étudier. Paris les attire non-seulement par ses charmes irrésistibles, par ses richesses infinies, mais encore par les libertés et prérogatives que Philippe, et son père avant lui, ont assurées aux écoliers. Paris, cité sans pareille, qui présente une doctrine sûre et complète dans les questions de

---

(1) Hurter, *Histoire du pape Innocent III*, t. I, p. 15.
(2) Pierre de Celle, *Ep.* IV, 10. — Pierre de Blois, *Ep.* 145.
(3) « Doctrix extitit totius orbis, » dit Guillaume le Breton dans sa *Philippide*.
(4) *Biblioth. Cisterc.*, t. II, 14. « Fons totius scientiæ. » — Hurter, *Id.*, t. I, p. 19.
(5) Du Boulay, *id.*, p. 25. « In diebus illis studium litterarum florebat Parisius, nec legimus tantam aliquando fuisse scholarium frequentiam Athenis, vel Ægypti, vel in qualibet parte mundi. » — *Id.*, p. 75.

droit canon et de droit civil, aussi bien que dans l'art de guérir les maladies du corps, ville sans rivale, où l'on recherche avec une émulation plus ardente encore l'enseignement de l'Ecriture sainte et de la théologie ! »

En Occident, les papes et les cardinaux, Alexandre III, Innocent III, Grégoire IX, les Colonna, confiaient leurs neveux aux maîtres de Paris (1); les empereurs et les rois, les princes et les barons envoyaient leurs enfants à ses écoles; le duc de Bretagne, Pierre de Dreux, y avait été élevé, et le mauvais usage qu'il fit de son savoir, lui mérita le surnom de Mauclerc (2); le prince Garcia, fils du roi de Navarre, y terminait son éducation, quand, à la parole de Jourdain, il devint Prêcheur au Couvent de Saint-Jacques (3). Partout, la noblesse prenait part au mouvement qui entraînait vers Paris une jeunesse brillante, avide d'étude et de science. On y avait vu accourir de nobles italiens, Gentilis (4), Albin (5), Lothaire et Hugolin Conti (6), Guillaume de Montferrat, Adolphe d'Anagni (7), Galien de Pise (8), Tancrède de Sienne (9), mêlés avec les nobles anglais Thomas Becket, Etienne et Simon de Langton, Alexandre de Stavenesse, Henri de Stanford, Robert de Maidestan (10), et avec

(1) Du Boulay, *id.*, t. II, p. 765. — Crévier, *id.*, p. 175 et 219. — Du Boulay, *id.*, *Catal. illust. Acad.*, p. 671. « Ægidius, Romanus de Columna, abnepos Johannis. »
(2) Fleury, *Hist. Ecclés.*, t. XVII, 81, 6. — Michelet, *Hist. de France*, t. II, p. 549, édit. 1833. — H. Martin, *Hist. de France*, t. IV, p. 98.
(3) Touron, *Vie de saint Dominique*, l. VI, p. 702.
(4) *Cart. de Notre-Dame*, t. IV, p. 170. « Obiit Gentilis, nepos Alexandri, pape tercii. »
(5) *Hist. Littéraire*, t. IX, p. 113. « On reconnaît encore pour élève de Sainte-Geneviève, Albin, cardinal prêtre sous Lucius III. »
(6) Du Boulay, *id.*, p. 520. — Crévier, *id.*, p. 219. — Fleury, *Hist. Ecclés.*, t. XVI, 75, 1. — Du Boulay, *id.*, t. III, *Catal. illust. Acad.*, p. 680. « Gregorius IX, Innocentii III nepos, Anagninus, e Comitum familia, Lutetiæ summum in theologia apicem consecutus est. »
(7) *Cart. de Notre-Dame*, t. IV, p. 136. « Gregorius, papa nonus, avunculus dilecti concanonici nostri Magistri Adenulphi. »
(8) Id., p. 29. « Magister Galienus de Pisa, canonicus Sancti Audomari. »
(9) Bolland., *Acta Sanctorum*, t. I Aug., p. 466. — Echard, *Script. Ord. Prædic.*, t. I, p. 97.
(10) Du Boulay, *id.*, t. II, p. 775. — Crévier, *id.*, p. 175 et 305. — Du

les nobles danois Waldemar, évêque dans le Sleswick, Absalon, évêque de Roschild, puis archevêque de Lunden, et Pierre, son neveu, Waldemar, neveu du roi Canut (1). Les nobles espagnols comme Gilles de Portugal (2), les nobles allemands, « ils y brillaient, dit Hurter, par leur naissance et par leur rang, » Othon de Frisingen (3), fils de Léopold d'Autriche, petit-fils de l'empereur Henri IV, frère de Conrad III et oncle de Frédéric Barberousse, le comte Frédéric de Summerschenberg, Henri de Cologne, Jourdain de Saxe, issu des comtes d'Eberstein, l'héritier des comtes de Lawingen, Albert le Grand, l'électeur Henri de Liège, le fils du comte de Flankenberg, Albert, parent du roi Louis IX (4), y avaient étudié confondus avec les seigneurs français Philippe de France, « frère de Louis le Jeune et archidiacre de Paris (5). » Guillaume de Champagne, aussi de sang royal, et fils du comte Thibaut, Eudes de Sully, également « issu d'aïeux très illustres, d'un côté, parent du roi d'Angleterre, et de l'autre, encore plus proche parent du roi de France (6) », Guillaume de Joinville, fils du sénéchal de Champagne (7), Gauthier, Albéric, Gilon et Henri Cornut, neveux du maréchal de France Henri Clément (8),

Boulay, *id.*, t. III, *Catal. illust. Acad.*, p. 710. — *Id.*, p. 136 et 154. C'est aux Anglais que s'adresse le passage suivant d'une chronique du douzième siècle :
« Filii nobilium, dum sunt juniores,
Mittuntur in Franciam fieri doctores. »

(1) *Hist. Littéraire*, t. IX, p. 113. — Crévier, *id.*, p. 270. — Fleury, *Hist. Ecclés.*, t. XV, 73, 10.
(2) Etienne de Bourbon, *Anecd. hist.*, p. 315.
(3) Du Boulay, *id.*, t. II, p. 109. — Crévier, *id.*, p. 172.
(4) Du Boulay, *id.*, t. III, p. 108. « De Alberto adolescente et scholastico Parisiensi, quem pater comes de Flankenberg ad regem miserat, quem cognatione attingebat. »
(5) Crévier, *id*, p. 202. — *Pastorale Paris.*, t. I, p. LXXXI. « Philippus Francorum regis frater, ecclesiæ Parisiensis archidiaconus. »
(6) Fleury, *Hist. Ecclés.*, t. XV, 74, 58. — *Monum. Germ. hist.*, t. XXIII, *Chronic. Albrici*, p. 905 et 888. « 1208, Parisius mortuus est Odo episcopus, vir nobilis et religiosus. Hujus super tumulum epitaphium tale reperitur :
Quem cathedræ decoravit honor, quem sanguis avitus,
Quem morum gravitas, hic jacet Odo situs. »
(7) Fleury, *Hist. Ecclés.*, t. XVI, 78, 61.
(8) Du Boulay, *id.*, *Catal. illust. Acad.*, p. 681. « Gualterus Cornutus, Henrici Clementis, Franciæ Marescalli ex sorore nepos, archiepiscopus Senonensis. Hic

Philippe Berruyer (1), petit-fils du grand-maître de l'ordre des Templiers, saint Guillaume de Bourges, descendant d'une des premières familles du Nivernais (2).

En Orient, le renom des écoles de Paris s'était répandu avec le bruit de nos armes, et les souverains, descendants de Mahomet, abandonnaient leurs capitales pour venir sur les pas d'un fils de Saladin (3) oublier, à l'ombre de l'Université, le luxe de leurs cours et les magnificences de leurs palais.

Paris exerçait une souveraineté vraiment fascinatrice sur le monde des intelligences. Les Anglais surtout, non contents d'y envoyer leurs fils puiser aux sources des connaissances divines et humaines, ne croyaient ni au talent, ni à l'esprit, ni au génie de leurs maîtres, s'ils n'étaient pas venus recevoir à Paris la consécration de leur célébrité. Jean de Salisbury avait passé douze années de sa vie aux écoles du Cloître et de la Montagne Sainte-Geneviève, « où il se rendit complètement habile dans les arts et dans la science de la religion (4). » A son exemple, Alexandre Nekamus, « philosophe excellent, théologien parfait (5), » Achard (6), Gilbert l'Universel, Daniel de Merlac, « un des plus brillants élèves d'Oxford, » Teurède, Eudes Shirton, « après s'être assis aux diverses écoles de leur pays, » s'étaient empressés d'apporter à Paris des palmes cueillies ailleurs, persuadés que sans

magistrum Gilonem Cornutum successorem habuit, et hic Henricum nepotem... Ex eadem Cornutorum gente assumpti sunt magno Universitatis Parisiensis gaudio, quæ tres istos viros tam insignes, tam sui amantes suo gremio foverat et litteris claros effecerat. » — *Monum. Germ. hist.*, id., p. 900. « Marescallus Henricus laudabilis in militia Francorum. » — *Gallia Christiana*, t. VII, p. 202.

(1) Fleury, *Hist. Ecclés.*, t. XVI, 78, 61.

(2) Du Boulay, id., *Catal. illust. Acad.*, p. 682. « Guillelmus de Archesiis, vico comitatus Nivernensis, illustris genere et virtutibus conspicuus, primos adolescentiæ annos exegit in Academia Parisiensi. »

(3) *Monum. Germ. hist.*, id., p. 878. « Filius Saladini factus est Califas, id est apostolicus in Baldach, qui per 23 annos mutato habitu, Parisius studuerat, tertius ut dicunt, fuit Milomammelinus rex potentissimus in Marroch. »

(4) Crévier, id., p. 161. — Du Boulay, id., *Catal. ill. Acad.*, t. II, p. 750.

(5) Du Boulay, id., p. 725. « Alexander Nekamus, natione Anglus, Lutetiae legebat publice, philosophus eximius, theologus profundissimae scientiae. »

(6) Du Boulay., id., p. 715, 735, 730, 775, 758.

s'être épanouies à son soleil, elles ne pouvaient que tomber et se flétrir.

Paris était le rendez-vous de toutes les gloires. Si Jean sans Peur l'honorait de sa visite, le monarque anglais se sentait moins attiré par les splendeurs de la capitale que par la foule des docteurs éminents en toute science, qui la couronnaient des rayons de leur gloire (1). Si un poète du temps, Nicolas de Braïa, félicite le légat du pape, le cardinal Romain de Saint-Ange, à son arrivée dans Paris, il ne manque pas l'occasion de « chanter la ville auguste dont l'éclatante renommée s'est répandue dans tout l'univers, la cité bénie, arrosée par les sources sacrées d'où coule la sagesse (2). »

Ses médecins étaient célèbres à la cour de Louis le Gros, comme Obizon, le fondateur de l'Ecole de Médecine de Paris (3), « dont les commencements nous présentent un homme célèbre, Hugues, qualifié dans son épitaphe excellent médecin (4) », à la cour de Philippe Auguste, comme Rigord, Gilles de Corbeil (5), Jean de Saint-Quentin (6), Jean de Saint-Gilles (7), à la cour de

---

(1) Du Boulay, *id.*, p. 10. « Joannes rex Parisius, urbem quidem egregiam ob dignitatis regiæ sedem, sed doctorum in omni scientia preeminentium frequentia plus insignem, venit. »

(2) Du Boulay, *id.*, p. 117.

« ... Cum muros subit venerabilis Urbis,
Cujus fama nitens totum superevolat Orbem,
Quam sacer irrorat fons et origo Sophiæ. »

Le même sentiment d'admiration n'inspirait-il pas Auguste Barbier quand il s'écriait :

Paris, cette cité de lauriers toute ceinte,
Dont le monde entier est jaloux,
Que les peuples émus appellent tous la sainte
Et qu'ils ne nomment qu'à genoux.

Iambes, *La Curée*, VI.

(3) Du Boulay, *id.*, *Catal. ill. Acad.*, t. II, p. 756. « Obizo, Ludovici Crassi archiater, scholae medicinae Parisiensi initium dedisse creditur. »

(4) Crévier, *id.*, p. 249 et 250.

(5) Du Boulay, *id.*, *Catal. ill. Acad.*, t. II, p. 718. » Ægidius Corboliensis excelluit in Artibus, in Medicina, archiater Philippi Augusti. »

(6) Du Boulay, *id.*, p. 92. « Magistri Joannis de S. Quintino Anglicanæ nationis viri, et Philippi regis medici primarii. »

(7) Echard, *Script. Ord. Prædic.*, t. I, p. 100.

Louis IX, comme Dodon de Laon (1). On les voyait sur le chemin des honneurs et de la fortune, tout abandonner avec leur art, pour se livrer à la prédication sous l'habit dominicain, comme Gilles de Portugal, pour étudier et enseigner la théologie aux écoles de Paris, au Couvent de Saint-Jacques, comme Jean de Saint-Gilles (2), pour passer à l'Université, d'une chaire de médecine à une chaire de la sacrée Faculté, comme Geoffroi d'Eu (3), s'y couvrir de gloire en soignant les âmes après avoir guéri les corps, et aller mourir sur le siège épiscopal d'Amiens, dans la pratique des vertus qui ajoutent à la science l'auréole de la sainteté.

Ses artistes ne connaissaient point de rivaux : on ne parlait que des maîtres qui les formaient aux Belles-Lettres, à la Grammaire et à la Rhétorique, Bernard de Pise, Gilles de Corbeil, Alexandre de Saint-Alban, Alain de Lille, Thierry l'armoricain et Jean Gilles (4).

Ses Décrétistes jouissaient d'un grand renom, comme Girard la Pucelle « le plus illustre de tous, » comme Mathieu d'Angers, Etienne de Paris, Frédéric de Châlons (5); ils égalaient les Cano-

---

(1) *Cart. de Notre-Dame*, t. IV, p. 71. « Magister Dudo de Laduno, physicus condam sancti Ludovici, regis Francorum, clericus. » — Du Boulay, *id.*, *Catal. ill. Acad.*, t. III, p. 678. » Dudo doctor medicus, Ludovici IX archiater. »

(2) Voir ci-dessus, p. 152 et 267.

(3) Du Boulay, t. III, p. 161. « Hoc anno obiit Magister Gaufridus de Augo, Ambianensis episcopus ab anno 1223, doctor primum medicus, deinde doctor theologus insignis. »

(4) Du Boulay, *Id.*, t. II, *Catal. illust. Acad.*, p. 729 : « Bernardus Pisanus, vir fuit magnæ litteraturæ, præpositus scholæ Petri Comestoris in Academia Parisiensi. » — P. 718 : Ægidius Corboliansis excelluit in Artibus. » — P. 725 : « Alexander de S. Albano vir magnæ celebritatis et famæ in professione litterarum. » — P. 723 : « Alanus de Insulis cognomento magnus et universalis. Vir in sæcularibus litteris nulli suo tempore secundus. » — P. 775 : « Theodoricus Armoricus Rhetorices professor celeberrimus, « Artium studiosissinum investigatorem, » ait Joannes Saresb., Metalog. L. I, c. 5. » — T. III, p. 693 : « Joannes Ægidius Lutetiæ artes liberales magna discipulorum frequentia docuit. »

(5) Crévier. *Id.*, p. 243. « Entre les maîtres qui expliquaient le Decret de Gratien à Paris, il n'y en eut pas de plus célèbre que Girard surnommé la Pacelle. » — Du Boulay, *Id.*, T. II, *Catal. illust. Acad.*, p. 734. — P. 726. « Ansellus Parisiensis, in decretis et jure civili doctor egregius. » — P. 776 : « Stephanus Parisiensis, juris canonici doctor celeberrimus. » — T. III, p. 681 : « Fridericus Decretorum doctor nominatus. » — Voir ci-dessus, p. 290 et 348.

nistes de Padoue et de Bologne, la ville du Droit par excellence, jalouse de ce monopole, depuis que Garnier (1) par ses travaux sur les Pandectes, avait fondé la célébrité de ses Ecoles, et qui pourtant se glorifiait de voir une de ses chaires occupée par un enfant de Paris, le jurisconsulte Albert Galioti (2).

Ses théologiens jouissaient d'une réputation à nulle autre pareille, et une place d'honneur leur était réservée dans les conciles, les synodes et les parlements. « Ils y faisaient un personnage, dit Crévier, avant même que de devenir évêques. » Dès l'an 1107, le pape Pascal III appelait au concile de Troyes Guillaume de Champeaux et Josselin (3). Plusieurs maîtres célèbres assistaient parmi les cardinaux, archevêques, évêques et abbés, au concile de Paris assemblé par le pape Eugène III (4). En 1169, le roi d'Angleterre Henri II offrait de prendre pour arbitre de sa querelle avec Thomas Becket, ou la cour des pairs de France, ou le clergé de l'Eglise Gallicane, ou « les suppôts des diverses *provinces* de l'école de Paris (5). » Le pape Alexandre III, en 1180, ordonnait à l'archevêque de Sens, Guillaume de Champagne, de convoquer les maîtres des écoles de Paris, afin de proscrire avec eux la doctrine des Nihilistes de ce temps-là (6). On remarquait également la présence des maîtres au concile tenu à Paris en 1201 par le légat du pape (7), et l'archevêque de Sens, Pierre de Corbeil, n'oubliait pas de les mander au Synode de 1209 (8).

---

(1) On l'appelle aussi Irnerius et Warnerius.
(2) Du Boulay, *id.*, p. 154. « In Academia Bononiensi florebat Magister Albertus Galioti, patria Parisiensis, canonum et legum civilium professor, interpresque famosissimus. » — *Id., Catal. illust. Acad.*, p. 673.
(3) Crévier, *id.*, p. 179. — Du Boulay, *id.*, t. II, p. 18.
(4) Crévier, *id.*, p. 197.
(5) Crévier, *id.*, p. 254. — Du Boulay, *id.*, t. II, p. 365.
(6) Crévier, *id.*, p. 206.
(7) Du Boulay, *id.*, p. 12. « Legatus concilium Parisius convocat, in quo assistentibus cum Legato archiepiscopis et episcopis regni, Parisiensibusque Magistris. » Fleury, *Hist. Ecclés.*, t. XVI, 75, 35.
(8) Du Boulay, *id.*, p. 49. « Convocata est a Magistro Petro de Corbolio, archiepiscopo Senonensi, synodus episcoporum et magistrorum Parisius. » — Fleury, *Hist. Ecclés.*, t. XVI, 76, 59.

L'Église ne se lassait point de recourir à leurs lumières : l'État trouvait tout avantage à s'inspirer de leur sagesse. Qui donc, pendant la guerre des Albigeois, avait mieux servi la cause de la religion catholique et les intérêts de la France, que l'archevêque de Sens, Pierre de Corbeil, que l'archevêque de Rouen, Robert Fullus, que l'archevêque de Bourges, saint Guillaume (1), tous anciens maîtres de l'Université ? Ces prélats magnanimes n'eurent pas peur de marcher avec les croisés, emmenant à leur suite dans le Midi, une foule de maîtres lauréats, comme eux, de l'Université, sur lesquels ils se reposaient du soin de ramener à la vérité par la puissance de la parole, les peuples plongés dans les ténèbres de l'erreur (2). Le pape Honorius écrivait aux docteurs de Paris, pour les exhorter à se rendre en Languedoc, prêcher la croisade contre les Albigeois et travailler à la conversion des hérétiques (3). Jacques de Vitry parcourait les différentes provinces de la France, comme nonce chargé par le légat du Souverain Pontife d'appeler les fidèles à cette importante expédition (4). Une part de ses succès revenait à maître Guillaume, archidiacre de Paris, qui avait refusé l'archevêché de Bourges, pour suivre les croisés : si la parole ardente de ce généreux athlète les animait au combat, par ses talents d'ingénieur, il

---

(1) Du Boulay, *id.*, p. 44. « Magister Robertus Pullus sacræ militiæ contra Albigenses nomen dedit cum pluribus aliis episcopis. » — *Id., Catal. illust. Acad.*, p. 682. « Guillelmus, Bituricensis archiepiscopus Albigensium hereticorum malleus, contra quos ducem se præstitit exercitus cruce-signatorum. » — *Monum. Germ. hist., id.*, p. 889. — Fleury, *Hist. Ecclés.*, t. XVI, 76, 44.

(2) Du Boulay, *id.*, p. 46. « Quos viros certum est duxisse secum plurimos in theologia Magistros et in decretis, ut infatuatos illos populos erroris sui convincerent. »

(3) Fleury, *Hist. Ecclés.*, t. XVI, p. 78, 6. — Raynald., *Annal. Eccles.*, t. XX, p. 418, ad annum 1217. « Parisienses Academicos litteris suis excitavit, ut in provinciam Tholosanam ad navandam strenue erudiendis populis operam excurrerent. — Universitatem vestram rogamus attentius et monemus per Apostolica scripta mandantes, quatenus illuc aliqui ex vobis accedant, qui causam Dei agentes ex animo lectioni, praedicationi et exhortationi vigilanter insistant. »

« Datum Laterani, XIV Kal. Febr. Pont. Nostri anno primo. »

(4) Du Boulay, *id.*, p. 92. « Missus est in Franciam a Bertrando legato apostolico, Magister Jacobus de Vitriaco alumnus et magister Universitatis Parisiensis, ad praedicandum crucem contra Albigenses obstinatissimos hæreticos. » — *Monum. Germ. hist., id.*, ad ann. 1216, p. 905.

leur rendit durant le cours de la campagne, les services les plus signalés au siège des villes et des forteresses (1).

Les croisades poussées avec acharnement pour assurer la délivrance des Saints Lieux, signalées sinon par les succès, du moins par le progrès des arts, des lettres et du commerce, ces guerres lointaines n'avaient pas, en France et dans les autres parties de l'Europe, de plus infatigables hérauts que les docteurs de Paris. Tels étaient Pierre le Chantre, Pierre de Roissy, abbé de Perseigne, Eustache, abbé de Saint-Germer de Flaix, et Aubry de Laon (2), archidiacre de Paris, depuis archevêque de Reims, qui n'hésitèrent pas à se faire les disciples de Foulques de Neuilly, et à mettre leur parole au service de sa foi ardente, qui appelait la France entière à la croisade (3). Pendant dix ans, de 1214 à 1224, Maître Olivier de Cologne parcourait l'Allemagne, prêchant la guerre sainte (4), et parmi les compagnons de ses travaux apostoliques, il entraînait à sa suite un autre maître de Paris, Hémon, le savant abbé des Prémontrés du monastère de Werum (5).

Et ce n'était pas une gloire d'emprunt, une vaine fumée qui enveloppait ainsi les maîtres de l'Université. Les papes les prenaient pour légats, pour nonces, pour chapelains, témoins Robert de Courçon (6), Jean d'Abbeville (7), Jacques de Vi-

---

(1) Du Boulay, *id.*, p. 64. « Jacobus de Vitriaco qui cum Willelmo crucem felici admodum successu prædicarat. » — Etienne de Bourbon, *Anecd. hist.*, p. 36. — Fleury, *Hist. Ecclés.*, t. XVI, 77, 32 et 1.

(2) Du Boulay, *id.*, t. II, *Catal. illust. Acad.*, p. 724. « Albericus de Launduno et Jacobus de Vitriaco recenseantur inter Magistros qui Fulconi de Neuilliaco coadjutores se præbuerunt. »

(3) Fleury, *Hist. Ecclés.*, t. XVI, 75, 12. — Du Boulay, *id.*, *Catal. illust. Acad.*, p· 731. « Fulco Neuilliocus non fuit quidem Academiæ Parisiensis professor sed alunnus, M. Petri Cantoris in Theologia discipulus. »

(4) *Monum. Germ. hist.*, *id.*, p. 902. « Eodem tempore, 1214, Magister Oliverus scolasticus crucem prædicavit in partibus Brabantii. » — *Id.*, *Emonis et Menkonis Chronic.*, p. 473. « Magister Oliverus scolasticus Coloniensis, verbi crucis legatus, ingressus est Frisiam. »

(5) Id., p. 455. « Emo cum Olivero scholastico Coloniensi crucem per Frisiæ partes prædicavit. »

(6) Du Boulay, *id.*, p. 81. « Per Robertum de Courçon, Innrocentii papæ Legatum. » — *Monum. Germ. hist.*, *Id.*, q. 898. « Missus est in Franciam legatus Magister Robertus de Corceto. »

(7) Fleury, *Hist. Ecclés.*, t. XVI, 79, 58 : t. XVII, 60, 1.

try (1), Jean de Noyon (2), Pierre de Colmieu (3), qui venait de refuser l'évêché de Châlons, Jean de Châlons (4), Gauthier de Marvisie (5). C'est à ces mêmes maîtres que les rois de France et les rois d'Angleterre confiaient comme à Étienne de Fougères, la direction de leur conscience, le soin de distribuer leurs aumônes et la conduite particulière de la chapelle de leur palais (6).

Les princes de l'Eglise leur confiaient les affaires les plus importantes, soit au spirituel, soit au temporel. Les docteurs en théologie était les assesseurs ordinaires de l'évêque dans les jugements d'hérésie (7). L'évêque de Paris, surtout, les constituait, ses baillis, ses officiaux, ses procureurs (8), ou bien les attachait à sa personne comme clercs particuliers, en quoi il rencontrait de nombreux imitateurs parmi les chanceliers, les doyens, les archidiacres et les chanoines de Notre-Dame (9). Maître Pierre de Corbeil et Maître Pierre de Poitiers jouaient le rôle le plus actif, et servaient de la façon la plus efficace l'évêque Eudes de Sully, dans la suppression des pratiques obscènes et ridicules qui déshonoraient la fête des Fous (10). Lorsque le Chapitre de Notre-Dame se fit acquéreur d'un vase

---

(1) Du Boulay, *id.*, p. 92. — Fleury, *Hist. Ecclés.*, t. XVII, 77, 1.
(2) Fleury, *Hist. Ecclés.*, t. XVI, 75, 50.
(3) *Monum. Germ. hist., id.,* ad ann. 1226, p. 917. « Electus est Cathalaunensis episcopus communi electione Magister Petrus de Collemedio, sed non acquievit. » — *Archives de la ville de Reims*, t. I, IIe part., p. 560 et 562. — D'Achery, *Spicilegium*, t. III, p. 603.
« Gregorius episcopus, servus servorum Dei,
« Dilecto filio Magistro Petro de Collemedio, capellano Nostro, apostolicæ sedis legato. »
(4) Du Boulay, *id.*, p. 136.
(5) Du Boulay, *id.*, p. 133.
(6) Du Boulay, *id.*, t. III, *Catal. illust. Acad.*, p. 775. « Stephanus de Filgeriis ex capellano Henrici II Anglorum regis, factus est episcopus Rhedonensis, ingentis peritiæ et litteraturæ vir. »
(7) Thurot, *De l'Org. de l'enseig.*, p. 13. — Du Boulay, *id.* t. III, p. 173 et 191.
(8) *Cart. de Notre-Dame*, t. I, p. 212. « Magister Herbertus de Stampis, ballivus dicti episcopi. » — *Id.*, p. 425 et 426. — *Id.*, t. III, p. 228.
(9) *Cart. de Notre-Dame*, t. I, p. 126. « De collatione cujusdam prebende sancti Honorati quam episcopus contulit Magistro Guillelmo, clerico Decani Parisiensis. » — *Id.*, p. 85.
(10) *Cart. de Notre-Dame*, t. I, p. CLXXVI et 72.

artistique, doublement précieux par la matière et par le travail, la science s'unit à l'art pour décider cet achat, et c'est l'abbé de Saint-Victor qui le négocia auprès du vendeur l'archevêque de Cologne (1). L'Eglise de Chelles essayait-elle de se soustraire à la juridiction de l'Eglise de Paris? Le Chapitre expédiait immédiatement à Rome maître Thomas pour affirmer et défendre ses droits (2). L'évêque de Paris et l'évêque de Chartres se mettaient-ils en désaccord au sujet de la propriété de la chapelle de Saint-Clair? Vite ils établissaient juges du différend maître Guillaume et maître Barthélemy (3). Une contestation analogue éclatait-elle touchant certains actes de propriété, entre le Chapitre de Notre-Dame et l'abbé de Saint-Martin des Champs? Aussitôt le jugement était remis à la décision de trois maîtres, Jourdain, Ardingus et Barthélemy de Moussy (4). Les mêmes démêlés se renouvelaient-ils entre l'évêque de Paris et le Chapitre de Saint-Germain l'Auxerrois? C'est encore à maître Ardingus qu'il appartenait de trancher la difficulté (5). Une question de juridiction épiscopale et paroissiale s'agitait-elle entre l'évêque de Paris et l'archiprêtre de Saint-Séverin? Pour résoudre le débat, l'abbé de Saint-Germain des Prés adjoignait à l'évêque de Meaux, maître Guérin, de la maison du roi, et maître Michel, doyen de Saint-Marcel (6). Enfin, l'abbesse de

---

(1) *Cart. de Notre-Dame*, t. I, p. CLXX.

(2) *Cart. de Notre-Dame*, t. I, p. 66. « Ecclesia Parisiensis dilectum filium Magistrum Thomam, ad agendum pro se, ad sedem Apostolicam destinavit. »

(3) *Cart. de Notre-Dame*, t. I, p. 105. « Magister Bartholomeus et Magister W., canonici Carnotenses,... super capella sancti Clari, quam uterque episcopus de dyocesi sua esse dicebat. »

(4) *Cart. de Notre-Dame*, t. I, p. 370. « In venerabiles viros Magistros Bartholomeum de Monciaco, canonicum Carnotensum, Jordanum, canonicum Parisiensem, et Ardingum, canonicum Legiensem, de consensu partium, compromisimus. »

(5) *Cart. de Notre-Dame*, t. III, p. 236 et 240. « Magister Ardingus, canonicus Papiensis... in negocio quod vertebatur coram Nobis inter reverendum patrem Guillelmum, Parisiensem episcopum, ex una parte, decanum et Capitulum Sancti Germani Antissiodorensis Parisiensis, ex altera. » — *Monum. Germ. hist.*, id., p. 927.

(6) *Cart. de Notre-Dame*, t. I, p. 101. « Pro bono pacis compromisimus in

Chelles revendiquait-elle ses droits de propriété contre l'évêque de Paris? Maître Guérin et maître Geoffroy, procureurs de l'abbesse et de l'évêque, prenaient sans retard le chemin de Rome, afin de porter la cause au tribunal du Souverain Pontife (1).

Ainsi s'affermissait, fondée sur des témoignages irréfragables de confiance, l'autorité des maîtres de Paris. Rome leur confiait tantôt la délicate fonction d'examiner les hérétiques, tantôt la mission laborieuse de prêcher la croisade contre les ennemis de la religion et de la patrie, tantôt le mandat périlleux de lever les censures ou de publier les sentences d'excommunication, si fréquemment lancées par les Souverains Pontifes, tantôt la tâche difficile de prendre part aux travaux des commissions déléguées pour dresser les enquêtes, apaiser les querelles, régler les différends, juger les affaires en litige. Un prêtre, un religieux, un simple clerc, avaient publié quelque traité, prononcé quelque discours, que l'on disait être entachés d'hérésie : Innocent III les mandait à Rome, ou bien il les renvoyait à l'Université de Paris (2), ou encore il nommait, au cas, par exemple, de ce chanoine de Langres, des professeurs, entre autres, « le doyen de Salisbury qui enseignait alors la philosophie à Paris (3), juges chargés d'examiner le coupable pour s'assurer de sa foi. »

L'évêque de Paris suivait l'exemple du pape et livrait les disciples d'Amaury de Bène à un tribunal composé de docteurs de l'Université, ou bien il donnait mission à maître Raoul de

---

discretos viros Gaufridum, Dei gratia Meldensem episcopum, et fratrem Garinum, de domo domini regis, et Magistrum Michaelem, decanum Sancti Marcelli Parisiensis. »

(1) *Cart. de Notre-Dame*, t. III, p. 288. « Magister Garinus, canonicus Silviniacensis, procurator abbatisse et monialium Kalensium... Magister Gaufridus, canonicus Sancti Clodoaldi Parisiensis, procurator venerabilis patris Parisiensis episcopi. »

(2) Du Boulay, *id.*, p. 72. « Innocentius... ubicumque sciebat aliquem suspectum esse, statim illum aut Romam vocabat, aut Academiæ Parisiensi examinandum, judicandumque remittebat. »

(3) Id. « Illum voluit a Magistris Parisiensibus examinari et de fide respondere apud... et decanum Saresberiensem, qui tunc theologiam Parisiis docebat. »

Namur de soumettre à un rigoureux examen la doctrine de ces hérétiques (1), pour les déférer ensuite au jugement des évêques et des maîtres assemblés (2). Innocent III avait frappé d'excommunication les barons anglais : il nommait maître Robert, official de Norwick, membre de la commission chargée de promulguer la sentence d'excommunication (3).

Maître Simon de Vaux, chanoine de Laon, figure également au nombre des commissaires chargés par Innocent III de faire une enquête sur l'abbé de Saint-Denys de Reims, accusé de simonie et de parjure (4).

Le même pape envoyait maître Raoul de Corgen, chanoine de Noyon, veiller, avec l'évêque d'Auxerre, à ce que l'élection de l'archevêque de Reims se fît suivant les règles canoniques (5).

Le doyen de Soissons, maître Geoffroi, recevait de Rome le mandat de juger un différend survenu entre l'évêque de Meaux et l'abbaye de Resbacq (6).

Maître Barthélemy réglait de la même manière, au nom du pape Innocent III, une contestation sur certains droits de propriété paroissiale, que l'abbé de Saint-Denys refusait de reconnaître au curé de Saint-Lucien (7).

Grégoire IX confiait à deux maîtres, Warner et Simon d'Auteuil, le soin de prendre les premières informations sur la fameuse

---

(1) Du Boulay, *id.*, p. 53. « Qui Parisios venientes pervertere populum nitebantur, qui episcopo proditi comprehenduntur et coram Magistris et Clero statuuntur. » — *Id.*, p. 49. « Qui misso clam Magistro Radulpho de Nemurcio clerico diligenter inquiri fecerunt hujus sectæ viros. » — *Monum. Germ. hist.*, *id.*, ad ann. 1209, p. 890.

(2) Id., p. 51. « Congregati sunt ad eorum examinationem vicini episcopi et Magistri theologi. »

(3) Du Boulay, *id.*, p. 85. « Magistro Roberto, Officiali Norwicensis ecclesiæ. »

(4) *Archives de la ville de Reims*, t. I, 2ᵐᵉ part., p. 468. « Innocentius episcopus... « Magistro Simoni de Vallibus, Canonico Laudunensi, dedimus in mandatis. »

(5) Du Boulay, *id.*, p. 27. « Magistro R. de Corgen, Canonico Noviomensi, dedimus in mandatis. »

(6) Du Boulay, *id.*, p. 37. « Dilecto filio Magistro Gaufrido Decano Suessionensi dedimus in mandatis. »

(7) *Cart. de Notre-Dame*, t. I, p. 118.

affaire du faubourg Saint-Marcel, qui avait amené la dispersion de l'Université (1). .

Quelques difficultés s'étant élevées dans l'administration du collège de Saint-Thomas du Louvre, le pape ordonna une enquête, et la remit aux mains du même Warner, auquel il adjoignait comme assesseur maître Jacques, archidiacre de Boulogne (2).

Le docteur Jean de Noyon était chancelier du comte de Flandre, Baudoin, chef de la quatrième croisade (3), il fut dépêché par ce prince à Rome, auprès du pape, qu'il s'agissait d'apaiser après la prise de Zara. Jean accompagnait l'évêque de Soissons; ils réussirent si bien dans leurs négociations, qu'ils revinrent au camp, avec le pouvoir de lever l'excommunication dont le Souverain Pontife avait frappé les croisés, entraînés par les Vénitiens à la conquête de Constantinople.

Ces missions diverses nous édifient largement sur le mérite et sur le prestige des maîtres de Paris. Toutefois, hâtons-nous d'ajouter qu'ils n'épuisaient pas leur activité à la pratique seule des affaires ecclésiastiques. Les rois et les princes les introduisaient dans leurs conseils avec le titre de chanceliers, on les accréditaient auprès des souverains étrangers, en qualité d'ambassadeurs chargés de porter leurs réclamations ou de traiter les questions les plus délicates. Les grands seigneurs les attiraient à leurs cours souvent rivales de celles des rois, afin de s'aider de ces doctes conseillers, ou du moins pour les employer comme secrétaires. Maître Anseau de Garlande, archidiacre de Paris, était attaché à la maison du roi Louis VI (4). Maître Anselme de Paris, docteur célèbre en droit canon et en droit civil, passait de

---

(1) Du Boulay, *id.*, p. 144. « Magistris Warnerio Tenusino, Parisius commoranti et Simoni de Alteis, ambobus canonicis. »

(2) Du Boulay, *id.*, p. 145. « Magistris Jacobo archidiacono Morinensi et Warnerio Tenusino canonico Parisius commoranti. »

(3) Fleury, *Hist. Ecclés.*, t. XVI, 75, 50.

(4) Du Boulay, *id*, t. II, *Catal. illust. Acad.*, p. 726. « Ansellus de Garlanda, archidiaconus Parisiensis, Ludovici Grossi dapifer, inter professores Parisienses annumeratur. »

sa chaire aux conseils du roi, et ensuite au siège épiscopal de Méaux (1). Maître Guérin, dans la suite évêque de Senlis, tenait le premier rang dans les conseils de Philippe-Auguste (2) ; il le devait à sa prudence, à sa fermeté, et aussi au courage dont il avait fait preuve à la bataille de Bouvines.

Le docte Helinand jouissait d'une grande considération auprès du même monarque (3), qui l'admettait souvent à l'honneur de sa table, et, nous dit une vieille chronique :

> Quant ly roy ot mangié, s'appella Helinand
> Pour ly esbanager, commanda que il chant,
> Cil commence à noter ainsi con ly Jayant
> Monter voldrent au ciel comme gent mescréant.

Maître Boson était clerc et garde du sceau royal, et c'est devant ce fidèle serviteur que le roi Philippe-Auguste recommandait à l'abbé de Saint-Remy de Reims de faire prêter serment à tout le personnel de l'église (4).

Maître Jacques Cosson était conseiller du roi de France et premier président de la Chambre des enquêtes (5). Maître Barrerii remplissait auprès du roi les fonctions de secrétaire (6). Maître Alermus était clerc particulier de la princesse Blanche, comtesse palatine de Troyes (7). Louis VIII n'eut pas plus tôt

---

(1) Du Boulay, id. « Ansellus Parisiensis in Decretis et in jure civili doctor egregius, e cathedra in Regiam, inde ad Meldensem episcopatum provectus. »

(2) Du Boulay, id., p, 74. « Garinus, episcopus Silvanectensis, Philippi regis consiliarius præcipuus propter prudentiam et incomparabilem consilii virtutem... Vir erat litteratus et litteratorum fautor egregius. » — *Monum. Germ. hist.*, id., ad ann. 1214, p. 899. « Garinus qui regis Philippi specialis consiliarius effectus quasi secundus a rege negotia regni tractabat. » — Henri Martin. *Hist. de France*, t. IV, p. 79. — Fleury, *Hist. Ecclés.*, t. XVI, 76, 59.

(3) Du Boulay, id., *Catal. illust. Acad.*, p. 746. « Helinandus acceptissimus fuit Philippo Augusto. »

(4) *Archives de la ville de Reims*, t. I, 2me part., p. 511.

« Philippus, Dei gratia, Francorum rex,
Coram dilectis et fidelibus Nostris Magistro Boso, clerico, et Roberto de Lesgua, custodibus regalium Nostrorum. »

(5) *Cart. de Notre-Dame*, t. IV, p. 21. « Magister Jacobus Cosson, Canonicus Parisiensis et consiliarius regis et primus presidens camere inquestarum Parlamenti. »

(6) *Cart. de Notre-Dame*, t. IV, p. 3. « Magister Barrerii, Canonicus Parisiensis et secretarius domini regis. »

(7) *Cart. de Notre-Dame*, t. II, p. 268. « Magister Alermus, quondam clericus meus. »

débarqué sur les côtes d'Angleterre, qu'il choisit pour chancelier maître Simon de Langton (1). Maître Gauthier Cornut occupait auprès de Louis IX le poste de secrétaire intime (2) : devenu conseiller de ce prince, il se vit adjoindre son frère Albéric, qui enseignait avec éclat le droit civil et le droit canonique. C'est Gauthier que ce saint roi envoyait, avec maître Jean de Nesle, demander au comte de Provence la main de la princesse Marguerite.

Cette haute considération pour les maîtres de Paris ne s'arrêtait pas aux frontières de la France : à l'est, elle avait franchi les monts; au nord, elle avait passé la Manche. Pierre de Blois, après avoir été précepteur de Guillaume II, roi de Sicile, fut élevé à la dignité de garde du sceau royal, « et en cette qualité il eut part au gouvernement des affaires de l'État (3) ».

Maître Thomas Becket a couvert de gloire le titre de chancelier d'Angleterre (4). L'amitié vraie consolait le vaillant athlète attristé par les bassesses de la cour, et au nombre de ses intimes figurait au premier rang, Raoul Lenoir, un professeur distingué des écoles de Paris (5). Deux autres docteurs, Alexandre le Gallois et Gautier Flamen, qui avaient été attachés à la personne du saint prélat jusqu'à sa mort, allaient à Rome en porter la triste nouvelle au souverain Pontife (6). Le roi Richard Cœur de Lion envoyait à Rome, avec l'évêque de Lisieux, le docteur Garnier, pour se

---

(1) Du Boulay, *id.*, p. 79. « Ubi Ludovicus Angliam attigit, Magistrum Simonem de Langetona cancellarium suum sibi constituit. »

(2) Du Boulay, *id.*, p. 105. « Fuit idem Gualterus Ludovico IX a secretis, ab eoque cum Joanne de Nigella missus est ad comitem Provinciæ desponsandæ Margaretæ causa. » — *Gallia Christiana*, t. VIII, p. 1159. « Genere nobilis Albericus frater Galteri, ... juris canonici et civilis Lutetiæ professor, tum consiliorum regis fratri adjutor adscitus. »

(3) Du Boulay, *id.*, t. II, *Catal. illust. Acad.*, p. 761. « Petrus Blesensis... Lutetiæ pueritiam et adolescentiam exegit in politioribus litteris. Iterum Lutetiæ, relicto utriusque juris studio, totus theologiam amplexus est. » — *Id.*, p. 745. « Cum Petrus sigillifer esset regis Siciliæ. » — Crévier, *id.*, p. 237.

(4) Ozanam, *Mélanges*, t. I, p. 334, saint Thomas de Cantorbéry.

(5) Du Boulay, *id.*, t. II, *Catal. illust. Acad.*, p. 769 : « Radulphus Niger rhetorices et dialectices olim in hac Academia professor, amicus Joannis Saresberiensis et Thomæ Cantuariensi addictus. »

(6) Fleury, *Histoire Ecclés.*, t. XV, 72, 34.

plaindre au pape Innocent du duc d'Autriche, qui lui avait fait payer rançon, du roi de Navarre, qui lui retenait quelques places, du roi de France, qui lui en avait pris quelques autres, pendant qu'il guerroyait en Palestine. Le roi de France, de son côté, députait à Rome le docteur de Saint-Lazare, avec mission de le défendre auprès du pape contre les griefs allégués par le roi d'Angleterre (1).

Maître Geoffroi de Norwick présidait aux affaires d'État sous le règne si troublé de Jean sans Terre (2). Ce monarque envoyait à Rome maître Élie de Brandfield, à la tête d'une députation, pour discuter auprès du Souverain Pontife le choix du candidat à porter au siège de Cantorbéry (3). Henri III d'Angleterre nommait maître Étienne de Langton chef d'une ambassade, qui venait à Paris réclamer la cession de la Normandie, suivant la promesse faite par Louis VIII, à son départ d'Angleterre (4). Cette mission délicate ramenait le savant archevêque à l'école, théâtre de ses paisibles triomphes; parmi les familiers qui l'accompagnaient, c'était Alain de Teukesbury qu'il préférait à tous, parce que lui aussi avait mérité le titre de docteur à l'Université de Paris (5). Le même monarque anglais chargeait trois maîtres de Paris, Alexandre de Stavenesse, Henri de Standford et Jean de Hauton, de faire casser par le pape l'élection de maître Gauthier de Hémesham, que les moines de Cantorbéry donnaient pour successeur à l'archevêque Étienne de Langton (6).

Ces noms sont curieux à rappeler, ces faits sont intéressants à

---

(1) Fleury, *Hist. Ecclés.*, t. XVI, 75, 11.
(2) Du Boulay, *id.*, p. 47. « Magister Gaufridus archidiaconus Norwicensis regiorum negotiorum præfectus. »
(3) Fleury, *Hist. Ecclés.*, t. XVI, 76, 32.
(4) Du Boulay, *id.*, p. 111. « Misit archiepiscopum Cantuariensem cum tribus episcopis, constanter rogans ut redderet sibi Normanniam. »
(5) Du Boulay, *id.*, t. III, *Catal. illust. Acad.*, p. 672 : « Alanus Teukesbury Lutetiam ad majora profectus, M. Stephano de Langton adhæsit, eique familiaris valde fuit. »
(6) Du Boulay, *id.*, p. 136. « Procurantibus id negotium apud pontificem Magistro Alexandro de Stavenesse, episcopo Cestrensi, Magistro Henrico de Stanford, episcopo Roffensi, et Magistro Joanni de Heutona ab Anglorum rege missis. » — Fleury, *Hist. Ecclés.*, t. XVI, 79, 52.

recueillir. Après en avoir tressé comme une guirlande d'immortelles à la gloire de l'Université, qui pourrait s'étonner de l'incomparable honneur attaché par tous les peuples de l'Europe au titre de docteur de Paris? Le vieil historien de la Grande-Bretagne ne nous renvoie-t-il pas, à travers les âges, un magnifique écho du sentiment d'admiration éveillé dans l'Église et dans l'État, en France, en Angleterre, en Allemagne et en Italie, par les écoliers qui méritaient, après avoir terminé le cours de leurs études à Paris, la dignité suprême d'être associés au corps de ses maîtres d'élite (1)?

La question de nationalité ne soulevait aucune difficulté. Tous, sans distinction de pays ni de race, pouvaient venir s'asseoir au large banquet constamment servi aux intelligences dans les grandes écoles de Paris. On y passait un temps plus ou moins long, et chacun retournait au foyer domestique, emportant pour les distribuer à ses concitoyens les miettes recueillies à la table du festin. Gilles de Paris se complaisait dans cette gloire de sa ville natale, « d'être la nourrice d'un grand nombre de beaux esprits et de savants (2) ». Si quelques envieux se prenaient « à lui reprocher de n'en avoir produit aucun de son sein », le poète, blessé au vif dans son patriotique orgueil, « confondait les calomniateurs par la liste qu'il donnait de dix-sept maîtres célèbres en tous genres, théologiens, jurisconsultes, médecins, philosophes, tous Parisiens de naissance ».

Les rois de France veillaient avec un soin jaloux à la prospérité de l'Université. Les légats recevaient des Souverains Pontifes la mission particulière de procurer sans cesse et de toute façon le bien des maîtres et des écoliers. Innocent III, si soucieux du progrès des écoliers, ne montra-t-il pas une sollicitude égale pour la renommée des maîtres? N'est-ce pas le même Pape qui, au

---

(1) Matthieu Paris, *Vitæ abbat. San-Alban.*, Johannes I, 21.
« Hic in juventute Scholarum Parisiensium frequentator assiduus, ad electorum consortium Magistrorum meruit attingere. » — Du Boulay, *id.*, t. II, p. 367. — Crévier, *id.*, p. 253.
(2) Crévier, *id.*, p. 238. — Du Boulay, *id.*, t. II, p. 526. — *Histoire Littéraire*, t. IX, p. 77.

concile œcuménique de Latran, en 1215, portait un nouveau décret fondé sur un précédent, à cette fin d'établir un Maître des Ecoles dans chaque église cathédrale, au moins (1) : il assurait de cette manière le progrès continu des études, en les faisant diriger par des professeurs qui s'étaient illustrés à l'Université de Paris : on les voyait aller se reposer à la tête d'une jeunesse studieuse, qu'ils aidaient de leur expérience et de leurs conseils, et ils devenaient ensuite, comme Ulgerius à Angers (2), pasteurs des diocèses après y avoir été maîtres dans la science théologique. N'est-ce pas ce grand Pape, écolier lui-même et maître de Paris, qui, dominé par la crainte de voir s'amoindrir le titre, s'abaisser la dignité de maître de l'Université de Paris, avait voulu, par un bref spécial, fixer à huit le nombre des professeurs qui devaient enseigner chaque année la théologie dans les écoles de Paris (3) ?

Une institution si belle et si prospère allait-elle sombrer sans espérance de salut? De tant de gloire amassée dans la pacifique arène de la science, de tant de succès accumulés par l'esprit de l'homme, il ne resterait rien, et tout menaçait-il d'être emporté aux quatre vents du ciel, dispersé au souffle violent d'une émeute partie du comptoir d'un marchand de vin? Le génie de la France veillait. Comme jadis aux jours de malheur, Israël vaincu enlevait au temple et aux autels le feu sacré qu'il déposait dans une

---

(1) Du Boulay, *id.*, t. III, p. 84 : « In eodem concilio confirmata est constitutio de theologali cathedra in singulis ecclesiis cathedralibus. » — *Monum. Germ. hist.*, *id.*, p. 903. « Hæc sunt capitula hujus magni concilii... Undecimum de Magistro Scholarum non solum in qalibet cathedrali ecclesia, sed etiam in aliis quarum sufficere poterant facultates. »

(2) Du Boulay, *id.*, t. II, *Catal. illust. Acad.*, p. 778 : « Ulgerius e paupere scholastico Magister celeberrimus, e scholis Parisiensibus evocatus est ad Andegavensis scholæ regimen a Rainaldo episcopo cui etiam in episcopatu successit. »

(3) *Cart. de Notre-Dame*, t. I, p. 67.

« Innocentius episcopus, servus servorum Dei,

« Venerabili fratri episcopo Parisiensi salutem et apostolicam benedictionem.

« ..... Hac consideratione prudenter inducti, auctoritate præsentium, firmiter inhibemus, ut, Parisius, Magistrorum Theologiæ numerus octonarium non transcendat, nisi forte multa utilitas et necessitas hoc exposcat.

« Datum Sutrii, XVIII kalendas Decembris, Pontificatus Nostri anno decimo. »
— Du Boulay, *id.*, t. III, p. 36. — Crévier, *id.*, p. 315.

citerne, au fond d'une vallée (1), pour le retrouver au retour de la captivité, de même l'Université dissoute se survécut dans sa fille adoptive, qui ne laissa pas étouffer entièrement la flamme divine allumée dans le sanctuaire des écoles. Les Prêcheurs de Saint-Jacques échappèrent heureusement à la contagion de l'exemple : ils n'entrèrent pas dans le complot qui décidait la dispersion de l'Université. Jean de Saint-Gilles et ses compagnons continuèrent leurs leçons, après que les autres maîtres se furent condamnés au silence, et quand les écoles de Paris se fermaient faute d'une amende honorable impérieusement réclamée, celle du grand Couvent restait étrangère à toute manifestation séditieuse, et demeurait ouverte aux étudiants sérieux, déterminés à ne pas se transformer en rebelles. Les Jacobins venaient d'entrer dans l'Université : ce fut donc sagesse, de leur part, de ne point se laisser entamer par l'esprit de faction; en même temps, ce fut pour eux un véritable mérite de sauvegarder quelques vestiges de cette grande association des maîtres et des écoliers, de conserver pour un avenir meilleur quelques étincelles de ce foyer tristement éteint.

La dispersion avait mis en fuite les maîtres et les écoliers. Malgré cette éclipse temporaire, l'Université de Paris ne semblait point dépouillée de tout son prestige. Déchue, elle tenait encore sa place dans le conseil des rois : absente, elle paraissait n'avoir quitté la scène que pour la reprendre à bref délai. N'est-ce pas un rayon de sa gloire déjà trois ou quatre fois séculaire, qui resplendit aux pages du traité de Meaux, dont la conclusion allait mettre fin à la longue et cruelle guerre des Albigeois (2) ?

L'armée des croisés qui composait les forces belligérantes du roi de France dans les provinces du Midi, avait été conduite par Imbert de Beaujeu avec tant d'énergie et de bonheur, que le

---

(1) *Liber II Machab.*, c. I, 19. « Cum in Persidem ducerentur patres nostri, sacerdotes acceptum ignem de altari occulte absconderunt in valle, ubi erat puteus altus et siccus. »

(2) Fleury, *Hist. Ecclés.*, t. XVI, 79, 50. — H. Martin, *Hist. de France*, t. IV. p. 148. — Guil. de Puy-Laurens, *Chronique*, c. 39.

comte de Toulouse, réduit aux dernières extrémités, s'était vu contraint de demander la paix, et de la subir aux conditions les plus humiliantes. Pour en fixer la teneur, Raymond avait accepté, vers la fin de l'année 1228, la médiation du comte de Champagne et de l'abbé de Grandselve. Après divers pourparlers dont la trace se retrouve aux actes des conciles de Sens et de Senlis (1), les deux négociateurs proposèrent de tenir, au mois de mars, une conférence préliminaire à Meaux, ville neutre, parce qu'elle appartenait au comte Thibaut. L'assemblée se composait du légat Romain de Saint-Ange et des évêques de France, de l'archevêque de Narbonne et de ses suffragants, du comte Raymond et des députés de Toulouse. Les délibérations durèrent plusieurs jours. Lorsque les conditions furent réglées, l'assemblée se transporta à Paris, pour les soumettre à l'approbation du jeune roi. Le traité fut rédigé sous forme de lettres patentes, et le Jeudi saint, 12 avril 1229, lecture solennelle en fut donnée au roi de France, au comte de Toulouse et aux prélats réunis au parvis Notre-Dame, devant le portail de la cathédrale.

C'était juste le moment de la dispersion de l'Université de Paris; les écoliers s'en allaient, les maîtres partaient, mais les derniers d'entre eux purent entendre lire ce traité célèbre, dont la rédaction avait eu pour auteur Pierre de Calmieu, déjà cité comme l'un des docteurs les plus fameux de l'Université (2); ils n'étaient point restés sans remarquer cette clause pleine d'espérance pour l'avenir, malgré les tristesses du présent, qui créait à Toulouse une Université nouvelle, fille de l'Université de Paris (3).
« Le comte Raymond, était-il écrit, paiera 24,000 marcs d'argent,

(1) *Monum. Germ. hist.*, *id.*, p. 922. « Romanus cardinalis concilium tenuit apud Senonas in Natali Domini, pro facto Albigensium, similiter apud Silvanectum in Purificatione. »
(2) *Monum. Germ. hist.*, *id.*, p. 992. « Et hæc est forma pacisque fuit pertractata per magistrum Petrum de Collemedio, et disposita inter regem et comitem Tolose. »
(3) Du Boulay, *id.*, p. 128. « Cum post diuturnum et gravissimum Albigensium bellum pacem tandem indulgeret Ludovicus Raymundo, Comiti Tolosano, illum adegit certum persolvere stipendium seu salarium Magistris in Theologia, in Decretis et in Artibus, quos ex Academia Parisiensi Tolosam misit. »

dont 10,000 seront distribués aux églises par le cardinal légat, à titre d'amende, et 4000 fourniront le traitement des huit maîtres qui doivent enseigner dans la ville de Toulouse, quatre les arts, deux la théologie, et deux les décrets (1). »

N'était-ce pas un fruit savoureux, quoique tardif, de la mission confiée, une dizaine d'années auparavant, aux docteurs de Paris, quand le pape Honorius les avait envoyés prêcher contre les erreurs des Albigeois? Leur renommée s'était si bien établie dans le Midi, que le roi de France ayant arrêté le dessein de fonder l'Université de Toulouse, aussitôt il demeura décidé que l'exécution de ce projet serait remise à des maîtres de Paris.

Le comte de Toulouse jura d'observer toutes les conditions de ce traité, qui fut l'œuvre capitale de la reine Blanche de Castille, et l'un des grands faits de l'histoire de France (2), dont Guillaume de Puy-Laurens disait : « Les clauses en étaient telles, que chacune eût suffi à elle seule en guise de rançon, pour le cas où le roi eût pris le comte prisonnier en champ de bataille, encore le comte eût-il paru bien grièvement rançonné (3). » Par cet acte, en effet, le puissant comte de Toulouse se transformait en simple vassal de la couronne (4). Sa fille devait épouser un des frères du

---

(1) *Monum. Germ. hist.*, id. « Item dare debet Comes 24 000 marcarum argenti, quarum 10 000 marcas debet distribuere Cardinalis ecclesiis pro emenda : de residuo vero debent dari 4 000 marce octo Magistris qui debent docere in civitate Tolose, quatuor in Artibus, duo in Theologia et duo in Decretis. » — Mansi, *Concil.*, t. XXIII, p. 166.

(2) Boutaric, *Saint Louis et Alfonse de Poitiers*, p. 89.

(3) Guil. de Puy-Laurens, *Chronique*, c. 39. — H. Martin, *Hist. de France*, t. IV, p. 148.

(4) Martène, *Thesaurus novus Anecd.*, t. I, p. 944. Carta H. Abbatis Grandis-Silvæ de pactis inter regem Francorum et Raymundum Comitem Tolosanum.

« ... Quod ipse R. ad præsens tradit regi filiam suam maritandam uni de fratribus suis.

« De omnibus supradictis quæ remanebant eidem Raymundo, faciet Domino regi ligium hominium, et fidelitatem secundum consuetudinem baronum Domini regis Franciæ.

« Actum anno Domini MCCXXVIII, mense januario » (Vieux style), c'est-à-dire en 1228.

— *Monum. Germ. hist.*, id., p. 922. « Item debet facere homagium regi et debet esse suus liges in perpetuum, ad formam alicujus comitis provinciæ Gallicanæ. » — Wallon, *Saint Louis et son temps.*, t. I, p. 21.

roi (1). Le comte Amaury de Montfort imita l'abnégation de Raymond, et la province de Narbonne, qui demeurait acquise à la France, donna au royaume trente lieues de côtes sur la Méditerranée.

La conclusion de ce traité, les avantages qu'il assurait au roi de France (2), la joie si longtemps attendue de voir se terminer enfin une guerre fratricide, tout cela vint faire une heureuse diversion aux déplorables conséquences de l'émeute du mardi gras. Mais le calme ne put s'affermir dans les esprits irrités. L'Université avait mis ses menaces à exécution : la dispersion était un fait accompli. L'évêque de Paris et le légat du pape avaient frappé d'excommunication les mécontents et les rebelles; ils renouvelèrent même, à différentes reprises, ces sentences terribles contre les maîtres et les écoliers qui, en partant, s'étaient engagés par serment à ne point revenir à Paris, avant d'avoir reçu pleine et entière satisfaction (3).

Le bruit de cette fâcheuse rupture vint à Bologne agiter l'âme de Jourdain, au moment où il s'apprêtait à tenir le Chapitre général de son Ordre. L'assemblée se réunit le 3 juin, et les circonstances lui donnèrent cette année une importance extraordinaire. En Italie, les fils de Saint-Dominique avaient été entraînés, par la force des choses, à prendre une part active aux événements politiques qui troublaient profondément la Péninsule. Les Frères

---

(1) Martène, *Veterum Script. et Monum.* t. I, p. 1225. Litteræ Amalric comitis Montis-Fortis.

« Amalricus comes Montis-Fortis universis præsentes litteras inspecturis, salutem in Domino.

« Noverit universitas vestra quod nos libere et absolute quittavimus claræ memoriæ domino nostro Ludovico Francorum regi illustri, et hæredibus ejus in perpetuum, quidquid nobis juris competere poterat in Comitatu Tholosano, in Vicecomitatu Biterrensi et in tota conquesta de Albigesis : promittentes quod in rebus supradictis nihil juris nos vel hæredes nostri de cætero poterimus reclamare. »

(2) Teulet, *Layettes du trésor des Chartes*, t. II, N° 1992, p. 149. — Wallon, *Saint Louis et son temps*, t. I, p. 21.

(3) Du Boulay, *id.*, p. 136. « Episcopus Parisiensis et Legatus multas sententias excommunicationis tulerunt in Magistros et scholares qui se juramento obstrinxerant non ante redituros ad civitatem Parisiensem quam sibi ad votum satisfieret. »

Guala, Monéta, Guidotto de Capitaneis (1), Jean de Salerne, Jean de Vicence (2), Pierre de Vérone (3), étaient descendus dans l'arène (4), et ces intrépides athlètes bravaient les fatigues, affrontaient les périls d'une lutte qui multipliait chaque jour ses péripéties violentes ou qui changeait à chaque heure ses dramatiques aspects. La guerre exerçait ses ravages, principalement entre Bologne et Modène (5); les ruines matérielles s'accumulaient dans les villes et les campagnes : l'hérésie y ajoutait le trouble et l'inquiétude dans les esprits. Les lieutenants de Frédéric donnaient à l'empereur, par les excès qu'ils commettaient en son nom, l'odieuse apparence d'un ennemi public. La ligue des cités lombardes se brisait, se formait pour se dissoudre et se reformer encore (6), afin de porter secours à l'Église et à l'Italie, menacées l'une et l'autre dans leur indépendance par les âpres convoitises de l'empereur d'Allemagne.

Jourdain ne s'attarda pas à Bologne. Le Chapitre terminé, il prit en toute hâte congé des Sœurs du couvent de Sainte-Agnès, de Diane d'Andâlo, et partit en songeant à la fondation de l'Université de Toulouse, décidée par le traité de Meaux, et que l'évêque Foulques, sur les conseils de Raymond de Felgar, voulait confier à l'Ordre de Saint-Dominique (7). Cependant l'esprit du Maître général était encore plus tourmenté par la pensée de l'Université de Paris, de sa dispersion et des moyens de guérir, d'alléger, peut-être de conjurer le mal. Il se mit en route à travers l'Italie septentrionale, et commença l'inspection de ses

(1) Guidotto avait été professeur de droit canonique à l'Université de Padoue.

(2) Bolland., *Acta Sanctorum*, t. I Julii, p. 473. — Touron, *Vie de S. Dominique*, l. V, p. 530.

(3) Rolland., *Acta Sanctorum*, t. III April., p. 680. — Touron, *Vie de S. Dominique*, l. V. p. 490.

(4) On a conservé dix ou douze brefs de Grégoire IX à l'adresse de Jean de Vicence, pour le féliciter de son œuvre de pacification en Italie. *Bull. Dominic.*, t. I, p. 48 et 57.

(5) *Monum. Germ. hist.*, id., p. 925. « Bellum fuit in Lombardia inter Mutinenses et Bononienses, et confusione respersa est civitas Bononiensis. »

(6) Raynald., *Ann. Eccles.*, t. XXI, p. 10.

(7) Touron, *Vie de S. Dominique*, l. VI, p. 679

maisons, qui devait d'étape en étape, l'amener à Paris vers l'époque habituelle de la rentrée des écoles.

Jourdain remonta de Bologne à Padoue, où sa parole réveilla des échos assoupis, où ses prédications excitèrent de nouveau une profonde émotion parmi les jeunes étudiants de l'Université. Il le dit dans une lettre à Diane d'Andâlo : « Le Seigneur a exaucé vos prières en faveur des écoliers de Padoue. Une vingtaine, doués d'un vrai mérite, sont entrés dans l'Ordre. Ayez soin maintenant de rendre à Dieu de vives actions de grâces; toutefois, ne cessez pas de prier (1). »

De Padoue, Jourdain s'en alla par Pavie, Vérone, Vicence, Milan, à travers la Transpadane, visitant les couvents de son Ordre, fondés naguères et déjà florissants dans ces grandes villes. A Verceil, il se retrouve au milieu des étudiants, en face de cet auditoire toujours préféré, dont il sait si bien vaincre les résistances et enlever les suffrages. « Je n'ignore pas, écrit-il à Diane, que vous vous intéressez vivement à tout ce qui me touche, et je vous rends bien la pareille en Jésus-Christ; c'est pourquoi je veux vous donner de mes nouvelles en quelques mots. Je suis venu à Verceil, où le Seigneur nous a envoyé plusieurs novices aussi distingués par leurs vertus que par leur science. Ce sont trois Allemands, les meilleurs qui fussent dans la ville, quatre Provençaux excellents, et trois ou quatre Lombards d'un mérite reconnu. Tous ont pris l'habit en très peu de temps (2). » Cette lettre est très courte : mais une autre, adressée au Prieur de la Lombardie (3), peut lui servir de commentaire par les détails intéressants qu'elle renferme. « Je crois,

---

(1) *Lettres du B. Jourdain de Saxe*, XXVI. « Sicut rogastis Dominum et exauditæ estis in Scholaribus Paduanis, ubi bene viginti et probi postea intraverunt. »

(2) *Lettres du B. Jourdain de Saxe*, XXVII. « Cum venissem Vercellas, valde probos et litteratos optime viros plures Dominus nobis dedit, tres Theutonicos meliores qui erant in civitate, quatuor Provinciales optimos et tres Lombardos probos vel quatuor, qui omnes in brevi tempore intraverunt. »

(3) Id., XXIX. « Frater Jordanis, Ordinis Prædicatorum, servus inutilis, dilecto in Christo filio Fratri Stephano, Priori provinciali Lombardiæ, salutem æternam. »

dit le Maître général, avoir déjà parlé, dans ma dernière lettre au Prieur de Bologne, des succès qui, le Seigneur aidant, ont couronné mes prédications à Verceil : puisque vous me le demandez, je vous les raconterai de nouveau. A mon arrivée, je trouvai tout d'abord les étudiants absolument insensibles (1). J'avais presque fait mes adieux, déjà je me préparais à partir. Tout à coup le Seigneur, dont la main ne cesse de nous combler de largesses, nous a amené maître Walter d'Allemagne, professeur de logique, très habile dans son art, qui passait à Paris pour un des maîtres les plus renommés. Il entra le premier dans l'Ordre, et fut suivi de deux bacheliers qui l'accompagnaient, tous deux très distingués, et tout prêts à professer, si je l'avais voulu : l'un est Provençal et l'autre Lombard (2). Nous avons ensuite reçu un excellent étudiant en droit canon, Allemand, chanoine de Spire et recteur de ses compatriotes qui étudiaient à Verceil, puis un autre Allemand, égal en science et en vertu, maître Godescalc, chanoine de Maëstrich, et deux Provençaux non moins remarquables, professeurs suppléants, l'un en droit civil et l'autre dans la chaire de droit canonique (3). A vrai dire, on eût pu croire que nous les avions choisis entre tous les étudiants. Plusieurs autres aussi, heureusement doués, imitèrent bientôt leur exemple, de sorte que nous en avions enrôlé douze ou treize dans un très court espace de temps (4). »

Maître Walter était-il un des professeurs que la dispersion de l'Université avait conduits en Angleterre, en Allemagne, en Italie? Henri d'Angleterre n'avait rien négligé pour les attirer

---

(1) Id. « Primo Scholares Vercellis inveni durissimos, et quasi accepta licentia jam in procinctu fueram recedendi. »

(2) Id. « Nobiscum primus introivit Magister Walterus Theutonicus, regens in logica, peritissimus artis suæ, qui etiam inter majores Magistros Parisius habebatur. Secuti sunt eum duo Baccellarii probissimi, quos habebat, parati ambo, si voluissem, protinus ad regendum : unus Provincialis, alter Lombardus. »

(3) Id. « Secuti sunt item duo Provinciales probissimi, quorum alter in Decretis, alter in Legibus legebat in cathedra pro Magistris. »

(4) Id. « Ita ut prædictas personas videremur quasi ex omnibus scholaribus elegisse... sive duodecim vel tredecim universi, qui in tempore brevissimo intraverunt. »

dans ses États. A son exemple, les villes d'Italie, Verceil entre autres, s'était imposé de lourds sacrifices d'argent, afin d'accroître le renom de ses écoles, et d'y fixer un maître célèbre à Paris, avec les bacheliers qui enseignaient sous sa direction (1). Walter connaissait Jourdain de Saxe : c'est lui qui fit naître à l'endroit du Maître général, par ses conseils ou par ses menaces, par pression ou par intimidation, les mauvaises dispositions tout d'abord manifestées par les écoliers de Verceil. Une page de Gérard de Frachet complète le récit de cette conversion subite. « Au temps, dit-il, où le maître Jourdain, de sainte mémoire, prêchait à Verceil, centre d'études florissantes, il attira dans l'Ordre, en peu de jours, treize écoliers vertueux et savants. L'un d'eux était maître Walter d'Allemagne, régent ès arts, très habile dans les sciences naturelles, et qu'on avait fait venir au prix d'un gros traitement. Quand il connut l'arrivée de Jourdain : « Prenez garde, dit-il à ses collègues et aux écoliers, prenez bien garde d'aller à ses prédications, et n'entrez pas même en conversation avec lui. C'est un séducteur, et ainsi qu'une courtisane, il sait donner à ses accents un charme irrésistible (2). » Chose admirable! celui qui retenait les autres allait être le premier enchaîné par cette parole, ou plutôt par la parole de Dieu. Et comme Walter sentait en lui la nature se révolter à la pensée d'entrer dans l'Ordre, il serrait les poings, s'en frappait les flancs en guise d'éperons, et se disait : « Tu iras là, oui, tu iras là. » En effet, il vint et fut reçu, et il montra à beaucoup d'autres le chemin du salut. Ainsi, continue Gérard, il y avait également à Verceil un autre grand clerc très versé dans la science du droit. Un jour, il apprit que certains écoliers de ses amis venaient d'entrer dans l'Ordre. Aussitôt il laissa là ses livres ouverts devant lui, et sans souci de ce qu'il abandonnait à la maison, il se mit à courir comme un insensé vers l'endroit

---

(1) Gérard de Frachet, *Vitæ Fratrum*, P. IV, c. x. — Bolland., *Acta Sanctorum*, t. II Februar., p. 735.

(2) Id. « Cavete ne ad prædicationem ipsius eatis, neque aliquando verba ejus audiatis, quia sicut meretrix polit sermones suos ut capiat homines. »

habité par les Frères. Chemin faisant, il se heurte contre une de ses connaissances, qui lui demande où il court ainsi seul et à perdre haleine. « Je vais à Dieu, » répond-il sans s'arrêter. Il vient au lieu où les Frères, qui n'avaient pas encore de couvent dans la ville, tenaient leurs réunions habituelles, et apercevant le Maître au milieu des siens, il arracha son riche manteau de soie, se prosterna la face contre terre, et, dans son enthousiasme, ne prononça que cette parole : « Je suis de Dieu, oui, je suis de Dieu. » Le Maître ne fit aucune enquête et se contenta de lui répondre : « Puisque vous êtes de Dieu, nous vous consignons à Dieu. » Et le relevant, il lui donna l'habit. Celui qui a raconté ces choses était présent ; il les a vues et entendues : c'était une des âmes qui s'attachèrent au Maître. »

Jourdain quitta Verceil, emmenant à sa suite la brillante légion de novices que son éloquence avait enchaînés à l'Ordre par les doux liens de la persuasion. Soudain un cri d'angoisse et d'effroi frappe ses oreilles et l'oblige à suspendre sa marche. Frédéric venait de débarquer en Italie (1). Le monarque allemand accourait de Palestine se mettre en personne à la tête de ses armées, afin de poursuivre avec son indomptable énergie, la guerre engagée contre Rome et l'Italie. Son séjour en Orient n'avait pas été d'une année. Il était entré dans Jérusalem sans l'avoir conquise, par une faveur achetée des musulmans, et point par la force des armes. Dans son orgueil, il eût souhaité se faire sacrer dans la ville sainte, mais il ne trouva personne qui voulût accéder à son désir, et sa présence au tombeau du Christ n'avait causé que du scandale, à cause de la sentence qui pesait sur sa tête. Tous les fidèles s'étaient éloignés avec horreur du prince excommunié, et un Dominicain, Maître Walter, avait célébré dans un faubourg de Jérusalem, la sainte messe pour les pèlerins (2). L'empereur irrité ne ménagea guère ceux qu'il venait

---

(1) D'Achery, *Spicilegium*, *Chron. Guill. de Nangis*, t. III, p. 32. — Raynald., *Ann. Eccles.*, t. XXI, p. 9. — Cantù, *Hist. Univ.*, t. XI, p. 184.

(2) Du Boulay, *id.*, p. 137. « Quia fuerat a summo Pontifice excommunicatus, nullus est eo præsente ausus sacra facere. Solus M. Walterus Ordinis Dominicani in suburbio Missam celebravit, cui fidelium omnis multitudo interfuit. »

secourir; il n'épargna ni les Templiers, ni les Hospitaliers, pas plus les fils de Saint-François que les disciples de Saint-Dominique (1). Après avoir en toute hâte réglé ses affaires et conclu dix ans de trêve avec le sultan d'Égypte (2), il s'était embarqué pour l'Occident le premier jour du mois de mai.

Quelques semaines suffirent à Frédéric pour changer la face des événements en Italie (3), et pour ramener à l'obéissance tous ceux qui avaient secoué le joug. Est-ce à la prière du pape Grégoire IX, réfugié à Pérouse, est-ce sur sa propre inspiration que Jourdain de Saxe vint trouver l'empereur au milieu du tumulte des camps et du fracas de ses armes victorieuses? Jourdain n'était pas un étranger pour Frédéric, qui lui avait même donné différents témoignages d'estime et de bienveillance, aussi n'eut-il aucune peine à se faire accorder une entrevue (4). Frédéric lui fit signe de s'asseoir, et ils demeurèrent un assez long temps en présence, sans mot dire, l'orgueilleux souverain surpris, hésitant devant l'humble religieux qui lui apparaissait peut-être à cette heure, comme une ombre vengeresse du droit violé, de la justice outragée. Jourdain rompit enfin le silence : « Seigneur, dit-il, je vais en diverses provinces pour les devoirs de ma charge; je m'étonne que vous ne me demandiez pas les bruits qui courent et qui occupent l'opinion publique. » L'empereur répondit : « J'ai mes envoyés dans toutes les cours et dans

---

(1) Raynald., *Ann. Eccles.*, t. XXI, p. 9. « Quin etiam ad cumulum sceleris, aliquos e Dominicana, Franciscanaque familiis, qui ad sacra de Deo verba facienda, in Ramis Palmarum pro more in suggestus conscenderant, dejici, rapi, in terram collidi, flagrisque per urbem ut latrones nefarios cædi jussisse. » — Fleury, *Hist. Ecclés.*, t. XVI, 79, 48.

(2) D'Achery, *Spicilegium*, id. « Fridericus mittens nuncios ad Soldanum Babyloniæ, contraxit cum eo amicitias Christianitati suspectas. »

(3) *Monum. Germ. hist.*, id., p. 925. « Imperator a partibus transmarinis reversus in breve fere omnia ad se retraxit. » — *Id., Contin. Conradi, præp. Urspergensis*, p. 383. « Multi tam de ultramontanis' quam de partibus illis Christiani et Sarraceni coadunati sunt ad imperatorem... cœpitque terras sibi ablatas recuperare. »

(4) Bolland., *Acta Sanctorum* t. II Febr., p. 732. « Venit aliquando Magister Jordanus ad Fredericum Imperatorem et cum sedissent et diu tacuissent. » — Touron, *Vie de S. Dominique*, l. VI, p. 711. — Fleury, *Hist. Ecclés.*, t. XVII, 80, 62.

toutes les provinces. Je suis exactement informé de tout ce qui se passe dans l'Empire; je n'ignore pas ce qui se dit dans les autres royaumes; je sais ainsi tout ce qui se fait de par le monde. » Jourdain reprit : « Jésus-Christ savait tout puisqu'il était Dieu, et cependant il demandait à ses disciples ce que l'on disait de lui. Vous n'êtes qu'un homme, et vous ignorez beaucoup de choses que l'on dit de vous, et qu'il serait fort à propos que vous sussiez. Or, on dit que vous opprimez les églises, que vous méprisez les évêques et les censures ecclésiastiques, que vous croyez aux augures, que vous favorisez les Juifs et les Sarrasins de préférence aux chrétiens, et que vous n'honorez point le Vicaire de Jésus-Christ. Assurément, seigneur, tout cela n'est pas digne de vous (1). Permettez à votre serviteur de vous représenter combien il importe pour votre gloire et pour votre salut, d'arrêter ces bruits populaires par une conduite qui vous puisse mériter l'approbation de Dieu et l'estime des hommes. » Frédéric n'était guère accoutumé à entendre ces vérités qu'il n'aimait point : cependant il écouta Jourdain sans l'interrompre, et ne manifesta, l'entretien fini, que des sentiments d'une plus haute estime pour celui qui n'avait pas craint de parler avec cette franche hardiesse. Ne serait-ce pas faire trop d'honneur à Jourdain que d'attribuer à sa conversation et à son fier langage, le changement qui survint dans les idées politiques de l'empereur? Toujours est-il que vers la fin de l'été Frédéric envoyait offrir la paix au Souverain Pontife, que ses propositions étaient agréées au mois de novembre, et qu'elles ne devaient pas tarder à être définitivement approuvées et sanctionnées (2).

Jourdain se rendit à Gênes, où il voulait s'embarquer pour Montpellier (3). Déjà il prenait ses mesures pour la fondation de

---

(1) Id. « Dicitur de vobis quod Ecclesias gravatis, sententias contemnitis, auguriis attenditis, Jndæis et Sarracenis nimis favetis, Consiliariis veris non acquiescitis, vicarium Christi et B. Petri successorem non honoratis, et certe hæc personam vestram non decent. »

(2) Fleury, *Hist. Eccés.*, t. XVI, 79, 59.

(3) *Lettres du B. Jourdain*, XXIX. « Sanus de Janua vobis scripsi, paratus ad Montempessulanum navigio me transferre. »

l'Université de Toulouse : c'est sans doute en prévision des besoins qui chargeraient une pareille entreprise, qu'il agissait quand il écrit au prieur Etienne : « J'ai amené à Gênes avec moi, presque tous les maîtres et les écoliers enrôlés à Verceil dans notre Ordre, et deux sont aussitôt partis pour Montpellier. Les autres attendront encore quelque temps ici. Cinq d'entre eux sont Lombards (1). » Et tout en demandant des prières pour lui, le Maître général ne néglige pas d'aviser aux moyens qui peuvent procurer le progrès intellectuel de ses novices et faire fructifier leurs talents. « Parmi les novices restés à Gênes, ajoute-t-il, il y a un Crémonais remarquable à tous égards et assez versé dans la connaissance de la logique : il est, dit-on, de famille noble, et paraît doué des plus heureuses dispositions. Il se nomme Peregrinus. Vous pourrez le laisser ici quelque temps, et l'envoyer ensuite dans le couvent de la province, où les études sont les plus fortes (2). »

Au milieu des préparatifs du départ, malgré les préoccupations qui obsèdent son esprit, Jourdain a trouvé le loisir d'écrire la longue lettre qui nous fait connaître en détail son voyage et ses succès à Verceil. Avant d'aborder ce sujet, il avait songé à rassurer la conscience et à bannir les scrupules du prieur Etienne, « qu'un vain bruit de feuilles avait effrayé (3), » au sujet de certains statuts que des maladroits voulaient à tort appliquer aux Prêcheresses du couvent de Sainte-Agnès. Dans le même moment (4), il écrivait à Diane et à la communauté que ce zèle indiscret avait jetées dans les alarmes : « Ce n'est là

---

(1) *Lettres du B. Jourdain*, id. : « Fere omnes Januam mecum duxi, et duo statim usque ad Montempessulanum sunt ulterius progressi. »

(2) *Lettres du B. Jourdain*, id. : « Inter Novitios qui Januæ remanserunt est quidam Cremonensis bene probus, in logica satis versatus, homo nobilis, ut dicitur, et ad proficiendum bene dispositus, nomine Peregrinus; quem, postquam aliquandiu steterit, alias transferre poteritis, ubi studium melius in provincia scitis. »

(3) *Lettres du B. Jourdain*, id. : « Quia ad sonitum folii vestram ad præsens conscientiam intueor expavisse. »

(4) *Lettres du B. Jourdain*, XXVIII. « Eodem die quo tibi scripsi, sanus eram de Janua recessurus. »

qu'une crainte excessive et inutile. Ni moi ni les définiteurs n'avons entendu parler des Sœurs de notre Ordre; nous n'y avons même jamais pensé. La décision dont il s'agit ne regarde pas nos Sœurs, elle concerne uniquement les personnes étrangères à l'Ordre, que, dans certaines provinces, nos Frères avaient coutume, en vue d'assurer leur conversion, d'admettre trop facilement à la clôture, au voile et au vœu de chasteté. N'en parlez donc plus jamais à qui que ce soit, et demeurez entièrement rassurée : vous n'avez rien à craindre à ce sujet. Celui qui s'est permis de vous causer ces inquiétudes, n'a pas fait preuve de discrétion, et il a voulu vous effrayer sans raison (1)! »

Ces conseils de haute sagesse et d'administration monastique, sont suivis de quelques lignes tout empreintes de l'affection si pure et si sainte que Jourdain a vouée à sa chère fille en Jésus-Christ. De Verceil, il lui écrivait : « Ne vous affligez pas, ma très chère, de ce que je ne suis pas toujours auprès de vous; mon âme vous est toujours présente par les sentiments de la charité la plus sincère. Et cependant je ne m'étonne pas de votre tristesse, puisque je ne peux moi-même m'empêcher de souffrir de votre absence. Mais je me console en songeant que cette séparation ne sera pas éternelle (2). » De Gênes, il lui dit : « Soyez, ma très chère, en tout et pour tout remplie de joie et de confiance. Si vous sentez que par mon absence il vous manque quelque chose, dédommagez-vous auprès d'un meilleur ami, de votre époux Jésus-Christ; il peut vous être présent en esprit et en vérité, bien plus souvent que frère Jourdain, et vous entretenir d'une manière plus suave et plus salutaire (3). »

---

(1) *Lettres de B. Jourdain*, XXVIII. .« Quod pro Constitutione illa turbatam te in tuis litteris intellexi, magis mihi indiscretio et timor superfluus videbatur... Propterea de isto articulo nec etiam alicui unquam habeas mentionem, sed secure te habeas... Indiscrete autem fecit quicumque hoc dubium tibi movit. »

(2) *Lettres de B. Jourdain*, XXVII... Non tibi grave, carissima, quod me omni tempore præsentem corporaliter non habes, quia spiritus meus tibi in sincerissima charitate semper præsens existit. »

(3) *Lettres de B. Jourdain*. XXVIII. « Cæterum, carissima mea, confidenter et hilariter in cunctis te habeas... Quem præsentem potes habere frequentius in spiritu et veritate, loquentem tibi suavius atque salubrius quam Jordanis. »

A Montpellier, Jourdain retrouva les deux novices auxquels il avait fait prendre les devants, et qui l'attendaient, afin de lui prêter leur concours efficace dans l'exécution des desseins qu'il venait poursuivre en Provence. Etaient-ce maître Walter et l'un de ses bacheliers, le Provençal « tout prêt à entrer dans la carrière de l'enseignement? » Etaient-ce les deux Provençaux, suppléants, « l'un en droit civil et l'autre en droit canonique? » Jourdain ne l'a pas dit; mais il a dû les choisir en vue du projet qu'il caresse avec amour, et sa pensée est tout entière à la fondation de l'Université de Toulouse. Son voyage en Provence ne laisse subsister aucun doute à ce sujet. Il avait été précédé dans le Midi par Pierre de Colmieu, qui s'était rendu à Toulouse, au mois de juillet, en qualité de vice-légat, afin de hâter la conclusion du traité de Meaux, qui décrétait l'établissement de l'Université (1). De plus, l'évêque de Toulouse, Foulques, l'ami des Prêcheurs et le plus ancien protecteur de l'Ordre, désirait vivement confier la chaire de théologie à l'expérience des disciples de Saint-Dominique. Comme il s'agissait de tout disposer à Toulouse sur le modèle de l'Université de Paris, et par le concours de maîtres façonnés à ses écoles (2), Jourdain appela celui de ses fils que la Providence avait particulièrement préparé pour cette œuvre délicate. C'était Jean de Saint-Gilles : il venait de terminer ses leçons à Paris; il connaissait Montpellier, où il avait enseigné la médecine. Tout porte à croire qu'il accourut là rejoindre Jourdain, et qu'il fut, par le Maître général d'accord avec Foulques et Pierre de Colmieu, chargé d'organiser, sinon de professer la théologie, constituant

---

(1) Raynald., *Ann. Eccles.*, t. XX, p. 614. « Tolosa Romanæ ecclesiæ Julio mense conciliata fuit, templaque in ea aperiri jussa a Petro de Collemedio ; qui legati apostolici vices gerebat. » — Wallon, *Saint Louis et son temps*, t. I, p. 23. — Fleury, *Hist. Ecclés.*, t. XVI, 79, 77.

(2) Echard, *Script. Ord. Prædic.*, t. I, p. 100. » Cum ea tempestate in partibus Tolosanis hæresis grassare pergeret, proptereaque curante sancto rege Ludovico, Parisiis Tolosam mitterentur sacræ theologiæ magistri, qui fidem catholicam doctrina sua tuerentur, Academiamque Tolosanam juxta leges Parisiensis instituerent. »

avec la philosophie, le droit et la grammaire, l'enseignement primitif de l'Université de Toulouse.

Un nouveau refuge s'ouvrait ainsi aux membres dispersés de l'Université de Paris ; une hospitalité généreuse et toute fraternelle leur était réservée, vu les bonnes dispositions des exécuteurs du traité de Meaux. Aussi vit-on, suivant l'observation d'un ancien chroniqueur, nombre d'écoliers et de maîtres, qui n'avaient voulu passer ni les Alpes, ni les Pyrénées, ni la Manche, ni le Rhin, accourir aux bords de la Garonne, car ils espéraient y rencontrer au moins l'ombre ou la figure de ce qu'ils avaient perdu (1).

De la Provence, Jourdain dut diriger ses pas vers l'Allemagne, où l'appelaient les affaires de son Ordre. Les Prêcheurs s'étendaient de plus en plus dans le pays, et la ville de Liège multipliait à ce moment ses démarches pour les attirer dans ses murs. Déjà l'évêque Hugues de Pierrepont avait entamé des négociations à cet effet, et il s'en était ouvert à Jacques de Vitry, qui revenait de Palestine, après s'être démis du siège de Saint-Jean d'Acre (2). Hugues mourut : son successeur élu, Jean Appieu, n'eut rien de plus pressé que de les faire aboutir. « Nous avons résolu, écrivait-il à Jourdain deux jours avant la fête de Saint-Laurent, pour notre salut, et afin de venir en aide aux âmes confiées à notre sollicitude, pour conserver et développer la religion dans notre diocèse, nous avons résolu, sur le conseil des gens de bien, de fonder à Liège un couvent de Frères Prêcheurs qui enseigneront la théologie, et qui porteront la parole de Dieu à tous les fidèles de notre troupeau... C'est pourquoi, nous vous accordons dans toute leur plénitude, les libertés

---

(1) Raynald., *Ann. Eccles.*, t. XXI, p. 16. « Anno Domini MCCXXIX facta fuit Parisius inter Scholares dissensio, quam mox secuta est ad tempus multifaria dispersio, alii quidem Rhemis, alii Andegavis, alii Aurelianis, alii in Angliam, alii in Italiam, vel in Hispaniam, sive in alias mundi provincias causa studii sunt profecti, multi quoque Magistri et Scholares Tolosam venerunt ei et rexerunt ibidem. » Bernardus in *Chronic*.

(2) *Monum. Germ. hist.*, id., p. 925. « Magister Jacobus, dimisso episcopatu suo, in partes Leodii reversus est. »

dont les religieux jouissent dans notre diocèse, et aux Frères que vous nous enverrez, nous assurons notre protection et celle de notre Église (1). »

Ces entreprises diverses, ces longs voyages ne se poursuivaient pas sans que le génie du mal ne fît effort ou pour ralentir par des obstacles, ou pour étouffer par la persécution le zèle du Maître général. « De toutes parts, écrivait-il à Diane, on attaque et on tourmente les religieux, ce qui entraîne la damnation et la mort éternelle d'un grand nombre d'âmes (2). » Mais ces haines ne le déconcertaient point et ne comprimaient nullement son infatigable ardeur. Il reprit sa route à travers la Bourgogne, et rentra dans Paris, aux premiers jours du mois d'octobre. « Après avoir quitté la Lombardie, dit-il à Diane, et il résume en deux lignes quatre mois de pérégrinations, j'ai traversé la Provence, l'Allemagne, la Bourgogne et la France; je suis arrivé bien portant à Paris, d'où je vous écris cette lettre après la fête de saint Denis (3). »

---

(1) Martène, *Veterum Script. et monum.*, t. I, p. 1229.

« Johannes miseratione divina episcopus Leodiensis electus, viris venerabilibus magistro Jordani Ordinis Prædicatorum et priori provinciæ Teutoniæ...

« Significantes dilectioni vestræ, quod nos... pro religione in episcopatu Leodiensi promovenda et conservanda, de bonorum virorum consilio, concessimus quod in civitate Leodiensi recipiatur Conventus fratrum Ordinis vestri, qui ibi legant in theologia, et per totum episcopatum Leodiensium disseminent verbum Dei...

« Datum apud Waremiam, feria II ante festum Beati Laurentii, anno Domini MCCXXXI. »

(2) *Lettres de B. Jourdain*. XXX. « Ubique Fratrum seditiones et prælia suscitantur. »

(3) Id. « Sanus post exitum Lombardiæ Provinciam, Alemaniam, Burgundiam et Franciam usque Parisios transivi, ubi et vobis post festum Dionysii litteram hanc scripsi. »

XIII

LA DISPERSION DE L'UNIVERSITÉ DE PARIS SE PROLONGE EN 1230 ET EN 1231. — CONDUITE DE JOURDAIN DE SAXE ET ATTITUDE DU COUVENT DE SAINT-JACQUES PENDANT CES DISCORDES. — JOURDAIN EN ANGLETERRE. — LES ÉCOLES D'OXFORD. — GRÉGOIRE IX INTERVIENT POUR RÉTABLIR LA PAIX DANS L'UNIVERSITÉ. — COMMISSIONS NOMMÉES A CET EFFET PAR LE PAPE. — DÉPUTÉS ENVOYÉS A ROME PAR LES MAITRES ET LES ÉCOLIERS. — NÉGOCIATIONS ET BULLES. — RETOUR DE L'UNIVERSITÉ A PARIS.

La dispersion de l'Université creusait un grand vide dans la capitale. Paris avait perdu ses joyaux et sa couronne : avec les Muses s'étaient envolés son prestige et sa gloire. Jourdain de Saxe ne retrouva point son auditoire accoutumé. La fête de saint Denis se célébra en cette année 1229, sans que, selon l'usage (1), les maîtres eussent repris leurs leçons, les écoliers, leurs disputes ou leurs discussions théologiques, littéraires et scientifiques. Les chaires étaient muettes, et le silence régnait sur la montagne Sainte-Geneviève et dans tout le quartier des Ecoles, au clos Bruneau et dans la rue du Fouarre, des ponts à la porte Saint-Jacques. Comme Jérusalem, la cité sainte, au prophète des lamentations, Paris, la ville savante, dut apparaître au successeur de saint Dominique, triste et morne, sombre et délaissée; et pour exprimer les sentiments qui agitaient son âme, Jourdain eût pu dire après Jérémie : « D'où vient pareille solitude en la cité jadis si populeuse (2)? »

(1) Thurot, *De l'Organisation de l'enseign.*, p. 145.
(2) Jérémie, *Lament.*, c. I, 1. « Quomodo sedet sola civitas plena populo? »

Le départ des maîtres avait nécessairement amené la fermeture des écoles particulières, créées grâce à l'initiative privée (1), pour satisfaire aux exigences de la multitude des étudiants, toujours avides de s'entendre distribuer les bienfaits d'un enseignement, qui embrassait les branches diverses des connaissances divines et humaines. Le nombre de ces écoles n'était point limité : leur vogue ou leur succès était dû au savoir du professeur, à son éloquence, à sa popularité : rameaux vigoureux ou chétifs poussés sur le robuste tronc de l'arbre de la science, que l'Eglise avait planté sur les bords de la Seine, ils allaient se desséchant, détachés et abattus sous les coups redoublés d'une bande de jeunes émeutiers. Les écoles principales du Parvis et du Cloître, sous la direction immédiate de l'Evêque et du Chapitre, continuaient leurs leçons dans les conditions qui leur étaient particulières : celle-là, fondée dans le voisinage du palais épiscopal, était publique; celle-ci, maintenue dans le cloître de Notre-Dame, « était réservée à l'instruction des seuls membres et suppôts de l'Eglise de Paris (2). » Les écoles de Saint-Victor et de Sainte-Geneviève, également soumises à l'autorité des supérieurs ecclésiastiques, n'avaient ni suspendu leurs cours, ni décrété le silence autour des chaires occupées par les plus savants de leurs religieux. Il est donc permis de ne point prendre à la lettre les paroles de Mathieu Paris, déclarant que « quelques maîtres de médiocre valeur continuaient seuls leurs leçons (3). La salle du festin, dressée pour les convives du monde entier, demeurait ouverte, mais la plupart des tables avaient été brisées ou enlevées; auprès de celles qui restaient, devant le petit nombre de ceux qui les desservaient, on se surprenait à dire, comme les

---

(1) Thurot, *Id.*, p. 6. — Crévier, *Hist. de l'Univ. de Paris*, t. I, p. 272.
(2) Crévier, *Id.*, p. 274. — Thurot, *Id.*, p. 4. — Du Boulay, *Hist. Univ. Paris.*, t. II, p. 666.
(3) Matthieu Paris., *Hist. Angl. Major*, ad ann. 1229. « Ita quod nec unus famosus ex omnibus in civitate remanserit. » — Du Boulay, *Id.*, t. III, p. 138. « Pauci Magistri, iique fere gregarii remanserant. » — *Monum. Germ. hist.*, t. XXIII. *Chronic. Albrici*, p. 923. « Paucis remanentibus in civitate, exierunt omnes alii, maxime eminentiores Magistri. »

apôtres en présence de la foule affamée : « Qu'est-ce que cela pour tant de monde (1) ! »

Jourdain joignait à la piété la plus suave un esprit pratique, attentif à tous les détails de la lourde charge imposée à ses épaules. La science divine, dont il avait pénétré les secrets, n'excluait pas chez lui la connaissance des hommes et des choses. Le Maître général se garda bien de négliger la situation que les événements avaient créée au Couvent de Saint-Jacques. L'enseignement universitaire restait presque tout entier au pouvoir des Prêcheurs ; il dépendait d'eux d'étendre la main sur le patrimoine abandonné, et de s'établir en héritiers directs dans le champ déserté des études, afin de ne pas le laisser en jachère, se couvrir de ronces et d'épines. Déjà ils y avaient pris pied de la façon la plus brillante et la plus loyale, dans la personne de Jean de Saint-Gilles. Avouons que l'espace s'ouvrait maintenant devant eux sans obstacle, sans concurrence, et que le départ précipité des docteurs attitrés ou en renom servait merveilleusement leurs intérêts. Ils ne les négligèrent point. Roland de Crémone succédait à Jean de Saint-Gilles avec toute la maturité de son talent, avec l'éclat de sa réputation établie en Italie et confirmée à Paris. C'est à la fin de l'année 1229 que le célèbre professeur de Bologne fut promu au doctorat en théologie, après avoir subi les épreuves réglementaires, et que, le premier des Dominicains, il occupa à la Faculté, en vertu d'un titre officiel, la chaire publique cédée par faveur à Jean de Saint-Gilles (2). En même temps, Hugues de Saint-Cher fut appelé à lui prêter son concours, comme bachelier, pour professer à ses côtés à l'école de Saint-Jacques (3).

(1) S. Jean, c. vi, 9. « Sed hæc quid sunt inter tantos ? »
(2) Du Boulay, *Id.*, p. 131. « Hoc anno aiunt Dominicani Rolandum de Cremona donatum fuisse doctoratu in theologia, prioremque cathedram publicam et solemnem in ea facultate occupasse, quam M. Jordano ante concessam fuisse scribunt. » — Echard, *Script. Ord. Prædic.*, t. I, p. 100. — Touron, *Vie de saint Dominique*, l. V, p. 569.
(3) Du Boulay, *Id.*, *Catal. ill. Acad.*, p. 689. « Hugo primo juventutis flore Lutetiæ Parisiorum liberalibus disciplinis operam dedit, tantosque in virtute et doctrina fecit profectus, ut sacræ theologiæ Baccalaureus effectus, sacras ibidem litteras cum laude omnium, auditorumque ingenti frequentia publice docuerit. » — Touron, *Hist. des hommes ill. de l'Ordre*, t. I, p. 202.

Celui-ci quitta les fonctions de provincial de France et reparut dans l'Université, rentrant ainsi dans la carrière de l'enseignement, à laquelle l'avaient admirablement préparé ses études et ses premiers essais dans les chaires de droit civil et de droit canonique.

A l'heure présente, Jourdain n'avait rien tant à cœur que d'assurer le succès de l'école du Couvent. Il y mettait tous ses soins, il y déployait les ressources de son esprit et son expérience des affaires. L'Ordre des Prêcheurs devait trop aux bontés de la reine, du roi, de l'évêque de Paris, et du nonce, représentant du pape, pour songer un instant à ne pas faire cause commune avec ces hauts protecteurs. Par reconnaissance d'abord, par intérêt ensuite, et peut-être un peu par politique, les Dominicains de Saint-Jacques se refusèrent à suivre l'Université dans sa rébellion, voie dangereuse qui ne pouvait que la conduire fatalement à la ruine. Au Couvent, on connaissait très bien la pensée du palais par les précepteurs de l'Ordre attachés à la personne du jeune roi (1). La reine Blanche, avec la fermeté qui la distinguait, était déterminée à ne point céder aux exigences des maîtres et des écoliers, comme l'avait fait le roi Philippe-Auguste en pareille circonstance (2). L'Université, peuplée d'étrangers qui se sentaient blessés dans leur amour-propre, déçus dans leurs prétentions à une réparation éclatante, ne considérait qu'une chose, ses privilèges et ses immunités : elle était prête à se sacrifier elle-même pour les conserver dans leur intégrité. Les Prêcheurs de Saint-Jacques sont Français avant tout : aussi prennent-ils parti pour le roi et la reine, qui ne s'inspiraient, dans leur résistance, que d'un motif plus élevé, le maintien du bon ordre, d'une pensée toute nationale, la sécurité de leurs sujets : ils soutenaient la régente, en affirmant leur respect à la

---

(1) Du Boulay, *Id.*, p. 121. « Regis erudiendi sollicita mater Blanca curam sine intermissione adhibuit, ita ut vigili studio elaboraret christianis illum institutis, præclarisque moribus educari, deputatis ad id negotium religiosis hominibus Ordinis Prædicatorum. »

(2) Du Boulay, *Id.*, p. 1. « Rex Franciæ timens quod Magistri scholarum et scholares a civitate recederent, satisfecit eis. » — Crévier, *Ia.*, p. 277.

loi, l'obéissance à l'autorité, en dépit d'une question de privilèges, où les maîtres et les écoliers cherchaient un prétexte pour colorer leur révolte. C'était donc de la part des disciples de Saint-Dominique un acte de patriotisme réfléchi, qui mettait en même temps d'accord leurs intérêts et leurs sentiments.

Tout en demeurant fidèles à ces principes sages et pratiques, les Jacobins ne se séparaient pas des gens de bien, qui déploraient les actes imprudents et la série d'hostilités dont la conséquence désastreuse avait été la dispersion de l'Université (1). Jourdain de Saxe, avec les Prêcheurs du Couvent, aurait souhaité de voir cesser au plus vite un état de choses si lamentable, et tous réunissaient leurs efforts pour calmer l'effervescence des esprits, obtenir un arrangement, rétablir la concorde et rappeler les absents. On engageait même le roi et la régente, afin d'éviter un plus grand mal, à octroyer quelque réparation de l'injure faite à l'Université par la violence du prévôt, des gens d'armes et des bourgeois. Malheureusement, ces conseils restaient sans fruit. Le roi, qui s'était empressé de renouveler et de confirmer, en signe de joyeux avènement, les privilèges accordés par Philippe-Auguste à l'Université de Paris (2), ne se sentait guère, après cet acte solennel de bienveillance, disposé à se départir de sa sévérité, d'autant moins que c'étaient les écoliers qui avaient commencé, et que, par leur folle gaieté, ils avaient exaspéré leurs victimes et s'étaient attiré une sanglante répression.

D'autre part, aux excommunications lancées coup sur coup par le légat Romain de Saint-Ange et par l'évêque de Paris, Guillaume d'Auvergne, les maîtres et les écoliers, de leur exil volontaire, avaient répondu par le serment de ne point rentrer à

---

(1) Du Boulay, *Id.*, p. 134. « Cum omnes viri boni tam tristem lugubremque florentis Academiae statum cernerent, totamque Parisiensium Scholarium dispersionem, reliquias servare et sparsas revocare laborarunt, authoresque Regi fuerunt et Reginæ, ne quid pejus accideret, ut in injurias per vim Academicis illatas reparari curarent. »

(2) Du Boulay, *Id.*, p. 129. « Eodem anno Ludovicus IX impensi in litteras et in omnes litteratos pronus, litteris ut vocant, patentibus confirmavit omnia privilegia quæ Academia Parisiensis a Philippo Augusto acceperat. »

Paris, avant d'avoir vu leurs réclamations écoutées, leurs plaintes prises en considération, et satisfaction apportée à l'injure qu'ils avaient supportée (1). Ceux qui s'étaient établis à Orléans, à Reims, à Angers, pour continuer, les uns leurs leçons, les autres leurs études, se rendirent coupables d'un nouveau méfait, et ajoutèrent une charge de plus aux griefs qui leur étaient imputés. Voyant la fin de non-recevoir opposée à leurs requêtes, ils ne projetèrent rien moins que de fonder dans chacune des villes qui les avait accueillis, une université particulière, formée du rassemblement des débris épars de l'Université de Paris. Ce dessein ne fut pas plus tôt connu, que maîtres et écoliers s'empressèrent de le mettre à exécution, et, sans davantage tenir compte ni de l'autorité de l'évêque de Paris, ni des droits du chancelier de Notre-Dame, on vit les premiers exercer le pouvoir de conférer aux seconds la licence d'enseigner dans leurs écoles respectives. Ils entendaient agir ainsi, en vertu de l'interprétation donnée dans le sens le plus large, aux volontés du Souverain Pontife, protecteur de l'enseignement, et ne pouvant recourir aux chanceliers de Notre-Dame ou de Sainte-Geneviève, ils s'attribuèrent la faculté d'instituer eux-mêmes des bacheliers et des licenciés, après avoir soumis les candidats aux épreuves ordinaires, selon le mode prescrit par le statut de Robert de Courçon. La nouvelle en vint à Paris; le légat et l'évêque crièrent aussitôt à l'usurpation, et une nouvelle sentence d'excommunication fut lancée contre les audacieux novateurs (2).

Les mesures excessives se multipliaient contre les maîtres et les écoliers, comme pour achever de les irriter et rendre tout accommodement impossible. Dans un concile provincial tenu à Sens, vers la fin de l'année 1229, il fut décidé que ceux qui s'étaient retirés à Orléans et à Angers seraient privés de leurs bénéfices, s'ils en étaient pourvus, sinon, déclarés indignes d'en

---

(1) Id., p. 136. « Qui se juramento obstrinxerant non ante redituros in civitatem Paris. quam sibi ad votum satisfieret. »

(2) Du Boulay, Id., p. 136. « Item in eos qui spreta auctoritate episcopi et cancellarii, Andegavi et Aureliae licentias impertiebantur docendi. »

posséder à l'avenir, au cas où, dans un laps de temps fixé, ils ne rentreraient pas à Paris (1).

Le retentissement de ces tristes querelles n'avait point tardé à franchir les monts. A Rome plus qu'en aucun lieu du monde, on s'était vivement ému de la dispersion de l'Université de Paris. Le pape Grégoire IX mit tout en œuvre pour arrêter le mal. Quand il vit la rupture complète et les voies fermées à la conciliation, il n'hésita pas à intervenir directement. Ses informations, sérieusement prises, il constata que ces fâcheuses affaires devaient être attribuées à la légèreté des écoliers d'abord, puis à la brutalité des officiers du roi et à l'exaspération des bourgeois, ensuite à l'imprudence du légat Romain de Saint-Ange et à l'entêtement de l'évêque de Paris, Guillaume d'Auvergne. Le pape pensa donc qu'il fallait le plus tôt possible enlever tout prétexte de discorde et donner satisfaction aux plaignants, afin que maîtres et écoliers reprissent promptement possession des écoles de Paris (2).

Pour arriver à ces fins, le premier acte de Grégoire IX fut de nommer une commission composée de trois membres, dont le choix ne pouvait qu'agréer fort à l'Université, puisqu'ils comptaient parmi ses maîtres : c'étaient Maurice, encore évêque du Mans, Guérin, évêque de Senlis, et Jean, archidiacre de Châlons (3). Dans la lettre qu'il leur adressait à la date du 24 novembre 1229, le pape leur recommande expressément « de mettre

---

(1) Du Boulay, *Id.*, p. 136. « Item contra eosdem Magistros et scholares in concilio provinciali apud Senonas habito, constitutio edita est et promulgata, ut ii qui secesserant fructibus suorum per biennium privarentur beneficiati; qui vero beneficia non haberent, iis indigni reputarentur, nisi infra præscriptum temporis spatium redirent. »

(2) Du Boulay, *Id.*, p. 135. « Non parum contulit ad restitutionem Musarum Parisiensium Gregorius pontifex, ad cujus aures cum pervenisset tam lugendæ dissipationis rumor, eamque regiorum ministrorum et legati sui culpa accidisse, existimavit quam citissime dandam esse operam ut omnis discordia tolleretur, læsis et oppressis satisfieret, florentissimumque gymnasium in pristinum decus splendoremque vindicaretur. »

(3) Du Boulay, *Id.*, p. 136. « Scripsit idem Pontifex ad Cenomanensem et Sylvanectensem episcopos, et ad M. Joannem, archidiaconum Cathalaunensem, ut discordes animos conciliare conaretur. »

tout le soin et toute la diligence possible à s'interposer entre le roi et la reine, les maîtres et les écoliers, afin d'aplanir les difficultés et de rétablir promptement l'Université de Paris, nonobstant aucun serment antérieurement prêté (1).

Le surlendemain 26 novembre, Grégoire IX écrivait au roi et à la reine, afin d'accréditer auprès de Leurs Majestés la commission qu'il venait de nommer, et aussi pour affirmer avec plus d'insistance, de sa propre main, l'expression du désir qu'il avait de voir ses envoyés mener avec succès la négociation de cette grave affaire. Cette lettre du Souverain Pontife, successeur de Pierre et vicaire de Jésus-Christ, est, sans contredit, l'un des plus beaux titres de gloire de l'Université de Paris (2).

« Grégoire, évêque, serviteur des serviteurs de Dieu, à ses chers et illustres fils et fille, Louis, roi de France, et Blanche, la reine sa mère, salut et bénédiction apostolique.

« Trois vertus attribuées par appropriation de nom aux trois Personnes divines, la puissance, la sagesse et la bonté, distinguent, depuis les siècles les plus reculés, des autres royaumes, la France, toujours fidèle à retracer en elle les caractères de la sainte Trinité. Sa puissance est due à la valeur de ses armées, sa sagesse, à la science de son clergé, sa bonté, à la clémence de ses

---

(1) Raynald., *Annal.*, t. XXI, p. 17.
  « Gregorius episcopus, servus servorum Dei,
« Venerabilibus episcopis Cenomanensi et Sylvanectensi, et dilecto filio M. Joanni, archidiacono Cathalaunensi, salutem et apostolicam benedictionem.
« Discretioni vestræ per apostolica scripta mandamus, quatenus inter Regem et Reginam ac Magistros et Scholares... Ut magistris et scholaribus de datis damnis et irrogatis injuriis congrue satisfiat, restituta ipsis solita libertate... Studium Parisius revocetur, non obstante alicujus vinculo juramenti.
« Datum Perusii VIII kat. Decembris, Pontificatus Nostri anno quinto. »
(2) Du Boulay, *Id.*, t. 135.
  « Gregorius episcopus, servus servorum Dei,
« Dilectis filiis Ludovico Francorum regi et Blancæ matri ejus reginæ illustribus, salutem et apostolicam benedictionem.
« In tribus quæ appropriatione nominis tribus in S. Trinitate personis attributa noscuntur, potentia, scientia et benignitate videlicet; Regnum Francorum ejusdem S. Trinitatis imitando vestigium patet præ regnis aliis a longis retro temporibus floruisse, in strenuitate militum potens, in clero litterarum scientia prædito sapiens, et in clementi Principum bonitate benignum. »

souverains. Mais si les deux extrêmes de ces trois qualités sont séparées de celle du milieu, elles ne tardent guère à dégénérer en vices. Car si la puissance n'est pas modérée par la sagesse, elle s'abandonne à la présomption, et tourne vite à l'arrogance; de même la bonté, si elle n'est pas soutenue par la sagesse, se change en faiblesse et tombe dans l'imbécillité. La sagesse leur est donc nécessaire à toutes les deux, autrement ni l'une ni l'autre ne mériteraient le nom de vertu et n'en produiraient les effets. La science est l'aliment de la sagesse, et comme un fleuve sorti d'un lieu de délices, elle n'arrose et ne féconde pas seulement, par la grâce de l'Esprit-Saint, le royaume de France, mais encore le jardin de l'Église universelle. La ville de Paris passe à juste titre pour être le lit de ce fleuve, parce que c'est à Paris que la science a fixé son empire (1). Aussi Nous croyons devoir Nous intéresser, avec l'empressement et la sollicitude dont Nous sommes capables, à ce que cette science, transportée aujourd'hui ailleurs, loin de Paris, y soit ramenée comme un fleuve à son lit naturel (2), de peur que détourné de son cours, conduit en des lieux divers, partagé en plusieurs ruisseaux, il ne lui arrive de s'affaiblir et de se dessécher entièrement. Alors le ciel des saintes Ecritures se fermerait, les nuées ne laisseraient plus tomber leur rosée, et la pluie ne fertiliserait plus le champ de l'Eglise universelle; le soleil et la lune se couvriraient de ténèbres, les étoiles s'éteindraient dans cette nuit profonde; ainsi s'effaceraient du royaume les splendides caractères de la sainte Trinité (3). Pour vous ce serait une honte, si la France, de vos jours, se voyait dépouiller de cette gloire : ce serait un grand malheur pour vous, si aux pages de votre règne on inscrivait la perte

---

(1) Id. « Sapientia nutritur studio litterarum, quo quasi fluvio de loco deliciarum egresso non solum Regnum prædictum irrigatur et fœcundatur per Spiritus S. gratiam, verum etiam paradisus Ecclesiæ generalis, cujus alveus Parisiensis civitas, ex eo quod idem studium Parisius viguit, hactenus noscitur extitisse. »

(2) Id. « Ut studium diebus vestris translatum alibi a Parisius, illuc quas flumen ad alveum revocetur, ne forsan ex translatione hujusmodi ad nihilum redigatur per plura loca divisum, velut fluvius distortus ab alveo. »

(3) Id. « Ac sic de prædicto Regno deleri Trinitatis vestigium prælibatum. »

d'un si bel apanage. Afin de le conserver intact, les rois, vos illustres prédécesseurs, n'écoutant que leur clémence, ont déployé tout leur zèle et épuisé toute leur ardeur : ils attiraient à Paris, des différents pays du monde, une multitude d'esprits d'élite, que leur faveur encourageait à puiser aux sources de la sagesse, et, le cas échéant où cette foule se laissât aller à quelques excès, ils savaient user d'une sage indulgence (1).

« Nous avons appris qu'un dissentiment a éclaté entre vous et Nos chers fils les maîtres et les écoliers de Paris : ceux-ci, sous le coup du dommage et des violences dont ils avaient été victimes, ont quitté Paris et transporté ailleurs la science avec l'étude. C'est pourquoi, comptant sur les bienfaits qui naîtront du retour de ce fleuve dans son lit, et voulant parer aux inconvénients que peut amener le changement de son cours, Nous avons écrit à Nos vénérables Frères les évêques du Mans et de Senlis, et à maître Jean, archidiacre de Châlons : Nous leur avons donné mission de se porter médiateurs entre vous et les maîtres et les écoliers, de s'y employer avec sollicitude et diligence, et de travailler efficacement à procurer aux maîtres et aux écoliers, une satisfaction convenable du préjudice qui leur a été causé, des injures qu'ils ont supportées, pour les remettre en possession des anciennes immunités accordées par le roi de France Philippe, d'illustre mémoire, et pour faire rentrer à Paris l'Université dispersée.

« A ces fins, Nous prions instamment Vos Majestés, Nous vous engageons, Nous vous exhortons dans le Seigneur à demeurer fidèles aux exemples de bonté laissés par vos prédécesseurs, par respect pour le Saint-Siège apostolique et par déférence pour Nous, accueillez avec grâce et faveur les députés que Nous vous envoyons, écoutez leurs avis, suivez leurs conseils, mettez-les en pratique avec empressement, comme il convient, et avec votre clémence ordinaire, de peur que, si vous agissiez autrement, et Nous ne pouvons le croire, vous ne paraissiez avoir rejeté la

---

(1) Id. « Ex diversis mundi nationibus in supradicta Civitate collectam multitudinem ad aquas sapientiæ hauriendas benignius confoventes, ac provide supportantes, si quando excedebat. »

sagesse et la bonté, sans lesquelles la puissance ne saurait subsister, et Nous, incapables de souffrir que le royaume de France, jusqu'ici béni du ciel, soit frappé d'un pareil déshonneur, Nous serions obligés de prendre d'autres mesures (1).

« Donné à Pérouse, le sixième jour des calendes de décembre, la troisième année de Notre pontificat. »

Ce n'étaient là que des préliminaires. Grégoire IX se rendit compte de la situation de son légat à Paris. Comme Romain de Saint-Ange avait encouru l'animadversion des maîtres et des écoliers, qu'il ne pouvait plus songer à reprendre faveur et autorité, le pape le rappela vers la même époque. (2) Puis, fidèle à tout ménager pour se concilier la bienveillance de l'Université, par un acte gracieux il donna pour successeur au cardinal qui l'avait mécontentée, un docteur de Paris, Gauthier de Marvisie, évêque de Tournai, dont le choix ne pouvait manquer d'obtenir l'approbation générale (3).

La disgrâce du légat fut suivie d'une lettre que le pape écrivit, en termes assez durs, à l'évêque de Paris, lui reprochant, non sans quelque amertume, de fomenter les discordes, ou, tout au moins, d'avoir fourni prétexte à la dispersion de l'Université et à l'émigration des maîtres et des écoliers en d'autres villes du royaume (4). Car il arrivait, et les exilés s'en plaignaient au souverain Pontife, que celui-là, qui aurait dû les protéger et les défendre, les abandonnait et trahissait leurs intérêts (5). De

---

(1) Id. « Nos qui Regnum ipsum hactenus cœlitus benedictum ut dedecoretur a dedecore hujusmodi non possumus æquanimiter tolerare, super hoc providere aliter compellamur.

« Datum Perusii, VI kal. Decembris, Pont. Nostri anno quinto. »

(2) Du Boulay, *id.*, p. 133. « Offensa erat Universitas Romano apostolico legato S. Angeli Cardinali... Quæ causa fortasse fuit ut Gregorius illum revocavit eodem anno, cui M. Walterum de Marvis, episcopum Tornacensem substituit. »

(3) Mansi, *Sacr. Conc.*, t, XXIII, p. 101.

(4) Du Boulay, *id.*, p. 136. « Scripsit quoque ad Guillelmum Arvernum, episcopum Parisiensem, acrius increpando quod discordias aleret et foveret, occasionemque saltem transferendæ alio Academiæ injecisset. »

(5) Du Boulay, *id.* « De eo præcipue conquesti fuerant apud Pontificem Magistri Parisienses, quod ab eo, a quo protegi et conservari debuissent, derelicti et proditi fuissent. »

plus, comme l'Evêque, le Chancelier et le Chapitre constataient, de fort mauvais œil, que l'Université avait en plusieurs chefs, limité leur juridiction et leur droit de conférer la licence d'enseigner, ils aimaient mieux la voir transplantée en d'autres lieux, plutôt que de se sentir sous sa dépendance. C'est pourquoi, seuls, ils retardèrent le plus longtemps possible le rappel et la réintégration des maîtres et des écoliers (1), comme seuls, à la première heure, il avaient encouragé Blanche de Castille à ne tenir aucun compte ni des plaintes des écoliers, ni des menaces des maîtres, ni des observations de conseillers nombreux, qui, plus sages et plus discrets, trouvaient exagérée la sévérité de la régente (2).

Pendant que les amis sincères de l'Université se consumaient en vains efforts pour lui rendre ses beaux jours et la ramener à son antique splendeur, l'école de Saint-Jacques tirait profit de ces tristes querelles. Roland de Crémone par son enseignement supérieur, Hugues de Saint-Cher par ses leçons préliminaires, Jourdain de Saxe par le charme de sa prédication, rassemblaient au Couvent les écoliers demeurés à Paris, attendant des temps meilleurs, et ceux qui, pour une cause ou pour une autre, amour du travail, sagesse ou résipiscence, se décidaient à reprendre leurs études interrompues par l'émeute et la rébellion. L'école du Couvent avait reçu ces écoliers (3). Comme la théologie ne se séparait point des autres connaissances, qu'elle s'appuyait même, au témoignage avéré du souverain pontife, sur les belles-lettres et les arts libéraux (4), son fondement nécessaire, et que beaucoup de jeunes gens, étudiant les lettres, les arts, le droit ou la médecine, fréquentaient l'école Saint-Jacques, les Dominicains admirent tous ceux qui se présentèrent pour partager les miettes ramassées de la table des maîtres disparus. Et de ces miettes, il

---

(1) Du Boulay, *id.* « Itaque revocationi et restitutioni in integrum moram diu soli attulerunt. »

(2) Du Boulay, *id.*, p. 133. « Reprehensa est a multis illius temporis Regina ob nimiam severitatem. »

(3) Du Boulay, *id.*, p. 138. « Ut nonnullos saltem discipulos retinerent. »

(4) Du Boulay, *id.*, p. 135. Epistola Gregorii. « Sapientia nutritur studio litterarum. » — Voir ci-dessus, p. 417.

y en avait de pleines corbeilles, mises en réserve par Jourdain de Saxe, pour être habilement distribuées, à l'heure de la disette, aux écoliers restés fidèles à Paris. Quoique le Couvent ne se fût pas encore agrandi par des constructions nouvelles, Jourdain estima que le Parloir aux Bourgeois était assez vaste pour offrir une enceinte suffisante à ces étudiants que le souffle de la tempête n'avait pas emportés. C'est ainsi que les circonstances fatales à l'Université, tournaient à l'avantage et servaient à la prospérité de l'Ecole et du Couvent.

Ces occupations, couronnées des plus brillants succès, ne suffisaient pas à la prodigieuse activité de Jourdain de Saxe. Il avait pourvu aux études et à la sécurité de ceux qui étaient présents : la pensée des absents tourmentait maintenant sa grande âme. S'il n'avait tenu qu'à lui, un prompt accommodement les eût vite ramenés tous dans les murs de Paris. Paris, avec ses rues et ses places vides de la plus grande partie de son peuple d'écoliers, semblait à Jourdain n'être plus qu'un désert, où sa voix n'éveillait plus les échos qu'il aimait. Soudain la renommée lui apprend qu'un centre scolaire d'une importance spéciale, venait de se former de l'autre côté de la Manche. En quittant, avec les autres, les écoles de Paris, où ils étaient un nombre considérable, les Anglais avaient naturellement pris le chemin de leur pays. Le roi Henri d'Angleterre, jaloux d'exploiter à son avantage un incident funeste aux lettres françaises, ne cessait de renouveler ses offres les plus flatteuses aux maîtres et aux écoliers (1). Pour les gagner à ses desseins et les attirer dans ses États, il leur avait fait par-

---

(1) Du Boulay, *id.*, p. 133. « Extant ejus ad Universitatem litteræ his verbis conceptæ.

« Henricus, Dei gratia Rex Angliæ, dominus Hiberniæ, Dux Normaniæ e Aquitaniæ, Comes Andegaviæ,

« **Magistris et Universitati Scholarium Parisius studentium salutem.**

« Tribulationibus et angustiis non modicis quas sub iniqua lege Parisius estis perpessi, humiliter compatientes, ob reverentiam Dei et Sanctorum Ecclesiæ vobis pie subveniendo statum vestrum cupimus ad debitam reduci libertatem. Unde vestræ duximus Universitati significandum, quod si vobis placeat ad Regnum Nostrum Angliæ vos transferre, et in eo causa studii moram facere, Civitates, Burgos, vel villas quascumque velitis eligere, vobis ad hoc assigna

venir cette lettre pleine de belles promesses. On la publiait de ville en ville, on se la passait de main en main.

« Henri, par la grâce de Dieu, roi d'Angleterre, suzerain d'Irlande, duc de Normandie et d'Aquitaine, comte d'Anjou.

« Aux maîtres et à l'Université des écoliers étudiant à Paris, salut.

« Les grandes tribulations et la détresse extrême dont vous souffrez à Paris, sous des lois injustes, Nous ont ému, et Nous y compatissons pour Notre faible part. Plein de respect pour Dieu et pour les saints de l'Église, Nous désirons vous venir pieusement en aide et vous rendre les immunités qui vous sont dues. C'est pourquoi Nous faisons connaître à votre Université, que s'il vous plaît de passer dans Notre royaume d'Angleterre, et d'y résider afin de vous livrer à l'étude, Nous vous assignerons les villes, les bourgs et les villages que vous aurez choisis, et Nous vous garantirons, comme il convient, toutes les libertés et toute la tranquillité qui sont selon le bon plaisir de Dieu et qui doivent répondre à vos besoins.

« En foi de quoi, Nous avons par devant Nous même fait délivrer ces lettres patentes à Reading (1), le 16 juillet, la 13ᵉ année de Notre règne. »

Un certain nombre de maîtres et d'écoliers s'étaient laissé séduire par les paroles emmiellées du monarque anglais ; ils avaient suivi ses sujets dans leur patrie et s'étaient fixés à Oxford. Instruit de ces détails, auxquels les circonstances et les dispositions du moment prêtaient un intérêt particulier, Jourdain de Saxe ne tint pas davantage à Paris. Ses conseils n'y étaient pas plus écoutés que les avis de la Commission envoyée par le souverain Pontife (2). Il comptait parmi ceux qui, à l'exemple de

bimus, et omni modo sicut decet libertate et tranquillitate quæ Deo placere et vobis sufficere debeat, vos gaudere faciemus.

« In cujus rei testimonium has litteras Nostras fieri fecimus patentes testo meipso apud Radingum, 16 die Julii, anno Regni Nostri 13. »

(1) Capitale du comté de Berks, où le roi Henri I avait fondé une magnifique abbaye.

(2) Raynald, *Annal.*, t. XXI, p. 17. « Cum adhibita illa a summo Pontifice diligentia discordes animi nondum coire potuissent. »

Grégoire IX, inclinaient à la mansuétude, à la conciliation. Il ne désertait pas la cause du roi : toutefois, avec la franchise de son caractère et l'élévation de son esprit, il n'hésitait pas à trouver, comme beaucoup d'autres, que la sévérité de la reine Blanche n'était pas sans un mélange d'exagération quelque peu regrettable (1). Les faits et les conséquences désastreuses dont ils avaient été suivis, leur donnaient raison. Mais l'heure de l'entente et de la concorde n'avait pas encore sonné, Pour l'attendre patiemment, et laisser aux esprits chagrins le temps de s'ouvrir aux idées sages et modérées, Jourdain prit la résolution de passer la mer, et, sous le prétexte plausible de visiter les maisons de l'Ordre en Angleterre, d'aller rejoindre dans sa nouvelle école la colonie des exilés volontaires, afin d'exercer au milieu d'eux son ministère accoutumé.

Jourdain partit aux premiers jours de l'année 1230, et fut accueilli à Oxford par le prieur Gilbert de la Fresnaie, à la tête des religieux du couvent, dont il connaissait les anciens et quelques nouveaux, entre autres Robert Bacon et Richard Fitsacre. Comme Jean de Saint-Gilles à Paris, à Oxford Robert Bacon avait revêtu l'habit de saint Dominique, sans abandonner sa chaire de théologie, où le retenait l'admiration enthousiaste des étudiants anglais. Une fois Prêcheur, il transporta sa chaire et ses leçons à l'école de Saint-Édouard, établie dans le couvent (2), et il jeta ainsi les fondements de l'enseignement universitaire de l'Ordre, en Angleterre, au moment où Jean de Saint-Gilles poursuivait le même but à Paris. Suivant la coutume adoptée dans les grandes écoles, Robert Bacon prit à ses côtés un bachelier, Richard Fitsacre, qui expliqua le Livre des Sentences, pour arriver à la licence et s'élever ensuite à la maîtrise. Saint Edmond, qui mourut archevêque de Contorbéry en 1240, avait été condisciple

---

(1) Voir ci-dessus, p. 420.
(2) Echard, *Script. Ord. Prædic.*, t. I, p. 118. « Magister Robertus Bacon apud Oxonium regens in theologia, Prædicatorum Ordinem est ingressus. Post ingressum vero lectiones suas in scholis sancti Eduardi per plures continuavit annos, sub quo primus de Fratribus incepit F. Richardus de Fitsacre, legens una cum F. Roberto. »

de Robert Bacon (1), et les sentiments qu'il gardait à son ancien ami, étaient partagés par la jeunesse d'Oxford. Les bonnes dispositions qui avaient accueilli, de la part des Anglais, l'établissement des Dominicains dans cette ville, ne se démentirent pas ; elles aidèrent au progrès de l'Ordre, et l'école de Saint-Édouard florissait au couvent d'Oxford, comme l'école de Saint-Jacques au Couvent de Paris (2). Les nouveaux venus que l'invitation du roi Henri avait attirés aux écoles anglaises, ne modifièrent en rien la situation. L'accord qui unissait à Paris les Prêcheurs à l'Université, se resserrait sur la terre étrangère entre les réfugiés et la colonie dominicaine. Réunis ensemble, tous pouvaient s'abandonner à la douce illusion de se croire en France, et en parlant de la patrie absente, s'imaginer être rassemblés de nouveau sur les bords de la Seine, ou sur les hauteurs de la montagne Sainte-Geneviève.

Après les fêtes de Noël, quelques jours avant son départ pour l'Angleterre, Jourdain avait écrit les lignes suivantes à Diane d'Andâlo. Les moments sont comptés, il est tout entier aux préparatifs du voyage. « Je n'ai pas le temps, dit-il, aujourd'hui de vous écrire aussi longuement que je le voudrais (3) : je ne vous en écris pas moins pour vous envoyer le *Verbe abrégé*, rapetissé dans la crèche et fait chair pour nous ; Verbe de salut et de grâce, Verbe de douceur et de gloire, Verbe de clémence et de bonté, Jésus-Christ, et Jésus-Christ crucifié, élevé en croix et assis à la droite de son Père. »

Un mois après, une lettre datée d'Oxford, ira mettre Diane au courant de ce qui s'est passé. Jourdain voit tout réussir au gré de ses désirs. Ce voyage a rempli son âme de consolations ineffables ; la tristesse, causée par l'aspect de Paris vide et désert, s'est envolée de son cœur ; une larme brille bien encore au coin

---

(1) Id. « Fuerat huic Eadmundo socius in schola Magister Robertus Bacon. »
(2) Id. « Cum Parisiis F. Joannes de S. Ægidio cum F. Rolando de Cremona sacram Facultatem sua eruditione illustrarent. »
(3) *Lettres du B. Jourdain de Saxe*, XXXI. « Litteras tuæ dilectioni tam spatiosas ad præsens tibi scribere non vacabat, sicut libenter vellem, sed tamen scribo, et mitto tibi Verbum abbreviatum in præsepio contractum. »

de sa paupière, mais la joie déborde à travers les lignes que sa plume trace sur le papier. « Le chemin est court, dit-il, légère est la fatigue, immense est le repos (1), et chaque jour nous en approche davantage, ô les plus chères de mes Filles. C'est pourquoi il faut nous réjouir et nous élancer dans la voie que nous devons parcourir, pour chanter les louanges du Seigneur, tout en cheminant loin de lui, retenus que nous sommes par les liens du corps. Je vous écris ces choses, afin que si, par hasard, quelqu'une de vous est exposée au feu de la tribulation, elle sache le supporter non seulement avec patience, mais encore avec joie. C'est par l'épreuve que nous amassons des trésors dans le ciel, et que nous recevrons des consolations proportionnées aux douleurs de la vie présente, quand brillera le jour où la tristesse sera changée en joie. L'âme sort plus pure du creuset de la souffrance, plus expérimentée dans les pièges innombrables que le démon lui tend chaque jour, surtout plus inondée des consolations divines. Qu'il est donc salutaire, qu'il est désirable cet aiguillon de la douleur, qui engendre la patience, illumine l'esprit, purifie le cœur, multiplie les consolations spirituelles, et prépare pour la vie future de magnifiques trésors de gloire et de félicité ! »

Jourdain termine sa lettre par ces mots qui résument ses occupations et ses labeurs, marquent le caractère de sa prédication et laissent entrevoir les espérances dont il est bercé. « Ma santé est bonne. Je vous écris d'Angleterre avant la Purification de la très sainte Vierge (2). Ne cessez pas de demander à Dieu qu'il m'ouvre toujours généreusement sa main, et qu'il dirige sa parole sur mes lèvres pour l'honneur de son nom, la gloire de l'Église et la prospérité de notre Ordre. Le Seigneur m'a donné l'espoir de faire bonne prise dans l'Université d'Oxford, où je suis en ce moment (3). Demandez-lui souvent d'accomplir sa sainte

---

(1) *Lettres du B. Jourdain*, XXXII. « Brevis est via, labor exiguus, multaque requies. »

(2) Id. « Sanus ante Purificationem Beatæ Virginis de Anglia vobis scripsi. »

(3) Id. « Apud studium Oxoniense, ubi ad præsens eram, spem bonæ capturæ Dominus nobis dedit. »

volonté en tous, et particulièrement en ceux qui sont déjà l'objet de nos espérances. »

S'il se dépensait de toutes les manières au profit spirituel des étudiants d'Oxford, Jourdain n'oubliait pas le motif sérieux qui lui avait servi de prétexte pour entreprendre ce voyage et traverser la mer. Après avoir visité ses différentes maisons dans les Iles, on le vit profiter de sa présence pour assembler le premier Chapitre provincial de l'Ordre en Angleterre. Le Chroniqueur dominicain, Nicolas Trivet, nous apprend qu'il se tint en cette année 1230 (1). Le Maître général voulut présider lui-même la réunion composée des différents prieurs et de leurs assistants, afin d'étudier attentivement et de régler avec eux les affaires particulières qui intéressaient les fondations d'outre-Manche.

La séjour que Jourdain prolongea en Angleterre et les prédications qu'il y fit pendant le carême, nous donnent une idée assez exacte de l'importance des écoles d'Oxford, et des indications suffisantes sur le nombre des maîtres et des écoliers qui avaient accepté l'invitation du roi Henri III. Le centre des études s'était un moment déplacé de Paris à l'université d'Oxford; aussi, au lieu de prêcher le carême à Paris, comme il avait l'habitude de le faire en alternant avec Bologne, Jourdain, cette année, passa la sainte Quarantaine, et célébra les fêtes de Pâques dans la cité anglaise, où il avait retrouvé l'auditoire d'étudiants qu'il fallait à sa parole.

Le Maitre général revint à Paris pour y tenir, comme de coutume, le Chapitre général de l'Ordre, aux fêtes de la Pentecôte, le 26 mai 1230 (2).

Les mois s'étaient écoulés sans apporter aucun changement aux affaires de l'Université, Jourdain revoyait, après son absence, les choses au même point et les hommes divisés de la même manière. L'été se passa : les journées courtes et mélancoliques

---

(1) D'Achery, *Spicilegium*, t. III, p. 189, *Chronic. Nic. Trivetti*, ad. ann. MCCXXX. « Fratres Prædicatores cœperunt in Anglia Capitula Provincialia tenere, quorum primum est Oxoniæ celebratum. »

(2) Echard, *Script. Ord. Prædic.*, t. I, Capitula generalia, p. XVI.

d'automne succédèrent, revenant avec la fête de saint Denis ; elles emportaient les feuilles jaunies, mais ne ramenèrent pas les maîtres et les écoliers (1). Les vacances forcées menaçaient de se prolonger à perpétuité. Français et étrangers continuaient à déplorer ces dissensions funestes (2), qui causaient le plus grand préjudice à la ville de Paris, au royaume de France et à l'univers tout entier (3). Ceux qui, près du roi et de la régente, tenaient la main au gouvernement et à la haute administration des intérêts publics, jouaient près de Leurs Majestés le rôle de mauvais génies, car ils les détournaient de rappeler les maîtres et les écoliers, disant que tôt ou tard les rebelles rentreraient dans l'ordre et viendraient d'eux-mêmes à résipiscence (4).

La nouvelle année 1231 commença, sans qu'il fût permis de compter sur un pareil dénouement. Cependant les nombreuses excommunications dont ils avaient été frappés dans leur exil, jointes aux édits que le roi avait publiés contre eux, sur le conseil de l'évêque, depuis la dispersion de l'Université, avaient fini par jeter le trouble et l'alarme dans l'âme des maîtres et des écoliers (5). « L'Université, traitée en France avec tant de rigueur, n'eut de ressource que du côté de Rome. Elle implora la protection du pape Grégoire IX, qui la chérissait singulièrement (6). » Pour sortir de ces embarras inextricables, elle choisit trois de ses maîtres les plus renommés, Geoffroi de Poitiers, Guillaume d'Auxerre, « hommes d'une science éminente (7), » et Jean Pa-

(1) Du Boulay, *id.*, p. 138. « Erat adhuc institutium in Palladio Parisiensi, Scholares dispersi vagabantur, nulla amplius comitia, nullus Magistratus in Academiæ solio. »

(2) Du Boulay, *id.*, p. 138. « Omnes quidem tam Galli quam alienigenæ tam tristi spectaculo movebantur. »

(3) Du Boulay, *id.*, p. 133. « Maximum enim non modo Urbi Parisiacæ et regno Gallicano, sed toti terrarum Orbi secessio illa damnum intulit. »

(4) Du Boulay, *id.*, p. 138. « Qui primas in regni administratione tenebant, Regis Reginæque regentis animos a revocandis Magistris avertebant, existimantes serius ociusve redituros in Lycæum antiquum cum discipulis. »

(5) Du Boulay, *id.*, p. 139. « Cum crebris fulminibus excommunicationum ferirentur Magistri qui secesserant, Rex quoque episcopi suasionibus impulsus edicta in eos promulgaret. »

(6) Crévier, *id.*, p. 343.

(7) Du Boulay, *id.*, p. 139. « Duos e numero suorum miserunt Romam

gion (1), qui partirent pour Rome avec mission de supplier le souverain Pontife d'user de son autorité auprès du roi et des grands, afin de les amener à une conclusion définitive, en réglant les satisfactions à donner aux requérants, et par suite à décider ainsi le rétablissement de la paix et la rentrée de l'Université.

Que se passa-t-il à la cour? Qui porta la lumière dans les délibérations du palais? Comment les conseils de sagesse dictés par Jourdain et ses adhérents obtinrent-ils la victoire? Soudain un revirement inespéré se fit dans les esprits. « Le roi, dit Nangis (2), voyait que l'étude des lettres et de la philosophie qui ouvre les trésors de la science, préférables à tous les autres, avait déserté Paris. Il ressentit une vive douleur à l'aspect de sa capitale privée du glorieux héritage qui, après avoir passé d'Athènes à Rome, avait été recueilli dans les Gaules, et comme il eut peur de le perdre à jamais, il arrêta dans son esprit la résolution de ne rien négliger, afin de rentrer en possession d'un bien si précieux. »

C'est ainsi que l'affaire s'engagea dans les voies d'apaisement ouvertes par Grégoire IX qui, répondant aux instances des députés de l'Université, réussit à négocier un accommodement sans appel. La raison prit le dessus dans l'esprit de la reine Blanche : le jeune roi avait cédé à son amour de la justice et à son goût pour les lettres (3). « Saint Louis, observe l'Anonyme de Saint-Denys (4), comprit que la science est un trésor qui l'emporte sur

M. M. Gaufridum Pictaviensem et Willelmum Antissiodorensem, viros scientiæ eminentes. » — *Monum. Germ. hist.*, id., t. XXIII, *Chronic. Albrici*, p. 927.

(1) Du Boulay, *id.* « Illi autem cum M. Joanne Pagio in eam rem incubuerunt. »

(2) D'Achery, *Spicilegium*, t. III, p. 32, *Chron. Guil. de Nangis*, ad ann. MCCXXX. « Videns sanctus rex Ludovicus quod studium litterarum et philosophiæ per quod thesaurus scientiæ, qui cunctis aliis præeminet et valet, acquiritur, recessisset Parisius, graviter dolere cœpit. »

(3) Du Boulay, *id.*, p. 135. « Hujus sancti Regis zelum ad litterarum studium ex eo quod sequitur satis patet. »

(4) Du Boulay, *id.* « Attendens autem S. Ludovicus thesaurum scientiæ cunctis aliis præeminere thesauris, et lilium quod signum est Regis Franciæ, uno solo folio sapientiæ studium designans, ex talis thesauri carentia non mediocriter deturpatum, Scholares revocans, benignissimeque recipiens, fecit eis, quidquid eis Burgenses forefecerant, emendari. »

tous les autres. A ses yeux, le lis, qui est le symbole des rois de France, signifiait par une de ses feuilles l'étude de la sagesse, et par la perte d'un pareil trésor, il allait se trouver entièrement défiguré. C'est pourquoi le prince rappela les écoliers, et, avec une grande mansuétude, il leur accorda satisfaction de toutes les injures qu'ils avaient reçues de la part des bourgeois, estimant, avec Salomon, que les richesses ne sont rien en comparaison de la science. »

La paix était conclue. L'Université rentra dans Paris, les maîtres reprirent leurs leçons et les écoliers revinrent à leurs études. Mathieu Paris dit que ce fut grâce à l'intervention de personnes discrètes (1). Jourdain de Saxe était le premier de ces sages conseillers (2). L'accès au palais lui était facile ; le roi et la reine l'écoutaient volontiers ; ses avis finirent par être écoutés, et son sentiment par prévaloir. Est-ce le successeur de saint Dominique qui, partant en Italie pour se rendre à Bologne, se dirigea vers Rome, afin d'y porter cette bonne nouvelle? Il n'ignorait pas qu'elle comblerait de joie l'âme du souverain Pontife, car Grégoire IX ne prenait, en aucune manière, la peine de déguiser son affection toute paternelle pour l'Université de Paris. Nous ne saurions répondre par une affirmation : mais la chose est vraisemblable, connaissant les sentiments du pape et du Maître général, le tourment que leur causait la dispersion, et surtout n'oubliant pas les nombreux voyages que Jourdain fit à Rome, au cours des visites qui, tous les deux ans, l'amenaient régulièrement en Italie. Aucun ne pouvait s'accomplir plus à propos, en temps plus opportun. Ces conjectures prennent encore davantage les apparences de la vérité, si l'on songe que cette fois, le Maître général emmenait avec lui Henri de Marbourg, le provincial de Terre-Sainte, que le soin des affaires et l'état de sa santé venaient

(1) Matthieu Paris, *Hist. Angl. major*, ad ann. 1229. « Tandem procurantibus discretis personis elaboratum est, ut factis quibusdam pro tempore exigentibus utrohique culpis, pax est clero et civibus reformata. »

(2) Du Boulay, *id.*, p. 134. « Qui sano consilio tum demum acquiescentes partim blanda pollicitatione, partim privilegiis, partim vero injuriarum reparatione plurimas tantæ dispersionis reliquias revocarunt. »

de rappeler en Europe (1). Si Jourdain le choisit pour compagnon de route au-delà des monts, dans les circonstances présentes, ce ne pouvait être que pour le conduire à Rome, près du pape, désireux certainement d'entretenir de vive voix un homme grave, qui avait été témoin des faits et gestes de l'empereur Frédéric en Palestine.

La paix était faite et les partis avaient désarmé, mais il restait à stipuler les clauses qui devaient en assurer la durée. Les maîtres et les écoliers n'avaient consenti à rentrer dans Paris et à reprendre leurs études, qu'après avoir obtenu la réparation des violences et la satisfaction qu'ils réclamaient depuis l'origine des débats (2). Un point noir chargeait encore l'horizon. Les dissidents n'avaient jamais cessé de regarder l'évêque de Paris et le chancelier de Notre-Dame comme les auteurs de tout le mal, et ils craignaient un retour agressif de la part de ces puissants adversaires. Ils demandèrent donc au souverain Pontife de vouloir bien renfermer dans des limites exactes, cette autorité rivale dont ils redoutaient les empiètements (3).

Le pape fit droit à leur requête et leur expédia une bulle, qui n'est que la reprise de l'œuvre du légat Robert de Courçon et le couronnement de la réforme de l'Université. C'est sa charte d'affranchissement : aussi ses historiens l'ont-ils appelée Bulle d'or (4), parce qu'elle constitue son titre le plus précieux, le monument le plus authentique de ses droits, immunités et privilèges (5). Grégoire IX a tout prévu et pourvu à tout : enseignement et discipline, licence, leçons, disputes, vacances, logements,

---

(1) *Lettres du B. Jourdain de Saxe*, XXXIV. « Interim Frater Henricus, Prior provincialis ultra marinus consolabitur te. »

(2) Du Boulay, *id.*, p. 140. « Non ante tamen redire voluerunt Magistri et pristino labori incumbere, quam sibi satisfieret de injuriis illatis. »

(3) Du Boulay, *id.* « Quia episcopum et cancellarium Parisiensem præcipuos dissidii authores esse credebant, eorum potestatem certis finibus coerceri a summo Pontifice petierunt. »

(4) Du Boulay, *id.* « In hanc rem extat aurea Papæ Bulla data Laterani. »

(5) Du Boulay, *id.*, p. 139. « Ita ut omnino pax fuerit Universitati restituta, revocati Magistri et Scholares, disciplina refloruit, Academia privilegiis Pontificiis et regiis confirmata fuerit et in perpetuum munita. »

dettes, délits et punitions. Le début des lettres pontificales est tout entier à la louange : le pape y prodigue l'encens et couvre de fleurs l'Université de Paris (1).

« Grégoire évêque, serviteur des serviteurs de Dieu,

« A Nos chers fils les maîtres et les écoliers de Paris, salut et bénédiction apostolique.

« Paris, la mère des sciences, comme une autre Cariath-Sépher, la ville des lettres, est chère à chacun, et elle brille d'un vif éclat : grande, elle l'est véritablement, mais elle mérite qu'on lui souhaite d'être plus grande encore, parce qu'elle est pleine d'attraits pour ceux qui enseignent et pour ceux qui sont enseignés : c'est le laboratoire où la sagesse met en œuvre les métaux tirés de ses veines, l'or et l'argent dont elle compose les ornements de l'Eglise, et le fer dont elle forge ses armes. »

Après ce magnifique éloge de Paris, Grégoire IX passe à la question des écoliers et des écoles ; il règle d'abord le serment à prêter par le chancelier touchant la licence, puis les informations à prendre sur les candidats. « Le chancelier de l'Eglise de Paris, entrant en fonctions, jurera devant l'évêque, ou sur l'ordre du prélat, dans le chapitre, devant deux docteurs de l'Université présents à cet effet, qu'il n'accordera la licence d'enseigner en Théologie ou en Décret, qu'à des sujets dignes, sans acception de personnes ni de nations (2).

« Avant de conférer la licence, dans les trois mois qui suivront la demande, le chancelier prendra sur les mœurs, la doctrine, les aptitudes du candidat, sur les espérances qu'il conçoit et sur

---

(1) Du Boulay, *id.* — Raynald., *Annal.*, t. XXI, p. 48.

« Gregorius episcopus, servus servorum Dei,

« Dilectiis filiis universis, Magistris et Scholaribus Parisiensibus, salutem et apostolicam benedictionem.

« Parens scientiarum Parisius, velut altera Cariath-Sepher civitas litterarum cara claret, magna quidem, sed de se majora facit optari docentibus et discentibus gratiosa, in qua utique, tanquam in officina sapientiæ, habet argentum venarum suarum principia, et auro locus est, in quo rite conflatur. »

(2) « Circa statum Scholarium et Scholarum hæc statuimus observanda, videlicet quod quilibet Cancellarius Parisiensis... in sua institutione jurabit quod... nonnisi dignis licentiam largietur, nec admittet indignos personarum et nationum acceptione submota. »

celles qu'il donne (1), les plus sérieuses informations, auprès des docteurs présents à Paris, et auprès des hommes recommandables par leur rang et leur savoir, après quoi il fera selon sa conscience, ce qui lui semblera expédient.

« Les maîtres en Théologie et en Décret ne commenceront leurs leçons qu'après avoir juré de rendre fidèle témoignage de ce que dessus.

« Le chancelier jurera d'examiner avec la même bonne foi les Physiciens et les Artistes, et de n'admettre à la maîtrise que ceux qui en seront dignes (2). »

Le pape garantit ensuite certains privilèges à l'Université.

« Où il n'y a point d'ordre, dit-il, la confusion se glisse aisément. C'est pourquoi Nous vous donnons le pouvoir de rédiger des statuts sur la forme et sur l'heure des leçons et des disputes, sur l'habillement, sur les funérailles, sur les bacheliers, leur nombre, l'heure et le sujet de leurs leçons, sur la taxe des logements, leur interdiction, et sur les rebelles, que vous aurez le droit de punir en les chassant de l'Université.

« Si par hasard, on vous enlevait la taxe des logements, ou bien, ce qu'à Dieu ne plaise, si l'on vous faisait une injure ou un tort grave, et que dans quinze jours vous n'ayez pas obtenu satisfaction, il vous sera permis de suspendre vos leçons jusqu'à ce que vous l'ayez reçue (3). Et si l'un de vous était injustement mis en prison, vous pourriez à votre gré, sauf réparation, cesser immédiatement vos cours. »

Pour prévenir tout excès dans les punitions, le souverain Pontife porte les ordonnances suivantes : « L'évêque de Paris, en

---

(1) « De vita, scientia et facundia, nec non proposito et spe proficiendi. »

(2) « De Physicis autem et Artistis Cancellarius bona fide promittet examinare Magistros, et nonnisi dignos admittens, repellet indignos. »

(3) « Nisi infra quindecim dies fuerit satisfactum, liceat vobis usque ad satisfactionem condignam suspendere lectiones. Et si aliquem vestrum indebite ncarcerari contigerit, fas sit vobis, nisi monitione præhabita cesset injuria, statim a lectione cessare. » — Cette clause est importante, car « c'était là, dit Crévier, une justification complète de la conduite qu'avait tenue l'Université dans le dernier trouble. »

réprimant les désordres, aura égard à l'honneur des écoliers (1), de telle sorte que les fautes ne demeurent pas impunies, et qu'on ne saisisse pas les innocents à l'occasion des coupables. Ceux-ci, reconnus tels, pourront être mis en liberté, sous caution, et s'ils méritent la prison, qu'ils la subissent dans celle de l'évêque, le chancelier ne devant pas en avoir.

« Nous défendons de saisir les écoliers pour dettes, car cela est contraire aux règles canoniques. L'évêque, l'official ou le chancelier n'imposeront aucune amende pour lever les censures. Le chancelier n'exigera rien pour accorder la licence, ni serment, ni obéissance, ni caution autre, ni rétribution.

« Les vacances d'été ne dureront pas plus d'un mois ; mais pendant ce temps les bacheliers pourront continuer leurs leçons.

« Nous défendons expressément aux écoliers de marcher armés dans les rues de la ville, et à l'Université de soutenir quiconque troublerait la paix et l'étude. Ceux qui feignent d'être écoliers sans fréquenter les écoles et sans être attachés à aucun maître, ne jouiront point des immunités accordées aux écoliers (2). »

Le pape prend certaines dispositions particulières aux artistes et aux théologiens. Les voici : « Les maîtres ès arts feront leçons dans Priscien, ordinairement, l'un après l'autre, mais ils ne se serviront pas à Paris de ces livres de physique qui ont été défendus, et pour cause, au Concile provincial, jusqu'à ce qu'ils aient été examinés et purgés de tout soupçon d'erreur (3).

« Les maîtres et les écoliers en théologie s'efforceront de ne

---

(1) « Parisiensis episcopus sic delinquentium castiget excessus, quod Scholarium servetur honestas. »

(2) « Inhibemus expressius ut Scholares per civitatem armati non vadant, et turbatores pacis et studii Universitas non defendat, et illi qui simulant se Scholares, nec tamen Scholas frequentant, nec Magistrum aliquem profitentur, nequaquam Scholarium gaudeant libertate. »

(3) « Libris naturalibus qui in concilio provinciali ex certa causa prohibiti fuere, Parisiis non utantur, quousque examinati fuerint et ab omni errorum suspicione purgati. » — Robert de Courçon avait absolument interdit la Physique d'Aristote ; le pape adoucit la défense de son légat. « Les dispositions d'esprit se sont modifiées, dit Henri Martin, on avait tenté de supprimer le Stagirite, on va se résigner à transiger avec lui. *Hist. de France*, t. IV, p. 167. — Voir ci-dessus, p. 324 et 332.

mériter que des éloges dans l'étude de cette faculté; ils ne se piqueront pas d'être philosophes, mais d'exceller dans la science divine; ils ne se serviront pas de la langue vulgaire; et ils ne traiteront dans les écoles, que les questions qui peuvent être décidées par les livres de théologie et par les écrits des saints Pères (1). »

Le pape règle enfin la disposition des biens des écoliers décédés à Paris. « Il sera fixé, dit-il, un temps suffisant pour que la famille soit instruite de la mort; et s'il ne se présente pas d'héritiers, les biens seront employés en œuvres pies, pour le repos de l'âme du défunt.

« Donné au palais de Latran, le jour des ides d'avril, la cinquième année de Notre pontificat. »

Cette bulle est du 13 Avril 1231. Le lendemain 14, Grégoire IX adressait une autre lettre au roi de France. Il y renouvelle, et avec les mêmes expressions, l'éloge de l'Université de Paris, demandant ensuite au jeune prince de prendre tous les moyens pour assurer aux écoliers la jouissance de leurs immunités (2), et pour leur ménager, à Paris, des logements à des prix modérés. « Il importe à votre honneur, dit le pape, et à votre salut, que les études soient rétablies à Paris dans l'état où elles se trouvaient auparavant, et que vous aidiez de tout votre pouvoir à l'exécution de Notre règlement. C'est pourquoi Nous vous prions de protéger

---

(1) « Magistri et Scholares Theologiæ in facultate quam profitentur se studeant laudabiliter exercere, nec philosophos se ostentent, sed satagant fieri theodocti, nec loquantur in lingua populari... De illis tantum in scholis quæstionibus disputent quæ per libros theologicos et Sanctorum Patrum tractatus valeant terminari. » — Trois ans auparavant, Grégoire IX avait écrit aux maîtres de Paris une lettre assez vive sur le tour profane qu'ils donnaient à l'enseignement de la théologie. Ce passage de la bulle est rédigé dans le même sens. — Voir ci-dessus, p. 334.

(2) Du Boulay, *Id.*, p. 143. « Ut supradicta statuta facilius et promptius executioni demandarentur et servarentur, idem Pontifex ad Regem scripsit rogans ut Scholarium libertatem procuraret, curaretque domos illis justo pretio locari. »

« Gregorius episcopus, servus servorum Dei,

« Charissimo in Christo Filio illustri Regi Francorum, salutem et apostolicam benedictionem.

« Parens scientiarum Parisius velut altera Cariath-Sepher...

« Datum Laterani, XVIII Kal. Maii, Pont. Nostri anno quinto. »

les maîtres et les écoliers à l'exemple de vos ancêtres, et de faire respecter les immunités qui leur ont été accordées par le roi Philippe, votre aïeul, de glorieuse mémoire.

« Nous voudrions encore vous voir ordonner que les logements soient taxés par deux docteurs de l'Université et par deux bourgeois, afin que les écoliers ne soient pas obligés de les payer trop cher. »

Le 19 avril, le pape, toujours attentif à travailler au bien de la paix et à la sécurité des écoliers, ordonna, pour jeter dans l'esprit des bourgeois de Paris une crainte salutaire, une enquête sur les excès, violences et meurtres commis au faubourg Saint-Marcel, afin de porter ensuite un jugement motivé par leurs informations (1). Il confia par une bulle, le soin de rechercher les coupables à une commission composée de deux chanoines, maître Warner et maître Simon d'Auteuil.

Le roi de France, en rappelant les maîtres et les écoliers, avait, par un édit, défendu que personne, à l'avenir, ne portât atteinte à leurs immunités, et ordonné que tous les habitants de Paris fissent le serment de garder, dans la mesure du possible, la paix avec les écoliers. Grégoire IX eut connaissance de ces mesures de précaution : aussitôt il écrivit, le 13 avril, à l'abbé de Saint-Germain des Prés, le 24 avril, à l'évêque de Paris, le même jour, au Chapitre et au doyen de Saint-Marcel, trois lettres particulières pour les engager chacun à faire prêter le même serment aux hommes attachés à ses terres (2).

---

(1) Du Boulay, *Id.*, p. 143. « Jussit diligenter inquiri in cædem illam quæ ab incolis S. Marcelli perpetrata fuerat, inquisitionemque ad se mitti.

« Gregorius episcopus, servus servorum Dei,

« Dilectis filiis Magistris Warnerio Tenusino Parisius commoranti et Simoni de Alteis, ambobus canonicis, salutem et apostolicam benedictionem.

« Cum intersit Reipublicæ ne crimina remaneant impunita, eo quod facilitas veniæ incentivum tribuit delinquendi...

« Datum Laterani, xiii Kal. Maias, Pont. nostri anno quinto. »

(2) Du Boulay, *Id.*, p. 143. « Ut cives jurarent se pacem cum Scholaribus pro posse servaturos, ipse idem mandavit fieri... cujus rei faciunt fidem tres bullæ sequentes.

« Gregorius episcopus, servus servorum Dei,

Aucune considération, aucune disposition, capables d'intéressre la paix et la concorde si péniblement rétablies, n'échappaient à l'infatigable activité du souverain Pontife. Plusieurs maîtres ès arts, qui s'étaient retirés, après la dispersion, à Orléans, à Angers, pour y suivre leur profession, avaient été pour cela privés de leurs bénéfices par le légat apostolique, sur un édit du roi, sur un décret du synode de Sens. Le 5 mai, le pape écrivait au doyen de Sens et à maître Simon d'Auteuil, de rappeler ces professeurs à Paris, de les traiter avec bienveillance, de leur rendre leurs revenus et de lever toutes les censures qui les avaient frappés (1).

D'autres maîtres avaient obtenu leurs grades pendant la dispersion ; ils s'étaient soumis aux épreuves prescrites par le statut de Robert de Courçon, et avaient ainsi mérité la licence d'enseigner, à Orléans, à Angers, à Paris. De là pouvaient naître des difficultés. Afin d'y obvier, le pape, à sa lettre du 5 mai, ajouta une clause leur garantissant à tous la licence qui leur avait été conférée, suivant l'ancienne forme, par les maîtres en exil, réserve faite, pour l'avenir, du droit des chanceliers de Notre-Dame et de Sainte-Geneviève (2).

« Dilecto filio Abbati S. Germani de Pratis, salutem et apostolicam benedictionem.

« Datum Laterani, Idibus Aprilis, Pont. Nostri anno quinto. »

« Gregorius episcopus, servus servorum Dei,

« Venerabili fratri Parisiensi episcopo, salutem et apostolicam benedictionem.
« Datum Laterani, viii Kal. Maias, Pont. Nostri anno quinto.

« Gregorius episcopus, servus servorum Dei,

« Dilectis filiis Decano et Capitulo S. Marcelli Parisiensis, salutem et apostolicam benedictionem.
« Datum Laterani, viii Kal. Maii, Pont. Nostri anno quinto. »

(1) Du Boulay, *Id.*, p. 146. « Ut Magistros prædictos revocarent ad Academiam Parisiensem, benigne cum eis agendo, omnia illis restituendo authoritate apostolica, et a quibuscumque censuris absolvendo. »

« Gregorius episcopus, servus servorum Dei,

« Dilectis filiis Decano Senonensi et M. Simoni de Alteis canonico, ambobus salutem et apostolicam benedictionem.
« Cum sicut Nobis est pro certo relatum...
« Datum Laterani, iii Nonas Maii, Pont. Nostri anno quinto. »

(2) Du Boulay, *Id.*, p. 146. « Pontifex ne novis turbis occasio daretur, cujuscumque licentias generis pro hac vice tantum approbat. »

Le soin des intérêts de l'Université tenait tant au cœur de Grégoire IX, que les questions de personnes ne le laissaient pas indifférent. Les maîtres envoyés à Rome, Geoffroi de Poitiers, Guillaume d'Auxerre, Jean Pagion, s'étaient parfaitement acquittés de leur mission. Ils avaient précipité le dénouement souhaité, parce qu'ils s'étaient multipliés auprès du pape, pour inspirer les bulles, conseiller les réformes, obtenir les privilèges et les immunités : mais à leur retour à Paris, ils pouvaient craindre de se voir desservis par la malveillance auprès du roi et de la reine. Le 6 mai, le pape écrivit une lettre à Louis IX, une autre à Blanche de Castille, pour leur recommander ces trois fidèles serviteurs, les protéger à l'avance contre les méchantes langues, et les faire mettre, appuyés sur la faveur royale, en mesure de reprendre tranquillement leurs leçons (1). Cette bienveillante attention du pape fut inutile à Guillaume d'Auxerre, car il mourut à Rome (2).

Ainsi fut couronnée l'œuvre de paix et de concorde, à laquelle le souverain Pontife avait dépensé son zèle et employé son influence : ainsi furent effacées les dernières traces de l'émeute qui, entraînant la dispersion des maîtres et des écoliers, avait causé une émotion si profonde en France et dans les différents pays de l'Europe (3). Le retour de l'Université à Paris était si vivement

---

(1) Du Boulay, *Id.*, p. 145. « Pontifex suis litteris autrumque rogavit ut eos paterentur pacifice scholas resumere, neve detractoribus et malevolis fidem adhiberent.
    « Gregorius episcopus, servus servorum Dei,
« Charissimo in Christo filio illustri Francorum Regi salutem et apostolicam benedictionem.
« Cum debeatur gratia gratiosis...
« Datum Laterani, ii Nonas Maii, Pont. Nostri anno quinto. »
    « Gregorius episcopus, servus servorum Dei,
« Charissimæ in Christo filiæ Nostræ Reginæ Franciæ, salutem et apostolicam benedictionem.
« Cum debeatur gratia gratiosis...
« Datum Laterani, ii Nonas Maii, Pont. Nostri anno quinto. »
(2) *Monum. Germ. hist.*, t. XXIII, *Chronic. Albrici*, p. 927. « Mortuus est Romæ Magister Guillelmus Antissiodorensis, theologus nominatissimus et in quæstionibus profundissimus. »
(3) Du Boulay, *Id.*, p. 133. « Vacui et inanes patriam repetentes, loca omnia mœrore et tristitia repleverunt. »

souhaité, si ardemment attendu, que tous, étrangers et Français, éprouvèrent un indicible soulagement et ressentirent un sentiment de joie unanime, en présence du fait accompli. L'impression générale s'est traduite sous une forme imagée qui ne nous est pas inconnue, dans cette page de la Chronique de Guillaume de Nangis. « Si un trésor, dit-il (1), aussi précieux que celui de sapience, qui prime tous les autres, eût été enlevé au royaume, la fleur de lis, emblème des rois de France, qu'ils peignent à trois feuilles sur leurs armes et leurs bannières, eût été grandement défigurée : les deux plus basses feuilles, en effet, signifient sapience et chevalerie, et gardent et défendent la troisième feuille, laquelle est la foi, et se trouve plus haut placée entre les deux autres ; car foi est gouvernée et réglée par sapience, et défendue par chevalerie. Tant que ces trois feuilles demeureront unies dans le royaume de France, le royaume subsistera ; mais si on les sépare, ou si on les arrache du royaume, le royaume divisé sera désolé et tombera. »

(1) D'Achery, *Spicilegium*, t. III, p. 32, *Chron. Guil. de Nangis*, ad ann. MCCXXX. « Si tam pretiosissimus thesaurus sapientiæ salutaris a regno Franciæ tolleretur, maneret utique liliatum signum regum Franciæ mirabiliter deformatum... Quamdiu enim prædicta tria fuerint in regno Franciæ pacifice, fortiter et ordinatim sibi invicem cohærentia, stabit regnum ; si autem de eodem separata fuerint, vel avulsa, omne regnum in seipsum divisum desolabitur atque cadet. »

XIV

LE COUVENT DE SAINT-JACQUES RECUEILLE LES FRUITS DE SA POLITIQUE ET DE SON PATRIOTISME. — VUES ET PLANS DE JOURDAIN DE SAXE. — IL FAIT DE SAINT-JACQUES LE COLLÈGE DE L'ORDRE DE SAINT-DOMINIQUE DANS L'UNIVERSITÉ. — ORGANISATION DE L'ENSEIGNEMENT. — ECOLES. — ETUDES. — LEÇONS. — CONFÉRENCES. — JOURDAIN ET SES IMITATEURS. — LE COUVENT S'AGRANDIT PAR DES ANNEXIONS NOUVELLES. — ACHAT DE VIGNES. — LES DOMINICAINS ET L'UNIVERSITÉ DE TOULOUSE. — LETTRE INÉDITE DE JOURDAIN A SES RELIGIEUX DE SAINT-JACQUES. — SUITE DE SA CORRESPONDANCE AVEC DIANE D'ANDALO.

Sur les plages de l'Océan, quand l'orage est près d'éclater, que le ciel noir et bas s'écrase sur les flots, aux premiers éclats de la foudre, les blancs alcyons, oiseaux de la tempête, disent les marins, tantôt s'élèvent en tournoyant dans les airs, et viennent en poussant des cris aigus se réfugier dans les terres; tantôt ils se cachent dans le creux des rochers battus par les flots et blanchissants d'écume, puis, la tempête apaisée et les cieux rassérénés, ils déploient de nouveau leurs ailes, et s'abandonnent aux vagues encore agitées, pour se laisser doucement porter au rivage. Ainsi fut-il des Dominicains de Saint-Jacques : l'orage qui se déchaîna sur l'Université, la dispersant aux quatre vents du ciel, ne les troubla pas dans leur Couvent, ne les arracha point de leur école; calmes et tranquilles au fond de leurs cellules, ils ne s'étaient émus ni du vent ni des éclairs; le naufrage des autres ne les avait pas atteints, et le calme rétabli, ils se retrouvaient à la même place, fermes, résolus, dans un état prospère, car ils avaient profité du droit ancien de recueillir les épaves.

La prospérité de Saint-Jacques, la fermeté des résolutions que l'on y arrêtait, s'expliquaient par la réunion d'hommes remarquables assemblés dans ses cloîtres, sous la direction du Maître général Jourdain de Saxe. « Sous lui, dit une vieille chronique, le Couvent de Paris reçut un si grand nombre de docteurs en théologie, de docteurs en droit, de maîtres en arts et en médecine (1) ! » N'était-ce pas un dessein manifeste de la Providence qui élevait l'Ordre de Saint-Dominique, comme une colonne destinée à soutenir l'Église chancelante, et qui commençait par en asseoir la base sur des fondements inébranlables? Quelle place ne devait point tenir dans la société, et quelle action n'exerçait pas sur le peuple de Paris, une famille religieuse qui groupait autour de son père spirituel des fils tels que Jean de Saint-Gilles et Roland de Crémone, Hugues de Saint-Cher et Humbert de Romans, Vincent de Beauvais, Pierre de Reims, Guillaume de Pérault, Guerric de Saint-Quentin, Gilles de Portugal, Laurent de Fougères, Geoffroi de Blével, Etienne de Bourbon, Gérard de Frachet, André de Lonjumeau, Yves le Breton et Guillaume de Rennes? Docteurs en théologie, maîtres ès arts, docteurs en décret ou en médecine, ils appartenaient tous, par leurs études, par leurs fonctions et par leurs grades, à cette illustre Université de Paris, que l'émeute inconsciente avait entrepris de renverser et de ruiner. Jourdain ne put assister à un désastre pareil, sans essayer d'en conjurer le coup, ou du moins d'en reculer la fatale échéance. La dispersion lui apparaissait comme une véritable calamité qu'il prit à cœur de détourner. Il en fit une question d'utilité publique, et ne voulut que la résoudre au profit de Paris et de la France. Son patriotisme lui mérita les éloges de l'évêque Guillaume d'Auvergne et du chancelier de Notre-Dame, auxquels vinrent s'ajouter les actions de grâces de l'Académie tout entière (2).

---

(1) Martène, *Veterum Script. et Monum.*, t. VI. *Brevis historia Conventus Paris. FF. Prædic.*, p. 551.

(2) Echard, *id.*, p. 101. « Præsentem tunc Universitatis statum considerantes, utilitatis publicæ solam rationem habuerunt; unde laudes Episcopi et Cancel-

Avant qu'il fût donné à son Ordre de se porter au secours de l'Église menacée, le successeur de saint Dominique voulut employer ses fils à la défense de l'Université battue en brèche par des maîtres rebelles et par des écoliers insoumis. Il ne put voir s'accumuler à Saint-Jacques, comme en un trésor scellé, des éléments de choix, des armes de précision et des richesses incomparables, sans songer à les faire servir à l'exécution de ses vastes desseins : Dieu lui avait fourni les hommes, il sut occuper chacun selon ses talents. Sur un signe du Maître général, joyeux et contents, forts de leur savoir et fidèles à l'obéissance, tous les Prêcheurs laissaient là les premières dignités de l'Ordre, comme Hugues de Saint-Cher le provincialat de France, pour s'engager simples bacheliers, dans les joutes ardues de la scolastique, quand ils croyaient n'avoir plus à vaquer qu'à la prière et à la prédication. Les écoles publiques s'étaient fermées, le Couvent ouvrit les siennes ; les maîtres avaient disparu, le Couvent présenta ses docteurs ; les écoliers s'étaient dispersés, le Couvent les remplaça par ses novices, ses frères, ses postulants et ses disciples ; tout enseignement allait cesser, le Couvent inaugura ses leçons ; l'Université avait fui laissant la place vide, le Couvent s'en saisit et s'y installa.

Les Dominicains de Saint-Jacques prirent prétexte de la dispersion de l'Université, pour ouvrir à Paris, dans leur Couvent, un asile à la science bannie de ses sanctuaires, et pour dresser une tribune aux Muses condamnées à se taire (1) : on les vit se préparer à la licence, briguer la maîtrise en théologie, fonder des chaires officielles, où leurs professeurs se livrèrent à l'enseignement public.

L'évêque de Paris et le chancelier de Notre-Dame, loin d'y mettre opposition, avaient favorisé ces généreux efforts, et aidé de

---

larii Ecclesiæ Parisiensis, imo et totius Academiæ gratias tunc meruerunt et reportarunt. »

(1) Du Boulay, *Hist. Univ. Paris.*, t. III, p. 138. « Hujus dissipationis occasionem accipientes Dominicani, ne omnino conticescerent Musæ Parisienses, Magisterium in theologia et cathedras doctorales ad publice profitendum tunc primum ambierunt. »

tout leur pouvoir au progrès de cet enseignement, dont ils n'avaient ni à réprimer les témérités ni à redouter les audaces (1). Assurés des bonnes dispositions de l'autorité ecclésiastique, encouragés par le succès de leur entreprise, à côté de la première chaire qu'ils avaient érigée dans le Couvent de Saint-Jacques, les Prêcheurs ne balancèrent pas à en élever une seconde (2). Ce fut sans aucun doute, en octobre 1230, alors que la concorde n'étant pas encore rétablie, les maîtres et les écoliers n'avaient pas repris possession des écoles.

Jourdain de Saxe sut profiter de son influence à la Cour, pour amener le roi à ratifier, par un acte officiel et par une sanction légale, l'établissement de ces deux chaires publiques dans le Couvent de Paris (3). Hugues de Saint-Cher, qui avait expliqué les Sentences sous Roland de Crémone, et terminé ainsi ses épreuves réglementaires, prit aussitôt possession de la seconde chaire, tandis qu'à l'une et à l'autre on attachait un religieux destiné, selon l'usage, à préparer sa licence sous la direction du titulaire. Jourdain, pour parer à ces exigences universitaires, ne pouvait que subir l'embarras du choix, car beaucoup de maîtres, qui avaient enseigné dans les écoles, s'étant enrôlés dans les rangs des Prêcheurs, reprirent ou continuèrent leurs leçons sous l'habit dominicain, à la satisfaction des auditeurs et au grand succès de l'Ordre (4).

L'heure était solennelle. Le sort du Couvent de Saint-Jacques et peut-être les destinées de l'Ordre de Saint-Dominique allaient-elles se trouver en jeu. Chacun paya courageusement de sa personne. Les situations font parfois les hommes : à coup sûr, les

---

(1) Id. « Conniventibus Guillelmo episcopo Parisiensi et Cancellario, cathedram unam magistrulem in theologia primum invaserunt. »

(2) Id. « Deinde succedente sibi hoc primo conatu, etiam post restitutum Studium Parisiense, antequam ejus membra bene coaluissent, alteram cathedram theologicam erexerunt. »

(3) Du Boulay, *id.* « F. Jordano Ordinem regente et plurimum apud Regem authoritatis habente, duas illas scolas facile obtinuerunt. »

(4) Id. « Cum plurimi in theologia Magistri seculares qui primo docuerant, ad Ordinem istum transissent, habitu deposito seculari et induto monacali docere perstiterunt. »

hommes font toujours les situations. De ce coup d'œil clair et net qui distingue les esprits accoutumés à fréquenter les hauteurs, Jourdain avait embrassé l'horizon ouvert devant ses religieux, l'avenir créé au Couvent de Saint-Jacques, et le domaine de la science théologique attribué à l'Ordre de Saint-Dominique. Albert le Grand portait déjà l'habit de Prêcheur, et Thomas d'Aquin, l'Ange de l'école, touchait à l'âge de raison.

Comme un général intrépide, en un jour de bataille, se multiplie au milieu de l'armée qu'il doit mener à la victoire, présent à tout, se portant partout, il surveille, dirige et conduit tout; tel est Jourdain de Saxe à la tête des Dominicains dont il veut assurer le succès. Les écoles du Couvent s'établissent, les chaires se fondent, les professeurs sont à leur poste, il les a choisis lui-même; infatigable dans son zèle, il organise l'enseignement, règle les études, détermine les examens, dispose les leçons, institue les conférences.

C'est en ces circonstances que Jourdain se montre vraiment le digne successeur de saint Dominique; il a bien embrassé dans son ensemble tout le mécanisme de l'Ordre; il a pénétré le jeu de ses ressorts, le secret de sa vie et de son mouvement. La devise de l'institut dominicain n'était-elle pas, comme l'avait pressentie un légat apostolique : « Prier, enseigner, prêcher (1)? » Dès lors, Jourdain avait résolu d'assigner dans chaque couvent, une place d'honneur à l'école à côté de la chaire, afin de mener de front l'éducation du religieux et celle du théologien, pour obtenir avec ces deux éléments le type idéal du Frère Prêcheur (2). Saint-Jacques, dans la pensée de Jourdain, devait être l'école normale où se formeraient des professeurs modèles pour les différentes maisons de l'Ordre, et qui fournirait à chaque Prieur le dessein des écoles conventuelles ou provinciales (3). Au-dessus de ces écoles, il créa donc au Couvent de Saint-Jacques, à Paris, dans

---

(1) Voir ci-dessus, p. 183.
(2) Thurot, *De l'Org. de l'enseig.*, p. 113.
(3) Danzas, *Etudes sur les temps primitifs de l'Ordre*, t. III, p. 102. — Thurot, *De l'Org. de l'enseig.*, p. 113.

l'Université, une école générale qui fut le premier centre et le plus illustre foyer des études dominicaines. La force même des choses ne pouvait manquer de communiquer à cette école une importance sans rivale. En renonçant aux biens périssables de la terre, le Prêcheur nouait plus fortement ses attaches à la science, reflet divin de la sagesse infinie : il y aspirait par devoir autant que par état, et les rayons lumineux qui enflammaient sa pieuse ardeur semblaient tous s'échapper de Paris. Aussi désiraient-ils y venir de chaque Province, les Frères qui, dans l'enthousiasme de leur vocation, se sentaient pris, pour y correspondre dignement, de la sainte passion de l'étude, curieux de descendre dans les profondeurs, avides de s'élever aux sommets de la science sacrée.

Jourdain régla, par une disposition spéciale, le fait et le mode de cette aggrégation qui devait saisir, dans les divers couvents, les esprits les plus distingués de l'Ordre, et afin de les poser en gardiens de la doctrine, les soumettre, sous une inspiration toujours la même, à une direction toujours uniforme. Il partagea l'étude générale de Saint-Jacques en deux grandes écoles (1) : l'une fut particulièrement réservée aux religieux de la Province de France ; l'autre était commune aux Frères de toutes Provinces (2). Il fallait encore prendre garde à ce que celle-ci ne fût ni encombrée par un nombre trop considérable d'étudiants, ni grevée par le surcroît de dépenses qu'ils entraîneraient : c'est pour obvier à ces graves inconvénients que Jourdain inséra dans les Constitutions primitives un article qui donnait à chaque Province « le droit d'envoyer trois religieux à Paris, à l'école générale du Couvent de Saint-Jacques (3). »

Cette sage précaution ne fut pas observée avec une scrupu-

---

(1) Mamachi, *Ann. Ord. Prædic.*, t. I, *Chronic. Ordinis, Appendix*, p. 302. « Sub eo Fratres Parisius duas habuerunt scholas. » — Du Boulay, *id.*, p. 138.

(2) Echard, *Script. Ord. Prædic.*, t. I, p. 100. « Adeo ut exinde (1230) duas habuerimus scholas quas vocant Magnas, cœteris Ordinis Provinciis unam, alteram Provinciæ Franciæ specialiter addictam. »

(3) *Liber Constitutionum Ord. FF. Prædic.* « Tres Fratres tantum mittantur ad studium Parisius de Provincia. » — Thurot, *De l'Org. de l'enseig.*, p. 117.

leuse exactitude; des documents établissent que tôt après sa première application, le nombre de trois étudiants par Province était habituellement dépassé. Le flot qui se précipitait vers les écoles de Paris, entraînait les religieux eux-mêmes en dépit des digues et des barrages. Une distinction ne tarda pas à s'accentuer entre les sujets envoyés à Saint-Jacques; les uns y venaient par faveur, les autres officiellement et en vertu du droit de leurs Provinces (1).

Les projets médités et mûris par Jourdain, n'avaient pas été plus tôt approuvés au Chapitre général de Paris, en 1230, qu'il fut décidé qu'on les mettrait immédiatement à exécution. Il était nécessaire de remplir les vides laissés par les écoliers dispersés, et de grossir les rangs de ceux qui avaient préféré rester, afin de constituer un auditoire autour des deux chaires publiques érigées à Saint-Jacques. Chaque Province, instruite de son droit, s'empressa d'expédier au Couvent l'élite de ses religieux, et, la Providence aidant, les deux écoles générales se peuplèrent rapidement. Jean Poinlasne, de Paris (2), et Etienne d'Auxerre (3), qui devaient dans la suite y prendre place comme professeurs, quittaient en ce moment, avec beaucoup d'autres étudiants, la livrée du siècle pour l'habit de saint Dominique; et parmi les trois premiers élus que la Province d'Allemagne envoyait à Paris, les anciennes Chroniques ont gardé le nom d'un maître qui fut une des gloires les plus éclatantes de Saint-Jacques (4), et à qui revient le mérite non moins grand d'avoir formé saint Thomas d'Aquin : c'était Albert le Grand (5).

---

(1) Danzas, *Etudes...* t. III, p. 100. « De gratia. » — « Missi de Conventibus. »

(2) Echard, *id.*, p. 119. « Joannes Pungensasinum in domo Sanjacobea Parisiensi vestem induit, ut conjicio. »

(3) Echard, *id.*, p. 120.

(4) Echard, *id.*, p. 164. « Albertum Parisios ad gymnasium Sanjacobeum in theologia perficiendum missum fuisse autumo, cum ex singulis Provinciis tres quorum major spes erat, quotannis mitterentur. » — Thurot, *De l'Org. de l'enseig.*, p. 119.

(5) Martène, *Veterum Script. et Monum.*, t. VI, *Brevis hist. Conv. Paris. Ord. Præd.*, p. 553. « Thomas ad persuasionem Magistri sui Alberti magni, missus est Parisius. »

Pendant trente années, l'école de Saint-Jacques demeura telle que l'avait voulue Jourdain de Saxe, le centre unique des études générales de l'Ordre de Saint-Dominique. La prospérité de l'Université de Paris, la gloire qui resplendissait autour de ses professeurs, le mérite particulier attribué à ses écoliers, concouraient à fixer les destinées du Couvent de Saint-Jacques, qui devenait vraiment, pour parler le langage de Grégoire IX (1), le laboratoire où l'Ordre fabriquait ses armes et ciselait ses joyaux. La maison s'ouvrait pour recevoir les religieux désignés au choix ou favorisés d'une grâce spéciale ; ils venaient, à quelque couvent qu'ils appartinssent, se perfectionner aux leçons des maîtres de Paris, et une fois initiés aux secrets de la science sacrée, ils retournaient dans leurs provinces y propager la doctrine dont ils s'étaient assimilés les moelles. Ainsi s'accomplit dans le cœur de l'homme le phénomène de la vie physique, quand le sang afflue des membres au cœur, où il est vivifié pour être renvoyé, écumeux et rouge, jusqu'aux extrémités ; de même se perpétuait au Couvent de Saint-Jacques, dans sa merveilleuse économie, le système qui entretenait la vie intellectuelle dans l'Ordre tout entier.

Cependant l'œuvre de Jourdain ne profitait pas seulement à sa famille spirituelle : il en rejaillissait encore une gloire incomparable sur l'Université (2), car chaque Prêcheur, revenant de Paris, allait dans son pays porter le renom de la Faculté de théologie, raconter ses merveilles, célébrer ses louanges. Quels avantages, en outre, après la rentrée de l'Université, ne procurèrent pas les écoles de Saint-Jacques à la multitude des étudiants qui affluait sans cesse vers Paris ? L'évêque et le chancelier avaient eu raison d'applaudir à la vaillante initiative prise par les Dominicains (3).

---

(1) Voir ci-dessus, p. 431.
(2) Echard, *id.*, p. 101. « Alteram Scholam nostri erexerunt ut externarum Provinciarum Ordinis itidem, ut Franciæ sodales, doctrina Facultatis Parisiensis imbuti, eam apud nationes suas copiose refunderent. » — Thurot, *De l'Org. de l'enseig..* p. 121.
(3) Echard, *id.* « Quod cum Facultati gloriosum esset, et auditoribus theologis undique Parisios confluentibus commodum et utilissimum, probarunt sane cum Episcopo et Cancellario Ecclesiæ Parisiensis, ea ætate florentes et præsentes Magistri sæculares. »

De leur côté, les maîtres séculiers se gardèrent bien d'élever aucune plainte ni contre l'enseignement des deux maîtres de l'Ordre, ni contre l'ouverture, à Saint-Jacques, des deux écoles où ils enseignaient (1). Après l'école du Cloître, qui était la plus ancienne de Paris, et que tenaient trois chanoines ou trois maîtres institués par le Chapitre de Notre-Dame (2), après les grandes écoles de Saint-Victor et de Sainte-Geneviève, l'école de Saint-Jacques est la première en date (3), et celle qui, sans contredit, était destinée à fournir les plus beaux états de service. Tant il est vrai que les chaires et les écoles du Couvent de Paris ne portèrent aucun préjudice à l'Université (4)! Au contraire, par là les Prêcheurs lui vinrent en aide, en lui prêtant un concours assuré et des leçons assidues, qu'elle ne pouvait obtenir de ses professeurs séculiers, distraits ou détournés de leur tâche par les honneurs et les dignités.

C'est dans chacune de ces Écoles générales que s'élevait, au Couvent de Saint-Jacques, la chaire publique et officielle, où achevaient de se former les professeurs modèles de l'institut dominicain. Le nombre des professeurs de théologie, à Paris, était fort restreint, puisque le pape Innocent III n'en voulait que huit. Paris seul créait les Maîtres en Divinité, comme on les appelait au moyen âge. De là l'incomparable prestige attaché à ce titre, car, lorsque le pape fondait des universités en France ou ailleurs, il n'y établissait point de Faculté de théologie, comme si celle de Paris avait dû suffire à l'Europe entière. Pour mériter le titre de maître, il fallait avoir enseigné publiquement (5). Les

---

(1) Echard, *id.* « Ab anno 1228 ad 1253, spatio annorum XXV, nulla legitur de duobus Magistris regentibus, ac duobus illorum scholis nostris inscripta lis aut controversia. » — Thurot, *id.*, p. 114.

(2) Echard, *id.* « Schola Ecclesiæ Parisiensis quam tres ejusdem canonici, vel ab iis instituti Magistri regebant. »

(3) Echard, *id.* « Gymnasium nostrum Sanjacobeum omnibus aliis seu secularium seu regularium est antiquius. »

(4) Echard, *id.* « Tantum abest ut nostri Scholas erigendo incommodum Universitati crearent, quin potius maximam ei præstarent utilitatem assiduis suis lectionibus. »

(5) Echard, *id.* « Constat nullum baccalaureum iis seculis ad Magisterium

années de préparation et d'enseignement, le petit nombre de chaires, rendaient très difficile l'accès à ce rang suprême de la science universitaire. Le souverain Pontife entendait grandir l'institution en la renfermant dans des limites étroites. « Nous croyons convenable, écrivait Innocent III, de prévenir l'avilissement, d'une part, de l'autre, la confusion et le désordre, suites ordinaires de la multitude, c'est pourquoi nous décidons qu'il n'y aura que huit chaires de théologie à Paris, à moins que la nécessité ou une utilité évidente ne force d'aller au delà (1). » Le but était atteint. Quand un clerc avait élucidé, de manière à enlever tous les suffrages, un point quelconque de la doctrine chrétienne, on pensait avoir fait de son mérite l'éloge le plus complet, en disant : « Ne croirait-on pas qu'il a passé sa vie à l'école de Paris (2) ? » Dans cet état de choses, quand Jourdain obtenait à l'école de Saint-Jacques, l'établissement de deux chaires publiques conférant à ceux qui les avaient occupées, le grade de docteur en théologie, et le titre de maître ayant enseigné à l'Université de Paris, il apportait à la fortune du Couvent un élément de prospérité, au travail intellectuel des religieux un principe d'émulation, de force et d'opiniâtreté qui devait enfanter des prodiges.

A l'origine, les professeurs entraient tout formés au Couvent de Saint-Jacques : par une bénédiction du Ciel, l'Ordre puisait largement dans les rangs de l'Université : les anciennes Chroniques en font foi, et les écoles dominicaines ne manquaient pas d'hommes rompus aux difficultés de l'enseignement public (3). Toutefois, ce n'était là qu'une heureuse éventualité, un gros escompte qui ne pouvait tenir lieu de capital. « La divine Providence dirige ordinairement des hommes de distinction du

---

promotum, qui Sententias antea in scholis alicujus Magistri publice non legisset. » — Thurot, *id.*, p. 119.

(1) Du Boulay, *id.*, p. 36. — Crévier, *id.*, p. 315. — Voir ci-dessus, p. 392.
(2) Hurter, *Vie du pape Innocent III*, t. I, p. 14.
(3) Mamachi, *Ann. Ord. Præd.*, t. I, *Chronic. Ordinis, Appendix*, p. 302. — Martène, *Veterum Script. et Monum.*, t. VI, *Brevis hist. Conv. Paris. Ord. Prædic.*, p. 551.

côté d'un Ordre naissant : ils contribuent à lui donner son caractère et sa forme. Plus tard, c'est à l'Ordre à former ses sujets (1). »
Ainsi parlait Humbert de Romans, et Jourdain n'avait pas eu moins de perspicacité. C'est pourquoi dans chacune des chaires du Couvent, à côté du maître, il plaça un bachelier qui devait s'appliquer à la préparation de la licence (2), c'est-à-dire de la maîtrise. C'était la loi : les plus anciens règlements de l'Université de Paris, au treizième siècle, la formulent expressément. « Aucun bachelier en théologie ne sera pourvu d'une chaire, c'est-à-dire ne passera maître, s'il ne s'est auparavant mis lui-même à l'épreuve, au moins par des leçons sur quelques gloses ou sur les Sentences, faites avec tout le soin possible dans l'école d'un maître attitré (3). »

Les bacheliers prenaient ainsi une importance décisive dans l'organisation de l'Ecole de Saint-Jacques. Jourdain voulut réserver au Maître ou au Chapitre général de l'Ordre (4), le choix de ces religieux qui devaient être les meilleurs entre des sujets d'élite. Parmi les Prêcheurs de la Province de France, parmi les élus des autres Provinces réunis tous ensemble au Couvent de Paris, quelques-uns seulement, et les plus habiles, étaient appelés à parcourir la carrière de l'enseignement et des grades universitaires, en montant dans l'une ou l'autre des deux chaires publiques attribuées à l'Ordre (5).

Les Dominicains de Saint-Jacques n'avaient pas été plus tôt

---

(1) Danzas, *Etudes...* t. III, p. 94.
(2) Mamachi, *Ann. Ord. Prædic.*, t. I, *Chron. Ordinis, Appendix*, p. 302. « Sub ipso Fratres ad legendum Parisius primo licenciati fuerunt, et duas scholas habuerunt. » — Martène, *Script. et Monum.*, t. VI. p. 353, 406 et 551.
(3) Du Boulay, *Id.*, t. III, p. 245. « Ne quis bachalarius in theologica Facultate promoveatur ad cathedram, id est, ne magister fieret nisi prius seipsum examinasset, saltem aliquos libros glossatos et Sententias in scholis alicujus magistri actu legentis diligenter legendo. »
(4) Echard, *Id.*, p. 165. « Baccalaureus vel a Capitulo generali vel a Magistro Ordinis nominatus. » — Fleury, *Hist. Ecclés.*, t. XVII, *Discours*, p. 2. — Thurot, *De l'Org. de l'enseig.*, p. 119.
(5) Echard, *Id.* p. 165. « Ad id munus implendum non nominabantur nisi jam longo tempore exercitati, quique alibi pluribus jam annis laude, eaque non mediocri docuissent. »

aggrégés à l'Université par la reconnaissance officielle de leur première chaire publique, qu'ils s'étaient empressés de poser une règle fondamentale qui ne devait souffrir aucune exception, c'est qu'à l'Ecole du Couvent, le bachelier et le licencié se succèderaient alternativement pris de la Province de France en particulier, et des autres Provinces de l'Ordre en général (1) : celui-ci s'appelait un *externe*, celui-là un *interne* (2). Jean de Saint-Gilles était maître en théologie quand il se fit Dominicain en 1228 : le premier, il enseigna sans préjudice de cette loi et par nécessité, vu que toute école de théologie devait, en vertu des règlements universitaires, avoir à sa tête un docteur (3). Sous Jean de Saint-Gilles, Roland de Crémone, de la province de Lombardie, fut le premier bachelier qui lut les Sentences en 1228, fut promu à la licence en 1229, et maître lui-même, il dirigea l'Ecole pendant que, sous lui, Hugues de Saint-Cher, de la province de France, fut le second bachelier qui subit les épreuves préparatoires et passa à la licence en 1230 (4). Ils prirent alors l'un et l'autre, grâce à la dispersion de l'Université, avec les deux chaires publiques, la direction des deux grandes Ecoles théologiques établies au Couvent de Saint-Jacques, tandis qu'on leur adjoignait un bachelier des Provinces externes et un autre de la Province de France (5). Ce qui se fit ainsi de suite.

Jourdain enferma dans un cercle de trois ans la période d'enseignement à parcourir par les religieux appelés à professer aux

_____

(1) Echard, *Id.* p. 164. » Primum est ex quo Universitati Parisiensi Ordo aggregatus est, hanc legem inviolate in gymnasio Sanjacobeo fuisse observatam, ut Baccalaurei et Licentiati alternative ex aliis Provinciis et ex Provincia Franciæ assumerentur. »

(2) Echard, *Id.* « Cum ex aliis Provinciis extraneum, cum ex Provincia Franciæ intraneum vocabant. »

(3) Echard, *Id.*, p. 165. « Ex his habetur omni scholæ semper aliquem theologiæ magistrum præfuisse. » — Du Boulay, *Id.*, t. III, p. 245.

(4) Echard, *Id.*, p. 100. « F. Rolandus de Cremona sub eo Joanne de S. Ægidio baccalaureum egit anno 1228, tum et isto laurea insignito, sub eo F. Hugo de Sancto-Charo, anno 1230, et sic deinceps, adeo ut exinde duas habuerimus scholas quas vocant magnas. »

(5) Thurot, *Id.*, p. 142.

Ecoles de Saint-Jacques (1). La première année, chacun se présentait comme bachelier; la seconde, il continuait comme licencié ou maître de droit, et la troisième, il achevait son cours comme maître reconnu de fait. Jourdain avait fixé le point de départ, le baccalauréat, et le point d'arrivée, la maîtrise, puisqu'elle se confondait avec le doctorat. Mais comment avait-il tracé la voie qui reliait ces deux extrêmes? De quelle manière avait-il échelonné les épreuves, en combinant le statut de Robert de Courçon et les règlements de l'Université, pour conduire ses religieux aux grades convoités, pour les présenter à la licence, c'est-à-dire à la reconnaissance officielle du titre de maître? Voici le mode de promotion qui fut observé au Couvent de Saint-Jacques.

Le Dominicain, externe ou interne selon le tour, désigné comme bachelier par le Général ou par le Chapitre, commençait par expliquer le Livre des Sentences dans une des deux chaires, sous la conduite du maître qui dirigeait l'école (2). A la fin de cette année d'épreuve, le prieur du Couvent, accompagné des docteurs en exercice à la Faculté de théologie, présentait ce bachelier au chancelier de l'Église de Paris (3), déclarant sur la foi du serment qu'il le jugeait digne de la licence, c'est-à-dire d'obtenir la permission d'enseigner comme maître. Ce licencié subissait alors divers examens prescrits, et inaugurait son enseignement par une première leçon solennelle qu'il faisait dans la salle des audiences de l'évêché (4). Tous les docteurs y assistaient, et ils appelaient cela tenir leur cour. Le nouveau maître officiellement reçu continuait, comme tel, à expliquer, la seconde année, les Sentences dans l'École devenue sienne (5). La troisième année,

---

(1) Echard, *Id.*, p. 165. « Hoc magisterii stadium apud nostros triennio concludebatur. »

(2) Echard, *Id.* p. 165. « Baccalaureus primo anno Sententias in schola alicujus magistri legebat. »

(3) Id. « In fine anni Prior Parisiensis cum magistris actu legentibus baccalaureum illum cancellario offerebat. »

(4) Id. « Licentiatus ille principium solemne habebat in aula episcopali, cui magistri omnes aderant, unde id dicebant aulam suam habere. »

(5) Id. « Laurea donatus secundo anno ut magister in schola, tunc sua, Sententias legere pergebat. »

il tenait encore l'école, mais il était libre de traiter les questions qui lui plaisaient (1); on lui adjoignait un bachelier qui, sous ses auspices, s'exerçait sur le Livre des Sentences, à qui il rendait bon témoignage à la fin de l'année, et qu'il présentait pour être licencié, suivant les formalités par lesquelles il avait passé lui-même (2).

Ainsi se terminait en trois années la carrière de l'enseignement public pour les professeurs de Saint-Jacques. Mais avant d'être agréés comme bacheliers, qu'ils fussent internes ou externes, que d'études, de travaux et de recherches, que d'épreuves préparatoires, que de gloses sur l'Ecriture sainte et sur les Pères de l'Eglise, il fallait avoir entassées afin de se rendre capable de fournir cette course (3), sans risquer, selon l'expression d'Horace, de tomber sur le sable à bout de forces et d'haleine (4)! Il ne paraît pas que les maîtres de Saint-Jacques aient rien changé à la méthode d'enseignement adoptée dans l'Université. Les leçons ne se faisaient pas, comme le mot pourrait le laisser entendre, en lisant ou en dictant un manuscrit (5). Le professeur, après avoir préparé son sujet et s'en être pénétré, parlait de mémoire ou se livrait à l'improvisation, et disait sa leçon comme il aurait fait un sermon (6). Les écoliers en écrivaient ce qu'ils pouvaient, et les rédactions, transcrites sur ces notes, se passaient de main en main, sous un nom qui indiquait assez le mode de leur composition (7). Comme le prédicateur en chaire n'était pas toujours

(1) Id. « Tertio anno regebat adhuc scholam, questiones quasdam pro libitu tractando, unaque baccalaureum in schola sua habebat sub suo ductu Sententias legentem. »
(2) Fleury, *Hist. Ecclés.*, t. XVII, *Discours*, p. 2.
(3) Echard, *Id.*, p. 165. « Quam instructum eum esse omni ex parte oporteret, qui Sententias Parisius legendas suscipiebat, rectus rerum æstimator perpendet. »
(4) Horace, *Epîtres*, l. I, I à Mécène.
. . . . Ne
Peccet ad extremum ridendus, et ilia ducat.
(5) Echard, *Id.*, p. 165. « Non ita quasi ex quaternione scripta sua auditoribus legerent. »
(6) Id. « Lectiones suas summo studio prius compositas memoriter proferebant ac ea ratione qua sermones dicuntur. »
(7) Id., « Quidam auditorum celeri ad scribendum manu pollentes excipiebant,

à l'abri des interruptions bruyantes de son auditoire, de même le professeur avait parfois à subir les observations malignes, les interrogations indiscrètes des assistants, qui se composaient de chevaliers et de bourgeois mêlés aux étudiants (1).

Rien n'est remarquable comme l'ardeur qui poussait tous les esprits vers l'étude, et s'il y avait eu besoin d'un stimulant, on l'aurait trouvé dans le titre de docteur de Paris, et dans l'honneur d'avoir enseigné à ses écoles. L'opinion publique, à défaut d'un sentiment plus élevé, eut suffi pour empêcher aucun Dominicain de se laisser rebuter par ces épreuves si longues et si minutieuses, par ces travaux littéraires et théologiques de toute sorte, qui n'étaient que la préparation éloignée de ces trois années d'enseignement (2). Jourdain, qui s'était lui-même exercé aux études de grammaire, ne manquait jamais, en parlant des sujets qu'il attirait à l'Ordre, de vanter leur mérite littéraire, d'insister sur l'instruction classique qu'ils avaient reçue dans les écoles (3). Il veillait avec une attention scrupuleuse à ce qu'à Paris, au Couvent, ils fussent appliqués à la culture des arts et à la science théologique (4). Le système d'études du collège de Saint-Jacques était imité de l'Université de Paris : « Mais le gouvernement était bien supérieur au régime anarchique de l'Université. Les Dominicains appliquèrent à l'organisation de leurs études, les puissants moyens de gouvernement que l'unité de leur Ordre et le principe d'obéissance passive mettaient à leur disposition;

---

quæ dicebantur reportata vel reportationes. » C'étaient les reporters de ce temps-là créés pour les écoles, et qui ont passé plus tard aux journaux.

(1) Etienne de Bourbon, *Anecd. hist.*, p. 370. « Incipienti legere in theologia intrantes milites scholas cum quæsivissent multa ab eo. »

(2) Echard, *Id.*, p. 165. « Cum plura ad istud triennium magisterii preparatoria requirerent. »

(3) *Lettres de B. Jourdain de Saxe*, IV. « Omnes sunt viri honesti et competentis litteraturæ. » — VIII. « Plures fuerunt magistri, et alii convenienter litterati. » — XXVII. « Valde probos et litteratos optime viros plures Dominus o bis dedit. » — XXXIV. « Qui dedit nobis triginta novitios probos, litteratos et nobiles. »

(4) Touron, *Histoire des hommes illustres de l'Ordre*, t. I, p. 142. « Lutetiæ, duabus in scholis ipsi illum in finem creatis, Fratres suos et alios plures ad artes, præsertim ad theologiam informabat. »

ils purent ainsi obtenir, dans une certaine mesure, les avantages de la centralisation moderne (1). »

Nous trouvons, dans une Chronique du temps, inspirée par un ancien écolier de Paris, devenu maître à ses écoles, le programme des études qu'il dut épuiser, le tableau des exercices qu'il lui fallut mener de front, pour arriver à conquérir ses grades universitaires. Il mourut abbé d'un monastère de Prémontrés, en Allemagne, et voici ce que l'on raconte de lui. « Le révérend père Hémon s'appliqua dès sa plus tendre enfance aux études littéraires. Il y apportait une ardeur telle, qu'au milieu de ses condisciples jouant ou causant, jamais on ne le vit inoccupé : toujours il étudiait, écrivait, ou s'ingéniait à élucider quelque question (2). Il fit si bien, que tous les auteurs païens, poètes élégiaques comme Ovide, poètes épiques comme Virgile, poètes satiriques et autres, les théologiens qui ont écrit en vers, Aratus, Sedulius, Theopiste et autres, les deux Priscien, Pierre Hélie et les autres grammairiens, les dialecticiens, tous lui étaient familiers, et que, de concert avec son frère Adon, de pieuse mémoire, il les avait transcrits tous sans exception. Tous ces ouvrages, les deux frères, à Paris, à Orléans et à Oxford, les avaient entendu lire et commenter par les maîtres dont ils avaient même rapporté les explications et les gloses (3). A Oxford, en se partageant les veilles, ils étaient arrivés à transcrire et à commenter les Décrets, les Décrétales, et les autres livres de droit canon et de droit civil qu'ils avaient entendu lire. Hémon dormait peu ou pas du tout, et il veillait de préférence la nuit après les Matines, suivant l'habitude qu'il avait contractée à Paris et à Oxford, au temps de ses études, quand ils passaient, son frère Adon, la première

---

(1) Thurot, *id.*, p. 120.
(2) *Monum. Germ. hist.*, t. XXIII, *Menkonis Chronic.*, p. 524. « R. Pater Emo a primis infantiæ rudimentis studiis litteralibus implicitus, adeo inter scholares alios fuit in scripturis studiosus, ut aliis conscholaribus ludentibus et discurrentibus, nunquam ociosus inveniretur, nisi aut studeret vel scriberet vel illuminaret. »
(3) *Id.* « Quos omnes ipsi ambo Parisius, Aurelianis et Oxonie audierunt, et ex ore magistrorum glosaverunt, et etiam glosas diversas retulerunt. »

partie de la nuit, et lui, la seconde, à lire ou à écrire (1).

Les jours passaient vite pour les écoliers appliqués à ce travail opiniâtre, à ces exercices continus, à ces études sans fin. L'esprit s'y fortifiait et l'intelligence se développait, mais l'âme de l'étudiant livré à lui-même, ou placé en dehors du cloître, risquait fort de n'y point trouver une nourriture suffisante à sa vie surnaturelle. L'amour de la science pour les honneurs qu'elle attirait ou pour les bénéfices qu'elle procurait, enfermait les maîtres et les écoliers dans les limites trop étroites de la terre et du temps. Jourdain voulut les faire asseoir à une table mieux servie, et de la salle du festin où il les conviait, leur ouvrir des jours sur le ciel, sur l'éternité. Il institua les conférences pour les écoliers (2). L'utilité de ces pieux exercices ne saurait laisser aucun doute, si l'on veut bien se rappeler qu'au treizième siècle, les sermons se faisaient à Paris par les maîtres en théologie, professeurs à l'Université nommément chargés de cette fonction apostolique (3). Comme l'heure habituelle de ces sermons était matinale, les jeunes gens occupés d'études n'entendaient que peu ou point la parole de Dieu. L'après-midi des dimanches et fêtes s'écoulait, et ils demeuraient entièrement libres de leur temps, exposés sans contrepoids à toutes les tentations mauvaises engendrées par l'oisiveté. Jourdain déplorait cette négligence ou cet abandon, et pour y mettre un terme, il obtint que l'on ferait à vêpres, aux écoliers, une instruction religieuse qui prit le nom de conférence. L'honneur en revient donc au successeur de saint Dominique, et le charme tout-puissant de sa parole contribua largement à les faire passer en habitude. A ce sujet voici ce qui est réglé dans les

---

(1) Id., p. 531. « Propter consuetudinem observatam Parisius et Oxonie tempore studii, quando, fratre suo domino Adone primam partem noctis vigilante et scribente, ipse partem posteriorem pervigilabat. »

(2) Mamachi, *Ann. Ord. Præd.*, t. I, *Chron. Ordinis*, p. 302. « Ipse est qui induxit consuetudinem de faciendis collationibus Parisius scholaribus. » — Du Boulay, *Id*, p. 158. = Echard. *Scrip. Ord. Præd.*, t. I, p. 97.

(3) Echard, *Id.*, p, 97, Note. « Sciendum ætate Jordani sermones in templis Parisiensibus a collegis Universitatis ad id nominatim designatis haberi consuevisse. » — Lecoy de la Marche, *la Chaire française au moyen âge*, p. 24. — Aubertin, *Histoire de la langue et de la littérature au moyen âge*, p. 309.

anciens statuts de l'Université concernant la Sacrée Faculté (1). « Quand un maître de théologie appartenant à un Ordre mendiant donne le matin le sermon de l'Université dans son couvent, le soir il est tenu de faire la conférence. Quand un prélat ou un maître en théologie donne un jour de fête le sermon de l'Université, dans un couvent de Mendiants ou ailleurs, celui qui fait la conférence après souper, doit prendre le sujet qui a été traité par le prélat ou par le maître en théologie dans son sermon. Quand il arrive une fête où les théologiens ne font point leçon, bien qu'il y en ait aux autres Facultés, ce jour-là il y a sermon le matin et conférence le soir aux Cordeliers et aux Jacobins (2). »

Telle fut la grande entreprise scolaire menée à bonne fin par Jourdain de Saxe, au Couvent de Saint-Jacques, à la suite de la dispersion de l'Université, et pendant le temps qu'elle se prolongea. Sans doute, il n'atteignit pas la perfection du premier coup, mais sa perspicacité ne le trompait pas sur ce qui pouvait manquer à l'œuvre, et tant qu'il vécut, il mit à la parfaire le soin et la patience de l'artiste, qui ne se lasse point jusqu'à la mort de polir et de repolir son ouvrage. Cette préoccupation le suivit même au-delà de la tombe, et il la laissa comme un héritage à la charge de ses successeurs. C'est pourquoi le Couvent de Paris avait une administration à part. Il était soumis immédiatement au Maître de l'Ordre qui le gouvernait à sa volonté (3). Le titre de Collège ou d'Ecole générale de l'Ordre de Saint-Dominique, attaché désormais au Couvent de Saint-Jacques (4), était le couronnement du dessein que Jourdain avait conçu et conduit avec autant de sollicitude que d'habileté.

Ainsi l'institution des collèges remonte encore au maître général des Frères Prêcheurs. A Paris, dans le quartier de l'Uni-

---

(1). Echard, *Id*. « Quando unus magister in theologia, qui est de Ordine Mendicantium, facit sermonem de mane in Universitate, in domo Ordinis sui, ipse tenetur eadem die facere collationem. » — D'Achery, *Spicilegium*, t. III, p. 735.

(2) Id. « In illa die fit sermo de mane et collatio in Vesperis in Cordigeris vel in Jacobitis. »

(3) Thurot, *Id.*, p. 119. Cet article est répété à tous les Chapitres.

(4) Danzas, *Etudes*, t. III, p. 98.

versité, il n'y avait à cette époque que quelques essais imparfaits et insuffisants de collèges, c'est-à-dire de maisons destinées par des fondations pieuses à recueillir un petit nombre d'étudiants sans ressources, pour leur donner le logement et la nourriture (1). Un maître surveillait leur éducation intellectuelle, qu'ils allaient prendre sous sa conduite, dans les écoles publiques. On appelait quelquefois ces collèges hôpitaux ou hospices. En 1187, Robert, comte de Dreux et frère de Louis VII, fondait, avec l'église de Saint-Thomas de Cantorbery ou Saint-Thomas du Louvre, un hôpital en faveur de pauvres écoliers, mais sous un maître ou procureur chargé de présider à leurs études et de pourvoir à leur entretien (2). Au commencement du treizième siècle, le Collège des Danois s'ouvrait dans la rue de la Montagne Sainte-Geneviève, comme un hospice réservé à des étudiants du Danemark, que des chanoines de l'abbaye de Sainte-Geneviève, envoyés dans ce pays (3), avaient déterminés à venir à Paris. Vers la même époque, tôt après la conquête de l'empire grec par les croisés, le Collège de Constantinople s'élevait dans le cul de sac d'Amboise, à la rue Pavée de la place Maubert, pour les jeunes Byzantins que l'empereur Baudouin se proposait d'envoyer aux écoles de Paris (4). Enfin, en l'année 1208, un bourgeois de Paris, Etienne Berot, et sa femme, Ada, faisaient bâtir l'église Saint-Honoré, et, à côté, une maison qu'on appela l'*Hospital des pauvres escholiers* (5), parce qu'il devait en recevoir treize, confiés aux

---

(1) Sauval, *Antiquités de Paris*, t. I, p. 18. — Du Boulay, *Id.*, t. II, p. 463. — Crévier, *Id.*, p. 268. — Thurot, *Id.*, p. 122.

(2) Dubois, *Hist. Eccles. Paris.*, t. II, p. 182. — Félibien, *Hist. de la ville de Paris*, t. I, p. 210. — Berty, *Topog. hist. du vieux Paris, Région du Louvre*, t. I. p. 96. — Wallon, *Saint Louis et son temps*, t. II, p. 205.

(3) Jaillot, *Recherches sur la ville de Paris*, t. IV, Quartier de la place Maubert, p. 62. — Du Boulay, *Id.*, p. 385. — Crévier, *Id.*, p. 270. — Félibien, *Id.*, p. 179.

(4) Jaillot, *Id.* p. 91. — Le Bœuf, *Histoire de la ville et du diocèse de Paris*, t. II, p. 709. — Du Boulay, *Id.*, t. III, p. 10. « Lutetiæ conditum est collegium Constantinopolitanum ad ripam Sequanæ, prope forum Malbertinum. » — Crévier, *Id.*, p. 487.

(5) Félibien, *Id.*, p. 246. — Du Boulay, *Id.*, p. 45. « Certis reditibus dotatum est collegium *Bonorum Puerorum S. Honorati* a piis et religiosis conjugibus

soins et à la garde d'un proviseur. Plus tard, on fit de cet hospice le collège des Bons-Enfants de la rue Saint-Honoré.

Ce n'étaient donc là que de généreuses tentatives encore indécises dans la forme, restreintes dans leur objet, et renfermées dans des bornes trop étroites par les ressources mêmes, ou par le caractère national des fondations. L'idée était heureuse, grande et féconde : Jourdain la développa en l'appliquant aux Frères Prêcheurs ; il étendit le bénéfice du collège de Saint-Jacques à ses religieux français et étrangers, sans distinction ; ensuite, au logement et à la nourriture, il ajouta l'instruction. Il fit ainsi du Couvent de Paris le collège général de l'Ordre de Saint-Dominique : autour des écoles de Saint-Jacques il agrandit les cloîtres et disposa de nouvelles constructions pour loger ensemble, nourrir et instruire, à l'écart du commerce des séculiers, les Prêcheurs envoyés étudier à Paris, de la Province de France et des autres Provinces. L'exemple était donné ; les imitateurs ne manquèrent pas, et les disciples de saint François d'Assise furent les premiers qui, dès l'année 1232, fondèrent à Paris, pour leur Ordre, un collège avec une chaire de théologie (1). Les Dominicains et les Franciscains préparaient l'établissement des Cisterciens, de la Sorbonne, des Carmes, des Augustins, des Prémontrés et des moines de Cluny (2).

Jourdain triomphait, et déjà Saint-Jacques lui apparaissait bien comme le Grand Couvent des Dominicains dans l'Université. Peu à peu l'édifice s'était élevé, étendant ses proportions autour de l'hôpital de Jean de Barastre, et prolongeant ses dépendances à la suite du Parloir aux Bourgeois, en dehors des murs de Philippe-Auguste. En 1225, les Prêcheurs avaient acheté des

---

Stephano Belot et Ada ejus uxore, qui domum suam in hospitium 12 *Pauperum Scholarium* et unius primarii consecrari voluerunt. » — Crévier, *Id.*, p. 488. — Le Beuf, *Id.*, t. I, p. 116. — Le Beuf observe que dans plusieurs villes les plus anciens collèges sont appelés des *Bons Enfants* : Paris en a eu deux, le second était situé près la porte Saint-Victor.

(1) Du Boulay, *Id.*, p. 200. — Crévier, *Id.*, p. 391. — Thurot, *Id.*, p. 121.

(2) Echard, *Id.*, p. 101. « Gymnasium Minorum prodiit post 1232, Cisterciense 1247, Sorbonicum 1253, Carmelitanum 1254, Augustinianum 1255 et Premonstratense, Cluniacum 1259. »

terres du Chapitre de Saint-Lazare (1) ; en 1231, le Chapitre de Notre-Dame confirma la vente qui leur avait été faite par deux chanoines de Saint-Benoît, de deux arpents de vignes, situés à la vérité hors des murs de la ville, mais pourtant contigus aux murs et à l'infirmerie des Frères Prêcheurs (2). Fondée dès l'origine, pour abriter leurs études, car le pape les désignait toujours sous le nom de « Frères étudiant la théologie à Paris », la maison était devenue le centre de cette gymnastique intellectuelle qui, sous l'égide tutélaire de la foi, assouplit l'esprit et fortifie la raison (3). Un Dominicain avait commencé par faire aux autres, tous les jours, des leçons sur l'Ecriture sainte, puis ils avaient fréquenté les écoles publiques de théologie, et le jour était venu où ils voyaient au Couvent deux chaires, chacune tenue par un maître attitré appartenant à l'Ordre. Jourdain savait bien de quel esprit ses fils étaient animés, quand il disait les novices qui s'enrôlaient, « disposés à croître et à faire des progrès (4) ». L'heure avait sonné, où ils méritaient vraiment le nom de confrères que leur avait donné l'Université, quand elle les accueillait dans le pauvre petit hôpital de la rue Saint-Jacques (5).

Nombreuses sont toujours les recrues qui, sans discontinuer, se présentent à la porte du Couvent pour partager cette glorieuse confraternité. Même en ces moments de trouble, et tant que dura la dispersion de l'Université, les demandes d'admission ne diminuaient pas à Saint-Jacques. Peut-être était-ce là une cause

---

(1) Voir ci-dessus, p. 84.
(2) *Requeste* au Roy et à Nosseigneurs de son Conseil, § III, p. 6. « Quæ sunt extra muros Domini Regis, infirmariæ dictorum Fratrum et ipsi muro contigua. »
(3) Echard, *Id.*, p. 17, Note. « Cum Pontifex primos Fratres Parisiis agentes nominet semper « Studentes in sacris Paginis, » colligas domum S. Jacobi ab ipso initio gymnasium fuisse. »
(4) *Lettres du B. Jourdain de Saxe*, XXIX. « Ad proficiendum bene dispositus. » Ces espérances de progrès que Jourdain voulait rencontrer dans ses novices, seront présentées par le pape Grégoire IX, comme conditions à la licence ou à la maîtrise... « De vita, scientia et facundia, necnon proposito et spe proficiendi diligenter inquirat. » — Voir ci-dessus, p. 431.
(5) Echard, *Id.*, « Ad quod alludere videtur Universitas Magistrorum et Scholarium dum eos confratres vocat, sicque a principio in gremium ascivisse. »

active. Les oiseaux de haut vol, battus par l'orage, cherchent volontiers un abri dans les tours des cathédrales, et à l'abbé du monastère Del Corvo Dante fugitif ne disait-il pas? « Je viens chercher la paix ». Les maîtres et les écoliers étaient à peine rentrés à Paris en 1231, que Jourdain écrivait à Diane : « Rendez au Seigneur de vives actions de grâces pour le grand nombre de novices savants et vertueux qu'il a donnés cette année à notre Ordre (1). »

Le champ de bataille s'étendait, et les fortes positions à occuper ou à garder augmentaient à mesure que se multipliait la milice de Saint-Dominique. Le siège épiscopal de Toulouse devenait vacant, et le Chapitre d'un consentement unanime, y appelait un Dominicain, le provincial de la Provence, Raymond de Felgar (2). Issu de la famille des barons de Miramont, il étudiait dans les écoles de Toulouse, lorsque l'héritier des Gusman vint y jeter les fondements de son Ordre. Il s'attacha au saint Patriarche qui prit grand soin du jeune religieux, dont la science théologique et la parole éloquente attirèrent également l'attention de l'évêque de Toulouse. Foulques, l'admirateur passionné de Dominique, devint l'ami fidèle de Raymond : quand il mourut en 1231, le Prêcheur fut élu et sacré quelques semaines après, par le légat du Saint-Siège, Gauthier de Marvisie. Dès son élection, le nouveau prélat tourna de suite sa sollicitude pastorale du côté de la jeune Université de Toulouse. Elle en était à son essai, et ses maîtres à leurs premières armes. Les étudiants se montraient pleins d'ardeur : pour leur offrir un professeur capable d'enflammer leur émulation par sa réputation de science, Raymond de Felgar fixa son choix sur Roland de Crémone, qui terminait à Saint-Jacques ses trois années d'enseignement (3).

---

(1) *Lettres du B. Jourdain de Saxe*, XXXIII. « Gratias agite Deo uberes pro multis magnis viris et probis clericis, quos hoc anno ad Ordinem nobis dedit. »

(2) Guil. de Puy-Laurens, *Chronique*, c. 42. « Eligitur venerabilis vir Raimundus, Prior provincialis F. F. Prædicatorum in Provincia, in concordia Capituli ecclesiæ universi. » — *Gallia Christ.*, t. XIII, p. 25. — Touron, *Vie de saint Dominique*, l. V, p. 680.

(3) Echard, *Script. Ord. Prædic.*, t. I, p. 100 et 165. « F. Rolandus Cremo-

Jourdain n'ignorait pas la situation délicate créée aux défenseurs de la doctrine chrétienne, en présence de l'hérésie des Albigeois, toujours prête à renaître de ses cendres : il se rendit aux désirs de l'évêque, et Roland de Crémone autrefois l'oracle de l'Université de Bologne, maintenant une des lumières de l'Université de Paris, Roland de Crémone reçut mission de partir reprendre à l'Université de Toulouse les leçons éloquentes qui avaient assuré son succès à l'école de Saint-Jacques.

Vers la même époque, la Province de Grèce et les couvents de Constantinople demandaient du renfort à la maison de Paris : il fallait de l'aide pour supporter les travaux et les fatigues de cette mission, que rendaient plus difficile l'inexpérience de la langue grecque et les subtilités astucieuses des schismatiques. Jourdain leur envoya du secours. Humbert de Romans prêchait alors à Paris, à la grande édification des fidèles : « Sa science des saintes Écritures, le charme de sa parole, l'innocence de sa vie, l'avaient rendu célèbre (1). » Il s'embarqua sur l'ordre du Maître pour passer en Grèce, se renseigner sur la situation, et aller de là en Terre-Sainte, combler par sa présence le vide laissé par le départ du Provincial Henri de Marbourg.

Ils partaient, d'autres les remplaçaient, et Jourdain se montrait satisfait des fruits de vocation qu'il avait cueillis à Paris, malgré la discorde et l'émeute. Le carême l'appelle à Boulogne : sa présence au-delà des monts ne fait que le changer de scène ; il y poursuit le même but, et ses efforts sont couronnés du même succès. Il est en Italie, et accompagné du Provincial de Terre-Sainte, Henri de Marbourg, il a porté à Rome la nouvelle de la rentrée de l'Université à Paris. Quelques jours ont suffi au Maître général pour éclairer Grégoire IX, lui représenter l'état

---

nensis, qui cum anno 1228 incepisset sub F. Joanne Ægidio, anno 1231 cursum expleverat, et Tolosam ad regendum studium missus est. » — Touron, *Vie de saint Dominique*, l. V, p. 569.

(1) Du Boulay, *Id.*, t. III, *Catal. illust. Acad.*, p. 690. « Vir in divinis Scripturis eruditus et declamator egregius, vita evangelicus, conscientia purus, actione præcipuus, eloquio dulcis, et ad persuadendum idoneus. » — Echard, *Id.*, p. 141. — Touron, *Histoire des hommes illustres de l'Ordre*, t. I, p. 322.

des esprits, et le décider à poursuivre cette œuvre de conciliation, à laquelle seul le souverain Pontife peut mettre la dernière main. De son côté, Henri de Marbourg a exposé au pape la situation des lieux saints et les résultats de l'expédition de l'empereur Frédéric en Palestine. Aussitôt les deux Prêcheurs reprennent le bâton de pèlerin, pour parcourir la Péninsule en visitant les couvents de l'Ordre, en s'arrêtant dans les grandes villes : Jourdain y annonce la parole de Dieu, afin de marquer chaque étape par l'inscription de quelques noms sur la liste de ses recrues. « Priez le Seigneur, écrit-il à Diane, qu'il m'amène bientôt et heureusement vers vous (1). » Le souhait ne se réalise pas entièrement : le voyage ne laisse rien à désirer, mais l'absence se prolonge, car la moisson le retient. Elle est si abondante ! La nouvelle en arrive à Diane ; la lettre qui l'apporte est comme mouillée de larmes et tachée de sang : elle parle de tribulations, de souffrances, et il y résonne un triste écho des guerres civiles qui désolaient l'Italie. Si la récolte se fait dans la joie, la route à parcourir n'est pas sans épines, et les pieds des missionnaires se sont plus d'une fois déchirés aux cailloux du chemin. « Vos prières, dit-il, et celles de vos Sœurs ont été merveilleusement exaucées. Dieu vient de nous donner une trentaine de novices vertueux, lettrés et de noble origine. Plusieurs sont maîtres de l'Université (2). Maître Jacques, archidiacre de Ravenne, prévôt de Bobbio, qui a refusé un évêché et qui est le plus savant professeur de droit de toute la Lombardie (3), a pris l'habit et fait profession le mercredi saint. J'ai reçu le même jour un jeune archidiacre très vertueux, qui appartient à une famille des plus nobles et des plus riches de la Hongrie. De même, nos Frères se multiplient dans le monde entier, comme je l'apprends souvent, et ils croissent partout en nombre et en mérite. Vous

---

(1) *Lettres du B. Jourdain de Saxe*, XXXIII. « Orate pro me, ut cito ad vos et prospere me adducat. »
(2) Id. XXXIV. « Dedit nobis circa triginta novitios probos, litteratos et nobiles, et plures in eorum numero sunt Magistri. »
(3) Id. « Magister Jacobus, archidiaconus Ravennas... cui in Lombardia non est melior juris rector. »

voyez par là combien est vraie, la parole de Notre-Seigneur qui a promis de nous rendre le centuple en cette vie ; pour un frère que nous avons peut-être laissé dans le monde, nous en avons déjà reçu plus de cent, et de bien meilleurs. Mais remarquez que si Jésus-Christ dit, dans l'Evangile, qu'il nous donnera le centuple, il ajoute : *Avec des tribulations.* Nous ne devons donc jamais oublier que si nous désirons recevoir le centuple, ce n'est qu'à la condition de souffrir (1). Un jour viendra où il ne vous donnera pas le centuple seulement, mais l'infini et plus encore. Alors aucune tribulation ne surviendra : nous boirons pur et sans mélange le calice des joies éternelles. En attendant, prenons patience, et recevons tantôt la consolation avec humilité, tantôt la souffrance avec courage, soutenus et consolés tour à tour par le Fils de Dieu, Jésus-Christ, qui est béni par dessus toutes choses dans les siècles de siècles.

« Je voudrais souvent vous écrire, mais le temps me manque ou je n'ai pas d'occasion. Adieu et saluez mes Filles de ma part. Bientôt si Dieu le veut, nous pourrons nous consoler ensemble. Frère Henri, prieur provincial d'outre-mer, vous consolera et me remplacera près de vous jusqu'à mon arrivée (2). »

C'est de Padoue qu'il écrit : Padoue, ville bénie pour les grâces de vocation qui ne manquent jamais de répondre à chacune de ses prédications ! C'est à Padoue qu'il a reçu de bonnes nouvelles de Paris, de l'Université, et il se reporte par la pensée vers son Couvent de Saint-Jacques. La paix est faite, l'union règne, les maîtres et les écoliers sont rentrés, les études sont florissantes. Tous les Prêcheurs désignés pour venir des différentes Provinces étudier au collège de l'Ordre, « sont réunis sous le même toit dans la plus parfaite unanimité, » Jourdain tressaille d'allégresse au milieu des joies pascales, et il épanche son

---

(1) Id. « Si centuplum desideramus accipere, tribulationem necesse est sustinere. »

(2) Id. « Interim F. Henricus, Prior provincialis ultramarinus, consolabitur te et faciet medio tempore vicem meam. »

cœur dans cette belle lettre, qui mérite de trouver sa place ici, en raison directe de son adresse (1) :

Au Prieur et aux Religieux du Couvent de Saint-Jacques de Paris.

« A mes Fils bien-aimés dans le Fils de Dieu, le Prieur et les Religieux du Couvent de Paris, Frère Jourdain, serviteur inutile de l'Ordre des Prêcheurs, le salut et la grâce de goûter les choses d'en haut, non celles de la terre.

« J'ai appris, Très Chers, et cette nouvelle m'a comblé de bonheur, que tous réunis maintenant sous le même toit, dans la plus parfaite unanimité, vous persévérez dans la prière, vous vous appliquez à l'étude et vous croissez dans la paix et la charité mutuelle. Comment mon âme, transportée de joie, n'en bénirait-elle pas le Seigneur ? Comment tout ce qui est en moi ne célébrerait-il pas les louanges de son saint nom ? Je considère, en ces jours de solemnité et d'allégresse, comment le Christ, notre résurrection et notre vie, une fois ressuscité ne meurt plus, et il me semble vous voir parmi ceux dont les corps se levèrent avec le sien pour rendre témoignage à sa résurrection. Je ne veux pas vous flatter, et j'espère que nul d'entre vous ne se flatte lui-même. Mais il est bien permis de se réjouir et de se glorifier dans le Seigneur, lorsque, ayant foulé aux pieds la mort ancienne du péché, on se sent marcher dans une

---

(1) *Lettre inédite de Jourdain de Saxe*, Bibliothèque Nationale, Fonds latin, 10621, p. 177.

« Filiis in Filio Dei karissimis Priori et Conventui Parisiensi, Frater Jordanis (*sic*) Ordinis Predicatorum servus inutilis, salutem et que sursum sunt sapere non que super terram.

« Audivi, karissimi, et auditui meo dedit gaudium atque leticiam quod unanimes maxime nunc habitaretis in domo, orationi instantes, solertes in studio, crescentes in caritate mutua et quiete. Cur non super his letabunda et laudans benedicat anima mea Domino et omnia que intra me sunt nomini sancto ejus? Intueor in his diebus sollempnitatis et gaudii quomodo Christus, vita et resurrectio nostra, resurgens ex mortuis jam non moritur, et tanquam ex illis mihi videmini quorum cum Christo, in testimonium resurrectionis ipsius, corpora surrexerunt. Non vobis blandiri desidero, spero quod nec sibi vestrum quispiam blandiatur, quamvis sane gaudere lceat omnibus et in Domino gloriari, qui calcata morte pristina peccatorum, in novitate vite se sentiunt ambulare, cum morte facere

vie nouvelle; lorsque, repoussant désormais tout pacte avec cette mort, on ne ressemble pas à Lazare qui ressuscita pour mourir de nouveau, et que, possédant les germes d'une vie immortelle, on s'efforce de jour en jour de renouveler sans cesse et de plus en plus dans son âme l'esprit de ferveur. Ce sera votre unique aspiration, j'en ai la confiance dans le Seigneur, qui nous a appelés des ténèbres de la mort à son admirable lumière de cette résurrection dans laquelle vous vous maintenez. Vous voilà ressuscités avec le Christ : vous n'aurez donc plus à l'avenir les goûts de l'enfance. Ah! goûtez uniquement les choses du ciel, où le Christ est assis à la droite de Dieu. Priez, travaillez, et en attendant qu'il soit donné de voir Jésus dans la Galilée céleste, faites en sorte qu'il vienne au moins vous visiter par ses apparitions, en quelque lieu que vous soyez, comme autrefois il visita ses disciples pendant quarante jours et les consola tendrement, en leur donnant de nombreuses preuves de sa résurrection, et en les entretenant de plusieurs manières du royaume de Dieu.

« S'il est parmi vous quelque Marie qui, mesurant ses larmes à ses fautes, en aura saintement arrosé les pieds de Jésus, elle sera, n'en doutez pas, consolée par son apparition, pourvu qu'elle vienne, dès l'aube, pleurer encore sur son tombeau. Pierre, lui aussi, le verra sans retard si, touché de repentir, il a pleuré amè-

---

pactum de cetero respuentes, quemadmodum Lazarus resurrexit denuo moriturus; sed, vite immortalis habentes principia, laborant de die in diem spiritum mentis sue amplius semper et amplius renovari. Confido in Domino qui de mortis tenebris nos vocavit in resurrectionis hujus in qua statis, admirabile lumen suum, quod nichil aliud sapietis. Ecce consurrexistis cum Christo et ob hoc deinceps nequaquam sapietis tanquam parvuli. Que sursum sunt sapite ubi Christus est in dextra Dei sedens. Orate, laborate, insistite ut quamdiu in Galilea celesti Jhesum videre minus conceditur, suis tamen apparitionibus in presenti qualibetcumque visitaturus vos veniat, sicut tunc discipulos suos per dies XL in multis argumentis apparens eis et loquens de regno Dei, multifarie multisque modis benignissime solabatur. Si qua in vobis Maria habebitur que (p. 178) in lacrimis in mensura prius digne rigaverit pedes ejus, ipsa nequaquam fraudabitur apparitionis solamine, diluculo si suis perfundat fletibus monumentum. Absit et de Petro similiter ut priusquam conversus negationem Jhesu amare defleverit, eum non continuo sit visurus. Sed etsi qui perfecte ipso in se experimento didicerunt quum quamdiu in hoc corpore sumus, peregrinamur a Domino, et sibi ipsis de incolatus sui

rement sa lâcheté. Quant à ceux qui ont appris par leur propre expérience que, tant que nous sommes dans ce corps nous voyageons loin du Seigneur, et qui, se prenant eux-mêmes en pitié, gémisssent de la prolongation de leur pèlerinage et s'acheminent tristement vers le château d'Emmaüs, comme des exilés de Jérusalem, ceux-là non plus ne tarderont pas à voir Jésus leur apparaître. Aussitôt que le feu de la piété aura commencé à s'allumer, ils s'empresseront de dire à leur tour, mais non sans étonnement : « Est-ce que nous ne sentions pas nos cœurs s'embraser « pendant qu'il nous parlait en voyageant? »

« Encore une dernière recommandation à ce sujet, mes Très Chers. Conservez toujours parmi vous la charité mutuelle : Jésus ne saurait apparaître à ceux qui se sont séparés de l'union générale. Saint Thomas ne mérita pas de le voir, par cela seul qu'il était en dehors du cénacle ; seriez-vous plus saint que cet apôtre? C'est pourquoi, à tout homme terrestre qui n'a pas l'esprit divin, qui préfère les biens propres aux biens communs, qui aime les singularités, je déclare ceci : tant qu'il n'aura pas plus de zèle pour la charité, il ne jouira pas de la présence de Jésus. Or, la charité ne recherche pas son propre intérêt, mais le subordonne à l'intérêt général ; elle ne connaît pas la division, elle met sa joie dans les biens communs et chérit par dessus tout l'unité. Sans doute, il pourra éprouver de temps à autre, quelque

prolongatione compacientes veraciter, tanquam ab Jerusalem exulantes et velud (sic) in castellum Emaus cum tristicia ambulantes ; nec ipsi profecto apparitione Jhesu aliquatenus fraudabuntur cum adeps pietatis ceperit ebullire, tamen non sine admiratione continuo fateantur : « Nonne cor nostrum ardens erat in nobis « dum loqueretur nobis in via. » Super hec omnia hoc unum restat, karissimi, ut sitis mutuam in vobismetipsis caritatem continuam habentes, quum Jhesum his erit impossibile apparere qui a communi se diviserint unitate. Thomas extra congregationem videre non meruit, et tu sanctior Thoma eris. Propterea testor homini animali spiritum non habenti, propria preferenti communibus, in singularitatibus ambulanti, quum nisi melius caritati studuerit que non querit quæ sua sunt, imo propria anteponit, que separationem ignorat, gaudens communibus, diligens unitatem, Jhesu presentiam non videbit. Poterit quidem interdum minimam quamdam et raram consolationem sentire tenuiter; sed absit ut plenam apparitionem accipiat nisi in domo fuerit cum discipulis congregatus. Hec vobis, karissimi, ratione temporis insinuare volebam, sperans quum que prescripsi observatis sollicite et magis studebitis observare, consolante et moderante nos in

consolation aussi légère que rare, mais il ne sera pas favorisé d'une complète apparition, s'il n'est pas dans la maison où se trouvent les autres disciples. Mes bien aimés, j'ai voulu vous dire ces choses à l'occasion du temps pascal, et, puisque vous suivez fidèlement mes prescriptions, j'espère que vous les suivrez plus fidèlement encore, en ayant toujours pour consolateur et modérateur le Fils de Dieu, Jésus-Christ, à qui est l'honneur et l'empire dans les siècles des siècles. Ainsi soit-il!

« Je vous écris de Padoue, en bonne santé, pendant l'octave de Pâques. Le Seigneur vient de nous y donner une trentaine de novices, excellents et lettrés, dont plusieurs sont nobles et professaient à l'Université. Le Mercredi saint, j'ai reçu Maître Jacques, archidiacre de Ravenne, prévôt de Bobbio, et le meilleur professeur de droit de toute la Lombardie : c'est un homme de grand conseil, de très haute réputation, de mœurs excellentes, d'une rare amabilité, et il a même refusé un évêché avant d'entrer dans l'Ordre. J'ai reçu avec lui un jeune homme d'un talent remarquable, très versé dans les arts, issu d'une des plus nobles et des plus riches familles de la Hongrie, et titulaire d'un archidiaconé important. Du reste, j'apprends souvent par des messagers et des lettres que, grâce au Ciel, nos Frères travaillent dans l'Église avec un grand succès et des fruits abondants, et que partout la parole de Dieu pénètre, pleine de vie et de force, dans le

---

omnibus Dei Filio Jesu Christo cui est honor et imperium in secula seculorum. Amen.

« Infra octavas Pasche sanus de Padua vobis scripsi ubi plures jam novitios circa triginta ydoneos et litteratos dederat nobis Deus. Magistri etiam plures et nobiles inter eos. Feria IIII (page 179) ante Pascha, intravit magister Jacobus melior juris rector qui habeatur in partibus Lumbardie, archidiaconus Ravennensis, prepositus Bobiensis, vir magni consilii, famosissimus, morigeratus optime et in plurimis gratiosus, qui episcopatum etiam rogatus ante introitum refutavit. Et cum ipso intravit quidam juvenis magni ingenii, optime institutus in artibus, de nobilioribus et dicioribus totius Ungarie, qui magnum similiter archidiaconatum habebat. Ceterum sic sepe per nuntios mihi et litteras innotescit Fratres vestrique per gratias Dei large et habunde in ecclesia Dei proficiunt; et currit sermo Dei vivus et efficax in corda inimicorum regis. Pro omnibus gratias agite Domino bonorum omnium largitori. »

Nous renouvelons ici nos remerciements au P. Bayonne qui nous a communiqué ce précieux document.

cœur des ennemis du Roi. Rendez-en grâces au Seigneur, dispensateur de tous les biens. »

Jourdain avait formé le projet de faire, cette année, avec un soin tout particulier, la visite de ses couvents en Italie, soit pour porter à chacun des nouvelles explicites sur l'organisation du collège de Saint-Jacques, soit pour les rassurer tous au milieu des querelles ardentes qui continuaient à embraser la Péninsule, soit pour insister de vive voix sur la modération qu'il recommandait aux Prêcheurs, dans les missions et négociations importantes dont ils étaient chargés auprès des cités lombardes. Il suspendit sa marche pour venir à Bologne, présider le Chapitre général, qui se réunit le 11 mai 1231.

L'assemblée n'a pas plus tôt pris fin, que Jourdain se remet en route pour suivre son dessein de visiter en détail les maisons de son Ordre. Henri de Marbourg est encore à ses côtés, et il emmène aussi le frère Gérard, dont il a fait le compagnon habituel de ses voyages (1), et qui, non moins dévoué que le fidèle Achate, ne se séparera plus de son maître, ni dans la vie ni dans la mort. On s'éloigne de Bologne, tout à fait à l'improviste, mais à la première étape, Jourdain s'arrête pour écrire une lettre de consolation à Diane, que le départ de son père spirituel plongeait chaque fois dans la plus profonde tristesse. « Quand il m'arrive de me séparer de vous, dit-il (2), ce n'est jamais sans un grand serrement de cœur, et cependant vous me causez encore douleur sur douleur. Je vous vois si inconsolable, que je ne puis m'empêcher de m'attrister, non seulement de notre séparation mutuelle, mais aussi de votre propre désolation. Pourquoi donc vous tourmenter de la sorte? Ne suis-je pas toujours à vous, toujours avec vous? A vous dans le repos comme dans le travail,

---

(1) Jourdain était accompagné de Gérard dans le long voyage qu'il fit, en 1229, à travers la Provence, l'Allemagne, la Bourgogne et la France. *Lettres du B. Jourdain*, XXX. Nous les retrouvons également ensemble en Angleterre, en 1230. *Lettres*, XXXII.

(2) *Lettres du B. Jourdain de Saxe*, XXXV. « Quando me separari a te contingit, non sine gravamine cordis id facio. »

à vous de loin comme de près, à vous dans la prière, à vous dans le mérite, et à vous, je l'espère, dans la récompense (1). Que feriez-vous donc si je venais à mourir? Non, ma mort même ne devrait pas vous rendre ainsi inconsolable. Car enfin vous ne me perdriez pas, vous m'enverriez devant, vers ces demeures resplendissantes de lumière, où, moi aussi, je prierais le Père pour vous, et je vous serais beaucoup plus utile en vivant avec le Seigneur, qu'en *mourant chaque jour* dans ce monde. Consolez-vous donc, prenez courage et respirez dans la miséricorde et la grâce de Notre-Seigneur Jésus-Christ qui est béni dans les siècles des siècles. »

Cette lettre achèverait, s'il était besoin, de nous peindre le successeur de saint Dominique : à cette délicatesse de sentiments exprimée dans un si beau langage, qui ne reconnaîtrait « le très doux père (2) », ainsi que chacun avait coutume de l'appeler dans l'Ordre? On dirait qu'il voit avancer le terme de sa carrière, et à mesure que l'heure de la séparation approche, son cœur se dilate davantage, son affection devient plus tendre. Il a quitté Bologne sans prendre, comme d'habitude, congé de ses chères Filles de Sainte-Agnès; c'était « afin de ne pas voir couler leurs larmes (3) ». Il leur en demande pardon avec une simplicité charmante. Et puis, n'espérait-il pas repasser par Bologne? Mais voilà que ce beau rêve s'évanouit : « ce serait trop difficile (4) », et il les prie de l'excuser, pendant que sa plume les met au courant des péripéties de son voyage. « Je suis resté neuf jours à Modène : *j'y ai semé beaucoup et récolté fort peu*, sans doute en punition de mes péchés. De Modène je suis parti pour Reggio, en me proposant d'aller ainsi de couvent en couvent, jusqu'au moment de

---

(1) Id. « Nonne tuus sum, vobiscum sum ; tuus in labore, tuus in quiete, tuus in præsentia, tuus absens, tuus in oratione, tuus in merito, et tuus, ut spero, in præmio. »

(2) Martène, *Veterum Script. et Monum.*, t. VI, *Brevissima Chron. R. R. Magist. general. Ord. Præd.*, p. 353. « De hoc glorioso patre et dulcissimo. »

(3) *Lettres du B. Jourdain de Saxe*, XXXVI. « Ego enim parcens vobis et mihi hoc feci : non enim sine dolore potuissem sustinere ubertatem et profluvium lacrimarum. »

(4) Id. « Laboriosum enim mihi erat redire Bononiam. »

repasser les Alpes (1). J'avais résolu de le faire avant l'hiver, car il m'était trop difficile de retourner à Bologne. Je prie donc votre charité de souffrir avec patience que je continue ma route, et de m'excuser si je n'ai pas pris congé de vous cette fois comme de coutume. J'ai agi de la sorte par ménagement pour vous et pour moi. Je n'aurais pas pu vous voir sans douleur verser d'abondantes larmes. Et puis, comme je n'étais pas encore certain de ce que je devais faire, je n'ai pas voulu vous le dire pour ne point vous attrister. Je vous prie donc, au nom de l'affection que vous me portez, de ne pas vous désoler, afin de me laisser, à moi, tout mon courage. Réjouissez-vous plutôt dans votre Époux, le Christ Jésus, qui est en vous et qui vous console par son Saint-Esprit, appelé Paraclet, c'est-à-dire consolateur. Il veut ainsi, en retour de l'amertume dont votre âme est souvent abreuvée par les épreuves et les tentations inévitables de la vie présente, vous inonder de ses douceurs spirituelles, afin que, soutenues par elles et attirées comme par l'odeur de ses parfums, vous arriviez un jour à le posséder lui-même. Dans son sein nous goûterons la joie et l'allégresse : toute douleur, tout gémissement s'évanouira : nous serons remplis des biens de sa maison et nous y habiterons avec les bienheureux et les élus, pour chanter ses louanges dans les siècles des siècles. »

Les succès de Jourdain à Reggio ont compensé la stérilité de ses labeurs à Modène. Il arrive à Verceil, où il espère n'être pas moins heureux, mais sa joie n'est pas sans mélange, quelques nuages troublent la sérénité du ciel : sa santé donne des inquiétudes, et Henri de Marbourg est tombé très gravement malade. Nous connaissons ces détails par une nouvelle lettre que Jourdain écrit à Diane, afin qu'elle fasse, eu égard à cette circonstance douloureuse, prier avec plus de ferveur. « Depuis que je vous ai quittée, dit-il, Dieu n'a pas cessé de nous être propice. Je crois que vous êtes suffisamment renseignée sur les sujets

---

(1) Id. « Veni Regium, et inde paulatim discedere disposui de domo in domum usquedum transeam montes. »

entrés dans l'Ordre à Reggio (1), seulement n'oubliez pas d'en remercier le Seigneur. Je vous écris de Verceil, où je n'ai encore admis qu'un novice, très vertueux, mais j'espère que dans peu de temps Dieu nous fera la grâce d'en recevoir un grand nombre (2). Frère Henri d'outre-mer est gravement malade. Je vous recommande instamment, à vous et à vos Sœurs, de prier beaucoup pour lui : nous craignons déjà de l'avoir perdu sans retour.

« Du reste, très chère, *déposez toutes vos inquiétudes dans le sein de Dieu;* puisez en lui toutes vos consolations, et apprenez de lui à vaincre les épreuves que le monde vous apporte dans ses vicissitudes sans nombre. Ne soyez pas inquiète à mon égard (3). Celui qui veille sur vous pendant que vous restez à Bologne, veillera aussi sur moi, je l'espère, dans mes diverses pérégrinations : car, si vous restez à Bologne et si je parcours tant de chemins, nous ne faisons tout cela que par amour pour lui. Il est notre unique fin; il nous dirige ensemble dans ce lieu d'exil, et au ciel il sera notre récompense : qu'il soit béni dans les siècles des siècles. »

Jourdain avait vu se réaliser ses espérances, et le novice qu'il recevait en arrivant à Verceil, avait été, en effet, suivi de plusieurs autres. Il les emmène à Milan, d'où il a l'intention de passer en Allemagne. Sa santé laisse à désirer : il a été pris de fièvre, mais les médecins sont sans inquiétude, et il a confiance dans les prières de ses chères Filles, car elles ont si bien obtenu la guérison de frère Henri, qu'il a pu le faire partir en avant. C'est ce que Jourdain raconte à Diane, quand il lui écrit : « Je viens, très chère, vous donner de mes nouvelles. Je me rendais avec huit novices vertueux et capables de Verceil à Milan, pour aller ensuite en Allemagne, lorsque j'ai été pris d'une fièvre tierce (4), j'ai eu trois accès jusqu'à ce jour, et j'attends le qua-

---

(1) *Lettres du B. Jourdain de Saxe*, XXXVII. « De his qui apud Regium intraverunt, credo quod satis audistis. »
(2) Id. « Apud Vercellas non nisi unum receperamus novitium bene probum, sed spero quod in brevi plures habebimus. »
(3) Id. « De me noli esse sollicita. »
(4) *Lettres du B. Jourdain de Saxe*, XXXVIII. « Cum de Vercellis cum octo

trième. Mais, grâce à Dieu, cette maladie est sans danger, et les médecins m'assurent que j'en serai bientôt guéri. J'ai voulu vous écrire, afin que vous ne soyez point trop alarmée en me croyant plus gravement malade que je ne le suis, si vous veniez à l'apprendre par d'autres. Veuillez aussi me recommander aux prières des Sœurs. Frère Henri d'outre-mer leur doit, je le crois, sa guérison (1) : il est déjà parti en Allemagne. Que ma fièvre ne vous tourmente point; j'espère qu'elle me rendra plus fort de corps et d'esprit. Le Seigneur m'avait comblé à Reggio et à Verceil (2) : il lui a plu sans doute, et c'était justice, que ce ne fût pas d'une manière tout à fait gratuite. Que son nom soit béni dans les siècles des siècles. »

La maladie met à une rude épreuve la patience de Jourdain, et lui fournit occasion de s'abandonner de plus en plus à la volonté de Dieu, qui se plaît ainsi à enchaîner le zèle de son apôtre. Car, s'il se propose d'arriver cette année à Paris, de bonne heure, c'est afin de profiter du retour de l'Université, du calme rétabli dans les écoles, pour reprendre son ministère, contrarié, l'hiver précédent, par la dispersion des maîtres et des écoliers. La fièvre persistait en se compliquant; comme elle avait mis les jours du Maître général en danger, il veut rassurer Diane, calmer ses trop vives alarmes, et il lui adresse une lettre admirable de résignation. Dans toute épreuve, aux heures longues et cruelles de la maladie, de la souffrance ou du malheur, je ne sais point de plus belle page à garder ouverte sous les yeux, ou présente à la mémoire. Quelle grandeur d'âme, et comme elle fleurit bien sur la foi forte de ses invincibles espérances! Diane ressemble à Marthe dans l'Évangile (3), elle ne se tient pas assez calme sous le regard de Dieu. C'est pour la rendre plus ferme que Jourdain lui écrit : « J'apprends avec peine que ma maladie vous cause trop de

---

novitiis bonis et idoneis Mediolanum reverterer, et inde in Allemaniam transire proponerem, febris me tertiana detinuit. »

(1) Id. « F. Henricus per orationes vestras, ut spero, convaluit, et jam in Allemaniam me præcessit. »

(2) Id. « Dominus dona sua nobis dederat, et apud Regium et apud Vercellas. »

(3) Saint Luc, c. x, 41. « Martha, Martha, sollicita es et turbaris erga plurima. »

tourment et trop d'anxiété (1). On dirait, en vérité, que vous voudriez me voir effacé du nombre des enfants de Dieu, et sans aucune part à la Passion de Jésus-Christ, notre Rédempteur. Eh quoi! ne savez-vous pas que *Dieu éprouve tout enfant adopté?* Ne voulez-vous point qu'il me reçoive parmi ses enfants? Votre sollicitude n'est-elle pas indiscrète? Si vous souhaitez que j'arrive au royaume des cieux, souffrez que j'en prenne le chemin : *nous ne pouvons y entrer qu'en passant par de nombreuses tribulations.* Oh! sans doute, je serais touché de votre affliction, si cette maladie devait nuire à mon salut. Mais puisque Dieu ne l'a permis que pour mon bien, je ne veux pas, très chère, que vous soyez ainsi tourmentée de ce qui m'arrive d'heureux. Si donc vous voulez me consoler et m'enlever toute raison de m'attrister encore, consolez-vous d'abord et bannissez la tristesse de votre âme. Seulement, recommandez-moi au Seigneur, et demandez-lui de me faire souffrir ici-bas toutes les peines du Purgatoire que j'ai méritées. Ce bon et miséricordieux ouvrier sait jusqu'à quel point le vase qu'il a façonné a besoin d'être purifié, et nous n'avons rien de mieux qu'à nous soumettre pleinement à sa sainte volonté, et à remettre notre vie entière entre ses mains.

« Cependant, vous ne devez pas ignorer qu'après avoir beaucoup souffert de la fièvre quarte et de plusieurs autres maladies, je suis maintenant, grâce à Dieu, hors de danger et même délivré presque entièrement de l'une des trois fièvres quartes que j'ai eues. Consolez-vous donc, et ayez toujours présente sous les yeux cette vie qu'aucune maladie ne saurait atteindre, selon la parole du Prophète : *Le mal n'approchera point de vous, et nul fléau ne pourra pénétrer jusque dans votre tente* (2). Ici-bas, certes, les misères de notre triste exil ne sont souvent que la punition du péché. Et puisque *de nombreux châtiments sont réservés au*

---

(1) *Lettres du B. Jourdain de Saxe*, XXXIX. « Non placet mihi quod, sicut audio, de mea infirmitate tam anxie tribularis. »

(2) Psaume XC, 10. « Non accedet ad te malum, et flagellum non appropinquabit tabernaculo tuo. »

pécheur (1), est-il étonnant que nous soyons châtiés en ce monde, à cause de nos iniquités? Pour moi, *je suis prêt à tout* souffrir (2), pourvu qu'à ce prix je puisse avoir accès dans le sein de Dieu, dans cet asile inaccessible à la peine, par cela même qu'il est inaccessible au péché, c'est-à-dire dans ces demeures resplendissantes de pureté et de lumière, où je souhaite d'être placé avec vous par le bon et miséricordieux Jésus, Fils de Dieu, qui est béni dans les siècles des siècles. »

Des complications et des rechutes, des alternatives de bien et de mal, une extrême faiblesse, tels étaient, dans l'état de l'héroïque malade, les signes qui se succédaient; et l'ensemble de ces diagnostics, trasnsmis par les lettres et les courriers, ne semblait pas de nature à dissiper les alarmes. Aussi, dès que l'on put constater un mieux sensible avec des symptômes tout à fait rassurants, Jourdain voulut écrire lui-même à Diane quelques lignes, qui ne sont qu'un bulletin favorable. « Comme je vois, dit-il, que mon état de santé vous inspire de vives inquiétudes, je viens vous apprendre que depuis quelques jours, grâce sans doute à vos prières et à celles de vos Sœurs, ma guérison a fait de rapides progrès. Je n'ai presque plus ou point de fièvre, et je suis à la veille d'être entièrement rétabli, quoique faible encore et brisé par la maladie passée (3). Remerciez donc Celui qui a commencé à vous exaucer, et priez-le d'achever son œuvre, s'il le juge à propos, et de me donner bientôt, avec de plus grandes forces, une santé plus parfaite. »

Jourdain croyait son rétablissement complet, mais il paraît que la guérison parfaite se fit encore longtemps attendre : il vit s'achever l'année 1231, et s'écouler les premières semaines de l'année suivante, sans pouvoir sortir de son inaction forcée et de son douloureux repos. Autour de lui s'agitaient en tumulte, et se débattaient avec furie les intérêts divers qui divisaient si pro-

---

(1) Psaume XXXI, 10. « Multa flagella peccatoris. »
(2) Psaume XXXVII, 18. « Ego in flagella paratus sum. »
(3) *Lettres du B. Jourdain de Saxe*, XL. » Cœpi plurimum emendari, et ita ut jam parum aut nihil febrium, quas habebam, afflictione fatiger, quamvis valde sim debilis et adhuc de præterito languore confractus. »

fondément le pape, l'empereur et les villes lombardes (1). Les Dominicains Guala, Pierre de Vérone et Jean de Vicence, unissaient leurs efforts pour apaiser les discordes et amener le triomphe de la justice. C'était au mois de décembre 1231 : Frédéric réunit à Ravenne une assemblée parlementaire, où il fit valoir les droits de l'empire, en accusant les villes lombardes de les avoir violés (2).

Il réclamait satisfaction. On ne put pas s'entendre, et la ligue lombarde, qui datait de 1226, se reforma de nouveau contre l'empereur, entre les villes de Milan et Brescia, Mantoue et Ferrare, Bologne et Faënza (3).

Quelles que fussent les bonnes nouvelles adressées par Jourdain sur sa convalescence et sur sa guérison certaine, disait-il, on ne se rassurait pas à Bologne, et les amis du Maître le pressaient de se laisser transporter au milieu d'eux, où il trouverait les soins affectueux et les attentions délicates que réclamait sa santé délabrée. « Vous désirez, je le sais, écrit-il à Diane, que je retourne à Bologne (4). Ce serait une grande consolation pour moi : mais cela n'est pas possible. Je suis trop faible encore pour entreprendre un si long voyage, et d'ailleurs il est temps que je m'achemine vers Paris, pour y célébrer le Chapitre général (5), si Dieu, exauçant vos prières, daigne m'en faire la grâce. Encore que je ne vienne pas vous visiter, je n'en suis pas moins d'esprit avec vous. Car partout où je vais, je reste avec vous, et je vous porte spirituellement avec moi, pendant que vous restez corporellement à Bologne. Interrogez le Père prieur Nicolas

---

(1) Huillard-Bréholles, *Hist. diplom. de Frederic II*, t. IV, p. 285.
(2) *Monum. Germ. hist.*, t. XXII, *Thomæ Tusci Gesta Imp. et Pontif.*, p. 511. « Fridericus parlamentum jussit congregari Ravennæ, ut de juribus imperii occupatis exigeret rationem, mense decembri 1231. »
(3) *Monum. Germ. hist.*, *Id.*, p. 512. « Contra Imperatorem facta est societas Lombardorum, in qua civitates heenvicem sunt ligate, scilicet Mediolanum et Brixica, Mantua et Ferraria, Bononia et Faventia. »
(4) *Lettres du B. Jourdain de Saxe*, XLI. « Scio quod desiderabas ut venirem Bononiam, et hoc ipsum mihi quoque consolationi magis fuisset. »
(5) Id. « Tempus jam instat, quo iter arripiam eundi Parisios ad Capitulum generale. »

et les autres Frères, ils vous donneront de plus amples détails sur ma convalescence et mon état présent. »

Jourdain reprit, en effet, sa route vers Paris : mais il avait compté moins sur ses forces que sur son courage. Elles le trahirent, et il se vit contraint de s'arrêter de nouveau quand il avait fait la plus grande partie du voyage. Voici ce qu'il écrit à Diane : « Je m'achemimai vers Paris, après avoir quitté la Lombardie, et déjà j'étais arrivé à T... lorsque j'ai été saisi tout à coup par une maladie grave qui m'a empêché d'assister au Chapitre général (1). » L'assemblée se réunit le 30 mai, et ce fut la première fois que Jourdain, depuis qu'il avait succédé à saint Dominique, manquait de se trouver au milieu des grands dignitaires de l'Ordre, pour ouvrir leur synode annuel et présider à ses délibérations (2). Il venait encore de toucher cette fois aux portes de la mort. Il s'était vu aux prises avec une nouvelle maladie, et à ses atteintes soudaines il ne put opposer qu'un corps épuisé par les fièvres, miné par d'autres souffrances. La force de sa constitution et l'énergie de sa volonté résistèrent victorieusement. Mais la convalescence fut longue et pénible. Les forces ne revenaient que lentement. Enfin il put repartir, et parcourut à petites journées la distance qui le séparait de Paris. Mais les fêtes de la Pentecôte étaient passées et le Chapitre avait terminé ses travaux (3), quand Jourdain reparut à Saint-Jacques. Pour la première fois, il contemplait le collège de l'Ordre, son œuvre de prédilection, debout et prospère : ce qu'il avait appris avec bonheur, il le voyait de ses yeux avec des transports de joie, c'étaient les Dominicains, l'élite de la Province de France et des autres Provinces, « tous réunis sous le même toit, dans la plus parfaite unanimité, persévérant dans

---

(1) *Lettres du B. Jourdain de Saxe*, XIII. « Postquam a Lombardia recessi, et jam usque Tr... ad Capitulum iturus processeram, ibidem cœpi gravius infirmari, et sic impeditus sum usque ad Capitulum generale. »

(2) *Lettres du B. Jourdain de Saxe*, XXVIII. « Quod ego sine dubietate cognovi, qui omnibus Capitulis et definitionibus semper interfui. » Jourdain affirmait ainsi, en 1229, qu'il avait assisté à tous les Chapitres généraux.

(3) Echard, *Script. Ord. Prædict.*, t. I. Capitula Generalia, p. XVI. — Martène, *Thesaurus novus Anecd.*, t. IV, — *Acta Capit. gen. Ord. Prædic.*, p. 1671.

la prière, s'appliquant à l'étude, et croissant dans la paix et la charité mutuelle (1). » L'école l'acclamait comme son fondateur, et les religieux du Couvent l'accueillirent en fils d'autant plus heureux de revoir leur très doux père qu'ils avaient été plus près de le perdre.

(1) Lettre inédite de Jourdain aux Dominicains de Saint-Jacques. « Audivi, karissimi, et auditui meo dedit letitiam quod unanimes nunc habitaretis in domo, orationi instantes, solertes in studio, crescentes in caritate mutua et quiete. » — Voir ci-dessus, p. 464.

XV

LE COUVENT DE SAINT-JACQUES PREND SA PLACE DÉFINITIVE DANS L'UNIVERSITÉ DE PARIS. — LES PRÊCHEURS ET LA LANGUE FRANÇAISE. — LES DOMINICAINS DANS L'ÉTAT, DANS LA SOCIÉTÉ, DANS L'ÉGLISE. — LE PRIEUR DE SAINT-JACQUES ET LA COUR ROMAINE. — HUGUES DE SAINT-CHER ET L'ÉGLISE GRECQUE. — L'INQUISITION. — CANONISATION DE SAINT-DOMINIQUE. — L'ÉCOLE DE SAINT-JACQUES ET L'UNIVERSITÉ DE TOULOUSE, ROLAND DE CRÉMONE, JEAN DE SAINT-GILLES, LAURENT DE FOUGÈRES. — AFFLUENCE DES SUJETS AU COUVENT DE SAINT-JACQUES. — GOUVERNEMENT DE JOURDAIN DE SAXE. — CHAPITRE GÉNÉRALISSIME A PARIS. — MORT DE JOURDAIN.

« L'Ordre de Saint-Dominique, dès son commencement, eut toujours le bonheur d'être comme une ruche remplie d'abeilles ferventes au service de Notre-Seigneur et de son Église. » Ainsi parle le Prêcheur Thomas de Champré, et cette comparaison lui a fourni le titre de son livre (1). « Jourdain, disait une vieille Chronique, avait coutume de passer de deux carêmes l'un à Paris, et pendant ce temps sa présence faisait ressembler le Couvent à une ruche d'abeilles (2). » L'image était familière aux écrivains de l'Ordre : elle exprimait bien l'action, le mouvement, le travail et la discipline qui distinguaient les disciples de Saint-Dominique,

---

(1) Thomas de Champré, *De Apibus*, l. III, c. v.
(2) Martène, *Veterum Script. et Monum.*, t. VI. *Brevis hist. Conv. Paris. FF. Prædic.*, p. 551. « Consueverat de duabus Quadragesimis unam Parisius tenere, qui Conventus eo præsente, apum alveare videbatur. » — Du Boulay, *Hist. Univ. Paris.*, t. III, p. 138.

et qui leur avait mérité le rang qu'ils occupaient dans l'Université, dans l'État, dans la société et dans l'Eglise.

Jourdain n'était pas plus tôt rentré à Paris, où son retour avait été retardé par la maladie, que, peu soucieux de son état de santé, il reprit le cours de ses occupations habituelles, et surtout pour rattraper le temps perdu, la suite de ses prédications aux écoliers et au peuple de Paris. Il en donne avis à Diane. « Je suis, dit-il, de nouveau rétabli maintenant. Je ne souffre presque plus ni du corps ni de la tête, et quoique je n'aie pas encore entièrement recouvré mes forces, je ne me lasse pas de prêcher au peuple et aux écoliers (1). »

La présence du Maître général au Couvent de Saint-Jacques était très utile, sinon nécessaire, pour faire disparaitre les rivalités qui pouvaient s'élever au préjudice de l'Ordre, du côté de l'Université. On sentait le besoin de son autorité si bien tempérée par la prudence et la modération, pour assurer aux Jacobins les positions qu'ils avaient conquises; leurs leçons faisaient merveille, leurs professeurs avaient déjà pris la tête de l'enseignement théologique. Hugues de Saint-Cher surtout, excitait un véritable enthousiasme autour de la chaire qu'il occupait au Couvent de Saint-Jacques. « Tout ce que la théologie a d'obscur et de difficile, il le mettait dans un si beau jour, que les plus curieux, les plus délicats, et en même temps, les plus faibles, qui venaient en foule pour l'entendre, ne se retiraient jamais que plus instruits et pleins de consolation (2). »

Hugues de Saint-Cher n'était pas seul. Nombre de maîtres en théologie, qui s'étaient engagés dans l'Ordre de Saint-Dominique, avaient continué leurs leçons (3), et la faveur avec laquelle le public accueillait leur enseignement, ne laissait pas que d'exciter

---

(1) *Lettres du B. Jourdain de Saxe*, XLII. « Noveris quod multum sum iterum emendatus in corpore et cerebro, et prædico tam clero quam populo. »
(2) François Duchesne, *Hist. des cardinaux français*, t. I, l. I. — Touron, *Hist. des hommes illust. de l'Ordre*, t. I, p. 202.
(3) Du Boulay, *Hist. Univ. Paris.*, t. III, p. 138. « Cum plurimi in theologia Magistri seculares qui primo docuerant, ad Ordinem istum transiissent, habitu deposito seculari et induto monachali docere perstiterunt. »

quelque ombrage dans l'Université. On s'y montrait d'autant plus sensible, que les disciples de saint François d'Assise venaient de fonder un collège à Paris, sur le modèle de celui de Saint-Jacques. La première chose qui frappa d'une façon désagréable les regards des maîtres, à leur rentrée après la dispersion, ce fut le mauvais état où leurs affaires étaient tombées, par suite du silence auquel ils avaient jugé bon de se condamner (1). Ils s'étaient imaginé de frapper un coup de foudre : le choc en retour les atteignait en pleine poitrine. L'Université eut peur de voir son crédit chancelant, battu encore en brèche par la concurrence des autres Ordres religieux (2), de sorte que les maîtres séculiers se décidèrent à prendre une mesure préventive, en rédigeant un décret qui portait : « A l'avenir aucun couvent de réguliers ne pourra posséder en même temps deux chaires publiques de théologie (3). » Une loi ne saurait avoir d'effet rétroactif : celle-ci ne devait donc amener aucun changement dans la situation des Dominicains, puisqu'ils se trouvaient en possession de leurs deux chaires (4). Grâce à la sagesse de Jourdain, la bonne entente ne fut pas troublée, et la célébrité des professeurs aidant, les leçons continuèrent aux écoles de Saint-Jacques, sans donner prétexte à conflit, sans fournir matière à réclamation (5).

L'Université ne pouvait d'ailleurs accorder une place d'honneur à de meilleurs ouvriers, capables de porter à un plus haut point et de faire briller d'un plus vif éclat la théologie, les lettrés et l'éloquence. Jourdain attachait une importance capitale à l'enseignement théologique servi au Couvent de Saint-Jacques. Il n'avait rien négligé pour fixer d'une manière irrévocable, ce point

---

(1) Id. « Postquam Academici priorem disciplinam resumpserunt et in societatem redierunt, collapsam videntes absentia sua rem Academicam. »

(2) Id. « Veriti ne alii Religiosorum Ordines idem facere contenderent. »

(3) Id. « Ut nullus Regularium Conventus duas simul cathedras solemnes et theologicas in posterum obtineret. »

(4) Id. « Huic decreto Dominicani se minime obtemperaturos professi sunt, quandoquidem duas cathedras jam per aliquot annos pacifice occuparant et laudabiliter rexerant. »

(5) Echard, Script. Ord. Prædic., t. I, p. 165. — Eæ sunt quæ tum in Cap. gen., tum in Magistrorum Ordinis diplomatibus, duæ Scholæ magnæ dicuntur. »

essentiel dans l'organisation des études dominicaines. Ses projets exécutés et ses plans réalisés, l'élite des religieux de l'Ordre, façonnée aux leçons du grand Collège, devait s'en aller jusqu'aux extrémités de chaque Province, prêcher les doctrines de l'Université de Paris : les maîtres qui auraient occupé trois ans les deux chaires publiques de Saint-Jacques, seraient les modèles à imiter par tous les religieux chargés de l'enseignement théologique dans les autres couvents : enfin, les Dominicains formés aux Écoles de Saint-Jacques étaient destinés à diriger les études conventuelles et provinciales. Etait-il possible de prendre plus à cœur les intérêts de l'Université de Paris, de défendre avec un soin plus scrupuleux sa gloire et son honneur, de travailler d'une façon plus efficace à la propagation de ses doctrines ?

Les études théologiques ne faisaient pas négliger à Jourdain l'éducation littéraire de ses religieux du Couvent. Les professeurs de théologie, maîtres ès arts le plus souvent, initiaient, comme Roland de Crémone, leur auditoire aux beautés de Virgile et de Cicéron, d'Horace, de Tite-Live et de Tacite. Les lettres étaient considérées comme le fondement nécessaire de la théologie (1). « La faculté des arts servait de préparation et d'introduction aux études spéciales aux trois autres (2). » Jourdain le savait par expérience ; ses travaux sur Priscien en sont la preuve irrécusable. Aussi tenait-il en grande estime les novices qu'il pouvait appeler lettrés, c'est-à-dire ceux qui possédaient dans les arts, les connaissances que l'on avait coutume d'acquérir à l'école.

L'éloquence ne pouvait pas ne pas être l'objet d'un culte particulier de la part des Frères Prêcheurs. Le nom seul qu'ils portaient leur en faisait une obligation stricte et rigoureuse. Dès l'origine, les religieux de Saint-Jacques se montrent préoccupés de la nécessité où ils se trouvent d'exceller dans l'art de la parole : ils se rendent compte des succès remportés par des hommes sans lettres, dont la parole ardente et imagée enflamme

---

(1) Thurot, *De l'Org. de l'enseig.*, p. 136.
(2) Aubertin, *Hist. de la langue et de la littér. franç. au moyen âge*, t. II, p. 573.

les multitudes. Mais ce n'est point là l'idéal qu'ils ont rêvé : ils aspirent à d'autres triomphes plus délicats, plus difficiles, et afin de les obtenir, ils n'hésitent pas à recommander l'étude de la forme, indispensable pour atteindre à la grande éloquence (1). Ce sentiment littéraire, qui n'est pas encore le goût, servira néanmoins à la formation de la langue française. « En notre langage, disait Montaigne, je trouve assez d'estoffe, mais un peu faute de façon (2). » Les Prêcheurs aidèrent de toutes leurs forces à fournir l'étoffe; plus tard on prendra souci de la façon.

L'éloquence des Dominicains est populaire par ses inspirations et par ses formes. « Il ne faut pas oublier que le nouvel Ordre, voué au ministère de la parole, s'en allant à travers les villes et les villages, haranguant les fidèles sur les places publiques aussi bien que dans l'église, sur les grands chemins comme dans les lieux consacrés, avait le plus souvent affaire à des auditoires simples et naïfs. L'éloquence populaire était leur fait : ils ne récitaient point des discours savants; ils n'entraient guère dans les raisonnements ni dans les abstractions. Ils improvisaient, ils instruisaient, et ils racontaient : c'est pourquoi le peuple séduit, captivé, se portait en foule sur leurs pas, et leur faisait des triomphes faciles (3). » De là, chez les Prêcheurs, l'usage fréquent des exemples. « Ils avaient remarqué la singulière efficacité des traits d'histoire pour captiver l'attention de leurs auditeurs, et faire pénétrer l'enseignement religieux dans les esprits les plus rebelles (4). » Leur maître, en cette tactique oratoire, n'était autre que leur fondateur, saint Dominique, qui avait lui-même, le premier, préconisé et pratiqué la méthode narrative (5) : ses disciples, et à leur tête Jourdain de Saxe, s'étaient empressés de l'imiter.

(1) Danzas, *Études*, t. II, p. 347. « Eloquenter et ornate. »
(2) Montaigne, *Essais*, l. III, c. v.
(3) Lecoy de la Marche, *Anecdotes hist.*, Introduction, p. xii.
(4) Id., p. xi.
(5) Etienne de Bourbon, *Anecd. hist.*, p. 13. « Semper effluebat edificatoriis sermonibus, habundabat exemplis. » — Lecoy de la Marche, *la Chaire franç. au moyen âge*, p. 104.

Un autre trait caractérise les premiers essais de la prédication dominicaine. Pauvres, car ce n'est pas en vain qu'ils portent le nom de Mendiants, c'est contre les riches et les puissants de la terre, contre leur luxe, leurs plaisirs et leurs vices qu'ils exercent leur zèle apostolique. Ils ont aussi emprunté aux Pères de l'Eglise latine, des peintures plus sombres du monde futur, le retour plus fréquent des idées de damnation et d'enfer. La nécessité d'imposer aux seigneurs du régime féodal, aussi bien qu'aux conquérants barbares, le seul frein qui pût arrêter leur violence, contribua à pousser dans cette voie les orateurs du Couvent de Saint-Jacques. « De là cette religieuse terreur dont les imaginations du moyen âge ont toutes porté les traces ; de là ces formidables magnificences de la poésie de Dante et plus tard de Milton (1). »

Les sermons des disciples de saint Dominique étaient écrits, mais ne se prêchaient pas en latin. L'usage de la langue vulgaire a prévalu dans la chaire. Jourdain de Saxe, Jean le Teutonique et les autres Jacobins que le peuple de Paris ne se lassait point d'entendre, exercèrent une influence décisive sur cette transformation de l'éloquence (2). « Ces hommes dont la foi passionnée soulevait les multitudes, parlaient une langue expressive et colorée dans leurs sermons français ; leur génie véhément transfigurait l'idiome populaire, alors si rude et si imparfait (3). » Sans doute, les religieux de Saint-Jacques excluent de leurs compositions écrites toute langue autre que la latine. La raison en est que le latin se parle dans les pays de l'Occident, qu'il est usité partout, et qu'il faut à l'Ordre naissant un recueil de sermons, un bagage oratoire d'une utilité générale. C'est pour ne pas les réduire à l'état de lettre morte, que les sermons prêchés en français sont écrits en latin. Au commencement du treizième siècle, « le français de Paris n'était correct et intel-

---

(1) Demogeot, *Hist. de la littér. franç.*, p. 32.
(2) Aubertin, *Hist. de la langue et de la littér. franç. au moyen âge*, t. II, p. 306. — Lecoy de la Marche, *la Chaire franç. au moyen âge*, p. 233 et 224.
(3) Aubertin, *id.*, p. 302.

ligible que dans l'Ile-de-France : la version latine se comprenait partout, dans le monde clérical, en province et à l'étranger : si elle ne donnait pas à ceux qui s'en servaient, les expressions mêmes de l'auteur et les grâces familières de son langage, elle leur apportait du moins la substance du discours, l'essentiel du développement, et les imitateurs lointains n'avaient plus qu'à traduire dans l'idiome de leur pays les pensées du modèle. Cette précaution, qui était alors de règle et de nécessité, a été observée pendant tout le moyen âge (1). » Les Dominicains reprenaient, pour la continuer avec plus de suite, l'œuvre de Maurice de Sully, dont les sermons prêchés au peuple, « appartinrent d'abord à l'idiome vulgaire par la prédication, ensuite au latin par la rédaction. Aussi M. Paulin Paris supposait-il avec fondement qu'ils avaient dû être écrits dans une langue et prononcés dans l'autre (2). » La préparation se faisait en latin, l'improvisation se donnait en français : par le travail et la méditation, l'orateur se rendait maître de la pensée qu'il fixait sur le papier; en chaire, l'expression jaillissait libre, ardente, imagée, de l'inspiration du moment et des besoins de la circonstance. L'éloquence était ainsi primesautière et plus vraie.

Les premiers Prêcheurs de Saint-Jacques étaient préparés à ce double exercice, qu'ils fussent de pays étranger ou bien de la terre de France, par le long séjour que leurs études dans les arts et dans la théologie leur avaient fait faire à Paris. A peine sont-ils installés dans l'hôpital de Jean de Barastre, « ces missionnaires de la parole, ces Frères Prêcheurs par excellence, qu'ils s'emparent aussitôt de la chaire sacrée, avec une généreuse émulation : c'est à la foule qu'ils s'adressent, c'est l'idiome populaire qu'ils emploient de préférence, sans écouter en cela les préventions et les dédains trop ordinaires au monde clérical, pour qui le français était alors un langage insipide et rebutant (3) ». Oui,

---

(1) Aubertin, *id.*, p. 303.

(2) Lecoy de la Marche, *id.*, p. 226. « Deux manuscrits portent : « Expliciunt sermones Mauricii, episcopi Parisiensis... dicendi in gallico idiomate. »

(3) Aubertin, *id.*, p. 306.

l'instrument est dur et défectueux, mais il appartient aux Prêcheurs, à force de l'exercer du haut de la chaire, de maîtriser et d'assouplir l'idiome rebelle qui leur est présenté, et ils disent volontiers avant Montaigne : « C'est aux paroles à servir et à suivre, et que le gascon y arrive, si le français n'y peut aller. Je veux que les choses surmontent et qu'elles remplissent l'imagination de celui qui écoute, de façon qu'il n'ait aucune souvenance des mots (1). »

C'était aussi l'avis de Jourdain, et deux siècles auparavant, il avait nettement affirmé la préférence à réserver aux choses sur les mots. L'anecdote est piquante, et l'on y reconnaît quelque chose de la bonhomie malicieuse des Fabliaux. Les Templiers invitèrent le Maître général, lors de son voyage en Terre-Sainte, à leur adresser quelques paroles d'édification. Il voulut tout d'abord leur donner à entendre que s'il ne parlait pas très bien le français (2), il espérait néanmoins que le plus petit mot suffirait à leur faire saisir les plus grandes pensées, et il leur dit : « Si de l'autre côté de ce mur il y avait un âne, et qu'il dressât la tête de manière à nous montrer seulement une oreille, nous saurions de suite qu'il y a là un âne tout entier. De même vous comprendrez toute ma pensée rien que par un mot français, quand même les autres seraient allemands (3). » Avant l'auteur des *Essais* il veut « un parler simple et naïf, tel sur le papier qu'à la bouche, un parler succulent et nerveux, court et serré, non tant délicat et peigné que véhément et brusque, plus difficile qu'ennuyeux, éloigné de l'affectation, déréglé, décousu et hardi (4) ».

Jourdain et ses Prêcheurs ne nous parlent pas encore le français d'Amyot ni la langue de Montaigne, mais ils touchent à celle qui

---

(1) Montaigne, *Essais*, l. I, c. xxv.
(2) Bolland., *Acta Sanctorum*, t. II Febr., p. 734. « Volens eis in principio dare intelligere quod, licet nesciret de gallico nisi parum. »
(3) Id. « Si unus, inquit, esset asinus ultra murum illum et elevaret caput, ita quod videremus unam auriculam ejus, intelligeremus quod ibi esset unus asinus totus : ita quod per... unum verbum modicum intelligitur tota sententia, licet alia sint theutonica. »
(4) Montaigne, *Essais*, *id*.

charmait si fort Brunetto Latini, le maître du grand poète Dante, Brunetto Latini, qui fit à la langue française du treizième siècle l'insigne honneur de la préférer à l'idiome de son illustre disciple, et de s'en servir pour composer son *Trésor de sapience*, parce que nous dit-il, « la parleure en est plus délitable (1) ». Ils attendent que d'autres y versent la richesse, l'élégance et la douceur, mais ils ont la gloire d'avoir donné à la langue qu'ils créaient, la première qualité française, la simplicité, et d'avoir écarté, dès le principe, les deux défauts les plus opposés à son génie, la recherche et l'affectation (2).

L'exemple de cette aimable simplicité venait de saint Dominique : Jourdain continuait à la mettre en pratique, et Gérard de Frachet en fixait la tradition dans l'Ordre, quand il racontait la légende qui suit : « Un Frère était fort préoccupé de la manière dont il prêcherait devant une assemblée d'écoliers, probablement à Saint-Jacques. Il se mettait fort en peine pour polir son sermon et lui donner un tour philosophique, lorsque, la nuit, le Seigneur lui apparut en songe, tenant en main une magnifique Bible dont la reliure était couverte de taches. Comme le Frère la regardait avec étonnement, le Seigneur l'ouvrit, et lui montrant la splendeur des pages, il lui dit : « Elle est toute belle en « dedans, mais elle ne peut être que gâtée par tes prétentions « philosophiques (3). »

Les Dominicains donnèrent également quelque attention à l'étude des langues, qui comptait, à cette époque, un bien petit nombre de partisans. « Les savants ne connaissaient que le latin. Ils dédaignaient notre français, qui commençait à peine à se former. Le grec était presque totalement ignoré, l'hébreu encore plus (4). » Les Prêcheurs prirent à tâche de relever l'étude de

---

(1) Demogeot, *Hist. de la littér. franç.*, p. 164.

(2) « Caveant a nimiositate verborum exquisitorum. » — Danzas, *Études*, t. II, p. 350.

(3) Gérard de Frachet, *Vies des Frères*, Ch. *De tentatione curiositatis*. « Cogitans philosophice polire sermonem. »

(4) Crévier, *id.*, p. 239. — *Hist. Litt.*, t. IX, p. 152. — Fleury, *Hist. Ecclés.*, t. XVII, *Discours*, p. 5.

ces deux langues, et « leurs missions lointaines contribuèrent puissamment à développer ce genre de connaissances (1) ». Il faut toujours leur savoir gré de leur initiative, quand même on devrait observer que « s'ils étudiaient le grec, c'était dans les pays lointains et pour la prédication, non pour entendre Homère ni même saint Jean Chrysostome et saint Basile (2). »

Ces considérations prouvent assez que le Couvent de Saint-Jacques faisait fort bonne figure dans le monde savant du treizième siècle. D'ailleurs, pour que la place attribuée aux Dominicains dans l'Université n'ait rien qui nous surprenne, il suffirait de rappeler le témoignage peu suspect de Matthieu Paris. L'annaliste anglais nous apprend que les Frères Prêcheurs étaient à ce moment, avec les disciples de saint François d'Assise, en possession des différentes branches des connaissances humaines, et cela partout : à Paris, en Italie, en Allemagne, en Hongrie même, « ce sont des savants, des théologiens, des lettrés (3). »

La science dont les fils de Saint-Dominique se montraient ainsi les plus fidèles dépositaires, entrait pour une large part dans l'ensemble des motifs qui déterminaient leur présence aux affaires de l'Etat, à la cour des rois et des empereurs (4), aux assemblées des cités lombardes. Nous savons quelle estime Blanche de Castille et Louis IX témoignaient à Jourdain et aux religieux de Saint-Jacques ; ils devinrent les conseillers les mieux écoutés de la régente, en même temps que les précepteurs de son fils.

En Espagne, de 1229 à 1238, Michel de Fabra était dans une situation qui lui assurait toute puissance auprès de Jacques Ier le Conquérant, roi d'Aragon. Confesseur et conseiller de ce prince, il l'avait accompagné à la conquête de l'île Majorque contre les Sarrasins en 1229, et le roi lui donna, dans l'enceinte du palais

---

(1) Lecoy de la Marche, la Chaire française au moyen âge, p. 436. — Touron, Vie de saint Dominique, l. VI, p. 742. — Echard, id., t. I, p. 112 et 131.
(2) Aubertin, Histoire de la langue..., t. II, p. 562.
(3) Matthieu Paris, Hist. Angl. Major, ad ann. 1243. « Et quia viri litterati sunt et scholares. »
(4) Id., ad ann 1239. « Facti sunt Prædicatores Regum consiliarii et nuncii speciales. »

des Maures, une place pour bâtir un couvent de l'Ordre : l'église fut consacrée sous le nom de Notre-Dame de la Victoire. En 1236, il accompagne encore le roi à la conquête du royaume de Valence, d'où les Musulmans sont chassés en 1238, et à Valence même, Michel fonde un couvent, l'un des plus célèbres d'Espagne, d'où sortit saint Vincent Ferrier (1).

En Allemagne, Frédéric honorait les Dominicains de sa protection spéciale, par une patente impériale de l'année 1232 (2). Il renouvelle dans ses édits, à différentes reprises, l'assurance de ses intentions bienveillantes à leur égard. (3). Ne pouvant les aimer, il les ménage parce qu'il redoute leur influence. Jusqu'à la fin de sa vie, il garde le même masque et joue le même rôle : le but constant de ses efforts est de gagner Jourdain de Saxe, de séduire Jean le Teutonique (4), afin d'empêcher les Prêcheurs d'engager ouvertement la lutte contre lui, et malgré les revirements soudains de sa politique cauteleuse, il est contraint de rendre hommage à la générosité de leur caractère.

En Italie, les Dominicains exerçaient un ascendant à nul autre pareil, dans les cités lombardes aussi bien que dans les Etats de l'Eglise. Quelles que fussent les entreprises à diriger, les œuvres à poursuivre, dans l'apostolat comme dans les études, en religion et en politique, l'Ordre ne paraissait pouvoir être pris au dépourvu. La Providence fournissait les recrues suivant les circonstances ou les besoins, et il semblait que Jourdain n'eût qu'à frapper la terre du pied pour en faire sortir des légions. C'étaient des hommes de cœur, de tête et d'action, que Guala, l'évêque de Brescia, Jean de Vicence, Pierre de Vérone, Jean de Salerne, Barthélemy de Bragance, Ambroise de Sienne, champions illustres de la foi, soldats intrépides de la paix, autour desquels se

---

(1) Touron, *Vie de S. Dominique*, l. VI, p. 664.
(2) Danzas, *Études*, t. III, p. 380.
(3) Fleury, *Hist. Ecclés.*, t. XVII, 80, 21.
(4) Thomas de Champré, *De Apibus*, l. II, c. xxx. « Ut vix ulli tantum in Ecclesia sancta crediderit. » — Touron, *Histoire des hommes illust.*, t. I, p. 112.

rangeaient les peuples pour défendre leurs croyances, repousser l'oppression, conquérir la liberté.

Le Dominicain Guala a reçu du pape une mission qui touche à la défense de la religion et aux intérêts de la société. Il est chargé de prêcher la croisade, et pour atteindre heureusement cette fin, il lui faut tout d'abord pacifier les villes italiennes (1). Rien ne l'arrête : il court, il vole : il a déjà réconcilié la ligue lombarde avec l'empereur d'Allemagne; maintenant il s'efforce de rétablir la concorde entre Padoue et Trévise (2), entre Bologne et Modène (3). Soudain les circonstances changent, et les affaires prennent une toute autre face. Frédéric est un ennemi public. Alors le négociateur du Saint-Siège appelle les cités lombardes au secours du pape et de l'Eglise, non plus contre les musulmans, mais contre l'Empereur, qui menace le patrimoine de Saint-Pierre et l'indépendance de l'Italie (4). Frédéric vient, à résipiscence : son humeur mobile a tourné à un autre vent, ou sa politique astucienne et à double face va se trouver en défaut : il est prêt à traiter avec le souverain Pontife. Malheureusement les légats ne réussissent pas à déterminer les conditions d'un arrangement; c'est l'évêque de Brescia, le frère Guala, qui accourt en toute hâte à San-Germano, se présente à l'Empereur, et, dans un suprême entretien tenu au milieu de la nuit, conclut la paix et décide l'orgueilleux monarque à réparer les maux dont il avait accablé l'Eglise (5).

A Milan, les hérétiques ont jeté le désordre dans les cons-

---

(1) Raynald., *Ann. Eccles.*, t. XXI, p. 10 et 35.
(2) Bolland., *Acta Sanctorum*, t. I Sept., p. 780. « Inimicitiæ Patavinos inter et Tarvisinos exortæ sunt : demum F. Guala, episcopo Brixiensi, Pontificis legato, ac rectoribus Longobardis se interponentibus, ab armis discessum. »
(3) Id., p. 781. « Altera legatio ad Longobardos; Bononienses cum Mutinensibus opera F. Gualæ inducias paciscuntur. »
(4) Raynald., *Ann. Eccles.*, t. XXI, p. 10. « Fœderatas Longobardorum urbes, quas Fridericus a Pontificis studio divellere atque in suas partes trahere conabatur. »
(5) Bolland., *Acta Sanct.*, id., p. 783. « Imperator jam venerat ad S. Germanum, ubi dictus F. Guala in hora serotina allocutus est ipsum, et ad verbum illius satisfacere Ecclesiæ annuit Fridericus. »

ciences et dans les affaires. Les progrès de leurs doctrines subversives ont épouvanté la ville. Un Dominicain, Guidotto de Capitaneis, prend en main la cause du droit et les intérêts des citoyens : de concert avec le légat du pape, avec l'archevêque et les magistrats, il provoque des mesures énergiques qui rétablissent la confiance et la sécurité (1).

Le Dominicain Jean de Vicence parcourt l'Italie dans tous les sens, prêchant partout la concorde : les habitants des villes et des campagnes se pressent sur ses pas et l'appellent l'apôtre de la paix (2). Le souverain Pontife le nomme son légat, et l'envoie dans la haute Italie se dévouer tout entier, sous la garde du Dieu de charité, à l'exercice de son sublime ministère. Sa mission est de prêcher la paix. A Padoue, une foule innombrable s'accumule sur ses pas ; les uns sont à pied, les autres à cheval ; on le fait monter sur un char triomphal, et c'est ainsi qu'il entre dans la ville aux applaudissements de la multitude (3). Grégoire IX le charge de nouveau de la même mission dans la Vénétie et dans la Gaule cisalpine. C'est encore la paix, mais dans l'acception la plus large du mot, la paix générale qu'il va prêcher (4) ; il doit dissiper les jalousies intestines, étouffer les rivalités domestiques, mettre fin aux guerres civiles. L'héroïque apôtre revient à Padoue, où le champ de Mars ne suffit pas à contenir la foule avide de l'entendre. A Vérone, il n'y a pas de place publique assez vaste, et c'est dans une plaine au-dessous de la ville, qu'il adresse la parole aux populations réunies de Vérone et de Padoue, de Trévise et de Feltre, de Bellune et de Vicence, de Brescia et de Mantoue (5). A

---

(1) Danzas, *Études*, t. II, p. 175.
(2) Bolland., *Acta Sanct.*, t. I Julii, p. 467. « Ad pacem universos revocabat populos. Ea re pacis auctor et annuntiator a cunctis vocabatur. »
(3) Id., p. 473. « Jussu Gregorii Paduam reversus... maxima tum peditum, tum equitum, tum aliorum nobilium comitante caterva, super carrocium, quo in apparatu bellico Patavina respublica utebatur, civitatem ingressus est. »
(4) Id. « Missus tum fuit a summo Pontifice, dum totius Venetiæ atque Galliæ Cisalpinæ omnimodam pacem expectaret. »
(5) Id., p. 467. « Paduæ in Campo-Martio, et Veronæ in campestribus, ob incredibilem multitudinem, de pace habuit concionem, ubi principes et duces concertantes conciliavit et pacavit. »

Bologne, les nobles, les écoliers, les bourgeois et les artisans attendent aux portes de la ville l'arrivée de l'homme de Dieu. Une multitude innombrable de tout âge et de toute condition lui fait escorte, et comme on ne sait quels honneurs lui rendre, on étend comme un dais au-dessus de sa tête, une pièce de soie montée sur quatre piques (1).

Le Dominicain Pierre de Vérone n'excite pas un moindre enthousiasme partout où il se présente pour combattre l'hérésie et pour apaiser les guerres civiles. Il n'est bruit que de l'infatigable apôtre dans la Ville éternelle, dans la Lombardie, en Toscane, à travers la Romagne et la Marche d'Ancône (2). Quand il approche d'une ville ou d'un château fort, les habitants se précipitent en masses compactes à sa rencontre, bannières déployées et au son des trompettes (3). Le peuple de Milan voulant lui décerner un hommage insigne, le fait asseoir sur un char aux couleurs éclatantes, et ce sont les citoyens eux-mêmes qui s'empressent à le traîner, afin de protéger le serviteur de Dieu contre l'admiration dangereuse de la multitude (4).

Les fils de Saint-Dominique se servaient de cet empire dû au savoir, à la vertu et à l'héroïsme du dévouement, pour porter remède aux maux qui désolaient l'Italie et le midi de la France. S'ils travaillaient sans relâche à ramener la paix en apaisant les guerres intestines, en dissipant les discordes civiles, on les voyait déployer la même énergie à combattre les vices qui font surtout souffrir le pauvre peuple, l'usure et la licence des mœurs. A Bologne, Jean de Vicense élève la voix contre les exactions qui

---

(1) Id., p. 482. « Qui nescientes aliquid majoris honoris impendere, pannum sericum in quatuor hastis, supra sanctum virum, in magno laudis jubilo deportabant. »

(2) Bolland., *Acta Sanct.*, t. III August., p. 690. « Exivit sonus ipsius in omnem terram provinciæ Lombardiæ, apud Urbem etiam, et per non modicam partem Tusciæ, et per Romandiolam totam et Marchiam Anconitanam. »

(3) Id. « De civitatibus et castris, cum vexillis et tubis sonantibus, erumpebant obviam venienti. »

(4) Id. « In insigne devotionis indicium, in carruca ex pictis asseribus fabricata, non collis animalium, sed humanis vecta fidelium, collocatum sanctum a pressura multitudinis importuna servabat illæsum. »

ont amené la ruine et jeté les familles dans la misère ; la maison du célèbre usurier Landolphe est rasée par les auditeurs trop convaincus, et les prisonniers pour dettes sont mis en liberté (1).

Dans l'Église de Dieu, l'influence des Dominicains ne s'exerce pas avec une moins grande intensité, pour produire les plus heureux résultats. Depuis Honorius III, qui créa la charge de Maître du Sacré-Palais, et la confia aux mains de saint Dominique (2) le premier, la succession de ce titre est irrévocablement réservée comme un héritage, à un religieux de l'Ordre des Prêcheurs, et la dignité est une des plus considérables de la Cour romaine. « C'est le théologien du pape, et il n'y a ni consistoire public, ni secret, ni action solennelle, que le Maître du Sacré-Palais ne soit à ses pieds (3). » A ces attributions spéciales, il faut ajouter les fonctions de pénitenciers, de chapelains, de camériers, de secrétaires que les souverains Pontifes, aussi bien que les rois (4), sont intéressés à voir remplir aux fils de Saint-Dominique (5). Auprès du pape, ils sont ses théologiens, ses familiers (6), ses confidents ; au loin, ils se présentent accrédités comme ses légats ou ses nonces (7), tantôt prêchant la croisade pour délivrer la Terre-Sainte, tantôt rétablissant la paix entre des cités rivales, tantôt ramenant la concorde entre les princes chrétiens.

S'agit-il de préparer une nouvelle expédition en Palestine ? C'est Guala, c'est Jean le Teutonique, à la tête des Prêcheurs, qui parcourent les pays catholiques pour recruter l'armée des croisés.

---

(1) Gérard de Frachet, *Vies des Frères*, P. III, c. XLV. — Fleury, *Hist. Ecclés.*, t. XVII, 80, 22.

(2) Echard, *Script. Ord. Prædic.*, t. I, p. 15. — Lacordaire, *Vie de saint Dominique*, c. IX.

(3) Touron, *Vie de saint Dominique*, l. II, p. 197 et l. V, p. 511.

(4) Matthieu. Paris, *Hist. Angl. major*, ad ann. 1243. « In curiis regum et potentum consiliarii et cubicularii et thesaurarii. »

(5) Renaud de Bologne est pénitencier de Grégoire IX, Touron, *Vie de saint Dominique*, l. V, p. 552. — Saint Raymond de Pénafort est chapelain du même pape, Touron, *Hist. des hommes illust.*, t. I, p. 16.

(6) Raynald., *Ann. Eccles.*, t. XXI, p. 10. « Quare repetitis Gregorius ad Gualonem familiarem suum litteris. »

(7) Tels étaient Pierre de Verone, Jean de Vicence, Guala, Raymond de Pénafort,

Une question très délicate menace-t-elle de troubler les rapports du roi de France avec la Cour romaine (1), Grégoire IX écrit au Prieur du Couvent de Saint-Jacques, lui donne mission de porter à Louis IX, les protestations du Saint-Siège contre la saisie effectuée sur les revenus de l'archevêque de Rouen. Le caractère de cette démarche indique assez les relations qui continuaient d'exister entre la Cour et le Couvent de Saint-Jacques. La lettre du pape au prieur est dictée par un sentiment d'affection profonde pour la maison royale, « qui se distingue entre toutes les autres par sa justice et sa clémence, par son zèle pour la gloire de Dieu et par son respect pour la liberté des Églises, qui a toujours fleuri si bien, que les évêques n'ont presque jamais eu à gémir sous sa domination (2). « C'est pourquoi, ajoute Grégoire IX, Nous espérons que le roi de France ne tardera pas à réintégrer dans ses droits l'église à laquelle il a causé ce préjudice, et ainsi il Nous permettra de lui conserver la faveur de Nos anciennes prédilections. »

D'autres questions non moins difficiles à traiter attirent-elles l'attention du pape sur des points de discipline, des réformes, des privilèges, des droits en litige ? Le Prieur de Saint-Jacques est à Paris le délégué ordinaire qui examine et qui prononce, qui absout ou qui condamne au nom du souverain Pontife, dont il a reçu les pouvoirs. Ainsi l'interdiction continue à peser sur certains livres d'Aristote; maîtres et écoliers ne se laissent pas toujours arrêter par cette défense de l'Église : Grégoire IX adresse au Prieur de Saint-Jacques une bulle, qui lui permet d'absoudre les coupables et de lever les censures qu'ils auraient encourues (3). Le besoin de quelques réformes se fait sentir à la

---

(1) Fleury, *Hist. Ecclés.*, t. XVII, 80, 16.
(2) *Bullarium Dominic.*, t. I, p. 60.
« Gregorius episcopus, servus servorum Dei,
« Dilecto filio Priori Ordinis Prædicatorum Parisius, salutem et apostolicam benedictionem.
« ... Adeo libertas Ecclesiastica floruit, quod Prælatorum aliquis raro sub illorum regimine suspiravit. »
(3) *Bullarium Dominic.*, t. I, p. 33.

célèbre abbaye bénédictine de Grammont : c'est au Prieur de Saint-Jacques que le pape écrit pour le charger de cette commission (1). L'évêque d'Évreux en appelle au Saint-Siège d'une sentence portée par l'archevêque de Rouen : c'est encore le Prieur de Saint-Jacques que le pape choisit pour instruire la cause de ce différend (2).

L'Eglise grecque, par l'entremise de Germain, patriarche de Constantinople, manifeste quelques velléités de se rattacher à la grande union catholique. Grégoire IX lui répond par une lettre admirable, qui se termine par ses mots : « Ces enseignements et d'autres semblables, la Chaire de Pierre les a reçus de l'Esprit-Saint, qui préserve les intelligences de l'erreur. Fasse le ciel que marchant enfin sur les traces du jeune disciple qui vit et qui crut, vous entriez dans Notre communion, et que tout nuage dissipé, vous chantiez de concert avec Nous le cantique de David : Qu'il est bon, qu'il est doux à des frères de vivre unis ensemble (3) ! » Pour traiter de la réconciliation des deux Eglises, le souverain Pontife envoie à l'empereur Jean Vatace et au patriarche Germain, une commission composée de quatre membres, deux Frères Mineurs et deux Frères Prêcheurs. Hugues de Saint-Cher achevait à Paris les trois années réglementaires de son enseignement théologique ; il remportait les témoignages non équivoques de l'admiration excitée par son savoir et son éloquence. Sur les indications de Jourdain de Saxe, le pape le choisit pour ces négociations aussi délicates que périlleuses (4). L'autre Prêcheur s'appelait Pierre de Sesane (5), et les deux Mineurs, Aymon et Raoul. A Nicée, d'abord à Nymphée ensuite (6),

---

(1) Id., t. I, p. 33.
(2) Id., t. I, p. 43.
(3) Raynald., *Ann. Eccles.*, t. XXI, p. 75. « Utinam et tu tandem aliquando juniorem discipulum qui vidit et credidit, secutus introeas, ut omnibus intellectis Nobiscum pariter vere psallas illud Davidicum : Ecce quam bonum. »
(4) Touron, *Hist. des hommes illust.*, t. I, p. 203.
(5) Echard, *Script. Ord. Prædic.*, t. I, p. 102.
(6) Raynald., *Ann. Eccles.*, t. XXI, p. 76. — Fleury, *Hist. Ecclés.*, t. XVII, 80, 20 et 26.

les quatre nonces, dans une série de conférences où la bonne foi ne tenait guère de place, eurent à déjouer les artifices des Grecs et à démêler les argumentations captieuses, qu'ils étendaient à dessein sur les principaux points en litige, les azymes et la procession du Saint-Esprit. A la tête de ses collègues, Hugues de Saint-Cher soutint victorieusement la réputation des théologiens de Paris : il tint ferme et porta haut le drapeau de l'Université. Peine inutile! on se sépara sans avoir pu s'entendre, malgré un échange de notes écrites, destinées à faire la lumière sur les questions débattues. Au moment du départ, il se passa une scène qui suffit à nous donner une esquisse assez nette des péripéties de cette joute mémorable, qui avait mis aux prises le bon sens français et l'esprit astucieux des Grecs. Les nonces étaient allés prendre congé de l'empereur Vatace, quand un messager vint leur dire de la part de Germain et de ses adhérents : « Voilà l'écrit que vous avez communiqué au concile : le patriarche vous le renvoie et vous prie de lui renvoyer également celui qu'il vous a remis touchant les azymes. Vous porterez de sa part ces lettres au pape, en même temps que cette profession de foi de tout le concile sur la procession du Saint-Esprit. » A quoi les nonces répondirent : « Nous avons présenté notre écrit au concile, comme un miroir où chacun puisse voir la foi de l'Église romaine, afin que ceux qui l'auront lu attentivement, croient et professent ce qu'il contient, et que nous parlions tous le même langage. C'est pourquoi nous ne voulons pas le reprendre. De même l'écrit que les Grecs nous ont donné est à nous : c'est un miroir scandaleux de leur croyance. Nous le montrerons au pape et à l'Église, en témoignage de vos erreurs, si vous ne le révoquez point du consentement de tout le concile (1). »

Les Grecs ne se laissèrent pas convaincre aux raisons irréfragables du docteur de Paris, et le schisme continua de régner en Orient. En Occident, l'hérésie étendait de tous côtés les mailles de ses filets, se multipliant sous mille formes diverses, menaçant la

---

(1) Fleury, *Hist. Ecclés.*, t. XVII, 80, 37.

tranquillité des États chrétiens, plaçant les fidèles entre la tyrannie de la persécution et la tyrannie de la séduction. L'Église dut pourvoir à sa défense légitime, et elle institua le tribunal de l'inquisition. Les Dominicains, en crédit à Rome, furent appelés par les souverains Pontifes à prendre part à ce nouvel office qu'ils fondaient sur la clémence et sur la douceur (1). « L'inquisition, s'écrie Lacordaire, ne consiste pas dans les lois pénales établies contre la profession publique de l'hérésie (2). » Saint Augustin, malgré les atrocités commises par les Donatistes sur la terre d'Afrique, faisait encore appel, en leur faveur, aux sentiments de mansuétude chrétienne, et il disait : « Nous désirons qu'ils soient corrigés, mais non mis à mort : qu'on ne néglige pas à leur égard une répression disciplinaire, mais aussi qu'on ne les livre pas aux supplices qu'ils ont mérités... Si vous ôtez la vie à ces hommes pour leurs crimes, vous nous détournerez de porter à votre tribunal des causes semblables, et alors l'audace de nos ennemis, portée à son comble, achèvera notre ruine, par la nécessité où vous nous aurez mis d'aimer mieux mourir de leurs mains que de les déférer à votre jugement (3). » L'Eglise se voyait ainsi placée dans cette question entre deux extrémités, la liberté absolue de l'erreur, ou sa poursuite à outrance par le glaive inexorable de la loi civile. Quelques-uns de ses docteurs penchent pour le premier parti, aucun pour le second : quelques-uns pour la douceur sans bornes, aucun pour la pénalité impassible et illimitée. « L'Eglise est crucifiée là, entre deux appréhensions également terribles. Pour sortir de cette situation, elle créa, entre les tribunaux civils, qui frappaient avec une vindicte sans miséricorde, et les tribunaux de la pénitence chrétienne, qui n'atteignaient que l'aveu volontaire du crime, un tribunal intermédiaire, l'inquisition, tribunal de juste milieu,

---

(1) Lacordaire, *Vie de saint Dominique*, c. vi.
(2) Bolland. *Acta Sanct.*, t. I Julii, p. 478. « Adversus hæreticos Gregorius IX per totum orbem ex Ordine Prædicatorum inquisitores vel censores constituerat. » — *Id.*, t. I August., p. 413 et 418.
(3) S. Augustin, *Opera omnia*, Ed. Bénédictine, t. II, Epist. CXXVII.

tribunal qui pût pardonner, modifier la peine même prononcée, engendrer le remords dans le criminel, et faire suivre pas à pas le remords par la bonté : un tribunal qui changeât le supplice en pénitence, l'échafaud en éducation, et n'abandonnât ses justiciables au bras fatal de la justice humaine qu'à la dernière extrémité (1). » Ainsi parle Lacordaire qui justement ému des calomnies contre son Ordre, à propos de l'inquisition et des inquisiteurs, voulut examiner la question avec les idées larges et libérales qui sont sa gloire, après avoir fait son triomphe dans la chaire chrétienne, et son succès à l'Académie française. « Je ne suis pas le premier, observe-t-il, à m'être aperçu de la nature pénitentiaire et progressive de l'inquisition : le *Journal des Débats* l'avait vue bien avant moi (2). — Quel est cependant, dit-il, quel est le tribunal en Europe, autre que celui de l'inquisition qui absout le coupable lorsqu'il se repent et confesse son repentir ? Quel est l'individu tenant des propos, affectant une conduite irréligieuse, et professant des principes contraires à ceux que les lois ont établis pour le maintien de l'ordre social ; quel est cet individu qui n'ait pas été averti deux fois par les membres de ce tribunal ? S'il récidive, si, malgré les avis qu'on lui donne, il persiste dans sa conduite, on l'arrête : et, s'il se repent, on le met en liberté. »

Le *Journal* citait à l'appui de son opinion, les paroles suivantes d'un contemporain : « J'avouerai, pour rendre hommage à la vérité, que l'inquisition pourrait être citée de nos jours comme un modèle d'équité. » L'inquisition resta un bienfait tant qu'elle ne fut pas dénaturée par une ingérence tyrannique, tant que l'action miséricordieuse de l'Église ne fut ni comprimée ni enchaînée par les violences de l'autorité séculière. Qu'il y ait eu des abus, nous le reconnaissons franchement. Quelle est l'institution humaine qui n'a pas les siens ? L'Église est divine, faut-il dire que tout y soit parfait ? Peut-être serait-il facile d'expliquer ces rigueurs par les excès mêmes des hérétiques, par les terreurs des

---

(1) Lacordaire, *Vie de saint Dominique*, c. VI.
(2) *Journal des Débats* du 17 septembre 1805.

fidèles (1), et surtout par la cruauté qui réglait l'application de toute loi pénale. Le droit de répression se ressentait encore trop de ses origines romaines, et auprès de la Justice on plaçait plutôt la louve de Romulus que l'agneau de l'Évangile. Aussi Lacordaire n'a pas hésité à formuler son jugement en ces termes : « L'inquisition était un progrès véritable, comparé à tout ce qui avait eu lieu dans le passé. A la place d'un tribunal sans droit de grâce, assujetti à la lettre inexorable de la loi, on avait un tribunal flexible, duquel on pouvait exiger le pardon par le repentir, et qui ne renvoya jamais au bras séculier que l'immense minorité des accusés. L'inquisition a sauvé des milliers d'hommes qui eussent péri par les tribunaux ordinaires : les Templiers réclamèrent sa juridiction, sachant bien, disent les historiens, que s'ils obtenaient de tels juges, ils ne pourraient plus être condamnés à mort (2). »

Les Dominicains se laissèrent inscrire sur les tables de cette magistrature nouvelle, toute de clémence et de pardon ; ils entrèrent dans la composition de ce tribunal qui s'inspirait si bien de l'esprit de leur fondateur, témoin le jour où une pauvre femme hérétique lui déclarant qu'elle ne pouvait quitter l'hérésie qui la faisait vivre, le serviteur de Dieu voulut se vendre comme esclave pour lui procurer du pain. Ses fils sont dignes de lui, et ils s'appelaient Monéta, Roland de Crémone, Pierre de Vérone (3), Pierre Cellani, Guillaume Arnault (4), Etienne de Bourbon (5). Dans leurs luttes contre l'hérésie, et plusieurs y sont morts

---

(1) H. Martin, *Hist. de France*, t. IV, p. 284.

(2) De Maistre, I *Lettre* sur l'Inquisition espagnole.

(3) Roland de Crémone est inquisiteur de la foi à Plaisance en 1233, et dans toute la Lombardie en 1234, Touron, *Vie de saint Dominique*, l. V, p. 569. — Saint Pierre de Vérone est nommé inquisiteur général de la foi par Grégoire IX, en 1232, Touron, *id.*, p. 490.

(4) Bolland., *Acta Sanctorum*, t. I August., p. 418. « Per summun Pontificém commissa est FF. Ordinis Prædicatorum Inquisitio in his terris contra hæreticos facienda, fueruntque ad hoc deputati Petrus Cellani et Guillemus Arnaldi. » — Echard, *Script. Ord. Prædic.*, t. I, p. 88. — Touron, *Vie de saint Dominique*, l. VI, p. 674.

(5) Etienne de Bourbon, *Anecd. hist.*, p. 197, 312 et 322. « Cum ego in quadam civitate essem contra hereticos et inquirerem de mandato apostolico. »

martyrs, on les vit surtout combattre avec les armes de la persuasion : s'ils se montrent, comme le voulaient leur époque et leur profession, les adversaires résolus des doctrines qui tendaient à saper par la base l'édifice catholique, on ne peut nier que, dans l'exercice de leurs redoutables fonctions, ils n'aient allié au zèle de l'orthodoxie une prudence remarquable, et qu'ils n'aient cherché avant tout à ramener les égarés (1). Nous connaissons les statuts appliqués dans le midi de la France par les inquisiteurs dominicains : ils ordonnent de ne condamner aucun accusé, si ce n'est sur son propre aveu, ou sur des preuves irrécusables, « attendu qu'il vaut mieux laisser le crime impuni que de sévir contre un innocent (2) »; ils commandent d'user d'égards et de ménagements envers les détenus. Ce n'est pas tout. Comme la confiscation était une des peines infligées aux hérétiques, l'autorité séculière pouvait avoir intérêt à trouver des coupables : alors les inquisiteurs étaient les premiers à prendre la défense des inculpés contre les agents du pouvoir civil (3). En tous cas, ils repoussaient avec énergie une dénonciation faite à la légère, et chez eux la justice, sinon la clémence, ne cessa jamais de présider à la répression de l'hérésie.

La confiance des peuples correspond à celle de l'Église. « Presque toutes les villes de la Lombardie et des Marches ont donné pleins pouvoirs aux Frères Prêcheurs pour corriger à volonté, réformer ou modifier leurs constitutions (4). » C'est bien à eux qu'il convient d'appliquer ces paroles des Saints Livres : « Hommes de vertu, d'ordre et de paix, leur pays les a couronnés d'une gloire immortelle, et de leurs jours même, ils étaient l'objet de toutes les louanges (5).

L'empereur d'Allemagne les couvre de sa protection, l'Espagne

---

(1) Etienne de Bourbon, *Anecd. hist.*, Introduction, p. 8.
(2) « Satius est enim relinquere facinus impunitum, quam innocentem damnare. » — Fleury, *Hist. Ecclés.*, t. XVII, 81, 41.
(3) Boutaric, *Saint Louis et Alfonse de Poitiers.*
(4) Bolland., *Acta Sanctorum*, t. I, Aug., Depositio F. Stephani, p. 642.
(5) Ecclésiastique, XLIV, 7. « Omnes isti in generationibus gentis suæ gloriam adepti sunt, et in diebus suis habentur in laudibus. »

les comble d'honneurs, l'Italie les porte en triomphe, la France les accueille avec faveur et s'inspire de leur sagesse. Ils apparaissent dans la société comme les vrais amis de la paix : ils combattent l'hérésie parce qu'elle détruit la foi, et qu'elle ébranle tout principe d'autorité, en ouvrant la porte à tous les rébellions (1); ils condamnent l'usure (2), ils répriment les violences (3), ils attaquent le luxe arrogant et la richesse orgueilleuse (4); ils sont pauvres (5) et toujours prêts à défendre les petits, les faibles et les opprimés. C'est pourquoi leur influence est presque sans limites partout où ils prêchent : les couvents se fondent, les maisons se remplissent, les écoles regorgent, et cela en France, en Angleterre, en Espagne, en Italie, en Allemagne, en Hongrie. Réginald excitait l'enthousiasme; Guala entraîne les rois, les princes et les peuples; Pierre de Verone passe en triomphateur; Jean de Vicence est l'arbitre des multitudes; Jourdain de Saxe est acclamé par les foules turbulentes de Bologne et de Paris; Dominique, leur père et le fondateur de l'Ordre, secoue glorieusement la poussière du tombeau, et ceint de la céleste auréole, aux yeux du monde agenouillé, il prend place sur les autels dans les sanctuaires de l'Église catholique.

Rome venait d'introduire la cause de canonisation du serviteur de Dieu, et cette affaire, dont l'importance dépassait toutes les autres pour l'Ordre des Prêcheurs, hâtait à ce moment le retour en Italie de Jourdain de Saxe, le disciple, l'ami et le successeur de saint Dominique. Vers la fin de l'année 1232, il annonce à Diane sa prochaine arrivée. « Je vous souhaite, ma très chère Fille, tout le bien que je me souhaite à moi-même, car mon cœur et le vôtre ne font qu'un dans le Seigneur. Je vous fais même la part si bonne, que je voudrais souffrir plutôt que de vous savoir dans la peine. Très chère, appliquez-vous toujours à faire de

---

(1) Etienne de Bourbon, *Anecd. hist.*, p. 274 et suiv. De heresi.
(2) Id., p. 354 et 361. De usura.
(3) Id., p. 371. De furto et rapina.
(4) Id., p. 221 et suiv. De superbia.
(5) Matthieu Paris, *Hist. Angl. major*, ad ann. 1243. » Prædicatores eo quod viam perfectam, videlicet paupertatis et patientiæ videbantur elegisse. »

nouveaux progrès dans l'amour de Dieu, et à vous attacher à lui du plus profond de votre âme. Et puis, consolez-vous en attendant que Dieu m'accorde bientôt la grâce de vous voir des yeux du corps, vous que je vois sans cesse des yeux de l'esprit (1). »
Par l'expression de ce vœu, cristal limpide où se reflète avec sa candeur accoutumée la belle âme de Jourdain, il ne se cache point d'accélérer le moment de revoir Bologne, la cité chérie qui garde, pour le ciel et pour Dieu, ses plus douces, ses plus pures affections. Quand il a fait à Diane la recommandation qui suit : « Adieu, et saluez vos Sœurs, mes Filles bien-aimées, saluez de ma part celles que j'aime et qui m'aiment, et particulièrement celles que vous savez m'être plus chères », il ajoute avec un sentiment d'une exquise délicatesse : « Entre toutes les villes de la Lombardie, de la Toscane, de la France, de l'Angleterre, de la Provence, je dirai presque de l'Allemagne elle-même, Bologne est le plus cher et le plus doux trésor de mon cœur (2). »

Les fêtes de Noël rassemblent les fidèles du monde chrétien autour du berceau de l'Enfant-Dieu ; Jourdain est à Padoue, au milieu des écoliers qui l'accueillent, à chaque voyage, avec le même empressement. Les meilleurs d'entre eux, gagnés à sa parole, viennent les uns après les autres lui dire, comme le jeune homme de l'Evangile : « Maître, que voulez-vous que je fasse (3). » Cette fois encore, sa prédication à Padoue est signalée par l'entrée dans l'Ordre des sujets les plus distingués de l'université. Nouveau Paul, il pourrait aussi les appeler sa couronne et sa joie : aussi laisse-t-il éclater ses transports en écrivant à Diane : « Réjouissez-vous, tressaillez d'allégresse avec toutes vos Sœurs, bien aimée Fille de Sion, et rendez ensemble de vives actions de grâces à votre Seigneur Jésus, car vos prières sont montées jusqu'à lui, et elles ont été exaucées. Il nous a

---

(1) *Lettres du B. Jourdain de Saxe*, XLIII. « Consolare interim, quia per Dei gratiam cito corporaliter te videbo, quam in spiritu videre non cesso. »
(2) Id. « Bononia inter omnes civitates Lombardiæ .... est quoddam singulare et dulcissimum peculium cordis mei. »
(3) S. Matthieu, c. XIX, 16. « Magister bone, quid boni faciam ? »

donné déjà plusieurs écoliers de Padoue, vertueux et capables, et il a touché le cœur d'un grand nombre d'autres, restés encore dans le siècle (1). Vous devez désormais les aider puisamment de vos prières, afin qu'ils brisent bientôt la forte chaîne qui les tient éloignés de Dieu. Il en est un entre autres si gravement exposé, qu'il craint de tomber en péché mortel. Je vous le recommande tout spécialement. Priez Dieu avec ferveur de ne pas l'abandonner, mais de lui venir en aide et de le délivrer de tous les dangers. Et vous, chère, prenez courage, consolez-vous dans le Seigneur et dans l'Enfant divin qui va naître pour vous. Portez-lui vos caresses, exposez-lui tous vos besoins. Encore qu'il soit petit de corps, il est grand et incomparable en largesse et en miséricorde. »

Le temps a passé : on est aux derniers jours de février de l'année 1233. Des raisons impérieuses, des motifs graves, indépendants de sa volonté, retardent l'arrivée de Jourdain à Bologne, et le retiennent dans la haute Italie, où il confirme, en vertu de son autorité supérieure, les Frères Guala, Jean de Vicence, Pierre de Vérone dans leur apostolat de paix et de réconciliation (2). A ce moment, les Dominicains parcourent la Péninsule, comme légats ou comme nonces du pape, entraînant les princes et les peuples, signalant leur passage par les plus magnifiques triomphes oratoires. Ils ont besoin d'une parole d'encouragement, d'une bénédiction particulière du Maître général, qui ne se lasse point de multiplier ses pas et ses démarches pour enflammer le zèle de ses fils. Mais, en même temps, il n'oublie pas avec quelle impatience on compte les jours qui se succèdent sans le ramener à Sainte-Agnès, et il essaie d'alléger les ennuis de l'attente par la lettre suivante écrite à Diane, comme il le dit en commençant, « sous les plus douces inspirations de l'Esprit de science ».

« Pourquoi, ma chère Fille, pourquoi vous écrire de si pauvres

---

(1) *Lettres du B. Jourdain de Saxe*, XLIV. « Gaude et exulta... eo quod jam plures de Scholaribus Paduanis probos et idoneos nobis dedit et tetigit quoque corda multorum, qui adhuc manent in seculo. »

(2) Voir ci-dessus, p. 489 et suiv.

lettres, dans la pensée de consoler votre cœur (1), quand vous pouvez trouver une consolation mille fois plus suave, mille fois plus parfaite, en prenant et en lisant le livre de vie, toujours ouvert devant vous, ce volume de la loi immaculée qui convertit les âmes ? Cette loi, appelée immaculée, parce qu'elle enlève les souillures, c'est la charité. Elle vous apparait merveilleusement inscrite lorsque vous contemplez votre Seigneur Jésus étendu sur la croix, comme un parchemin dont les caractères sont tracées par ses plaies, dont les miniatures sont peintes par son sang divin (2). Dans quel livre je vous le demande, ma bien aimée, peut-on mieux apprendre la charité ? Ah ! vous le savez bien, il n'en est pas de plus propre à inspirer l'amour.

« Concentrez donc en lui toutes les forces de votre âme, cachez-vous dans les trous de cette pierre loin de ceux qui ont la bouche pleine d'iniquités. Ouvrez, feuilletez ce livre, lisez-le avec attention, et vous y trouverez, comme autrefois le Prophète, une élégie, une hymne, une imprécation : l'élégie des douleurs qu'il a endurées, l'hymne de la félicité qu'il vous a méritée au prix de ses souffrances, l'imprécation contre la mort éternelle dont il vous a rachetée. L'élégie de sa passion vous apprendra la patience : l'hymne de votre bonheur vous enseignera la charité, car vous ne pouvez ne pas nécessairement aimer par-dessus tout celui qui a voulu vous donner part à des joies infinies ; enfin, l'affranchissement de la malédiction éternelle vous fera lui rendre de vives actions de grâces et chanter à jamais ses louanges. Ce sont là de bien courtes paroles : mais elles sont profondes et plus que suffisantes pour un cœur pieux. Je veux, ma Fille, qu'elles soient l'objet de vos méditations, et que vous appreniez à cette école la sagesse des saints, aux leçons, sous l'inspiration et la direction du Fils de Dieu, Jésus Christ. »

---

(1) *Lettres du B. Jourdain de Saxe*, XLV. « Ut quid tibi, dilecta Filia, scribo litterulas ad cordis tui solatium. »

(2) Id. « Caritas quam scriptam miro decore invenis, cum Jesum salvatorem tuum extensum sicut pellem intueris in cruce, scriptum livoribus, pio sanguine picturatum. »

« Priez pour nous, dit Jourdain en terminant cette magnifique lettre, où il montre si bien comment les affections de la terre croissent et s'épanouissent à l'ombre de la croix, priez pour nous en attendant notre arrivée (1). » Soudain le bruit de son approche s'est répandu dans Bologne. A cette nouvelle, la ville s'émeut : les habitants se disposent à recevoir le Maître général avec la pompe extérieure que les cités lombardes ont accoutumé de déployer en l'honneur des fils de Saint-Dominique. La foule se précipite à sa rencontre : hommes et femmes, s'empressent hors des murs remplissant les avenues qui conduisent aux portes de la ville. Mais Jourdain a été prévenu à temps et à distance : il prend un sentier détourné, réussit à se dérober à la réception triomphale qu'on lui prépare, et entre sans escorte et sans bruit au couvent de Saint-Nicolas (2).

Le nombre des Prêcheurs croissait toujours à Bologne comme à Paris. A Paris, à la place de la petite chapelle de l'hôpital de Saint-Jacques, on construisait l'église du Couvent : à Bologne, il avait fallu détruire la vieille église de Saint-Nicolas, pour en bâtir une nouvelle, et le tombeau de saint Dominique qu'elle renfermait, demeurait en plein air, exposé à la pluie et à toutes les injures des saisons. Les Frères demandèrent au souverain Pontife la permission de transporter les précieuses reliques de leur fondateur dans une sépulture plus convenable. « Des fils avaient sans doute le droit d'ensevelir leur père, dit Jourdain, mais Dieu permettait qu'ils recherchassent, pour remplir cet office de piété, l'appui d'un plus grand qu'eux, afin que la translation du glorieux Dominique prît un caractère de canonicité (3). » Grégoire IX reçut très durement les envoyés du couvent de Bologne, et leur reprocha d'avoir négligé si longtemps l'honneur

---

(1) Id. « Ora interim pro nobis donec veniamus. »
(2) Bolland., *Acta Sanctorum*, t. II Febr., p. 127.
(3) Bolland., *Acta Sanctorum*, t. I August., p. 525, Epistola Jordani... » Poterant siquidem per se Patrem sepelire Fratres et Filii; sed dum in hoc majoris auctoritatem requirunt, cessit in melius ut canonica fieret translatio gloriosi. »

dû à leur patriarche (1). Il eût souhaité venir en personne à la translation, mais retenu par les devoir de sa charge, il écrivit à l'archevêque de Ravenne de présider la cérémonie.

« On était à la Pentecôte de l'an 1233 (2). Le Chapitre général de l'Ordre était assemblé à Bologne sous la présidence de Jourdain de Saxe, successeur immédiat de saint Dominique dans le généralat. L'archevêque de Ravenne, obéissant aux ordres du pape, les évêques de Bologne, de Brescia, de Modène et de Tournai, étaient présents dans la ville. Plus de trois cents Frères y étaient venus de tous pays. Un grand nombre de seigneurs et de citoyens honorables des villes voisines se pressaient dans les hôtelleries. Tout le peuple était dans l'attente. « Cependant, dit Jourdain de Saxe dans sa Lettre (3), les Frères sont livrés à l'angoisse; ils prient, ils pâlissent, ils tremblent; ils ont peur que le corps de saint Dominique, longtemps exposé à la pluie et à la chaleur dans une vile sépulture, n'apparaisse rongé de vers, et n'exhale une odeur qui diminue l'opinion de sa sainteté. » Alors dans le tourment que leur causait cette pensée, ils songèrent à ouvrir en secret la tombe du saint; mais Dieu ne permit pas qu'il en fût ainsi. Soit qu'on en eût quelques soupçons, soit pour constater davantage l'authenticité des reliques, le podestat de Bologne fit garder nuit et jour le sépulcre par des chevaliers armés. Toutefois, afin d'avoir plus de liberté pour la reconnaissance du corps, et d'éviter au premier moment la confusion du peuple immense qui remplissait Bologne, on convint de faire la nuit l'ouverture du tombeau. Le 24 mai, surlendemain de la Pentecôte, avant l'aurore, l'archevêque de Ravenne et les autres évêques, le maître général de l'Ordre avec les définiteurs du Chapitre, le podestat de Bologne, les principaux seigneurs et citoyens, tant de Bologne que des villes voisines, se réunirent à la lueur des flambeaux, autour de l'humble pierre qui couvrait

---

(1) Id. « Ille vero ut erat vir magni zeli et fidei, durissime illos corripuit. »
(2) Lacordaire, *Vie de saint Dominique*, c. XVIII.
(3) Cette Lettre encyclique fut adressée par Jourdain à tous les Couvents de l'Ordre, pour leur rendre compte de la cérémonie.

depuis douze ans les restes de saint Dominique. En présence de tous, frère Etienne, prieur provincial de Lombardie, et frère Rodolphe, aidés de plusieurs autres Frères, se mirent à enlever le ciment qui liait la pierre au sol. Pendant qu'on la soulevait un inénarrable parfum s'échappa du sépulcre entr'ouvert : c'était une odeur qui ne rappelait à personne rien de ce qu'il avait senti, et qui surpassait toute imagination. L'archevêque, les évêques et tous ceux qui étaient présents, remplis de stupeur et de joie, tombèrent à genoux en pleurant et en louant Dieu. On acheva d'ôter la pierre, qui laissa voir au fond du caveau le coffre de bois où étaient renfermées les reliques du saint. Il y avait à la table de dessus une faible ouverture, d'où sortait avec abondance le parfum qui avait saisi les assistants, et qui devint plus pénétrant encore lorsque le cercueil fut hors de la fosse (1). Tout le monde s'inclina pour vénérer ce bois précieux ; des flots de larmes y tombaient avec des baisers. On l'ouvrit enfin en arrachant les clous de la partie supérieure, et ce qui restait de saint Dominique apparut à ses Frères et à ses amis. Les évêques ne crurent pas leurs mains assez filiales pour toucher les os du saint; ils en laissèrent la consolation et l'honneur à ses enfants. Jourdain de Saxe se baissa vers ces sacrés restes avec une respectueuse dévotion, et les transporta dans un cercueil nouveau fait de bois de de mélèze.

Quand le jour fut venu, les évêques, le clergé, les Frères, les magistrats, les seigneurs se rendirent de nouveau à l'église de Saint-Nicolas, déjà inondée d'une foule innombrable de peuples et d'hommes de toutes nations. L'archevêque de Ravenne chanta la messe du jour, qui était celle du mardi de la Pentecôte, et par une touchante rencontre, les premières paroles du chœur furent celle-ci : *Accipite jucunditatem gloriæ vestræ.* « Recevez la joie de votre gloire. » La cérémonie achevée les évêques déposèrent sous le marbre le cercueil re-

---

(1) Bolland., *Acta Sanct.*, *Id.* « Ablato lapide cœpit odor quidam mirificus ex foramine exhalare, cujus fragrantia adstantes attoniti mirabantur. »

fermé, pour y attendre en paix et en gloire le signal de la résurrection. Mais huit jours après, à la sollicitation de beaucoup de personnes honorables qui n'avaient pu assister à la translation, on ouvrit le monument. Jourdain de Saxe prit dans ses mains le chef vénérable du saint Patriarche, et le présenta à plus de trois cents Frères qui eurent la consolation d'en approcher leurs lèvres, et y gardèrent longtemps l'ineffable parfum de ce baiser. Car tout ce qui avait touché les os du saint devenait imprégné de la vertu qu'ils possédaient. « Nous avons senti, dit expressément Jourdain de Saxe, cette précieuse odeur, et ce que nous avons vu et senti, nous en rendons témoignage. Nous ne pouvions nous rassasier d'ouvrir nos sens à l'impression qu'elle nous causait, quoique nous fussions resté de longues heures près du corps de saint Dominique à la respirer. Elle n'apportait avec le temps aucun ennui, elle excitait le cœur à la piété, elle opérait des miracles. Touchait-on le corps avec la main, avec une ceinture ou quelque autre objet, aussitôt l'odeur s'y attachait (1). »

Parmi les Prêcheurs que ces hommages rendus à leur père avaient réunis autour de Jourdain, se trouvaient l'évêque de Brescia, Guala, Jean de Vicence et Pierre de Vérone (2). Ils étaient déjà les arbitres de l'Italie (3). Le culte de saint Dominique, la translation de ses restes, les miracles obtenus par son intercession, augmentèrent encore leur puissance. Les anciennes Chroniques attribuent, aux honneurs décernés au serviteur de Dieu, dans ces circonstances solennelles, les grâces merveilleuses qui signalèrent, de par le monde entier, le ministère des Frères Prêcheurs. (4)

---

(1) Bolland., *Acta Sanctorum*. « Sensimus et nos hujus odoris dulcedinem, et quæ et vidimus sensimus hæc testamur. »
(2) Id., t. I Sept., p. 783. — *Id.*, t. I Jul., p. 175.
(3) Fleury, *Hist.*, *Ecclés.*, t. XVII, 80, 22.
(4) Bolland., *Acta Sanctorum*, t. I August., p. 642. « Quod gratia quæ his temporibus collata est FF. Prædicatoribus in Lombardia et in aliis Provinciis, precibus et meritis B. Dominici sit collata vel etiam augmentata. » — Mamachi, *Ann. Ord. Prædic.*, t. I, p. 302.

Aucun plus que Jean de Vicence ne semblait pénétré de la vertu divine et de l'onction céleste, qui aplanissent toutes les difficultés par la fermeté tempérée-de douceur. Sa parole venait d'accomplir à Bologne, de véritables prodiges d'apaisement et de conversion. Quelques jours s'étaient à peine écoulés, et la ville en demeurait sous le coup d'une émotion profonde, un homme, vêtu d'habits précieux, portant une chaîne d'or au cou et monté sur un coursier fringant, s'était par hasard approché du lieu où prêchait Jean de Vicence. Cet homme s'appelait Jean Boncampio; c'était un professeur célèbre dont la réputation attirait à Bologne un grand nombre d'écoliers. La grâce le frappa soudain, comme Jean de Saint-Gilles et d'autres docteurs : il se rendit sans tarder au couvent de Saint-Nicolas, pour y revêtir l'habit dominicain (1).

Comme Jean de Vicence allait s'éloigner de Bologne pour continuer dans les autres villes d'Italie son œuvre de pacification, les habitants envoyèrent à Jourdain une députation de notables (2) afin d'obtenir que Jean restât au milieu d'eux et fixât sa résidence au couvent Saint-Nicolas. Le Maître leur répondit par une de ces comparaisons qui lui étaient familières, et qui donnaient à sa pensée le vêtement si bien à la mode en ce temps-là. « Le laboureur, dit-il, n'apporte pas son lit dans le champ qu'il a ensemencé, pour y coucher jusqu'à ce qu'il voie germer, croître et fructifier la semence (3). Il la recommande à Dieu, et il va travailler un autre champ. Ainsi peut-être serait-il expédient que votre Prêcheur allât porter ailleurs la parole de Dieu, suivant l'exemple du Sauveur, disant : « Il faut que j'aille également prê-« cher aux autres villes d'Israël. » Nous délibérerons cependant sur cette affaire, et avec nos définiteurs nous ferons en sorte que vous ayez sujet d'être contents. »

---

(1) Touron, *Vie de saint Dominique*, l. V, p. 521.
(2) Bolland., *Acta Sanctorum* t. II Febr., p. 732. « Venerunt nuntii Bononiensium quos vocant Ambasiatores, magistri et litterati ad magistrum Jordanum. »
(3) Id. « Non est consuetudo seminantis camporum, quod cum seminaverit agrum unum, apportet ibi lectum suum, et jaceat ibi quousque videat quomodo **semina fructificent.** »

Après le Chapitre, Jourdain nous paraît s'être rendu à Rome, pour entretenir le souverain Pontife des affaires particulières à l'Ordre, et des missions spéciales qu'il plaisait à la Cour romaine de confier aux Frères Prêcheurs. Raymond de Pénafort mettait la dernière main à la nouvelle collection des Décrétales que Grégoire IX l'avait chargé de rassembler (1). Pénitencier et chapelain du pape, il se joignait au Maître général pour représenter au Vicaire de Jésus-Christ, qu'après les prodiges qui avaient accompagné la translation des restes de leur saint fondateur, il était urgent de poursuivre le procès de canonisation, d'ouvrir les enquêtes, de nommer les commissions et d'examiner les miracles. Grégoire IX à ce moment, s'abandonnait tout entier à l'espérance de voir l'Église grecque rentrer en communion avec l'Église latine. Il en parla à Jourdain, qui pouvait lui fournir des renseignements précieux recueillis de la bouche même des Prêcheurs attachés à la Province de Grèce. Ils n'avaient pas manqué, au dernier Chapitre, à Bologne, de faire part au Maître général des heureux symptômes de réconciliation, que laissaient entrevoir les démarches du patriarche Germain et les dispositions de l'empereur Vatace. L'événement ne répondit pas aux vœux de Grégoire IX, et prouva qu'il n'y avait encore au fond de toute cette affaire que ruse et fourberie politiques, masquées sous les apparences de religion. C'est alors que Jourdain présenta au pape Hugues de Saint-Cher, comme doué des qualités nécessaires pour affronter des négociations si délicates.

Il y eut aussi dans les entretiens du souverain Pontife et du Maître général, place à un sujet qui les intéressait vivement l'un et l'autre : ils en donnaient d'ailleurs des preuves, moins par les paroles que par les actes. L'Université de Paris réparait dans l'ordre et le travail les brèches faites à sa vieille renommée. L'Université de Toulouse continuait à se développer à l'image et à la ressemblance de celle de Paris, qui lui avait donné naissance, et qui prenait à tâche de lui envoyer ses professeurs les

---

(1) Fleury, *Hist. Ecclés.*, t. XVII, 80, 46.

plus distingués. Grégoire IX enveloppait la mère et la fille dans une même affection, et ne laissait aucun doute à ce sujet, puisqu'il confirma l'établissement de l'Université de Toulouse, en lui accordant les mêmes libertés et privilèges qu'à l'Université de Paris (1). Aux maîtres et aux écoliers de la Faculté de théologie, il assurait la jouissance de leurs bénéfices, comme s'ils résidaient; aux maîtres il donnait le droit d'enseigner partout sans aucun examen. Pour témoigner son estime et sa confiance à Roland de Crémone, qui terminait ses trois années d'enseignement à Toulouse, le pape le rappelait en Italie et le nommait inquisiteur de la foi à Plaisance (2). Jourdain le remplaça par Jean de Saint-Gilles, qui avait contribué par son expérience à l'organisation de la nouvelle Université, au moment de sa fondation, et qui allait maintenant consacrer au service de la Faculté de théologie sa science et sa célébrité (3).

Jourdain s'éloigne de Rome et se met en marche pour faire la visite ordinaire de ses maisons en Italie. Une lettre qu'il adresse à Diane est écrite avec le même sentiment de tendre affection, mais elle montre deux âmes qui, semblables à Dante et à Béatrix, s'élèvent de plus en plus vers ces régions éthérées, toutes de lumière et de splendeurs, « où se meuvent en cercle les guirlandes de roses éternelles (4) ». L'une et l'autre disposent selon la parole des saints Livres, ces degrés mystérieux qui montent au ciel, et dont le dernier forme le seuil du palais habité par les Anges. « Vous êtes assez sage, très chère, dit Jourdain, pour savoir que, pendant l'exil de ce monde, nous vivons tous dans une agitation incessante (5), sans pouvoir arriver jamais

---

(1) Du Boulay, *Hist. Univ. Paris.*, t. III, p. 149. « Anno 1233 Gregorius Universitatem Tolosanam a Legato suo jam erectam, speciali bulla confirmavit, et ad instar Parisiensis eam privilegiis dotavit. » — Fleury, *Hist. Ecclés.*, t. XVII, 81, 27

(2) Touron, *Vie de saint Dominique*, l. V. p. 572. — Echard, *Scrip. Ord. Prædic.*, t. I, p. 123.

(3) Echard, *Scrip. Ord. Prædic.*, t. I, p. 100. « F. Rolando ad suos Cremonenses anno 1233 recedente, suffectus ei fuit eodem anno noster Joannes de S. Ægidio. » — Touron, *Hist., des hommes illus.*, t, I p. 142.

(4) Dante, *le Paradis*, chant XI.

(5) *Lettres du B. Jourdain de Saxe*, XLVI. « Carissima, satis discretio tua

à la stabilité dont nous jouirons dans la vie future. C'est là ce qui nous empêche de garder l'équilibre au milieu des événements qui surgissent autour de nous : tantôt la prospérité nous élève, tantôt l'adversité nous abat. Et pourtant, puisque nous aspirons à l'immortalité bienheureuse, nous devons dès maintenant, nous conformer en quelque chose à cet état de la vie future, c'est à dire mettre nos cœurs dans la vertu de Dieu, et travailler autant que possible à fixer en lui tout notre espoir, toute notre confiance, toute notre force, afin d'obtenir la plus large part à la paix et à la stabilité inaltérable dont il jouit. Car le Seigneur est un refuge assuré qui subsiste à jamais, toujours prêt à nous recevoir : on y est d'autant plus inébranlable, qu'on y pénètre plus avant. Ainsi les Saints qui avaient en Dieu une confiance sans bornes, triomphaient comme en se jouant, de toutes les difficultés de la vie. Réfugiez-vous donc, très chère, refugiez-vous de plus en plus dans le Seigneur, et désormais ni épreuve ni douleur, rien ne pourra ébranler votre cœur soutenu par un tel appui. Gravez souvent et profondément ce conseil dans votre âme, et faites-le partager à vos Sœurs. Je vous dirai en passant, pour votre consolation, que j'ai rêvé de vous (1). Il me semblait que vous me parliez avec un accent de vérité et de sagesse qui me ravit encore quand j'y pense. « Le Seigneur, me disiez-vous, m'a adressé ces paroles : « Moi, Diane, moi, Diane, moi, Diane » ; et il a ajouté plusieurs fois : « Je suis bon, je suis bon, je suis bon.» Je trouve, ma fille, que ces paroles sont bien consolantes. »

Jourdain rentre à Paris, au Couvent de Saint-Jacques, vers la fin de l'année 1233. Les fatigues et les infirmités ont brisé son corps : la flamme qui éclaire donne aussi le feu qui consume. Le zèle du Maître général ne subit aucune défaillance, les années n'ôtaient rien à son ardeur. Sa prédication est écoutée avec la même ferveur, et elle est toujours accompagnée des mêmes

---

noverit quod quamdiu in hujus mundi exilio detinemur, multis supramodum omnes defectibus laboramus. »

(1) Id. « Ad consolationem tuam modicam scribo tibi, quod nuper in somnio de te vidi. »

grâces de vocation. L'intercession de saint Dominique se manifestait à Paris aussi bien qu'à Bologne, et personne mieux que son successeur ne savait puiser à cette source récemment ouverte. C'était justice. Les plus simples de ses discours opéraient des prodiges. Tôt après son arrivée à Paris, un jour de fête, le sermon fini, Jourdain s'apprêtait à donner l'habit à un écolier. D'autres étudiants assistaient à la cérémonie. Le Maître se tourne tout à coup de leur côté : « Si l'un d'entre vous, dit-il, se rendait seul à un grand festin, ses condisciples seraient-ils tous si peu aimables, qu'aucun ne s'offrît pour lui tenir compagnie (1) ? Eh bien ! celui que vous voyez là, est invité au nom du Seigneur à une grande fête, voulez-vous le laisser y aller seul ? » L'effet de cette apostrophe fut tel qu'un écolier qui jusque-là n'avait jamais songé à entrer dans l'Ordre, s'élança de la foule en disant : « Maître, vous avez parlé : au nom de Jésus-Christ, je viens prendre part à la fête », et aussitôt il fut reçu.

Dès qu'il avait repris possession de sa cellule au Couvent de Saint-Jacques, Jourdain recommençait sans délai le cours de ses prédications. Sa parole avait toujours la même force et la même grâce, et les écoliers ne pouvaient se rassasier de l'entendre (2) soit dans les sermons, soit dans les conférences. Aussi lorsqu'il se trouvait à Paris, c'était lui qui prêchait aux Frères, et quand un religieux avait fait une exhortation dans l'église de Saint-Jacques, si les écoliers s'apercevaient de la présence du Maître général, ils avaient peine à se retirer qu'il ne leur eût dit quelque chose après les autres (3). Ses paroles étaient pour eux comme autant d'oracles : « Maître Jourdain l'a dit ! » prenait la forme

---

(1) Gérard de Frachet, *Vies des Frères*, P. III, c. XIII. « Si aliquis vestrum ad magnum festum et convivium iret solus, numquid omnes socii adeo essent incuriales quod nullus vellet eum associare ? » — Bolland., *Acta Sanct.*, t. II Febr., p. 727.

(2) Gérard de Frachet, *Id.*, c. XI. « Unde omnes eloquia ejus sitiebant. » — Bolland., *Id.*, p. 726.

(3) Bolland., *Id.*, p. 721. « Quando alius prædicabat et Scholares sciebant eum præsentem esse, vix valebant in fine recedere priusquam ipse aliquid diceret post alios. » — Fleury, *Hist. Ecclés.*, t. XVI, 78, 54.

d'un argument suprême auquel il n'y avait pas à répliquer (1). Cette admiration constante devenait une source intarissable de vocations pour le Couvent de Saint-Jacques. Le monde en demeurait stupéfait (2). Ainsi les plantes des tropiques transplantées dans nos serres, se couvrent sans cesse de fleurs et de fruits sous la douce influence d'une chaleur uniforme. Quelques-uns de ceux qui s'étonnaient de cette prodigieuse fécondité, interrogeaient Jourdain et lui demandaient un jour, pourquoi les maîtres ès arts et les artistes entraient dans son Ordre en plus grand nombre que les théologiens. Avec la présence d'esprit et la finesse d'observation qui lui fournissaient toujours une image pittoresque, il répondit : « Les paysans habitués à boire de l'eau, s'enivrent plus vite et plus aisément quand on leur verse du bon vin, que les nobles et les bourgeois qui y sont accoutumés. Les philosophes boivent toute la semaine de l'eau d'Aristote, c'est pourquoi quand un dimanche ou un jour de fête, ils viennent assister au sermon et entendre la parole de Jésus-Christ, ils y sont plus facilement pris. Au lieu que les théologiens ont souvent ouï de semblables discours, et ressemblent à un sacristain si accoutumé à passer devant l'autel qu'il ne salue plus (3) ».

Les Chroniques de l'Ordre assurent que Jourdain donna de ses propres mains l'habit à plus de mille sujets (4). Il les avait surtout cueillis aux Ecoles de Paris et de Bologne. C'étaient deux séminaires où il venait à tour de rôle faire chaque année sa moisson, pour envoyer des Prêcheurs dans les diverses Provinces. Quand il arrivait dans l'une ou l'autre de ces deux maisons, il commandait un grand nombre d'habits dans l'attente des su-

---

(1) Touron, *Vie de saint Dominique*, l. VI, p. 709.
(2) Mamachi, *Ann. Ord., Id.*, « Totus mundus fere ex auditu stupebat. »
(3) Fleury, *Hist. Ecclés.*, t. XVII, 80, 62. — Touron, *Id.*, p. 717.
(4) Du Boulay, *Id.*, p. 138. « F. Jordanus qui suis concionibus, integritate vitæ, probatissimis moribus, excellenti doctrina et sanctitatis exemplo, plus quam mille Fratres in Ordinem pellexit. » — Martène, *Veterum Script. et Monum.*, t. II, *Brevis hist. Ord. FF. Prædic.*, p. 339. « Mille Fratres et amplius manu sua fertur recepisse et habitu induisse. »

jets (1). Jamais elle ne fut déçue. Cette année, le Maître général se trouvait à Paris. Au Couvent de Saint-Jacques, on avait préparé l'habit pour vingt postulants qui devaient le prendre le jour de la Purification de la sainte Vierge (2). Un jeune Allemand que son âge trop tendre avait fait refuser, se glissa parmi les élus et fut reçu des premiers. Jourdain ne s'en aperçut qu'au dernier. Plus de mille écoliers étaient présents, il se contenta de dire avec un doux sourire : « Quelqu'un de vous est entré dans l'Ordre à la dérobée (3). » Comme il n'y avait d'habits que pour vingt novices, les Frères durent se dépouiller qui de sa tunique, qui de sa chape, qui de son scapulaire, car le religieux chargé du vestiaire ne pouvait se frayer un passage à travers le Chapitre encombré par la foule des écoliers (4). Cependant ce jeune Frère fit tant de progrès, que plus tard il devint lecteur et excellent prédicateur.

Les Ecoles de Paris étaient fréquentées par les fils des rois, des princes et des grands seigneurs, aussi bien que par les enfants du peuple ; ni les uns ni les autres n'échappaient à l'irrésistible attraction de Jourdain (5). La même inspiration victorieuse les poussait à Saint-Jacques. Avant hier, c'était Jean Colonna, le neveu du cardinal de ce nom ; hier, c'était le prince Garcia, le fils du roi de Navarre ; aujourd'hui, c'est un cousin du roi de France Louis IX. Le rang et la naissance du jeune novice, sa vocation, les difficultés qu'il surmonta, les sages résistances apportées par le Maître général, donnèrent à cette prise d'habit les proportions d'un événement dans les annales du Couvent de Paris. « Un enfant de très noble maison, raconte une Chronique, fils du comte de Falkenberg, fut, à l'âge de

---

(1) Bolland., *Acta Sanct*., t. II Febr., p. 726. « Cum veniebat, multas faciebat fieri tunicas, habens fiduciam in Deo. quod mitteret Fratres. »

(2) Id. « Semel in festo Purificationis recepit ad Ordinem viginti et unum Scholares Parisius. »

(3) Id. « Unus ex vobis furatur nobis Ordinem. »

(4) Id. » Præ multitudine Scholarium qui astabant. »

(5) Du Boulay, *Hist. Univ. Paris.*, t. III, p. 168. « Jordanus vir erat tam suavis, tamque fortis eloquentiæ in suis concionibus, ut intra paucos annos Academiam Parisiensem Scholaribus et Magistris fere spoliarit, totamque prope ad suum Ordinem converterit. »

treize ans, envoyé à Paris par sa mère, pour y être élevé avec les enfants du roi de France, dont elle était parente (1). Ceux qui vivent en pays étranger éprouvent d'ordinaire un plaisir singulier à fréquenter leurs compatriotes : cet enfant qui s'appelait Albert, alla voir, en sa qualité d'Allemand, Jourdain et les autres Frères de sa nation. Peu à peu ces visites devinrent plus longues et plus fréquentes, et, par suite de ses entretiens avec l'homme de Dieu, Albert ne tarda pas à se détacher des choses de la terre pour se complaire dans celles du ciel. Le désir lui vint d'entrer dans l'Ordre, et afin d'y donner suite, il fit en secret des démarches auprès du Maître. Il était suffisamment instruit pour son âge : mais Jourdain ne croyant pas à la fermeté de son dessein, tournait plutôt ses pensées vers le gouvernement des fiefs dont il était l'unique héritier, et lui parlait de la douceur avec laquelle il commanderait à ses sujets. Lorsque l'enfant eût atteint l'âge de seize ans, sa mère envoya un cortège princier le chercher pour le ramener en Allemagne. Elle songeait à lui faire épouser une jeune fille de très haute naissance, et à lui remettre dès lors, vu l'âge avancé de son père, l'administration de ses domaines. Le jeune comte dit aux chevaliers qui devaient lui faire escorte et aux serviteurs qui les accompagnaient : « Avant de partir, allons voir nos compatriotes au Couvent des Frères Prêcheurs », et il vint avec toute sa suite à Saint-Jacques. Là, prenant à part le Maître et les Frères qu'il connaissait, Albert se jeta à leurs pieds : « Devant vous, dit-il, je prends Dieu à témoin que je suis prêt à quitter le monde aujourd'hui même, et à me consacrer avec vous au service de Jésus-Christ. Si malgré ma bonne volonté, vous continuez à me repousser, je remets ma cause entre les mains de Dieu, qu'il soit juge entre vous et moi, et qu'il tire vengeance de mon sang. » A ces paroles, le Maître fondit en larmes et les Frères avec lui. Le langage de cet enfant avait

---

(1) Thomas de Champré, *De Apibus*, l. II, c. xxviii. « De Alberto adolescente et scholastico Parisiensi, qui filius comitis de Falkenberg, a matre missus est ad regem Franciæ cognatum suum cum ejus filiis educandus. » — Du Boulay. *Id.*, p. 108. — Bolland., *Acta Sanct.*, *Id.*, p. 733.

déconcerté leur résistance. L'affaire fut recommandée au Seigneur, et devant la communauté assemblée, ils rapportèrent fidèlement la demande et les paroles d'Albert, qui fut immédiatement admis et revêtu de l'habit. Les gens de sa suite éprouvèrent une grande douleur, et ils retournèrent dans leur patrie porter aux parents du jeune seigneur cette triste nouvelle. Le père, malgré son grand âge, partit aussitôt pour Paris avec une troupe d'hommes armés; il vint au Couvent et tenta de s'emparer de haute lutte de la personne de son fils; il fut presque mis en pièces par les novices, et contraint de reprendre le chemin de l'Allemagne sans avoir réussi (1). »

Tel est le récit de Thomas de Champré, qui se trouvait à Saint-Jacques au moment où se passaient ces faits. La page est curieuse, car elle nous trace un léger crayon des mœurs et du caractère de la société contemporaine; l'entrée d'un jeune seigneur en religion avait failli causer une émeute à Paris, tandis que les novices du Couvent repoussaient par la force une sorte d'assaut livré pour enlever leur conquête.

Albert ne s'est pas troublé de ces violences qui un peu plus, donnaient une couleur tragique à sa prise d'habit. A peine est-il entré à Saint-Jacques, que par son exemple et sa fermeté, il y attire un de ses oncles. « Il y avait à Paris, ajoute Thomas de Champré, un archidiacre d'Allemagne que sa beauté faisait remarquer entre tous les autres clercs. Il s'appelait Thierry, et on l'avait justement surnommé le bel Allemand (2). Oncle du jeune Albert par sa mère, il éprouva contre lui un sentiment d'animosité profonde, et rompit même toute relation. Enfin, à la veille de retourner dans sa patrie, il envoya un de ses clercs annoncer au novice sa visite pour le lendemain. Albert courut aussitôt de-

---

(1) Thomas de Champré, *Id.* « Pater senex assumpta copiosa familia Parisios venit, et cum filium violenter extrahere conaretur, a novitiis Fratribus membratim fere laceratus est. »

(2) Thomas de Champré, *Id.* « Narrat ab adolescente Alberto avunculum suum Theodoricum, archidiaconum, qui tum quoque Lutetiæ studebat, quique quod omnes Scholares formæ dignitate superaret, pulcher Teutonicus dicebatur, fuisse ad eum Ordinem adductum. » — Du Boulay, *Id.*, p. 108.

mander à Jourdain et aux Frères les plus connus par leur piété, de prier pour le salut de son oncle qu'il aimait tendrement. L'archidiacre étant venu, l'entretien eut lieu dans une chapelle ; ils s'assirent tous deux, et l'oncle se mit à pleurer. « Comment, s'écria-t-il, mon très cher, as-tu pu être assez cruel pour abandonner ta mère et ma sœur, toi, son fils unique, pour te séparer de ton oncle qui te chérissait par-dessus tout ? Maintenant, j'entends dire que ta mère se meurt de chagrin. Moi-même, j'ai failli mourir de douleur après ton entrée dans l'Ordre, et rien ne pourra me consoler tant que je ne t'aurai point vu sortir d'une voie que tu es encore libre d'abandonner. » Albert lui répondit avec une grâce charmante : « Voyez, mon oncle bien aimé, les trois figures peintes sur le vitrail de cette chapelle. Les connaissez-vous ? Quel souvenir doivent-elles nous rappeler ? C'est l'image du Christ, celle de sa Mère et celle de son cousin saint Jean l'Évangéliste. Malgré la tendresse du Christ pour sa Mère, et malgré l'immense douleur dont il la voyait pénétrée, malgré l'affection qu'il portait à saint Jean et malgré la tristesse où il le voyait plongé, il ne voulut point user de sa puissance et descendre de la croix, il y resta, au contraire, cloué jusqu'à la mort. Sachez donc, mon très cher oncle, qu'ayant embrassé, avec le Christ et pour l'amour du Christ, la croix de la vie religieuse, il n'y a point d'affliction, ni celle de ma mère ni la vôtre, qui puisse m'empêcher d'y rester attaché jusqu'à la mort. Mais vous-même, si vous m'en croyez, vous monterez sur cette croix, afin que le monde qui a déjà trop de prise sur vous, ne vous enchaîne pas davantage. » A ces mots, l'archidiacre fondit en larmes, sa conscience se réveilla, son cœur s'ouvrit à la componction, et sans résister davantage à l'esprit qui parlait par la bouche du novice, il entra dans l'Ordre au bout de quelques jours. Ce changement inattendu causa une grande surprise aux écoliers et au peuple de Paris, qui admiraient comment un cœur fier jusque là comme un cœur de lion, s'était humilié à ce point d'obéir à la parole d'un enfant. »

Albert de Falkenberg avait seize ans, c'était un adolescent. Mais de véritables enfants marchant sur les traces des jeunes gens, ne pouvaient résister au torrent, et se présentaient en foule, pour être admis au Couvent de Saint-Jacques. En cette année 1234, vers l'époque du Chapitre général, Jourdain reçut une fois, à Paris, soixante et un jeunes enfants. « Ils étaient si peu lettrés, dit Thomas de Champré, qu'à grand'peine, ainsi qu'on me l'assura, pouvaient-ils lire une leçon des Matines, et encore n'était-ce pas couramment (1). »

Le Chapitre général s'assembla le 11 juin. En présence de ce grand nombre de sujets, de leur âge, de leur peu d'instruction, les Définiteurs se plaignirent au Maître de sa trop grande facilité. « Laissez, dit-il, laissez croître ces jeunes plantes, et gardons-nous de mépriser aucun de ces petits que Dieu nous envoie (2). Je vous promets que tous, ou presque tous prêcheront un jour avec fruit, et travailleront plus utilement au salut du prochain, que plusieurs autres dont nous estimons davantage les talents et le mérite. » A quoi Thomas de Champré joint l'observation suivante : « Nous avons vu, et nous voyons encore de nos yeux, combien ces paroles étaient sages (3). » On dit en effet, que Pierre de Tarentaise, envoyé tout jeune par ses parents à l'Université de Paris, fut un *de ces petits* que Jourdain recommandait au Chapitre (4). Tour à tour docteur en théologie et professeur, provincial de l'Ordre, archevêque de Lyon, cardinal évêque d'Ostie, et pape sous le nom d'Innocent V, il remplit de la façon la plus éclatante la promesse du Maître général.

Il fut à ce Chapitre particulièrement question de la Province de Terre-Sainte. Le choix de l'assemblée se fixa sur le frère Philippe (5) ; il fut nommé Provincial et partit aussitôt prendre la

---

(1) Thomas de Champré, *De Apibus*, l. II, c. xix, « Juvenes uno tempore tam parvæ litteraturæ ad Ordinem recepit Parisius sexaginta, ut plures eorum, ut audivi, vix possent unam legere lectionem. »

(2) Id. « Super quo a Fratribus graviter ad generale Capitulum accusatus dixit : Sinite istos, et ne contemnatis unum ex his pusillis. »

(3) Id. « Quod nos veridico ore dictum usque ad hodiernam diem vidimus. »

(4) Du Boulay, *Id.*, t. III, *Catal. illust. Acad.*, p. 705. « Petrus de Tarentasia forte unus est e sexaginta parvæ litteraturæ pueris quos Jordanus ad Ordinem recepit Parisius. » — Touron, *Hist. des hommes illust.*. t. I, p. 345

(5) Echard, *Script. Ord. Prædic.*, t. I, p. 103. « F. Philippus anno mccxxxiv.

place laissée vacante par le retour en Europe de Henri de Marbourg.

Les progrès de l'Ordre fixèrent également l'attention du Chapitre. Pierre de Reims avait dû quitter la charge de Prieur de Saint-Jacques, pour reprendre celle de Prieur de la Province de France, lorsque Hugues de Saint-Cher fut appelé aux fonctions de professeur à l'Ecole du Couvent. Pierre avait fondé la maison des Dominicains à Lille; il signala son second provincialat par un nouvel établissement à Valenciennes, dans le Hainaut. Le Chapitre approuva ce qui avait été fait, et Jeanne, comtesse de Flandre, signa en 1234, l'acte solennel qui ratifiait la fondation (1).

Entre autres décisions arrêtées à ce même Chapitre, il en est une qui a trait aux livres que pouvaient posséder les Frères Prêcheurs. « Il n'est pas permis aux Frères de se vendre leurs livres l'un à l'autre, plus cher qu'ils ne les ont achetés, que ce soient des Bibles ou d'autres ouvrages (2). » Jourdain avait une manière de s'en débarrasser qui ne l'exposait pas à transgresser ce règlement. S'il apprenait que ses dettes empêchaient un écolier d'entrer en religion, pour le rendre à la liberté et lui permettre de suivre sa vocation, le Maître général n'hésitait pas à engager sa Bible et ses autres livres (3).

Après le Chapitre, Jourdain reprend le chemin de l'Italie. Il part plus tôt parce qu'il veut passer en Allemagne, où deux fois de suite, il n'a pu se rendre : la première, retenu qu'il était par la maladie, après le Chapitre de Bologne en 1231; la seconde en 1233, quand le Chapitre terminé il avait dû rentrer à Paris, rappelé par des affaires pressantes. Nous le trouvons à Strasbourg,

in Comitiis generalibus Ordinis Lutetiæ habitis, Prior provincialis Terræ-Sanctæ videtur a B. Jordano institutus. » — Touron, *Id.*, p. 739.

(1) Echard, *Script. Ord. Prædic.*, t. I, p. 116. — Touron, *Vie de saint Dominique*, l. VI, p. 733.

(2) Martène, *Thesaurus novus Anecd.*, t. IV, p. 1671, *Acta Capit. gener. Ord. Prædic.* « Ne biblia Fratri a Fratre vendatur carius quam emerit, et idem de aliis scriptis servetur. »

(3) Gérard de Frachet, *Vies des Frères*, P. III, c. XII. « Frequenter obligavit dictus Pater suam bibliam pro solutione debitorum Scholarium qui intrabant. » — Bolland., *Acta Sanct.*, t. II Febr., p. 126. — Touron, *Id.*, p. 708.

où un messager vient lui apprendre, au mois d'août, la nouvelle de la canonisation de saint Dominique. Grégoire IX, éclairé par les enquêtes qu'il avait ordonnées à Bologne et à Toulouse, édifié par les miracles éclatants qui ne cessaient de s'accomplir au tombeau du serviteur de Dieu, ne différa point à porter la cause au sein du Sacré Collège. « Je ne doute pas plus de sa sainteté, s'était-il écrié, que de celle des apôtres Pierre et Paul (1). » Le 3 juillet 1234, une bulle partie de Riéti, apprit solennellement à l'Eglise universelle que les annales du ciel comptaient un saint de plus, saint Dominique, fondateur de l'Ordre des Frères Prêcheurs (2). Jourdain ne se possède pas de joie et il écrit à Diane : « Vous m'avez annoncé, très chère, dans votre dernière lettre une bonne, une délicieuse nouvelle, une nouvelle *digne de toute acception*, la canonisation de notre bienheureux Père (3). Vous vous en réjouissez dans le Seigneur : je m'en réjouis avec vous, et j'en rends grâce à Dieu. Je ne suis pas arrivé au lieu vers lequel je dirigeais ma course, parce que le messager du Prieur provincial m'a rencontré à Strasbourg, la veille de la fête de saint Sixte. Comme nous étions déjà informés de cette canonisation par deux religieux qui sont à la Cour romaine, moi par Frère Raymond, et le couvent de Strasbourg par Frère Godefroi, nous en avons célébré la solennité avec une grande joie, le jour même de cette vigile, heureux d'honorer Dieu et notre bienheureux Père, et de remercier Jésus-Christ toujours admirable dans ses saints et glorieux dans toutes ses œuvres. »

Jourdain se berce dans un doux espoir, car il ajoute : « Je suis sur le point de partir pour la Lombardie, et j'espère, avec la grâce de Dieu, vous voir prochainement (4). J'ai mal à votre

---

(1) Bolland., *Id.*, t. I Augusti, p. 525. « Novi virum totius apostolicæ vitæ sectatorem quem non in cœlis ambigo Sanctorum ipsorum gloriæ copulatum. »
(2) Id., p. 624. — Fleury, *Hist. Ecclés.*, t. XVII, 80, 23. — Lacordaire. *Vie de saint Dominique*, c. xv.
(3) *Lettres du B. Jourdain de Saxe*, XLVI. « Intellexi per tuas litteras, carissima, verbum bonum et suave, verbum omni acceptatione dignum de canonizatione Beatissimi Patris nostri. »
(4) Id. « Nunc in procinctu sum veniendi in Lombardiam. »

pied, car j'apprends que vous vous y êtes blessée (1). Je vous engage à être désormais plus prudente et pour votre pied et pour tout votre corps. » C'est ainsi que le Maître général s'intéresse aux plus petits détails de l'existence de sa chère Fille. Le trait est d'une forme originale et gracieuse : sans songer à rendre à chacun ce qui lui appartient, on laisse dans l'oubli Jourdain de Saxe, pour ne se lasser point d'admirer Mme de Sévigné, lorsque dans un élan de tendresse maternelle, elle écrit à sa fille : « La brise de Grignan me fait mal à votre poitrine (2). »

Un mot heureux nous a ouvert le cœur de Jourdain : son âme tout entière se révèle dans une anecdote de ce voyage. C'est un trait remarqué chez plusieurs saints, que ces âmes régénérées avaient ressaisi l'ancien empire de l'homme sur la nature. Les Pères de la Thébaïde étaient servis par les corbeaux et les lions ; saint Gall commandait aux ours des Alpes. Quand saint Colomban traversait la forêt de Luxeuil, les oiseaux qu'il appelait venaient se jouer avec lui, et les écureuils descendaient des arbres pour se poser sur sa main. Si saint François passait près d'un pâturage et que, suivant sa coutume, il saluât les brebis du nom de sœurs, on dit qu'elles levaient la tête et couraient après lui, laissant les bergers stupéfaits (3). Si le pénitent d'Assise, appelant chaque matin une cigale, l'invitait à louer le Seigneur, elle se mettait aussitôt à chanter jusqu'à ce qu'il lui ordonnât de se taire.

« Un jour, le Maître partait de Lausanne pour aller rendre visite à l'évêque, dont la demeure était située à quelque distance de la ville. Ces deux âmes étaient unies depuis longtemps par les liens de la plus douce intimité. Quelques Frères ouvraient la marche : le Bienheureux suivait en compagnie du sacristain de Lausanne, et il lui parlait de Jésus (4). Or, voici qu'une hermine passa tout à coup devant les Frères, et ils s'arrêtèrent devant le trou où elle s'était réfugiée. « Pourquoi n'avancez-vous pas », demanda le

---

(1) Id. « Pedi tuo, quem læsum intellexi, patior. »
(2) Mme de Sévigné, Lettre du 29 décembre 1688.
(3) Ozanam, *les Poètes Franciscains*, Œuvres complètes, t. V, p. 71.
(4) « Colloquens de Jesu. » Gérard de Frachet, *Vies des Frères*, P. III, c. XVII.

Maître en les rejoignant? Ils répondirent : « Une très blanche et « très jolie petite bête s'est cachée là. » Alors le Maître s'inclina vers l'endroit désigné et dit : « Sors, belle petite bête, sors, afin que nous puissions te contempler. » Aussitôt l'hermine parut à l'ouverture, et elle regardait le Maître fixement. Celui-ci lui mit une main sous les pattes de devant, tandis qu'il passait l'autre, par forme de caresse, sur la tête et sur le dos, ce que la petite bête supportait volontiers. « Retourne maintenant dans ton gîte, dit le Maître, et que béni soit le Seigneur qui t'a créée. » Au même instant l'hermine disparut à leurs yeux. »

Le voyage ne se continua point du côté de la Lombardie, pour s'achever à Bologne, comme Jourdain en avait formé le dessein. Des raisons graves, et il les fallait très graves même pour le sortir ainsi violemment de ses habitudes les plus chères, l'obligent à tourner bride et à rentrer à Paris. Il est au Couvent de Saint-Jacques au temps de l'Avent. Le Maître prend acte pour les Ecoles dominicaines, de la lettre adressée de Spolète par le pape aux docteurs de l'Université de Paris, à cette fin de porter à leur connaissance « le volume où il a fait réunir les Décrétales de ses prédécesseurs, auparavant dispersées en plusieurs endroits, ordonnant qu'on se serve de cette seule compilation dans les tribunaux de justice et dans les écoles, et défendant qu'il en soit rédigé aucune autre sans l'autorisation du Saint-Siège (1). »

Cependant les semaines s'écoulent et le moment presse où il lui faudrait partir pour Bologne, afin d'y prêcher le carême. Ce n'est ni le désir ni la volonté de se mettre en route qui manque à Jourdain, mais des affaires imprévues, des complications de toute sorte, des impossibilités absolues se jettent à la traverse, et enchaînent aux rives de la Seine le frêle esquif et les voiles que le Maître voudrait bien déployer et tendre aux brises de l'Italie. Déjà l'on est à la fin de l'hiver, au mois de mars 1235. Au moins trouve-t-il un dédommagement à ces contretemps fâcheux, dans les joies et les consolations que lui apportent sans cesse les pro-

(1) Raynald., *Annal. Eccles.*, t. XXI, ad ann. 1234. — Fleury, *Hist. Ecclés.*, t. XVII, 10, 46.

grès de l'Ordre, quand il récapitule le nombre des sujets ou quand il énumère les qualités de leur esprit, en écrivant à Diane : « Le désir que nous éprouvons de nous revoir est d'autant plus vif que nous avons été plus longtemps éloignés l'un de l'autre. J'aime à croire cependant que Dieu lui-même a voulu qu'il ne fût pas possible jusqu'à ce jour de me rendre à Bologne. Et s'il en est ainsi, nous n'avons qu'à nous résigner humblement. J'ai séjourné à Paris tout cet hiver depuis l'Avent; et grâce à Dieu, plusieurs novices distingués par leur vertu, leur science et leur noblesse, des maîtres même, sont entrés dans notre Ordre. Le jour où je vous ai écrit, ils étaient déjà, disaient nos Frères, au nombre de soixante-douze (1). Je veux que vous en remerciiez Dieu avec toutes vos Sœurs. »

Si le séjour forcément prolongé à Paris donne au Maître quelques loisirs sur lesquels il ne comptait pas, c'est le gouvernement de l'Ordre qui en recueillera les avantages. Il semble que Jourdain ait pris à cœur de fournir à chacun des fils de sa famille religieuse, l'occasion de lui donner du fond du cœur plutôt que du bout des lèvres, le doux nom de Père (2). « Je me suis attaché, disait-il, à être tout à tous. » Il montrait pour les Frères une mansuétude et une tendresse sans égale. Non seulement on le voyait compatir à leurs infirmités, mais son attention était constamment en éveil afin de subvenir à tous leurs besoins. Plein d'indulgence pour la faiblesse humaine, il corrigeait les fautes par la miséricorde et par la force sympathique de la bonté, bien plus que par la rigueur. Ce n'est pas à dire qu'il ne sût point, éclairé par la lumière d'en haut, employer la sévérité selon les circonstances de temps, de lieux et de personnes. Il témoignait le plus

---

(1) *Lettres du B. Jourdain de Saxe*, XLVIII. « Per istam hyemem ab Adventu Domini fui Parisiis, et per Dei gratiam multi boni et magni litterati nobiles et magistri postmodum intraverunt. Illo die, dicebant Fratres quod jam fuissent recepti septuaginta duo. »

(2) Martène, *Veterum Script. et Monum.*, t. VI, *Brevissima Chronic. R. R. Magist. gen. Ord. Prædic.*, p. 353. « De hoc glorioso Patre et dulcissimo vide librum qui *Vitæ Patrum* dicitur, in tota tertia parte. » — Nous avons suivi le conseil et emprunté à Gérard de Frachet les détails qui suivent.

affectueux intérêt aux Religieux éprouvés par la tentation ou par la souffrance. Il conversait souvent avec eux et les réconfortait par ses paroles, ses exemples, ses exhortations et ses prières. Quand il arrivait dans un couvent, sa première visite était toujours consacrée aux malades. Il faisait manger les novices avec lui, et s'informait s'il y avait des Religieux tentés, afin de pouvoir leur distribuer des consolations.

Un Frère depuis quelque temps tourmenté par de violentes tentations, se désolait de ne pouvoir approcher l'aimable Père, afin de lui confier sa peine. Un jour il le trouve dans le cloître de Saint-Jacques, récitant les Matines des morts, et il se met à les dire alternativement avec lui. Quand il fut lui-même à ce verset (1) : « Je crois que je verrai les biens du Seigneur dans la terre des vivants », le Maître reprit à son tour et articula dévotement, en appuyant sur chaque mot, le verset qui suit (2) : « Attends le Seigneur, agis virilement ; que ton cœur se fortifie et supporte le Seigneur. » A cette application si personnelle, et qui ne pouvait venir que d'une inspiration d'en haut, le Frère se sentit soulagé, et celui qui était venu tenté, s'en retourna consolé.

Rien n'égalait sa sollicitude pour accroître l'Ordre et pour y attirer les écoliers, sinon son habileté et sa prudence à veiller sur ceux qui en faisaient partie (3). Il avait reçu du ciel une grâce spéciale, afin qu'aucune de ces âmes ne se perdît par sa faute ou par sa négligence, et qu'il pût dire avec le Sauveur : « Mon Père, de ceux que vous m'avez donnés je n'ai perdu aucun (4). »

C'est ainsi qu'à Paris, un novice était tenté de quitter l'Ordre, et ce doux Père mit en œuvre pour le raffermir, tout ce qu'il put trouver de consolations. Le novice n'en paraissait nullement touché ; il réclamait au contraire, avec instances, ses habits du

---

(1) Psaume XXVI, 13. « Credo videre bona Domini in terra viventium. »

(2) *Id.*, 14. « Expecta Dominum, viriliter age : et confortetur cor tuum, et sustine Dominum. »

(3) Gérard de Frachet, *Id.*, P. III, c. XIX. « In promotione Ordinis sicut ad attractionem Scholarium erat sollicitus supra omnes, ita ad conservationem receptorum super omnes erat discretus. » — Bolland., *Id.*, p. 728.

(4) S. Jean, c. XVII, 12. « Quos dedisti mihi custodivi. »

siècle et les divers objets qu'il avait apportés. Le Maître lui dit qu'il le congédierait le lendemain. C'était le jour de la Pentecôte, les Frères se trouvaient réunis pour le Chapitre général. Après que l'on eut fait la procession en capuces blancs et observé tous les rites prescrits, le Maître appela le novice dans la salle capitulaire : là, il le supplia instamment de demeurer encore, et l'avertit avec bonté de ne pas obéir aux suggestions du démon en quittant une société si florissante et si sainte. Comme il ne gagnait rien sur son cœur, il l'envoya au vestiaire réclamer ses habits. Cependant il dit aux Frères : « Frappons encore à la porte de la miséricorde : mettons-nous à genoux et récitons le *Veni Creator*. » O prodige ! L'hymne n'était pas terminée que le novice inondé de larmes, se précipitait au milieu du Chapitre, demandant son pardon et promettant de persévérer. A l'instant, les Frères remplis d'une joie mêlée de crainte, rendirent grâces au Seigneur pour cette âme arrachée à l'enfer. Dès lors ce jeune homme fit des progrès remarquables dans la science et dans la vertu.

« Il m'est arrivé, disait-il dans son langage imagé, ainsi qu'à tous les vrais prélats, de me trouver dans la situation de ce berger, à qui la garde d'un bouc coûte beaucoup plus de peine que celle de cent brebis. Un religieux indiscipliné embarrasse plus ses supérieurs, et cause plus de trouble dans une communauté, que deux cents autres Frères, brebis du Seigneur, qui suivent paisiblement leur berger, écoutent son appel, ne se séparent point du troupeau, et accomplissent tout avec ensemble, qu'elles s'arrêtent, qu'elles se courbent, qu'elles ruminent, ou que, la tête inclinée, elles paissent l'herbe des prés, tirant profit de chaque chose, et n'éprouvant nul ennui. Tandis que d'autres, comme des boucs, troublent le pasteur et le troupeau, s'en vont divaguant d'ici de là, font du bruit, donnent des coups de corne, ne tiennent aucun chemin, escaladent les hauteurs et dévastent les champs du prochain. Pour Dieu, mes bien aimés, gardez-vous bien de ces façons de bouc, et soyez les brebis du bon Dieu (1). »

(1) Gérard de Frachet, *Id*. — Danzas, *Etudes...*, t. I, p. 296.

Comme il ne pouvait point adresser à tous la parole de vive voix, « Jourdain écrivait souvent des lettres pleines de sages exhortations, de conseils paternels et des plus douces consolations, tantôt à l'Ordre entier et aux Provinces, tantôt aux couvents et aux Frères qu'il ne lui était pas donné de visiter (1). »

Pendant le temps que les circonstances l'obligeaient à passer au Couvent de Saint-Jacques, il avait coutume, les jours où l'on ne prêchait pas à l'église, de faire une conférence aux novices (2). Les religieux les plus anciens eux-mêmes, s'empressaient d'y assister, et dans ces entretiens, chacun d'eux puisait pour son âme beaucoup de lumière et de consolation. C'est que pour parler de Dieu ou pour prêcher, personne ne pouvait lui être comparé, tant il y versait de grâce et d'éloquence (3). Le Seigneur l'avait doué d'une prérogative toute spéciale : dans les sermons et dans les conversations familières, où qu'il parlât et quels que fussent ses interlocuteurs, son langage étincelait de traits de lumière, resplendissait de jets de flammes, s'enrichissait d'exemples appropriés et d'images frappantes (4). S'il causait, sa parole s'adaptait à la condition de ceux qu'il entretenait ; s'il donnait un conseil, il savait l'arranger de façon à ne causer aucune peine. Un Frère faisait de grandes instances pour être remplacé dans son office de Procureur. Le Maître lui répond : « Quatre choses sont d'habitude attachées aux emplois : la négligence, l'impatience, le travail et le mérite. Je vous décharge des deux premières ; quant aux deux autres, je vous les maintiens pour l'expiation de vos péchés. »

Le gouvernement de l'Ordre tel qu'il l'exerçait, les devoirs et les fonctions de Maître général tels qu'il les remplissait, se

---

(1) Echard, *Script. Ord. Prædic.*, t. I, p. 97.

(2) Gérard de Frachet, *Id.* « Erat illi consuetudo quando erat Parisius, quasi omni die, quando non erat sermo, facere collationem novitiis. » — Bolland. *Id.*, p. 721.

(3) Bolland., *Id.*, p. 726. « Circa verbum Dei et prædicandi officium, dictus Pater fuit adeo gratiosus et fervens ut vix illi similis sit inventus. »

(4) *Id.* « Ut, ubicumque et cum quibuscumque esset, ignitis semper abundaret eloquiis, propriis et efficacibus fulgeret exemplis. »

trouvent résumés par Joudain lui-même, dans quelques-uns de ces traits lumineux qui donnent à sa pensée une forme si claire, si originale. Chargé de la direction des Prêcheresses du Couvent de Sainte-Agnès, il écrivait : « Je leur souhaite de lire sans se lasser, conformément à l'exhortation de notre Père saint Augustin, les préceptes du Seigneur, de les aimer et de les mettre en pratique : de corriger en elles, avec le secours de la grâce, tout ce qu'elles trouveront de défectueux, de conserver ce qui est bon, de faire disparaître ce qui est difforme, de perfectionner ce qui est beau, de maintenir ce qui est sain, de fortifier ce qui est infirme, enfin, de garder toujours tout ce qui plaît au Fils de Dieu (1). » Ce qui sous la plume de Jourdain, n'offre dans une lettre à la Prieure, que les apparences d'un souhait à l'adresse des Sœurs de Sainte-Agnès, se transformait sous la main douce et ferme du Maître, en réalités admirables au profit et à la gloire de l'Ordre de Saint-Dominique. Toujours attentif à ce travail mystérieux qui façonne les âmes pour les faire entrer dans la construction de ce Temple saint dont parle l'Apôtre (2), Jourdain aimait à se comparer lui-même à un architecte, qui s'applique à redresser les parties du mur qu'il voit s'écarter de la verticale. Il y a des pierres rentrantes que l'on doit faire ressortir ; il en est d'autres dont il faut faire disparaître les saillies à l'aide du marteau. Et sa conclusion était qu'il y a nécessité de produire au dehors les religieux trop amis de l'obscurité, tandis qu'il faut garder au dedans ceux qui recherchent trop les occasions de se montrer (3).

Un sentiment si vif de la perfection, servi par un esprit plein de tact et de mesure, ne demeurait pas circonscrit dans les limites du Couvent de Saint-Jacques. Il étendait au dehors la

---

(1) S. Paul, *Ep. ad Ephes.*, c. II, 21. « In quo omnis ædificatio constructa crescit in Templum sanctum. »

(2) *Lettres du B. Jourdain de Saxe*, XLVII. « Quidquid in se pravum deprehenderint, per gratiam suam corrigant, quod rectum est teneant, quod deforme deponant, quod pulchrum excolant, quod sanum servent, quod infirmum corroborent, et perseveranter custodiant omne quod placet Dei Filio. »

(3) Danzas, *Etudes...* t. I, p. 295.

sphère de son action; Jourdain l'exerçait non seulement à la cour, auprès du roi, de la reine et des seigneurs, mais encore dans l'Église de France, où les évêques recherchaient les conseils de son expérience et de sa sagesse. Il n'y avait guère de synode ou de concile provincial auquel il ne fût invité à prendre place. A l'une de ces assemblées, des évêques lui demandèrent d'où venait que les prélats tirés des Ordres si parfaits des Prêcheurs et des Mineurs, n'avaient pas dans l'épiscopat tout le succès que l'on était en droit d'attendre de leur vertu. « Vous devez, répondit Jourdain, vous en prendre à vous-mêmes, puisque ce relâchement qu'on remarque dans la conduite de quelques évêques, leur arrive seulement après qu'il ont passé dans vos rangs, car tant qu'ils ont été des nôtres, nous ne les avons pas laissés déchoir. De plus, il y a déjà longtemps que je suis dans l'Ordre de Saint-Dominique, et je ne me souviens pas que le Pape lui-même, ni aucun prélat, ni aucun Chapitre de cathédrale, m'aient jamais demandé, à moi ou à quelque autre supérieur, un bon sujet pour le faire évêque. Ils le choisissent eux-mêmes, guidés par l'affection pour leur parents ou par quelque raison fort peu spirituelle (1). Aussi, qu'il s'en rencontre qui ne remplissent pas comme il faut tous les devoirs de cette redoutable dignité, ce n'est point à nous que vous devez porter plainte. » Ce n'est pas de nos jours seulement que le népotisme ou la camaraderie, la faveur et l'intrigue ont introduit dans les rangs de l'épiscopat nombre de nullités et d'incapacités. Et ces tristes évêques, disait Etienne de Bourbon qui ne les épargnait guère (2), disposant des bénéfices, s'entouraient de favoris plus tristes encore, témoin cet archidiacre nommé à un âge qui l'exposait à prendre trop librement ses aises dans la stalle

---

(1) Gérard de Frachet, *Id.* « Nec recordor quod a me aut alio prælato, vel Capitulo generali vel provinciali, Dominus Papa, vel aliquis Prælatus, vel aliquod Capitulum cathedrale petierit dari unum bonum episcopum, sed ipsi amore parentum, vel alia minus spirituali causa, eligunt sibi ad placitum. » — Bolland., *Id.*, p. 732. — Fleury, *Id.*, 80, 62. — Touron, *Id.*, p. 717.

(2) Etienne de Bourbon, *Anecd. Hist.*, p. 353 et 359. « Factus episcopus vocavit nepotes suos ad beneficia ecclesiastica. »

où l'évêque, son oncle, le faisait porter des bras de la nourrice. Jacques de Vitry avait connu cet enfant (1). C'est là un vice de tous les temps, s'étalant avec plus ou moins d'effronterie. L'assistance du Saint-Esprit n'en est que plus visible et son action plus manifeste, puisque l'Église avec de pareils instruments, poursuit son œuvre de progrès et de lumière à travers le temps vers l'éternité (2). Mais les comptes à rendre par ces serviteurs inutiles seront terribles ; Jourdain s'en épouvantait au point de dire d'un candidat de son Ordre, et celui-là était capable : « J'aimerais mieux le voir descendre au tombeau dans sa bière, qu'élever sur une chaire épiscopale (3).

Ce grand caractère en qui Dieu semblait si bien avoir fondu la douceur et la force, ne se troublait pas plus en face de l'épreuve, qu'il ne fléchissait aux prises avec la souffrance. S'il demeure à Paris, une de ses lettres indique en partie, la nature et la valeur des raisons qui ne lui ont pas permis de partir pour Bologne. Il avait été de nouveau tourmenté par les fièvres : « En attendant mon arrivée, dit-il à Diane, sachez qu'elles m'ont quitté depuis longtemps ; mais je souffre d'un œil et je suis menacé de le perdre (4). » Quoi qu'il en soit, les causes n'ont pas disparu, et les empêchements persistent si bien que Jourdain ne peut aller présider à Bologne le Chapitre général de l'année 1235, et il écrit aux Sœurs de Sainte-Agnès, avec une élévation de sentiments qu'exalte une soumission de plus en plus parfaite à la volonté divine. « Vous le voyez, dit-il, Dieu a permis de nouveau qu'il ne me fût pas possible d'assister au Chapitre général (5). Quand même je n'aurais pas d'autres motifs,

---

(1) Id., p. 360.

(2) Id., p. 288 et 374. « Quando unus consentit in promocionem consanguinei alterius, ut ipse consentiat promocioni consanguinei alterius. »

(3) Bolland., Id., p. 733. « Magis vellem videre eum portari in feretro ad tumulum, quam in cathedra exaltari ad episcopatum. » — Fleury, Id., 80, 62.

(4) *Lettres du B. Jourdain de Saxe*, XLVIII. « Febres omnino multis jam temporibus cessaverunt, sed multum affligor et periclitor in uno oculorum meorum. »

(5) Id., XLIX. « Videtis quod, ordinante Domino, iterum impeditus sum venire ad Capitulum generale. »

je m'en affligerais à cause de vous : je le regretterai surtout parce que je n'ai pas pu vous voir et me consoler au milieu de vous. Mais notre devoir est de nous résigner à la volonté de notre Dieu. Il vous enseigne de toutes façons, ce bon maître, que loin de placer votre espérance sur la terre et de chercher votre consolation dans les hommes, vous devez l'aimer de tout votre cœur, de toute votre âme, de toutes vos forces, parce que lui seul peut et doit suffire à votre âme, ici-bas par la grâce, et dans l'autre vie par la gloire. »

Malgré les contretemps de toute espèce, affaires et maladies, Jourdain fit-il le voyage d'Italie pendant l'été ou bien au courant de l'automne 1235? Ce n'est guère probable. Il ne revit plus Diane. Pour la consoler de son absence prolongée, il lui écrivit une lettre qui vint apporter à la Prêcheresse de Sainte-Agnès comme un avant-goût des joies éternelles. On dirait un essai « de ce langage merveilleux, qu'aucune langue, aucune écriture, ne sauraient traduire dignement (1). » Cette lettre sans contredit la plus belle, est la dernière de leur correspondance, et il semble que Jourdain en ait eu le pressentiment, tant il y a versé de douceur et de tendresse. « Comme je ne puis, très chère, dit-il, vous voir et me consoler auprès de vous, chaque fois que vous le voudriez et que je le voudrais moi-même, les désirs de mon cœur se calment et s'apaisent quand je puis vous visiter par lettres et vous donner de mes nouvelles. Je voudrais, moi aussi, en recevoir souvent de vous, car votre avancement spirituel et votre bonheur sont pour mon âme une douce nourriture. Mais non : vous ne le pouvez pas, soit parce que vous n'êtes jamais sûre du lieu où je me trouve, soit parce que vous ne verriez par quel messager me faire parvenir vos lettres, lors même que vous sauriez où je suis. D'ailleurs, chère, tout ce que nous pourrions nous écrire est bien peu de choses (2). C'est au fond de nos cœurs que brûle l'ardent

---

(1) *Lettres du B. Jourdain de Saxe*, L. « Quos nec lingua valeat exprimere digne, nec littera continere. »

(2) Id. « Parum tamen est, dilecta, quidquid invicem nobis scripserimus; intus in cordibus est dilectionis fervor in Domino. »

amour dont nous nous aimons en Dieu. Par lui, je vous parle et vous me parlez sans cesse un langage merveilleux qu'aucune langue, aucune écriture, ne sauraient traduire dignement. O Diane, combien nous sommes à plaindre! Nous ne pouvons nous aimer sans souffrir; vous souffrez, en effet, vous vous attristez de ce qu'il ne vous est pas donné de me voir sans cesse, et moi, je m'attriste et je souffre de voir que je jouis si rarement de votre présence. Oh! qui nous conduira dans cette ville forte, dans la cité du Dieu des vertus, fondée par le Très-Haut lui-même, où nous n'aurons plus à languir et à soupirer loin de lui, et loin l'un de l'autre? Ici-bas, nos cœurs sont déchirés, broyés chaque jour, et la conscience de nos propres infirmités nous fait souvent pousser ce grand cri : « Qui nous délivrera enfin de ce corps de mort? » Et néanmoins nous devons nous résigner, et, autant qu'il nous est possible, recueillir notre âme en Celui qui seul peut nous délivrer de nos misères, en qui seul nous pouvons trouver la paix, et en dehors duquel tout ce que nous voyons ne nous apporte que douleurs et angoisses sans nombre. En attendant, acceptons toutes les peines avec joie (1) : car la mesure de nos souffrances sur la terre donne la mesure du bonheur qui sera notre récompense dans le ciel, auprès du Fils de Dieu, Jésus-Christ. »

Les nouvelles de Toulouse n'arrivaient pas satisfaisantes : Jean de Saint-Gilles n'y occupait que depuis deux ans la chaire de théologie, à l'Université, quand il dut vers la fin de l'année 1235, céder devant la persécution déchaînée contre l'évêque Raymond de Felgar. Il partit, et alla droit en Angleterre, aux Ecoles d'Oxford, où l'appelait l'obéissance (2), et Jourdain le remplaça de nouveau par un Prêcheur de Saint-Jacques, docteur de Paris, Laurent de Fougères. (3)

---

(1) Id. « Interim suscipiamus cum gaudio quidquid triste advenerit. »
(2) Echard, *Script. Ord. Prædic.*, p. 100. « Anno MCCXXXV, Tolosa excesserat... tumque in Angliam remeasse videtur Oxoniæ apud nostros sacras litteras interpretaturus. » — Touron, *Hist. des hommes illust. de l'Ordre*, t. I, p. 143.
(3) Echard, *Script. Ord. Prædic.*, t. I, p. 100 et 241. « Dato ei cathedræ suc-

Les conséquences de ces troubles pouvaient être fatales à l'Université de Toulouse. Pendant que le Maître général y songeait tristement, la mort jetait un voile de deuil sur le Couvent de Saint-Jacques. Laurent d'Angleterre, l'un des disciples de saint Dominique, l'un des premiers fondateurs de la maison de Paris, rendait son âme à Dieu, au milieu de la Communauté dont il avait autrefois suivi les pénibles origines. Le grain de sénevé, jeté dans la détresse sur les flancs de la montagne Sainte-Geneviève, était devenu un grand arbre, Laurent avait voulu venir s'asseoir à son ombre, contempler sa plantureuse ramure et mourir. Les Frères, qu'un rêve lui avait montrés si nombreux (1), s'agenouillèrent en priant autour de sa couche funèbre; leurs longues files firent cortège à ses restes mortels que l'on déposa près de la tombe du premier Prieur, Mathieu de France, et l'ancien martyrologe de l'Ordre conservait la mémoire « du bienheureux Laurent, remarquable par le don de prophétie, par l'intégrité de sa vie et par l'éclat de ses miracles (2). »

Si la parole de Jourdain causait toujours une émotion profonde sur les religieux de Saint-Jacques, son exemple les édifiait encore davantage. Le commerce habituel est la pierre de touche de la vertu; celle du Maître toujours simple, toujours aimable, n'avait rien à craindre de cette familiarité. Les douleurs physiques elles-mêmes n'altéraient en rien la sérénité de cette belle âme. « Je souffre d'un œil et je suis menacé de le perdre, » écrivait-il quelques mois auparavant avec une simplicité héroïque, sans exprimer un regret, sans articuler une plainte. Le mal avait persévéré, et passant à l'état aigu, il amena le dénouement fatal. A la menace, succédait la triste réalité.

Cette cruelle épreuve trouva Jourdain résigné d'avance à la volonté de Dieu; elle le laissa calme et tranquille, son humeur

---

cessore F. Laurentio de Filgeriis, Armorico, sacræ Facultatis Parisiensis itidem doctore. » — Touron, *Hist. des hommes illust.*, t. I, p. 143.
(1) Voir ci-dessus, p. 89.
(2) Touron, *Vie de saint Dominique*, l. VI, p. 661. « Beatus Laurentius dono prophetiæ, vitæ integritate et miraculorum gloria insignis. »

ne perdit rien de son égalité, son zèle ne souffrit aucune défaillance. Le Maître à ce moment, dépensait son activité à préparer le Chapitre qui se tenait régulièrement aux fêtes de la Pentecôte, mais cette fois, il voulait lui donner une importance particulière et un caractère de solennité exceptionnelle. Il convoqua un Chapitre généralissime. Le 18 mai 1236 (1), le Couvent de Saint-Jacques réunit dans son enceinte, encore agrandie par les acquisitions récentes, les représentants de l'Ordre, appelés de toutes les Provinces, en plus grand nombre et avec des pouvoirs particuliers eu égard à la circonstance. Jourdain parut au milieu de l'assemblée, usé par les fièvres, privé de l'œil qu'il venait de perdre, et ses fils, accourus à sa voix, ne savaient ce qu'ils devaient admirer davantage en leur père, sa résignation parfaite, son inaltérable douceur ou son courage indomptable. Il ouvrit le Chapitre avec le cérémonial usité, et aux religieux qui lui offraient leurs condoléances, il répondait avec son aimable sourire : « Mes Frères, rendons grâces à Dieu qui m'a débarrassé d'un ennemi (2). »

Aux premières sessions, Jourdain exposa l'ensemble des travaux qu'il avait accomplis pour la prospérité de l'Ordre, la fondation du Collège général au Couvent de Saint-Jacques, l'ouverture des écoles, l'établissement des deux chaires, les dispositions prises pour assurer le succès de ces grandes entreprises, l'organisation de l'enseignement, la période de sa durée, les conditions imposées aux professeurs, le règlement des études et l'institution des Conférences. Il n'oublia pas l'Université de Toulouse, la part de l'Ordre à son érection et les liens étroits qui l'avaient rattachée au Couvent de Saint-Jacques par le choix des premiers maîtres, Roland de Crémone, Jean de Saint-Gilles, Laurent de Fougères. Le Chapitre approuva la conduite du Maître général (3); il n'eut qu'à louer la

---

(1) Martène, *Thesaurus novus Anecd.*, t. IV, *Acta Cap. gen. Ord. Prædic.*, p. 1675. « Anno Domini mccxxxvi, celebratum fuit Parisius ab eodem Jordane secundum Capitulum generalissimum. »

(2) Bolland., *Acta Sanct.*, t. II Febr., p. 728. « Jam unum perdidi inimicum. » — Touron, *Vie de saint Dominique*, l. VI, p. 713.

(3) Martène, Id., *Acta Cap. gen. Ord. Prædic.*, p. 1673. « 27. — Approbamus ordinationem studii factam in penultimo Capitulo Parisius celebrato. »

sagesse de son gouvernement, et reconnut qu'en toutes choses Jourdain ne s'était laissé diriger que par l'esprit de Dieu. Il avait reçu plus de mille novices, parmi lesquels des hommes de science et de vertu dont les noms étaient célèbres. Dans les détails de son administration, il avait mérité d'être appelé le très doux Père, pour la tendresse qu'il témoignait à tous les religieux et les soins dont il les environnait, pour son ardeur à les attirer dans l'Ordre et ses attentions à les conserver.

Dans le cours de ses travaux capitulaires, l'assemblée examina entre autres questions, celles qui touchent à l'enseignement et aux études au Couvent de Saint-Jacques et dans les différentes maisons de l'Ordre. Les décisions arrêtées figurent dans les actes du Chapitre. Il en est deux dignes de remarque : l'une se présente sous la forme d'une défense : « Aucun professeur de l'Ordre, faisant leçon sur les Prophètes ou sur les Psaumes, ne doit donner que le sens littéral adopté par les saints Pères (1) ; » l'autre consacre un conseil : « Nous exhortons, est-il dit, les Frères à apprendre dans les Provinces et dans les Couvents, la langue parlée par les habitants des pays limitrophes (2).

Jourdain présenta à l'approbation du Chapitre une disposition particulière, inspirée par sa propre mansuétude et conforme à l'esprit de l'Ordre, c'est que « la loi ne serait pas obligatoire sous peine de péché grave (3) ». Cette décision fut adoptée afin de garantir la paix des consciences et d'assurer la tranquillité des âmes. Elle demeura comme l'expression de la volonté dernière du successeur de saint Dominique.

Le Chapitre généralissime prit fin. Il n'y en eut jamais que deux de ce genre, et tous les deux se tinrent à Paris, au Couvent de Saint-Jacques (4) ; le premier en 1228, pour sanctionner les

---

(1) Martène, Id. « 5 — Nullus Fratrum nostrorum legat in Prophetis et Psalmis alium sensum litteralem, nisi quem sancti approbant et confirmant. »

(2) Martène, Id. « 42. — Monemus quod in omnibus Provinciis et Conventibus linguas addiscant illorum quibus sunt propinqui. »

(3) Danzas, *Etudes...* t. II, p. 209.

(4) Echard, *Script. Ord. Prædic.*, t. I, Capitula generalia. « MCCXXXVI.

constitutions relatives à l'honneur et aux intérêts de l'Ordre et décider la division des quatre Provinces Mineures ajoutées aux huit Majeures : le second venait d'approuver et de ratifier l'œuvre capitale de Jourdain, la fondation à Saint-Jacques du Collège général de l'Ordre et l'entrée définitive des Dominicains dans l'Université de Paris.

On dit que préparant une longue excursion pour visiter les couvents fondés dans les Provinces qu'il n'avait pas encore parcourues, Jourdain avait fait agréer au Chapitre généralissime le choix d'Albert le Grand comme vicaire général des Prêcheurs en Europe (1). Les dispositions à prendre pour ce voyage furent attristées par une douloureuse nouvelle, Diane était morte à Bologne, le 10 juin, pendant que les Dominicains assemblés à Saint-Jacques se rendaient compte de leur état prospère, auquel l'humble Prêcheresse avait contribué par son sacrifice et par ses prières. « Que feriez-vous, lui écrivait un jour le Maître général, afin de la consoler de ces séparations temporaires qui la plongeaient dans une affliction profonde, que feriez-vous si je venais à mourir (2) ? » Dieu épargna cette douleur à sa servante, radieuse figure du Tiers-Ordre dominicain, sœur aînée de sainte Catherine de Sienne et de sainte Rose de Lima. C'est elle que le Seigneur appela la première ; Jourdain n'avait rien négligé pour orner de toutes les vertus l'âme de sa chère Fille en Jésus-Christ. « Je ne l'ai point perdue, pouvait-il dire à travers ses larmes, comme autrefois de Henri de Cologne, je l'ai envoyée devant moi (3). »

Jourdain avait bien des fois franchi les Alpes et passé le Rhin, pour aller de France en Allemagne ou en Italie : il s'était astreint à examiner par lui-même l'état et la situation du plus grand

Parisiis, XVIII Maii, Capitulum generalissimum alterum et ultimum quod hactenus fuerit, saltem quoad auctoritatem Constitutiones condendi. »

(1) Touron, *Vie de saint Dominique*, l. VI, p. 714.
(2) *Lettres du B. Jourdain de Saxe*, XXXV. « Quid faceres si morerer ? »
(3) Martène, *Thesaurus novus Anecd.*, t. I, p. 920. *Epistola Jordanis*... « Jam non sine dolore perdidi. Tamen non amisi, sed præmisi. » — *Lettres du B. Jourdain*, XXXV. « Non morientem amitteres, sed præmitteres. »

nombre de ses couvents en Occident (1). Comme du conquérant Macédonien, on aurait pu dire du Maître général « qu'il se sentait à l'étroit dans les limites du monde (2). » L'Orient l'attirait : il voulait porter les restes d'une ardeur prête à s'éteindre, du côté de l'Orient, la terre des merveilles avec les Lieux saints, le berceau de la foi, les sentiers foulés par les pas du Sauveur, la montagne arrosée de son sang divin. Dans ce dessein, il élargit encore le cercle de ses pérégrinations et partit visiter la Grèce avec Constantinople, la Terre-Sainte avec Jérusalem (3). Il emmenait, comme compagnons, son fidèle Gérard et un Frère convers. Sa présence en Palestine causa une joie profonde aux religieux et au prieur Philippe. Jourdain parcourut toute la Province, s'arrêtant, chemin faisant, aux sanctuaires les plus vénérables, visitant les couvents fondés à Nazareth, à Bethléem, à Damas, à Ptolémaïs, à Jérusalem (4). Pèlerin lui-même, il s'assura des services que ses religieux rendaient aux pèlerins. Mais son âme fut surtout inondée de délices à l'aspect des fruits de bénédiction qui signalaient le ministère des fils de Saint-Dominique dans ces régions lointaines. Il vit arriver à Jérusalem le patriarche des Jacobites, accompagné d'une suite nombreuse (5). Au tombeau du Christ, la grâce toucha ces hommes qui cherchaient la vérité dans la simplicité de leur cœur. Jourdain fut témoin de la conversion du patriarche et, pour comble de bonheur, de son entrée dans l'Ordre. Les Grecs de Constantinople étaient demeurés sourds à la voix du ciel parlant par la

---

(1) Touron, *Vie de saint Dominique*, l. VI, p. 702.
(2) Juvénal, Satires. X, v. 168.

« Unus Pelleo juveni non sufficit orbis,
« Æstuat infelix angusto in limite mundi. »

(3) Martène, *Thesaurus novus Anec.*, t. IV, *Acta Cap. gen.*, p. 1673. « Idem Pater transiens ad visitandum Terram sanctam et loca sancta. »
(4) Touron; *Id.*, p. 714.
(5) Spondanus, *Annal. Eccles.*, ad ann. 1237. « De conversione Patriarchæ Jacobitarum Orientalium, qui cùm magno archiepiscoporum, episcoporum et monachorum suæ sectæ comitatu Ierosolymam veniens... hortationibus et prædicationibus F. Philippi, Ordinis Prædicatorum, divinitus tactus... abjurata hæresi, habitum ejus Ordinis assumpsit. »

bouche de Hugues de Saint-Cher : à leur place, le Seigneur appelait les Jacobites d'Arménie.

Ce fut le dernier triomphe du Maître général. Au mois de février 1237, une lettre, écrite par le Provincial Philippe, partait de Terre-Sainte, portée par deux Dominicains chargés de la remettre au souverain Pontife (1). Elle disait : « Le patriarche des Jacobites de l'Orient, prélat vénérable par son âge, sa science et sa vertu, est venu cette année faire un pèlerinage à Jérusalem, avec une suite nombreuse d'évêques et de moines de sa nation. Nous lui avons expliqué la foi catholique, et avec la grâce de Dieu, nous l'avons si bien convaincu, que le dimanche des Rameaux, à la procession solennelle qui va de la montagne des Oliviers à Jérusalem, il a promis obéissance à l'Église romaine, après avoir abjuré toute hérésie, et nous avoir donné sa profession de foi, écrite en chaldéen et en arabe. Avant de partir, il a même pris l'habit de Frère Prêcheur. Sous son obéissance sont rangés les Chaldéens, les Mèdes, les Perses et les Arméniens, dont les pays ont été déjà ravagés en grande partie par les Tartares. Son autorité s'étend sur soixante-dix provinces, habitées par une multitude innombrable de chrétiens, sujets toutefois et tributaires des Sarrasins, excepté les moines qui ne paient point de tribut. Deux archevêques ont également fait leur soumission avec le patriarche : l'un est Jacobite d'Égypte, l'autre Nestorien d'Orient, et leur juridiction embrasse la Syrie et la Phénicie. Nous avons déjà envoyé quatre de nos Frères en Arménie, pour apprendre la langue et satisfaire aux prières instantes du roi et des seigneurs (2). »

La lettre du Provincial de Terre-Sainte se terminait par une mauvaise nouvelle (3). Jourdain s'était embarqué pour rentrer en Europe et faire voile vers Naples, afin de revoir les écoles qu'il

---

(1) Touron, *Vie de saint Dominique*, l. VI, p. 740. — Fleury, *Hist. Ecclés.*, t. XVII, 81, 5.

(2) Matthieu Paris, *Hist. Angl. Major*, ad ann. 1237.

(3) Echard, *Id.*, p. 105. « Inter alia plura naufragium B. Jordani, Magistri Ordinis nunciabat. »

avait déjà visitées. Ainsi sa dernière pensée s'envola vers les maîtres et les écoliers, à qui toute sa vie et le meilleur de son âme avaient été consacrés. Le navire qui l'emportait n'avait point encore perdu de vue les côtes de Syrie, quand il fut assailli par une violente tempête. Il sombra, et Jourdain périt dans le naufrage (1). Ses deux compagnons, Gérard et Albisius, partagèrent le sort du Maître (2). Dieu avait rompu l'un après l'autre les liens qui le rattachaient à la terre : les séparations successives avaient brisé le cœur; les fatigues et les maladies avaient exténué le corps. Ce juste, suivant la parole de l'Esprit-Saint (3), entra brusquement en possession du repos éternel.

Deux Dominicains, Godefroi et Réginald, remplissaient auprès de Grégoire IX les fonctions de pénitenciers. Ils annoncèrent aux différentes provinces la mort du Maître général, et adressèrent aux religieux de Paris une lettre pour leur faire part du malheur qui frappait l'Ordre, et surtout le Couvent de Saint-Jacques (4). Presque tous les Frères y avaient reçu l'habit des mains de Jourdain; ils n'eurent pas la consolation de posséder ses restes : son corps reposait au loin, dans l'église du couvent de Ptolémaïs. Mais pendant longtemps la communauté de Saint-Jacques, réunie chaque soir aux pieds de la sainte Vierge pour chanter le *Salve Regina* (5), n'oubliait pas à qui remontait cette pieuse coutume, et priait avec ferveur la Reine de tous les

---

(1) Martène, *Id.*, p. 1673. « Idibus Februarii transivit ex hoc mundo ad patrem Deum. » — Touron, *Id.*, p. 714.

(2) Martène, *Veterum Script. et Monum.*, t. VI, *Libellus Magist. Ord. Prædic.*, p. 406. « Sancta corpora ipsius Patris et Fratris Jordanis et duorum sociorum ejus Geraldi et Albisii... Fratres de Acon in suam ecclesiam transtulerunt. »

(3) Sagesse, c. IV, 7. « Justus si morte præoccupatus fuerit, in refrigerio erit. »

(4) Echard, *Id.*, p. 105.

« Venerabilibus et Dilectis Priori et Conventui F. F. Prædicatorum Parisiensium, Fratres Godefridus et Reginaldus, domini Papæ pœnitentiarii, salutem et Spiritus-Sancti consolationem.

« Noveritis quod inundante maris sævitia... »

(5) Martène, *Id.*, p. 406. « Hic consuetudinem de cantando *Salve Regina* induxit. » — Id., *Veterum Script. et Monum.*, t. VI, *Brevis hist. Conv. Parisiensis*, p. 549. « Quod in isto Conventu habuit ortum quod cantaretur *Salve Regina* post Completorium. »

Saints pour l'âme de son fidèle serviteur Jourdain de Saxe.

Un Frère de Paris avait vu dans une vision lointaine, un fleuve prendre sa source au Couvent de Saint-Jacques, poursuivre son cours, s'élargir, arroser le monde, produire la richesse et répandre la fécondité, promener ses eaux calmes et limpides à travers les villes et les campagnes, et soudain disparaître en se perdant dans la mer (1). Ainsi finit Jourdain; il trouva la mort dans les flots soulevés par l'orage, et son âme alla rejoindre, auprès de saint Dominique, celles de Henri de Cologne, de Matthieu de France, de Laurent d'Angleterre et de Diane d'Andâlo, se perdre avec elles dans le torrent des délices infinies, en Dieu (2), la source éternelle et l'océan sans rivages.

(1) Gérard de Frachet, *Id.*, P. III, c. 1. « Videbat in somnis in claustro, S. Jacobi unum rivum magnum oriri, qui discurrens per plateas urbis et inde per totam patriam lavabat et lætificabat omnes, et semper crescens usque ad mare currebat. » — Bolland., *Id.*, t. II Febr., p. 725.

(2) *Lettres du B. Jourdain de Saxe*, XXXIV. « Infinitum nobis et amplius daturus. »

CONCLUSION

Un maître de renom aux Écoles de Paris, Adam du Petit Pont, avait été fait évêque de Saint-Asaph, en Angleterre, et il assistait, en 1179, au troisième concile de Latran. On attaquait Pierre Lombard et la doctrine qu'il avait enseignée. C'était un évêque de Paris, célèbre par sa science; il n'avait dû son élection ni à la faveur ni à l'intrigue, et son mérite seul le fit préférer au frère du roi Louis VII, Philippe de France. L'envie, le vice propre aux médiocrités, n'avait pas épargné l'illustre Maître des *Sentences*; sans respect pour sa tombe, elle s'était vengée en le dénonçant à Rome. Adam se leva et dit : « J'ai gouverné l'école de Pierre Lombard sous son autorité, je défendrai le sentiment de mon maître. » Les ennemis du grand évêque eurent beau s'agiter, le pape ne jugea pas à propos d'insister, « de peur d'exciter dans l'assemblée une discussion qui causât du scandale (1) ». Pierre Lombard en fut quitte pour quelques critiques d'ailleurs méritées, et son Livre des Sentences demeura le seul programme officiel de l'enseignement théologique à l'Université de Paris.

Les Maîtres qui jouissaient d'un tel ascendant et d'une liberté pareille, formaient une association redoutable : la science qui leur valait une autorité si respectée, constituait une force irré-

---

(1) Crévier, *Hist. de l'Univ. de Paris*, t. I, p. 206.

sistible dans l'Église et dans la société. Elle n'était encore passée au pouvoir de personne. Chaque école gardait ses opinions plus ou moins discutées, et de cette indépendance naissait un danger permanent. Le moyen âge faisait tout converger vers l'idée de Dieu, tout partir de ce point lumineux. S'il prend les armes, s'il les porte dans les régions lointaines de l'Orient, c'est pour délivrer le tombeau du Fils de Dieu ; en Occident, s'il les voit déposer par les parties belligérantes au cours des guerres qui couvrent le pays de sang et de ruines, c'est pour satisfaire à la Trêve de Dieu ; s'il bâtit ces splendides basiliques, c'est pour y loger le Dieu qu'on lui enseigne dans les Écoles. La théologie est la science de Dieu, c'est la science du moyen âge, comme l'*Imitation* est son livre : les cathédrales sont ses épopées de pierre : l'église, où il passe une partie de sa vie, son théâtre, et ses spectacles, les cérémonies imposantes du culte catholique.

Cette science que Grégoire IX appelait « l'aliment de la sagesse », s'est établie à Paris, et elle a fixé son empire dans l'Université. De là elle part, ajoute le souverain Pontife, « pour arroser le jardin de l'Église universelle ». Mais les hérésies qui pullulent en France, en Allemagne, en Italie, menacent d'empoisonner cet aliment, de troubler les eaux vivifiantes de ce fleuve. « D'un côté, les sectes hétérodoxes grandissent dans des proportions formidables, de l'autre, un mouvement extraordinaire se déclare dans les Écoles (1). » Toutes les connaissances humaines n'avaient de valeur réelle qu'à la condition de se rattacher à la théologie ; toutes les erreurs imaginées et acclamées ne tendaient qu'à obscurcir ou à altérer la science de Dieu.

L'antiquité païenne possédait un jardin avec des fruits merveilleux, les pommes d'or des Hespérides, et elle inventa un dragon à cent têtes pour le garder ; la toison d'or était défendue par un monstre semblable, et le rameau d'or qui donnait libre accès dans le royaume des Enfers, était protégé au fond d'un bois sacré par des ombrages impénétrables. Grégoire IX avait comparé la

---

(1) H. Martin, *Hist. de France*, t. IV, p. 2.

théologie à un fleuve qui, prenant sa source à Paris, va porter au monde entier les trésors inaltérables de la foi. Qui gardera les sources de ce fleuve béni? Qui surveillera son parcours aux méandres infinis, pour empêcher des mains téméraires d'y jeter aucune substance vénéneuse, d'y déposer aucune fange capable de troubler la pureté de ses ondes? Dieu suscita les Dominicains et les constitua gardiens de la science sacrée, et comme elle trône à Paris, siège de sa puissance, c'est à Paris qu'ils viendront s'établir pour prendre possession de l'enseignement qui la distribue aux fidèles.

« L'Église avait été ébranlée par la prédication hétérodoxe, saint Dominique entreprit de la soutenir par la création d'un Ordre exclusivement destiné à prêcher et à enseigner la foi catholique (1). » Fort de sa mission divine, il envoie à Paris sept de ses disciples. L'Université les reçoit généreusement dans son sein, et un de ses docteurs leur donne un asile qu'ils n'ont pas trouvé à l'ombre du palais épiscopal. Dominique a béni la maison de Saint-Jacques : c'est son successeur, Jourdain de Saxe, un écolier de Paris, qui asseoit le Couvent sur des fondements assurés, et qui met les Prêcheurs en voie de remplir leur mission providentielle. Jourdain ouvre à Saint-Jacques des écoles publiques : il y crée le Collège général de l'Ordre, pour former à l'enseignement l'élite des Dominicains de toutes les Provinces. Une émeute éclate dans l'Université, le silence règne dans les Écoles de Paris; Jourdain érige à Saint-Jacques deux chaires officielles pour ne point laisser tomber sans voix la science théologique. Le monde s'agite autour de l'Église et de l'Ecole : l'Ordre de Saint-Dominique approuvé par Rome, protégé par le roi de France, soutenu par l'évêque de Paris, s'établit dans l'Eglise par la prédication, dans l'Ecole par l'enseignement. Le Tasse a chanté la conquête du tombeau du Christ par l'armée des croisés, et il a intéressé à cette expédition le ciel, la terre et aussi « l'éternel ennemi des humains ». L'entrée triomphale des

---

(1) H. Martin, *Hist. de France*, t. IV, p. 60.

Dominicains dans le temple de la science fut une véritable épopée : l'Astaroth de Tasse, le Satan de Milton, s'y retrouvent animés de la même haine, et les Chroniqueurs du Couvent ont conservé l'impression de terreur causée à Saint-Jacques par les attaques furieuses des puissances infernales.

Les Dominicains ont pris place dans l'Université : ils y sont, ils y restent, et Jourdain de Saxe s'est dépensé à cette grande entreprise. Dieu l'avait doué d'une activité prodigieuse, d'une énergie incomparable, unie à une douceur parfaite. C'était un saint, mais aimable : avec l'esprit de son prédécesseur, avec sa science et sa vertu, il possédait une parole aux séductions irrésistibles, une éloquence au charme souverain. Plus de mille novices reçurent l'habit de ses mains : docteurs en théologie, docteurs en droit, maîtres ès arts, bacheliers, personne ne lui échappait, au point qu'il semblait avoir fait de l'Université le séminaire de l'Ordre. A Saint-Jacques, la foule des religieux fut telle, que les hauts protecteurs du Couvent durent subvenir à la dépense. L'évêque de Paris, Guillaume d'Auvergne, était le confesseur de la reine Blanche de Castille. Il avait appris que les Dominicains se trouvaient dans un grand embarras, empêchés qu'ils étaient de rembourser une dette. L'évêque courut au palais. La reine se disposait à faire le pèlerinage de Saint-Jacques, et elle avait ordonné pour ce voyage des préparatifs splendides. Guillaume lui demanda si tout était prêt, et il ajouta : « Madame, vous vous mettez en grands frais inutilement et pour un peu de gloire mondaine, afin d'étaler votre magnificence au pays qui vous a donné le jour. Vous pourriez faire un meilleur usage de vos richesses. » — « Parlez, répliqua la reine, je suis prête à vous obéir. » — « Les Frères Prêcheurs, reprit l'évêque, qui s'appellent aussi les Frères de Saint-Jacques, sont endettés de 1500 livres. Prenez votre escarcelle et votre bourdon, allez à Saint-Jacques, c'est-à-dire à leur Couvent, et acquittez leur dette. Vous aurez accompli votre vœu : je vous y autorise, et je me charge de répondre pour vous au tribunal de Dieu, que vous avez mieux fait que de vous laisser entraîner à une vaine parade et à des dépenses excessives (1). » En femme sage, ajoute le manuscrit de Tours, la reine suivit le conseil du saint évêque.

Jourdain vit le succès couronner son œuvre, et il en rapporta toute la gloire à Dieu. Ses pérégrinations incessantes rappellent les courses du grand Apôtre : comme Paul, il se sacrifie absolument ; comme Paul, il travaille sur la terre, mais sa pensée est au ciel avec le Christ. Une correspondance intime de Jourdain avec Diane d'Andâlo nous a livré son âme tout entière, avec sa délicatesse de sentiments, avec ses aspirations vers les demeures éternelles. Il est bien par le rang et le mérite, par la science et par la vertu, par la parole et par les actes, le général de ces soldats du Christ qui, après avoir livré bataille au génie du mal, sous toutes ses formes et sur tous les terrains, se voyant à leur dernière heure et sur leur lit de mort, charmés par des harmonies divines, visités par des apparitions ravissantes, se soulevaient dans un effort suprême et demandaient : « Qui êtes-vous, si douces et si belles? » Et leur dernier soupir se mêlait à la réponse : « Nous sommes du pays des Anges, et nous venons te chercher. »

(1) Etienne de Bourbon, *Anecd. hist.*, p. 389.

TABLE

Préface . . . . I-VI

I. — Les premiers disciples de saint Dominique à Paris. — Mathieu de France. — L'Hospice et la Chapelle de Saint-Jacques. 1

II. — Saint Dominique à Paris 7

III. — Les Dominicains de Saint-Jacques et l'Université de Paris. — Leurs premières conquêtes parmi les Maîtres, Réginald, parmi les Ecoliers, Jourdain de Saxe. 15

IV. — Formation du Couvent de Saint-Jacques. — Honorius III. — Le premier Chapitre général. — Le Doyen de Saint-Quentin. — L'Université. — Le Chapitre de Notre-Dame. — La paroisse de Saint-Benoît. — Le second Chapitre général. 34

V. — Période glorieuse du Couvent de Saint-Jacques. — Troisième Chapitre général. — Il se tient à Paris. — Jourdain de Saxe succède à saint Dominique. — Il est élu Maître général de l'Ordre. 64

VI. — Progrès matériels du Couvent. — Le Parloir aux Bourgeois. — Le mur de Philippe-Auguste. — Les terres du Chapitre de Saint-Lazare. — La propriété des Chanoines de Saint-Benoît. — Les cloîtres, les dortoirs, le réfectoire, l'infirmerie et le cimetière du Couvent. — Construction de l'église des Jacobins. 73

VII. — Gloire intellectuelle du Couvent. — Études. — Prédication. — Saint Dominique. — Réginald. — Henri de Marbourg. — Henri de Cologne. — Jourdain de Saxe. 91

VIII. — Le Couvent de Saint-Jacques et les Ecoles de Paris. — Travaux et succès de Jourdain de Saxe. — Ses voyages. — Curieux détails empruntés à sa correspondance avec Diane d'Andâlo. — Fondations à Cologne, à Magdebourg et à Lille par des religieux de Saint-Jacques. — Humbert de Romans. — Hugues de Saint-Cher. — Gilles de Portugal. — Guerric de Saint-Quentin. — Mort de Henri de Cologne. . . 118

IX. — Influence politique du Couvent de Saint-Jacques. — L'année 1226. — Jourdain de Saxe à Paris. — Gérard de Frachet. — Les Frères-Prêcheurs et les Albigeois. — L'évêque de Paris, le légat du Saint-Siège, la reine Blanche de Castille au Couvent de Saint-Jacques. — Obsessions. — Le *Salve Regina*. — Départ de Jourdain. — Mort du pape Honorius III. — Grégoire IX. 174

X. — Nouveaux progrès et organisation nouvelle de l'Ordre de Saint Dominique. — Mort de Mathieu de France. — Pierre de Reims, prieur de Saint-Jacques. — Hugues de Saint-Cher, provincial de France. L'année 1228. — Le premier Chapitre généralissime de l'Ordre se célèbre à Paris. — Jean de Saint-Gilles. — Entrée des Frères-Prêcheurs dans l'Université. — Le Couvent et l'École de Saint-Jacques. 223

XI. — Influence doctrinale du Couvent de Saint-Jacques. — Titres des premiers Frères-Prêcheurs à cette influence. — L'Université de Paris. — Statuts de Robert de Courçon. — Les Maîtres. — Les Écoliers. — Troubles dans l'Université. — Sa dissolution. 272

XII. — Émotion produite en Europe par la dispersion de l'Université de Paris. — Causes de cette émotion. — Les Écoles de Paris fournissent à l'Église ses ministres les plus illustres et à l'État ses serviteurs les plus éclairés. Les Maîtres et les Écoliers aux affaires, dans les conciles et les légations, à la cour, dans les parlements, les conseils et les ambassades. — L'école de Saint-Jacques après la dispersion. — Le traité de Meaux. — Le Couvent de Saint-Jacques et l'Université de Toulouse 345

XIII. — La dispersion de l'Université de Paris se prolonge en 1230 et en 1231. — Conduite de Jourdain de Saxe et attitude du Couvent de Saint-Jacques pendant ces discordes. — Jourdain en Angleterre. — Les Écoles d'Oxford. — Grégoire IX intervient pour rétablir la paix dans l'Université. — Commissions nommées à cet effet par le pape. — Députés envoyés à Rome par les Maîtres et les Écoliers. — Négociations et bulles. — Retour de l'Université à Paris. 409

XIV. — Le Couvent de Saint-Jacques recueille les fruits de sa politique et de son patriotisme. — Vues et plans de Jourdain de Saxe. — Il fait de Saint-Jacques le Collège de l'Ordre de Saint-Dominique dans l'Université. — Organisation de l'enseignement. — Écoles. — Études. — Leçons. — Conférences. — Jourdain et ses imitateurs. — Le Couvent s'agrandit par des annexions nouvelles. — Achat de vignes. — Les Dominicains et l'Université de Toulouse. — Lettre inédite de Jourdain à ses religieux de Saint-Jacques. — Suite de sa correspondance avec Diane d'Andalo. 439

XV. — Le Couvent de Saint-Jacques prend sa place définitive dans l'Université de Paris. — Les Prêcheurs et la langue française. — Les Dominicains dans l'État, dans la société, dans l'Église. — Le prieur de Saint-Jacques et la cour romaine. — Hugues de Saint-Cher et l'Église grecque. — L'inquisition. — Canonisation de saint Dominique. — L'école de Saint-Jacques et l'Université de Toulouse, Roland de Crémone, Jean de Saint-Gilles, Laurent de Fougères. — Affluence des sujets au Couvent de Saint-Jacques. — Gouvernement de Jourdain de Saxe. — Chapitre généralissime à Paris. — Mort de Jourdain 479

Conclusion 541

www.ingramcontent.com/pod-product-compliance
Lightning Source LLC
Chambersburg PA
CBHW070823230426